La France en guerre 1954-1962

Collection Mémoires/Histoire

Cet ouvrage a reçu le soutien du CNRS.

Le suivi éditorial de cet ouvrage a été effectué par Chloé Pathé.

Tél. : 01 44 73 80 00. Fax : 01 44 73 00 12. E-mail : contact@autrement.com
ISBN : 978-2-7467-1185-3. ISSN : 1157-4488.
Dépôt légal : septembre 2008. Imprimé en France.

Dirigé par RAPHAËLLE BRANCHE et SYLVIE THÉNAULT

La France en guerre 1954-1962

Expériences métropolitaines de la guerre d'indépendance algérienne

Avec Marie-Claude Albert, Nordine Amara, Linda Amiri, Gilbert Beaubatie, Dalila Berbagui, Emmanuel Blanchard, Gérard Boëldieu, Gérard Bourdin, Clément Bouvier, Hélène Bracco, Hélène Chaubin, Danielle Chevallier, Laurent Chevrel, Mireille Conia, Marc Coppin, Gilles Deroche, Michel Dloussky, Émilie Elongbil Ewane, Gil Emprin, Rémy Foucault, Sven de Geyer, Jean-Luc Gillard, Arthur Grosjean, Bertrand Hamelin, Caroline Izambert, Didier Lavrut, Catherine Le Guen, Jean-Philippe Marcy, Annie Martin, Alain Monchablon, Anne Pasques, Anne-Marie Pathé, Yann Scioldo-Zürcher et Alain Trogneux

Éditions Autrement - collection Mémoires/Histoire n° 142

À la mémoire de Pierre Vidal-Naquet

« Même si les soldats du contingent continuaient de partir en Algérie, l'époque était à l'espérance et à la volonté, aux grands desseins sur terre, sur mer et dans le ciel, aux grandes paroles et aux grands deuils, Gérard Philippe et Camus. Il y aurait le paquebot *France,* la Caravelle et le Concorde, l'école jusqu'à seize ans, les maisons de la culture, le Marché commun et, un jour ou l'autre, la paix en Algérie. Il y avait le nouveau franc, le scoubidou, les yaourts aromatisés, le lait en berlingot et le transistor. »

Annie Ernaux, *Les Années,*
Paris, Gallimard, 2008, p. 78.

LA FRANCE EN GUERRE (1954-1962) ?

Raphaëlle Branche et Sylvie Thénault

« La vague terroriste a franchi la frontière de l'Algérie », titre *Paris-Match* début novembre 1954 alors que le Front de libération nationale (FLN) vient de réaliser une série d'attentats coordonnés en Algérie. Mais ce titre n'efface pas la photo de une : une Gina Lollobrigida somptueuse, que la légende présente comme l'incarnation de la beauté italienne. Carré blanc incrusté dans la photographie de la star de cinéma, l'annonce des violences en Algérie est comme une tache qui perturbe l'harmonie de l'image, une irruption dans un ordonnancement préétabli.

Les lecteurs perçoivent-ils la singularité de la période qui s'ouvre alors ? Il est permis d'en douter quand tout, en France, demeure semblable à hier. Pendant plusieurs mois, quelques années peut-être, les événements d'Algérie, présentés comme des opérations de police, ne sont pas identifiés à une guerre par la majorité des Français. Les sondages témoignent d'un revirement en juillet 1956 : ils révèlent une « crise de pessimisme » et un désir de négociation. On est alors quelques mois après l'appel massif au contingent et quelques semaines à peine après l'arrivée des premiers renforts de rappelés sur le sol algérien. La situation en Algérie devient le sujet de préoccupation majeure de l'opinion métropolitaine en 1957[1]. Peut-on alors en conclure qu'à cette date les sondés se pensent en guerre ? Si une majorité d'entre eux exprime

1. Charles-Robert Ageron, « L'opinion française devant la guerre d'Algérie », *Revue française d'histoire d'outre-mer*, 63 (2), 1976, p. 256-285.

une inquiétude grandissante et une perception de plus en plus nette des caractéristiques des événements, ces sentiments s'imposent-ils durablement ? Il faut pour cela comprendre comment les métropolitains ont pris conscience du fait que la France était en guerre et quelles ont été les évolutions de cette prise de conscience. Avec une question qui demeure, toutefois : cette opinion construite par les sondages, quelle est-elle ? « Opinion métropolitaine » est-il parfaitement synonyme d'« opinion française », les enquêteurs n'interrogeant pas ceux qui, bien qu'officiellement français, constituèrent jusqu'en 1958 une catégorie de citoyens à part ? Les « Français musulmans » vivant en métropole étaient-ils inclus dans leurs panels ? Une enquête s'interrogeant sur l'opinion métropolitaine, au sens de ceux qui ont vécu cette guerre dans l'Hexagone, en toute logique, ne devrait pourtant pas les ignorer.

La guerre emprunte, pour entrer dans le quotidien de ses contemporains, des chemins qui peuvent paraître surprenants. C'est pourtant eux que le travail d'histoire doit s'attacher à identifier. Ainsi, en avril 1958, quelques semaines avant la Coupe du monde de football, l'équipe française se retrouve privée de certains de ses joueurs sélectionnés : ceux-ci quittent la France pour former l'équipe de football du FLN. « Le grand public des stades, commente André Fontaine quelques mois plus tard, demeure, il faut bien le constater, beaucoup plus sensible à la disparition de Mustapha Zitouni qu'il ne l'avait été à celle de M. Ferhat Abbas, et il avait appris, avec une stupeur qui est loin d'être dissipée, le départ des dix footballeurs algériens[2]. » Ce commentaire, quelque peu désabusé, sur la perception des événements politiques tout autant que sur la place du football dans la vie des Français – et dans celle des Algériens ? – invite non seulement à se demander comment la guerre est entrée dans le quotidien des habitants de France, mais aussi comment, peu à peu, ou au contraire soudainement, elle a pesé sur leurs opinions et sur leurs manières d'appréhender la situation. C'est à cette première série d'interrogations que ce livre aimerait répondre, avec une limite restée insondable pour une recherche traquant la façon dont la guerre fut connue et vécue par ceux que leur lieu de résidence tenait éloignés du théâtre de l'affrontement entre les nationalistes du FLN/ALN et l'armée française : certains d'entre eux ne passèrent-ils pas au travers

2. Article cité par Pierre Lanfranchi *in* « Mekloufi, un footballeur français dans la guerre d'Algérie », *Actes de la recherche en sciences sociales*, n° 103, 1994, p. 70-75, p. 70.

de l'événement, plongés dans d'autres préoccupations que le conflit ne bouleversa pas ?

Métropole / Algérie : deux espaces pour une même guerre ?

L'espace considéré est la France métropolitaine face au territoire algérien et d'où partent directives politiques et troupes militaires, tandis que, dans l'autre sens, des migrants traversent la Méditerranée en nombre croissant pour venir travailler dans les entreprises françaises. La guerre s'y infiltre par différents canaux. Les médias, bien sûr, mais aussi les lieux de travail, de loisirs, d'activité politique ou militante ; les lieux de culte aussi, les espaces privés comme les espaces publics : tous perçoivent, plus ou moins atténués, les échos de ce qui se passe en Algérie. Plus largement, les affrontements pour le maintien de l'Algérie française ou l'obtention d'un statut indépendant pour une nation algérienne détachée de la nation française se développent aussi sur le territoire métropolitain qui, s'il est le réceptacle des événements d'outre-Méditerranée, est aussi un théâtre singulier d'actions, le FLN ne négligeant pas un territoire constitutif de sa 7e wilaya : concurrence meurtrière avec le Mouvement national algérien (MNA), répression policière, encadrement de la main-d'œuvre algérienne marquèrent l'Hexagone. Aux migrants ayant traversé la Méditerranée s'appliquent alors les mêmes interrogations qu'aux Français de métropole : que connurent-ils de l'action nationaliste, de la répression, de la guerre en Algérie par le biais, par exemple, de l'appel sous les drapeaux ? Que signifia la guerre pour eux que l'historiographie présente essentiellement comme les bailleurs de fonds de la lutte pour l'indépendance, un rôle certes fondamental, mais bien passif en regard de celui de leurs compatriotes restés vivre en Algérie ? À la différence des autres habitants de métropole, toutefois, pouvaient-ils percevoir comme lointaine la guerre en cours alors même qu'elle avait pour objet leur sort collectif et leurs destins individuels, alors même que leur terre natale en était l'enjeu ? Pouvaient-ils l'ignorer, aussi, du fait de leur expérience antérieure à leur arrivée en métropole, de leurs contacts avec leurs familles et de leurs retours sur place ?

Or, alors que les travaux récents se focalisent surtout sur l'espace algérien et en particulier sur les dimensions militaires de la guerre, la métropole est moins connue. Elle apparaît de toute façon toujours comme un espace secondaire, subissant uniquement les contrecoups, les répercussions de ce qui se déroule de l'autre côté de la Méditerranée. La représentation est alors celle d'une segmentation des espaces, selon la division classique des guerres conventionnelles entre un front et un arrière : un front lieu de combats et de mort de masse, et un arrière supportant l'action combattante et subissant, éventuellement, les dommages collatéraux des affrontements guerriers. Cette vision suggère inévitablement une prévalence du front sur l'arrière, une plus grande valeur de l'action des militaires et une définition des événements indexée sur leurs actions, de la qualification des événements eux-mêmes à la sanction par la victoire ou la défaite. Elle a elle-même été revisitée par l'historiographie des deux conflits mondiaux qui préfère désormais réfléchir à l'arrière comme à un « front domestique », un *home front* articulé à un *combat front*. C'est bien par l'analyse du fonctionnement de l'ensemble des sociétés prises dans les guerres qu'on peut avancer dans la compréhension des enjeux des affrontements[3]. Dans le cas de l'Algérie, l'implication de l'ensemble des habitants dans la guerre en cours est perçue très tôt. La nature de la guerre est analysée comme n'obéissant pas à un schéma classique, et les parties en présence théorisent même l'engagement de la population dans la guerre, le recours à la terreur d'État d'un côté et au terrorisme de l'autre en ayant été l'aspect le plus évident si ce n'est l'aspect principal. Cependant, ce qui est perçu pour le territoire algérien ne l'est pas pour le territoire français. En définitive, la question demeure pour les historiens : peut-on estimer qu'entre 1954 et 1962 la métropole est en guerre ?

Les auteurs de ce livre interrogent la vie des habitants de l'Hexagone pendant cette période en tentant de répondre à cette question. Délaissant une analyse des décisions politiques parisiennes déjà largement menée, se situant délibérément à côté des démarches de synthèse portant sur telle ou telle question appréhendée à l'échelle nationale[4], l'ambition est de donner à voir ce que sont les expériences de la guerre au quotidien, dans leur diversité. De fait, si l'historiographie contemporaine des opérations militaires en Algérie s'attache à parler du

3. Ainsi le travail de Benjamin Ziemann sur la Bavière : *Front und Heimat : ländliche Kriegserfahrungen im südlichen Bayern 1914-1923*, Essen, Klartext, 1997.
4. En est significatif : Jean-Pierre Rioux (dir.), *La Guerre d'Algérie et les Français*, Paris, Fayard, 1990.

caractère polymorphe des actions et des expériences combattantes à tel point que l'on insiste sur l'idée qu'il y a *des* guerres d'Algérie, que dire des expériences des habitants de métropole ?

Que tout le monde ne vive pas les événements de la même manière est une chose banale et propre à tous les événements historiques. Cependant, ici, cette diversité est un point d'entrée pour interroger la nature de la guerre. Qu'est-ce qu'une guerre, en effet, quand les combats ont lieu sur un territoire colonial, organisé en départements français, et qu'ils engagent les appelés du contingent, venus de métropole comme d'Algérie ? Qu'est-ce qu'une guerre que les discours officiels qualifient de manières aussi diverses qu'« opérations de maintien de l'ordre », « événements », mais aussi « guerre imbécile et sans issue » (Guy Mollet)[5] ?

En ne réduisant pas *a priori* les événements à un affrontement entre deux nations, en assumant la complexité du réel, l'approche locale a été conçue comme un moyen de saisir ces questions : ce sont des acteurs sociaux, irréductibles à leurs seules appartenances nationales – fussent-elles en évolution –, que l'on y voit agir et, éventuellement, s'affronter.

L'échelle locale : pour quoi faire ?

Le département a été l'unité de travail initiale. Outre que les sources étaient essentiellement conservées dans les archives départementales[6], le réseau des correspondants de l'Institut d'histoire du temps présent

5. Sur cette expression, voici la réponse que donna Guy Mollet lui-même le 21 mai 1957 : « Une guerre, ai-je dit ? Vous savez tous, même ceux qui condamnent la politique du gouvernement, que la France ne fait pas la guerre en Algérie. Si elle menait quelque chose qui pût ressembler à une guerre, l'évolution serait, hélas ! dramatique mais plus rapide. Imbécile ? Sans aucun doute, mais je voudrais bien que ce propos, vous ne le teniez pas uniquement à l'égard de la France, et que vous vouliez bien dire aux chefs de la rébellion, quand vous avez l'occasion de les rencontrer, qu'effectivement leur guerre est imbécile. [...] Guerre sans issue, je le proclame, et j'ai eu l'occasion de le proclamer souvent ici. Dès ma déclaration d'investiture – j'ai obtenu sur elle l'approbation de l'Assemblée – j'ai dit ma conviction entière que non seulement une guerre, mais que même les efforts que nous faisions pour rétablir la sécurité en Algérie n'amèneraient jamais par eux-mêmes à la solution définitive. » Discours disponible sur le site de l'Office universitaire de recherche socialiste (Ours) : www.lours.org/default.asp?pid=335

6. Voir l'article « Une approche pionnière des sources locales », p. 18.

(IHTP) offrait une base solide pour la constitution d'une équipe réunissant doctorants et enseignants du secondaire et du supérieur[7]. Le découpage départemental permet d'apercevoir la mosaïque française, car si le pavage hexagonal est régulier, il est en réalité composé de pavés très variés ; la diversité l'emporte encore largement sur l'uniformité dans la France de cette époque. Mais le département est aussi apparu comme un outil pour apprécier de plus infimes diversités présentes en son sein : il a été, dans ce cas, retenu comme cadre de travail à défaut de l'être, *in fine*, comme cadre d'analyse. Certaines études portent sur des villes spécifiques, voire des quartiers, ou, au contraire, sur des réseaux urbains ou des espaces mêlant villes et campagnes. L'approche locale offre alors des fragments de réel couvrant l'ensemble du territoire sans qu'il en ressorte un tableau exhaustif, puisque tel n'était pas le but. De même, pas plus qu'une cartographie nationale des expériences de la guerre, l'érudition n'était une fin en soi.

L'échelle locale, en fait, est ici mise au service d'une analyse en profondeur. Elle permet en effet de faire des zooms de qualité qui ne perdent rien, à mesure que l'on agrandit la focale, de la netteté de l'image. Au contraire, c'est une épaisseur sociale qui peut apparaître ainsi, permettant à la diversité des habitants de France de s'incarner, précisément, en des hommes et des femmes identifiés. Cette échelle permet ainsi de compléter les tableaux déjà dressés de certains groupes, de certains mouvements, de certaines initiatives. Des acteurs locaux émergent, et, à travers eux, à travers une meilleure connaissance de leur rôle, c'est une autre histoire qui peut s'écrire.

Quand c'est de Paris, du centre, que sont lancées des actions, l'étude de leur réception locale offre un contrepoint essentiel pour l'analyse de leurs effets sociaux, politiques, économiques ou culturels. Ici, la province peut fonctionner comme un espace à considérer face à Paris. Mais ce que l'étude locale révèle est une autre manière de regarder la

---

7. Il s'agit du réseau des correspondants de l'IHTP (laboratoire du CNRS) constitué en équipe de recherche, « Action concertée incitative », financée par le ministère de la Recherche. Cette équipe a été animée par Raphaëlle Branche et Sylvie Thénault, à l'IHTP puis au Centre d'histoire sociale du XXe siècle (UMR 8058). Sur une expérience précédente de travail avec le réseau des correspondants de l'IHTP : Denis Peschanski, « Une modalité de la recherche collective en histoire du très contemporain. L'enquête de réseau et les correspondants départementaux de l'IHTP », *Cahiers du centre de recherches historiques*, n° 36, octobre 2005, p. 155-163.

France. Le changement d'échelle permet aussi de marginaliser Paris et de ne plus se situer par rapport à la capitale. Des similitudes et des différences entre départements apparaissent, sans que la relation à Paris soit une donnée pertinente à mobiliser. Au contraire, des sensibilités locales doivent être bien identifiées et connues pour ne pas mésinterpréter les actions repérées. La mise en regard avec d'autres situations – que permet l'organisation de l'ouvrage en cinq grandes parties – étoffe, ensuite, l'analyse et offre des schémas de compréhension qui n'oublient pas les configurations locales.

Cependant, cet intérêt du local et ce changement d'échelle sont aussi pertinents parce qu'ils permettent d'interroger le national. Ce cadre est regardé non pas comme le cadre primaire, celui qui donne forme et sens, celui dont tout part, mais, bien plus souvent, comme un cadre distant, une perspective plus éloignée de la vie des habitants de France que ce que leur offre leur environnement quotidien. Dès lors, l'analyse centrée sur l'échelle locale remet les événements nationaux en perspective, jusqu'à les faire disparaître, même, parfois. Il serait naïf d'oublier le national. Simplement, sa place est interrogée et l'échelle locale permet de voir que, dans la France des années 1954-1962, elle n'est ni invariante ni toujours indispensable. L'attention portée à d'autres espaces révèle, en particulier, d'autres chronologies et impose de nouvelles mises en contexte. En retour, cette meilleure connaissance des expériences de la guerre sur le sol français offre une nouvelle perception de l'événement.

Retrouver l'histoire de la guerre

La périodisation des années de guerre elles-mêmes n'en sort pas modifiée : stature du général de Gaulle aidant, l'avant et l'après-mai 1958 se distinguent toujours. Après le changement de République, l'image du Général devient envahissante, au point de symboliser cette seconde partie de l'histoire de la guerre en France. Par son usage des médias comme par sa pratique personnelle du pouvoir, de Gaulle s'invite dans le quotidien des Français. Difficile d'y échapper et de ne pas le noter. Dans une histoire de la guerre en métropole appréhendée d'en bas, à la différence d'une histoire globale de la guerre intégrant ce qui se passe en terre algérienne, la césure de mai 1958 gagne en importance, et ce, en raison de la reconfiguration politique rapide qu'opère le changement de République. En métropole, à partir de là, les forces politiques de droite et de gauche, les Français appelés à voter, à manifester, à s'exprimer se repositionnent autour de la personnalité du Général, de sa politique algérienne et des conflits internes qu'elle entraîne.

Au-delà, le regard local invite à passer du zoom serré sur les seuls événements de la guerre à un panorama en grand-angle. À la recherche du vécu et de la connaissance du conflit par les habitants de l'Hexagone, en effet, c'est toute la France d'alors que l'on rencontre. Car lorsque cette guerre arrive, elle s'installe dans une France encore très rurale, une France souffrant d'une crise du logement, une France où l'information passe encore par une presse locale morcelant les représentations à l'œuvre sur le territoire, une France où les migrants algériens, concentrés dans les zones les plus industrialisées, sont l'objet d'un traitement spécifique, avant même le déclenchement de l'insurrection. Il est ainsi moins aisé de découper la réalité à l'échelle locale qu'à l'échelle nationale pour isoler l'événement que constitue cette guerre[8]. Pendant cette période, le quotidien est marqué par bien d'autres sceaux que celui de la guerre : les mutations du monde agricole, l'entrée dans les foyers des innovations technologiques, le nouveau franc, pour n'en prendre que quelques exemples. Si ces transformations ont été maintenues dans le hors-champ d'une recherche délibérément centrée sur la guerre, les conditions économiques, sociales et politiques qui caractérisaient alors le pays ne pouvaient être évacuées. Elles forment un tout dans lequel la guerre survient sans gommer le reste.

D'un point de vue chronologique, aussi, dès lors qu'elle mêle la guerre au reste, l'échelle locale conduit à insérer ces huit années dans un ensemble plus vaste. Les limites de la guerre se font floues, mais cette dernière gagne de la sorte à trouver une place plus pertinente dans l'histoire récente de la France et de sa position dans le monde. Comme la guerre se déroulant en Algérie mit du temps à produire ses effets en métropole, on la voit d'abord faire son lit progressivement parmi les

8. Cette caractéristique de l'échelle locale, qui apparaît ici comme une difficulté, est habituellement célébrée comme un mérite : c'est en raison même de ce décloisonnement, en effet, que l'échelle locale rend « accessible pour un même chercheur l'analyse des multiples dimensions d'une même réalité, rompant de la sorte les frontières qui s'étaient élevées entre histoire sociale, culturelle, économique et politique ». Voir Jean-Paul Zuniga, « L'histoire impériale à l'heure de l'"histoire globale". Une perspective atlantique », *Revue d'histoire moderne et contemporaine*, n° 54-4*bis*, supplément 2007, p. 55.

événements encore chauds dans les esprits et qu'ont été, avant elle, la Résistance, la répression à Madagascar, la guerre en Indochine, l'effervescence nationaliste au Maroc, la Communauté européenne de défense (CED)... À son terme, c'est un pays transformé par la perte de son empire, s'ouvrant aux mutations d'une nouvelle décennie, qui apparaît. Les huit années de guerre forment un chaînon dans le passage d'une France à une autre, de celle des lendemains de la Libération célébrant cet empire auquel elle devait de retrouver sa place dans le concert des nations, malgré l'armistice qui l'avait rangée dans le camp des vaincus, à celle des années 1960 où, pour rester dans le carré de tête des pays dominant le monde, il fallait, une fois lancée la construction européenne, maîtriser l'arme atomique. Entre les deux, la possession coloniale comme critère de puissance est tombée en désuétude. Nationalisme français, position des forces de gauche sur la décolonisation, politiques publiques appliquées aux « Français musulmans d'Algérie », qui, d'abord, se sont inscrits dans une continuité avec l'avant-1954, allaient en sortir transformés. Ce livre témoigne à maints égards de permanences pesant malgré le déclenchement de la guerre en Algérie et de ruptures qu'elle provoque au fur et à mesure de sa durée.

Les mots en sont emblématiques. À ceux de l'ère impériale succèdent ceux de l'ère des indépendances. « Algériens » émerge et vient concurrencer « Français musulmans » et « Nord-Africains ». Les termes manifestant l'avènement de souverainetés nouvelles et, avec elles, de nationalités inédites se substituent aux désignations assignant les peuples à des identités indexées soit sur l'adhésion à une religion source d'altérité (mais pas d'une communauté nationale), soit sur la provenance d'un ensemble géographique niant les frontières potentielles d'États distincts. Reflétant cette évolution, au-delà des multiples nuances et des cas singuliers qui rendent discutable l'assimilation spontanée des deux camps en guerre à deux nations – où classer les « Français » solidaires de la cause indépendantiste se voulant « algériens » et les « Français musulmans » rejetant la nationalité du pays né de l'indépendance en 1962 ? –, la distinction nationale a pris son sens au cours de la guerre pour valider la dénomination des populations considérées comme étant les Français et les Algériens. Était-il nécessaire cependant de chercher à harmoniser l'écriture de ce livre collectif ? Les auteurs ont retenu des solutions variées pour désigner les acteurs historiques, de la reproduction du vocabulaire de l'époque à son rejet pur et simple en passant par une mise à distance que signalent des guillemets.

En fait, la qualification de la guerre elle-même pose aussi problème dès lors qu'elle est appréhendée dans sa seule dimension métropolitaine. Ainsi, il est évident que les nationalistes algériens ne mènent pas de « révolution » sur le sol métropolitain. Cet espace lui-même n'étant pas l'objet d'une bataille de souveraineté, n'étant pas celui sur lequel la tutelle est disputée, il est tout aussi impossible de parler d'une lutte de « libération » s'y déroulant. Le raisonnement, logiquement, s'applique à l'autre camp : ce n'est pas une campagne militaire pour regagner un territoire perdu ou en voie de l'être que les pouvoirs publics français y mettent en œuvre. « Guerre d'Algérie », dès lors, semble aussi inapproprié. À l'origine très politique, cette expression a été promue par les opposants à la guerre pour mieux la dénoncer dans toutes ses violences et faire reconnaître aux pouvoirs publics la nature des événements en cours de l'autre côté de la Méditerranée. Ils ramaient alors contre vents et marées : « Dites : "les opérations d'Algérie" » ordonne le président du tribunal militaire de Paris à un témoin appelé en faveur des accusés du procès Jeanson, qui s'obstine à dire "guerre d'Algérie"[9]. » Mais, déjà, l'expression situait la guerre en Algérie, la métropole étant présentée, en contrepoint, comme un espace qu'il fallait protéger de ce qui se déroulait là-bas. Le vocabulaire de la dénonciation de la guerre en France, s'appuyant sur la métaphore d'une pathologie née en Algérie et menaçant l'Hexagone de contagion, en est parfaitement révélateur : il ne fallait pas que la « gangrène[10] » l'atteigne, il ne fallait pas que le « cancer » de la torture vienne ronger toute la démocratie[11], il fallait éviter l'« algérianisation[12] ». Depuis, les récits militaires, et plus particulièrement l'historiographie exploitant les sources de l'armée, se sont

9. *Le Procès du réseau Jeanson*, présenté par Marcel Péju, Paris, Maspero, 1961, rééd. La Découverte/Syros, coll. « Textes à l'appui. Histoire contemporaine », 2002, p. 147.

10. Ainsi, lors, de sa première prise de parole publique en tant que membre démissionnaire de la Commission de sauvegarde des droits et libertés individuels, Robert Delavignette déclarait, le 9 décembre 1957, à une réunion du Sgen : « Nous assistons en Algérie à une décomposition de l'État et cette gangrène menace la métropole elle-même... » Voir *L'Express* du 12 décembre 1957. *La Gangrène* fut aussi le titre donné à un recueil de plaintes dénonçant la pratique de la torture par la DST, publié par les éditions de Minuit en 1959.

11. *La Torture dans la République* de Pierre Vidal-Naquet (Paris, Éditions de Minuit, 1972) parut d'abord en anglais sous le titre *Torture : Cancer of Democracy* (Harmondsworth, Penguin Books, 1963).

12. Le terme est notamment utilisé, d'après *Le Monde*, par Pierre Mendès France

emparés de cette « guerre d'Algérie », contribuant à la connoter d'un sens la déviant de son usage premier : c'est l'image d'une guerre en Algérie, menée par les paras quadrillant Alger ou par les soldats crapahutant dans le bled, qu'elle fait naître à l'esprit. Parce qu'elle envisage la métropole comme le simple lieu d'importation d'une guerre se passant ailleurs et parce qu'elle appelle une version militaire de cette histoire, donc, « guerre d'Algérie » ne pouvait convenir à ce livre : il prend à bras-le-corps, en effet, la question de la guerre en France et celle de l'articulation entre les deux territoires, Algérie et métropole, sur un autre mode que celui d'un front, siège des combats et source de tous les maux, et d'un arrière, d'où l'affrontement entre les deux parties belligérantes est absent.

La thématique de l'importation, pourtant, irrigue jusqu'aux travaux historiques les plus récents lorsqu'ils prennent la guerre en métropole pour objet ; répression conduite par la police française et nationalisme algérien étant autant concernés l'un que l'autre[13]. Mais dans quelle mesure une telle interprétation ne naît-elle pas d'une méconnaissance de ce que la guerre elle-même a pu être en France, indépendamment de ce qu'elle était en Algérie ? Ce livre le montre : la guerre est là, présente. Et c'est bien parce que la France est en guerre que ses habitants peuvent être amenés à la vivre et à la connaître, volontairement ou contre leur gré. « France en guerre », donc, mais laquelle ? Celle pour l'Algérie, celle dont l'indépendance de l'Algérie est l'enjeu. La « guerre d'indépendance algérienne » est cette guerre protéiforme qui ne se laisse pas réduire aux opérations militaires, cette guerre déployée des deux côtés de la Méditerranée. La métropole apparaît comme un des espaces où la guerre, au sens de l'affrontement entre deux camps sur la question de l'indépendance de l'Algérie, se déploya et exista. Les pages qui vont suivre ont pour objet de mieux cerner, dès lors, ce qu'elle fut et présentent autant de façons de l'avoir vécue et connue.

---

lors d'une conférence de presse le 25 septembre 1961 (*Le Monde* du 27 septembre 1961).

13. Sur l'importation d'un système de répression mis au point en Algérie, voir Linda Amiri, *La Bataille de France. La guerre d'Algérie en métropole*, Paris, Robert Laffont, 2004, ainsi que Jim House et Neil MacMaster, *Paris 1961. Les Algériens, la terreur d'État, la mémoire*, Paris, Tallandier, 2008. Sur le « parachutage » de la direction de la Fédération de France du FLN, voir Gilbert Meynier, *Histoire intérieure du FLN*, Paris, Fayard, 2002, p. 533.

Les trois premières parties de ce livre donnent à voir les expériences des habitants de métropole. Apparaît ainsi une gradation allant de la majorité, pour qui l'Algérie pouvait n'être qu'une réalité lointaine, aux minorités engagées, conscientes des événements, de leurs enjeux et souhaitant peser sur leur évolution, en passant par des milieux qui, sans forcément se prononcer sur le sort de l'Algérie, furent sensibles à l'événement qui les touchait et réagirent. Français et Algériens sont ici mêlés, même si leur rapport à cette terre dont le sort était en cause a créé une véritable différence dans la façon dont ils ont pu appréhender la guerre : pour les uns, sans lien politique ou familial avec l'Algérie, la relation à la guerre a pu se décliner de l'ignorance indifférente à l'engagement, parfois jusqu'à la clandestinité ; pour les autres, condamnés à éprouver l'exceptionnalité de la situation dans l'ensemble de leurs activités, la guerre est devenue un élément de leur vie. Dans les deux cas, toutefois, le déplacement du curseur sur l'échelle de l'implication dans les événements, allant d'une masse qui n'en est pas actrice à des individus, marginaux en nombre, qui le sont jusqu'à prendre des risques, a semblé pertinent. Dépassant l'interprétation de la métropole comme ayant été le siège d'une intense « bataille de l'écrit[14] », la guerre est comprise comme ce qu'elle était dans la société métropolitaine : un sujet de peine, un motif d'inquiétude, une motivation pour l'action, une raison de s'engager ou encore, parfois, peut-être, rien ou presque.

Les deux autres parties du livre se placent du point de vue des politiques publiques déployées envers ceux que leur lien avec l'Algérie – ou leur engagement – transformait en enjeu – ou en cible – dans le contexte de la guerre : migrants algériens, rapatriés, membres des partis nationalistes ou de l'OAS. De façon pernicieuse, car il supposait, comme en Algérie, le contrôle des populations qui en étaient l'enjeu, l'état de guerre s'infiltra jusque dans les politiques de la ville, de l'insertion sociale, des modes de logement, dotées d'enjeux nouveaux. Plus brutalement, dans la mesure où il était synonyme d'affrontement, il se manifesta comme une vaste opération de répression dont l'armée était tenue à l'écart. Combinant police, justice et toute administration en charge de la surveillance et de la coercition, cette répression visa les nationalistes algériens avant de prendre les activistes de l'Algérie française pour cible. Qu'aux seconds soient appliquées les mêmes mesures qu'aux

14. Telle que la présenta Michel Crouzet dans « La bataille des intellectuels français », *La Nef*, cahier n° 12-13, octobre 1962-janvier 1963, p. 47-67.

premiers interroge : qu'emprunte cette guerre au registre de la répression politique ? Qu'emprunte-t-elle au registre colonial ? Il n'est pas sûr que les deux options forment une alternative à trancher : la guerre en France prit bien la forme d'une répression de tous ceux qui mettaient la République et son ordre en danger, plaçant de ce point de vue FLN et OAS sur le même plan. Cependant, toutes les subversions ne se valent pas.

Elles ne se valent pas, d'abord, en raison du combat qu'elles portent et du danger qu'elles représentent en conséquence. Pour l'État, la menace n'est pas la même. C'est une redéfinition de la France elle-même, une France privée d'empire, que les acteurs de l'indépendance algérienne, portés par le mouvement international de décolonisation, lui imposent. C'est à une mutation profonde qu'ils l'invitent. Ils viennent la remettre en cause, forts du sentiment d'être dans le sens de l'histoire. En revanche, la réduction progressive de la cause de l'Algérie française en peau de chagrin finit par la cantonner à l'extrême droite, minoritaire dans le pays. Le resserrement des attentats sur la seule personne du chef de l'État témoigne de l'incapacité à mobiliser en faveur d'un combat dépassé que ces huit années de guerre ont relégué au rang de combat d'arrière-garde.

Elles ne se valent pas, par conséquent, aussi, en raison de leur ampleur, le nombre des partisans de l'indépendance de l'Algérie à réprimer étant bien plus important que celui des irréductibles de l'Algérie française. Elles ne se valent pas, enfin, par le traitement différencié réservé à leurs promoteurs, par-delà l'application de mesures similaires. La répression visant les sujets coloniaux a été plus vaste et plus brutale que celle touchant les Français farouchement opposés, jusqu'à en venir au terrorisme, à l'indépendance de l'Algérie. Cependant, il faut dépasser ce constat d'une différence de traitement, si éclatante soit-elle, pour en proposer un sens. Si la guerre menée par la France est bien « coloniale », c'est d'abord en raison du statut des forces en présence, clivées par un rapport spécifique de domination : elle oppose une puissance coloniale luttant contre l'élévation à la souveraineté collective, dans un cadre national, de ses sujets ; et ce, tant en France qu'en Algérie.

1. UNE APPROCHE PIONNIÈRE DES SOURCES LOCALES

Anne-Marie Pathé

Cette présentation sur les sources repérées ou utilisées par les membres du réseau des correspondants de l'IHTP permettra aux lecteurs de pénétrer dans les coulisses d'une recherche en train de se faire, d'en éclairer de façon pragmatique les soubassements documentaires dans toute leur richesse, leur éventuelle originalité et leur accès[1].

Elle a été réalisée par un questionnaire visant à balayer l'ensemble des sources utilisées. Les archives départementales, au cœur de cette recherche, faisaient à elles seules l'objet de plusieurs interrogations. Les réponses, même si elles ne couvrent que 27 départements[2], montrent que ces archives offrent un panel suffisamment large pour aborder de multiples facettes de la guerre d'Algérie sur le sol métropolitain, dont rend compte le sommaire de cet ouvrage.

---

1. Mes remerciements vont aux membres du réseau des correspondants qui ont répondu à mes nombreuses demandes, et tout particulièrement à Hélène Chaubin et Catherine Le Guen.

2. Ain, Ardennes, Aveyron, Bouches-du-Rhône, Calvados, Eure, Gard, Haute-Marne, Haute-Vienne, Hérault, Ille-et-Vilaine, Isère, Loir-et-Cher, Mayenne, Nord, Orne, Pas-de-Calais, Puy-de-Dôme, Rhône, Sarthe, Seine-Maritime, Vienne et plus partiellement ceux de la région parisienne : Paris, Seine-Saint-Denis (uniquement pour les archives du Parti communiste), Val-d'Oise, Val-de-Marne, Yvelines (anciennement Seine-et-Oise).

Une enquête exploratoire

La richesse thématique de la recherche réalisée se fonde essentiellement sur les archives publiques de la série W, qui couvre la période très contemporaine. Créées sous la Révolution, les archives départementales ont été constituées à l'origine pour conserver les archives des institutions d'Ancien Régime supprimées et celles, séquestrées, sur les émigrés et le clergé. Mais depuis plus de deux cents ans, elles s'accroissent des documents produits par les diverses administrations dans les départements, des archives de notaires ainsi que de celles des communes de moins de 2 000 habitants, sans compter les fonds acquis par voie d'achat, de don ou de dépôt et les archives d'origine privée (papiers de famille, d'entreprise, d'association).

Elles ont un cadre de classement commun et homogène selon lequel les archives sont réparties en séries thématiques. Jusqu'en 1979, les archives produites par les administrations des départements étaient classées en « séries modernes ». Mais à partir de cette date, les Archives de France ont conçu un nouvel ensemble, nommé « archives contemporaines », composé d'une série unique, la série W, réunissant toutes les archives publiques produites après le 10 juillet 1940. Série ouverte, en accroissement permanent, elle recouvre l'ensemble des versements[3] des administrations du département (préfecture, sous-préfecture, conseil général), des services extérieurs de l'État (avec les différentes directions départementales : celles des Renseignements généraux, de la Police, des Affaires sanitaires et sociales, etc.), des organismes publics de la justice, de l'enseignement... Les documents sont classés et cotés en continu suivant leur ordre d'arrivée, quels que soient le service versant ou l'ordre chronologique des dossiers.

L'enquête donne un bref aperçu de cette série à travers les archives utilisées pour cette recherche. Il témoigne de la très grande richesse de sources, unanimement soulignée, du volume gigantesque de documents et des disparités à différents niveaux. Ces trois constatations découlent principalement des singularités propres aux archives contemporaines avec un accroissement irrégulier et exponentiel qui se mesure en kilomètres linéaires. En effet, d'une part, les versements sont

3. Un versement est l'ensemble des documents d'une même provenance entrés à une même date aux archives. L'administration qui effectue un versement est appelée « service versant » ou « service producteur ».

aléatoires, à l'occasion, par exemple, d'un déménagement ou d'un changement de direction, et, d'autre part, ils sont tributaires de la bonne volonté des administrations ou de leurs réticences, notamment pour les Renseignements généraux. Cette collecte fluctuante induit des disparités à un double niveau : à l'intérieur d'un même centre d'archives départementales avec des versements inégaux suivant les services ; entre les différents centres eux-mêmes, les administrations locales n'ayant toujours pas les mêmes règles en matière d'archives d'un département à l'autre. On constate également des diversités régionales, liées à la présence dans le département d'institutions ou de structures particulières (tribunaux et prisons, par exemple) générant une production de documents spécifique et souvent massive. Ainsi, des « dominantes d'archives » peuvent se repérer comme, par exemple, les dossiers judiciaires et pénitentiaires en Ille-et-Vilaine, faisant de ce département un observatoire pertinent pour une étude sur la détention en métropole. Et c'est bien souvent en fonction des sources disponibles que les membres de l'équipe ont choisi leur sujet de recherche. L'ensemble de ces remarques laisse entrevoir la difficulté de toute approche comparative au niveau national.

L'exploitation de ce gisement archivistique, néanmoins, dépend de son classement, des instruments de recherche produits et des conditions de communication des documents.

Des sources au risque de la diversité locale

Aucune harmonie ne se dégage des réponses sur le classement des fonds, et ce, en raison de deux facteurs : des expériences différentes et une non-harmonisation des classements à l'intérieur de la série W.

Premier constat : les archives de la série W ne sont pas encore toutes classées. Ce qui n'est guère surprenant compte tenu d'une arrivée permanente de documents, en vrac ou classés, mais selon des critères administratifs qui n'obéissent pas aux règles archivistiques. Le classement de ces grandes masses est un défi perpétuel auquel se trouve confronté l'archiviste départemental.

Autre caractéristique, résultat de versements fluctuants et non chronologiques : cette série est mouvante et doit être reclassée régulièrement. Les périodes de reclassement durant lesquelles les sources sont immobilisées et recotées font partie des complications rencontrées par certains des correspondants qui avaient déjà effectué un repérage initial, devenu alors obsolète.

En outre, conséquence du vaste chantier qu'a été la création de la série W en 1979, des archives postérieures à juin 1940 peuvent encore se trouver en « séries modernes ». Ont été ainsi signalés : en série M (Administration), des dossiers relatifs aux années 1960, essentiels à l'enquête, et des archives de la Direction générale de la Sûreté nationale avec les implantations du Front de libération nationale (FLN) et du Mouvement national algérien (MNA) en métropole ; en série U (Justice) et en série R (Affaires militaires), des documents judiciaires ou relatifs à l'armée pour la période 1954-1962. Dans un département, les archives du cabinet du préfet n'intègrent pas la série W et sont restées à part sous une ancienne cote (CA). Les chevauchements peuvent aussi concerner les documents privés. Ainsi, des tracts et de la correspondance ayant trait à la guerre d'Algérie ont été trouvés en série F (Travaux et notes d'érudits, XIXe-XXe siècle) et non dans la série J dévolue à ce type de papiers.

Ces quelques exemples montrent à quel point l'historien doit être vigilant et ne rien laisser au hasard. Il lui faut s'adapter rapidement à la logique archivistique du classement par provenance et à ses cheminements qui échappent aux réflexes thématiques, pallier une fréquente absence d'organigrammes (pour les différents bureaux des préfectures, notamment) et s'approprier la législation en cours ainsi que l'histoire institutionnelle du département.

Pour les instruments de recherche, là encore, aucune homogénéité d'un centre à un autre. On les trouve essentiellement sur support papier. Peu d'outils informatisés ont été signalés, hormis dans quelques départements importants qui allient moyens financiers et humains.

Aussi la source principale d'accès aux documents reste-t-elle le bordereau de versement[4], élaboré par les services versants pour leurs besoins internes et remis avec les archives. Il est généralement accessible en salle de lecture. À l'exception de deux départements, des « états de versements » qui regroupent les bordereaux par services producteurs ont été réalisés, apportant une amélioration considérable dans la prospection de sources. Subsistent cependant plusieurs obstacles : les bordereaux sont trop longs avec bien souvent des libellés elliptiques, et des erreurs peuvent apparaître entre leur description et le contenu effectif des

4. Pièce justificative de l'opération de versement.

cartons. Le travail de repérage est alors particulièrement fastidieux, au point que certains y ont vu un « travail de bénédictin » opiniâtre réclamant minutie et patience.

Des initiatives locales de recensement des ressources sur la guerre d'Algérie, motivées par une demande accrue, ont été signalées. Elles vont d'un relevé succinct des cotes à usage interne, réalisé au fil des recherches des lecteurs et des demandes de dérogation, à un document de plusieurs pages rendant compte de cette période à travers les archives déposées par la préfecture, ou bien encore à un document plus étoffé, à disposition des lecteurs, recensant toutes les cotes classées par services producteurs relatives aux années 1954-1962. Ces initiatives sont significatives d'une évolution récente. Alors que l'écriture de la guerre d'Algérie progresse, cette période a été régulièrement sous les feux de l'actualité et de la demande sociale[5], à laquelle le pouvoir politique a répondu par un geste d'ouverture[6].

La communication des documents publics était soumise à l'époque de cette recherche aux dispositions de la loi sur les archives du 3 janvier 1979 qui indiquent les délais pendant lesquels les documents n'étaient pas communicables[7]. En fonction de leur contenu, les archives publiques consultées pour cette recherche étaient susceptibles d'être librement communicables au terme de trente, soixante ou cent ans. Une procédure de dérogation pour consulter les documents non accessibles librement existe. L'avis du service producteur est alors recueilli, puis transmis à la direction des Archives de France pour décision. En cas d'avis défavorable, qui doit être motivé, le chercheur pourra faire un recours devant la Commission d'accès aux documents administratifs (Cada). Celui-ci n'a, cependant, pas d'effet contraignant.

50 à 80 % des documents consultés par les correspondants l'étaient avec dérogation[8]. Dans une très large majorité, ces dérogations

5. Entre autres : les débats autour de la pratique de la torture pendant la guerre d'Algérie ; l'Année de l'Algérie en France en 2003 ; la loi française n° 2005-158 du 23 février 2005 « portant reconnaissance de la Nation et contribution nationale en faveur des Français rapatriés ».

6. Circulaire du Premier ministre, Lionel Jospin, en date du 13 avril 2001, relative à l'accès aux archives publiques en relation avec la guerre d'Algérie.

7. Une nouvelle loi sur les archives a été votée par l'Assemblée nationale le 1er juillet 2008 qui modifie les conditions d'accès aux documents.

8. Les documents dont la consultation est soumise à dérogation et qui sont cités dans cet ouvrage sont signalés par un astérisque.

ont été acceptées au bout de deux à trois mois, sauf dans deux cas où le délai a été de plus de six mois. Deux refus sont à noter, dont l'un maintenu malgré un recours à la Cada. On peut se féliciter qu'à l'occasion de cette enquête ait été obtenue une dérogation pour une première consultation des archives des tribunaux militaires de la 3e région, conservées au Centre administratif de la Gendarmerie nationale (CAGN)[9].

Au-delà de ces aspects techniques, l'importance des facteurs humains a été jugée primordiale et des échanges fructueux ont été rapportés. Il faut dire que l'enquête avait été préalablement annoncée dans les archives départementales et municipales par la direction des Archives de France[10], ce qui a simplifié les démarches des correspondants. Plus largement, les chercheurs ont apprécié l'accueil qui leur a été réservé et l'aide efficace et indispensable apportée par la personne qui a classé les documents. L'absence d'outils informatiques en salle de lecture a été souvent palliée par un repérage « sur mesure » fait par l'archiviste lui-même à partir d'une base de données à usage professionnel.

La personnalité du responsable des archives départementales a été soulignée comme un facteur essentiel, et notamment sa sensibilisation ou non à l'histoire contemporaine. Des changements de direction ont été soulignés comme salutaires, entraînant non seulement une attention particulière en direction des chercheurs, mais aussi un effet positif sur les classements. Un seul des correspondants a vécu une expérience inverse, et l'immobilisme d'une direction peut avoir alors des répercussions fâcheuses, comme la désertion d'archives privées au profit d'autres institutions du département.

Ces aléas n'ont pas empêché les archives départementales de constituer la majorité du corpus des chercheurs. Leurs investigations pionnières ont pu déclencher une prise de conscience dans la priorité à donner au traitement des documents des années 1950.

---

9. Elles concernent quatre procès de militants nationalistes locaux jugés en appel à Rennes.

10. Lettre de Martine de Boisdeffre, directrice des Archives de France, du 22 juillet 2004, adressée aux présidents des conseils généraux pour les archives départementales et aux maires pour les archives municipales.

Parmi les fonds des archives départementales, ce sont celles de la préfecture qui ont été essentiellement utilisées, et plus précisément celles du cabinet du préfet[11]. En raison de la gravité de la situation, en effet, les pouvoirs des préfets ont été accrus et étendus aux administrations centrales dépendant de leur ressort territorial. Tous les dossiers relatifs à la guerre d'Algérie remontaient jusqu'à eux. Ainsi retrouve-t-on dans les archives du cabinet non seulement les documents produits couramment par les différents bureaux et directions d'une préfecture, mais aussi une grande partie de ceux produits par les services extérieurs, grâce à la présence de documents en double (synthèses et rapports, enquêtes...). Elles sont donc d'une exceptionnelle richesse et d'une grande commodité pour la recherche : si des directions régionales, comme celle de la Police ou des Renseignements généraux, n'ont pas encore versé intégralement leurs archives pour cette période, ou bien si elles refusent des dérogations, les chances sont grandes pour que les mêmes documents soient présents dans ce fonds, pour lequel les dérogations sont plus faciles à obtenir. En outre peuvent être retrouvés, en double, des documents des deux seules institutions publiques qui ont continué à dépendre de leur ministère de tutelle : la Justice et l'Inspection académique.

Présenter une liste des archives exploitées aux intitulés précis et identiques suivant un organigramme explicite des services producteurs n'est guère possible. Un relevé réalisé à partir des informations fournies par les correspondants met en lumière l'activité préfectorale. Se distinguent la correspondance du préfet, ses rapports mensuels adressés au ministre de l'Intérieur, les rapports de conseillers directement rattachés à la préfecture, notamment ceux du conseiller technique aux affaires musulmanes (CTAM), des notes et rapports sur l'accueil des rapatriés et des harkis... Apparaissent également la documentation et les coupures de presse, les tracts ou affiches, les documents électoraux. La direction de l'Administration et de la Réglementation, quant à elle, permet notamment de connaître le recensement de la population dite « nord-africaine », le contrôle de ses déplacements, les internements administratifs. Enfin, la direction des Anciens Combattants et Victimes de guerre

11. Les versements des archives en provenance des cabinets des préfets, correspondant aux années 1954-1962, ont été terminés pour l'ensemble du territoire dans les années 1990.

et celle des Affaires scolaires ont aussi fourni des sources utiles pour certains thèmes de cette recherche : obsèques des militaires, jumelages, échanges scolaires...

Viennent ensuite les services extérieurs, comme la direction départementale ou régionale de la Surveillance du territoire (DST). La direction départementale ou régionale des Renseignements généraux [12], dont les productions ont été incontournables pour les auteurs de cet ouvrage, rédigeait des synthèses sur l'état d'esprit de la population, la surveillance des partis politiques, syndicats, associations et mouvements divers ainsi que des renseignements statistiques et des fiches Z [13]. La direction départementale ou régionale de la Sécurité publique rassemble, de son côté, les enquêtes sur l'activité sociale, économique et politique des Nord-Africains, et informe sur les opérations de police, les arrestations, les mesures de sécurité prises lors d'événements comme les voyages du général de Gaulle. Elle recueille également les archives des commissariats. Les papiers du Service régional de police judiciaire (SRPJ) permettent, à travers la répression, de mieux connaître le FLN et l'OAS. La direction départementale ou régionale de l'Administration pénitentiaire, quant à elle, conserve les registres d'écrou des maisons d'arrêt, des fichiers, des rapports d'inspection...

Par ailleurs, les archives départementales conservent les archives de l'Inspection académique, utiles pour traiter des jumelages entre écoles, de l'accueil des élèves rapatriés d'Algérie. Elles accueillent également celles de la Justice, tribunaux de grande instance et cour d'appel, qui permettent de connaître les jugements intéressant la sûreté de l'État : activités en faveur des rebelles algériens, activités en faveur de l'OAS, saisie de journaux ou d'ouvrages...

Toutefois, à côté de ces fonds publics, la série J des archives départementales, celle des fonds privés, recèle des papiers versés par des sections régionales de partis politiques (MRP, PCF, PSU...), mais aussi, dans le cas de la Seine-Saint-Denis, les archives nationales du PCF. Se trouvent aussi dans cette série des fonds de syndicats (CGT, CFDT, CFTC principalement), de personnalités politiques comme Max Lejeune [14] dans la Somme,

12. De cette direction dépendait aussi le Service de coordination des informations nord-africaines (Scina).

13. Voir l'article « Identifier les nationalistes algériens : les fiches Z », p. 332.

14. Député socialiste de la Somme, 1946-1956, secrétaire d'État aux Forces armées (1956-1957), ministre du Sahara (1957-1959).

Rémi Montagne[15] dans l'Eure ou Henri Fréville[16] en Ille-et-Vilaine. Cette série J renferme enfin les archives d'associations militantes contre la guerre en Algérie, en particulier le Mouvement de la Paix, ou relatives aux travailleurs algériens, comme l'Association service social familial migrants (Assfam), conservées aux archives départementales du Nord.

Enfin, l'ensemble de la presse locale et régionale conservé dans les bibliothèques des archives départementales a été une source précieuse[17]. Incontournable pour travailler sur le sujet, ce large panel de titres de journaux de tous bords politiques a été particulièrement utile pour évaluer, notamment, l'impact des événements en Algérie à l'échelon local ou approcher au plus près la question des appelés.

À côté de la presse, ces bibliothèques disposent en libre accès des recueils des procès-verbaux des séances du conseil général. Les ouvrages eux-mêmes ont été peu consultés, en raison de leur manque de spécialisation. Une critique a été exprimée sur le faible nombre de travaux universitaires qui y sont déposés[18] ; les chercheurs ont alors eu recours aux bibliothèques universitaires.

En dehors des archives départementales, cette enquête a aussi conduit les correspondants sur les traces de sources inhabituelles.

Une exploration novatrice

En premier lieu, la prospection des sources à l'échelle départementale a donné un relief particulier aux fonds conservés dans les centres d'archives municipaux. Ont été visités les centres d'Argenteuil, de Boulogne-sur-Mer, de Caen, de Calais, de Château-du-Loir, de Châtellerault, de Dunkerque, de Flers, de Fougères, de Laval, de Limoges, de Lyon, du Mans, de Montandon, de Montreuil-sur-Mer, de Rennes, de Saint-Denis, de Saint-Omer et de Vendôme.

Y ont été principalement consultés la correspondance du cabinet du maire, des rapports du commissaire central dans un cas ainsi que les

15. Élu député de l'Eure aux élections législatives de 1958 sous l'étiquette « Rassemblement pour le oui », il a battu Pierre Mendès France au premier tour.
16. Maire de Rennes de 1953 à 1977, député MRP de 1958 à 1968.
17. Les archives départementales reçoivent le dépôt légal de la presse locale et régionale.
18. Ce qui est pourtant l'usage pour tout travail mené à partir d'archives publiques.

procès-verbaux des délibérations du conseil municipal. Ces derniers donnent des informations sur les parrainages et les jumelages avec des villes en Algérie, les actions de solidarité en faveur des appelés, l'inhumation des soldats tués ou encore l'arrivée des rapatriés... Les archives municipales conservent aussi des fonds privés. Ont été utilisés, surtout, les dossiers de syndicats communaux et les archives d'hommes politiques tels qu'Émile Halbout[19] ou Robert Buron[20].

Cette prospection a également mis en valeur des archives privées conservées en dehors des dépôts publics. Elle s'est étendue au profit d'institutions privées détentrices de sources originales. C'est le cas des diocèses, qui conservent des bulletins paroissiaux, des papiers privés de prêtres, des brochures éditées par les paroisses à l'attention des jeunes appelés, des fonds des jeunesses catholiques... C'est le cas, aussi, des journaux locaux, notamment pour le courrier des lecteurs ou pour le fonds de photographies, des chambres de commerce et d'industrie[21], des antennes locales des associations étudiantes, des papiers personnels d'anciens militants... Entrent enfin dans cette catégorie toutes les associations locales d'anciens combattants ou bien d'Algériens, par exemple.

En revanche, l'opportunité de procéder à une enquête orale n'a pas pu être pleinement saisie, faute de temps. Les archives départementales elles-mêmes n'ont pas encore constitué de corpus d'entretiens. Seule la médiathèque de la Maison de la Méditerranée et des sciences de l'homme d'Aix-en-Provence a été consultée : elle conserve soixante-dix heures de témoignages de militaires algériens appartenant aux formations régulières ou supplétives.

Un grand nombre de correspondants, pourtant, a mené des entretiens, pratique intimement liée à l'écriture de l'histoire du temps présent. Mais il ne s'agissait là que d'une source d'appoint. La rencontre

19. Député MRP de l'Orne de 1946 à 1973, engagé dans la politique des jumelages, il a été, de 1958 à 1962, vice-président de la commission de la Défense nationale à l'Assemblée nationale. Fonds conservé à la médiathèque de la communauté d'agglomération du pays de Flers.

20. A été plusieurs fois ministre sous la IVe République. À l'avènement de la Ve République, il est ministre du général de Gaulle, avec l'objectif de participer à la recherche de la paix en Algérie. Il sera l'un des négociateurs et signataires des accords d'Évian. Fonds conservé aux archives municipales de Laval.

21. Les archives de certaines chambres de commerce et d'industrie peuvent être également versées dans les archives départementales dans la série « Archives privées ».

avec un témoin a été jugée utile pour conforter des hypothèses, apporter des compléments d'information ou croiser un autre écho, démarche nécessaire pour tous ceux qui n'ont à leur disposition qu'une seule source d'information. Elle apporte la touche précieuse d'un vécu face à la froideur des documents administratifs, et un large éventail des acteurs et témoins de la guerre d'Algérie en métropole a pu être ainsi représenté.

En complément des ressources conservées localement, cinq membres de l'équipe ont fait état d'une exploitation de fonds conservés au niveau national. Ont été consultés, au ministère des Affaires étrangères, les archives du secrétariat général pour les Affaires algériennes (SGAA, 1959-1967), exploitées principalement ici pour les jumelages et parrainages ou la politique menée envers les rapatriés, des fonds déposés aux Archives nationales du monde du travail (ANMT)[22] à Roubaix, tels que ceux de la Fédération de l'Éducation nationale (FEN) ou encore ceux d'entreprises sidérurgiques, les archives du Secours populaire français, celles du Crédit foncier de Flandres, des dossiers de prêtres ouvriers. Quant aux Archives nationales d'outre-mer (Anom)[23] à Aix-en-Provence, les fonds du Service des liaisons nord-africaines et ceux du ministère d'État chargé des Affaires algériennes sont incontournables. On peut aussi citer les fonds conservés au Service historique de la défense, les archives des tribunaux militaires, les archives historiques de la préfecture de police de Paris (APP) pour les dossiers du cabinet du préfet de Police Maurice Papon (1958-1962), et notamment le Service de coordination des affaires algériennes (SCAA). Enfin, l'Office national des anciens combattants et victimes de guerre (Onac) dispose de services dans chaque département avec les dossiers des anciens combattants et des données sur le nombre des victimes françaises. Il sert aussi de ressource pour obtenir des adresses d'associations d'anciens combattants et pour repérer des témoins.

Certaines sources d'institutions privées, enfin, bien qu'intéressantes d'un point de vue local, sont conservées au niveau national : les archives de la Cimade, service œcuménique d'entraide, pour les rapports établis après les visites mensuelles des délégués dans les camps d'internement ; les archives de la Croix-Rouge française, pour les procès-verbaux des conseils d'administration et des assemblées générales ; les

22. Nouvelle appellation du Centre des archives du monde du travail (CAMT) en raison de la refonte des Archives nationales en janvier 2007.
23. Nouvelle appellation du Centre des archives d'outre-mer (CAOM).

archives historiques de la Société nationale des chemins de fer français (SNCF), déposées au Mans, pour des dossiers sur les mouvements sociaux à la SNCF ; les archives de l'Union des grandes écoles (UGE). Les archives, fort riches, de l'Union nationale des étudiants de France (Unef) sont conservées à la Bibliothèque de documentation internationale contemporaine (BDIC) à Nanterre, des récits de vie de policiers le sont à l'Institut national des hautes études de sécurité (Inhes), et les archives de la revue *Esprit*, à la pointe dans la dénonciation de la torture notamment, se trouvent à l'Institut Mémoires de l'édition contemporaine (Imec) à Caen.

Les différents travaux réunis dans ce livre témoignent bien qu'une histoire locale de la guerre d'Algérie en métropole était possible et qu'elle permet un renouvellement du regard. Mais en amont, si la recherche présentée ici est novatrice, c'est d'abord par les sources sur lesquelles elle a reposé. Cette enquête a en effet constitué aussi une première exploration de grande ampleur des ressources disponibles en France. Elle a révélé leur richesse, leur diversité, tout autant que l'hétérogénéité qui caractérise encore leur dépôt et leur consultation. C'est pourquoi, sur ce terrain aussi, l'exploration ne fait que commencer.

© AFP

Une famille est réunie à Paris le 23 avril 1961 pour écouter l'allocution radiotélévisée du général Charles de Gaulle – en uniforme – ordonnant au contingent et à la population de « barrer la route par tous les moyens » au « quarteron de généraux en retraite » qui a établi un « pouvoir insurrectionnel » à Alger pour s'opposer à la politique algérienne du président de la République. Il délie ainsi les soldats de l'obéissance à leurs chefs mutinés. Il annonce également sa décision d'assumer les pleins pouvoirs selon l'article 16.

I. UN ÉCHO LOINTAIN DE L'ALGÉRIE DANS UNE FRANCE ENCORE TRÈS RURALE

Quoique urbaine à plus de 55 % et touchée par un exode rural accéléré, la France dans laquelle éclate la guerre est encore marquée du sceau de la ruralité. Cela est encore plus flagrant quand on s'intéresse aux régions où les Algériens étaient peu nombreux. Loin de l'Algérie et loin des Algériens, cette France fut-elle pour autant loin de la guerre ? L'étude de la presse offre une première réponse et permet d'apercevoir les images et les faits perçus en métropole. Au-delà, les habitants de France découvrirent la guerre et s'y rattachèrent lors de certains moments spécifiques, liés essentiellement aux départs des soldats envoyés faire du maintien de l'ordre en Algérie. Sur cette trame commune, la politique des parrainages et jumelages entre communes de France et communes d'Algérie tenta d'établir des liens plus pérennes et pacifiques, malgré l'ambiguïté d'une mise en place en plein affrontement sur l'avenir politique de l'Algérie. Enfin, plus surprenant peut-être, la guerre apparaît bien présente dans des endroits inattendus, à l'écart des points chauds de l'affrontement avec les nationalistes algériens : communes rurales du Limousin, petits bourgs du Grand Ouest, village ô combien symbolique de Colombey-les-Deux-Églises pour finir.

2. LA RUMEUR EN LIMOUSIN : LES MAQUIS DE RAPPELÉS

Annie Martin

Au début de l'été 1956, les autorités policières sont confrontées à une rumeur : la constitution de maquis de rappelés. Dans quel contexte et pour quelles raisons cette rumeur a-t-elle pu prendre corps ?

Au mois de mai 1956, une note de la direction des Renseignements généraux met en évidence pour la première fois l'existence de bruits circulant dans le monde rural au sujet de la constitution de maquis de rappelés[1]. Les communistes en sont-ils à l'origine ? Pourtant, alors même que les services des Renseignements généraux n'hésitent pas à en rendre directement responsable leur propagande, ils reconnaissent que le PCF n'envisage absolument pas la constitution de maquis. Comment et sur quels soubassements, dès lors, une pareille rumeur a-t-elle pu naître, se nourrir et s'épanouir, au point même de s'étendre à plusieurs départements ?

Le milieu rural, terreau de la rumeur

Le 12 avril 1956, trois décrets sont promulgués permettant le maintien sous les drapeaux et le rappel de soldats. Dans la Haute-Vienne,

1. Note de la direction des Renseignements généraux, « Les maquis du centre de la France », 30 mai 1956, Archives départementales de la Haute-Vienne (ADHV) 986 W 603*.

immédiatement, 897 jeunes gens reçoivent cet ordre de rappel[2]. Par crainte de troubles, les premiers ordres sont remis la nuit, à l'abri des regards, mais la distribution se passe finalement sans incident notable. D'une façon générale, les rappelés gagnent leur lieu d'affectation dans les délais[3]. Même dans des communes dont le conseil municipal à majorité communiste milite ouvertement contre les mesures de Guy Mollet, comme, entre autres, Saint-Junien, Eymoutiers ou Ambazac, le rappel s'effectue dans le calme.

Dans la conscience collective marquée par deux guerres, accomplir son devoir de citoyen en servant sous le drapeau français semble faire partie intégrante de la matrice comportementale. Bien sûr, on a pu voir des graffitis et observer quelques réunions dénonçant les décrets, mais les réactions les plus hostiles sont signalées à la gare de Limoges et du Palais-sur-Vienne, lors du passage de trains transportant la troupe ; elles sont néanmoins vite qualifiées d'incidents tant dans les rapports de gendarmerie que dans ceux de la Direction générale de la Sûreté nationale[4]. D'ailleurs, l'examen de ces événements montre que ces agissements relèvent plus de l'émotion et de comportements individuels relativement spontanés que de mouvements organisés.

Les trains circulent, les jeunes gens partent, mais la guerre a rattrapé la société haut-viennoise... Derrière ce calme apparent se dissimule une appréhension sourde, car, « dans son ensemble, la population limousine ne se réjouit pas de voir les disponibles rappelés et partir en Afrique du Nord[5] ». En effet, le fils, le mari ou le frère deviennent ce lien charnel qui relie l'Afrique du Nord à la Haute-Vienne. Ce n'est plus l'écho d'événements lointains, mais bien les événements eux-mêmes qui pénètrent dans les familles ou dans celles des proches.

Mais l'angoisse n'est pas la même suivant les milieux sociaux. D'après une note des Renseignements généraux sur l'état d'esprit de la population, il y a d'un côté ceux dont les conditions de vie s'aggravent. En particulier dans les milieux paysan et ouvrier, c'est sur le mode de la contrainte matérielle que le départ est perçu : un homme de moins pour faire les foins en cet été 1956 ou bien un salaire de moins sous

2. Note d'orientation SN/RG n° 43, 2 juin 1956, ADHV 986 W 1002*.

3. Rapport du chef d'escadron commandant la compagnie de gendarmerie de la Haute-Vienne, 11 mai 1956, ADHV 986 W 1002*.

4. Note relative au rappel des disponibles, mai 1956, ADHV 986 W 1002*.

5. Note d'information. Renseignements généraux de la Haute-Vienne, 12 mai 1956, ADHV 986 W 602*.

le toit d'un ouvrier représentent une gêne au jour le jour et par conséquent un profond mécontentement. De l'autre côté de l'échiquier social et politique, dans le milieu commerçant et artisan, la vie au quotidien est peu ou pas entravée par ces départs. Quant au milieu industriel et aux classes supérieures locales, ils ne semblent pas remettre en cause l'action du gouvernement. La contestation ne porte donc pas sur ce point.

En 1956, les conséquences du rappel des disponibles sur l'activité économique sont quasiment inexistantes dans l'industrie. Si l'on prend les trois grandes entreprises de la région, sur un effectif de 630 employés dont 350 hommes, les Chaussures Heyraud ne comptent que 5 rappelés. Dans les établissements Legrand, seuls 14 rappelés sont concernés sur un effectif total de 1 200, dont 600 hommes. Quant à l'arsenal, seuls 12 employés sur 1 400 sont rappelés[6]. Ces chiffres expliquent d'eux-mêmes l'absence de mobilisation du monde industriel local, ces rappels n'induisant aucune désorganisation. C'est donc au sein du milieu rural que la ponction masculine est la plus forte et que, de fait, l'impact de la guerre y est le plus prégnant. Ce sont par conséquent les campagnes qui se sont avérées les plus perméables aux rumeurs.

Les maquis de rappelés : l'instrumentalisation de la Résistance

La note des Renseignements généraux rapportant pour la première fois la circulation de bruits concernant la constitution de maquis de rappelés précise que, à la suite de sondages faits à la campagne, il ressort qu'une psychose semble s'installer non pas au sein de la population citadine relativement indifférente, mais bien à la campagne, où « on craint que les maquis ne soient en voie de création et, surtout dans la région limousine où le souvenir des maquis de la Libération est encore dans toutes les mémoires, on [en] redoute les effets[7] ».

Cette rumeur qui se développe dans le département n'est que l'écho de celle qui se propage dans le Cantal, en Dordogne, en Creuse

6. Note d'orientation SN/RG n° 43, 14 juin 1956, ADHV 986 W 1002*.
7. Note de la direction des RG, « État d'esprit de la population », 30 mai 1956, ADHV 986 W 603*.

ou en Corrèze[8]. Elle est révélatrice d'une société rurale encore traumatisée par l'insécurité induite par la guerre. Pour l'historien Georges Lefebvre, « la peur est un puissant générateur de rumeurs et de fausses histoires et, sous une forme particulièrement concentrée, elle peut produire une illusion collective[9] ».

Il y a tout d'abord un tract trouvé à Limoges le 12 juillet 1956[10]. Sous la signature « La Volonté du Peuple », ses auteurs constatent que « la guerre d'Algérie, la montée du fascisme, la misère qui s'étend ont placé les masses populaires devant la nécessité de l'action révolutionnaire[11] ». Ils rejettent toute forme légale de lutte politique, car « tout a été essayé, fait : élections, à gauche le 2 janvier, action parlementaire, pétitions... Tout cela ne sert plus à rien[12] », et préconisent :

> la nécessité de l'action révolutionnaire directe [...] par des manifestations de masses multipliées et le débordement des forces de police, le sabotage des moyens de guerre, la grève générale, le refus en masse des jeunes de partir. [...] Il faut déclarer la guerre ouverte contre le patronat et ses richesses. Cela c'est la première étape vers la révolution qui donnera tout le pouvoir au peuple travailleur. [...] Cela réclame de tous une discipline absolue, un sacrifice total.

« La Volonté du Peuple » a un seul mot d'ordre, qui fait appel à l'image du maquis et résonne dans l'inconscient collectif des ruraux limousins : « Jeunes tous réfractaires en masse, rejoignez les maquis. [...] Contacte des camarades sûrs, organise-les. Dès maintenant, prépare avec tes camarades les sabotages de voies ferrées et des transports de matériel, l'organisation de maquis, la grève générale. »

Pour qu'une telle rumeur prenne cette consistance dans ce département, il faut qu'elle bénéficie d'une double convergence : d'une part, le terreau de l'histoire politique locale et, d'autre part, une mémoire collective encore tout imprégnée de la guerre.

---

8. *Ibid.*

9. Georges Lefebvre parle de la Grande Peur de 1789, cité par John Horne et Alan Kramer dans *1914. Les atrocités allemandes*, Paris, Tallandier, 2001.

10. Note de la direction des RG, « Distribution de tracts », 12 juillet 1956, ADHV 986 W 1002*.

11. *Ibid.*

12. Souligné dans le texte.

Durant l'été 1944, il y eut comme dans beaucoup de régions une épuration en dehors du cadre légal. À côté d'assassinats de simples individus, d'autres eurent une résonance politique à long terme, cultivant ainsi le ressentiment. Or le département n'a pas connu de trêve depuis la fin de la Seconde Guerre mondiale. Dans son ouvrage sur l'épuration sauvage, Philippe Bourdrel, qui dresse un catalogue des exactions, qualifie le Limousin de « champ clos de la violence[13] ». Si l'on ne prend que deux exemples, force est de constater que tout concourt à ce que ce passé récent soit omniprésent. Dans le premier cas, il s'agit de l'assassinat au mois de juillet 1944 d'Adrien Saumon, maire socialiste de la commune de Maisonnais-sur-Tardoire et conseiller général du canton de Saint-Mathieu, dont la famille n'aura de cesse, tout au long des années 1950 et 1960, d'obtenir la réhabilitation en tant que « mort pour la France[14] ». Dans le second cas, c'est l'affaire Guingouin[15].

Inculpé en 1953 pour une affaire de droit commun opportunément déterrée, Georges Guingouin se trouve totalement happé par les rouages d'une machination. Arrêté, incarcéré puis libéré, il doit attendre 1959 pour être totalement innocenté par la chambre des mises en accusation de Lyon[16]. Mais, entre-temps, les passions politiques se sont déchaînées dans le département, cette affaire ayant la structure d'une poupée russe où les rancœurs et les haines les plus contradictoires s'emboîtent les unes dans les autres dans le but d'abattre cet ancien résistant. Dans le cadre de la confrontation politique entre le Parti communiste et la SFIO, le député socialiste Jean Le Bail prend la tête de la croisade à travers les colonnes du journal *Le Populaire du Centre* dont il est un acerbe chroniqueur. Il n'a de cesse de sonner l'hallali. La lecture de la presse semble donc entretenir un passé qui a la couleur de la braise sous la cendre dans un univers rural encore très introverti. Aussi, dans les campagnes, en cet été 1956, ce milieu est mûr pour accueillir n'importe quelle rumeur.

Enfin, la phraséologie et la sémantique de ce tract s'inscrivent dans le sillage du journal *Le Libertaire*, dont le discours n'est pas inconnu au sein d'une petite minorité de la population, car il existait dès le début du XXe siècle une culture libertaire enracinée en Haute-Vienne, dont le

---

13. Philippe Bourdrel, *L'Épuration sauvage*, Paris, Perrin, 2002.
14. Il a été reconnu mort pour la France en 1971.
15. Georges Guingouin (1913-2005) était membre des FTP et commandant des Forces françaises de l'intérieur de la Haute-Vienne en août 1944.
16. Michel Taubmann, *L'Affaire Guingouin*, Limoges, Lucien Souny, 1994.

principal bastion était la ville de Saint-Junien. Mais, au fil des décennies, le Parti communiste et la SFIO se sont imposés électoralement, au point de ne plus rendre audible, en 1956, la voix des libertaires. À une forte identité socialiste qui sculpte l'échiquier politique et dont la ville de Limoges est l'épicentre, s'oppose une identité communiste puissamment relayée par la mémoire de la Résistance[17]. En 1956, même si les communistes libertaires ont disparu depuis longtemps du paysage politique local, quelques individus ont conservé cette tradition que la guerre d'Algérie fait resurgir.

Les libertaires, inventeurs et producteurs de la rumeur

Dès lors, on peut établir la genèse du tract trouvé à Limoges le 12 juillet 1956. Georges Fontenis, à l'époque à la tête de la Fédération communiste libertaire (FCL), donne dans ses Mémoires des clés de lecture[18]. Il s'agissait avant tout d'un noyau de jeunes gens dont la moyenne d'âge tournait autour de 25 ans et qui étaient tentés pour les uns par une vie clandestine, pour les autres par un certain romantisme, et pour les plus âgés par la geste de la Résistance.

Lorsque le filet policier s'abat sur la FCL pendant l'été 1956 et que les principaux dirigeants sont arrêtés et interrogés par la Direction de la surveillance du territoire (DST), la Fédération devient moribonde. Certains membres plongent dans la clandestinité et tissent entre eux les mailles d'un réseau de solidarité[19]. Même s'il est très difficile d'entrer dans les détails, car « les documents concernant les maquis d'appelés n'ont pas fait l'objet de classement ou d'enregistrements[20] » à cause de

17. Vincent Brousse et Philippe Grandcoing, « Aux origines de deux identités politiques urbaines : Limoges et Saint-Junien », *in Un siècle militant. Engagement, Résistance et mémoire au XXe siècle en Limousin*, Limoges, Presses universitaires de Limoges, 2005, p. 115-146.

18. Georges Fontenis, *Changer le monde, histoire du mouvement communiste-libertaire (1945-1997)*, Paris, Le Coquelicot/Alternative libertaire, 2000. Georges Fontenis était instituteur, militant syndicaliste, secrétaire de la Fédération anarchiste de 1945 à 1951. Il a été à l'origine de la création de la Fédération communiste libertaire et de son journal, *Le Libertaire*.

19. Sylvain Pattieu, *Trotskistes et Libertaires dans la guerre d'Algérie*, Paris, Syllepse, 2002.

20. Lettre de Georges Fontenis à l'auteure, 10 septembre 2007.

cette vie militante souterraine, il est possible d'en retracer les étapes grâce à Paul Philippe[21].

Ce dernier était instituteur remplaçant à Pierrefitte dans la banlieue rouge de Paris et déjà en contact avec ce milieu politique avant d'être rappelé. Se refusant à partir, il entre dans la clandestinité avec de nouveaux papiers d'identité et devient alors un permanent de la FCL. Pour continuer ses activités et échapper à la répression, la Fédération loue un bureau non loin de la place Blanche à Paris. Seules deux personnes en connaissent l'existence : Georges Fontenis et Paul Philippe. Le groupe qui gravite autour d'eux n'excède pas une dizaine de militants, dont un sous-officier de réserve issu de la région de Limoges et très déterminé[22]. C'est ce dernier qui est à l'origine de l'idée des maquis de rappelés.

À l'heure actuelle, nous ne disposons d'aucune information concernant ce sous-officier de réserve militant, sauf qu'il était « de la région de Limoges[23] ». Vraisemblablement, ce rappelé était imprégné de l'histoire de la Résistance et a été influencé par le comportement de ses aînés face à la guerre. Paul Philippe pense qu'il a dû probablement s'inspirer du parcours de Georges Guingouin, avec l'idée, en arrière-plan, que le service du travail obligatoire (STO) avait précipité dans la clandestinité des jeunes gens[24]. Dès lors, y a-t-il eu un parallélisme entre la convocation pour le STO et la lettre de rappel pour l'Algérie ? Faute de témoignage, on ne peut qu'en être réduit aux hypothèses. Ce texte apparaît comme un syncrétisme entre une culture libertaire qui eut son heure de gloire en Haute-Vienne et la mémoire des actions de la Résistance.

C'est l'imprimeur du journal *Le Libertaire* qui a fourni les caractères typographiques et c'est Paul Philippe, dans la solitude du bureau de la place Blanche, qui a composé dans une forme, lettre après lettre, le texte[25]. Ensuite, à l'aide d'une petite imprimerie rudimentaire qui servait à faire les journaux de classe, il a pu tirer jusqu'à environ 2 000 tracts de petit format, afin de rendre leur transport facile[26]. Il a livré les paquets de tracts au fur et à mesure uniquement à Georges Fontenis, qui les a

21. Entretien téléphonique avec Paul Philippe, le 24 avril 2007.

22. Paul Philippe insiste sur le caractère « remonté » de ce sous-officier, mais ni lui ni Georges Fontenis ne se souviennent de son identité.

23. Entretien téléphonique avec Paul Philippe, le 24 avril 2007.

24. *Ibid.*

25. Il mit environ un mois.

26. Le format représentait un quart d'une page de dimension 21 x 27 cm.

remis à d'autres membres de la FCL. Les tracts ont été distribués par des sympathisants en priorité sur les quais de gare, au moment des départs. D'après Paul Philippe, les tracts ont été dispersés, outre la région parisienne, dans la région de Cannes, du Puy-de-Dôme et du Limousin. Par ailleurs, il semblerait qu'aucun sympathisant n'ait été arrêté par la police en train de les distribuer.

Que reste-t-il de cette rumeur dans la mémoire locale ? *A priori* strictement rien. Seules quelques pièces d'archives permettent d'en retrouver la trace, mais la question reste ouverte. À défaut d'avoir rencontré le principal témoin, et s'il est impossible de disséquer le cheminement intellectuel qui a conduit à la radicalité de son engagement, on peut cependant comprendre le contexte local dans lequel s'inscrit sa démarche. Malgré tout, l'étude des archives de la DST permettrait peut-être de mettre un nom sur celui qui fut à la source de la rumeur des maquis et d'en mesurer plus précisément, par la suite, l'étendue.

3. QUE RACONTENT LES HEBDOMADAIRES LOCAUX DE L'ENTRÉE ET DE LA SORTIE DE GUERRE ?

Rémy Foucault

À côté du quotidien *Ouest-France* qui dispose du monopole en Mayenne, trois hebdomadaires sont à la disposition des 250 000 habitants du département de la Mayenne. Comment ont-ils rendu compte de l'entrée en guerre puis du dénouement du conflit ?

Le Courrier de la Mayenne a été fondé en octobre 1944, il se réclame de « la doctrine sociale de l'Église » et, jusqu'aux années 1950, on le présente même comme l'organe officieux de l'évêché. Six des neuf membres de son conseil d'administration sont des nobles. Les éditoriaux dénoncent le communisme, font l'éloge du salazarisme, attaquent la « dictature gaulliste », défendent l'Algérie française. Ces positions lui attirent finalement les foudres de l'évêque de Laval qui, « cédant aux sollicitations de nombre de ses curés[1] », récuse les articles du journal. Dans le sud du département, *L'Indépendant de Château-Gontier*, créé en 1944 par des résistants, soutient le MRP, mouvement politique d'inspiration chrétienne et sociale, solidement implanté dans le département grâce, en particulier, au député et ministre Robert Buron, dont le journal publie fréquemment les points de vue. Enfin, au nord, *Mayenne-Républicain*, fondé aussi en 1944, représente l'idéologie radicale-socialiste et la pensée laïque.

1. Rapport des Renseignements généraux sur le référendum du 8 avril 1962, Archives départementales de la Mayenne (ADM) 1104 W 131*.

Proposer une explication au conflit

C'est dans les deux premières années du conflit en Algérie, et dans ces deux années seulement, que les hebdomadaires cherchent à comprendre les causes du soulèvement du FLN, ce qui n'est encore qualifié que d'« événements », de « troubles » ou de « terrorisme ». Une constante se dégage à la lecture des trois journaux : sont évoqués comme causes principales la misère des fellahs, les inégalités de traitement, voire le racisme.

Le Courrier de la Mayenne publie dès le premier mois de l'insurrection un article de Jean Toulat intitulé « Des millions d'Algériens ont faim ». Sous la plume de l'ecclésiastique, les « Algériens », c'est-à-dire les autochtones par rapport aux Français d'Algérie, sont dépeints comme des êtres qui ont souvent été « méprisés ». Il estime qu'« une révolution est à faire[2] ». Un an plus tard, le même éditorialiste insiste encore sur les inégalités économiques, sociales, d'emploi qu'il faut réduire pour intégrer les « Algériens[3] ».

En 1956, *Le Courrier de la Mayenne* fait appel aux valeurs chrétiennes et publie en première page une déclaration de l'Action catholique ouvrière sur le drame algérien (dans laquelle l'usage de la torture est aussi abordé[4]). C'est au nom des mêmes valeurs que le journal cite le Secrétariat social de Lyon, selon lequel le catholique « doit ouvrir les yeux sur les situations d'inégalité qui, en Algérie, résultent du fait colonial[5] ».

L'Indépendant de Château-Gontier utilise à peu près les mêmes arguments pour expliquer le « problème algérien ». Dès le début du conflit, l'un des deux députés MRP de la Mayenne, Pierre Elain, écrit que l'Algérie a besoin de fraternité, mais qu'il faut aussi élever le niveau de vie des populations dont l'accroissement démographique pose sans cesse de nouveaux problèmes[6]. L'autre député MRP de la Mayenne, Robert Buron, évoque dans un billet la question de l'égalité, en réclamant la « justice pour les masses miséreuses, la justice pour les évolués » à qui il faut accorder des places[7]. Le journal publie aussi un communiqué

2. *Le Courrier de la Mayenne (CM)*, 28 novembre 1954.
3. *CM*, 23 octobre 1955.
4. *CM*, 10 juin 1956. La même déclaration est publiée par *L'Indépendant de Château-Gontier (ICG)* le 9 juin 1956.
5. *CM*, 12 août 1956.
6. *ICG*, 27 novembre 1954.
7. *ICG*, 25 juin 1955.

des Comités nationaux d'action catholique, qui reprennent les propos de Mgr Léon-Étienne Duval, archevêque d'Alger, et exigent plus de justice sociale et moins de racisme[8]. Ainsi, la question du racisme est évoquée. En 1956, Robert Buron, de retour d'une mission d'enquête en Algérie, écrit dans un billet que, « en Algérie, les Français se laissent aller plus ou moins consciemment à des réactions racistes[9] ».

Mayenne-Républicain dénonce lui aussi l'inégalité sociale et politique. Un éditorial signé « Candide » fait le parallèle entre les fellaghas et les maquisards de la Seconde Guerre mondiale : ils peuvent tenir tête à une armée organisée parce que la population les soutient. Mais si les Français en Algérie ne peuvent être comparés aux nazis en raison de ce qu'ils ont apporté (écoles, développement économique), l'analphabétisme, la situation miséreuse d'une population sans pouvoir politique risquent de conduire à un conflit comme celui de l'Indochine[10].

Comme là-bas, la solution militaire n'est pas l'alpha et l'oméga de la situation. Plus que là-bas encore peut-être, l'agenda politique est prépondérant. Comment les trois hebdomadaires en rendent-ils compte ?

Sortir de la guerre : solution politique ou militaire ?

Le journal *Mayenne-Républicain* affirme dès le départ qu'il n'y a pas de « solution militaire » en Algérie et que la violence amène la violence. Il dénonce les massacres et la répression qui s'abat sur les populations[11]. Ces massacres concernent tout aussi bien les populations musulmanes que les jeunes recrues françaises. Attaquant la droite mayennaise (le député Victor Priou et les députés MRP Buron et Elain), le journal demande le retour des soldats engagés dans des combats « sanglants et inutiles ». Seule solution : des négociations véritables avec des représentants qualifiés[12]. Au printemps 1956, *Mayenne-Républicain* publie en première page l'« Appel à l'opinion publique » du Conseil national du Mouvement de la Paix.

Mais *Mayenne-Républicain*, dont les sympathies vont à la gauche modérée, se trouve écartelé entre son soutien au gouvernement qui

8. *ICG*, 3 septembre 1955.
9. *ICG*, 19 mai 1956.
10. *Mayenne-Républicain (MR)*, 22 janvier 1956.
11. *MR*, 29 mai 1955.
12. *MR*, 15 janvier 1956.

poursuit la guerre en Algérie et son souhait de paix négociée rapidement. Aussi trouve-t-il une solution en publiant un dialogue polémique entre un lecteur et Maurice Cormier, député socialiste de la Mayenne[13].

Le Courrier de la Mayenne pose le « problème algérien » en termes de contact entre deux civilisations. La symbiose reste affaire de temps. Cependant, il refuse l'idée d'une indépendance qui conduirait l'Algérie « dans l'orbite du communisme, de la Ligue arabe ou de l'Amérique[14] ». Par la suite, il publie des éditoriaux et chroniques contradictoires. Ainsi Jean Toulat écarte-t-il la solution militaire au profit de la solution politique qui passe par l'intégration des Algériens[15], mais l'hebdomadaire demande par ailleurs beaucoup de fermeté dans la conduite des opérations. Il évoque de plus en plus les Français d'Algérie qu'il ne faut pas abandonner face au monde arabo-musulman qui s'organise, ainsi que les combattants musulmans des deux guerres et leurs « sacrifices glorieux[16] ». Il approuve les pouvoirs spéciaux obtenus et opte de plus en plus pour le maintien de l'Algérie dans le giron français[17]. La solution militaire l'emporte donc. La rédaction dénonce la « mauvaise conscience » des Français qui provoque le défaitisme[18] et dresse un bilan militaire plutôt positif de l'année 1957[19].

L'Indépendant de Château-Gontier aborde plus tardivement la perspective de la fin du conflit. Début 1957, il publie un éditorial du général Navarre affirmant que la solution n'est pas militaire[20]. Robert Buron estime que l'armée a obtenu des résultats importants et qu'il faut donc maintenant définir l'objectif politique, sans jamais, toutefois, le préciser[21]. Après le référendum sur la Constitution de la Ve République, l'hebdomadaire songe encore à une « association librement consentie » entre l'Algérie et la France[22]. Puis il s'oriente vers un soutien quasi absolu à la politique conduite par de Gaulle, d'autant plus

13. *MR*, 13 mai, 27 mai et 3 juin 1956.
14. *CM*, 13 février 1955.
15. *CM*, 19 février 1956.
16. *CM*, 12 et 19 février 1956.
17. *CM*, 18 mars 1956.
18. *CM*, 23 juin 1957.
19. *CM*, 19 janvier 1958.
20. *ICG*, 4 janvier 1957.
21. *ICG*, 16 novembre 1957.
22. *ICG*, 4 octobre 1958.

que Robert Buron occupe une place au gouvernement. La rédaction estime que l'intégration à la France est irréalisable et qu'il faut faire confiance à de Gaulle. Si on pense que de Gaulle trahit l'Algérie, on fait le jeu du FLN[23]. « Un seul homme est capable à ce moment de jouer ce rôle, c'est de Gaulle[24]. » L'autodétermination est désormais la seule voie vers la paix, même si la guerre est loin d'être finie. Jusqu'à l'issue du conflit, le journal apporte son soutien à de Gaulle dans sa recherche de la négociation, même s'il craint ou dénonce parfois un renforcement de son « pouvoir personnel[25] ». Il multiplie les références à Dieu et cite le maximum de personnalités morales et religieuses (les cardinaux de France, Paul Reynaud, le comte de Paris...) pour inciter les Mayennais à voter oui à l'autodétermination, c'est-à-dire à « voter pour la paix » et à contrer la campagne du *Courrier de la Mayenne* en faveur du non[26]. Le journal suit avec attention les négociations d'Évian auxquelles participe Robert Buron et leur aboutissement. « Une ère nouvelle commence[27] », titre-t-il. Le mot « OUI » est toujours écrit en majuscules du 31 mars au 14 avril durant la campagne pour le référendum de ratification des accords d'Évian.

À partir de 1958, *Mayenne-Républicain* se trouve partagé entre son désir de paix négociée, position défendue depuis le début du conflit, et son opposition au « pouvoir personnel » accordé au général de Gaulle. En 1959, il évoque la « fin possible de la guerre d'Algérie[28] » et approuve donc l'idée d'autodétermination en accordant aussi beaucoup de place au Mouvement pour la paix. Le journal se trouve dans une situation ambiguë au moment du référendum du 8 janvier 1961. Il laisse entendre qu'il faut voter non en publiant un article intitulé « Pourquoi la CGT vous appelle à voter non[29] ». Mais il se garde de placarder sa propre opinion. Ensuite, il souhaite que les pourparlers d'Évian aboutissent dans les meilleurs délais et il leur accorde une très large place. Le cessez-le-feu est annoncé sur trois colonnes[30]. Cette fois, *Mayenne-Républicain* appelle sans équivoque à voter oui au référendum, tout en protestant

23. *ICG*, 30 mai 1959.
24. *ICG*, 1er août 1959, éditorial de Jean Teitgen.
25. *ICG*, 2 avril 1960.
26. *ICG*, 7 janvier 1961.
27. *ICG*, 24 mars 1962, éditorial de Jean Teitgen.
28. *MR*, 4 octobre 1959.
29. *MR*, 1er janvier 1961.
30. *MR*, 25 mars 1962.

contre le recours trop fréquent à un type de scrutin qui fait penser à la monarchie ou à la dictature[31].

Quant au *Courrier de la Mayenne*, il voit dans les événements du 13 mai 1958 à Alger une « réaction vitale d'un peuple qui veut vivre français[32] ». Il soutient l'armée pour son rôle politique et militaire et approuve encore de Gaulle quand celui-ci propose la « paix des braves » au FLN[33]. Après le discours du chef de l'État sur le projet d'autodétermination, l'éditorial qui suit devient plus critique. Le journal estime que le référendum à venir contredit celui du 28 septembre 1958 sur la Constitution, où « 94 % des Algériens ont voté oui à de Gaulle[34] ». Pendant plusieurs semaines, la ligne du journal sur la question algérienne est encore hésitante. Puis, à partir de 1960, le journal appuie de plus en plus ouvertement la ligne « Algérie française » à l'approche du référendum sur l'autodétermination. Louis de Guébriant estime que l'Algérie doit rester française « en vertu du droit chrétien[35] » et cite *La Semaine religieuse du diocèse de Nevers* qui estime que « le droit des peuples à disposer d'eux-mêmes est relatif, limité par le droit de l'autorité légitime ».

Cependant, le jour même du référendum, le journal publie en première page trois éditoriaux sous les titres suivants : « Le pour et le contre », « Référendum », « Sommes-nous des ultras ? » Il précise qu'« on ne se décharge pas d'un devoir civique en donnant périodiquement un blanc-seing à un mandataire » et que « le référendum n'est jamais qu'une opinion ». Il cite aussi ses confrères d'*Ouest-France* qui prennent clairement position pour le oui et *Mayenne-Républicain* qui pencherait pour le non[36]. Pourquoi une telle prudence le jour même du vote ? Il semblerait que le journal craigne de perdre des lecteurs ou, du moins, qu'il chercherait à ne pas trop heurter leurs convictions. Déjà, un éditorial avait fait allusion à des griefs de lecteurs à l'encontre de leur journal qui critiquait la politique du général de Gaulle[37].

---

31. *MR*, 8 avril 1962.
32. *CM*, 25 mai 1958.
33. *CM*, 2 novembre 1958.
34. *CM*, 11 octobre 1959.
35. *CM*, 2 octobre 1960.
36. *CM*, 8 janvier 1961.
37. *CM*, 20 novembre 1960. Après le référendum, le journal fait part d'autres réactions de lecteurs qui lui reprochent sa critique de l'autodétermination et la

Puis, au risque de choquer ses lecteurs, le journal s'engage de plus en plus dans la défense de l'Algérie française. Il critique « la France infidèle à sa vocation missionnaire » alors que le Portugal se bat pour garder ses colonies africaines[38]. Il évoque la souffrance des Français d'Algérie : « Sous quel régime vivront-ils demain ? La croix du Christ ? Le croissant ? L'étoile rouge[39] ? »

Le journal se montre compréhensif à l'égard des putschistes d'Alger en avril 1961, comme il l'avait été pour Lagaillarde[40] en janvier 1960. La politique d'« abandon » de l'Algérie est toujours dénoncée, l'OAS devient le troisième « combattant » en Algérie avec l'armée et le FLN[41]. Si le journal se défend d'excuser les méthodes de l'OAS[42] face à des lecteurs qui lui reprochent de ne pas condamner plus fermement ses violences, il réaffirme qu'il a toujours eu de la sympathie pour tous ceux qui ont cherché une solution française en Algérie, mais que certains (c'est-à-dire l'OAS) s'égarent dans la violence[43].

Après l'annonce des accords d'Évian, le journal titre : « L'aboutissement d'une politique », laquelle laisse « des citoyens abaissés, une armée humiliée et déchirée, une jeunesse désemparée[44] ». Quelques jours plus tard, le oui massif au référendum n'est donc qu'une « fantastique abdication de la France[45] ». Le journal appelle ensuite à la clémence en faveur des condamnés de l'OAS, estimant que Salan dispose de « circonstances atténuantes » et qu'il serait « inique qu'on amnistie des tueurs du FLN et qu'on fusille un général d'armée[46] ».

---

contradiction avec le quotidien *Ouest-France* alors que tous deux se réclament du catholicisme.

38. *CM*, 2 avril 1961.

39. *CM*, 23 avril 1961.

40. Opposé à l'idée d'autodétermination, Pierre Lagaillarde prend, en janvier 1960, la tête du mouvement insurrectionnel en Algérie (« semaine des barricades »). Arrêté, il est incarcéré à la prison de la Santé, et lors de sa mise en liberté provisoire, il rejoint Raoul Salan en Espagne et fonde avec lui l'OAS. Déchu de son mandat de député, il est condamné par contumace en mars 1961 à dix ans de réclusion criminelle. Il bénéficiera de la loi d'amnistie en 1968.

41. *CM*, 14 janvier 1962.

42. *CM*, 11 mars 1962.

43. *CM*, 18 mars 1962.

44. *CM*, 1er avril 1962.

45. *CM*, 8 avril 1962.

46. *CM*, 27 mai 1962.

Mais ces réserves, comme celles faites sur la politique gaulliste par *Mayenne-Républicain* entre 1958 et 1961, pèsent peu : les Mayennais approuvent massivement l'autodétermination (90,80 % de oui) et les accords d'Évian (93,70 % de oui). En effet, les lecteurs de ces hebdomadaires ne les achètent sans doute bien souvent que pour des raisons de proximité. Ils n'en partagent pas forcément la ligne politique et s'intéressent essentiellement aux pages locales : comptes rendus de fêtes et de cérémonies, faits divers mayennais, annonces de ventes... L'historien doit finalement être prudent et se demander combien lisent les nouvelles générales, déjà « vieilles » d'une semaine, alors qu'ils en connaissent l'essentiel par le quotidien *Ouest-France*, la radio et ce nouveau média qu'est la télévision.

4. QUE MONTRER DE LA GUERRE ? LES CHOIX ICONOGRAPHIQUES DU *COURRIER PICARD* (1954-1958)

Alain Trogneux

Pour les Français qui, dans leur immense majorité, ne possédaient pas de télévision et ne pouvaient glaner quelques bribes d'images d'actualités qu'au cinéma, la lecture du journal a été le principal vecteur d'information sur la guerre d'Algérie au même titre que la radio.

Dans la Somme, *Le Courrier picard* est incontournable. De tendance centre gauche, il est le seul quotidien, le journal le plus lu et le plus diffusé. Issu de la Résistance et fondé en 1944, il tire à 80 000 exemplaires et couvre tout le département, ce qui représente le coefficient de diffusion le plus élevé de France, avec un journal pour six habitants. À Amiens, un foyer sur deux lit *Le Courrier picard*.

L'étude de son iconographie permet d'analyser la vision de la guerre d'Algérie que les reporters et la rédaction ont cherché à construire. Dans un département plongé à deux reprises dans la tourmente des conflits mondiaux, qui a subi le traumatisme d'une double destruction à vingt ans d'intervalle, quelles représentations d'une guerre lointaine le quotidien a-t-il livrées au public avant le retour du général de Gaulle au pouvoir ?

Jusqu'en 1956 : une guerre invisible

En 1954, la question algérienne ne s'impose pas à la une de l'actualité [1]. À la Toussaint 1954, les journalistes ont deux préoccupations majeures : la reconstruction des cités détruites durant la Seconde Guerre mondiale

1. Étudiant l'iconographie de *Paris-Match*, Marie Chominot constate de même

et le procès Dominici[2]. Les premiers attentats en Algérie provoquent peu de réactions, avec seulement cinq photographies en novembre ; en décembre, il n'y a rien. Deux cartes d'Algérie permettent cependant de localiser les lieux d'attaque du FLN, et trois photographies rassurent l'opinion en montrant des patrouilles : un char circulant dans une ville, des parachutistes près d'une ferme, une patrouille près de Blida. On présente aussi un portrait de Messali Hadj, sans légende.

L'année 1955 n'est pas non plus très riche : douze clichés pour toute l'année, et en particulier rien en février, avril, juin, juillet, novembre et décembre. L'année 1955 a été rythmée par de terribles inondations en métropole durant l'hiver, par les événements du Maroc et les conflits sociaux durant l'été, par les législatives à la fin de l'année. Les photographies d'Algérie sont rares. En janvier paraissent deux photos des forces de l'ordre surveillant le désert et deux photos de personnalités : Claude Bourdet, rédacteur en chef de *France Observateur*, et Jacques Soustelle, gouverneur général de l'Algérie. Première traduction de la guerre d'Algérie en métropole, en août et en septembre 1955 : la une présente trois photos d'opérations de police et de maintien de l'ordre à Paris après des « bagarres » dans le XVIIIe arrondissement, avec des légendes appropriées : « Dispositif d'assainissement », « Vaste ratissage »... Le 7 septembre, une photographie montre un suspect fouillé. La légende évoque 800 arrestations à Paris et 25 000 sur tout le territoire. Rien n'est montré des émeutes du Constantinois, excepté les prisonniers FLN utilisés pour creuser les tombes des victimes.

L'année 1956 marque le véritable tournant du conflit. La guerre devient une véritable préoccupation. Le quotidien présente

---

que « l'actualité algérienne se trouve diluée ». Voir « Le film de la guerre. Les débuts de la guerre d'Algérie dans l'hebdomadaire illustré *Paris-Match* », *in* Mohammed Harbi et Benjamin Stora (dir.), *La Guerre d'Algérie (1954-2004). La fin de l'amnésie*, Paris, Robert Laffont, 2004, p. 575-596.

2. Il s'agit du procès de Gaston Dominici accusé du meurtre de la famille Drummond. Déplaçant les foules, ce procès eut une ampleur internationale et mobilisa plusieurs écrivains français. Au bout de douze jours d'audience, et malgré l'absence de preuves, Gaston Dominici, 77 ans, fut déclaré coupable sans circonstances atténuantes, ce qui signifiait la condamnation à mort. Devant les invraisemblances relevées durant le procès, une nouvelle enquête fut ordonnée quinze jours après le verdict. En 1957, le président Coty commua la peine et, en 1960, le général de Gaulle libéra Gaston Dominici.

136 photographies avec plusieurs types de prises de vue qui montrent une crise multiforme. Le lecteur est d'abord confronté à une vision algéroise en février : manifestation à Alger contre le départ de Jacques Soustelle, protestation de 20 000 personnes contre la venue du général Catroux. La police repousse les fauteurs de désordre et fait usage de grenades lacrymogènes.

La représentation de la guerre est aussi politique, avec l'implication du gouvernement. Le 2 février, la constitution du gouvernement Guy Mollet permet d'insister sur la nomination de deux Picards : le socialiste Max Lejeune, secrétaire d'État aux Forces armées (terre), et le radical-socialiste Jean Gilbert-Jules à l'Intérieur. On trouve trace de nombreuses photos de Guy Mollet « en action » à Alger, excepté la « journée des tomates[3] », notamment en consultation avec Salah Abd el-Kader, président de l'Assemblée algérienne, ou en visite dans les cités avec Jacques Chevallier, maire d'Alger... D'autres photographies des débats à l'Assemblée permettent une personnification de certains hommes clés : Robert Lacoste, Max Lejeune, Alain Savary...

La représentation, enfin, est militaire. Les pouvoirs spéciaux décident l'envoi du contingent, mais aussi de matériel amené par cargos en avril. La presse insiste surtout sur les renforts en hommes, avec le débarquement des troupes le 19 mars. On évoque également un « pont aérien » entre l'AOF et Alger, avec l'« arrivée des premières troupes noires de la coloniale à Maison-Blanche ». Le 30 mars, des renforts arrivent d'Allemagne. Le 19 mai, 3 800 soldats des 3ᵉ, 8ᵉ et 9ᵉ régions militaires débarquent du paquebot *Pasteur*. On montre aussi la formation d'unités de harkas composées d'Algériens qu'on présente comme décidés à s'opposer aux « hors-la-loi ».

Jusqu'à l'été 1956, la guerre devient visible : construction d'un mirador de guet, soldats à leur poste d'observation, opération de nettoyage en Grande Kabylie, groupe d'infanterie progressant sous le feu des canons, des arrestations de rebelles... L'embuscade de Palestro, le 18 mai 1956, causant la mort d'une vingtaine d'appelés du contingent, est relatée de façon à frapper l'opinion : le 23 mai, le journal présente la photographie de soldats apprenant le terrible sort de leurs frères d'armes ; le 24, on montre un groupe d'infirmiers attendant

3. Lors de sa visite à Alger, le 6 février 1956, Guy Mollet est confronté à l'hostilité violente (jets de légumes, cris, menaces de mort) de la population d'origine européenne.

Le 19 mars 1956, Robert Lacoste et Max Lejeune assistent sur le port d'Alger à l'arrivée des renforts venant de métropole. Ils sont accompagnés du général Lorillot, commandant de la 10e région militaire.

l'hélicoptère qui évacue un blessé, puis le 26 est publiée la photographie de Pierre Dumas, seul rescapé. Après cet événement dramatique, toutefois, la presse ne montre plus les blessés ni les cercueils. La prudence est de mise. La presse insiste sur les opérations de pacification : vérifications d'identité, fouilles, rafles... Le 6 avril, 3 000 personnes sont raflées à Alger et 265 sont conduites au commissariat. Le 29 mai, 6 000 hommes participent à une opération de police à la Casbah d'Alger et découvrent un dépôt d'armes... et une photographie de Nasser. Le 11 juin, 2 000 personnes sont interpellées, et près de 800 amenées au commissariat. Le journal exhibe les prisonniers, mains sur la tête.

Après Palestro : une vision aseptisée du conflit

La vision des soldats se veut consensuelle et optimiste. Durant l'été 1956, la guerre change de visage. Tout semble normal en Algérie. L'ordre y règne, les photographies sont rassurantes. Le 29 juin, pour manifester sa fidélité et son amitié à la France, la population d'un douar offre un couscous. Le 4 septembre, à Aïn Beïda, les troupes françaises viennent de gagner une bataille toute pacifique, celle des moissons ; l'armée protège les récoltes avec les blindés. Les autorités font bonne figure. Robert Lacoste inaugure, Max Lejeune passe les troupes en revue. Le 11 octobre, Maurice Papon, préfet de Constantine, visite plusieurs communes du nouveau département de Sétif.

À l'automne, la presse propose une vision idyllique, voire exotique, de la pacification. Le journal présente des vues anodines, surannées, complices de copains de régiment du même type que la photo de classe : « Bonjour de l'Oranie », « Dites à nos familles que nous pensons bien à eux »... Les soldats posent en tenue de campagne avec chapeau de brousse ou calot, souvent en short, rarement en armes et, pour faire couleur locale, avec un palmier en arrière-plan. Beaucoup de « gus » se font photographier devant les Jeep ou en compagnie d'animaux qui leur servent de mascottes. L'opinion fait ainsi l'objet d'un conditionnement psychologique. Rien n'est dit sur la vie quotidienne du soldat, son attitude au combat, ses peurs, son stress, les accidents, le « crapahutage », les corvées de bois... La propagande agit par omission. Il faut attendre le 14 septembre 1956 pour voir la première photo d'un soldat tué dans le Constantinois au cours d'un « accrochage ». En 1957, la presse publie trois photos de soldats tués, huit en 1958. Le décès est

Le 20 juillet 1956, Max Lejeune, secrétaire d'État aux Forces armées (terre), goûte le mouton rôti, lors du méchoui offert par le 6e escadron de spahis à Alger.

annoncé au grand public avec un retard de un à deux mois. Le retour des corps en métropole s'avère assez long. Les obsèques ont souvent lieu entre trois et six mois après le décès : « Tombé en Algérie le 16 octobre [...] Obsèques le 10 février[4]. »

L'opposition à la guerre n'apparaît que très rarement. La contestation est fugace et n'est soulignée que par quelques clichés du printemps 1956. Des photographies de banderoles en faveur de la paix en Algérie apparaissent à l'occasion du défilé du 1er Mai. Le 24 mai, 150 rappelés manifestent à Amiens, et le journal publie une photographie du cortège de la manifestation. Le 30 mai, une nouvelle photographie montre des manifestants des Chantiers de l'Atlantique bloquant la micheline qui doit emmener des rappelés. Le 1er juin, au cirque municipal d'Amiens, des incidents à la sortie du meeting pour la paix en Algérie sont l'occasion de présenter des journalistes brutalisés par la police.

1957-1958 : prudence et incertitudes

En 1957, à mesure que le conflit s'enlise, les pouvoirs publics cherchent à contrôler l'information et la représentation de la guerre, même s'il n'y a pas de censure préventive avant mai 1958. Mais les saisies sont bien présentes et visent la presse communiste ou d'extrême droite : 13 en 1956, 23 en 1957 et 28 en 1958[5]. *Le Courrier picard* n'est cependant pas touché par ces mesures. Les clichés publiés sont soigneusement triés.

On vise surtout à stigmatiser le FLN, assimilé à une organisation terroriste. Le 25 janvier 1957, le journal évoque l'assassinat de sept voyageurs dans le car Alger-Cherchell. En mai, la photographie de Ben Sadok désigne l'assassin d'Ali Chekkal, ancien vice-président de l'Assemblée algérienne. L'effroyable tuerie de Melouza, qui se solde par plus de 300 morts exécutés par le FLN, est abondamment relatée, mais sans photographie. En juin, en revanche, l'explosion de trois bombes au casino

4. Voir aussi l'article de Danielle Chevallier, « Les obsèques de soldats morts en Algérie », p. 70.
5. Christophe Barthélemy, « Les saisies de journaux en 1958 », *in La France en guerre d'Algérie*, Nanterre, BDIC, 1992. Voir également Martin Harrison, « Government and Press in France during the Algerian War », *The American Political Science Review*, juin 1964, p. 273-285.

d'Alger est illustrée par un cliché de la salle de danse complètement dévastée. En novembre, le chauffeur d'Henri Borgeaud, sénateur radical de l'Algérie, chef de file du grand colonat, montre l'impact de balles dans le pare-brise de sa voiture.

La bataille d'Alger n'est pas montrée, mais plutôt suggérée, avec l'armée dans un rôle protecteur. Le journal présente des soldats fouillant la Casbah d'Alger et utilisant un détecteur d'armes sur les passants, ainsi que des suspects plaqués contre le mur. La grève du FLN est brisée, ce qui est illustré par une photo des dockers chargeant des sacs sur le port sous la protection des forces de l'ordre. Le journal regorge de photographies officielles de tournées des popotes avec Maurice Bourgès-Maunoury, Robert Lacoste, Raoul Salan. Pour la presse locale, l'armée mène une campagne de pacification et semble au-dessus de tout soupçon. Il faut attendre le 4 décembre pour que soit publiée une première photographie évoquant l'affaire Audin[6].

L'année 1958 amène quelques évolutions. Déjà perceptible avec la crise de Suez et l'arraisonnement de l'avion des chefs FLN, la guerre s'internationalise et l'issue devient plus incertaine. La question tunisienne revient à la une. Le 11 février, le bombardement de Sakiet-sidi-Youssef est illustré par une photographie montrant des officiels inspectant les décombres. Le 12, l'ambassadeur américain Lewis Jones pose au milieu des ruines.

C'est aussi une guerre qui gagne du terrain en métropole. À la suite des attentats dont certains d'entre eux ont été victimes, 7 000 policiers parisiens manifestent le 14 mars dans la cour de la préfecture de police de Paris. Le 10 avril, le chef de la Sûreté fait l'éloge d'un CRS tué par un Nord-Africain à Romainville. Durant l'été, on montre des photographies des incendies des dépôts d'essence de Mourepiane près de Marseille, puis de Quevilly près de Rouen.

La presse se fait aussi l'écho du durcissement de la répression. Le 29 août, les photographies circulent sur les rafles à Paris et dans la Seine. Plus de 200 Nord-Africains sont rassemblés au Vel'd'Hiv. On présente à la une un groupe descendant d'un car avant de pénétrer dans le

---

6. Le 11 juin 1957, Maurice Audin, mathématicien, assistant à la faculté des sciences d'Alger, était arrêté par les parachutistes du 1er RCP. Le 21 juin, selon ses gardiens, il se serait évadé. Nul ne l'a plus revu vivant. Un Comité Audin se constitua à Paris et décida de faire une enquête. Voir l'article « À l'origine du Comité Audin : Jacques-Fernand Cahen », p. 265.

C'est à l'occasion du 1er mai 1956 qu'on voit les premières banderoles réclamant la paix en Algérie.

Le 24 mai 1956, des rappelés manifestent devant le monument Leclerc à Amiens. Munis de leurs valises, ils s'apprêtent à défiler dans les rues du centre-ville.

vélodrome. Le 4 septembre, l'aéroport d'Orly est gardé par l'armée. La recherche des suspects devient une priorité. Le 18 septembre, un cliché présente l'utilisation d'une herse pour la vérification des identités des automobilistes. Afin de lutter contre le terrorisme, des abris en ciment sont installés devant les commissariats le 23 septembre.

Il va de soi que la crise du 13 mai est abondamment photographiée. Salan, Massu, Soustelle sont les héros d'Alger avant que de Gaulle ne prenne le relais comme recours. Entre-temps, la République ne trouve que peu de défenseurs malgré les manifestations de rue ou les arrêts de travail où la question de l'Algérie apparaît peu[7].

Le Courrier picard a dans l'ensemble accompagné la politique gouvernementale sous la IVe République. Le conformisme régional et les liens étroits entretenus avec Max Lejeune, véritable patron politique du département, ont suscité un traitement raisonné de la question algérienne. Le souvenir des conflits passés, susceptible de motiver un rejet de la guerre, n'apparaît pas.

Les grands thèmes véhiculés par l'image sont du ressort de l'union nationale, avec les visites officielles de Soustelle à Mollet, de Bourgès-Maunoury à de Gaulle. Le journal célèbre aussi l'armée, ses chefs et ses professionnels comme Massu, Salan... ou les conscrits en mission de défense de la France. La dénonciation de la guerre, sa contestation, la répression des « rebelles » du FLN sont reléguées dans l'ombre. Pour *Le Courrier picard*, il en allait du sort de la nation.

7. Philippe Nivet et Alain Trogneux, « Les Français et la politique dans les années 1960 », *Bulletin de l'IHTP*, n° 79, 2002, p. 12-23.

5. LA HAUTE-MARNE : BERCEAU DES ACTIONS DE SOLIDARITÉ ENVERS LES SOLDATS

Mireille Conia

L'envoi des rappelés et de la classe 1955 du contingent en Algérie conduit bon nombre de jeunes gens à quitter leur région d'origine, leur emploi et leur famille, tout en étant confrontés à une réalité qui leur est bien souvent méconnue donc déstabilisante. Ce départ, perçu comme un déracinement, s'apparente à un traumatisme auquel peut s'ajouter une perte économique pour les familles. Il convient de les soutenir moralement, voire matériellement. Le 26 juin 1956, dans un discours radiodiffusé, le président Coty annonce la création de la Fondation Maréchal-de-Lattre pour coordonner les initiatives et en faire un mouvement profond d'attachement des populations. Certains départements adhèrent immédiatement à cette démarche, à l'exemple de celui de Loir-et-Cher, où un comité de 44 membres, avec forte participation des responsables des associations des anciens combattants et directeurs des journaux locaux[1], est présidé par le préfet. En Haute-Marne, en revanche, aucun comité n'est créé, ce département étant considéré comme déjà aux « avant-postes[2] » de la solidarité et doté d'un mode de fonctionnement propre.

Une initiative préfectorale

En effet, par arrêté du 25 juin 1956, après avoir consulté « les personnalités les plus en vue du département[3] » pour recueillir leurs avis et

1. Informations transmises par la correspondante de Loir-et-Cher.
2. Courrier de l'Office national des anciens combattants et victimes de guerre. Document conservé dans un dossier non archivé des archives de l'Office départemental des anciens combattants de Haute-Marne.
3. *Le Petit Haut-Marnais républicain* du 28 juin 1956, *Idem*.

assentiments, le préfet de la Haute-Marne, Marcel Diébolt, met en place le Comité haut-marnais de solidarité envers les soldats d'Algérie et leurs familles. Cette action souhaite traduire, dans un souci d'efficacité, la volonté de maintenir des liens sociaux, tout en établissant un certain type de relations structurées et organisées. Assimilée à une mission patriotique, elle est aussi présentée comme une réponse pratique à un élan spontané de fraternité. Les objectifs sont en réalité de susciter l'adhésion et de lui donner une certaine pérennité. Il apparaît donc souhaitable de s'interroger sur la portée réelle de cette opération de solidarité, sur les orientations données à la mise en place de ce comité, en cherchant à établir le niveau de mobilisation atteint, puis la réalité des réponses apportées et leur impact.

La composition du Comité haut-marnais de solidarité est représentative d'une conception qui place au premier plan l'importance des réseaux de sociabilité et de notabilité, révélant la confiscation par « le haut » de l'organisation de la solidarité. Cela explique probablement le nombre élevé de ses membres (86) et l'accent mis sur leur position sociale. De fait, ils appartiennent à la classe politique locale, les députés y sont tous présents, de même que les conseillers généraux, mais aussi les maires des villes importantes du département ou ayant une responsabilité au sein de l'Association des maires de France. Les fonctionnaires d'autorité y assistent : le préfet le préside et les sous-préfets y représentent leur arrondissement respectif. L'évêque de Langres et le pasteur, président de l'Association cultuelle de l'Église réformée, lui garantissent une autorité spirituelle. Les autres participants appartiennent à la société civile, exercent des responsabilités dans le domaine de la protection sociale professionnelle et rurale, font partie d'une administration, du monde combattant ou de celui de la presse ; en quelque sorte, leur choix veut illustrer la diversité de la société française à mobiliser. Cette composition montre surtout la volonté d'impliquer l'ensemble des forces vives dans l'œuvre à accomplir.

Cette initiative suppose des moyens financiers à réunir, ce qui est énoncé dans l'article 3 des statuts : « Le Comité haut-marnais de solidarité envers les soldats d'Algérie a pour but de recueillir et de répartir les fonds destinés à secourir les soldats d'Algérie et leurs familles[4]. » Ce

4. Document non répertorié tiré des archives de l'Office départemental des anciens combattants de la Haute-Marne.

comité est administré par une commission permanente d'où sont exclus les représentants de la classe politique, hormis un conseiller général et un maire au titre de l'Association des maires de France, pour préserver le recours aux compétences. Elle « a pour délégation d'étudier les dossiers soumis au comité et de prendre toutes décisions utiles en vue de l'attribution de secours et de l'action d'entraide à exercer[5] ». Ces nouvelles dispositions cherchent à combler les effets d'un certain vide. Les rappelés ou soldats du contingent servant en Algérie ne sont pas engagés sur des théâtres d'opérations extérieures, puisque leurs missions les appellent à servir sur le sol français, d'où la formulation de « missions de maintien de l'ordre ». Dans un tel contexte, ils ne peuvent bénéficier du système d'aides prévu au profit de leur famille en cas de nécessité.

Il semble que la création de ce comité soit surtout le reflet de l'implication du préfet Diébolt, qui n'a pas hésité à sensibiliser les élus locaux à la condition des rappelés de retour sous les drapeaux et aux conséquences sociales de cette décision. Son attitude peut s'expliquer par son parcours de fonctionnaire et ses engagements personnels. Né en 1912, dans une famille originaire de l'est de la France, il connaît le sens du sentiment patriotique et de l'intérêt public. À son arrivée en Haute-Marne, le 1er mars 1956, il a une longue expérience de l'administration préfectorale où il est entré en juillet 1936. Dans ses fonctions précédentes de directeur de cabinet adjoint au ministère des Finances et des Affaires économiques, il s'est intéressé au développement local. Il est alors collaborateur au cabinet de Pierre Pflimlin, dont il partageait les orientations. Ses fonctions peuvent aussi s'expliquer par ses aptitudes aux prises de décision rapides et aux initiatives. D'anciens fonctionnaires en poste à la préfecture de la Haute-Marne ont conservé le souvenir d'un meneur d'hommes, soucieux de l'action de terrain, aimant à prendre les problèmes « à bras-le-corps », à les résoudre, à l'écoute des maires, allant à leur rencontre lors de nombreux déplacements dans les cantons[6]. Il a su tisser des liens solides durant son séjour de trente mois. Il souhaitait en effet, avant tout, assurer le développement économique et la croissance du département. C'est pourquoi il a été sensible au fait que les familles puissent pâtir de l'absence du soutien que représente souvent le seul salaire de l'époux ou l'apport du travail

---

5. Art. 3 du document cité dans la note précédente.

6. Entretien de l'auteure avec M. Gardiennet, directeur de l'Office national des anciens combattants à l'époque des faits, 2007.

du fils et au fait que les activités se trouvent ralenties en raison du départ d'actifs : travailleurs, artisans, exploitants agricoles sur lesquels étaient fondés les efforts de modernisation et de développement de l'appareil productif. De plus, en août 1943, alors qu'il était sous-préfet de Dole, il avait été arrêté et déporté au camp de concentration de Buchenwald. Cette douloureuse expérience explique probablement sa vision humaniste, la perception morale qui se dégage de ce traitement social du départ sous les drapeaux.

L'appel destiné à susciter la générosité pour soutenir les 819 premiers appelés haut-marnais est publié dans le *Recueil des actes administratifs et des informations de la préfecture de la Haute-Marne* du 25 mai 1956, avant d'être repris dans les colonnes des journaux locaux, le 31 mai 1956. L'opinion publique est ainsi informée, sensibilisée.

Le préfet Diébolt s'investit totalement dans cette mission : « J'ai d'ailleurs l'intention d'écrire directement aux jeunes soldats haut-marnais pour les assurer que notre pensée attentive les accompagne » ; « Je me préoccupe de les aider, dans toute la mesure du possible, à résoudre les difficultés qu'ils peuvent rencontrer, notamment du fait de leur rappel au service militaire[7]. » Il montre ainsi son sens des responsabilités, la haute conception qu'il a de son rôle de représentant de l'État. Les termes utilisés se veulent porteurs de convictions, de capacités à susciter l'adhésion à l'égard de cette démarche. Il souhaite impulser un esprit de mobilisation, comme si cette mesure de rappel devait être confortée par une réelle implication de l'ensemble de la population, à l'image des rapports entre l'arrière, symbolisé par les civils, et le front, lieu de confrontation.

Un article paru dans le journal *Le Petit Haut-Marnais républicain* du 28 juin 1956 sur trois colonnes contribue au lancement d'une large souscription qui doit s'achever le 14 Juillet, date symbolique à laquelle les résultats doivent être officiellement publiés et portés à la connaissance de l'ensemble de la population, ce qui renforce la dimension citoyenne de cette opération de solidarité. Les liens, ainsi exprimés, sont confortés par la connaissance des coordonnées bancaires pour les dons. Ces dispositions sont présentées comme une volonté d'organiser l'élan « spontané de fraternité qui s'est traduit en maintes circonstances par des

7. Propos du préfet Diébolt parus dans le *Recueil des actes administratifs et des informations de la préfecture de la Haute-Marne* du 31 mai 1956.

gestes dignes d'être cités en exemples[8] », sans autre précision, ce qui laisserait à penser qu'ils ont été très ciblés ou localisés. Ils sont surtout représentatifs d'un état d'esprit à encourager.

L'initiative étant parfaitement originale en Haute-Marne, la spontanéité de la démarche reste à interroger. Les liens semblent persistants entre les populations et les rappelés, toujours désignés comme nos « jeunes concitoyens ». Dans le compte rendu de la manifestation de lancement du comité, l'accent est mis sur le symbolisme patriotique, ainsi largement présent et exploité. Dans un souci de consensus, le préfet fait observer une minute de silence à l'intention des quatre premiers tués haut-marnais, d'où les formules employées : « toute la Haute-Marne était présente », « l'appui total de nos populations ». Ceux qui s'excluent de cette manifestation sont désignés ironiquement pour éviter toute polémique et préserver l'image d'une communauté rassemblée.

Les actions de solidarité deviennent un prétexte. L'envoi de « douceurs », livres, cigarettes, friandises, à l'image d'une action psychologique positive, est destiné à soutenir le moral des troupes, mais aussi à sonder leur état d'esprit. On écoute la « voix des gars qui sont là-bas », transmise par des échanges épistolaires qualifiés d'émouvants et d'encourageants. Les soldats déclarent souhaiter, pour le plus grand nombre d'entre eux, la fin rapide des événements. Ces réactions donnent un sens à la poursuite de cette action.

La situation des familles est pourtant l'objet primordial des préoccupations. Ainsi, dans le Loir-et-Cher, la commission de coordination présidée par le maire de Blois, après la visite de l'assistante sociale aux armées, est chargée d'attribuer les aides financières.

Le relais des collectivités locales

À côté de choix importants faits au niveau départemental par le préfet ou ses services, la confection et l'envoi de colis sont confiés aux collectivités territoriales. L'intervention du représentant de l'Association des anciens prisonniers de guerre, évoquant « par expérience » combien la réception d'un envoi joue un rôle moral important, renforce l'analogie avec les conflits précédents, sur le plan psychologique. Il montre aussi

8. *Le Petit Haut-Marnais républicain* du 28 juin 1956, article conservé dans le dossier non archivé des archives de l'Office départemental des anciens combattants.

le besoin de maintenir des liens avec le village, perçu comme une petite patrie. Il exprime la nécessité de maintenir des formes de sociabilité, montrant des permanences de mentalités, ce qui justifie la persistance des méthodes ou stratégies employées pour lutter contre l'éloignement. L'envoi d'équipements collectifs qui ne figurent pas dans les fournitures de l'armée, au titre de distractions, comme des « phonos », des disques, des jeux, voire des réfrigérateurs, s'effectue au profit des unités militaires contribuant à l'amélioration de la condition du soldat[9].

La question du financement est essentielle. Le conseil général de la Haute-Marne vote, dans un premier temps, un crédit de 500 000 anciens francs (AF). Le préfet Diébolt, lui-même, désireux de s'impliquer personnellement, fait un don, sur ses deniers personnels, de 100 000 AF. Le projet d'une souscription fait l'objet d'un débat en vue d'associer encore plus étroitement les populations. Celle-ci présente surtout l'avantage de ne pas faire supporter l'intégralité de la charge aux communes, aux situations financières très contrastées. Des quêtes au moment des mariages couvrant les frais d'envoi, des collectes organisées dans les écoles sont également prévues. Du reste, des tractations paraissent avoir été engagées entre l'inspecteur académique de la Haute-Marne et le préfet pour mobiliser les scolaires. En Loir-et-Cher, des tarifs préférentiels sont accordés par les PTT pour l'acheminement du courrier. Cette mesure est destinée à soulager les budgets des familles modestes, pour qui cette dépense représente une lourde charge. La Fondation Maréchal-de-Lattre entreprend également, pendant l'été 1956, de demander leur contribution aux automobilistes, en leur vendant, lors des départs en vacances, des timbres « bonne route » à 500 AF l'unité. Elle espère obtenir de cette opération, relayée par les pompistes, 500 000 AF. Cette initiative va recueillir, notamment en Loir-et-Cher, beaucoup de succès.

Parallèlement, le préfet de la Haute-Marne mentionne la volonté de nombreux maires d'organiser, le 14 juillet 1956, des manifestations de soutien aux rappelés. Le maire de Saint-Dizier a, dans cette optique, pris la décision d'annuler les bals publics et de ne conserver que les réjouissances prévues pour les enfants afin de ne pas privilégier le côté ostentatoire du caractère festif de la célébration, mais plutôt sa dimension d'expression de la communauté nationale. Une collecte sur la voie

9. L'ensemble des informations sur le Loir-et-Cher ont été transmises par la correspondante de Loir-et-Cher.

publique, à l'occasion de la journée nationale pour l'Algérie, est demandée, le dimanche 15 juillet 1956, par le préfet de Loir-et-Cher. La présence des anciens combattants portant leurs décorations est souhaitée, afin de renforcer la dimension patriotique du don.

Dons et enjeux de pouvoir locaux

Un article du 4 juillet 1956 paru dans *La Haute-Marne libérée*, signé par le préfet Diébolt, relance l'appel à l'intention des maires du département pour la création de comités communaux :

> Je vous demande de constituer immédiatement, si ce n'est déjà fait dans votre localité, un comité communal de solidarité qui devra grouper les personnalités représentatives des divers milieux et, en premier lieu, les dirigeants des organisations d'anciens combattants, de déportés et de résistants. Ce comité désignera les personnes (de préférence des anciens combattants) qui iront elles-mêmes recueillir chez les habitants de la commune les dons que ceux-ci voudront bien faire[10].

Il est très probable de voir dans cette initiative le prolongement de l'état d'esprit né de la guerre et de la Résistance, mais aussi une base de construction pour de nouvelles formes de solidarité. Il convient également d'y voir une manière d'affirmer la centralisation de la prise de décision, apparue nécessaire pour une meilleure efficacité :

> Il faut que nous disposions d'une « masse de manœuvre » importante. Or, si par une tendance certes naturelle et *a priori* compréhensible, vous souhaiteriez pouvoir garder ces sommes en tout ou en partie à votre disposition afin de les affecter aux seuls soldats de votre commune ou à leurs familles. Il est évident que ceci aurait [des] conséquences fâcheuses [dans la répartition égalitaire des secours en fonction des besoins des familles][11].

10. Article conservé dans le dossier non archivé de l'Office départemental des anciens combattants.
11. *Ibid.*

Les sommes sont attribuées avec le concours des assistantes sociales de l'action sociale des forces armées, après décision de la commission permanente, afin d'attester le bien-fondé de la procédure engagée.

Cependant, des partenariats sont parfois nécessaires. En effet, la gestion des exploitations agricoles est bien souvent perturbée à la suite du départ du rappelé, à l'exemple de cette veuve de cultivateur dont les deux fils sont indisponibles, l'un à nouveau sous les drapeaux, l'autre effectuant son service militaire. Se trouvant seule à la tête d'une exploitation d'une quarantaine d'hectares, elle réclame de l'aide. Le maire est alors un intermédiaire privilégié. En sollicitant le délégué communal de la Fédération des syndicats des exploitants agricoles, le plus à même pour intervenir, il montre que le rôle de l'élu s'impose même dans un autre domaine que celui des affaires publiques.

Les résultats de cette action de solidarité sont publiés dans le numéro du 4 octobre 1956 du *Recueil des actes administratifs du département de la Haute-Marne*. La forme officielle est ainsi respectée. Le préfet Diébolt les annonce en premier aux conseillers généraux avant qu'ils ne soient inclus dans le bilan national de la campagne de solidarité qui doit être présenté au cours d'une cérémonie présidée par Albert Sarraut, président de l'Assemblée de l'Union française[12], mais aussi président de la Fondation Maréchal-de-Lattre. Il leur apprend que le département de la Haute-Marne « s'est classé à la toute première place », brillant classement attribué pour partie à l'intervention des élus, à « l'affectueuse sympathie » et aux « sentiments de solidarité » que les populations témoignent à l'égard de leurs soldats envoyés en Algérie. Cette manifestation locale est aussi l'occasion d'annoncer le retour dans leurs foyers du premier contingent des rappelés. Mais c'est à la séance du conseil général du 12 novembre 1956 que le préfet fait état de chiffres précis : la souscription a atteint le montant de 12 500 000 AF, ce qui a valu à la Haute-Marne les « félicitations des plus hautes instances de l'État[13] ».

---

12. « L'Assemblée de l'Union française est composée pour moitié de membres représentant la France métropolitaine et pour moitié, les membres représentant les départements et territoires d'outre-mer et les États associés » (art. 66 de la constitution de la IVe République).
13. Exposé du préfet de la Haute-Marne, Marcel Diébolt, devant le conseil général de la Haute-Marne durant la séance du 12 novembre, document conservé dans le dossier non archivé de l'Office départemental des anciens combattants.

Ce type d'action réaffirme la vision traditionnelle du pouvoir local qui concourt au développement des réseaux d'influence, fondés sur des liens socioéconomiques ou associatifs. Elle renforce l'autorité morale de l'élu, qui devient un relais mobilisateur. Dans la liste des souscripteurs, ce sont les associations dont la vocation est traditionnellement d'assurer les fonctions d'assistance, telle la Croix-Rouge, qui sont mises en valeur, aux côtés de celles des anciens combattants et autres associations patriotiques. L'effort des enfants des écoles, « qui, à eux seuls, en brisant souvent leurs tirelires, ont réuni la somme de 800 000 francs », est également souligné. Cette liste montre la priorité accordée à un engagement fondé sur des formes de patriotisme qui mêlent les générations dans un respect des valeurs intemporelles.

> Je citerai également les ouvriers qui, dans les usines, ont participé à la collecte, telle une certaine entreprise où j'ai été invité à toucher moi-même, en présence de tout le personnel, un chèque de 17 000 francs, somme réunie par 90 ouvriers et ouvrières. Je n'oublierai pas non plus les parlementaires, les chefs d'entreprise, les commerçants, les organisations du monde économique, industriel, commercial, artisanal, agricole, la caisse régionale du Crédit agricole, la Coopérative haut-marnaise agricole, les banques, les Caisses d'épargne, qui tous ont voulu témoigner par un chèque souvent substantiel, la part sympathique et importante qu'ils prenaient à cette action [14].

L'insistance avec laquelle est montrée l'implication des acteurs économiques semble dépasser la simple démonstration de leur dynamisme pour leur donner une représentativité de corps social. La fonction publique y est associée au travers du rôle des enseignants et des pompiers, catégories traditionnellement au service des populations. Cette façon d'appréhender l'impact de cette action de solidarité tend, en fait, à concrétiser l'idée d'une nation rassemblée derrière son armée. Elle préserve les équilibres établis, consacre les tendances conservatrices de la société tant dans son fonctionnement que dans ses rapports internes. Le soldat y acquiert une dimension mythique de héros derrière lequel chacun peut se rassembler, dépassant tous les clivages.

---

14. *Ibid.*

L'implication des communes est aussi un indicateur. En Haute-Marne, elles sont au cœur d'un dispositif organisationnel. Certaines communes importantes de Loir-et-Cher, comme Blois, Vendôme et Romorantin, ont également voté des contributions de 50 000 AF. Proportionnellement, les efforts les plus notables sont à porter au crédit de villes plus modestes, comme Selles-sur-Cher qui a versé une somme de 20 000 AF. Les choix d'implication peuvent très probablement s'expliquer par l'influence persistante de l'esprit de la Résistance et la présence de partis de gauche, tout particulièrement du PCF, ce qui, du reste, peut donner lieu à des manifestations violentes au moment du départ des rappelés. Le conseil général de Loir-et-Cher a lui aussi voté une subvention extraordinaire d'un million d'anciens francs et adressé « l'expression de son ardente sympathie aux militaires, appelés, maintenus ou rappelés, qui défendent dans des circonstances moralement et matériellement difficiles et souvent périlleuses les réalisations apportées par la France dans une région qu'elle a tirée de la barbarie ».

Le montant des sommes récoltées (6 millions d'anciens francs) dans ce même département à la fin de l'été 1956, à partir de subventions communales, de dons d'organismes privés, de banques ou de journaux, témoigne du niveau d'adhésion. L'appel à l'intention de toutes les catégories socioéconomiques publié dans le périodique de la chambre de commerce de Loir-et-Cher, *L'Effort*, en juillet-août 1956, se veut porteur d'un message quasiment politique :

> La chambre de commerce, assurée d'interpréter les sentiments d'attachement de ses ressortissants à l'œuvre accomplie par la France auprès des populations nord-africaines, tient à associer étroitement le commerce et l'industrie du Loir-et-Cher à l'action pacificatrice que notre pays soutient en Algérie pour déjouer les renoncements que voudraient lui imposer des intérêts étrangers. Nos soldats partis en Algérie et ceux qu'ils ont quittés pour s'opposer au démembrement de la France et sceller son unité doivent sentir que derrière eux le pays tout entier les soutient et entoure leur famille d'une généreuse sollicitude.

Qu'a donné la distribution de ces moyens financiers ? La notion de besoin est essentielle pour comprendre la manière dont les secours sont octroyés. En effet, des mandats pour un montant de 475 000 AF sont émis à titre de parrainage à l'intention de tous les jeunes soldats qui, « de par leur situation de famille, [sont] particulièrement dignes d'intérêt », qu'ils soient orphelins, pupilles de l'Assistance publique ou fils de familles nombreuses aux ressources limitées. Cette option a paru préférable à tout autre traitement égalitaire qui n'aurait pas atteint son objectif, à savoir contribuer à conforter les troupes dans le bien-fondé de leur présence en Afrique du Nord sans leur donner l'impression d'attribuer une prime. La dimension d'action psychologique est évidente. C'est pourquoi la communication est largement faite sur l'acquisition d'un camion-cinéma destiné à apporter de la distraction jusque dans les postes les plus reculés[15]. En Loir-et-Cher, il est aussi mentionné de semblables réalisations au profit du moral des troupes. En Haute-Marne, les familles sont largement privilégiées, avec le versement d'une somme de 1 100 000 AF correspondant à des financements de soins médicaux ou à des secours visant à atténuer la perte de revenus consécutive au départ des soldats.

L'initiative de certaines communes de Loir-et-Cher d'envoyer directement des aides aux « enfants du pays en Algérie » pour conserver le contrôle de leur mise à disposition paraît relever d'une certaine méfiance. Cette attitude est récurrente dans ce département pendant toute la période de la guerre, ce qui contredit quelque peu l'esprit de mobilisation collective mise en exergue au niveau départemental.

En Haute-Marne, la coordination porte ses fruits et le montant élevé des sommes recueillies par le biais de la souscription traduit un effort considérable, avec 4 459 000 AF rassemblés au total. Ce fort niveau d'implication semble attester qu'en 1956 les Haut-Marnais espèrent un prochain retour à la paix. En attendant, il convient de faire son devoir en soutenant les soldats. C'est sans doute pour cela qu'ils se sont si largement mobilisés lors de cette campagne de souscription, mais aussi parce qu'ils adhèrent encore à un système de valeurs qui les conduit à reconnaître la solidarité comme permettant le maintien de l'équilibre social au même titre que le respect des valeurs portées par l'État. La réponse peut être considérée comme un soutien au régime. Toutefois, il faut noter que de multiples actions[16]

15. Ce camion, d'une valeur de 2 500 000 AF, a été présenté aux Chaumontais.
16. Cet élan de générosité s'étend aussi aux populations algériennes victimes de

sont réalisées et des secours attribués au moins jusqu'en 1960. Seule une analyse précise des chronologies locales permettrait d'en éclairer les raisons sur le long terme.

---

la misère. En Loir-et-Cher, une collecte de vêtements est organisée par des enfants musulmans en octobre 1956. En novembre 1959, la Croix-Rouge, mais sur l'initiative d'un jeune officier blésois sous les drapeaux, entreprend d'agir de même pour les écoliers d'Algérie « vêtus de haillons ».

6. LES OBSÈQUES DE SOLDATS MORTS EN ALGÉRIE

Danielle Chevallier

La « guerre sans nom » a eu ses « morts pour la France ». Les obsèques des soldats de l'armée de métier comme du contingent, organisées par les pouvoirs publics selon le même rituel que celui des conflits antérieurs, ponctuent les années algériennes. En Loir-et-Cher, département encore largement rural dans les années 1950, leur répétition rappelle aux populations, peu impliquées en apparence, les réalités et les risques mortels du conflit. Comme l'exprime le maire de Nouan-sur-Loire en novembre 1958, « il a fallu cette dépêche fatale pour que nous prenions vraiment conscience des sacrifices immenses que consentent notre jeunesse, notre armée, sur cette terre d'Algérie[1] ».

Le département de Loir-et-Cher a perdu 138 hommes en Afrique du Nord, dont 128 en Algérie. 1957, 1958 et 1960 sont les années les plus meurtrières ; 1958 est celle où le nombre des obsèques, qui s'élève alors à 39, est le plus élevé[2]. La mort frappe surtout les campagnes ; villes et bourgs de plus de 1 500 habitants représentent 73 % de la population totale, mais seulement 50 % des décès. La quasi-totalité des soldats tués sur lesquels nous avons des renseignements sont ouvriers agricoles, ouvriers

---

1. Les citations des discours sont extraites des numéros de *La Nouvelle République du Centre-Ouest*, édition de Blois, de l'ouvrage *À la mémoire de nos camarades morts en Afrique du Nord 1952-1962*, album-souvenir réalisé par l'Union départementale des anciens combattants et victimes de guerre de Loir-et-Cher (Blois 1998), sur la base d'un important dossier réalisé par Marcel Pilon, membre du comité national de la Fnaca.
2. Chiffres communiqués par Marcel Pilon.

dans l'artisanat ou employés de petits commerces, c'est-à-dire appartenant à un monde rural en difficulté économique. Dans ce département sans établissement d'enseignement supérieur, on ne repère parmi ces morts qu'un instituteur, un ingénieur et un ancien élève d'une école de commerce. On devine souvent une situation familiale difficile : famille très nombreuse, décès du père, de la mère ou des deux, enfant de l'Assistance publique. La campagne de solidarité lancée en 1956 sous l'égide de la Fondation Maréchal-de-Lattre pour venir en aide en priorité aux familles des soldats permet de mesurer l'ampleur de la misère sociale de ces familles[3]. Un tiers des tués sont des gradés, souvent des anciens d'Indochine, parmi lesquels de nombreux engagés – l'armée étant un moyen de promotion sociale pour échapper à une vie sans perspective sur place.

Les sources

C'est dans *La Nouvelle République du Centre-Ouest*, édition de Blois, que la population lit le récit des obsèques. Une large place est faite à l'événement. L'article est placé dans les pages locales, où il bénéficie d'une vraie visibilité : titre bien détaché sur plusieurs lignes, deux ou trois colonnes de texte sur une trentaine de lignes et, rarement, une ou deux photos. Les titres restent toujours neutres : le nom du défunt, le lieu et la date des obsèques. Parfois est adjoint un adjectif ; les funérailles deviennent « émouvantes », la foule qui y assiste est « émue », « recueillie », « immense ». Quelques rares titres, plus personnalisés, parlent de l'« extrême jeunesse » du défunt s'il n'a que 20 ans, de sa « bravoure », évoquent les circonstances de sa mort comme pour les victimes de l'embuscade de Palestro, le 18 mai 1956[4]. L'article, selon un plan immuable, présente des morceaux choisis des discours prononcés au cimetière avant de conclure par les condoléances que le journal adresse à la famille. On ne relève aucune critique du bien-fondé du conflit. Il ne faut pas s'en étonner, cette presse ayant toujours opté pour un « suivisme » certain vis-à-vis des politiques successives menées en Algérie en

3. Archives départementales de Loir-et-Cher (ADLC), série continue, 109/9*, dossier « Rappelés en Algérie, Comité départemental d'aide aux soldats d'Algérie, souscriptions et secours, 1956-1957 ».
4. Le 18 mai 1956, à Palestro, une vingtaine de soldats du 9e RIC, arrivés depuis peu en Algérie, meurent dans une embuscade de l'ALN.

ne rendant compte qu'avec parcimonie des opinions et des actions en opposition avec celles-ci[5].

La presse locale d'opinion laisse s'exprimer des points de vue plus engagés. Par exemple, à gauche, le supplément hebdomadaire de *L'Humanité Dimanche* s'en prend à *La Nouvelle République* après la mort d'un soldat en décembre 1961 : « Dans votre journal on peut chercher avec le plus grand soin, d'un bout à l'autre, un mot, un seul mot de protestation contre cette guerre infâme qui martyrise les peuples de nos deux pays[6]. » À droite, *Le Vendômois*, hebdomadaire du Centre national des indépendants et paysans (CNI), publie le même récit que *La Nouvelle République* du drame de Palestro, dont deux morts et un disparu sont originaires de la région de Vendôme, mais en rajoute dans l'horreur en insérant des sous-titres explicites : « Un contre dix », « Torturés à mort », « Un atroce charnier », « 50 assassins abattus », « 15 pères de famille[7] ».

Aux archives départementales de Loir-et-Cher ont été conservés, provenant du cabinet du préfet, les états des militaires décédés en Afrique du Nord avec les instructions officielles, les correspondances avec les ministères concernés, les télégrammes annonçant les décès, les avis de restitution des corps et la mise en place du cérémonial funèbre. C'est dans ces dossiers qu'il est possible de repérer les cas d'obsèques posant problème. Enfin, on peut y retrouver des « preneurs de parole » non souhaités par les autorités, militants syndicaux et politiques.

La mise en place du rituel et son contrôle par le préfet

Il faut préciser que les obsèques en métropole sont en fait des réinhumations[8]. Il y a déjà eu en Algérie une inhumation avec, normalement, tout le cérémonial religieux et militaire. Une seule famille de Loir-et-Cher s'est rendue sur place. En métropole, l'organisation de la

5. Dominique Chavigny, « Le Mouvement contre la guerre d'Algérie (Loir-et-Cher 1954-1962) », mémoire de maîtrise d'histoire contemporaine sous la direction de Michel Launay, université de Tours, 1985.

6. *Une semaine en Loir-et-Cher*, supplément hebdomadaire de *L'Humanité Dimanche*, 7 janvier 1962.

7. *Le Vendômois*, 24 mai 1956.

8. Luc Capdevila et Danièle Voldman, *Nos morts. Les sociétés occidentales face aux tués de la guerre*, Paris, Payot, 2002, p. 107.

cérémonie funèbre, sous la responsabilité du maire, est étroitement contrôlée par le préfet. Elle fait l'objet d'un grand nombre d'instructions officielles et de courriers échangés avec les ministères de l'Intérieur, de la Défense nationale et des Anciens Combattants ; application des dispositions prévues pour les victimes de 1939-1945 et de l'Indochine aux « troupes du maintien de l'ordre en Algérie » en novembre 1955, règlement financier des obsèques par imputation provisoire sur le budget des communes dans la limite des droits ouverts par la réglementation « Guerre » en avril 1956, inhumation dans le carré militaire de la commune soumise à l'octroi de la mention « mort pour la France » également en avril 1956, instructions pour uniformiser le cérémonial avec la présence d'un officier et d'un détachement de troupes pour rendre les honneurs auprès du cercueil recouvert du drapeau tricolore et lecture publique, si la famille le souhaite, de la lettre adressée aux parents par le chef de corps en Algérie, en décembre 1958.

Jusqu'en 1957, en ce qui concerne le délai entre la mort et les obsèques, plusieurs mois et parfois un an peuvent s'écouler, car les transferts sont interrompus pendant l'été et les exhumations se font région après région en Algérie. Ensuite, les délais sont de deux ou trois mois après que les opérations de transfert des corps ont été dévolues au ministère des Anciens Combattants et Victimes de guerre. Contrairement au cas indochinois, les familles sont très fermement invitées à solliciter la restitution du corps dès l'annonce du décès en remplissant un formulaire. Toutefois, la date du retour peut obéir à des considérations particulières, comme c'est le cas pour les victimes de l'embuscade de Palestro. Le préfet écrit aussitôt au ministre de l'Intérieur :

> Cette douloureuse nouvelle a causé une très vive émotion dans la région, les communes étant toutes trois situées dans l'arrondissement de Vendôme, dans un rayon de 20 km. Les familles ayant demandé la restitution du corps, j'ai l'honneur d'appeler tout spécialement votre attention sur l'intérêt qui s'attacherait à ce que ce rapatriement ne soit pas opéré dans des délais trop rapides et soit surtout opéré séparément, afin d'éviter, le cas échéant, des manifestations regrettables[9].

9. ADLC, cabinet du préfet, série continue, 109/16*, dossiers des militaires morts en Algérie, 1956-1963, lettre du préfet au ministre, 24 mai 1956.

Le préfet sera entendu, puisque le soldat Louis Gougeon est inhumé le 12 mars 1957 et le sergent Serge Bigot le 23 juillet 1958, soit plus de deux ans après sa mort.

Ce qui ressort du dépouillement de ces archives, c'est l'obsession que « tout se passe bien », comme l'exprime cette lettre du ministre de l'Intérieur aux préfets, datée du 27 septembre 1957 :

> Je vous demande instamment d'apporter tout votre soin aux problèmes divers que pose le rapatriement des corps des militaires ayant trouvé la mort au cours des opérations d'Algérie car, outre l'aspect humain de ces questions qui appellent de votre part une attention particulière, des négligences ou des erreurs pourraient être génératrices d'incidents et entraîner des conséquences psychologiques préjudiciables aux intérêts nationaux.

Il faut donc que les préfets, en concertation avec les maires, soient en mesure de tout contrôler, de l'annonce du décès à l'inhumation. Au début, en effet, certaines familles ont appris le décès par la presse, ou bien des maires, au lieu de se rendre au domicile des parents, se sont contentés de les convoquer pour leur lire le télégramme. Un maire estime ainsi que « laisser apprendre par la voie publique cet événement douloureux [lui] paraît contraire à la loi et ne peut qu'agir défavorablement sur le moral des familles[10] ». Les autorités sont aussi rendues nerveuses à la suite des manifestations pour le départ des rappelés en 1956, deux d'importance ayant eu lieu dans le département[11], et craignent l'état d'esprit des démobilisés dans les premières années. Il faut éviter à tout prix que les familles ou l'opinion constatent des carences ou de la désinvolture dans l'organisation le jour des obsèques. Préfets ou sous-préfets sont invités à y assister pour transmettre aux familles les condoléances du gouvernement, et à ne pas hésiter à réprimer sévèrement toute inobservation des prescriptions comme l'oubli des décorations. Quant à l'armée, elle est au moins représentée par un piquet en armes du centre d'instruction du 5e RI de Blois encadré par un officier, la gendarmerie étant chargée du service d'ordre.

---

10. ADLC, cabinet du préfet, série continue, 109/16*, lettre du maire de Cour-Cheverny au préfet, 29 août 1956.
11. Dominique Chavigny, *op. cit.*

Des familles peuvent refuser le cérémonial proposé : pas d'honneurs militaires, pas de discours des autorités officielles. Dans ce cas, on fait tout pour les faire revenir sur leur décision, parfois avec succès, parfois en se mettant d'accord sur un compromis. En 1961, un père à qui on refuse de voir le corps de son fils « mort par accident d'arme à feu » est reçu par le maire, le sous-préfet et le colonel commandant de la subdivision du Loir-et-Cher afin qu'il accepte les honneurs militaires. Il finit par ne pas s'opposer à la présence de soldats, mais seulement s'ils sont désarmés. Le préfet donne alors des instructions pour éviter qu'un quelconque incident ne survienne au cours des obsèques et pour qu'il ne soit prononcé d'autre discours que celui du maire, du représentant autorisé militaire et éventuellement du sous-préfet. On voit par cet exemple que l'on redoute que ces obsèques ne soient le lieu de l'expression d'une opposition à la guerre, d'autant plus que des foules énormes y assistent.

Une famille très entourée

Sauf quand la famille en décide autrement, le corps, entouré d'une garde d'honneur, est placé dans une chapelle ardente, le plus souvent dressée à la mairie. Le conseil municipal peut faire un effort tout particulier dans le cas d'un décès survenu dans une opération qui a frappé l'opinion. Ainsi la municipalité de Vendôme, sur proposition de son maire, offre-t-elle des funérailles de 2e classe et non de 3e au soldat Louis Gougeon, mort à Palestro : « pour donner à ce héros, mort pour la France, l'hommage que la ville de Vendôme lui devait [12] ».

La presse relève partout la présence de foules immenses, recueillies, émues, silencieuses, qui peuvent atteindre des milliers de personnes venant d'au-delà de la commune du défunt, parfois du département voisin [13]. Il est évident que cela dépasse le réseau des connaissances de la famille. Quel sens donner à cette présence massive des populations ? Le maire de Nouan-sur-Loire est-il compris de l'assistance quand il déclare en novembre 1958 : « Discrète aurait été sa mort, tant il est vrai qu'on sait mourir discrètement dans nos humbles campagnes, si toute

12. Archives municipales de Vendôme 1 D 1054(1), séance du conseil municipal du 31 mars 1957.

13. Claire Mauss-Copeaux, *Appelés en Algérie. La parole confisquée*, Paris, Hachette Littérature, 1998, p. 28 *sqq*.

la foule aujourd'hui rassemblée n'avait tenu à lui marquer son immense reconnaissance pour son immense sacrifice[14] » ?

Les élus sont nombreux derrière le maire : toujours le conseiller général, parfois le député ou le sénateur. Après une période d'hésitation de la part du ministère, les associations d'anciens combattants sont invitées à envoyer des représentants, même si elles n'ont pas attendu cette autorisation pour le faire. Les anciens résistants, déportés, prisonniers de guerre, les déjà « anciens d'Algérie » sont également présents. Le fait que soient présents côte à côte ceux de la Grande Guerre et ceux d'Algérie marque la volonté d'affirmer la filiation de ce conflit avec ceux qui l'ont précédé. Dans les communes rurales, les enfants des écoles avec leurs instituteurs, les agents de l'État comme le simple receveur des postes assistent à la cérémonie.

On comprend que, devant un public aussi considérable, le moment des discours prenne une grande importance.

Les discours

Le nombre des discours varie de un à quatre, deux le plus fréquemment, mais trois ou quatre quand il s'agit d'un officier ou du fils d'un notable local.

Tous les discours se rejoignent dans la célébration de l'héroïsme, du sacrifice que l'on ne souhaite pas vain, de la leçon de courage donnée aux jeunes générations et de la reconnaissance de la nation, parfois avec des accents particulièrement lyriques, mais qui semblent ici décalés, comme ces paroles du sous-préfet de Vendôme en décembre 1958 : « Dormez du sommeil des justes héros et des glorieux martyrs, de ce saint et grave sommeil qui prélude aux résurrections triomphantes et aux immortelles destinées[15]. » Cependant, les personnalités qui prennent la parole le font sur des registres différents.

C'est le maire, en communion avec l'assistance, qui exprime le mieux l'émotion, la douleur : « Dans notre petit village, les deuils de chacun sont plus fortement ressentis par les autres, et chacun pleure Yves comme un membre de la famille[16]. » Il s'adresse en priorité à la famille et

14. Nouan-sur-Loire, 20 novembre 1958 ; *La Nouvelle République*, 21 novembre 1958.

15. *La Nouvelle République*, 26 décembre 1958.

16. Fossé, le 26 mai 1961 ; *La Nouvelle République*, 27 mai 1961.

à ses administrés. Il commence toujours par parler du douloureux devoir qui a été le sien d'annoncer l'affreuse nouvelle à la famille, avant de retracer la courte vie du défunt, en insistant sur ses qualités humaines et professionnelles mises au service de la famille et du travail. Le travail de la terre ou de l'atelier est magnifié en cette période de mutation qui voit tant de jeunes quitter les campagnes pour la ville : « C'est une belle figure de jeune homme de chez nous, et ceux qui l'ont connu nourrissaient l'espoir pour lui d'une vie de labeur dans nos campagnes que tant de jeunes de notre époque, hélas, désertent tous les jours[17]. » Puis vient l'évocation du décès relié aux conflits antérieurs : « Ainsi le nom d'un 33e héros s'inscrit sur la liste des enfants de Fontaine-les-Coteaux[18]. » Le mot « guerre » est soigneusement évité, rarement prononcé, sauf de façon volontaire et appuyée : « En le comptant parmi ses victimes, cette guerre est venue anéantir une vie pleine d'espoir[19]. » La faute de la mort est rejetée sur les « hors-la-loi », les « rebelles », les « hordes terroristes », les « fauteurs de troubles », qui commettent des « actes de banditisme », la « folie et le meurtre », ou encore le « fanatisme racial d'un peuple qui a oublié tout ce qu'il devait à notre pays[20] ».

Pourquoi mourir en Algérie ? Dans les premières années, les maires s'en sortent avec des formules comme : « pour pacifier le pays et y introduire des réformes nouvelles qui en changeront la structure afin de conserver l'amitié du peuple musulman[21] », « pour que l'Algérie reste française et la France forte[22] », « pour que la paix et la prospérité règnent à nouveau dans notre Algérie bien française[23] ». Puis ils se contentent d'appeler de leurs vœux la conclusion d'une paix durable et digne, faisant confiance à ceux qui négocient.

En résumé, des discours qui mettent l'accent sur le deuil patriotique, prenant peu de libertés avec les mots et les analyses des responsables politiques nationaux. Tout au plus quelques rares maires utilisent-ils un ton différent : « C'est avec l'espoir que cette liste de victimes déjà trop longue se termine au plus tôt[24]. »

---

17. Les Montils, le 28 mars 1957 ; *La Nouvelle République*, 30 mars 1957.
18. Fontaine-les-Coteaux, le 30 mai 1958 ; *La Nouvelle République*, 2 juin 1958.
19. Billy, le 24 mars 1961 ; *La Nouvelle République*, 27 mars 1961.
20. Vendôme, le 12 mars 1957 ; *La Nouvelle République*, 13 mars 1957.
21. Vendôme, le 24 mai 1957 ; *La Nouvelle République*, 27 mai 1957.
22. Pouillé, le 29 octobre 1958 ; *La Nouvelle République*, 1er-2 novembre 1958.
23. Morée, le 22 décembre 1958 ; *La Nouvelle République*, 26 décembre 1958.
24. Fréteval, le 23 juillet 1958 ; *La Nouvelle République*, 24 juillet 1958.

Certains maires, hommes politiques de premier plan exerçant ou ayant exercé d'autres mandats électifs, certains préfets ou sous-préfets, quand ils sont présents, profitent de ces obsèques pour défendre, devant un public nombreux, des points de vue de portée plus générale, sachant que la presse s'en fera l'écho. Il s'agit de profiter de cette opportunité pour tenir la population mobilisée derrière la politique du gouvernement. En mars 1957, le maire SFIO de Vendôme, Gérard Yvon, exprime le souhait que ce « sacrifice ne soit pas vain, mais qu'il serve à établir les conditions d'existence d'une communauté franco-musulmane, et nous avons de bonnes raisons de croire qu'une solution pacifique, démocratique et juste sera rapidement appliquée, afin de mettre fin à ce drame douloureux[25] ». Les maires de droite puis gaullistes défendent la cause de l'Algérie française avant d'adopter un ton plus neutre après 1960. Ils n'oublient pas de replacer le conflit dans le contexte national et international, comme le fait Marcel Buhler, premier adjoint au maire de Blois, le 6 février 1958, en dénonçant :

> cette lutte fratricide où nos adversaires, après avoir durant près d'un siècle bénéficié de l'œuvre civilisatrice de la France, sont armés parfois par nos anciens alliés, où les révoltés, soutenus dans leur action criminelle par certains de nos compatriotes abusés par une idéologie antinationale, s'attaquent non seulement à nos soldats mais aussi à leurs coreligionnaires restés fidèles à la France[26].

Quand un officier prend la parole, c'est à lui que revient de faire le récit des circonstances de la mort, généralement par la lecture de la lettre adressée à la famille par le chef de corps en Algérie qui insiste sur les qualités humaines du soldat, sur son sens de la camaraderie, sur sa mort héroïque, sur son esprit de sacrifice. Cela peut aussi servir à faire taire les bruits qui courent sur une mort par accident d'arme à feu, lorsqu'un lieutenant-colonel, s'adressant directement au caporal que l'on enterre et qu'il a eu sous ses ordres en Algérie, s'exclame :

> Votre pistolet tombant de votre poche sur chien armé, une balle dans le canon et le canon dirigé sur vous, vous envoyant une balle dans le cœur. Cet accident s'étant passé près de moi, ayant

25. *La Nouvelle République*, 13 mars 1957.
26. *La Nouvelle République*, 7 février 1958.

contrôlé personnellement l'enquête, ma parole d'officier ne pouvant être mise en doute, toute autre relation ne peut être que mensongère et rejetée. Vous n'êtes pas mort de la mort héroïque et glorieuse, mais c'est néanmoins la guerre d'Algérie qui est la cause de votre mort[27].

Quand il le peut, l'officier n'oublie pas de fournir des détails sur l'inhumation en Algérie : « Il a été veillé par ses chefs et ses camarades, une cérémonie religieuse a eu lieu à l'église de Touggourt en présence d'une foule nombreuse et des anciens combattants musulmans[28] », « sa tombe fleurie chaque jour par les pieuses mains des sœurs de l'hôpital de Laghouat[29] ». Il s'agit alors de faire taire les rumeurs sur le peu de considération de l'armée envers ses soldats.

Restent les prises de parole de responsables politiques ou syndicaux. Elles sont souhaitées par les familles et les camarades de travail comme témoignage de la vie sociale et militante du défunt ou de ses parents. Mais elles font naître des appréhensions chez les officiels civils et militaires, qui se préparent à quitter les lieux au cas où des propos inacceptables à leurs yeux seraient tenus. Cela peut arriver quand le rapport de force est favorable, mais dans un département comme celui de Loir-et-Cher, personne ne souhaite dans ces circonstances un scandale public. L'orateur fait preuve de beaucoup d'habileté ou édulcore ses propos pour éviter l'incident. Trois cas de ce type ont fait l'objet de toute l'attention des Renseignements généraux : ils impliquent tous des responsables du Parti communiste[30].

Le 28 mai 1957, à Chitenay, ont lieu les obsèques d'un membre de la Jeunesse communiste. Le maire de la commune a prévu de parler le premier pour être libre de quitter les lieux s'il jugeait trop virulents les propos du deuxième orateur autorisé, Georges Larcade, responsable départemental de la Fédération nationale des déportés et internés résistants et patriotes (FNDIRP), membre influent du Parti communiste et personnalité au passé exemplaire. Celui-ci, dans son discours, sait très habilement mêler les critiques de la guerre à l'amour de la patrie, au sens du devoir et à l'obéissance militaire. Il cite des lettres adressées par

27. Marchenoir, le 27 mai 1957 : *La Nouvelle République*, 29 mai 1957.
28. Lunay, le 10 juillet 1958 ; *La Nouvelle République*, 21 juillet 1958.
29. Authon, le 9 juillet 1957 ; *La Nouvelle République*, 12 juillet 1958.
30. ADLC, cabinet du préfet, série continue, 109/16*.

le jeune soldat à son patron, dans lesquelles il dit « l'atrocité et la sottise de cette guerre injuste », qu'il « ne croi[t] pas à la pacification par les armes » et qu'il « estime qu'une solution négociée, respectant les légitimes intérêts de la France et de l'Algérie, doit être recherchée pour mettre fin à l'effusion de sang ». Mais « en citoyen de la République, discipliné, il fait courageusement son devoir », ajoute Georges Larcade, qui conclut son discours par un appel aux Jeunes communistes afin qu'ils continuent la lutte pour trouver rapidement en Algérie une « solution pacifique, démocratique et juste ». Le maire est demeuré, le capitaine aussi, et l'affaire est qualifiée d'« incident[31] » par les autorités.

Le 4 septembre 1958, à Blois, aux obsèques d'un jeune tourneur-fraiseur de l'usine Air-Équipement, Raymond Casas, secrétaire de la CGT et de la section du Parti communiste de la ville, est désigné par le conseil syndical et le comité d'établissement pour parler et rendre hommage à son camarade et dénoncer la guerre. Il a préparé un texte en ce sens. Une foule énorme déborde de l'église. Les Renseignements généraux font savoir que si un appel à la paix est lancé dans l'allocution au cimetière, l'officier commandant le peloton en armes donnera ordre à ses hommes de lever le camp. Ne souhaitant pas créer un incident en pareil lieu, Raymond Casas choisit habilement de reprendre mot pour mot les paroles prononcées par le prêtre à l'église quelques instants auparavant en regardant l'officier droit dans les yeux : « Ce deuil doit être un ferment d'union et faire communier tous les chrétiens dans une même prière pour la paix dans le monde, une paix qui rende bientôt nos fils aux mères, aux femmes, aux fiancées. » Les RG ne font pas signe à l'officier de partir et ces paroles de paix ont le dernier mot[32].

Quelques mois plus tard, le 15 mars 1959, à Villebarou, René Piquet, secrétaire départemental du Parti communiste, lui-même ancien rappelé, déclare pour répondre au désir de la famille, et malgré les réticences du maire : « Nous te promettons de tout faire pour que cesse cette guerre cruelle, nous ferons tout pour que le sang ne coule plus, pour que de pauvres mamans ne pleurent plus leurs fils disparus[33]. »

---

31. ADLC, cabinet du préfet, série continue, 109/16*.

32. *La Nouvelle République*, 5 septembre 1958 ; Raymond Casas, *Mémoires à nos petits-enfants*, publié à compte d'auteur, 1998, t. II, p. 48-49.

33. *La Nouvelle République*, 12 mars 1959 ; entretien téléphonique avec René Piquet, le 13 janvier 2006.

D'autres familles, comme ce fut le cas pour cinq d'entre elles en Loir-et-Cher, peuvent choisir une forme plus discrète, comme le refus de tout discours ou des honneurs militaires. Une famille a persévéré dans cette voie, allant jusqu'à refuser l'inscription de son fils dans l'album-souvenir et sur le monument aux morts du village.

Par leur répétition, ces obsèques ont constamment rappelé les réalités du conflit à la population. Pour les foules nombreuses qui se déplaçaient, il s'agissait avant tout d'apporter à la famille le soutien dont elle avait besoin face à l'épreuve. Par le rituel mis en place, la pompe funéraire, les discours officiels calqués sur ceux des guerres précédentes, les autorités ont tenté de légitimer un conflit qu'on refusait d'appeler guerre, dans lequel peu à peu s'imposait l'idée de l'abandon dans un avenir proche de la terre pour laquelle on mourait. Les refus de ce rituel, les prises de parole contre la guerre montrent que des familles ont osé braver l'ordre établi en affichant leurs opinions aux yeux de tous, malgré la solennité d'une cérémonie censée provoquer le consensus autour du « mort pour la France ». Mais ces actes courageux ne semblent pas avoir ébranlé l'opinion publique du département dans le sens d'une mobilisation accrue contre la guerre.

7. LES AMBIGUÏTÉS D'UN RAPPROCHEMENT : PARRAINAGES ET JUMELAGES, 1956-1962

Gérard Bourdin

Les parrainages

Depuis longtemps des liens existent entre organisations de métropole et d'Algérie[1]. L'idée de parrainage avec des communes d'Algérie est née en avril 1956, initiée par le Mouvement national des élus locaux (Mnel), dont les dirigeants ont visité les communes sinistrées du Constantinois et dont le secrétaire résume l'objectif : « mieux se connaître et mieux s'apprécier ». Le nationalisme des conservateurs indépendants et paysans est à l'origine de ce mouvement. Roger Duchet est à la fois secrétaire du Centre national des indépendants et paysans (CNIP)[2] et président du Mnel. Le Mnel est en lien avec le Conseil des communes d'Europe, qui a beaucoup agi dans la moitié est de la France et a encouragé les jumelages franco-allemands dans un esprit anticommuniste. En janvier 1961, il patronne ainsi 139 communes marraines[3].

---

1. Archives départementales de l'Orne (ADO) 158 W 61/1*, fiche d'information n° 1, émise par le secrétariat général pour les Affaires algériennes, 10 septembre 1959.
2. Gilles Richard, « Le Centre national des indépendants et paysans de 1948 à 1962, ou l'échec de l'union des droites françaises dans le parti des modérés », thèse d'État, Institut d'études politiques de Paris, 1998. Voir en particulier les rapports avec le Mnel, p. 339-342.
3. Doivent être remerciés pour leur apport les correspondants IHTP suivants : Gérard Boëldieu (Allier, Sarthe), Bertrand Hamelin (Calvados), Danielle Chevallier (Loir-et-Cher), Rémy Foucault et Michel Dloussky (Mayenne), Marc Coppin (Pas-de-Calais), Alain Trogneux (Somme), Annie Martin (Haute-Vienne).

Dès 1956, le nationalisme gaulliste mobilise ses bastions. En juin, les députés gaullistes invitent le gouvernement à développer la campagne de solidarité métropole-Algérie et à généraliser les « jumelages », terme qui fait problème – il est en effet tout d'abord jugé impropre, car les jumelages s'établissent normalement entre des villes de pays différents. L'Union pour le salut et le renouveau de l'Algérie française (Usraf), fondée par Jacques Soustelle en avril 1956, prend part à cette initiative. Dans la Sarthe, la campagne de solidarité est menée très activement par un membre du premier bureau national de l'association, président de l'Amicale des anciens combattants volontaires de la Résistance et lié à l'Organisation civile et militaire (OCM[4]). Il s'agit d'un Algérien résidant au Mans, ancien sous-officier de carrière, marié à une Française, fondateur d'une association d'entraide pour les Algériens venus s'établir dans la région, très influent parmi les anciens combattants et très écouté par le préfet[5]. Il milite pour l'intégration, aux côtés de Jacques Soustelle. En 1961, 18 communes sont marraines dans une Gironde influencée par Jacques Chaban-Delmas (dont Bordeaux, marraine de Bougie), et 5 en Indre-et-Loire, entraînées par Michel Debré.

Le nationalisme historique est une motivation essentielle pour ces parrainages. Ainsi, le 2 juillet 1956, Metz, « marche-frontière des plus purs patriotismes », parraine Blida, « berceau de nos gloires militaires[6] », dont le conseil municipal « promet de conjuguer les efforts afin d'obtenir [...] le succès de la nécessaire entreprise de prospérité et de paix de l'Algérie terre française[7] ». Les 139 parrainages impulsés par le Mnel sont répartis sur 45 départements, majoritairement situés dans la région parisienne et dans la moitié est du pays. Tout le Nord-Est nationaliste (Champagne, Lorraine, Alsace) est concerné ; 23 communes-marraines sont ainsi recensées en Alsace. Certains départements concentrent plusieurs parrainages : 7 dans le Rhône, 3 en Côte-d'Or. Le

4. Mouvement de résistance né en décembre 1940 et animé par Maxime Blocq-Mascart, qui a puisé dans les milieux nationalistes.

5. Archives départementales de la Sarthe (ADS) 660 W 123* et divers rapports de police dans différents dossiers. L'Algérien est loué par les Renseignements généraux, mais suspecté de double jeu par la Sûreté du Mans.

6. Archives du ministère des Affaires étrangères, secrétariat d'État aux Affaires algériennes, carton 76.

7. ADO 158 W 61/2*, note d'orientation destinée aux sous-préfets, aux conseillers généraux, aux maires du département de la Gironde, septembre 1959.

nationalisme jacobin a lui aussi sa place : dans la Corrèze du socialiste Marcel Champeix[8], 4 communes sont marraines.

La valeur affective de l'opération est d'importance, d'où la préférence du mot « parrainage » à celui de « jumelage ». Tel maire souhaitera le parrainage avec une commune d'Algérie simplement parce qu'il y a servi comme officier SAS[9]. Dans la Sarthe, Château-du-Loir, petite ville de 4 500 habitants alors au début d'une expansion économique remarquée, pense parrainer Jemmapes. C'est finalement Thiersville, « nom qui sent la France[10] », qui est choisie ; les édiles de cette ville d'Oranie qui compte 7 500 habitants dont 500 « Français de souche européenne » recherchent des liens avec la Sarthe « en mémoire de la compagnie de la CRS du Mans qui y avait stationné et laissé de bons souvenirs[11] ». Château-du-Loir entend de son côté montrer à sa filleule que « la grande famille française est une belle et tangible réalité[12] ».

Le 29 octobre 1956 sont présents, pour Château-du-Loir, des maires de quatre localités du canton et, pour Thiersville, le maire, Félix Vallat, son premier adjoint ainsi qu'Ali Chekkal, délégué à l'Assemblée algérienne, dont il a été vice-président. Félix Vallat déclare que « défendre l'Algérie, c'est défendre la France[13] ». Ali Chekkal précise : « C'est bien le mot parrainage, avec tout ce qu'il comporte de sentimentalité, qu'il convient d'employer, et non celui de jumelage, qui ne peut servir que pour des villes appartenant à des pays étrangers[14] », avant d'exalter l'œuvre de la France en Algérie et de rendre hommage au gouvernement de Guy Mollet et à l'« action énergique » de Robert Lacoste. Il ne doute pas du succès de la pacification : « D'ici un mois et demi il ne sera plus question de la guerre d'Algérie[15] », pronostique-t-il.

---

8. Marcel Champeix, sénateur socialiste de la Corrèze, a été secrétaire d'État aux Affaires algériennes (gouvernement Guy Mollet) du 31 janvier 1956 au 21 mai 1957, puis secrétaire d'État à l'Algérie du 31 mai au 30 septembre 1957 (gouvernement Maurice Bourgès-Maunoury).
9. C'est ce que constate, le 11 mai 1959, la mission d'études chargée de faire un bilan sur les parrainages, organisée par le SGAA. Archives du ministère des Affaires étrangères, secrétariat d'État aux Affaires algériennes, carton 76.
10. *La Nouvelle République*, 31 octobre-1er novembre 1956.
11. *Ibid.*
12. *Ibid.*
13. *La Nouvelle République*, 30 octobre 1956.
14. *La Nouvelle République*, 31 octobre-1er novembre 1956.
15. *La Nouvelle République*, 30 octobre 1956.

Le mouvement prend de l'ampleur, appuyé par le gouvernement. Après l'officialisation du parrainage de Thiersville lors du Congrès des maires de France tenu à Château-du-Loir [16], 35 maires d'Algérie sont accueillis en mai 1957 à Bordeaux sous la présidence de Jacques Chaban-Delmas, ministre d'État, républicain social, et par Marcel Champeix, secrétaire d'État aux Affaires algériennes. Sont présents les maires d'Alger, d'Oran, de Hamma-Plaisance, respectivement présidents des associations des maires de l'Algérois, de l'Oranais et du Constantinois ; ils sont accompagnés d'Ali Chekkal. D'une trentaine de parrainages réalisés en 1956, on atteint 115 fin 1957 [17]. À cette même date, les jumelages franco-allemands ne sont que 25 [18].

Jusqu'en 1959, l'action se résume pourtant à peu de chose : visites officielles, versement d'un « chèque annuel », envois de livres et de vêtements, organisation de colonies de vacances. Parfois, il y a des réticences financières. Dans la Sarthe, le débat est animé par Raymond Dronne, ancien administrateur colonial en Afrique noire, ancien de la France libre, premier officier français entré dans Paris en 1944, gaulliste fervent et ami de Soustelle. Maire d'Écommoy, il retient, le 16 juillet 1956, « le principe de ces jumelages » tout en proposant que « le jumelage soit effectué entre d'une part une commune algérienne et d'autre part un groupe de communes sarthoises », au motif « que les communes algériennes sont beaucoup plus étendues que les communes métropolitaines [19] ». Manière de dire qu'Écommoy ne voulait pas s'engager seule dans des dépenses ?

Par le terme « parrainage » qui place la ville-filleule en position subordonnée, les élus algériens se positionnent en demandeurs d'aide. Prenons le cas de Thiersville et Château-du-Loir. Les deux villes souhaitent tout d'abord des échanges scolaires, projets qui furent sans suite. Le maire de Thiersville fait ensuite appel à sa « marraine » pour l'envoi de lainages et de jouets ; ainsi s'exercera la solidarité envers tous

16. À cette occasion, 60 maires d'Algérie se rendent en métropole.
17. Archives du ministère des Affaires étrangères, secrétariat d'État aux Affaires algériennes, cartons 76 à 86. Sources essentielles pour tout ce qui concerne les parrainages et jumelages, y compris au niveau départemental.
18. Renseignements aimablement communiqués par Corinne Defrance. Voir son article « Les jumelages franco-allemands : aspects d'une coopération transnationale », *Vingtième Siècle. Revue d'histoire*, 2008/3, 99, p. 189-201.
19. ADS 1359 W 137*.

les enfants de la « filleule », « victimes innocentes de la guerre[20] ». La première initiative de Château-du-Loir date de la fin novembre 1956, quand le maire lance un appel à ses administrés en vue de recueillir des dons en nature et en espèces. Le conseil vote un crédit de 50 000 anciens francs (AF) pour des achats de vêtements. Par la suite, le programme se limite à des échanges de vœux de Nouvel An. En novembre 1958, après que la municipalité castélorienne a été contactée par la présidente du Comité féminin de solidarité de Thiersville, une assistante sociale qui assure le suivi du parrainage, Thiersville reçoit une caisse de vêtements et de dons en espèces.

Ces parrainages associent essentiellement les populations européennes de métropole et d'Algérie. Ils concernent des villes où la population européenne est concentrée, une partie d'entre elles se situant directement sur la côte. Presque toutes sont groupées autour d'Oran et d'Alger, une trentaine seulement se situant entre les Kabylies et la frontière tunisienne. Les hauts plateaux sont délaissés.

Cependant, la guerre s'étend de plus en plus. Les partisans des parrainages sont vus comme des défenseurs du maintien de l'Algérie sous le contrôle de la métropole. Ainsi, deux faits tragiques suscitent une vive émotion à Château-du-Loir : d'abord, l'assassinat à Colombes d'Ali Chekkal par un membre du FLN, le 26 mai 1957, peu avant le massacre de Mélouza ; ensuite, celui de Félix Vallat et de son épouse en Algérie, le 4 avril 1958.

Le plan de Constantine et les jumelages

Le général de Gaulle annonce en octobre 1958 le plan de Constantine, « grande œuvre » qui propose d'associer les deux populations et de remédier au sous-développement. Le plan suppose un changement d'envergure, et son action se concentre sur l'aide aux villages de regroupement vers lesquels la population musulmane est déplacée afin d'être soustraite à l'influence du FLN[21]. Les chiffres sont éloquents : en 1959, le millier de ces centres rassemble un million de personnes. Tout doit

20. *La Nouvelle République*, 31 octobre-1er novembre 1956.
21. Archives du ministère des Affaires étrangères, secrétariat d'État aux Affaires algériennes, carton 84, bilan établi en octobre 1960 par la Délégation générale à Alger.

y être construit et organisé, d'autant plus que les deux tiers de ces nouveaux villages sont considérés comme définitifs et sont favorables à des expériences communales[22].

Le gouvernement prévoit de développer les contacts avec des organismes tels que Jeunes Patrons, la Jeune Chambre économique, les associations d'anciens combattants ou d'officiers de réserve. Il envisage le recrutement de formateurs et de cadres, l'information de la jeunesse par l'envoi de jeunes en Algérie, avec stages dans les SAS ou les services techniques. Il insiste sur la formation de la main-d'œuvre musulmane en France[23].

Les parrainages doivent contribuer à cette politique. Le 13 mai 1959, la journée de « fraternisation », organisée officiellement pour l'anniversaire de celle de 1958, doit inciter à en créer de nouveaux. À cette date, 180 parrainages sont décomptés, beaucoup plus nombreux que les jumelages franco-allemands[24].

Une mission d'étude montre toutefois les insuffisances et les espoirs[25]. Le gouvernement espère une amplification, souhaite l'engagement de 1 500 villes françaises, insiste sur la promotion des femmes, cite en exemple « Mademoiselle Sidi Cara et Madame Massu », qui créent des foyers de « femmes et jeunes filles voulant s'initier à la vie moderne ». Dans la continuité du plan de Constantine, le secrétariat général pour les Affaires algériennes (SGAA), directement placé sous l'autorité du Premier ministre, veut développer les échanges patriotiques, sportifs, touristiques. Les remises des médailles aux anciens de Verdun seraient effectuées le même jour. L'Algérie deviendrait une nouvelle Côte d'Azur... Il souhaite développer la scolarisation en français pour dépasser les problèmes de langue ou de religion ; en cela, il est encouragé par le ministre de l'Éducation nationale, le socialiste André Bouloche, qui appelle au parrainage des écoles algériennes déshéritées par des écoles de la métropole[26].

---

22. Archives du ministère des Affaires étrangères, secrétariat d'État aux Affaires algériennes cartons 76 et 84, bilan établi en octobre 1960 par la Délégation générale à Alger.
23. Médiathèque du pays de Flers (Orne), archives 57/S/334, notes et papiers concernant le jumelage Alençon-Boghari, rassemblés par le député Émile Halbout.
24. En avril 1963, il n'y a que 130 jumelages franco-allemands.
25. Médiathèque du pays de Flers (Orne), archives 57/S/334, rapport de la mission d'étude, 11 mai 1959.
26. Circulaire du 7 décembre 1959.

L'ampleur que prend l'initiative se traduit dans le vocabulaire. Le « jumelage » remplace le « parrainage », jugé trop condescendant. Il s'agit de rassembler, dans une idée d'égalité, toutes les populations en faveur de la sauvegarde de l'Algérie dans un cadre français. Des départements répondent à l'appel. Ainsi le Calvados, influencé par Raymond Triboulet, devenu ministre des Anciens combattants : six villes y ont déjà ratifié des jumelages et sept autres sont en cours de le faire[27].

Mais le mouvement se ralentit. En octobre 1959, le maire SFIO de Limoges, Louis Longequeue[28], reçu au palais d'Été à Alger, refuse de s'engager avec une ville algérienne au prétexte que sa ville est déjà tournée vers d'autres villes européennes. Ce ralentissement s'explique aussi par l'arrivée de nouveaux maires en Algérie. Élus en avril 1959 à la suite de la réforme communale liée au décret du 28 juin 1956, ces maires sont pour plus de la moitié musulmans ; ils sont souvent sans expérience, assez craintifs dans les zones troublées, parfois en conflit de compétence avec les chefs SAS[29]. Ils ne peuvent pas, faute de moyens et de secrétaire de mairie, n'osent pas ou ne veulent pas s'engager dans une démarche qui les marquerait politiquement comme liés à la France[30]. De fait, en Algérie, les villes-filleules gagnent à peine l'arrière-pays, telles Aumale et Biskra.

Quelques départements font cependant exception dans la poursuite de ces opérations menées par des villes. Ainsi la Mayenne pour l'ouest de la France. En octobre 1959, les trois principales villes décident de se « jumeler » avec des communes de l'arrondissement de Kerrata, non loin de Sétif. Il s'agit de créer des « liens sentimentaux, matériels aussi », selon le maire de Laval qui estime qu'après la guerre le plus difficile restera à accomplir. Il n'est jamais trop tard pour bien faire : en mai 1960, la commune de Nouan-en-Fuselier, en Sologne, dont le maire

27. Archives du ministère des Affaires étrangères, secrétariat d'État aux Affaires algériennes, carton 84.
28. Archives municipales de Limoges 3 D 005, lettre du maire de Limoges Louis Longequeue, député de la Haute-Vienne, à M. Delouvrier, délégué général du gouvernement en Algérie, 12 octobre 1959.
29. Archives du ministère des Affaires étrangères, secrétariat d'État aux Affaires algériennes, carton 84, bilan de la réforme communale établi par la Délégation générale à Alger en octobre 1960.
30. Archives du ministère des Affaires étrangères, secrétariat d'État aux Affaires algériennes, carton 80.

fait partie de l'Union pour la nouvelle République (UNR), se « jumelle » avec Trois-Marabout dans l'arrondissement d'Oran. Des initiatives privées accompagnent aussi ce mouvement.

Les associations privées

À Metz, une association privée d'entraide à l'Algérie française est fondée consécutivement à un voyage en Algérie organisé en décembre 1958 par le Centre des jeunes patrons de la Moselle. L'association s'appuie sur les notables locaux : Raymond Mondon, le président, est député-maire de Metz, indépendant et paysan. Son secrétaire général est le président des Jeunes Patrons de Moselle, ses vice-présidents en sont un directeur commercial et le président du conseil départemental de l'Ordre des médecins. L'association est placée sous le haut patronage de l'inspecteur général de l'administration en mission extraordinaire (Igame) de la Moselle, du président du conseil général, le sénateur Driant, et du général commandant la 6e région militaire. En avril 1959, une délégation s'émerveille des résultats psychologiques obtenus sur les « populations déshéritées des villages regroupés et revient enthousiasmée de ce qu'elle a vu en Algérie, notamment du rôle de l'armée[31] ».

Dans le même but est créée une Association départementale pour le jumelage département de l'Ain-arrondissement de Perregaux, près d'Oran, qui regroupe des associations, des œuvres de « caractère moral », des chefs de service de l'administration[32]. Dès octobre 1958 se crée l'Association Seine-Algérie[33], organisée selon la loi de 1901, sous la présidence d'un contrôleur général de la marine. L'association prend en charge l'arrondissement de Clairefontaine, situé à 200 kilomètres au sud de Bône, à la frontière tunisienne. Elle déclare vouloir s'intéresser au bled déshérité. En mai 1959, le général de Gaulle lui accorde son haut patronage et l'association finit par compter plus de 500 membres en

31. CAOM, 14 CAB 61, rapport du chef de cabinet du général commandant la 6e RM du 18 avril 1959.
32. ADO 158 W 61/1*, fiche d'information n° 3, émise par le secrétariat général pour les Affaires algériennes, 20 décembre 1959.
33. ADO 158 W 61/1*, lettre du président de l'Association Seine-Algérie à Michel Debré, Premier ministre.

février 1960, principalement des cadres et des membres de professions libérales.

Le mouvement s'étend, principalement dans les départements de la moitié est de la France, de tradition nationaliste. Le SGAA décide d'amplifier l'action contre le sous-développement, souhaitant créer de nouveaux liens, par exemple, entre associations d'anciens combattants, dont le ministre espère qu'elles aident l'action des SAS en faveur des populations. En 1959, quatorze centres de regroupement sont jumelés avec des groupes de Français installés à l'étranger, comme les forces françaises installées en Allemagne. Une kyrielle d'associations, caritatives, économiques, souvent engagées politiquement, veulent participer : la Croix-Rouge, le Rotary Club, la protestante Cimade, l'association suisse Terre des hommes qui a pour but d'aider les enfants, l'Accueil en Suède des enfants tuberculeux d'Algérie, diverses associations féminines, sportives ou liées au monde de l'enseignement, la Jeune Chambre économique, la Fondation Maréchal-de-Lattre, le Comité de solidarité française en faveur de toutes les victimes de la guerre d'Algérie patronné par les généraux Salan, Challe et Zeller[34].

Les jumelages entre départements de métropole et arrondissements d'Algérie

Pour fédérer ces efforts, une réunion d'information, tenue le 18 février 1959 sous la présidence du SGAA, entre représentants des ministères et des parrainages conclut à la nécessité de la coordination, si possible dans le cadre départemental. De nombreux arrondissements algériens souhaitent contacter des départements français ; ils doivent donc en saisir le préfet respectif. Les voyages de prise de contact sont encouragés. Le SGAA prend ainsi en charge les frais de transport du préfet, du président du conseil général et de deux autres personnalités du département. Il aide les déplacements de délégations algériennes vers la métropole. Il est en effet nécessaire pour le SGAA de mobiliser l'opinion de façon permanente par la presse, la radio ou les expositions photographiques.

34. Archives du ministère des Affaires étrangères, secrétariat d'État aux Affaires algériennes, carton 84.

Du 8 au 20 avril 1959, cinq députés, membres de la commission parlementaire de la Défense nationale, effectuent une mission d'information en « Algérie et au Sahara ». Parmi eux, Jean-Marie Le Pen, poujadiste inscrit au groupe parlementaire des indépendants et paysans d'action sociale, et Émile Halbout, député de l'Orne, MRP[35]. Le rapport de la mission, rédigé par Jean-Marie Le Pen, insiste sur la pacification. Mais il développe l'idée qu'il faut décharger l'armée des tâches « étrangères à la guerre », qu'il s'agisse du travail des SAS ou des regroupements de population. La mission insiste sur la nécessité de sortir le bled du sous-développement et d'intensifier les efforts en matière d'infrastructures, d'assistance et d'éducation. Pour ce faire, les députés veulent généraliser les jumelages. Il s'agit de rassembler la population en faveur de la sauvegarde de l'Algérie dans un cadre français.

Au début du mois de mai 1959, Émile Halbout émet le vœu d'un jumelage entre l'Orne et un arrondissement algérien pour aider à la pacification et à la compréhension mutuelle. Il souhaite un « quadrillage civil ». Le 4 mai 1959, le conseil général de l'Orne envisage ainsi un jumelage, devançant de la sorte Michel Debré, Premier ministre, qui demande, par la circulaire du 5 mai 1959 envoyée à chaque préfet, de soumettre cette possibilité à la première session de chaque conseil général[36]. Le choix des arrondissements est préétabli par les services du SGAA. L'assemblée départementale fait rapidement comprendre au préfet qu'elle ne s'appariera pas à Sidi-bel-Abbès comme prévu. Aucun problème : l'administration le répétera, elle « ne doit intervenir en la matière auprès des collectivités locales que pour les orienter, les conseiller ou les renseigner, sans leur donner d'instructions impératives... » L'Orne choisit Boghari, déjà visitée par Émile Halbout, située au sud d'Alger, à plus de 1 200 mètres d'altitude[37].

35. Font aussi partie de cette mission le général Noiret, député des Ardennes, Henri Fabre, député du Var, Pierre de Montesquiou, député du Gers. La mission rencontre Paul Delouvrier, délégué général du gouvernement, parcourt les régions de Boghari, d'Orléansville, de Cherchell, de Tiaret, de Colomb-Béchar, de Mecheria, de Tlemcen, de Sidi-bel-Abbès et d'Oran. Elle visite 20 à 25 regroupements. Voir le bilan de la visite dans un texte rédigé par Émile Halbout le 4 août 1959, médiathèque du pays de Flers (Orne), archives municipales 57/S/334.

36. Archives du ministère des Affaires étrangères, secrétariat d'État aux Affaires algériennes, carton 80.

37. Pour le jumelage Orne-Boghari, voir médiathèque du pays de Flers (Orne), archives municipales 57/S/334 et ADO 158 W 61/1 et 2*.

Émile Halbout veut donner une impulsion nationale à l'expérience ornaise. Le 12 mai 1959, il dépose à l'Assemblée nationale une proposition de résolution pour promouvoir un service national civil en Algérie. Le 9 juin, devant cette même Assemblée, il explique la politique des jumelages, éloignée de l'idée de « subordination », et arrime son humanisme démocrate-chrétien à la notion de décentralisation.

Fin juin 1959, le conseil général envoie en Algérie quatre conseillers généraux, soit deux gaullistes, dont le président du conseil général, un indépendant, et le MRP Halbout, accompagnés par Joseph Onfray, lui aussi démocrate-chrétien, ancien résistant et ingénieur en chef du génie rural. La visite est décrite par *La Dépêche quotidienne d'Algérie* et par *L'Écho d'Alger*. À son retour, devant le conseil général, Émile Halbout rejoint le plan de Constantine, dramatise, s'inquiète de l'insuffisance du budget de l'armée et s'alarme de la situation explosive due aux différentiels ethniques de la croissance démographique : « Tel arrondissement algérien au bord des hauts plateaux compte 90 000 habitants, 1 500 d'origine européenne[38]. » Il déplore l'état d'abandon politique des Européens et des nombreux maires musulmans attachés à la métropole. Le 13 juillet, le sous-préfet de Boghari revient à la charge. Le 30, le conseil général se réunit en session extraordinaire. Le 31, encouragé par Halbout et Onfray, il vote à l'unanimité le jumelage.

De mai à août 1959, Émile Halbout ne cesse d'expliquer ses projets dans la presse locale, ou devant les groupes catholiques – ainsi le 5 août au grand séminaire de Sées devant une trentaine d'aumôniers des trois diocèses bas-normands. Il s'inspire des principes du catholicisme social développés lors des Semaines sociales d'Angers, de leurs réflexions sur les relations avec les pays sous-développés. Il croit au possible dialogue entre musulmans et chrétiens, critique le dédain dont font preuve les Européens d'Algérie envers les autochtones et souhaite que les capitaux aillent vers le bled. Il entre en contact avec la JAC d'Afrique du Nord et réfléchit sur l'action des Maisons familiales et rurales, pensant que la « charité » doit se montrer technique. Il affine son projet de service civil national formé de volontaires, ni fonctionnaires ni militaires, pour seconder le travail des SAS, prenant l'exemple des 1 000 étudiants partis pour l'Algérie pour deux mois pendant l'été 1959. Grâce au jumelage, les volontaires, conseillés par les services agricoles du département, la

38. Ainsi Émile Halbout a-t-il prévenu dans *L'Orne combattante* de Flers le 24 avril 1959.

Fédération départementale des syndicats d'exploitants agricoles (FDSEA) et la chambre d'agriculture, ne partiront pas isolés.

Émile Halbout expose les difficultés du regroupement dans les nouveaux villages. Le député craint que l'hiver à venir ne soit très dur, malgré les aides de la Croix-Rouge et du Secours catholique en vivres, vêtements et médicaments.

Une apparente réussite politique

En juillet 1959, Émile Halbout rappelle au conseil général que 70 départements ont accepté l'idée de jumelage. Le 1er septembre, 56 départements se sont effectivement engagés à créer des liens sous forme de jumelage, d'association ou de parrainage[39]. Au niveau national, une nouvelle grande réunion est tenue le 18 février 1960 sous la présidence du SGAA, en la présence du président de l'Assemblée des présidents des conseils généraux[40].

Une première conclusion s'impose : la réussite politique en métropole. À la date du 19 avril 1960, 76 départements sont engagés, 5 départements étant même appariés avec des arrondissements sahariens ; 40 ont déjà fait le voyage inaugural. La Somme, pourtant le fief du socialiste Max Lejeune[41], ancien secrétaire d'État aux Forces armées, puis ministre du Sahara, est l'un des derniers départements à se manifester. Max Lejeune, président du conseil général, ne se rend qu'en avril 1961 dans la région de Hassi-Messaoud. Quelques départements ont des difficultés à trouver un arrondissement qui leur convienne : la Kabylie fait peur et le Jura refuse Palestro[42]. Comme il y a plus d'arrondissements que de départements métropolitains engagés, quatre des premiers sont doublement appariés. La Mayenne et la Sarthe s'entendent ainsi pour

39. Fiche d'information n° 1, émise par le secrétariat général pour les Affaires algériennes, 10 septembre 1959. Là où existe déjà une association privée sont créés des comités départementaux de jumelage, souvent appelés comités de coordination, auxquels se joint cette association.

40. ADO 158 W 61/2*.

41. Max Lejeune a été ministre du Sahara de juin 1957 à mai 1958, ministre de Pierre Pflimlin, puis à nouveau ministre du Sahara du général de Gaulle de juin 1958 à janvier 1959. Archives départementales de la Somme (ADSo) 37 J 212.

42. Archives du ministère des Affaires étrangères, secrétariat d'État aux Affaires algériennes, carton 86.

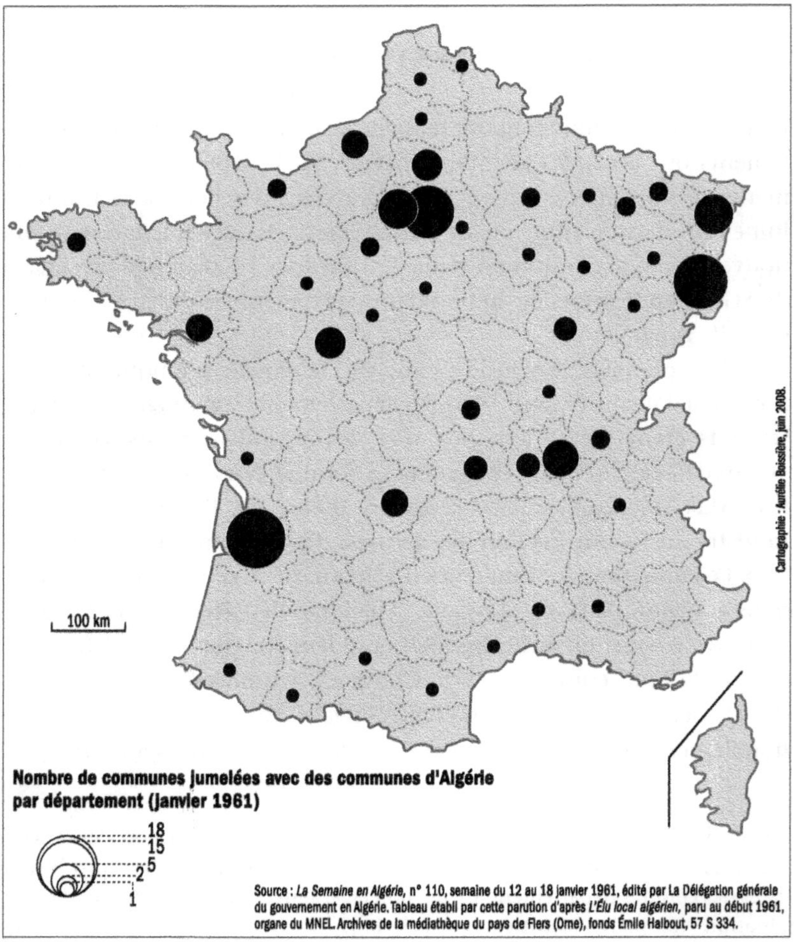

Les communes métropolitaines ayant parrainé des communes algériennes (janvier 1961).

épauler l'arrondissement de Kerrata. Le SGAA demande à l'Association Seine-Algérie de prendre en charge trois autres arrondissements (Souk-Arras, Tiaret, puis Alger). Une telle mobilisation se retrouve dans l'Ain, en Moselle et surtout en Gironde, qui persévère dans l'aide à l'arrondissement de Bougie. Le préfet y effectue un voyage d'information en compagnie du président du conseil général et du représentant du maire de Bordeaux, Chaban-Delmas, président de l'Assemblée nationale et président des maires du département. Après Bougie, il reste à apparier 31 des 35 communes de l'arrondissement, toutes étant réparties entre les 55 cantons du département. Un comité départemental permanent de jumelage est organisé en sept commissions, respectivement spécialisées dans les finances, les contacts administratifs, la jeunesse et les échanges, la santé et l'action sociale, les vêtements et l'alimentation, la propagande et la presse, les associations patriotiques et folkloriques. Elles sont relayées dans chaque canton par sept commissions locales aux préoccupations identiques. Le comité cantonal contactera les maires algériens pour connaître les besoins, ceux que le canton peut satisfaire, ceux qui doivent l'être avec l'appui du comité départemental saisi par le conseiller général. Des comités communaux sont appelés à se constituer sur l'initiative des maires.

La Sarthe présente une mobilisation importante de l'administration et des associations patriotiques[43]. Trois chefs de services administratifs départementaux sont actifs : l'inspecteur d'académie comme dans bien d'autres départements, le général commandant le groupe de subdivision du Mans, la directrice départementale de l'Office des anciens combattants. Les associations de résistants sont représentées au comité départemental par le président de l'OCM sarthoise, par celui du Comité d'entente des associations d'anciens combattants et enfin par celui des Combattants prisonniers de guerre et des amicales de camps. L'âme du jumelage est la comtesse Armand, résistante, membre du bureau de l'OCM, veuve d'un résistant mort en déportation, présidente de l'Association sarthoise des veuves et orphelins de guerre et conseillère générale. Elle s'engage fortement pour des raisons politiques et affectives : son fils, militaire appelé, qui participait à la pacification de la région des Amouchas, une de celles où la guerre se déclencha dès 1954, est décédé accidentellement le 1er février 1959. Figurent aussi des représentants de

43. Pour tout ce qui concerne le jumelage Sarthe-arrondissement de Kerrata, ADS 1359 W 137*.

la Fondation Maréchal-de-Lattre, dont la comtesse Armand est membre, du Secours catholique, du centre hospitalier du Mans.

La Mayenne, où des villes sont marraines, est un autre cas exemplaire. Le 4 octobre 1959, une importante délégation conduite par Robert Buron, démocrate-chrétien, ministre des Transports, visite l'arrondissement de Kerrata et réalise une étude des besoins publiée par *Ouest-France*. Le conseil général prend le relais en février 1960 et favorise la création d'une association Mayenne-Kerrata dans le but de décharger les localités-marraines de la collecte des fonds. Entrent dans le mouvement toutes les tendances politiques présentes à la tête des conseils généraux. S'engagent dans cette politique neuf conseils à dominante socialiste[44], dont les dirigeants ont souvent été liés à la politique de Robert Lacoste. Cependant, le comité directeur du Parti socialiste émet les plus grandes réserves : « Le Parti socialiste s'est toujours associé et a souvent pris l'initiative de gestes efficaces en matière de solidarité ; il se refuse à participer à des opérations politiques sujettes à des interprétations d'ailleurs contradictoires[45]. » En 1962, 14 départements seulement ont refusé d'adhérer. Ils sont situés dans la France socialiste ou mendésiste : Basses-Alpes, Drôme, Var, Bouches-du-Rhône, Gard, Aude, Pyrénées-Orientales, Ariège, Tarn-et-Garonne, Allier, Puy-de-Dôme, Nord, Pas-de-Calais et Eure. Certains élus, la plupart du temps communistes, considèrent que les jumelages, par définition, concernent des villes étrangères, état qui n'est pas encore celui des cités algériennes, contre lesquelles est engagée une « cruelle guerre coloniale » ; un jumelage n'aura donc de sens que dans une Algérie indépendante. Les jumelages sont ressentis comme des interventions du pouvoir exécutif central dans la vie des conseils généraux. Sont avancées des raisons financières : coût trop élevé pour le département, mais aussi inégalité des aides en fonction de la richesse des départements. Le Puy-de-Dôme, ainsi, se contenterait d'un « jumelage moral ». Apparaît enfin l'incertitude politique quant aux « décisions à venir[46] ». Des garanties démocratiques sont ainsi demandées sur la désignation récente des nouveaux élus.

44. Seine, Ardennes, Creuse, Corrèze du sénateur Marcel Champeix, Dordogne du député Robert Lacoste, Haute-Garonne, Hérault, Isère, Somme présidée par Max Lejeune. Lacoste et Lejeune ont eu la même vision de la politique algérienne.

45. *Le Populaire de Paris*, 7 mai 1959.

46. Archives du ministère des Affaires étrangères, secrétariat d'État aux Affaires algériennes, carton 81, lettre du préfet du Puy-de-Dôme au ministre de l'Intérieur, au Premier ministre, au SGAA, le 18 janvier 1960.

Lorsqu'il y a refus, le SGAA ou le préfet recontactent, souvent sans succès, les présidents de conseils généraux. En revanche, ils obtiennent la création d'associations d'« entraide » privées, qui contournent les volontés départementales – ainsi dans le Lot-et-Garonne avec l'appui de la Croix-Rouge, de la Fondation Maréchal-de-Lattre et de l'Association des officiers de réserve. Dans les irréductibles Nord et Basses-Alpes, les projets n'aboutissent pas. Apportent leur soutien au gouvernement des maires UNR, prêts à réaliser des parrainages par leur ville, ainsi à Nîmes dans le Gard, au Touquet dans le Pas-de-Calais, à Neyrac et à Villeneuve-sur-Lot dans le Lot-et-Garonne.

À la victoire politique en métropole s'ajoute la victoire géographique en Algérie. En 1959, sur 80 arrondissements existants en dehors des anciens territoires du Sud, seuls 11 ne sont pas jumelés. Même les territoires du Sud entrent dans le mouvement puisque, sur 16 arrondissements sahariens, 5 sont parrainés. La carte des circonscriptions du refus est révélatrice : 7 sont en Kabylie entre Sétif et Palestro, 2 dans la région de Tlemcen, une dernière à Djellal en bordure du Sahara.

Des réalisations insuffisantes et tardives

L'engagement financier déçoit. En mai 1959, Halbout propose que l'Orne consacre de 0,5 à 1 % de ses ressources fiscales, soit de 7 à 14 millions d'anciens francs. Ce montant entraîne un jugement paradoxal ; il apparaît comme insuffisant pour une véritable aide, mais lourd pour les Ornais. La subvention est en définitive limitée à 1,5 million d'anciens francs, somme équivalant à seulement six Smic annuels. En 1960, la somme est portée à 42 000 nouveaux francs (NF) et réduite en 1961 à 30 000 NF. Il s'agit de ne pas se substituer à l'État. L'Orne reste un des départements les plus généreux du Grand Ouest. Rare exception : l'Association Seine-Algérie reçoit, en 1960, 50 000 NF du conseil municipal de Paris et 400 000 NF du conseil général de la Seine.

En outre l'intervention de la métropole gère uniquement les situations d'urgence. Les expéditions, alimentaires ou vestimentaires, n'éradiquent ni la pauvreté ni la faim. Les envois de matériel se limitent souvent à l'unité. Les premières expéditions de Seine-Algérie sont faciles à décrire : pour les routes et les maisons, un camion-benne, une machine à parpaings. Le matériel médical est constamment réclamé, le Tarn faisant don d'un appareil de radioscopie. Il s'agit de nombreuses microréalisations dont on espère un effet démultiplicateur, mais dont l'efficacité apparaît, sur le moment, insuffisante.

La lutte contre le sous-développement n'est pas non plus à la hauteur des espérances. Ainsi dans le domaine agricole, y compris pour l'Orne dont le projet est considéré comme exemplaire. Le 11 novembre 1959, date symbolique, sont remises des charrues adaptées au lieu[47]. Mais il n'en est fourni que 103, et pour la seule commune de Boghari. L'Orne veut former des moniteurs agricoles, mais encore une fois en nombre insuffisant. D'octobre 1960 à juin 1961, des jeunes filles venues de l'arrondissement de Boghari sont accueillies à l'école ménagère d'Alençon, sans aucune difficulté d'intégration. Mais elles ne sont que trois. En octobre 1961, un seul jeune musulman est accepté comme stagiaire dans une ferme, avec l'appui d'une maison familiale. Seine-Algérie fait exception en créant sur place un centre de formation professionnelle pour 100 jeunes. En mars 1961, 100 jeunes du Loir-et-Cher se rendent à Aïn-Témouchent, pendant que des élèves de l'école d'agriculture de cette dernière ville séjournent dans le département parrain.

Dans le même esprit, le département du Loir-et-Cher mène à partir de 1960 une action présentée comme sans précédent. Avec l'aide du Mouvement de solidarité féminine, né en Algérie le 1er juin 1958, jour de la fête des Mères, étoffé par 59 comités locaux, est mis sur pied un centre artisanal où 100 « musulmanes » et 71 « Européennes » fabriquent ensemble tapis et céramiques. En avril 1960, l'atelier présente sa production à la foire-exposition de Blois ; le département ouvre un stand à celle d'Aïn-Témouchent, la plus importante de l'Oranais. Une revue mensuelle, équivalente à *L'Effort* de la chambre de commerce, est créée en Algérie.

Seule l'Association Ain-Perregaux propose un projet de grande envergure, exemplaire selon *La Semaine en Algérie*[48]. Un village modèle, le « village de l'Ain », est prévu dans l'arrondissement de Perregaux. 100 à 150 maisonnettes doivent être fournies pour une communauté de 500 à 1 000 habitants. Sont offerts la maison commune, le centre sanitaire, le fondouk, des plantations. En 1959, la réalisation entraîne un investissement d'une trentaine de millions d'anciens francs, financés pour

47. Médiathèque du pays de Flers (Orne), archives municipales 57/S/334, lettre du sous-préfet Pailhes, 11 juillet 1959.
48. *La Semaine en Algérie*, n° 110, 12-18 janvier 1961.

presque les deux tiers par les entreprises. Le conseil général est le deuxième pourvoyeur de fonds.

Le « fraternel contact humain[49] » ?

On essaie, en outre, de faire se connaître Français et Algériens du bled. Les Hautes-Pyrénées réalisent des expositions de photographies sur l'arrondissement de Miliana, à une cinquantaine de kilomètres au sud-ouest d'Alger, présentées à la chambre de commerce et dans les principales villes de leur territoire.

Les échanges humains n'ont qu'un succès mitigé. Pour l'Orne, en octobre 1960, seuls quatre responsables, gaullistes, se rendent en Algérie, dont Louis Terrenoire, député de l'Orne puis ministre de l'Information, et le président du conseil général. Dans l'autre sens, les voyages sont moins rares. En juillet 1959, Émile Halbout invite à son domicile le député de Médéa, qui bénéficie de la protection accordée aux personnes menacées par le FLN. En juillet et août 1960 arrivent des moniteurs de colonies de vacances ; en septembre viennent deux sous-officiers de réserve, l'un commerçant, l'autre fonctionnaire ; en novembre, cinq officiers de réserve. Bon nombre de maires algériens sont reçus en stage dans les mairies tourangelles ou mayennaises. En 1959, le département d'Indre-et-Loire, de Michel Debré, fait preuve d'originalité. Des familles de l'arrondissement d'Arris accueillent des militaires du contingent, qui, dans le secteur, sont principalement issus de Touraine. Chaque militaire sera « l'invité, un peu l'enfant adoptif, d'un foyer musulman ». Le comité départemental souhaite qu'à Noël quatre jeunes épouses de militaires accompagnent leur mari.

Du côté des écoles, la politique de parrainage conduit Bordeaux à faire construire une école à Bougie et Arcachon à offrir des bourses d'études pour venir en France. À partir de janvier 1960 sont collectés des livres scolaires, de 13 000 à 14 000 en Haute-Vienne[50]. Dans l'Orne, en mars 1960, 245 écoles souhaitent se « jumeler » à 19 écoles de Boghari et engagent des correspondances. Mais les investissements lourds sont difficiles à obtenir. Pour l'Orne, en 1959, le sous-préfet de Boghari propose sans succès la

49. Général de Gaulle, discours de Constantine, 3 octobre 1958.

50. Pour le jumelage de la Haute-Vienne avec l'arrondissement de Corneille et les efforts en matière scolaire, voir archives départementales de la Haute-Vienne (ADHV) 986 W 616 et archives municipales de Limoges R 3.

construction d'une école qui porterait le nom d'un notable musulman assassiné par les « rebelles ». Les chefs d'établissement sont très réticents à l'idée de mettre leur école, durant l'été, à disposition de l'Office algérien des colonies de vacances. L'aide aux colonies de vacances est en conséquence reprise dans le cadre des jumelages départementaux. En France y participent 58 départements[51]. En 1960, au total, sont accueillis 3 266 enfants algériens, en 1961 3 900 et au moins 300 « cadres ». Chiffres importants, valorisés dans la presse, mais dérisoires par rapport à la jeunesse algérienne. À peine 80 enfants par département ! En février 1962, il est prévu de renouveler l'opération l'été suivant. L'histoire en décidera autrement.

À partir de 1961, tous les liens se distendent. Si les jumelages ont été une opération intérieure réussie, cette politique a été insuffisante et trop tardive pour provoquer le rapprochement entre Algériens et Français. Mais leur échec a contribué à faire accepter l'inéluctable. Les jumelages sont abandonnés après l'indépendance, laissant peu de traces dans les esprits.

Cependant, en mai 1964, le consul de France à Bougie écrit à l'ambassadeur de France que Bougie est surprise de son jumelage forcé avec un port bulgare, et qu'elle tient à rester appariée à Bordeaux[52]. La mémoire, parfois maintenue, a aidé à l'accueil des rapatriés. En 1968, à Bordeaux, en présence de Jacques Chaban-Delmas et du dernier maire européen de la « filleule », est inauguré le monument aux morts de Bougie, reconstruit dans sa forme primitive, portant les 301 noms des soldats tués pendant les deux guerres mondiales, toutes origines confondues[53].

---

51. ADO 158 W 61/1*, lettre du ministre d'État chargé des Affaires algériennes, 15 février 1962.
52. Archives du ministère des Affaires étrangères, secrétariat d'État aux Affaires algériennes, carton 77.
53. Voir le site électronique http://www.ceuxdebougie.com

8. LES ALGÉRIENS DE MÉTROPOLE DANS LES ZONES À L'ÉCART DE LA « BATAILLE DE FRANCE »

Sven de Geyer

Des travaux récents ont mis en lumière de façon remarquable les tensions ayant animé la « bataille de France[1] ». Le duel FLN-MNA, la situation des Algériens de métropole pendant la guerre, l'action des autorités françaises sur le territoire sont autant de thèmes sur lesquels les zones d'ombre diminuent. Le présent article a pour but d'attirer l'attention sur un aspect plus marginal : la situation des Algériens habitant dans les zones où ils sont peu nombreux[2]. Clairement identifiés par la police, ces Algériens sont l'objet d'une surveillance de tous les instants. Pour autant, ils ne vivent pas la guerre de la même façon que la plupart des Algériens métropolitains, notamment parce qu'ils ne subissent que peu de pressions de la part du FLN et du MNA.

L'évolution de leur situation s'avère néanmoins réelle, et cette étude montrera que le regard porté sur eux se modifie aussi, de même que leur propre ressenti.

Zones à l'écart, zones de refuge

Les quatre départements retenus pour cette étude (Manche, Mayenne, Orne et Sarthe) ont la particularité de ne pas abriter de cellules FLN ni

1. Linda Amiri, *La Bataille de France. La guerre d'Algérie en métropole*, Paris, Robert Laffont, 2004.
2. Moins de 400 Algériens par département.

de structures du MNA[3]. Ce qui leur donne un caractère particulier dans le contexte de la « bataille de France ».

La Fédération de France du FLN avait pour but de collecter l'impôt auprès des Algériens, de leur imposer des règles morales et de recruter des éléments. Faute d'implantation locale, des agents du FLN venus des départements voisins se déplacent dans l'Orne, dans la Manche et dans la Sarthe.

Cette activité fut probablement très réduite. D'ailleurs, dans les départements ciblés, les mots d'ordre de grève du FLN ne sont pas respectés. Les Algériens n'hésitent pas à signaler les « allées et venues[4] » des envoyés de l'organisation en vue de récolter l'impôt FLN, qui semblent assez irrégulières – sans doute du fait des aléas de la lutte avec les autorités françaises. Les attentats d'août 1958, à travers lesquels l'organisation entendait transporter le conflit en métropole, ne touchent pas ces départements. Nous n'avons connaissance que d'une tentative d'attentat, à Cherbourg : le fedayin chargé d'incendier les chalutiers du port est dénoncé dès son arrivée par le contact algérien sur lequel il comptait pour lancer son action[5].

Le FLN centre son action sur des points stratégiques. Ainsi le régiment d'infanterie de Granville, qui abrite 70 « Nord-Africains », est-il l'objet d'une attention particulière : un réseau de désertion y est organisé et démantelé dès 1957[6]. Ces cas semblent cependant avoir été rares.

Au contraire, si l'on en croit les RG cherbourgeois, la situation privilégiée de ces départements est « parfaitement connue des Nord-Africains de l'extérieur[7] ». Ces zones attirent, à ce titre, des Algériens désireux de fuir le FLN. C'est du moins ce qu'affirme une synthèse des RG de la 3e région militaire datée de la mi-1958 : « On signale l'arrivée d'un certain nombre de N.-A. [Nord-Africains] qui prétendent chercher à se soustraire à la pression des organisations rebelles de la région parisienne ou de l'Est[8]. » Établie par les RG de la Manche dès 1957, cette réalité se retrouve en Mayenne en 1958 et dans la Sarthe, où est

3. À l'exception notable de la Sarthe, dans laquelle des cellules FLN apparaissent en 1958, mais sont très rapidement démantelées.

4. Rapport des RG, 31 juillet 1958, archives départementales de la Manche (ADMa) 1004 W 61*.

5. ADMa 1004 W 61*.

6. ADMa 1004 W 58*.

7. Rapport des RG, 21 février 1958, ADMa 1004 W 59*.

8. Synthèse des rapports trimestriels établis par des conseillers techniques aux affaires musulmanes (CTAM), 1er trimestre 1958, ADMa 1004 W 59*.

enregistrée, fin 1959, une forte augmentation des effectifs d'Algériens qui invoquent des raisons politiques[9]. Beaucoup d'entre eux déclarent fuir l'impôt du FLN, beaucoup sont sans doute des membres du MNA déclinant.

En outre, les autorités profitent du calme de ces zones pour organiser le transfert d'individus menacés. Ainsi est-il demandé aux préfets de loger un « jeune couple franco-musulman » menacé par le FLN car il a « contribué à faire prendre un collecteur de fonds[10] ». Ce calme permet aussi aux polices locales d'enrichir leurs renseignements, des individus menacés profitant de leur repli pour dénoncer leurs ennemis. Ainsi, un Algérien se présente au commissariat de Granville où il explique qu'il a « toujours servi loyalement les autorités de police de la préfecture de Paris », infiltrant successivement le PPA, le PCF et le FLN. Son double jeu ayant été découvert, il aurait été « quatre fois victime de tentative de meurtre de la part de militants FLN[11] ». Il demande donc la protection de la police granvillaise. Il dénonce avec une grande précision 17 personnes et décrit l'emplacement d'une « cave servant de salle de tribunal aux membres du FLN » et d'un « Café Hôtel » par l'intermédiaire duquel aurait lieu un « important trafic d'armes pour le compte du FLN[12] ». Ces cas restent cependant assez rares. De même, les Algériens arrivés dans ces zones au cours de la guerre ne représentent pas un nombre très élevé d'individus.

C'est dans la Sarthe que la variation est la plus nette, le nombre d'Algériens passant de 123 en novembre 1954 à 394 individus au début de l'année 1962. Les informations que nous avons pu recueillir indiquent des évolutions moindres dans les autres départements. Dans l'Orne, les services de police signalent une augmentation à partir de 1961, mais celle-ci est faible : 13 Algériens de plus en six mois, soit un pic à 116 individus. En Mayenne, la proportion est tout autre, la population doublant de 1956 à la fin de la guerre ; elle n'atteint cependant que le nombre maximal de 60 individus. Augmentation relative dans la Manche également : les Algériens étaient 107 en août 1955, pour 150 en 1959.

---

9. Rapport du préfet au CTAM, 1er trimestre 1961, archives départementales du Mans 1359 W 128.
10. Lettre du préfet d'Ille-et-Vilaine aux préfets de la 3e région, 18 décembre 1958, ADMa 1004 W 58*.
11. Procès-verbal de la brigade de gendarmerie de Granville, 30 novembre 1957, ADMa 1004 W 58*.
12. *Ibid.*

La situation particulière des départements ici étudiés a donc permis à certains de trouver un refuge pendant la guerre même si cette tendance paraît être restée limitée.

Des réactions paradoxalement virulentes

Si les zones ici étudiées ont servi de zones de repli tout en restant des zones très calmes dans le contexte de la « bataille de France », les conditions de vie de leurs habitants algériens y ont tout de même nettement évolué, et ce, d'abord et avant tout en raison du regard des métropolitains, qui ont manifesté très tôt une certaine défiance à leur égard.

« La presque totalité des N.-A. [est] intégrée à la vie française, tant par leur vie courante, l'évolution de leurs mœurs et leurs coutumes, que leur implantation dans les différents quartiers de l'agglomération cherbourgeoise[13] », note le commissaire de police de Cherbourg le 20 septembre 1955. Sur 38 « musulmans résidants » (plus des trois quarts sont algériens) recensés à Cherbourg en 1957, 33 vivent avec des femmes françaises[14]. Dans la Sarthe, la proportion d'Algériens mariés à des Françaises est également largement dominante. Pendant la guerre, leur nombre oscille de 41 à 90, alors que le nombre d'Algériens mariés à des femmes algériennes varie de 6 à 10[15]. Les RG manchois notent par ailleurs que « très peu d'enfants [...] parlent la langue paternelle[16] » et que les prénoms choisis sont dans une très large mesure d'origine française. De même, la grande majorité de ces enfants est baptisée. Enfin, lorsqu'une fête musulmane est organisée, on note : « Les musulmans se sont efforcés de ne parler que le français[17]. »

Autre fait important, dans les quatre départements, les RG remarquent que ces Algériens, pour la plupart manœuvres ou ouvriers

---

13. Lettre du commissaire principal de Cherbourg au préfet, ADMa 1004 W 38*. Ce constat est le même dans les départements sur lesquels nous disposons d'informations.
14. Rapport sur l'évolution de l'état d'esprit des Algériens, 18 novembre 1957, ADMa 1004 W 59*.
15. Pour la Manche, voir la note des RG cherbourgeois du 17 novembre 1954, ADMa 1004 W 38*. Pour la Sarthe, voir le fonds ADS 1359 W 128*.
16. Rapport sur l'évolution de l'état d'esprit des Algériens, 18 novembre 1957, ADMa 1004 W 59*.
17. Note du commissaire de Cherbourg au sous-préfet, 6 mai 1957, ADMa 1004 W 59*.

spécialisés, vivent isolément. « Il n'existe pas de foyer musulman[18]. » Autant d'exemples d'efforts pour s'intégrer, dont le résultat est toutefois limité par l'accueil que réservent les métropolitains à ces Algériens.

Un grand nombre de faits divers font en effet apparaître l'existence d'un racisme assez répandu dans la population, quoique d'intensité variable en fonction des départements. La représentation majoritaire des Algériens est celle d'individus arriérés[19] – à l'image de tous les dossiers de RG manchois traitant de cette population, qui emploient le mot « indigènes » pour désigner les Algériens vivant en Algérie. Cependant, l'adjectif « nord-africain » est utilisé pour désigner les personnes issues de ces territoires et vivant dans le département. Pour ces services, la distinction est claire : l'Algérien arrivant d'outre-mer est instable et hystérique, tandis que celui qui vit en France est relativement civilisé. Les perspectives d'intégration sont par ailleurs toujours jugées limitées. Ainsi, selon un agent mayennais, « les Nord-Africains de Laval sont bien connus car peu nombreux, anciennement établis, pourvus d'un travail régulier et assimilés autant que possible à la population[20] ».

Élément important toutefois, les Algériens n'inspirent pas de peur aux habitants de ces zones pour la simple raison qu'ils ne constituent pas, comme nous l'avons vu, une communauté. « Lorsque les Musulmans vivent groupés, qu'il s'agisse de familles ou de célibataires, ils inspirent une certaine inquiétude aux familles métropolitaines voisines [...] par contre, les ménages musulmans installés dans des immeubles ou des quartiers européens sont parfaitement admis[21] », note encore une synthèse nationale en mars 1958.

Le conflit algérien fait pourtant évoluer cette situation. Un changement de comportement de la part des employeurs apparaît dès mars 1957 dans la Manche et plutôt courant 1958 dans les autres départements, à l'image de l'Orne où, « dans les milieux patronaux, le climat est nettement à la méfiance[22] ». Le ministre de l'Intérieur,

18. Rapport au ministre de l'Intérieur, daté du 5 mai 1959, archives départementales de la Mayenne (ADM) 443 W 44*.
19. Voir, pour la Manche, Sven de Geyer, « Manifestations de l'opinion publique dans le département de la Manche face à la guerre d'Algérie », mémoire de master 2, université Paris-I, Panthéon-Sorbonne, 2006.
20. ADM 443 W 44*.
21. Synthèse des rapports trimestriels établis par les CTAM, 2e trimestre 1959, ADMa 1004 W 63*.
22. Lettre du commissaire de police d'Alençon, chef des RG, au préfet, 21 mars 1958, archives départementales de l'Orne (ADO) 348 W 407*.

alerté, tente de mobiliser les services de l'État dans la Manche, en exigeant des clarifications sur « les difficultés que rencontrent à Saint-Lô certains travailleurs algériens à la recherche d'un travail [...] ; les employeurs embaucheraient par priorité des travailleurs étrangers, espagnols ou italiens, et refuseraient systématiquement les travailleurs algériens[23] ». Si les autorités locales se mobilisent, c'est à leur façon. Le cas de l'Orne est à ce titre révélateur : les services de police interviennent directement dans le replacement des Algériens dans les entreprises, replacement devenu encore plus délicat après les attentats. Point trop n'en faut, cependant. La priorité est avant tout d'éviter que trop d'Algériens ne se trouvent au même endroit. Leur nombre sur les chantiers de BTP doit être réduit à « quelques unités[24] ». Le résultat est indiscutable, la surpopulation d'Algériens est évitée : en octobre 1959, l'hôpital de Mortagne est le seul établissement public à employer un Algérien (un seul sur 109 employés). Dix entreprises privées en emploient au total 16. Dans l'agglomération cherbourgeoise, en mars 1957, lorsqu'une douzaine de jeunes fraîchement arrivés d'Algérie sont renvoyés d'un centre de formation pour cause d'indiscipline, le sous-préfet s'affole : « Il faut limiter la population algérienne dans le département[25]. »

Après les attentats d'août 1958, une certaine psychose s'installe dans ces départements. La tentative manchoise évoquée plus haut provoque des perquisitions chez une quinzaine d'Algériens. La nouvelle fait grand bruit si l'on en croit *La Presse de la Manche*, principal quotidien cherbourgeois : « Depuis quelques jours, il n'est bruit que d'un prétendu "complot" FLN à Cherbourg. Des gens ont été jusqu'à affirmer, par exemple, qu'on avait tenté d'incendier la gare maritime [...]. L'imagination aidant, ces rumeurs prenaient de plus en plus d'ampleur. » S'ensuit un article rassurant récapitulant les faits, qui débouche sur la conclusion suivante : « Les éléments [nord-africains] stables et bien connus demeurent tranquilles. Les éléments nomades sont décelés dès leur arrivée. Il n'y a donc pas lieu de s'inquiéter, et la situation reste calme chez nous[26]. »

23. Lettre du ministre de l'Intérieur au préfet de la Manche, 12 février 1959, ADMa 1004 W 61*.

24. Rapport de police daté du 24 décembre 1958, ADO 348 W 407*.

25. Lettre du sous-préfet de Cherbourg au préfet de la Manche, 11 mars 1957, ADMa 1004 W 58*.

26. *La Presse de la Manche*, 5 septembre 1958.

Quelques mois plus tard, une synthèse nationale peut cependant faire état de plaintes d'Algériens déplorant le « comportement peu amical de la population à leur égard[27] ». Dans la Sarthe, un rapport évoque la « vive inquiétude » des Algériens au lendemain de la vague d'attentats et insiste sur les tensions de voisinages observées[28].

Ce climat a contribué à marginaliser ces individus dont l'intégration n'était peut-être qu'apparente. Ainsi, seuls 10 à 20 % des Algériens inscrits votent aux élections législatives de novembre 1958 dans la 3e région[29].

Dans ce contexte, quel regard ces Algériens ont-ils porté sur le combat pour l'indépendance ?

Les Algériens et l'Algérie

Le climat de défiance qui s'étend s'abat sur des Algériens qui subissent déjà le conflit avec un sentiment constant de vive appréhension.

Selon les RG, cette peur apparaît dès le lendemain de la « journée des tomates[30] » :

> La diffusion des informations [...] est suivie de près par ces mêmes milieux qui sont ainsi au courant des méthodes de pression et de coercition dont ont été l'objet certains de leurs coreligionnaires [...]. Cet état des choses paraît [...] avoir engendré une psychose de crainte auprès de certains éléments modérés[31].

Par la suite, la crainte des activités du FLN augmente progressivement, jusqu'à devenir en novembre 1957, selon les RG manchois, « une

27. Synthèse des rapports trimestriels établis par les CTAM, 15 décembre 1958, ADMa 1004 W 61*.
28. Rapport du préfet au CTAM, 3e trimestre 1958, archives départementales de la Sarthe (ADS) 1359 W 128*.
29. Synthèse des rapports trimestriels établis par les CTAM, *ibid.* (cote ADMa 1004 W 61*.
30. Le 6 février 1956, lors d'une visite à Alger, le président du Conseil, Guy Mollet, est confronté à l'hostilité violente de la population d'origine européenne.
31. Rapport sur l'évolution de l'état d'esprit des Algériens, 15 mars 1956, ADMa 1004 W 38*.

psychose d'inquiétude[32] ». La pression entretenue par le FLN de Caen maintient ce climat tendu : « La proximité de [cette] ville et les allées et venues fréquentes des Algériens de Caen à Cherbourg inquiètent les éléments calmes[33]. »

Les rapports décrivent par la suite un sentiment croissant d'insécurité qui s'est encore accentué après les attentats d'août 1958 à Cherbourg. À partir de cette date, dans la Sarthe comme dans la Manche, les RG notent que ce sentiment d'insécurité engendre une méfiance des Algériens « résidants » à l'égard des nouveaux arrivants : « Dès que l'un d'eux est interpellé par un nouveau venu pour savoir l'adresse d'un autre Algérien connu de lui, l'intéressé feint l'ignorance, mais s'empresse d'alerter son camarade recherché[34]. »

La période qui suit est plus difficile à analyser en raison de ce repli sur soi. Après les attentats d'août 1958, les RG déplorent le « mutisme des intéressés[35] » dans la Manche comme dans la Sarthe. Ils insistent régulièrement sur la « lassitude » des Algériens face aux « lenteurs » du processus de paix.

Qu'en est-il de l'évolution de leurs sentiments face à la guerre ? L'agent manchois chargé de sonder régulièrement les Algériens cherbourgeois, Denis C., note en 1956 que leur intérêt pour la situation en Algérie a pris une « acuité toute particulière » :

> Malgré toute absence d'agitation, les événements des dernières semaines n'ont pas été, cependant, sans toucher le sentiment national et faire naître une certaine sympathie tacite chez d'aucuns Français musulmans qui, sans extérioriser leurs convictions personnelles [...], répondent tout naturellement à la « voix du sang »[36].

Cette tendance au rapprochement avec les thèses du FLN se poursuit pendant l'année 1957, si l'on en croit Denis C. :

---

32. Rapport des RG, 20 décembre 1957, ADMa 1004 W 58*.
33. Rapport des RG, 31 juillet 1958, ADMa 1004 W 61*.
34. Synthèse des RG, 15 septembre 1958, ADMa 1004 W 60*.
35. Note des RG, 30 juin 1959, ADMa 1004 W 61*.
36. Rapport sur l'évolution de l'état d'esprit des Algériens, 15 mars 1956, ADMa 1004 W 38*.

[Les Algériens] sont profondément touchés à chaque fois qu'ils apprennent que des coreligionnaires ont été abattus par nos troupes. Pensant à leurs parents, ils en viennent naturellement à douter que les tués étaient tous des rebelles, ainsi, souvent à leur insu, ils arrivent à accorder une audience plus favorable aux slogans anti-colonialistes et finissent par admettre que la France n'a pas œuvré utilement en Algérie[37].

Réaction plus virulente encore après le bombardement par l'armée française du village de Sakiet-sidi-Youssef[38] : « Ces milieux ont vivement stigmatisé l'attitude de la France, ils espèrent fermement que dans un prochain avenir l'affaire algérienne sera portée [...] sur le plan international[39]. » Cette même année, Denis C. constate que ces Algériens ne sont « pas anti-français, [... mais] croient sincèrement que leur race, leurs coutumes, leur religion sont trop différentes de celles des Français de métropole pour être complètement intégrées à la nation française[40] ». Un long chemin semble donc avoir été parcouru de ce point de vue par ces individus qui avaient fait le choix de l'intégration française.

[Certains même] cherchent à convaincre leurs interlocuteurs français, lorsqu'ils ont l'occasion de parler politique. [...] Ils se gardent bien d'évoquer des thèmes de propagande de la rébellion, [...] ils invitent certaines de leurs connaissances à lire certains journaux et, surtout, à écouter régulièrement les postes radio en langue française[41].

Ces Algériens ne veulent pas compromettre leur situation déjà difficile et ont peur de la violence des méthodes du FLN. Il n'en reste pas moins très probable que leur regard évolue vers l'affirmation du sentiment de leur incompatibilité avec la société française. Ce phénomène

37. Rapport sur l'évolution de l'état d'esprit des Algériens, 18 novembre 1957, ADMa 1004 W 59*.
38. Le 8 février 1958, l'armée française bombarde ce village tunisien, suspecté d'être une base du FLN.
39. Synthèse des RG, 25 février 1958, ADMa 1004 W 39*.
40. Rapport des RG de l'arrondissement d'Avranches Coutances Saint-Lô, 18 septembre 1959, ADMa 1004 W 39*.
41. Rapport des RG de l'arrondissement de Cherbourg, 21 février 1958, ADMa 1004 W 59*.

est observé dès 1956 et s'accentue au fil de la période. La méfiance des populations métropolitaines et l'augmentation des discriminations contribuent certainement à créer un contexte idéal à leur détachement.

Les Algériens vivant pendant la période dans les quatre départements étudiés évoluent dans des zones à l'écart de la « bataille » métropolitaine, mais pas des tensions qu'elle suscite. Tensions qu'ils ressentent vivement lorsqu'en 1957-1958 le marché du travail se ferme à eux, et que les premiers signes de défiance à l'égard de leur « milieu » apparaissent dans la population.

Ce contexte contribue, semble-t-il, à affirmer l'identité algérienne de ces individus. Ceux-ci restent craintifs à l'égard du FLN et souhaitent avant tout la paix. Cependant, des sources révèlent que le choc provoqué par l'intensité de l'actualité algérienne fait ressortir les limites de leur intégration et de leur appartenance à la nation française.

Tous déclarent, selon les RG, vouloir rester en France au lendemain de l'indépendance, mais ils sont certainement plus attachés aux Français qu'ils côtoient en tant qu'individus qu'à la France à laquelle ils n'ont jamais complètement appartenu en tant que citoyens.

9. LES NATIONALISTES DANS L'EURE : DÉPARTEMENT RURAL, DÉPARTEMENT TRANQUILLE ?

Laurent Chevrel

Dans les années 1954-1962, l'Eure est en pleine transformation : la croissance démographique est forte et l'industrie se renforce dans l'est du département, à proximité de l'Île-de-France. Elle reste cependant un département rural, qui ne compte que quelques centaines d'Algériens. Ces derniers, occupant presque exclusivement des emplois peu qualifiés dans l'industrie du bâtiment et des travaux publics, tendent à se concentrer dans le secteur industriel. En 1954, le nombre d'Algériens est estimé à 560, 84 % se trouvant à Évreux et dans ses environs, 12 % à Vernon, 5 % autour de Conches. Cette population constitue 1,75 % de la population totale de l'Eure, c'est dire sa faible importance. Fin 1962, on relève un peu plus de 600 Algériens[1].

Leurs conditions de logement sont difficiles. Ainsi, une soixantaine d'entre eux habitent dans des baraquements à Gauciel, près de l'aéroport d'Évreux[2]. À Évreux même, ils résident principalement dans les baraquements de l'Office national des cantonnements ouvriers de la reconstruction (Oncor)[3], situés en face de la prison. Ces baraquements sont divisés en 97 chambres pouvant abriter 320 lits, une cuisine, un réfectoire, le logement du gérant et des dépendances. Y sont logés 200 ouvriers.

À Vernon, la nécessité de construire un foyer de la Société nationale de construction de logements pour les travailleurs algériens et leurs

1. PV gendarmerie, archives départementales de l'Eure (ADE) 1643 W 19*.
2. Rapport RG, 11 avril 1956, ADE 1643 W 20*.
3. RG, 20 juillet 1959, ADE 1643 W 20*.

familles (foyer Sonacotral) se fait sentir[4] et aboutit en 1958. Le foyer ouvert compte 16 appartements, soit 40 chambres. Selon les RG, sa construction devrait permettre une amélioration sensible du climat et une régression importante de l'activité du FLN. Le sanatorium de La Musse, enfin, situé dans la périphérie ouest d'Évreux, à Saint-Sébastien-de-Morsent, constitue un cas particulier. Sur 700 malades, on compte en moyenne 300 Nord-Africains[5].

Ces divers lieux où la population algérienne est concentrée, sièges de l'activité nationaliste, sont d'autant plus connus que la police y exerce une surveillance continue. C'est que l'activité du mouvement nationaliste, malgré les faibles effectifs d'Algériens, n'est pas inexistante. L'importance quantitative des fonds du cabinet du préfet déposés aux archives départementales de l'Eure et concernant les mouvements nationalistes algériens le prouve. Ces archives permettent de comprendre comment les nationalistes algériens s'implantèrent dans un département rural et quelle activité ils y développèrent, alors que les travaux publiés ont surtout mis en avant leur action dans des secteurs à forte implantation algérienne, comme la région parisienne, où cotisations, lutte fratricide entre le MNA et le FLN et attentats contre les policiers occupèrent les militants[6]. Elles témoignent aussi des limites que leur imposait la faiblesse des effectifs algériens en présence.

Dans l'Eure comme ailleurs : la victoire du FLN sur le MNA

Dès l'été 1954, une section du MTLD existerait à la cantine de l'Oncor[7]. Au demeurant, un article paru dans *Paris-Normandie* en septembre 1956 présente une « kasma[8] d'Évreux ». Il y aurait même un réseau MNA. En 1957, dans l'Eure comme sur le plan national, le MNA apparaît plus

4. RG, 19 septembre 1959, ADE 1643 W 20*.
5. RG, 20 juillet 1959, ADE 1643 W 20*.
6. Voir Ali Haroun, *La 7e Wilaya. La guerre du FLN en France, 1954-1962*, Paris, Le Seuil, 1986, et, pour la région parisienne : Linda Amiri, *La Bataille de France. La guerre d'Algérie en métropole*, Paris, Robert Laffont, 2004, et pour le Nord, Jean-Pierre René, *L'Immigration algérienne dans le Nord-Pas-de-Calais, 1959-1962*, Paris, L'Harmattan, 1999.
7. RG, 7 août 1954, ADE 1643 W 20*.
8. Subdivision administrative du FLN. Dans l'*Atlas de la guerre d'Algérie* (Paris, Autrement, 2003), Guy Pervillé donne la hiérarchie administrative du FLN.

influent que le FLN[9]. C'est à ce moment que se constitue l'Union syndicale des travailleurs algériens (USTA) de l'Eure, sans doute à l'Oncor d'Évreux. Fin décembre 1957[10], la section compterait 35 membres. Des éléments extérieurs aident à l'organisation, certains venant du Nord[11]. La situation devient difficile avec l'arrivée de responsables FLN[12], qui pose des problèmes de recrutement au MNA. Dès la fin février, les RG disent que le groupe messaliste d'Évreux « semble assez désemparé[13] », au point que l'USTA est considérée comme « en sommeil ». La date de création d'une section FLN n'est pas établie[14]. Les adhérents du FLN et du MNA résideraient tous à l'Oncor, mais dans des baraquements différents.

Malgré les efforts de restructuration du MNA et de l'USTA, le FLN progresse et engage une lutte sur le plan de la propagande[15]. Il finit par l'emporter tout en rencontrant de sérieuses difficultés : arrestations consécutives à des dénonciations, éloignement des responsables locaux, internement de ceux-ci... L'action de la police se fait durement sentir. Chaque fois, la structure FLN doit être reconstituée avec des éléments nouveaux. C'est le cas fin 1958, puis durant l'été 1959 : le 17 juin 1959, les responsables d'Évreux sont internés, ce qui n'empêche pas une reconstitution rapide courant 1960[16], expliquée sans doute par le « manque de dynamisme[17] » des dirigeants locaux.

Les conflits entre mouvements ont été précoces. Le MNA commence par organiser en août 1956[18] une journée de « lutte »

Région>district>secteur>kasma>section>groupe>fraction>cellule pour les militants ; wilaya>amala ou superzone>zone>région>secteur>kasma>section>groupe>cellule pour les sympathisants et les adhérents.

9. RG, 7 août 1957, ADE 1643 W 19/505*.

10. RG, 30 décembre 1957, ADE 1643 W 19/505*.

11. RG, 3 février 1958, ADE 1643 W 19/505*.

12. RG, 14 février 1958, ADE 1643 W 19/505*.

13. RG, 23 février 1958, ADE 92 W 59*.

14. La première mention de la section FLN d'Évreux figure dans un rapport consacré à la fondation de la section départementale de l'USTA. Ce rapport donne la liste des responsables de l'USTA et indique leur fonction au sein de la section FLN. RG 12 août 1957, ADE 1643 W 19*.

15. RG, 8 mars 1958, ADE 92 W 59 ; RG, 21 mars 1958, ADE 1643 W 20*.

16. RG, 23 octobre 1958, ADE 92 W 59 ; RG, 5 novembre 1958, ADE 1643 W 19/502 ; RG, 23 mai 1959, ADE 92 W 59 ; RG, 26 septembre 1959, ADE 1643 W 19/502 ; RG, 26 septembre 1960, ADE 1643 W 19/502*.

17. RG, 29 mars 1962, ADE 1643 W 20*.

18. RG, 25 août 1956, ADE 1643 W 20*.

contre le FLN. Le conflit se développe durant l'année 1958. En février 1958, il est question d'un règlement de comptes à l'Oncor[19]. En mai 1958, des coups de feu sont tirés dans les fenêtres d'une chambre où logent des membres du MNA[20]. La police en déduit qu'il s'agit de conflits MNA-FLN sans en avoir la preuve indiscutable, même si une liste de membres du MNA avait été peu avant découverte chez un membre du FLN[21]. En juin, des coups de feu font deux blessés dans le camp MNA[22]. Le 7 juillet, l'affaire semble plus complexe : des coups de feu sont échangés à l'Oncor[23] et un membre du FLN est abattu en pleine rue au centre d'Évreux. Ces événements aboutissent d'ailleurs à plusieurs arrestations.

Pour tenter de calmer la situation en concluant une « trêve », une réunion se serait tenue à Elbeuf le 3 novembre 1958.

> Dans une chambre de la cantine de l'Oncor se seraient regroupés un certain nombre de militants du FLN et les membres de tendance MNA [...]. Les contacts auraient été renoués entre les deux tendances, à l'instar du responsable messaliste X de Rouen, avec le responsable FLN d'Elbeuf. Ils auraient convenu de l'inutilité des rivalités opposant les deux tendances, reconnaissant par contre tous les avantages d'une unité d'action[24].

Pour gage de sa bonne volonté, le MNA aurait proposé de verser une somme au FLN à la suite du meurtre du mois de février.

Cette trêve est vite rompue, puisque le 2 janvier 1959 une fusillade éclate à l'Oncor[25] et un blessé doit être amputé d'une jambe. Une bagarre éclate en ce même lieu en août 1959[26]. Enfin, en février 1960, un cadavre est découvert dans la Seine à Saint-Pierre-lès-Elbeuf[27]. *La Dépêche d'Évreux* se fait l'écho d'une seconde découverte de cadavre non loin cette fois-ci de Caudebec-lès-Elbeuf. L'hebdomadaire précise que la

19. RG, 13 février 1958, ADE 1643 W 20*.
20. RG, 26 mai 1958, ADE 1643 W 20*.
21. RG, 23 avril 1958 ADE 92 W 59*.
22. RG, 5 juin 1958, ADE 1643 W 20*.
23. RG, 9 août 1958, ADE 1643 W 20*.
24. RG, 5 novembre 1958, ADE 1643 W 19/502*.
25. RG, 30 novembre 1959, ADE 1643 W 20*.
26. RG, 8 août 1959, ADE 92 W 59*.
27. RG, 2 août 1960, ADE 1643 W 19*.

victime, « âgée de 27 ans », « habitait Évreux depuis plusieurs années » et « logeait à la cantine de l'Oncor[28] ». À ces deux affaires s'ajoute celle d'un troisième individu assassiné par le FLN le 8 juin 1961. En fin de compte, le FLN finit par s'imposer et par réduire à néant l'influence du MNA.

Les acteurs : un noyau dur d'une vingtaine de membres

Les services de police contrôlent étroitement les ressortissants algériens. Ils rédigent systématiquement des rapports qui sont répercutés au ministère de l'Intérieur, notamment pour les individus « fichés Z[29] ». Parmi tous les contrôlés figurent des Algériens de passage étrangers aux mouvements nationalistes, mais qui ont l'apparence de suspects potentiels, et de vrais nationalistes « en transit » et contrôlés lors d'un déplacement considéré comme suspect.

Ainsi, des collecteurs viennent de Mantes-la-Jolie et de Bonnières, et un Algérien de Mantes achète une arme à Évreux[30]. Un rapport de février 1958 note la « venue régulière[31] » d'éléments FLN de Gennevilliers. Globalement, on peut évaluer ces intrusions à une dizaine d'éléments repérés par la police. Celle-ci d'ailleurs pense que des déplacements anodins cachent des activités militantes, ce qu'elle ne parvient pas à prouver.

Des estimations des effectifs nationalistes totaux sont fournies. Pour le MNA-USTA, elles varient de 35 membres à Évreux[32] à 47 en février 1958 pour retomber ensuite à 20[33]. La section FLN d'Évreux compterait 20 membres début 1958[34]. Le « rapport organique » de début 1959 découvert par la police donne des effectifs plus importants : 129 sur la zone Évreux-Louviers, 74 à Vernon, 70 à La Musse. De 129, l'effectif passe à 182 courant 1960[35].

28. *La Dépêche d'Évreux*, 6 février 1960.
29. Voir l'article « Identifier les nationalistes algériens : les fiches Z », p. 332.
30. RG, 4 octobre 1957, ADE 1643 W 20* ; RG 12 juin 1956, ADE 1643 W 20*.
31. RG, 19 février 1958, ADE 1643 W 20*.
32. RG, 30 décembre 1957, ADE 1643 W 20*.
33. RG, 8 avril 1958, ADE 92 W 59*.
34. RG, 23 mars 1958 ADE 1643 W 20*.
35. RG, 27 février 1959, ADE 43 W 19/502* ; RG, 31 mai 1960, ADE 43 W 19/502*.

L'activité est menée pour l'essentiel par un noyau dur plus ou moins coordonné selon la ville[36]. Ce noyau dur d'une vingtaine de membres mène une forte action de propagande et de collecte de fonds. Les services de police exploitent cette situation en soulignant assez systématiquement que bien des Algériens cotiseraient contre leur gré. Pourtant, les dénonciateurs, victimes de ce genre de pratique, sont rares, même si l'on peut penser qu'ils craignent des représailles de la part du FLN ou du MNA.

Les rapports documentaires envoyés par le ministère de l'Intérieur[37] s'efforcent de déterminer les limites entre wilayas. L'Eure est aux trois quarts rattaché à la wilaya ouest, tandis que la rive droite de la Seine dépend de la wilaya nord. Ce découpage explique sans doute l'impression que l'activité nationaliste de l'Eure dépend davantage de Paris que de Rouen. Le dossier où figure la liste des éléments FLN arrêtés à Louviers en septembre 1958 montre que l'un d'entre eux est un agent de liaison avec Les Mureaux en Seine-et-Oise, et que « le réseau FLN de Vernon englobe Évreux et est dirigé depuis Les Mureaux[38] ».

Le découpage est en réalité fluctuant. Des informations provenant du Mans montrent d'ailleurs qu'une réorganisation aboutit à un « nouveau quadrillage » qui débouche sur un détachement des villes du centre de la région parisienne[39]. Le même rapport présente la saisie de la « correspondance entre responsables de l'Eure et de Rouen[40] », qui confirme l'existence d'une kasma à Évreux (2e kasma du « zonal » de Rouen) ; une autre pourrait se trouver à La Musse. Louviers est rattachée à Évreux. Il est aussi question d'une kasma à Vernon ; enfin, la « copie du rapport organique » trouvée dans la correspondance donne une idée de l'organisation du FLN en kasmas, sections et groupes[41]. Les militants constituent un gros quart des troupes, encore faut-il rester prudent sur la

36. Sur ce sujet, voir « Un appendice essentiel : la Fédération de France », *in* Gilbert Meynier, *Histoire intérieure du FLN*, Paris, Fayard, 2002, p. 531-545.
37. Le FLN en métropole, décembre 1956 ; L'organisation du FLN en métropole, 23 août 1957 ; Les Méthodes de sabotage employées par le FLN, 27 septembre 1958 ; Consignes et méthodes du FLN, 20 septembre 1958 ; Mise à jour du rapport du 23 août 1957, octobre 1958 ; Engins explosifs utilisés par le FLN, 10 mai 1960 ; Découpage des wilayas, 17 octobre 1961. ADE 1643 W 19*. L'une des cartes qui se trouvent dans ces rapports est publiée dans Guy Pervillé, *Atlas de la guerre d'Algérie*, *op. cit.*, p. 27.
38. RG, dossier personnel 8077, ADE 1594 W 17*.
39. RG, 31 octobre 1959, ADE 1643 W 19/502*.
40. RG, 27 février 1959, ADE 1643 W 19/502*.
41. Voir note 8, p. 112.

notion de « militants », bien que l'auteur du rapport organique veuille régler cette question en expliquant qu'il s'agit des « éléments sur lesquels on peut compter ». Notons qu'il puise parmi les adhérents pour former les nouveaux militants. Le rédacteur du rapport organique souligne enfin les difficultés qu'il rencontre. Ainsi, il dit avoir « changé le responsable qui ne sait ni lire ni écrire ».

Un rapport des RG du 31 mai 1960 rend compte du contenu des documents trouvés au domicile du chef de la 2e kasma lors d'une perquisition à Louviers : « la kasma d'Évreux était depuis plusieurs années [...] comme une des moins bien organisées de la région normande », cela étant attribué « à la difficulté du recrutement des cadres », à « la passivité de la quasi-totalité des Nord-Africains[42] ». Le rédacteur souligne l'effet des arrestations successives évoquées plus haut. Pour régler le problème du recrutement des cadres, les quatre sections d'Évreux sont regroupées, tandis qu'une section est créée à Louviers. Le rapport organique d'avril 1960 fait ressortir une kasma Louviers-Évreux, 2 sections, 3 groupes, 4 fractions et 43 cellules.

Ces structures paraissent s'étoffer au cours de l'année 1960. Fin 1960, un « groupe de choc » apparaît. L'efficacité semble s'améliorer notoirement, puisque le rédacteur du rapport[43] note que « chaque nouvel arrivant à Évreux fait l'objet d'une étude attentive de sa situation, et l'on peut dire que tout Nord-Africain est pris en charge par l'organisation FLN et embrigadé dans les heures qui suivent à son arrivée à Évreux ».

Propagande...

La diffusion de tracts et de journaux, les manifestations publiques constituent un premier pôle d'activité étroitement surveillé par la police française.

Dès les années 1953-1954, les Renseignements généraux relèvent la distribution du journal *Algérie libre* dans les entreprises du BTP[44]. Le journal est dit « jusqu'à présent presque inconnu à Évreux » et distribué par des « Nord-Africains venant de Paris ». Fin 1954, ce sont des

42. ADE 1643 W 19/502*.
43. RG, 26 décembre 1960, ADE 1643 W 19/502*.
44. Il s'agit du journal du MTLD. RG, 30 septembre 1953, ADE 1643 W 20*.

journaux algériens en langue arabe qui seraient diffusés par des militants du MTLD[45] : *Sawt Achaab*[46] et *Sawt El Djazaïr*[47]. La perquisition qui est alors menée à l'Oncor aboutit à la saisie de journaux. En juin 1956[48], ce sont des exemplaires d'*El Alam*[49] qui sont diffusés. Début 1958, en pleine agitation, l'USTA diffuse *La Voix du travailleur algérien* ; on parle de la réception de 80 exemplaires[50]. Un autre rapport prétend que *Le Messager d'Algérie* compte des lecteurs dans le département.

Des tracts sont recueillis de temps à autre, des affiches rarement placardées. Une affiche du MNA est trouvée sur un mur d'Évreux le 28 février 1955 au matin, elle est intitulée « Situation dramatique en Algérie[51] ». Cette affiche en rouge et noir s'en prend à l'« entêtement du gouvernement à vouloir défendre les privilèges exorbitants des colonialistes ». Elle proclame que « le peuple algérien veut être libre et indépendant », elle appelle à manifester et à la libération de Messali Hadj.

En revanche, le tract trouvé peu après à Gauciel, là où résident des Algériens dans des baraquements proches de l'aéroport d'Évreux, paraît d'interprétation pour le moins compliquée. La copie du tract est annexée au rapport des RG en date du 8 septembre 1955[52]. Ce tract s'adresse aux travailleurs de la CGT et n'est pas signé. Il veut dénoncer le massacre qui s'est déroulé le 20 août 1955 au centre minier d'El Halia, à l'est de Philippeville, massacre qu'il impute au Parti communiste algérien (PCA) et à la CGT.

L'USTA diffuse en mai 1958 un tract national « Vive le premier mai de lutte »[53]. Les diffuseurs sont dûment identifiés. Le 26 septembre 1958, c'est un membre du FLN qui distribue le compte rendu du congrès de la Fédération nationale de lutte antituberculeuse[54], organisation que la police dit liée au PCF, auquel est joint un appel au gouvernement algérien du Caire.

---

45. RG, 8 novembre 1954, ADE 1643 W 20*.
46. « La voix du peuple ».
47. « La voix de l'Algérie ».
48. RG, 13 septembre 1956, ADE 1643 W 19/503*.
49. « Le drapeau ».
50. RG, 6 janvier 1958, ADE 1643 W 19/505 ; RG, 14 février 1958, ADE 1643 W 19/505*.
51. RG, 28 février 1955, ADE 1643 W 19/503*, affiche jointe au rapport.
52. RG, 8 septembre 1955, ADE 1643 W 20*.
53. RG, 21 mai 1958, ADE 1643 W 19*.
54. FNLA devenue en 1964 l'Association des malades et invalides (AMI).

Le tract découvert à Vernon le 4 novembre 1958 et intitulé « La torture en France » se compose de quatre pages ronéotées[55]. Il présente la qualité rare d'être de facture locale. Le texte dénonce violemment l'usage de la torture que de Gaulle « doit faire cesser en Algérie » et ajoute : « Voici qu'ont surgi en France les camps d'internement sur simple décision administrative comme au temps des nazis. » Suivent les noms de personnalités qui s'opposent à l'usage de la torture ainsi que des cas cités en détail et illustrés par des témoignages. Ces témoignages sont extraits de *Témoignages et documents sur la guerre en Algérie*, publié par le Centre de coordination pour la défense des libertés et de la paix. La conclusion du texte le présente comme un tract émanant du PCF et curieusement classé dans le dossier FLN :

> Ce n'est pourtant pas cela que veulent les jeunes, les travailleurs, toutes les petites classes laborieuses de France. Ils veulent d'abord et surtout que cette ignoble guerre prenne fin et qu'avec elle cesse la torture, le malheur et l'angoisse. Ils repoussent la proposition de capitulation que préconise de Gaulle [...], ils veulent au contraire que soient enfin engagées de libres négociations avec le gouvernement algérien sans exclure au préalable « l'indépendance de l'Algérie ».

Cela n'a rien de surprenant dans la mesure où, à Vernon, FLN et PCF semblent travailler ensemble. Alors que les Algériens ne se rendent pas habituellement aux réunions du PCF, Vernon fait exception[56]. Une autre réunion a aussi lieu à Gisors, où un étudiant d'origine algérienne est surpris par la police avec des affiches du PCF. Début 1960, le FLN adresse des brochures aux parlementaires et aux élus locaux de l'Eure, généralement peu enclins à envisager l'indépendance de l'Algérie[57]. Fin mai 1960, l'Amicale générale des travailleurs algériens en France (AGTA) envoie un tract aux membres du PSU, tract qui s'en prend à l'« escroquerie des élections cantonales du 19 mai », qualifiées d'« élections à l'algérienne[58] ». Il dénonce aussi le soutien apporté par le gouvernement français à une « troisième force musulmane » hostile au FLN, puis se termine ainsi :

55. RG, 4 novembre 1958, ADE 1643 W 19/502*.
56. RG, 22 octobre 1958, ADE 1643 W 19*.
57. RG, 5 janvier 1960, ADE 1643 W 19/502*.
58. RG, 3 juin 1960, ADE 1643 W 19*. Tract daté du 27 mai 1960.

> Il est clair que ces élections décidées et organisées unilatéralement par la France sont du plus pur style colonial. Il convient de souligner aussi qu'elles sont en contradiction flagrante avec le principe de l'autodétermination solennellement reconnue par le président de la République française.

Les archives ne comportent plus que deux lettres pour la période qui suit. Elles émanent de l'AGTA et sont adressées à la CGT[59]. La première demande à la CGT d'engager une action pour empêcher le refoulement de certains travailleurs algériens[60] ; la seconde est un tract intitulé « Le cessez-le-feu : une victoire pour le peuple algérien ».

Globalement, la publication d'écrits paraît faible dans le département et n'est quasiment jamais de conception locale. Cela est fort logique compte tenu de la faiblesse des effectifs algériens et de celle de leur encadrement. Il apparaît que ces publications visent deux objectifs : l'information interne et la tentative de convaincre les métropolitains du bien-fondé de la lutte nationaliste. Quoi qu'il en soit, la diffusion se déroule rarement au grand jour, la répression s'abattant immanquablement sur les diffuseurs d'écrits de mouvements interdits.

Cette répression explique aussi, à l'évidence, la quasi-inexistence de manifestations nationalistes. Les foules susceptibles d'être rassemblées, fort peu nombreuses, ne feraient d'ailleurs pas masse. Les manifestations ont lieu lors des fêtes religieuses et paraissent sans lien avec les mouvements nationalistes : célébration du ramadan, par exemple[61]. Le boycott des boissons alcoolisées organisé, semble-t-il, par le MNA à Évreux s'inscrit sans doute en fait dans ce cadre[62]. Les manifestations convoquées pour le 1er novembre 1961 à Évreux échouent au point que la presse locale n'en parle pas[63]. On note une manifestation à Vernon en juillet 1957, mais il s'agit d'une réaction à la suite de tirs sur les

59. L'AGTA « appelle notamment les ouvriers algériens à "adhérer au syndicat français de leur choix", de préférence à la CGT ». Laure Pitti, « La CGT et les Algériens en France métropolitaine durant les années 1950 : une décennie de tournants », *in* Élyane Bressol, Michel Dreyfus, Joël Hedde et Michel Pigenet (dir.), *La CGT dans les années 1950*, Rennes, Presses universitaires de Rennes, 2005, p. 470.

60. RG, 14 septembre 1961, ADE 1643 W 19/505*.

61. RG, 16 juin 1954, ADE 1643 W 20*.

62. RG, 13 septembre 1956, ADE 1643 W 20*.

63. RG, 1er novembre 1961, ADE 1643 W 19/502*.

baraquements occupés par des Algériens[64]. Des individus sont toutefois contrôlés dans des manifestations extra-départementales : en avril 1956 à Paris[65], en octobre 1961 à Rouen[66]. La fête de l'indépendance se déroule dans la joie et sans incident le 5 juillet 1962 à Évreux[67].

Les réunions d'information sur l'Algérie attirent surtout les métropolitains. La plus importante a lieu à la Bourse du travail d'Évreux en juin 1954 à l'initiative du journal *L'Algérie libre*[68]. Elle regroupe une centaine de personnes. Peu après, le Mouvement de la Paix rassemble une trentaine d'Algériens lors d'une réunion à l'Oncor[69]. Mais ces rencontres ont lieu avant le déclenchement des hostilités en Algérie.

... et collecte au cœur de l'activité nationaliste

Nerf de la guerre et activité centrale des nationalistes sur le territoire métropolitain, les collectes de fonds apparaissent dans les rapports à partir de 1957. Il semble que le montant des sommes effectivement perçues ait tendance à stagner et n'augmente véritablement que vers la fin de la guerre, les mécanismes de perception devenant plus efficaces et le nombre de cotisants augmentant.

Des collectes au profit du FLN et du MNA sont faites à l'Oncor d'Évreux fin juillet[70]. Une perquisition a lieu à Vernon dans un baraquement où résident des Algériens, et cette opération permet de « découvrir sur le nommé X domicilié à l'Oncor de Vernon une liste de noms avec des chiffres en regard, ce qui semble le désigner comme un collecteur de fonds du FLN[71] ». Fin 1957, la perception des fonds se poursuit à l'Oncor d'Évreux. Elle serait faite par des « commandos de Nord-Africains armés qui exigent 3 000 AF [...] ; ces faits se reproduisent tous les quinze jours environ, sans date fixe[72] ». Ces collectes seraient le fait d'habitants de la région parisienne, ainsi y aurait-il des transports de

64. RG, 17 juillet 1957, ADE 1643 W 20*.
65. RG, 12 avril 1956, ADE 1643 W 20*.
66. RG, 19 octobre 1961, ADE 1643 W 19/502*.
67. RG, 6 juillet 1962, ADE 1643 W 19/502*.
68. RG, 21 juin 1954, ADE 1643 W 20*.
69. RG, 27 octobre 1954, ADE 1643 W 20*.
70. RG, 3 août 1957, ADE 1643 W 20*.
71. RG, 23 août 1957, ADE 1643 W 20*.
72. RG, 22 novembre 1957, ADE 1643 W 20*.

fonds depuis Vernon vers Paris[73]. On compterait alors 150 contributeurs à Vernon. Au demeurant, des collectes ont lieu tant au profit du FLN qu'au profit du MNA. Les membres du MNA viendraient de Seine-et-Oise[74]. Un véhicule originaire de Gennevilliers est identifié par la police comme « utilisé par des collecteurs de fonds venant de la région parisienne au profit du FLN[75] ».

Le MNA parviendrait à percevoir des cotisations de 1 700 AF, les RG ajoutant : « Les messalistes ne semblent pas vouloir user de la violence ou de la contrainte[76]. » À l'opposé, « les fonds du FLN sont toujours collectés avec vigueur et intimidation. La cotisation est de 1 600 F et aucun timbre n'est distribué. Les collecteurs établissent une sorte de bordereau qui circule de main en main au moment de la collecte et qui serait ensuite brûlé. » La police hiérarchise donc ses adversaires. Il est vrai que le FLN est en pleine offensive contre le MNA et que cette dernière organisation est « préférée » par les autorités qui peuvent aussi jouer sur les rivalités pour casser le mouvement nationaliste. Le produit de la collecte de mars 1958 à Évreux s'élève à 75 000 AF[77]. Ce montant est révélé par un reçu trouvé en possession d'un résident de l'Oncor d'Évreux. À partir de là, il est question de 320 000 AF perçus à Évreux et de 175 000 AF à Vernon. Force est de remarquer des divergences dans le montant des sommes perçues. En avril 1958, le montant des fonds collectés à Vernon et à Évreux s'élève à 40 000 AF par semaine. En mai, le FLN aurait réclamé à l'Oncor des cotisations de 2 000 AF[78]. À La Musse, la cotisation serait de 1 400 AF par mois pour le FLN[79]. Cette fois-ci, comme en avril 1958, il est question d'une « résistance nouvelle » contre ce que le rédacteur du rapport qualifie de « nouvel impôt[80] ». Toujours à La Musse, une bagarre qui se déroule le 3 août

73. RG, 12 février 1958, ADE 1643 W 19/502*.
74. RG, 19 février 1958, ADE 1643 W 20*.
75. Renseignements sur l'activité séparatiste des Nord-Africains, rapport par quinzaine adressé par le préfet au ministère de l'Intérieur, du 27 février au 23 mars 1958, ADE 92 W 59*.
76. RG, 21 mars 1958, ADE 1643 W 20*.
77. Renseignements sur l'activité séparatiste des Nord-Africains, rapport adressé par quinzaine par le préfet au ministère de l'Intérieur, du 23 mars au 8 avril 1958, ADE 92 W 59*.
78. RG, 23 mai 1958, ADE 1643 W 19/502*. Le rapport ne précise pas si cette cotisation est exceptionnelle ou régulière.
79. RG, 24 juin 1958, ADE 1643 W 19/502*.
80. RG, 29 avril 1958, ADE 1643 W 19/502*.

1958 aurait la même origine[81]. Des collecteurs de fonds appréhendés reconnaissent les faits.

Une collecte aurait eu lieu le 31 décembre 1958 aux aciéries de Pompey au manoir près de Pont-de-l'Arche. En « quelques minutes », précise le rédacteur qui ne donne aucun montant des sommes encaissées[82]. C'est encore un courrier provenant des RG parisiens qui parvient au préfet à propos des collectes à La Musse : « Ces fonds seraient ensuite remis à un chef collecteur susceptible d'être une femme venue rendre visite aux malades sous un prétexte d'entraide sociale[83]. » Tout cela demeure un peu énigmatique. L'idée d'un lien avec Paris dans l'organisation de la perception se maintient. L'argent d'une collecte de fonds FLN qui aurait eu lieu dans la nuit du 30 au 31 octobre à La Musse au profit du FLN serait parti vers cette destination, cette collecte coïncidant avec les « permissions » accordées à l'occasion des fêtes de la Toussaint[84]. Il est vraisemblable que ce congé est mis à profit par les Nord-Africains pour entrer en contact avec les responsables FLN de la capitale, remettre le produit de leurs collectes et recevoir des directives. Suit une liste de « suspects connus ».

La correspondance entre responsables du FLN de l'Eure et de Rouen mentionnée plus haut comporte, outre des effectifs, l'état des collectes pour janvier 1959[85] pour l'Eure. Leur montant total s'élève à 784 400 AF. Le total des sommes perçues n'est guère éloigné de celui relevé en mars 1958 si l'on additionne Évreux et La Musse. En revanche, de 371 200 AF, il tombe à 138 200 AF pour Vernon. Les explications qui figurent sous le tableau donnent des cotisations variant de 2 000 AF pour un salarié à 1 000 AF pour un chômeur, les « marchands de tapis » payant 5 000 AF. Une partie des explications manque, ce qui complique la compréhension. Toutefois, ces montants de cotisation sont proches des estimations antérieures. Une autre grille manuscrite suit, établie pour le mois suivant et ne concernant que la kasma d'Évreux. La perception des cotisations apparaît comme irrégulière et parfois difficile. Ainsi, des retards de paiement sont mentionnés et concernent 17 personnes qui régularisent ensuite leur situation. L'écart entre le nombre de cotisants théoriques et le nombre de cotisants réels est de 13,5 %.

81. RG, 7 août 1958, ADE 1643 W 19/502*.
82. RG, 2 janvier 1959, ADE 1643 W 20*.
83. RG, 5 mai 1959, ADE 1643 W 20*.
84. RG, 31 octobre 1959, ADE 1643 W 19/502*.
85. RG, 27 février 1959, ADE 1643 W 19/502*.

Les collectes se poursuivent durant l'année 1960. Elles continuent au foyer Sonacotral d'Évreux[86]. Des perquisitions ont lieu à Vernon à la suite de l'affaire d'Elbeuf (le meurtre de février 1958), et deux grilles de collecte sont découvertes[87]. D'autres grilles sont trouvées à Louviers dans les mêmes conditions ; elles révèlent que, pour la kasma d'Évreux, 167 Nord-Africains cotisent sur 182 recensés, ce qui rapporte 516 750 AF[88]. Lors de ces activités de perception, des Nord-Africains sont « frappés », problème fréquent qui se produit à l'automne à La Musse par deux fois[89]. En novembre 1960, au même endroit, ce sont quatre personnes de Vitry qui viennent chercher le produit de la collecte et qui sont d'ailleurs identifiées[90]. Une cotisation supplémentaire de 5 NF est perçue à Évreux pour le sixième anniversaire de la rébellion[91]. Des cotisations exceptionnelles sont régulièrement encaissées : une de 30 NF pour le 11 juillet 1961, une de 10 NF à Évreux pour les emprisonnés[92].

En dehors de ces collectes de fonds et du conflit FLN-MNA, les violences ne se sont traduites que par un attentat. Celui-ci a lieu fin avril 1958 à Évreux, au plus fort des actions nationalistes. Une bombe placée dans un soupirail du palais de justice éclate vers 10 h 15 le 28 avril 1958. On compte deux blessés légers[93]. Il semble qu'il s'agisse d'une charge de plastic. La police retrouve des morceaux du détonateur et pense que l'attentat est lié à des arrestations et à des condamnations de militants FLN qui ont eu lieu peu auparavant. *La Dépêche d'Évreux* rend compte de cet attentat dans son édition du 3 mai 1958. Elle parle d'une « boîte métallique » et d'un « petit ressort qui devait constituer le détonateur ». Le paquet avait en fait été aperçu une heure plus tôt par une employée du greffe qui avait donné l'alerte. Curieusement, la presse ne reparle pas par la suite de cet attentat, sans doute du fait de l'actualité fort chargée du mois de mai 1958. Les archives de police ne comportent pas d'autres rapports. Tout au plus trouve-t-on une circulaire

86. RG, 21 janvier 1960, ADE 1643 W 19/502*.
87. Malheureusement, aucune copie de ces grilles n'est annexée au rapport de police.
88. RG, 31 mai 1960, ADE 1643 W 19/502*.
89. RG, 4 octobre 1960, ADE 1643 W 19/502*.
90. RG, 7 novembre 1960, ADE 1643 W 19/502*.
91. RG, 7 novembre 1960, ADE 1643 W 19/502*.
92. RG, 30 juin 1961, ADE 1643 W 19/502*; RG 5 avril 1961, ADE 1643 W 19/502*.
93. RG, 31 avril 1958, ADE 1643 W 20*.

accompagnée de la liste des entreprises à surveiller dans le département, car susceptibles d'être victimes d'attentat[94]. En août 1958, deux individus considérés comme des militants du FLN domiciliés à Vernon sont soupçonnés d'avoir participé à des attentats contre des installations pétrolières à Rouen[95]. En juin 1960, la crainte d'un attentat contre la sucrerie Bouchon de Nassandres dans l'ouest du département est évoquée dans un courrier en provenance de Lille[96].

Une autre affaire, qui concerne le commissariat de Vernon, paraît plus sérieuse. À la suite d'une série d'arrestations effectuées en septembre 1958, un individu est appréhendé pour avoir fomenté un projet d'attentat contre le commissaire de police[97]. Le rapport adressé par le préfet au ministère de l'Intérieur ajoute même que le projet « a été dénoncé par celui qui devait faire l'attentat[98] ». Les intéressés font l'objet d'un arrêté d'assignation à résidence au camp de Mourmelon-Vadenay. La situation est décrite comme calme à Vernon dans le rapport qui suit en 1959.

Reste une affaire pour le moins mystérieuse qui a lieu sur une route nationale du département : « l'allumage simultané d'une dizaine de foyers [d'incendie] au moment du passage d'une voiture du type correspondant à deux véhicules dont sont propriétaires des Nord-Africains (connus comme militants du FLN) habitant Glisolles et Conches[99] ».

Toutes ces actions ne concernent que les Algériens entre eux. Les contacts avec les organisations de gauche sont rares, même si celles-ci dénoncent la situation en Algérie. Tout au plus la brochure du Secours populaire français *Vérités sur les tortures* circulerait-elle dans les milieux nord-africains d'Évreux[100], tandis que la CGT départementale compte des Algériens parmi ses adhérents, dont certains sont présents lors de ses congrès[101].

94. RG, 29 août 1958, ADE 1643 W 20*.
95. RG, 29 août 1958, ADE 1643 W 19/502*.
96. RG, 17 juin 1960, ADE 1643 W 19*.
97. RG, dossier personnel 8077, ADE 1594 W 17*.
98. Renseignements sur l'activité séparatiste des Nord-Africains, 23 octobre au 8 novembre 1958, le suivant étant daté du 8 au 22 novembre 1958. ADE 92 W 59*.
99. RG, 3 août 1959, ADE 1643 W 20*.
100. RG, 4 février 1957, ADE 1643 W 20*.
101. Les RG remarquent, dans un rapport du 10 septembre 1956, la présence d'un Algérien parmi les délégués du congrès de la CGT. ADE 1643 W 20*.

Pour un département qui ne compte que 600 Algériens recensés au début des années 1960, l'importance de l'activité des mouvements nationalistes, tout particulièrement celle du FLN qui tente de quadriller du mieux possible le terrain, est surprenante. Cette activité apparaît toutefois désordonnée en raison de la faiblesse des effectifs concernés et donc des problèmes de recrutement de militants efficaces. À cela il faut ajouter une efficacité plus grande de la surveillance et de la répression menées par la police. Le fonds d'archives étudié montre d'ailleurs un essoufflement à partir du début de 1961.

10. LA GUERRE VUE DE COLOMBEY-LES-DEUX-ÉGLISES

Mireille Conia

La Haute-Marne est un département éloigné des centres d'attractivité de la vie politique nationale. Le général de Gaulle s'y est installé après l'acquisition, en 1934, d'une propriété à vocation familiale dans le village de Colombey-les-Deux-Églises, car il appréciait la beauté de ces vastes horizons forestiers. Il a appris à aimer la tranquillité et la discrétion de la population à son égard et vis-à-vis de sa famille. Il se considère parmi les siens au sein de cette communauté villageoise, ce que les habitants lui rendent bien. Il y cultive aussi sa conception de la société, fondée sur la prise en compte des besoins collectifs, ce qui le conduit à faire un don en vue de permettre l'achèvement de l'aménagement d'un square[1]. C'est là que le général de Gaulle façonne sa réputation d'homme au-dessus des intérêts particuliers. Le refuge de La Boisserie à Colombey-les-Deux-Églises est, en effet, associé à des étapes essentielles de la vie politique de celui qui se considérait comme incarnant la grandeur de la France, notamment à cette époque de retour aux affaires, en 1958. Les visiteurs accueillis y sont peu nombreux, toujours choisis pour accorder, dans le moment de la décision, l'écoute ou le conseil nécessaires, comme le souligne Jean Lacouture dans la biographie qu'il a consacrée au général de Gaulle[2]. En toute occasion, celui-ci entend ne

1. Délibération du conseil municipal de Colombey-les-Deux-Églises en date du 23 mai 1956. Archives communales, registre des délibérations de 1944 à 1983 déposé à la mairie.
2. Jean Lacouture, *De Gaulle*, Paris, Le Seuil, 1986, 3 vol.

pas renoncer à ses habitudes familiales sans se soucier des risques encourus. C'est la raison pour laquelle on peut s'interroger sur les incidences de ces objectifs sécuritaires sur la vie locale, ce qui nous amènera à nous intéresser aux menaces et aux diverses formes de réponse apportées.

Un service de sécurité très visible

Les menaces les plus sérieuses semblent émaner de l'action de l'OAS, renforçant le propos repris par Alain Peyrefitte : « Depuis 1954, la nation algérienne est née dans le sang[3]. » Des tracts et des journaux sont adressés depuis Paris à un certain nombre de destinataires dans le département. Ces courriers ont pour but de créer un climat d'insécurité : « L'OAS frappe qui elle veut, quand elle veut, où elle veut[4]. » L'OAS cherche notamment à diffuser son message politique auprès de ses détracteurs, comme le syndicat des cheminots de Saint-Dizier. Ainsi, dans les archives départementales de la Haute-Marne, on trouve une enveloppe portant un cachet de la poste Saint-Charles d'Oran. Elle est datée du 26 avril 1962. Son contenu reprend une émission passée sur les ondes de la télévision le 22 avril précédent, au cours de laquelle était présentée cette organisation terroriste. Elle se présente comme une structure hiérarchique de commandement, justifie ses objectifs d'action par la nécessité d'un combat subversif fait d'actes de violence, de fusillades et d'attaques de cantonnements de gardes mobiles afin d'atteindre l'autorité de l'État en démontrant sa faiblesse. D'autres lettres font état de l'existence de réseaux, comme le Réseau Bonaparte. Les Renseignements généraux ont découvert ce type de missive à Nogent-en-Bassigny, Doulevant-le-Château, Doulaincourt, Saint-Blin, Andelot, Châteauvillain, Bourbonne-les-Bains. La brigade de gendarmerie de Juzennecourt, dont dépend Colombey-les-Deux-Églises, en a également été la destinataire. Toutes ces enveloppes ont été postées du boulevard Montparnasse et de la rue La Boétie ; elles contiennent un tract qui reprend l'idée que la situation est contraire à la Constitution de la Ve République : « Nul n'a reçu le droit de s'arroger le pouvoir de détacher une section ou une

---

3. Cité par Alain Peyrefitte dans *C'était de Gaulle*, Paris, éd. de Fallois/Fayard, 1994, vol. I, p. 86.
4. Archives départementales de la Haute-Marne (ADHM) 1382 W 14*.

partie du peuple français. » C'est donc en vertu de ce principe qu'envisager l'indépendance de l'Algérie est assimilé à un acte de trahison de la parte de tout Français qui soutiendrait cette idée, et surtout pour le chef de l'État qui la mettrait en œuvre.

Une note du 10 janvier 1962 rédigée par le préfet de la Haute-Marne à l'attention du préfet de Moselle, Igame pour la 6e région, chargé de contrôler la situation intérieure, mentionne le peu d'activité de l'OAS dans le département, hormis quelques sigles tracés à la craie, à l'exemple d'« Algérie française » à Saint-Dizier et à Langres. Il apparaît, du reste, qu'il est davantage question de manifestations d'isolés, qualifiés de « plus ou moins fantaisistes » et dont on pense qu'ils n'ont pas de liens réels avec cette organisation, qu'ils agissent plus par provocation que par conviction encadrée. En revanche, il existe en Haute-Marne quelques personnes susceptibles de sympathies activistes, à savoir un noyau de poujadistes (le délégué régional réside à Bourbonne-les-Bains), quelques officiers ayant quitté l'armée, des traditionalistes d'extrême droite, ce qui justifie des surveillances régulières pour éviter tout ancrage durable[5]. En effet, il est important que le calme soit parfaitement établi pour préserver les conditions de vie et de séjour du président de la République dans son village.

Ce climat de sécurité relativement contrôlée va bientôt se trouver remis en cause par la radicalisation du discours de l'OAS, qui envisage différents projets d'attentats. Son objectif premier est non plus de se battre pour l'« Algérie française », mais d'abattre le régime républicain. Elle cherche ainsi à déstabiliser la capitale. Mais elle veut surtout faire la preuve de sa capacité à devenir une organisation de masse en s'appuyant sur un potentiel recensé de 50 000 activistes, poujadistes ou autres métropolitains d'extrême droite. La stratégie prévue par le colonel Argoud s'articule en deux temps : fomenter un attentat contre le général de Gaulle et créer un climat de totale insécurité en exportant en métropole les pratiques du terrorisme dans le but d'affoler les populations et d'amener l'armée à rétablir l'ordre – « Nous nous retrouverions dans la même situation qu'au 13 mai, mais cette fois sans arbitre, sans de Gaulle[6]. »

La sécurité du Général est parfaitement assurée lors de ses activités au service de l'État ou lorsqu'il réside dans sa propriété. Les

5. ADHM 1382 W 14*.
6. Citation du colonel Argoud dans ADHM 1382 W 14*.

craintes se portent donc surtout sur les déplacements d'ordre privé. Les forces de police vont par conséquent établir les plans nécessaires pour sécuriser les parcours en direction de Colombey, qui présentent de « sérieux risques » du fait du mode de transport utilisé et des itinéraires empruntés. Les mesures de protection constituent le cœur du dispositif à la charge des services haut-marnais[7]. Les forces de police et de gendarmerie apportent leur concours loyal au cours de ces missions[8]. Par note de service[9], il est décidé de qualifier les déplacements par voie routière de semi-officiels afin de pouvoir mobiliser les effectifs appropriés : « Ils sont pilotés par une patrouille motocycliste se déplaçant cinq minutes avant le cortège, l'escorte est assurée par les V. O. [voyages officiels] avec plusieurs voitures spéciales d'intervention et une escorte motocycliste de CRS », ce qui revient à mobiliser six ou sept voitures, une dizaine de motocyclistes et à donner à la gendarmerie nationale un rôle essentiel dans la reconnaissance des itinéraires, notamment sur le trajet entre la base aérienne 113 de Saint-Dizier et Colombey-les-Deux-Églises, lorsque le trajet combine déplacement par voiture et par hélicoptère. Il faut surveiller les zones boisées, les buissons, les boqueteaux, les haies, tout ce qui peut servir à se dissimuler. De même, il convient de prêter attention aux fils ou aux tranchées susceptibles de faciliter l'installation de pièges. Des contrôles d'identité sont également effectués, tout comme la vérification de tout type d'équipement qui pourrait, le cas échéant, servir à détenir des armes ou explosifs[10]. Ces dispositions complètent les décisions mises à exécution après l'attentat du 22 août 1962[11]. En outre, pour parer aux risques liés au survol de l'espace aérien[12], une batterie de half-tracks a été installée, ce qui permet également de sécuriser une zone d'atterrissage pour hélicoptères à proximité de la propriété.

---

7. Réponse du préfet au ministre de l'Intérieur Roger Frey en date du 18 septembre 1962, ADHM 1382 W 203*.
8. ADHM 1382 W 203*.
9. Elle est datée du 25 octobre 1962, ADHM 1382 W 203*.
10. Note de service en provenance du cabinet du préfet du 4 octobre 1962, ADHM 1382 W 203*.
11. Note de service en provenance du cabinet du préfet du 26 août 1962, ADHM 1382 W 203*.
12. Arrêté de survol du 19 avril 1961 pris pendant l'état d'urgence, rappelé dans une note du commandement du groupement de gendarmerie départementale à destination du préfet, ADHM 1382 W 203*.

L'incident du 8 août 1962 permet de tester l'efficacité des mesures prises. Des inscriptions contre le chef de l'État ont été tracées dans la nuit du 7 au 8 août sur le trajet suivi par son cortège. Il a fallu la prompte intervention de la gendarmerie pour éviter que le Général ne s'en rende compte. Leur auteur a été identifié. Il s'agit d'un étudiant en vacances dans la région qui a été immédiatement placé sous surveillance.

Le général de Gaulle trouve ce dispositif trop apparent[13]. Il réclame que les éléments chargés de sa surveillance aux carrefours soient placés davantage en retrait, que les véhicules soient camouflés ou stationnés dans des cours d'habitation, à proximité de l'itinéraire suivi, et que les motocyclistes en patrouille circulent en permanence. Il désire, en outre, avoir la possibilité, dès sa descente du train à Clairvaux, de pouvoir gagner sa voiture sans problème.

Un dispositif accepté

En revanche, cette ambiance sécuritaire impose des changements dans la vie des habitants de Colombey-les-Deux-Églises. Les déplacements à pied ou en voiture dans la commune sont interdits sur la route passant devant La Boisserie. Des exceptions sont faites pour les personnes du village connues des forces de police. Des barrages sont présents en permanence afin de faciliter les contrôles d'identité. Des patrouilles à pied parcourent constamment les rues et les bois pour déjouer toute tentative d'organisation d'attentat. Les hommes jeunes et sportifs sont également particulièrement surveillés. Tout est prétexte à surveillance. Ainsi, l'attitude d'un automobiliste circulant dans une DS immatriculée dans la Charente-Maritime, le 24 août 1961, intrigue les habitants du village. Il posait des questions sur l'organisation et l'importance des effectifs policiers. Une enquête a été ouverte. Cet épisode montre bien leur sens des responsabilités et leur active participation à ce qui apparaît comme une mission d'intérêt national[14].

Dans ce petit village haut-marnais, la vie est rythmée par les crises et l'existence d'un climat de tensions ; pendant de longs mois encore,

---

13. Note du ministre de l'Intérieur du 12 décembre 1962, ADHM 1382 W 203*.
14. La commune de Colombey-les-Deux-Églises octroie également des subventions municipales d'un montant de 6 000 AF depuis 1958 à l'intention des soldats en Algérie.

les mesures de sécurité seront maintenues (elles ne seront allégées qu'à partir de 1963). La commune est isolée par des barrages de chevaux de frise gardés par les forces de l'ordre. Cette situation est relayée dans les médias, mais la presse locale n'en fait pas vraiment mention. Situation subie mais acceptée par les habitants par respect pour le Général ; au nom du maintien d'un équilibre sociétal, ces mesures sont vécues comme nécessaires. Il convient de voir dans cette attitude la reconnaissance de l'autorité du pouvoir en fonction d'un ordre né de l'instauration d'institutions démocratiques confortées par la pratique du suffrage universel.

De plus, un événement vient justifier pleinement le dispositif mis en place : l'arrestation le 17 novembre 1961 dans la région langroise d'Henri Manoury, l'un des conspirateurs de l'attentat du 8 septembre précédent. Dans un article du 13 septembre 1961 de *La Haute-Marne libérée*, il est présenté comme le chef du commando qui a organisé et réalisé l'attentat, ce qui témoigne de son niveau élevé de dangerosité. L'intérêt du journaliste s'est surtout porté sur le parcours des acteurs. Manoury est décrit comme un homme d'une quarantaine d'années, assureur à Sèvres. Il n'aurait pas hésité à abandonner sa femme et ses enfants, ce qui montre son peu d'esprit de responsabilité. Son rôle aurait consisté à faire le guet à la sortie du palais de l'Élysée pour avertir du départ du cortège. Montrol de La Mesnière, complice recruté peu avant l'opération, travaille dans les assurances. Belvisi est qualifié de vendeur d'automobiles. L'artificier, Jean-Marie Rouvières, aurait appris le maniement des explosifs pendant son service militaire en Algérie. On insiste donc sur la complémentarité des spécialités des membres du commando, unis par un engagement commun d'activistes notablement connus pour leur appartenance à l'OAS, qu'il s'agisse de personnes recherchées ou de personnes qui apportent seulement un concours de circonstance. L'accent est également mis sur la position de respectabilité de ces individus, puisque aucun d'entre eux n'est considéré comme appartenant au banditisme. Leur contact probable dans le département est un médecin venu d'Algérie.

Nous disposons d'une relation précise de l'arrestation de Manoury dans le secteur de Longeau. Un personnage d'allure suspecte a été repéré dans un débit de boissons. Il a essayé d'obtenir une chambre d'hôtel, mais s'est soustrait à l'obligation de remplir la fiche dite de police. Il donnait l'impression d'avoir peur, d'être recherché, ce qui laissait supposer qu'il appartenait à une organisation interdite. Il voulait, selon les témoignages recueillis, rencontrer un médecin de Longeau, donnant des indications précises sur l'habitation du praticien comme s'il la connaissait déjà. Il était, de plus, porteur d'une fausse carte d'identité. C'est grâce au travail de recherche minutieux conduit par la brigade de recherche de Langres qu'il a été réellement identifié comme étant Henri Manoury.

La campagne d'attentats fait réagir la population locale, une vague de réprobation se développe[15]. Même les adversaires de la politique du président de la République, notamment ceux qui appartiennent à des organisations de gauche, manifestent le sentiment du besoin de l'autorité du chef de l'État, gage de légitimité de sa fonction. Il existe une certaine crainte de voir se renouveler d'autres tentatives d'attentats jusqu'à ce que le but visé soit atteint. C'est pourquoi on en vient à reprocher au gouvernement sa trop grande mansuétude à l'égard de ceux qui sont qualifiés d'« ultras » ou des militaires ayant participé au putsch du 22 avril 1961, dont la responsabilité serait engagée dans la situation présente.

Comment se manifeste l'opinion publique locale ? Les élus font parvenir des messages de soutien, à l'exemple de celui du président du conseil général :

> Adversaire résolu de toute violence, le président du Conseil général de la Haute-Marne félicite le général de Gaulle, président de la République, d'avoir échappé au stupide attentat perpétré contre sa personne et l'assure de toute la sympathie de l'Assemblée départementale et des populations qu'elle représente[16].

Le conseil municipal de Langres, par la voix de son maire, n'est pas en reste :

> Le conseil municipal de la commune de Vaux-la-Douce, profondément écœuré par l'attentat criminel dont vous avez été l'objet, se félicite de son échec et vous prie de croire, Monsieur le Président de la République, à ses sentiments respectueux et à son dévouement à la République[17].

---

15. Ces indications proviennent d'une note d'information du préfet de la Haute-Marne, en date du 10 septembre 1961, retranscrite sous forme d'un télégramme, ADHM 1382 W 14*.
16. ADHM 1382 W 14*.
17. ADHM 1382 W 14*.

Les formules se répètent avec une connotation d'attachement sentimental de plus en plus affirmé. Cela n'est pas forcément preuve d'adhésion, mais plutôt d'acceptation d'une vision hiérarchique, d'allégeance à une certaine conception de l'autorité de l'État.

En ce qui concerne la population, les démonstrations de popularité peuvent servir d'indicateur. La visite officielle de trois jours que le général de Gaulle effectue en Haute-Marne en 1963, et dont l'une des étapes prévues est Colombey-les-Deux-Églises, est un bon exemple. Les propos tenus par le maire dépassent le convenu :

> Colombey est fière de vous accueillir. Fière et touchée de l'attention, de la délicatesse, dont vous avez fait preuve en cette occasion et en bien d'autres. Vous êtes ici au milieu d'amis dont le soutien vous est acquis en toutes circonstances. En un mot, vous êtes ici chez vous [18].

Dans sa réponse, le chef de l'État montre combien il a été sensible aux attentions dont il vient de faire l'objet. Il articule son discours sur les valeurs républicaines, conférant ainsi à cette visite une dimension de rassemblement national :

> J'ai apprécié votre concours républicain et national chaque fois que je me suis retrouvé parmi vous. Je vous remercie en mon nom et au nom de la France [...]. Le témoignage de votre présence aujourd'hui a pour moi toute sa valeur. Il s'ajoute de manière éminente à toutes sortes d'autres témoignages encourageants que j'ai recueillis pendant mon voyage. Notre pays est un pays qui est sorti des drames dans lesquels il se trouvait. Il est sorti de la guerre et de toutes les difficultés qu'il est inutile de rappeler ici. Notre pays s'est repris. Il monte grâce au labeur de tous et de toutes. C'est vrai en particulier ici. Je vous dis de tout mon cœur, mes chers compatriotes de Colombey, devant votre maison, devant le conseil municipal et aux côtés de ma femme : Vive Colombey-les-Deux-Églises ! Vive la République ! Vive la France [19] !

18. Bibliothèque municipale de Chaumont MIC 172. *Journal de la Haute-Marne* du 1er avril au 30 juin 1963.
19. *Idem.*

Il semble ainsi possible d'utiliser la guerre d'Algérie comme élément d'analyse du sens des événements, comme le révélateur de certaines formes de modernité. La société française, encore fortement influencée par la ruralité, imprégnée de valeurs traditionnelles, reconnaît certes la force et le sens de l'autorité de l'État, gage de stabilité et d'équilibre. Elle intègre pourtant une ouverture vers l'acceptation de profonds changements. Le conflit algérien et le règlement de la paix vont marquer une accélération du cours de l'histoire, engageant le pays sur la voie du progrès tant au niveau des pratiques de pouvoir que des comportements. À partir de cette période, le passage de l'économique au premier rang va rejeter le politique au second plan. Les institutions consolidées, le régime conforté, il n'est plus question de les remettre en cause, ce qui justifie pleinement la volonté manifestée de considérer qu'une page vient de se tourner.

Mi-carême 1956. Char de la corporation de Lettres – université de Caen.

II. ENSEIGNANTS, ÉTUDIANTS, SYNDICALISTES, CHRÉTIENS... : DES MILIEUX RÉCEPTIFS

En dehors des structures traditionnelles des organisations politiques, qui prirent position sur le sort même de l'Algérie, l'action collective se déploya dans des milieux aux contours plus ou moins informels. « Milieu » s'entend au sens de groupe soudé par une expérience commune : la Résistance prédisposa-t-elle à l'engagement entre 1954 et 1962 ? Il désigne aussi des milieux professionnels dont la réaction emprunte au corporatisme, touchés parce que l'État souhaitait les envoyer en Algérie ou parce que la perte des colonies françaises leur imposait de repenser leurs carrières. Plus vaste, la nébuleuse du militantisme social, souvent d'inspiration chrétienne, couplé à l'engagement syndical, mais pas obligatoirement, fournit à l'action collective locale nombre de ses animateurs et l'essentiel de son terreau. Algériens et Français pouvaient s'y retrouver. Enfin, et surtout, les milieux socioéconomiques de l'enseignement, à tous les degrés, se distinguent : des instituteurs aux universitaires en passant par les professeurs de lycée, sans oublier les étudiants. Tous assurent un maillage local permettant une mobilisation en cas d'événement grave, mobilisation surtout motivée par l'opposition à la guerre et limitée aux villes.

11. LES RÉSISTANTS ET LA GUERRE D'ALGÉRIE (1954-1962) : QUELQUES JALONS PROBLÉMATIQUES

Bertrand Hamelin

La présence de la Résistance des années 1940-1944 pendant la guerre d'Algérie peut être envisagée sous deux aspects mettant en jeu des acteurs et une mémoire : la guerre d'Algérie a-t-elle suscité une réaction particulière des résistants ? Les références à la Résistance sont-elles utilisées dans leur lutte par des non-résistants ?

Cette dernière question a été abordée par Martin Evans, selon qui la mémoire de la Résistance a été une motivation majeure des opposants à la guerre[1], tandis que l'historiographie de la première se limite à des études ponctuelles[2]. À travers l'étude d'un département, le Calvados, marqué par la Seconde Guerre mondiale, il s'agit de voir ici de quelle manière la Résistance et sa mémoire ont-elles pu jouer un rôle ou être utilisées ou réappropriées dans la vie politique française ?

---

1. Martin Evans, *The Memory of Resistance. French Opposition to the Algerian War (1954-1962)*, Oxford-New York, Berg, 1997, notamment « The memory and significance of anti-nazi Resistance », p. 31-72.
2. Daniel Lefeuvre a étudié les positions de l'organe de la FNDIRP, *Le Patriote résistant*, dans son article « Les résistants et la guerre d'Algérie », *in* Bernard Garnier *et al.*, *Pourquoi résister, résister pour quoi faire ?*, Caen, CRHQ, 2006 ; voir aussi Guy Pervillé, « La génération de la Résistance face à la guerre d'Algérie », *Annales de l'université de Franche-Comté*, décembre 1996 ; et, sur un sujet connexe, Olivier Lalieu, *La Déportation fragmentée, les anciens déportés parlent de politique 1945-1980*, Paris, La Boutique de l'Histoire, 1994.

Des résistants réservés

L'existence d'*une* réaction des résistants à la guerre d'Algérie serait contradictoire avec la diversité des raisons de l'engagement de ces hommes et femmes pendant la Seconde Guerre mondiale, prolongée par l'hétérogénéité de leurs choix politiques à la Libération. Pourtant, quelle que soit la définition du résistant, administrative ou historique[3], et en dépit des difficultés à dénombrer les résistants dans les années 1950 en raison des migrations et des décès, la position dominante est bien le non-engagement. Cela ne saurait surprendre au vu de la faiblesse de la mobilisation populaire. Pourquoi les résistants se seraient-ils « naturellement » davantage engagés que le reste de la population ?

Ceux qui sont intervenus l'ont fait à titre individuel[4]. Depuis la disparition du Front national, aucun groupe issu de la Résistance n'a agi en tant que tel dans le champ politique. Le Comité départemental de libération (CDL) et l'Association des combattants volontaires de la Résistance du Calvados existent toujours, mais sont deux structures sans activité politique. Seule l'Association des déportés – donc non composée uniquement de résistants – s'inscrit irrégulièrement dans des combats politiques. Quelques individus personnifient la Résistance, détenteurs à ce titre d'un capital symbolique dans l'espace public. Or les personnalités qui s'engagent ne mettent pas en avant leur qualité de résistant. Ce n'est pas là oubli du passé, car dans d'autres combats contemporains en rapport direct avec la Seconde Guerre mondiale, notamment en 1957 à la suite de la nomination du général Hans Speidel à l'Otan, la référence est présente. Ainsi, le même militant est désigné comme « cheminot » dans une pétition pour la paix en Algérie, mais comme « ancien responsable des FTP » dans un texte dénonçant Speidel.

---

3. Sur cet enjeu historiographique jamais clos, voir la mise au point de François Marcot, « Comment dénombre-t-on les résistants ? », *in* Antoine Prost (dir.), *La Résistance, une histoire sociale*, Paris, L'Atelier, 1997, p. 37-41. Pour le Calvados, Jean Quellien considère qu'aux 762 CVR (Combattants volontaires pour la Résistance) il convient d'ajouter 1 400 « non-CVR », en raison de leur activité pendant la guerre. Jean Quellien, *Opinions et comportements politiques dans le Calvados sous l'Occupation allemande*, Caen, Presses universitaires de Caen, 2000, p. 33-34.

4. Quelques exemples pour caractériser l'attitude des députés issus de la Résistance : les gaullistes Buot et Triboulet, l'indépendant Laniel ou le communiste Lenormand n'adoptent guère de position particulière et ne mettent pas en avant leur passé.

Les engagés sont d'ailleurs initialement impliqués dans la vie publique. Les prises de position émanent de militants de gauche rompus aux combats ; les résistants engagés à droite ne se manifestent guère. Au total, la guerre d'Algérie n'a pas suscité de reprise d'activité politique. Une réserve qu'illustre le parcours de deux personnalités identifiées depuis 1945 comme représentant la Résistance.

Ainsi, Michel de Boüard, membre Front national du CDL en 1943, puis déporté à Mauthausen, n'avait eu de cesse, après 1945, d'intervenir dans les affaires publiques[5]. Mais pendant la guerre d'Algérie, tout en étant présent, il se contente de mettre sa notoriété au service des opposants. En outre, il n'entraîne pas avec lui dans ces prises de position deux institutions qui lui sont liées : d'une part, l'Association des déportés du Calvados qu'il préside en « maître absolu[6] », évitant ainsi de diviser ses camarades ; d'autre part, la faculté des lettres de Caen dont il est le doyen et qui, contrairement à d'autres facultés, ne se prononce pas sur l'affaire Audin[7], au nom de la cohésion du corps enseignant[8]. Il s'oppose aussi à la condamnation de l'OAS par l'Amicale de Mauthausen, au grand dam d'un bureau dominé par les communistes : présidant le congrès de Caen, en juin 1962, il obtient le rejet d'une motion au nom de l'unité et du respect de la pluralité politique de l'amicale, héritage selon lui de la Résistance[9].

Autre figure de la Résistance locale en retrait, le recteur Pierre Daure. Révoqué par Vichy fin 1941, préfet en 1944 puis à nouveau recteur, il est tenu à un devoir de réserve, surtout après sa désignation en 1957 à la Commission de sauvegarde des droits et libertés individuels

---

5. L'auteur travaille à une thèse sur l'itinéraire de cet historien.

6. Témoignage de Bernard Boulot, président de l'association, 31 janvier 2005.

7. Le 11 juin 1957, au cours de la bataille d'Alger, Maurice Audin, professeur de mathématiques, membre du Parti communiste algérien et militant anticolonialiste, est arrêté par des parachutistes. Son corps n'a jamais été retrouvé. Malgré les demandes répétées de sa veuve, Josette Audin, et du Comité Audin, les autorités n'ont jamais révélé ce qu'il était advenu de lui. Les seules informations distillées à l'époque laissaient entendre qu'il se serait évadé. Mais l'enquête de Pierre Vidal-Naquet a permis d'établir que Maurice Audin était mort sous la torture le 21 juin 1957. Voir aussi l'article « À l'origine du Comité Audin : Jacques-Fernand Cahen », p. 265.

8. Michel de Boüard reçoit des motions de Besançon, Clermont-Ferrand et Lyon, envoyées pour que Caen rejoigne la protestation. Correspondance du secrétariat de la faculté des lettres de l'université de Caen, carton 5, 1958.

9. *Amicale de Mauthausen*, n° 101, juillet 1962.

en Algérie[10]. Pierre Daure ne s'engage donc pas, même s'il accorde un discret soutien aux universitaires engagés pour la vérité sur la disparition de Maurice Audin, dont il s'occupe au sein de la commission. Ainsi, au cours d'une conférence de presse du Comité Audin, à Paris, le 18 février 1958, Pierre Vidal-Naquet indique que Pierre Daure l'a autorisé à dire qu'« il conserve les doutes les plus sérieux sur la thèse des parachutistes » et qu'« il s'associe à ceux qui demandent instamment la vérité[11] ».

Comment expliquer cette rareté de l'intervention des résistants face au conflit ? Pour les résistants demeurés très actifs après 1945, notamment au sein du PCF, la guerre d'Algérie vient après de nombreuses luttes (paix, Indochine...). Que la « petite gauche » non communiste ait pris la tête du mouvement est aussi à considérer, notamment après les événements de Budapest. Peut-être d'autres sont-ils « blasés » par rapport à leur expérience de la Seconde Guerre mondiale, à l'instar d'un Jean Vidalenc rétorquant à Pierre Vidal-Naquet à propos de « sa » guerre d'Algérie : « Cela ne représente même pas une heure d'Auschwitz[12]. »

Surtout, le conflit est peu lisible et les analogies avec la Résistance sont malaisées. Le problème est d'identifier ceux qui « mériteraient » d'être comparés aux résistants : le FLN (appelé parfois Front national de libération[13], lapsus ou ignorance ?) n'est pas reconnu comme interlocuteur naturel. Du côté communiste, on s'accroche à la chimère de négociations avec le Parti communiste algérien (PCA). Les informations distillées sur le comportement des combattants FLN, les attentats aveugles s'opposent peut-être à une « éthique résistante ». Le parallèle est tardivement osé : lors de mutineries algériennes à la prison de Caen en 1960 et 1961, on rappelle – l'article étant anonyme, rien n'assure qu'il est écrit par un résistant – dans *L'Humanité* locale que les résistants connaissent bien l'endroit et qu'ils sont donc solidaires de ces prisonniers.

---

10. Voir Raphaëlle Branche, « La Commission de sauvegarde des droits et libertés individuels : chronique d'un échec annoncé », *Vingtième Siècle. Revue d'histoire*, n° 61, janvier-mars 1999, p. 14-29.
11. *Can-Caen*, février 1958.
12. Pierre Vidal-Naquet, *Mémoires. Le trouble et la mémoire*, Paris, Le Seuil/La Découverte, 1998, p. 47.
13. Deux occurrences de cette erreur ont été relevées dans l'hebdomadaire communiste *L'Humanité Dimanche. La page du Calvados*.

La Résistance comme inspiration

Pourtant, la Résistance est présente pendant la guerre d'Algérie comme référence des non-résistants, et notamment de deux générations, celle des années 1920-1930 et la suivante, celle des années 1930-1940.

La première génération a subi l'Occupation, et son non-engagement dans la Résistance est le fruit d'un trop jeune âge ou de circonstances ; ainsi, Sylvère Monod aurait pu alors s'engager, mais il ne l'a pas fait à cause de ses études – il est agrégé en 1943. Ce renoncement est une motivation de son engagement en 1958. Le cas de Pierre Vidal-Naquet est significatif : il est une victime du conflit, ses parents étant morts en déportation, et l'Occupation est le moment de sa prise de conscience politique. Or la guerre d'Algérie est une cause semblable à la lutte contre l'occupant nazi et Vichy. Dans ses mots – il fait le parallèle entre Laval et Mollet –, dans les valeurs défendues (lutte contre la torture, pour la liberté de l'information afin de contrer une censure qui n'est pas une vue de l'esprit), sa lutte s'apparente à la Résistance, quand bien même il s'est défini avant tout comme « dreyfusard ».

La dernière génération est principalement représentée par les étudiants. L'un d'entre eux présente ainsi leur changement d'attitude : « Nous ne sommes pas des enfants turbulents et chahuteurs, et si nous l'avons été, ce temps est révolu, nos aînés l'ont prouvé le 11 novembre 1940 et ensuite dans la Résistance[14]. » Cette réappropriation d'une part de l'histoire du mouvement étudiant n'est qu'une des multiples références à la période 1940-1944. Quelques-uns mènent une guerre clandestine contre la guerre d'Algérie, avec, à partir de 1960, des réseaux de soutien au FLN, notamment Jeune Résistance, dont le nom est tout un programme. À Caen, seuls des étudiants adoptent ce type d'action. Dans ce cas, l'idée d'une réappropriation de la Résistance prend tout son sens.

En définitive, la guerre d'Algérie a marqué un renouveau de l'héritage de la Résistance, non pas tant de la part de ses dépositaires que de celle des générations suivantes, pour qui ce moment de l'histoire de France est fondateur de l'engagement. Ils ont réinvesti quelques-uns des principes (liberté d'information, dignité de l'homme, résistance à l'oppression) de la Résistance des années noires.

---

14. *Can-Caen*, janvier 1959.

12. UNE MOBILISATION D'INTELLECTUELS INÉDITE : LE MILIEU UNIVERSITAIRE CAENNAIS

Bertrand Hamelin

> « Au-delà du mouvement des intellectuels parisiens, cette modeste chronique de la résistance provinciale à la guerre d'Algérie mériterait peut-être d'être écrite. »
> Michelle Perrot, « L'air du temps », *in Essais d'ego-histoire*, Paris, Gallimard, 1987, p. 283.

« Encore une saga à la gloire des anticolonialistes, ou, pis, une défense et illustration du rôle civique des intellectuels dira-t-on peut-être[1]. » Cette remarque pourrait s'appliquer au présent travail : l'engagement intellectuel contre la guerre d'Algérie est un sujet peu original. Il y a pléthore de travaux sur les intellectuels, dont des synthèses désormais classiques[2]. Dans ces ouvrages, une large place est accordée au moment constitué par l'activité intellectuelle pendant la guerre d'Algérie, objet de travaux spécifiques[3].

1. Claude Liauzu, « Ceux qui ont fait la guerre à la guerre », *in* Mohammed Harbi et Benjamin Stora (dir.), *La Guerre d'Algérie (1954-2004). La fin de l'amnésie*, Paris, Robert Laffont, 2004, p. 161.
2. Entre autres : Pascal Ory et Jean-François Sirinelli, *Les Intellectuels en France de l'affaire Dreyfus à nos jours*, Paris, Armand Colin, 1986 ; Michel Winock, *Le Siècle des intellectuels*, Paris, Le Seuil, 1997 ; Jacques Julliard et Michel Winock (dir.), *Dictionnaire des intellectuels français au XXe siècle*, Paris, Le Seuil, 1996.
3. Jean-Pierre Rioux et Jean-François Sirinelli (dir.), *La Guerre d'Algérie et les Intellectuels français*, Paris-Bruxelles, Complexe, 1991 ; James D. Le Sueur, *Uncivil war.*

Renouveler l'approche de l'engagement intellectuel sur la guerre d'Algérie est toutefois possible : l'histoire des intellectuels présente le plus souvent une approche nationale, soit, en France, surtout parisienne. Le changement d'échelle n'a guère été pratiqué dans ce domaine de recherche[4].

La définition de l'objet d'étude est un passage obligé de toute recherche sur les intellectuels, tant la définition de la notion est difficile[5]. Nous nous proposons de définir comme objet les personnes respectant les critères suivants : un métier ou une activité intellectuels et une prise de position publique et nominale sur la guerre d'Algérie. Cela étant, cette définition d'un groupe ne doit pas exclure l'étude des réactions des intellectuels par fonction, le « vivier[6] », ni celle des réactions des syndicats, qui apparaissent comme le principal réceptacle du combat des intellectuels engagés. Une activité intellectuelle dont les acteurs, le contenu, la réception et les limites seront successivement présentés.

Pourquoi cette mobilisation collective inédite ?

Si on date généralement de l'affaire Dreyfus la « naissance de l'intellectuel », il en va différemment dans le Calvados. L'irruption observée des intellectuels dans le débat politique à l'occasion de la guerre d'Algérie y constitue une rupture : jusque-là, hormis quelques individus, les intellectuels se tenaient à l'écart du débat politique. S'ajoute l'absence de précédent concernant l'anticolonialisme. Aucun parallèle avec la guerre d'Indochine ne peut être envisagé, tant ce conflit avait suscité l'indifférence, à l'exception de communistes dont la grille de lecture idéologique est périmée pour la guerre d'Algérie. Un préalable existe cependant avec la mobilisation contre la Communauté européenne de défense (CED) en 1954, lieu d'un dialogue à l'intérieur de la gauche. Sur les

---

Intellectuals and Identity Politics during the Decolonization of Algeria, Philadelphie, University of Pennsylvania, 2001.

4. Nous avons proposé des pistes dans ce domaine : Bertrand Hamelin, « Les figures intellectuelles à Caen de l'affaire Dreyfus aux lendemains de mai 1968 », mémoire de master 2 d'histoire, université de Caen, 2005.

5. Sur cette question, la meilleure mise au point est due à François Dosse, *La Marche des idées. Histoire intellectuelle, histoire des intellectuels*, Paris, La Découverte, 2003.

6. Christophe Charle, *La République des universitaires*, Paris, Le Seuil, 1994, p. 311.

formes de la lutte (comités *ad hoc*, pétitions, réunions publiques d'information), le parallèle avec la guerre d'Algérie est net. Ce fut aussi un combat où intervint un petit groupe d'intellectuels. L'identité entre acteurs de l'opposition à la CED et partisans de la négociation ou de la paix en Algérie en 1955-1956 est cependant peu mentionnée, tant les deux combats s'inscrivent de manière différente dans la mémoire des gauches.

Cette mutation s'explique par le profond renouvellement du « vivier », principalement enseignant. L'université de Caen, reconstruite et inaugurée en 1957, réputée « la plus moderne d'Europe », suit un développement rapide, de même que les lycées, avec un fort accroissement des effectifs enseignants et étudiants entre 1954 et 1962[7].

	Calvados 1954	Calvados 1962	Caen 1954	Caen 1962
Instituteurs et assimilés	2 745	4 925	951	1 680
Professeurs, professions libérales et scientifiques	648	1 326	336	914
Effectifs de l'université			3 076	7 395

Cette croissance s'accompagne d'un rajeunissement susceptible de bouleverser les attitudes, ce lien n'étant pas mécanique. En outre, le recrutement d'enseignants, jeunes agrégés dans le secondaire ou assistants à l'université, est souvent extérieur à la région. Ces « oiseaux de passage[8] » – le poste à Caen n'étant souvent qu'une étape dans leur carrière – n'étaient guère impliqués dans la vie locale, comme l'écrit Michelle Perrot, professeure à Caen de 1951 à 1957, résidente caennaise quelque peu contrainte :

> Les jeunes profs n'étaient pas reçus dans la bourgeoisie locale, qui s'en défiait, et l'étaient médiocrement chez les collègues intégrés à la ville, qui jalousaient leurs liens avec Paris, laquelle

7. Recensements généraux de la population, 1954 et 1962.
8. Michelle Perrot, « L'air du temps », *in* Michelle Perrot *et al.*, *Essais d'ego-histoire*, Paris, Gallimard, 1987, p. 280.

demeurait pour tous l'aune de la réussite, et pour nous, finalement, la seule ville intellectuellement vivable[9].

Apportant leur propre culture politique à Caen, ils s'engagent désormais sur le plan local. Cette intervention est favorisée par le progrès d'une gauche à dominante communiste : tout au long de la IVe République, le Calvados élit un député communiste et un député SFIO, de 1956 à 1958. Par ailleurs, l'Église est soumise à des dissensions dues à la gauche, notamment au sein de la CFTC et de la JOC. Enfin, des universitaires, tels le doyen de la faculté des lettres, l'historien Michel de Boüard, communiste, ou le mathématicien Roger Apéry, radical, ont à titre individuel l'habitude de prendre position sur des questions politiques. Il est donc possible, sans déterminisme, de relever un certain nombre d'éléments favorables à l'irruption des intellectuels dans la cité.

Cette entrée en lutte demeure une transgression. Femme et professeure, donc à double titre sous surveillance, Michelle Perrot fut ainsi convoquée par le secrétaire général de la préfecture de Caen pour entendre un sermon proche d'une admonestation à une adolescente : « Cela ne se fait pas[10]. » La transgression fut cependant facilitée par son caractère collectif : Sylvère Monod se souvenait de son propre étonnement à être « passé de l'estrade à la tribune[11] ». Il attribuait cette évolution personnelle à l'entrain de collègues convaincants, au premier rang desquels Pierre Vidal-Naquet[12].

Qui a pris la parole ?

En fonction du double critère retenu, on peut établir une liste d'acteurs à partir des comités de 1956 en ajoutant les intellectuels intervenus par la suite. Des régularités apparaissent. La mobilisation est surtout caennaise :

---

9. *Ibid.*
10. Entretien de l'auteur avec Michelle Perrot, le 16 décembre 2006.
11. Entretien de l'auteur avec Sylvère Monod, le 22 novembre 2004. Sylvère Monod, professeur de langue et littérature anglaises à l'université de Caen de 1949 à 1964, est décédé en août 2006.
12. Voir Sylvie Thénault et Bertrand Hamelin, « Un historien dans et de la guerre d'Algérie », texte rédigé à l'occasion de l'hommage rendu à Pierre Vidal-Naquet le 10 novembre 2006, à la BNF. www.pierre-vidal-naquet.net/spip.php?article44

en 1958, 31 des 35 intellectuels membres du Comité départemental pour la négociation en Algérie sont caennais ; les enseignants représentent 81 % de l'effectif, selon un degré d'intervention plus large dans le supérieur que dans le secondaire et dans le secondaire que dans le primaire. Cependant, l'analyse des pétitions révèle une catégorie d'universitaires signataires dont la présence surprend ou amuse les témoins, tant leur implication était nulle. Le reste de l'effectif est constitué d'étudiants, dont la faible présence est liée aux critères retenus (les signataires se désignent prioritairement par le nom de leur organisation), d'un ingénieur, de deux médecins et de libraires – la librairie *La Porte latine*, lieu de rencontre des intellectuels, fut plastiquée à la fin de la guerre.

Discerne-t-on dans le Calvados une génération intellectuelle de la guerre d'Algérie ? On constate une faible différence entre l'âge moyen des intervenants et celui de l'ensemble du corps enseignant. Ainsi, à la faculté des lettres, les 18 fondateurs du Comité Audin ont un âge moyen de 41 ans en 1958, soit seulement deux ans de moins par rapport à la moyenne d'âge des 19 non-adhérents. Cependant, il apparaît que ceux qui ne se contentent pas de signer les pétitions, mais prennent la plume ou la parole sont nés entre 1920 et 1930 (Pierre Vidal-Naquet, Richard Monod, Frédéric Durand...), Roger Apéry (1916-1994) faisant office de jeune doyen. Les appartenances « partidaires » et religieuses sont dominées par les communistes et les chrétiens de gauche, certains faisant personnellement la synthèse « progressiste » (Michel de Boüard, Michelle Perrot). C'est le cas aussi à Bayeux où un professeur de lycée, Jean Lastelle, qui avait cherché à créer un groupe *Esprit* dans cette ville[13], met en place le Comité d'action de Bayeux pour la paix en Algérie, qui mêle militants du PCF et chrétiens[14]. L'effet d'entraînement de ce groupe amène non-communistes ou non-chrétiens à s'y agréger : des radicaux ou des « Nouvelle Gauche ». S'ajoutent des apolitiques autoproclamés ainsi au sein du Comité Audin.

La « naissance » des intellectuels s'est accompagnée de celle des intellectuelles. D'une part, le corps enseignant se féminise ; des universitaires comme Monique Parent ou Simone Viarre se sont donc engagées. D'autre part, de nombreux couples participent à la lutte[15]. Mais

13. « Groupes personnalistes Caen » (en fait Calvados, N.d.A.). Archives de la revue *Esprit*, ESP2. F3-02.04 (Imec).

14. *L'Humanité Dimanche*, 17 juin 1956.

15. Notamment les Apéry, de Bouard, Perrot, Ozouf, Denys, Lepoivre. « Le couple

l'engagement des intellectuelles s'inscrit dans des actions particulières, sans que les femmes soient exclues des opérations générales : les campagnes en direction des mères, épouses ou fiancées de soldats [16].

Reste l'épineuse question des étudiants, dont la « qualité » d'intellectuels reste douteuse. Alain Monchablon les qualifie de « jeunes intellectuels en formation [17] », et ce, autant au sens professionnel que politique. Quoi qu'il en soit, on ne doit pas négliger l'action de ces intellectuels en germe, déterminante pour l'ensemble du mouvement.

« À l'université de Caen, nous étions 900 étudiants assez peu politisés. Par la suite, il y a eu la guerre d'Algérie [18]. » Étudiant à Caen de 1953 à 1959, Alain Corbin est en situation de témoigner de la mutation des comportements politiques étudiants. Si certaines des premières initiatives d'opposition à la guerre, notamment l'invitation de Claude Bourdet pendant l'hiver 1956, étaient le fait d'étudiants militants du Rassemblement des gauches étudiantes, on constate néanmoins le peu d'activité étudiante au début de la guerre, même si l'Association générale des étudiants caennais (Agec), affiliée à l'Unef et regroupant entre un tiers et la moitié des étudiants, est déjà traversée par des débats sur la nécessité pour un syndicat étudiant d'intervenir dans un débat politique.

Les étudiants ont plusieurs avantages sur leurs aînés : le plus souvent originaires de la région, insérés dans la société, ils bénéficient de la part des pouvoirs politiques et médiatiques d'une bienveillance pas toujours accordée aux enseignants. Ils disposent aussi d'un journal, le *Can-Caen*, à la parution jusque-là chaotique et publié plus fréquemment pendant la guerre d'Algérie. Son contenu évolue considérablement. Naguère dévolu à un esprit potache, le *Can-Caen* devient la tribune des opposants à la guerre. Guy Coq [19], président de l'Agec en 1959, estime

---

était notre unité de mesure, nous étions très conjugaux », estime Michelle Perrot, *art. cit.*, p. 280.

16. Michelle Perrot témoigne ainsi que, à sa demande de prendre une initiative contre la guerre, la responsable locale de l'UFF répondit en lui proposant « de tricoter des brassières pour le Noël des petits Algériens » (Michelle Perrot, *art. cit.*, p. 283).

17. Alain Monchablon, « Syndicalisme étudiant et génération algérienne », *in* Jean-Pierre Rioux et Jean-François Sirinelli (dir.), *op. cit.*, p. 175.

18. Alain Corbin, *Historien du sensible*, entretiens avec Gilles Heuré, Paris, La Découverte, 2000, p. 14. Les 900 étudiants sont ceux de la seule faculté des lettres.

19. Philosophe et actuel rédacteur de la revue *Esprit*.

qu'« il est fini le temps où nous pouvions nous contenter dans le *Can-Caen* de produire à haute dose la plaisanterie, lourde ou légère ; il faut en plus qu'il soit pour vous un moyen d'information sur vos problèmes[20] ». Or certains des problèmes que connaissent les étudiants peuvent être reliés à la question de la guerre d'Algérie, comme celui des logements universitaires dont la construction serait retardée par la guerre ou celui des appelés. À partir de 1960, l'Agec apparaît en pointe dans le mouvement, notamment lors de la manifestation du 27 octobre 1960 (5 000 personnes bravent l'interdiction). Le journal est à ce moment sans doute la meilleure source d'information locale sur la guerre d'Algérie, publiant textes, photographies et caricatures qui condamnent sans ambiguïté la poursuite de la guerre en Algérie.

Existe-t-il un lien entre l'entrée en scène des enseignants et celle des étudiants ? Certes, les témoins rappellent la rareté des contacts avec les enseignants de l'université à propos de questions politiques. Pourtant, une liaison existe, qui tend progressivement à donner à la lutte étudiante un caractère intellectuel ; d'abord sur des questions de principe, l'une des premières interventions de l'Agec consistant en la défense d'André Mandouze[21] lors de son arrestation. Le journal va jouer aussi un rôle de refuge pour des textes qui auraient été difficiles à placer ailleurs à Caen, publiant ainsi le premier texte de Pierre Vidal-Naquet sur l'affaire Audin[22].

Les évolutions de l'activité intellectuelle

Les premières réactions intellectuelles sont décelables dès la campagne législative en décembre 1955, sans que la guerre d'Algérie soit dissociée de considérations sociales.

Au lendemain des élections du 2 janvier 1956, des Comités de front populaire sont constitués et la politique suivie en Algérie par le gouvernement Mollet provoque une réaction. Un événement interne à

20. *Can-Caen*, novembre 1959.
21. Normalien, professeur, latiniste, chrétien de gauche, résistant, André Mandouze enseigne en Algérie de 1946 à 1956, s'engageant aux côtés des Algériens et du FLN. Il est arrêté à l'automne 1956 pour « trahison envers la patrie ». Il est relâché, faute de preuves, mais devient à la fin de la guerre une des bêtes noires de l'OAS.
22. « L'université et l'affaire Audin », *Can-Caen*, janvier 1958.

l'Église catholique a été le moment de cristallisation : après un sermon du curé de Saint-Étienne de Caen, « Aimer et servir sa patrie », s'en prenant aux progressistes et appelant les jeunes à leur devoir militaire, des enseignants de la paroisse universitaire s'organisent en une première structure *ad hoc*. Un Comité enseignant pour la négociation en Algérie est créé le 23 avril, précédant significativement un Comité caennais pour la négociation le 11 mai, émanation du conglomérat communiste. L'activité intellectuelle s'inscrit dans une contestation globale, selon une « vision très Mouvement de la Paix[23] », à laquelle les différents comités sont associés. Les premières prises de position sont minimales, l'union la plus large étant possible car l'objectif est d'informer, les solutions pour résoudre le problème algérien n'étant pas abordées. Les opposants entendent s'adresser aux « masses », troubler la torpeur de l'opinion[24] en tant qu'éclaireurs. Dès lors, l'action vise à rapprocher la guerre d'Algérie des enjeux locaux, d'où une participation aux protestations contre l'envoi des rappelés ou à ce « cartiérisme » comparant le coût de la guerre et les besoins financiers d'un département pas encore entièrement reconstruit.

C'est après Budapest que la situation évolue : alors que le Mouvement de la paix (MLP) essaie de maintenir son activité[25], des intellectuels, Pierre Vidal-Naquet en tête, plaident pour une action plus autonome. Ils ont satisfaction lorsque le Comité départemental pour la négociation en Algérie est « refondé » en 1958, désormais indépendant du MLP. Le Comité Audin de l'académie de Caen, fondé le 8 janvier 1958, s'inscrit dans cette volonté d'une action intellectuelle spécifique. Il s'agit d'un cas unique en France, le comité conservant son autonomie par rapport à la structure nationale, notamment sur le plan financier. C'est le choix de son principal initiateur, Roger Apéry. Après s'être tenu en retrait, soutenant en mai 1956 une « Algérie qui doit demeurer française[26] », le mathématicien s'est résolument engagé dans la quête de la vérité à propos de la disparition de son collègue. Il s'implique pour des raisons qui tiennent à une solidarité de corps et à ses idées politiques,

23. Témoignage de Pierre Vidal-Naquet, août 2005.

24. « Une guerre ? Où ça ? », écrit Denis Sestier pour caractériser le désintérêt initial de l'opinion publique. Denis Sestier, « L'opposition caennaise à la guerre d'Algérie », mémoire de maîtrise, université de Caen, 1984, p. 22.

25. Notamment par une de ses « semaines d'action » du 20 au 27 janvier 1957, qui est un échec. Archives départementales du Calvados (ADC) 826 W 41039*.

26. Rapport des RG au ministère de l'Intérieur, 31 mai 1956. ADC 826 W 41044*.

les deux se rejoignant dans sa fidélité à Albert Châtelet[27], lui aussi « mathématicien radical ». Par son recrutement et ses objectifs, le Comité Audin apparaît comme l'expression spécifique de l'engagement intellectuel, ce qui n'exclut pas des initiatives communes avec d'autres organisations.

Le discours intellectuel s'autonomise donc et se caractérise par une défense des valeurs fondamentales. Si l'on comparait la situation observée à Caen avec les « types idéaux[28] » discernés par Pierre Vidal-Naquet, dreyfusards, bolcheviques et tiers-mondistes, on serait bien en peine de déceler d'autres cas de figure que le premier. La contribution des intellectuels consiste essentiellement dans le rappel des principes démocratiques, droit à l'information et dénonciation des atteintes aux droits de l'homme, « motivation consensuelle[29] » sur le plan local comme sur le plan national. En l'absence de revue ou de journal locaux, la forme d'adresse au public est la réunion assurant le lien avec la contestation intellectuelle nationale ; selon les habitudes universitaires, ce sont les spécialistes qui sont appelés à s'exprimer, et les intellectuels locaux sont à l'initiative des venues de leurs homologues parisiens, tels le résistant et journaliste Claude Bourdet ou le journaliste Robert Barrat. La volonté d'informer passe aussi par la diffusion des études sur la guerre d'Algérie. Roger Apéry a ainsi grandement contribué à faire connaître *L'Affaire Audin* et *La Question*[30]. Pierre Vidal-Naquet a lui-même « fait le lien » entre Paris et Caen en transmettant ces livres ou *Témoignages et documents* « de la main à la main ».

Comme le relève Ludivine Bantigny : « Les intellectuels français eurent peine à raisonner sur la guerre d'Algérie indépendamment de la France et de l'idée qu'ils s'en faisaient. C'est pourquoi les débats franco-français sur la place de l'intellectuel prirent souvent le pas sur une

27. Albert Châtelet (1883-1960) a été le premier président du Comité Audin. Il a également été candidat à l'élection présidentielle de décembre 1958.
28. Pierre Vidal-Naquet, « Une fidélité têtue, la résistance française à la guerre d'Algérie », *Vingtième Siècle. Revue d'histoire*, n° 10, 1986, p. 3-18.
29. Sylvie Thénault, « La gauche et la décolonisation », *in* Jean-Jacques Becker et Gilles Candar (dir.), *Histoire des gauches en France*, Paris, La Découverte, 2004, p. 446.
30. Témoignage de Pierre Vidal-Naquet, 22 novembre 2004. L'historien, peu indulgent en général à l'égard d'Apéry, ajoute : « Je lui rends cette justice. »

véritable pensée de la réalité algérienne[31]. » À Caen, les intellectuels n'ont pas fait exception à cette appréciation.

En effet, les intellectuels défendirent leur propre droit à s'exprimer et à agir. En témoigne l'« affaire Vidal-Naquet », dont le retentissement local fut important et qui cristallisa la nouvelle posture intellectuelle. Alors que l'assistant d'histoire grecque était menacé, à l'automne 1960, de sanctions à la suite de sa signature du Manifeste des 121, la faculté des lettres fut unanime à se mobiliser en sa faveur à travers plusieurs pétitions[32]. Celle du Snesup apparaît, au-delà du cas de l'assistant de Louis Harmand, comme une défense de la liberté intellectuelle, ses signataires rappelant que leur « appartenance à la fonction publique et l'exercice de leur métier [les] mettent au service de la nation et non au service d'un gouvernement » et que les actions menées par Vidal-Naquet l'ont été « au seul nom de sa conscience et en usant de sa liberté de citoyen[33] ».

Par ailleurs, les intellectuels semblent n'avoir entretenu aucun contact avec les Algériens vivant dans le département ; or, si le Calvados n'est guère une terre d'immigration, près d'un millier de Nord-Africains, à 90 % algériens et à 90 % caennais, vivaient dans le département[34]. Ces Algériens sont absents des discours intellectuels. Seule exception relative, les étudiants sont confrontés à la situation de leurs camarades algériens et les contacts entre l'Ugema locale et l'Agec sont anciens. D'où le soutien pendant l'hiver 1958 de l'Agec à l'Ugema lors de sa dissolution, en dépit des désaccords entre les deux organisations.

L'Algérie ne semble pas avoir suscité beaucoup plus d'intérêt : ainsi, en décembre 1959, Sylvère Monod constata le peu d'empressement de ses collègues à se rendre outre-mer :

> J'étais membre du conseil de l'université ; au cours de la séance de ce conseil où le recteur Daure avait parlé des cérémonies d'Alger et demandé qui souhaitait y aller, j'avais levé la main à

31. Ludivine Bantigny, compte rendu de l'ouvrage de James D. Le Sueur *(op. cit.)*, *La Revue historique*, n° 624, octobre-décembre 2002, p. 1058.
32. En dépit de ce qu'écrit Vidal-Naquet dans ses *Mémoires*. Il reproche à un de ses collègues, par ailleurs l'objet d'un portrait terrible, de n'avoir pas signé une pétition le soutenant. Ce collègue « incriminé » a signé la pétition du Snesup.
33. Motion de la section Caen-lettres du Snesup, le 26 octobre 1960, *L'Humanité Dimanche*, 20 novembre 1960.
34. Stéphanie Lecapelain, « L'immigration nord-africaine dans le Calvados au XXe siècle (1910-1982) », mémoire de maîtrise, université de Caen, 1998, 261 p.

tout hasard, persuadé que d'autres, plus gradés que moi, se proposeraient. J'étais le seul candidat[35].

Ce désintérêt trouve une exception en la personne de Roger Apéry, pour qui le mot « engagement » reprend son sens militaire. Ayant quitté le Comité Audin, le mathématicien est envoyé en « stage d'information » comme réserviste en Algérie fin 1959. Il adresse un rapport à Charles de Gaulle où il souligne les faiblesses de la colonisation française et les « limites de la représentativité du FLN[36] », mettant en garde le Général contre les « officiers qui, oublieux du caractère partiel de leurs informations, entendent mener une politique personnelle[37] », à la suite d'une rencontre avec le colonel Argoud qui aurait mis en cause le « caractère antinational de l'université française[38] ».

« Nous n'entraînions pas les masses[39] »

Michelle Perrot souligne le faible impact populaire de l'action des intellectuels. L'objectif premier n'est guère atteint, par exemple sur la question des rappelés, ce qui différencie Caen de Rouen, où une importante manifestation eut lieu le 7 octobre 1956. De 1956 à 1958, le mouvement de protestation ne prend guère d'ampleur. Les raisons de cet échec sont multiples. Les intellectuels furent certes confrontés au silence de la presse. Ce silence est cependant relatif : le quotidien *Paris-Normandie* évoque plus fréquemment et plus complètement l'action des intellectuels opposés à la guerre que *Liberté de Normandie* ou *Ouest-France*. Il faut ajouter des mesures répressives interdisant des réunions[40] et des manifestations. Mais les intellectuels n'ont guère mené le travail d'extension de la protestation hors de Caen. Par ailleurs, s'il y eut une

35. Courrier électronique de Sylvère Monod à l'auteur, 30 novembre 2004.
36. « Rapport sur le stage d'information du lieutenant Apéry », reproduit par François Apéry *in Un mathématicien radical*, édition hors commerce, 1998, p. 147.
37. *Ibid.*, p. 152.
38. *Ibid.*, p. 151. Le colonel Argoud a été l'un des acteurs principaux du putsch d'avril 1961.
39. Michelle Perrot, *art. cit.*, p. 283.
40. Le 4 juin 1956, le maire de Caen fait interdire une réunion publique avec Claude Bourdet. Une manifestation contre cette mesure réunit pourtant 400 personnes.

cohésion des intellectuels opposés à la guerre, elle ne dura guère longtemps. Différentes étapes marquent la désagrégation de ce groupe, et la chronologie n'apparaît guère différente de celle observée à l'échelle nationale. Budapest est la première. Ainsi, le Syndicat national des instituteurs (SNI) « refuse la politique gouvernementale en Algérie et à Suez » de même que « l'entrée des chars russes en Hongrie[41] » ; l'affaiblissement consécutif du mouvement est net, et seule l'affaire Audin permet à la mobilisation de redémarrer sur d'autres bases. Mai 1958 est aussi une coupure, avec l'abandon de la lutte par des intellectuels rassurés par le retour de Charles de Gaulle. Les prises de position sur l'attitude à adopter vis-à-vis de la politique du Général et du nationalisme algérien, à mesure que se profile le moment des décisions finales sur l'avenir de l'Algérie, amplifient les désaccords. Ainsi, Roger Apéry démissionne du Comité Audin qu'il présidait, à la suite d'une intervention pro-FLN et vigoureusement hostile à l'armée française de Jacques Vergès dans une réunion organisée par le comité le 18 mars 1959 à Caen. Le départ forcé de Pierre Vidal-Naquet et ceux choisis d'autres intellectuels très actifs, au gré des carrières, modifient le groupe à Caen.

Un exemple est caractéristique de la faible mobilisation populaire autour de la lutte contre la guerre d'Algérie : à l'automne 1956, le MLP organise une vaste campagne de signatures en faveur de la paix en Algérie dans tout le département. Les objectifs planifiés sont d'atteindre « 10 000 signatures[42] », puis « 15 000 signatures[43] ». La campagne s'arrête là, en raison sans doute de Budapest. Quelle que soit la douteuse validité de ces chiffres, les 62 988 signatures[44] réunies en quelques semaines contre la loi Debré en faveur de l'enseignement privé dressent un bilan peu favorable de la lutte contre la guerre d'Algérie.

Le paradoxe du mouvement intellectuel est d'avoir eu un effet circonscrit aux professeurs et étudiants, ce qui n'était pas son objectif premier. Ainsi, le Comité départemental pour la négociation en Algérie, présidé en 1958 par l'universitaire Maurice Scherer, compte

41. *SNI. Bulletin départemental de la section du Calvados*, n° 6, janvier 1957. La FEN, la CGT-FO, les radicaux, la SFIO, la Ligue de l'enseignement, le RGE et d'autres groupements étudiants s'associent à une déclaration commune, « L'ordre règne à Budapest », distribuée sous forme de tract dans les rues de Caen.

42. *L'Humanité Dimanche*, 16 septembre 1956.

43. *Ibid.*, 21 octobre 1956.

44. *Ibid.*, 17 avril 1960. Là encore, le chiffre est sujet à caution. C'est le rapport de un à cinq qui fait sens.

35 intellectuels parmi les 71 « personnalités » le composant, 11 des 18 membres de son bureau étant des intellectuels.

À la fin de la guerre d'Algérie, quand bien même le nombre de manifestants s'est accru, notamment après 1960, le bilan est amer pour le lien entre intellectuels et classes populaires. Au lendemain de Charonne, le SNI constate que « le plus grand problème est de mobiliser les masses qui ne sont pas conscientes du danger[45] ».

D'autres comportements

On ne saurait laisser croire que l'opposition à la guerre d'Algérie fut la position unique des intellectuels à Caen. Certains s'engagèrent à droite, d'autres se tinrent en retrait du débat.

C'est seulement en 1959 que l'on observe une implication grandissante des intellectuels de droite. Certes, à l'initiative du député gaulliste Raymond Triboulet, s'était formé en mars 1956 un Centre d'information et d'étude politique, dont la première et unique réunion eut un grand succès avec pour orateur Jacques Soustelle[46]. Il apparaît qu'après ce coup d'éclat, et en raison des difficultés de la gauche à mobiliser, les intellectuels de droite ne ressentent pas le besoin de s'exprimer publiquement. Jusqu'en septembre 1959, la politique suivie par les gouvernements français satisfait globalement cette tendance.

L'annonce de la consultation sur l'autodétermination suscite en revanche des remous, deux des adversaires de la politique suivie par de Gaulle étant les universitaires Robert Garapon, professeur de littérature française, et Robert Carabie, professeur de droit, adjoints au maire de Caen. Leur désaccord éclate lors d'une réunion du MRP le 30 janvier 1961, lorsque tous deux quittent leurs fonctions au sein du parti. La minorité à laquelle Carabie et Garapon appartiennent exprime un net refus de la politique gaulliste, mais « sans qu'il n'y ait jamais eu de sa part aucun penchant, du moins de manière évidente, à l'égard des mouvements extrémistes de l'Algérie française, telle l'OAS[47] ».

45. *Bulletin SNI FEN*, n° 4, avril 1962.

46. *Ouest-France*, 17 et 18 mai 1956. Jacques Soustelle revient à Caen en 1957 pour une réunion sur invitation où se pressent quelques universitaires de droite.

47. Mathieu Deforge, « Les droites non gaullistes dans le Calvados », mémoire

1959 est aussi l'année de l'arrivée à Caen de Pierre Chaunu. L'historien s'impose comme la figure locale de l'intellectuel de droite, selon des procédés différents de ses pairs de gauche : pas de comité spécifique, alors que de nombreux enseignants partagent ses idées, et une action sur le plan national. Chaunu est ainsi l'un des signataires du Manifeste des intellectuels français[48], en réponse aux 121, mais soutient Vidal-Naquet, étant « le premier signataire de l'appel en sa faveur[49] ». Il estime avoir joué un rôle de modérateur auprès de ses collègues « violemment Algérie française » au moment des troubles d'avril 1961, ayant « pris parti ouvertement contre le putsch des généraux[50] ».

Y eut-il d'ailleurs dans le Calvados une frange d'intellectuels d'extrême droite ? Pierre Vidal-Naquet signale le cas du mathématicien Paul Malliavin, « fils du fondateur et directeur de *Rivarol*, [qui] militait dans et pour une extrême droite qui avait été celle de la collaboration[51] », mais il ne manifesta pas ses opinions à Caen. D'autres enseignants ont montré leur opposition radicale à l'indépendance de l'Algérie après 1959-1960, tenant en privé des propos proches des discours de l'OAS. On notera ainsi l'attitude sans équivoque d'un enseignant qui, conviant chez lui fin 1962 un collègue opposant à la guerre d'Algérie, lui imposa un toast en l'honneur de Bastien-Thiry[52].

Ces attitudes très opposées pourraient laisser croire que la guerre d'Algérie a créé des clivages majeurs entre intellectuels, rendant impossibles les relations personnelles entre militants des deux rives. Or la guerre d'Algérie n'est pas Mai 68 et n'occasionna ni irréductibles fractures ni mobilisation générale. Ainsi, les relations amicales ne sont pas forcément conditionnées par les désaccords à propos de la guerre d'Algérie. Pierre Vidal-Naquet signale dans ses *Mémoires* les discussions animées mais courtoises avec des pairs hostiles à ses actions, notamment

---

de maîtrise d'histoire sous la direction d'André Encrevé, université de Caen, 1995, p. 180.

48. L'historien Jacques Néré, qui vient alors de quitter l'université de Caen, est également signataire de ce texte paru dans *Carrefour* le 12 octobre 1960.

49. François Dosse et Pierre Chaunu, *L'Instant éclaté*, Paris, Aubier, 1994, p. 78.

50. *Ibid.*, p. 77.

51. Pierre Vidal-Naquet, *Mémoires*, Paris, Le Seuil/La Découverte, t. II, p. 48.

52. Jean-Marie Bastien-Thiry était un ingénieur militaire, lieutenant-colonel de l'armée de l'air et membre de l'OAS. C'est lui qui organisa l'attentat du Petit-Clamart le 22 août 1962. Il a été fusillé le 11 mars 1963. Témoignage de Sylvère Monod, 22 novembre 2004.

dans les lieux des « oiseaux de passage », l'hôtel des Écuyers ou le train Caen-Paris. Pierre Chaunu juge ses rapports avec Pierre Vidal-Naquet « très certainement plus faciles[53] » que ceux qu'il avait avec les adversaires de l'indépendance algérienne. Quant à Sylvère Monod, ses liens amicaux avec les enseignants Marcel Dudet, gaulliste, ou Robert Garapon, chrétien-démocrate, ont perduré, ce qu'il estimait d'ailleurs « rassurant sur la nature humaine[54] ».

Par ailleurs, le non-engagement[55] doit être évoqué à travers quelques exemples, tant il demeure une position possible pendant la guerre d'Algérie. Ainsi, les non-engagés de l'université se répartissent entre occupés ou indifférents, souvent des résidents extérieurs – le cas de Raymond Barre est un exemple de cette posture – et adeptes de la « non-trahison des clercs », considérant que le propre de l'intellectuel n'est pas d'exprimer ses opinions et lassés des « pétitions quotidiennes[56] ». De plus, si l'on compare la faculté des lettres, lieu nodal de la contestation, à sa voisine de droit, dont peu d'enseignants s'engagent, il apparaît que la posture de l'engagement critique ne fait pas l'unanimité. Le cliché, qui n'en est pas un à Caen, selon lequel la droite serait mieux représentée en droit qu'en lettres ne peut suffire à expliquer ce décalage. Deux éléments doivent être avancés. En ces temps d'explosion des effectifs, la faculté de droit fait exception, ses effectifs stagnant quand ceux de sciences et lettres doublent entre 1954 et 1962 : le recrutement d'enseignants y est moins massif et plus local. En outre, l'analyse de l'activité en droit met en lumière une autre forme d'engagement intellectuel, défendue notamment par l'économiste Albert Pasquier : la faculté est le lieu d'une réflexion politique, économique et sociale sur la Normandie, en collaboration avec les instances de planification. La guerre d'Algérie est ici une préoccupation lointaine.

Finalement, à quoi sert d'étudier les intellectuels en province ? La nette similitude entre activité intellectuelle saisie sur le plan national et ici dans un département de province pourrait sembler le signe du peu

53. François Dosse et Pierre Chaunu, *op. cit.*, p. 78.
54. Témoignage de Sylvère Monod, 22 novembre 2004.
55. Voir Christophe Prochasson, « Jalons pour une histoire du "non-engagement" », *Vingtième Siècle. Revue d'histoire*, n° 60, octobre-décembre 1998, p. 102-111.
56. Entretien de l'auteur avec André Journaux, le 24 novembre 2005. André Journaux (1914-2006) était géographe.

d'intérêt de ce changement d'échelle. Pourtant, l'essentiel réside bien dans cette similitude, signe que la figure de l'intellectuel est un phénomène politique national, du moins au temps de la guerre d'Algérie. Pour ce qui concerne le Calvados, c'est même la guerre d'Algérie qui ouvre le court temps de l'intervention collective des intellectuels dans la vie de la cité.

13. LA CGT-POLICE : UN SYNDICAT CONTRE L'ENVOI DE RENFORTS EN ALGÉRIE

Alain Monchablon

L'envoi en Algérie de renforts policiers métropolitains pendant l'été 1956 constitue un bref épisode qui jette quelques lueurs sur l'écho de la guerre auprès de fonctionnaires de métropole.

En juillet 1956, à la demande du ministre résidant, le gouvernement décide l'envoi en renfort de plus de 1 500 fonctionnaires de la Sûreté nationale en Algérie, gardiens de la paix, brigadiers et officiers de police, pour une durée de six mois. Mesure temporaire puisqu'une circulaire syndicale du 24 janvier 1957 annonce le retour imminent des fonctionnaires envoyés en mission, l'administration recourant désormais à des volontaires.

Temporaire, cette mesure s'est trouvée entachée d'illégalité *a posteriori*. En effet, le gouvernement avait fondé sa décision sur deux décrets datant du 20 janvier 1955. Or, le 29 janvier 1960, le Conseil d'État jugea ces deux textes illégaux. Mais cela ne privait pas pour autant de base légale tous les envois effectués de juillet 1956 à janvier 1957, car, conscient de la fragilité juridique des décrets du 20 janvier 1955, le gouvernement avait adopté un décret rectificatif, le 5 septembre 1956, qui venait valider sa décision.

Ces péripéties juridiques allaient permettre à la fédération CGT-Police de soutenir des policiers sanctionnés par les autorités entre août et décembre 1956. C'est cette bataille juridique que couvrent les archives de cette fédération[1]. Contenant les circulaires syndicales et les échanges

1. Elles sont déposées aux archives départementales du Val-de-Marne. Les

de courrier avec les intéressés, elles portent sur la défense de policiers le plus souvent révoqués pour leur refus de partir, mais elles évoquent également, sans plus de précisions, les cas de fonctionnaires rentrés d'eux-mêmes en métropole et donc également susceptibles de révocation.

Des réactions collectives diverses

Les réactions à la décision gouvernementale sont diverses, mais somme toute limitées, alors que, selon une circulaire syndicale du 2 août 1956, l'administration avait par précaution soumis à une visite médicale préalable nettement plus de fonctionnaires que d'effectifs à envoyer en Algérie. À Versailles, un meeting de protestation organisé par le syndicat CGT rassemble, le 18 juillet, 350 fonctionnaires, suivi d'un autre rassemblement le lendemain. En revanche, à Toulouse, à la même période, la « réunion à la Bourse du travail [fut] tout ce qu'il y a de plus minable », au dire du responsable syndical local. À Marseille, les responsables syndicaux notent qu'« il y avait également 20 volontaires en plus du nombre désigné », en raison des avantages matériels annoncés. La fédération syndicale a beau annoncer d'emblée une journée nationale revendicative et préciser, par circulaire du 3 septembre, qu'elle s'opposera aux départs pour l'Algérie, en même temps qu'elle s'associe à la pétition du Mouvement de la Paix « pour un règlement pacifique de l'affaire algérienne », il n'y a pas de campagne générale. Un courrier de protestation est adressé le 9 octobre à Pierre Mendès France, à la veille du congrès du Parti radical, et peu après à l'ensemble des députés, demandant en outre une commission d'enquête parlementaire sur d'éventuels sévices policiers à Oran. Au niveau confédéral, *La Vie ouvrière*, dans son numéro du 11 septembre, s'était bornée à publier un entrefilet où l'Union générale des fédérations de fonctionnaires CGT dénonçait la révocation du dirigeant syndical policier Georges Brunelin. Le 26 novembre, la fédération syndicale se limite à demander au ministre de l'Intérieur le retour des policiers dans leurs foyers pour Noël. Il faut dire que le syndicat CGT est très minoritaire au sein des personnels en tenue, n'ayant pas d'élus dans les conseils de discipline, tandis que le syndicat majoritaire

cartons concernant cette affaire sont cotés 84 J 61 159 à 185. Toutes les indications et citations qui suivent en sont extraites.

« apolitique », d'abord hostile, se borne finalement à revendiquer pour les envoyés en Algérie des primes compensatrices.

Les cas de refus et les sanctions

Il y a pourtant des refus de partir, donc des sanctions, à commencer par le cas du secrétaire général de la Fédération nationale (CGT) des syndicats de police de France et d'outre-mer. Celui-ci, Georges Brunelin, entré comme gardien de la paix dans la police après son étatisation par Vichy, devenu brigadier par concours en 1942, combattant volontaire de la Résistance, promu brigadier-chef en 1945, est déchargé de service depuis octobre 1950 et à ce titre le seul permanent du syndicat[2]. Le premier, et apparemment le seul, il est convoqué le 17 juillet pour une visite médicale préalable au départ. Le 19, au soir du second rassemblement à Versailles, il se voit remettre un billet d'avion avec ordre d'embarquer dans la nuit, ce qu'il refuse au nom de sa situation particulière ; un nouveau refus le lendemain provoque sa suspension, sa comparution en conseil de discipline le 31, puis sa révocation par le ministre le 14 août. À cette date, il est seul dans son cas avec un policier bordelais.

D'autres cas suivent. Une note manuscrite du syndicat, sans doute en juillet, indique : « Policiers suspendus pour refus de partir en Algérie : Versailles, 16 ; Lille, 15 ; Bordeaux, 1 ; Lyon, 5 ; Le Havre, 2 ; Nice, 17. » Au total, un courrier syndical du 9 octobre estime :

> Une cinquantaine de fonctionnaires, pour raisons de santé ou familiales, n'ont pas déféré à l'ordre de mission. [...] Notons également que plusieurs fonctionnaires qui étaient partis en Algérie sont revenus de leur propre initiative après avoir constaté les conditions de vie et de travail imposées là-bas.

Un succès tardif et ambigu

Le syndicat CGT s'efforce d'assurer la défense juridique de ces fonctionnaires ayant refusé de partir, qui sont révoqués pour la plupart en

2. Le centre de vacances de la Police nationale dans les Hautes-Pyrénées porte le nom de centre Georges-Brunelin.

novembre et décembre 1956 après comparution devant un conseil de discipline. On a ainsi 27 dossiers de policiers, gardiens de la paix et brigadiers, ce qui couvre donc environ la moitié des cas. Parmi eux, une petite minorité seulement s'affirme comme militants de la CGT ayant agi selon les consignes syndicales ; beaucoup, au contraire, ont refusé spontanément et se sont d'abord défendus eux-mêmes ou sans consulter un avocat fourni par le syndicat. Au ton des lettres que ceux-ci adressent ensuite à la CGT-Police, ils ne semblent pas familiers du monde syndical : ils s'adressent à « M. le Président », le vouvoient, terminent leurs lettres par des « sentiments respectueux ». Mais tous mettent spontanément en avant pour refuser l'envoi en Algérie des motifs d'ordre personnel : épouse malade, parents âgés à soigner, etc. En cela, ils se conforment aux recommandations du syndicat qui indiquait, le 30 août, qu'« actuellement il [lui] para[issait] important de développer dans chaque cas des arguments particuliers ».

À partir de 1957 sont déposés des recours auprès des tribunaux administratifs. Mais Georges Brunelin indique, dans un courrier de mars 1959, que, « tant que des policiers sont encore envoyés en Algérie, [il] ne pense pas qu'il est souhaitable que cette affaire soit jugée ». Après des jugements contradictoires des tribunaux administratifs, le Conseil d'État annule finalement, le 30 janvier 1962, les arrêtés de révocation sur un point de forme : le vote aux conseils de discipline n'ayant pas été secret, la décision consécutive prise par le ministre est entachée de nullité.

Ces dossiers, essentiellement juridiques, évoquent peu les sentiments profonds des policiers devant la guerre. Au reste, le syndicat, lorsqu'il annonce en janvier 1957 les prochains retours des policiers envoyés en Algérie, donne alors des conseils fermes mais prudents aux militants pour les cérémonies qui les accompagneront : il ne faudra pas applaudir si les officiels défendent la politique gouvernementale, et si la parole est donnée aux responsables syndicaux, ils feront le compte rendu de la défense des envoyés « sans donner dans le problème politique, mais en disant simplement que chacun en ce domaine peut avoir son point de vue ».

Pourtant, un militant, affecté à Alger, écrit le 5 septembre 1956 au bureau fédéral au sujet de ceux qui sont partis : « Les camarades métropolitains n'aiment pas beaucoup les pieds-noirs et préfèrent les musulmans. Beaucoup se demandent pourquoi ils sont en Algérie, car ils ne comprennent pas le travail dérisoire qu'ils font. » Un autre, à Alger également, dit que les collègues se plaignent du « travail effectué avec les militaires » et de la « différence de frais de mission ».

Il est difficile, hormis le cas de Georges Brunelin et de quelques autres, de savoir si les motifs personnels mis en avant pour refuser l'envoi en Algérie, les seuls admissibles devant les conseils de discipline, étaient exclusifs d'un refus proprement politique. Ils témoignent à tout le moins du manque de conviction d'une partie des policiers métropolitains pour cette guerre.

14. UN POSITIONNEMENT SYNDICAL ORIGINAL : L'UNION DES GRANDES ÉCOLES

Alain Monchablon

À côté de l'Unef dont le rôle a été étudié[1], l'Union des grandes écoles (UGE) a pris, face à la guerre d'Algérie, des positions parallèles, mais avec des aspects originaux qu'il s'agit de présenter ici.

Créée en 1947, l'Union des grandes écoles est alors un mouvement en expansion qui atteint son apogée au début des années 1960, rassemblant la moitié des grandes écoles de France, plutôt, du reste, les écoles d'ingénieurs que celles de commerce. Les premières, surtout les parisiennes, fournissent au mouvement l'essentiel de ses dirigeants. De ce fait, la géographie de son implantation est celle de la France industrielle d'alors, principalement septentrionale, tandis que l'Unef, pendant la guerre d'Algérie, est en butte à l'hostilité de ses associations méridionales.

Les archives de l'UGE présentent cependant deux limites pour étudier l'attitude du mouvement face à la guerre d'Algérie : on y trouve les comptes rendus des instances ainsi que le courrier et les directives du bureau national, mais rarement le courrier émanant des écoles elles-mêmes[2] ; d'autre part, le rapprochement en cours entre l'Unef et l'UGE depuis 1956 supprime chez cette dernière la vice-présidence outre-mer en 1959, prise en charge par l'Unef pour le compte des deux mouvements, soit une de nos sources principales.

1. Alain Monchablon, *Histoire de l'Unef de 1956 à 1968*, Paris, PUF, 1983 ; Didier Fischer, *L'Histoire des étudiants de 1945 à nos jours*, Paris, Flammarion, 2000 ; Jean-Yves Sabot, *Le Syndicalisme étudiant et la guerre d'Algérie*, Paris, L'Harmattan, 1995.
2. Ces archives sont conservées au Centre d'histoire sociale du XXe siècle.

Une sensibilité originale envers l'outre-mer

À la différence des étudiants d'université, les élèves des grandes écoles se révèlent assez peu sensibles à la question des sursis, qu'elle soit posée en 1956 ou en 1959, quand ceux-ci sont remis en cause. Le bureau national, qui avait imaginé de fortes réactions des bureaux d'élèves aux mesures gouvernementales d'août 1959, en constate l'absence ; il est vrai que la plupart des élèves ont passé la préparation militaire supérieure (PMS), longtemps protectrice à cet égard.

Ce qui anime le mouvement est donc moins les intérêts matériels immédiats que des préoccupations générales tournées vers l'outre-mer pris au sens large : une commission y est consacrée depuis février 1954, qui dépasse rapidement le seul thème de la mise en valeur de ces territoires, prônant l'essor de la scolarisation et l'« africanisation des cadres ». L'UGE et ses écoles se soucient en effet, tout au long de la période, de faciliter l'accès des grandes écoles aux jeunes issus des possessions et ex-possessions françaises, puis de combattre les discriminations qui freinent leur embauche. À Paris au moins fonctionne depuis 1956 un Centre d'études économiques et sociales qui reçoit des conférenciers venus présenter les problèmes du tiers-monde, comme l'ethnologue Germaine Tillion ou le politologue Alfred Grosser. Il est peut-être excessif de parler de « culture d'ingénieurs », mais l'accent mis par le mouvement sur les questions de développement, y compris sous des aspects techniques concernant notamment l'agriculture ou l'hydraulique, est caractéristique. En tant que groupement de futurs ingénieurs et cadres, l'UGE est invitée à fournir des volontaires pour des voyages organisés par les autorités en AOF et en Algérie et porte parfois sur ceux-ci un regard critique, au point d'en être parfois exclue[3]. Ses moyens ne lui permettent pas d'organiser elle-même les voyages d'études qu'elle avait projetés, sauf en Algérie en 1957 et 1958, en liaison avec des étudiants libéraux de l'école d'agriculture d'Alger, opposés à l'Assemblée générale des étudiants (AGE), jugée « extrémiste ». En revanche, si l'UGE refuse de fournir à l'administration des volontaires pour encadrer durant l'été 1956 des chantiers en métropole pour les conscrits musulmans[4], elle

3. Lettre du vice-président outre-mer, 12 décembre 1957, archives UGE, classeur 15.
4. Circulaire aux bureaux des élèves (BDE), s. d. (mai 1956), archives UGE, classeur 11.

accepte de le faire en 1957, 1958 et 1959 pour les sections administratives spéciales (SAS) en Algérie, y voyant une source d'information ; un questionnaire en ce sens est adressé par le bureau national aux étudiants de retour d'Algérie[5].

Cet intérêt pour l'outre-mer, qui mêle les questions politiques et de développement, manifeste dans la presse du mouvement tout au long de la période, explique la proximité affichée et maintenue à l'égard des associations d'étudiants d'Afrique subsaharienne et d'Afrique du Nord.

L'Algérie et l'Ugema : une attitude complémentaire à celle de l'Unef

En 1956, l'affaire algérienne occupe le devant de la scène politique, tout comme celle de l'UGE et de l'Unef par le biais des relations à avoir avec les étudiants nationalistes algériens. Ces derniers, groupés dans une Union générale des étudiants musulmans algériens (Ugema) à vocation représentative, prennent en 1956 une attitude ouvertement indépendantiste et solidaire du FLN, appelant à déserter les universités françaises et exigeant l'approbation des mouvements étudiants français. Tandis que l'Unef, en proie à de fortes oppositions internes, s'y refuse et voit l'Ugema, suivie par les autres associations d'étudiants d'outre-mer, rompre bruyamment avec elle, l'UGE échappe à cette rupture : l'Ugema affirme au contraire continuer à œuvrer avec elle[6]. Pourtant, l'UGE n'a pas adopté une attitude sensiblement différente de l'Unef en 1956 : comme elle, l'UGE s'est refusée à reconnaître immédiatement le droit à l'indépendance algérienne, elle s'est donc opposée à ce que l'Ugema soit proclamée représentative de la nation algérienne dans les instances internationales étudiantes ; comme l'Unef, l'UGE déplore en 1957 la grève des étudiants algériens comme contre-productive pour l'avenir même de l'Algérie[7]. Ainsi, elle se trouve pour plusieurs années le seul lien maintenu entre le mouvement étudiant français et ceux des pays

5. Circulaire aux BDE, septembre 1957, archives UGE, classeur 14.
6. Lettre de l'Ugema à l'UGE, le 9 janvier 1957, citée *in* conseil d'administration de l'UGE, 17-18 février 1957, archives UGE, classeur 12.
7. Motion votée au conseil d'administration de l'UGE, 17-18 février 1957, archives UGE, classeur 12.

coloniaux et ex-coloniaux (Maroc et Tunisie), et affirme son autonomie envers l'Unef en ce domaine, alors que les dirigeants des deux organisations partagent en fait les mêmes options sur la question algérienne.

Moins ouvertement déchirée que l'organisation universitaire, l'UGE présente un « calme apparent », même si celui-ci cache une « situation délicate » aux yeux des dirigeants de l'organisation[8], qui se traduit par deux démissions du bureau national au cours de l'année 1957.

Elle s'autorise de ce fait des avancées ultérieures en restreignant l'apolitisme traditionnel de l'organisation par une « charte » en partie consacrée à l'outre-mer et votée au congrès de 1957, qui parle plutôt d'« apartitisme » et n'exclut pas de prendre position au nom d'une conception élargie des intérêts étudiants[9]. Ainsi sont justifiées les relations maintenues avec les organisations nationalistes des étudiants d'Afrique noire et du Maghreb, sur la triple base de la reconnaissance de l'égalité des personnes, de l'autonomie reconnue de ces mouvements d'étudiants et du devoir de solidarité envers eux.

À la différence de l'Unef, le congrès de 1957 peut ainsi dénoncer nettement, et presque unanimement, la torture et annoncer une enquête sur les répercussions du conflit sur les étudiants français, mais aussi sur le moral des jeunes du contingent, préalable à une prise de position sur le fond. Au-delà de ces prises de position officielles, les dirigeants de l'UGE sont personnellement acquis à l'indépendance algérienne – une lettre personnelle du responsable outre-mer en 1957 en témoigne[10] –, même s'ils sont sans illusions sur leurs partenaires nationalistes, avec qui les relations restent délicates. Les courriers échangés le montrent d'ailleurs : ainsi, pendant l'été 1957, le vice-président outre-mer revenant de Tunis signale au bureau national que la grève imposée est en fait impopulaire chez les étudiants algériens et déplore le « style FLN », fait de « violence verbale qui cache souvent une faiblesse de la pensée politique[11] ».

À partir du printemps 1958, l'UGE s'autorise à aborder le fond de la question algérienne : son congrès en débat longuement et, reprenant

8. Lettre du président de l'UGE, s. d. (octobre 1956), archives UGE, classeur 11.
9. Compte rendu du congrès de Nancy, 9-11 mai 1957, archives UGE, classeur 14.
10. Lettre du vice-président outre-mer à J. L., 10 octobre 1957, archives UGE, classeur 14.
11. Lettre du vice-président outre-mer au président de l'UGE, 28 août 1957, archives UGE, classeur 14.

les termes du précédent congrès du Snes, se prononce pour la reconnaissance du « principe de détermination » *(sic)* du peuple algérien ; sans plus, il est vrai.

La fusion avec l'Unef en 1959 prive l'UGE de sa voix propre, mais non de sa thématique et de ses relations persistantes avec les mouvements nationalistes des étudiants coloniaux. En témoigne, dans les derniers mois de la guerre, la demande insistante, et finalement satisfaite, auprès de l'Ugema d'un article signé par celle-ci pour le journal de l'UGE, intitulé « Décolonisation et coopération [12] ».

Ainsi apparaît nettement l'originalité de l'engagement algérien de l'UGE. Quoique parallèle à celui de l'Unef dans ses motivations, il s'enracine également dans la nature de ses membres, des élèves ingénieurs.

12. Lettres à l'Ugema à Tunis, du 19 octobre 1961 au 27 novembre 1961, archives UGE, classeur 27.

15. CHARTRES, « L'ÉCOLE NORMALE LA PLUS ROUGE DE FRANCE » ?

Anne Pasques

Un ancien élève de l'école normale d'instituteurs de Chartres se souvient avoir proclamé lors d'un congrès national de la Jeunesse communiste : « Je représente l'école normale la plus rouge de France. » Aujourd'hui, il ajoute : « C'était vrai[1] ! »

Grâce à une enquête menée auprès d'une grande majorité des anciens élèves, ce texte part à la recherche de l'origine de cette affirmation[2]. Les normaliens restent quatre années à l'école, de la seconde à l'année de formation professionnelle après l'obtention du bac. Ils sont 15 à 25 selon les années et obligatoirement internes. Pendant la guerre d'Algérie, ils sont nés entre 1938 pour les plus âgés de ceux entrés en 1955, et 1946, pour les benjamins reçus en 1961. Ils sont en majorité originaires d'Eure-et-Loir et leur origine est modeste : leurs parents sont des petits paysans, des ouvriers, des employés et parfois des instituteurs. La plupart de leurs familles penchent à gauche.

Une mobilisation progressive

Jusqu'en 1954, les normaliens ne s'écartent pas ou peu de leurs études[3]. En 1956 encore, les événements extérieurs n'ont pas d'écho dans l'école : aucun normalien ne mentionne les mouvements de rappelés

1. Entretien de l'auteure avec André B. chez lui à Chartres, le 12 avril 2007.
2. Questionnaire envoyé à deux tiers des anciens élèves ayant séjourné à l'EN de 1955 à 1962 ; 48 y ont répondu (soit 65 %) ; les citations sont extraites des réponses – sauf indication contraire.
3. Réponse au questionnaire de Robert S.

qui ont lieu à Chartres et surtout à Dreux et Châteaudun. Actions modestes par rapport à ce qui se passe dans certaines régions, ces événements sont absents de la majorité de la presse locale. Seule *La République du Centre* les mentionne[4], ainsi que les RG qui font un long rapport sur la présence du député communiste Maurice Perche à la gare de Châteaudun[5].

Ce n'est qu'avec la promotion Albert Einstein, qui compte 15 recrutés en 1955, qu'a lieu un engagement massif : sans doute certains ont-ils un environnement familial qui les y prédispose, milieu social ou participation à la Résistance, notamment, mais les motivations sont plutôt intellectuelles et philosophiques. Plusieurs de ceux qui sont entrés en 1955 ont dû rejoindre l'école normale d'Auteuil pour suivre les cours de terminale Philo ou Math élém car seul le bac Sciences-ex était préparé à Chartres. À Auteuil, la Jeunesse communiste est bien structurée, les professeurs de philosophie et d'histoire sont marxistes : les Chartrains trouvent des explications, confortent leurs convictions. On est en 1957-1958 ; les événements et les manifestations se succèdent à Paris, l'engagement se focalise sur l'Algérie : ainsi, Georges G. rappelle que pour lui « le communiste, ça a d'abord été celui qui luttait contre la guerre en Algérie ». À la rentrée de 1958, ces nouveaux bacheliers réintègrent Chartres pour leur année de formation professionnelle : dès les premières semaines, armés d'arguments, ils organisent un cercle de la Jeunesse communiste et convainquent des nouveaux en mettant l'accent sur les problèmes liés à l'Algérie, comme en témoigne André B. Ce dernier, né dans une Algérie qu'il a quittée à l'âge d'un an, a été très choqué quand un prêtre lui a dit : « La guerre d'Algérie est une guerre juste. » Il cherchait, se cherchait, et entend tout de suite favorablement les explications « marxistes » apportées par deux étudiants de quatrième année de retour d'Auteuil, Georges G. et Claude M. ; ils convainquent un jeune qui ne demandait qu'à l'être... André B. adhère avec son frère puîné ; tous deux deviennent des organisateurs, bâtissent la Jeunesse communiste et marquent la mémoire de nombre de nos témoins.

4. Dans ses numéros du 22 et du 26-27 mai 1956.

5. Archives départementales d'Eure-et-Loir (ADEL) 1065 W 26, sous-préfecture de Châteaudun, rappel des disponibles.

Un engagement massif

Selon André B., « tous les normaliens avaient adhéré au Mouvement de la Paix, près de la moitié à la Jeunesse communiste et 70 à 80 % étaient sous son influence ». Les normaliens, qu'ils penchent ou non vers ces organisations, le confirment. Les adhésions affluent : en 1960, Joël D., dont le père milite au Mouvement de la Paix, entre à la Jeunesse communiste dès octobre ; en 1960 encore, Alain L., en rébellion contre les institutions en général et en quête de justice, rejoint le cercle de la Jeunesse communiste. En octobre 1961, Jean-Claude F., dont la famille ouvrière lit *La Terre* et vote communiste, dit s'engager plus à la suite du putsch des généraux et contre l'OAS, plusieurs plasticages ayant été commis dans la région, que sur le problème de l'armée. Jusqu'en 1961-1962, la Jeunesse communiste domine à l'école normale. Les militants sont omniprésents et influents dans tous les domaines : le théâtre où Brecht est souvent choisi, la chorale avec des chants de l'Armée rouge...

C'est « l'Algérie », pour le service essentiellement mais également pour le 13 mai puis la tentative de putsch, qui domine les discussions, motive les adhésions et détermine les actions. Or le Parti communiste, tout en réclamant la paix, recommande à ses adhérents d'effectuer leur service militaire, y compris en Algérie. Les mots d'ordre de « paix en Algérie », de « négociations » suffisent-ils pour tous ces jeunes ? L'action attire les plus impatients : à l'école normale, nombreux sont ceux qui discutent tard le soir, parfois la nuit, lisent et commentent en cachette *L'Humanité* et *La Question* d'Henri Alleg qui circule en fascicules.

Des manifestations sont organisées. Ainsi, au premier semestre 1959, « une manifestation rassemble une quarantaine de jeunes mêlant une quinzaine de normaliens à des élèves d'un centre d'apprentissage[6] » – plusieurs normaliens en témoignent.

Les jeunes communistes sont-ils les seuls à réagir ? Pas tout à fait. D'autres essaient de faire entendre leur voix. C'est le cas de jeunes du PSU, très minoritaires mais déterminés à s'exprimer[7] : ils provoquent

6. Réponse de Georges G.
7. Réponse de Jean T.

des débats d'idées, mais rejoignent généralement la Jeunesse communiste dans ses actions. Quelques-uns, refusant de s'engager, du moins de cette façon, disent se consacrer à leurs études, au sport ou à sortir et se distraire...

Les actes militants consistent à vendre le journal *L'Avant-Garde*, à distribuer des tracts et à coller des affiches, ce qui oblige certains à faire le mur le soir. Usant du droit de sortie de 16 à 17 heures, des normaliens se groupent assez souvent à vingt ou trente dans le centre commerçant de Chartres, à 500 mètres de l'école normale. Des jeunes qui n'appartiennent pas à la Jeunesse communiste les y rejoignent. Ainsi, en 1962, Alain C. suit les mots d'ordre « Paix en Algérie », « Pas de nouveau Melun ! » Des normaliens sont aussi présents lors des grands rassemblements de 1961 et 1962, et notamment après Charonne, devant le monument Jean-Moulin, symbole de la résistance républicaine[8].

Mais le service militaire est toujours là. Beaucoup, sinon tous, y pensent et suivent la préparation militaire pour pouvoir bénéficier d'un sursis... avec l'espoir que la guerre finisse avant !

Si quelques-uns ne sont pas appelés, parce qu'ils ont un frère ou deux sous les drapeaux ou qu'ils sont pupilles de la Nation, la majorité part quand son tour vient. Aussi les plus déterminés à éviter un départ en Algérie n'ont-ils que des solutions individuelles... et notamment celle de se faire réformer. Ainsi, Michel L. cherche à détériorer son estomac dans l'espoir d'une réforme, mais les risques pris furent inutiles, sa forte myopie s'avérant suffisante. Pour André G., la solution est également individuelle : résolu à rester près de Chartres, il démissionne de l'école normale et s'engage pour trois ans aux pompiers de Paris grâce à ses qualités sportives, ce qui le dispense de service ; il réintègre ensuite l'école normale. Certains disent avoir envisagé sérieusement de quitter la France pour un ailleurs, pour la Suisse, par exemple, tel Alain L., mais le cessez-le-feu intervient avant son incorporation. Tous n'ont pas un tel parcours, puisqu'un échec au bac suspend le sursis.

Pour les plus convaincus, les discussions se prolongent le jeudi après-midi à l'extérieur de l'école normale avec des responsables

8. *L'Écho républicain*, 14 février 1962.

départementaux, voire nationaux, du PCF. Les inquiétudes et l'activité de ces jeunes sont encadrées et régulées : à propos de l'attitude à adopter sur le soutien au FLN, la majorité des adhérents dit « non », selon André B.

Les élèves de l'école normale de Chartres ont-ils fait des émules ?

L'éveil à la politique est-il resté confiné dans le huis clos des internats de l'école normale ? La prise de conscience a-t-elle essaimé au-delà du milieu scolaire ? Ces jeunes ont-ils eu une influence en dehors de leur cercle immédiat ?

Certains ont au moins des contacts avec des filles de l'école normale : quelques-unes d'entre elles suivent leur compagnon pour manifester, telle l'amie de Philippe G. Mais la participation des filles est réduite ; la Jeunesse communiste est « masculine[9] ». Par ailleurs, les normaliens ne passent que peu de temps dans leurs familles, même l'été, car beaucoup travaillent, notamment aux champs. Ils parviennent au mieux à influencer un frère ou une mère souvent inquiète, craignant alors pour la carrière de son fils.

Plusieurs, une fois instituteurs, poursuivent leur action militante en direction de jeunes adolescents ; c'est le cas de Georges G. qui crée, à la rentrée de septembre 1960, un cercle de la Jeunesse communiste s'adressant à des collégiens. Là encore, c'est sur la guerre d'Algérie que se font les adhésions[10].

Plus aléatoires, les manifestations dans Chartres ont aussi pu avoir un impact. En octobre 1960, elles impressionnent ainsi un jeune lycéen qui voit brusquement surgir un groupe de manifestants clamant des mots d'ordre sur la paix en Algérie alors qu'il attend son car. Plus tard, il organise un cercle de la Jeunesse communiste au lycée Marceau, cercle qui a duré au-delà de 1962[11].

On peut ainsi voir l'importance de la conjoncture sur ces engagements. Ce sont les événements d'Algérie qui ont conduit ces jeunes vers

9. Entretien de l'auteure avec André B., le 12 avril 2007.
10. Témoignage de Jacques P., alors élève de troisième dans un collège rural, dont le frère faisait son service en Algérie de décembre 1960 à décembre 1961 à Alger.
11. Témoignage de Jean-François M.

la Jeunesse communiste. Après 1962 et leurs études à l'école normale, certains adhèrent au PC, d'autres non, mais pour la plupart il reste de cette période un intérêt pour le « tiers-monde ». Il est incontestable que la lutte contre la guerre d'Algérie a politisé durablement une partie de la jeunesse en Eure-et-Loir et a stimulé ses pratiques militantes. L'école normale a joué un rôle déterminant dans ce processus. Le cas de l'école normale de Chartres est-il isolé ? Sans doute pas... mais des études restent à faire sur ces jeunes collégiens, lycéens ou jeunes travailleurs avant leur incorporation.

16. MILITANTS DE LA DÉCOLONISATION EN ISÈRE : ENTRE DIVERGENCES POLITIQUES ET SOLIDARITÉ

Gil Emprin

À la sortie de la Seconde Guerre mondiale, Grenoble, ville compagnon de la Libération, se drape dans une mémoire résistante. Mais l'unanimisme de 1945 explose en 1947 face aux nouveaux problèmes posés par la guerre froide et la décolonisation. Ainsi, des jeunes officiers des maquis partent pour la guerre d'Indochine, conspués par leurs anciens camarades communistes lors de manifestations houleuses en 1950 et 1952 à Grenoble[1].

Parallèlement, une nouvelle génération de militants apparaît, notamment à l'université. Inspirés par le catholicisme social, ils cherchent le contact avec des intellectuels communistes. Toujours dans les milieux que les Renseignements généraux qualifient de « chrétiens progressistes[2] », quelques personnalités iséroises ont fondé en 1949 une première association d'aide aux travailleurs nord-africains, dont le nombre n'a cessé de croître entre 1945 et 1954, et plus encore pendant la guerre d'Algérie[3].

---

1. Manifestations contre les guerres d'Indochine et de Corée, où d'anciens résistants comme Pierre Fugain affrontent les policiers, parfois les mêmes qu'en 1941. Archives départementales de l'Isère (ADI) 52 M 16, rapports du commissaire central au préfet.
2. ADI 2985 W 28*, rapport des RG au préfet, 4 février 1955.
3. Ils sont moins de 1 000 en 1945, 2 700 en 1951, environ 5 000 en 1954, puis 8 500 en 1960. ADI 2985 W 19 à 23*, et notamment : étude des RG transmise au préfet sur l'implantation de la population musulmane dans l'Isère, 29 décembre 1958.

Enfin, les mouvements nationalistes algériens apparaissent : le MTLD en 1950 dans le nord de l'Isère, puis le FLN qui se structure en 1956 et s'impose seul en 1957.

Ainsi, pendant les années 1950, se côtoient divers groupes de militants politiques, syndicaux, sociaux, français et algériens, très majoritairement engagés en faveur de la décolonisation.

Une première unité d'action, autour du rapprochement entre chrétiens et communistes

Si les campagnes du PCF contre la guerre d'Indochine ne surprennent pas dans le contexte de l'époque, leur écho est fortement porté par le quotidien *Les Allobroges*, fondé dans la clandestinité. Mais le discours communiste est davantage axé sur les relations internationales que sur les questions coloniales. Ainsi, *Les Allobroges* ne rendent compte que très furtivement d'une conférence que donne le résistant et journaliste Claude Bourdet à Grenoble en février 1953, alors que les RG jugent que, « par son talent, il porte un coup redoutable à l'œuvre coloniale française[4] ». En revanche apparaît comme un fait franchement neuf la naissance d'un groupe Chrétiens dans la Cité, qui considère publiquement, dès 1950, que la France « a failli à sa mission providentielle » et qu'il faut « faire la trêve et préparer la paix[5] ». Parmi les inspirateurs d'une réflexion ouverte des chrétiens figure le théologien Pierre Ganne, qui avait vécu en Algérie avant de participer activement aux *Cahiers du Témoignage chrétien* pendant la guerre[6].

Les milieux intellectuels, notamment les enseignants au lycée et à l'université, sont les premiers touchés par cette réflexion. Les événements de 1954 accélèrent un rapprochement effectif entre chrétiens et communistes à travers la naissance, le 4 février 1955, d'un Comité pour la défense des libertés en Afrique du Nord. Sa composition apparaît comme un petit miracle dans une époque marquée par des logiques

4. ADI 2696 W 51*, *Études, rapports, problèmes nord-africains*, rapport des RG au préfet, février 1953.
5. ADI 2696 W 28*, rapport des RG au préfet sur le groupe Chrétiens dans la Cité.
6. Voir à ce sujet Sabine Rousseau, *La Colombe et le Napalm*, Paris, CNRS éditions, 2002.

partisanes exclusives : deux professeurs agrégés de droit de l'université et un de lycée, « chrétiens progressistes » selon les RG, un professeur agrégé de lycée, par ailleurs conseiller municipal communiste, deux membres du Mouvement de la Paix, dont un communiste, un membre de la CFTC et un de Force ouvrière. Deux étudiants algériens, sur la cinquantaine inscrits à l'université, sont membres du bureau. Le comité compte mener des « travaux d'étude et d'information sur les problèmes de l'Afrique du Nord » et prévoit de les populariser par des réunions publiques, conférences de presse, tracts et affiches.

La première initiative du comité a été de soutenir la « Journée des étudiants contre le colonialisme » organisée par des étudiants tunisiens le 16 février 1955. Signe fort, une gerbe est déposée au monument des déportés et un étudiant malgache évoque les victimes de la répression à Madagascar en 1946-1947[7]. Si ce comité reste un comité d'intellectuels, il ouvre deux voies importantes : celle d'un militantisme commun entre communistes et chrétiens et celle de l'entrée en politique d'étudiants qui s'y sentent autorisés par l'engagement public de professeurs qui manifestent et pétitionnent avec la gauche. L'intégration d'étudiants maghrébins est effective, bien que modeste.

L'action sociale, une vraie rencontre entre Français et Algériens

C'est dans le milieu associatif que Français et Algériens se rencontrent : dès 1949, le Comité d'aide et de défense des travailleurs nord-africains (CADTNA), une association d'action sociale, se propose d'aider ceux qui sont arrivés récemment d'Afrique du Nord dans la recherche de logements décents, la santé, l'alphabétisation. Le Bureau d'intervention sociale (BIS), instrument de l'association, permet de faire pression sur les pouvoirs publics, notamment pour faire disparaître en douceur les bidonvilles naissants. Fondé par des militants de gauche, mais surtout des catholiques sociaux, le CADTNA devient en 1954 le Comité d'action sociale, avec le concours et sous le contrôle des municipalités. À Grenoble, c'est un colonel à la retraite qui en prend la direction. Pour échapper à ce contrôle, les militants fondateurs s'empressent de créer

7. ADI 2696 W 51*, note de renseignement des RG au préfet, 17 février 1955.

une autre association, l'Association dauphinoise de solidarité franco-nord-africaine (ADNA), en juin 1955. L'association s'engage, en affirmant répudier tout paternalisme, à rechercher des contacts et des actions concrètes *avec* des Algériens. Si le premier président est un Français, professeur de droit à l'université, le vice-président et le secrétaire-adjoint sont algériens. Les objectifs de l'ADNA sont certes toujours sociaux, mais dans une acception plus large, aux marges du politique : « favoriser la connaissance mutuelle [...], lutter contre les préjugés et le racisme pour éviter que ne s'engage – ou s'aggrave – la guerre d'Afrique du Nord[8] ». Officiellement apolitique, l'association compte parmi ses membres les plus actifs, tant algériens que français, des militants engagés contre le colonialisme. Les membres algériens sont en majorité sympathisants ou responsables du FLN, et des avocats grenoblois membres de l'association défendent des militants FLN devant les tribunaux. C'est la raison pour laquelle l'ADNA fait l'objet d'une surveillance policière particulière, qui n'a jamais donné lieu à poursuite, les actions des uns et des autres étant soigneusement cloisonnées.

En 1955, il semble donc que les associations et comités isérois soient en mesure de réunir des militants souvent opposés sur d'autres questions et d'intégrer des Algériens en leur sein.

Des objectifs communs, des combats divergents

En 1956, la guerre d'Algérie a vraiment fait irruption dans la vie des Français avec le rappel des réservistes. Mais, paradoxalement, ces événements ont plutôt séparé les militants anticolonialistes algériens et français.

Côté algérien, 1956 voit la naissance et le développement du FLN en Isère. Si le MTLD était présent dès 1951-1952 dans la région de Vienne-vallée du Rhône[9], c'est à Grenoble que le FLN est né de la rupture d'un militant algérien, Mohamed Abdelkader, avec le PCF et la CGT. Reprochant à ces organisations leurs contradictions qui mêlent, notamment dans la presse, un discours émancipateur et une

8. Cité par Paul Muzard, *Algériens en Isère, pour mémoire*, Grenoble, Cent pages, 2006.

9. ADI 2696 W 51*, Affaires algériennes, rapport du sous-préfet de Vienne au préfet de l'Isère, 14 juin 1951.

justification poussive du vote des pouvoirs spéciaux, « Kader » entraîne avec lui nombre de membres algériens de la CGT [10]. Le FLN se développe rapidement en encadrant les nombreux nouveaux migrants, majoritairement venus du Constantinois, déjà marqués par le nationalisme avant de venir en métropole. La structuration se fait autour de personnalités respectées au pays, convaincues de gré ou, souvent, de force d'organiser la collecte d'argent pour la cause nationaliste. Celle-ci est effectuée logiquement au sein des entreprises, mais le cœur de l'organisation politique bat dans le vieux quartier Très-Cloîtres, dans les quelque vingt-cinq cafés tenus par des Algériens. Ainsi, la police évalue à un millier le nombre de cotisants à Grenoble fin 1957 [11].

C'est aussi par la violence que le FLN écarte définitivement ses rivaux du MNA, tant à Grenoble que dans le nord de l'Isère, y compris par une quinzaine d'assassinats par armes à feu au printemps de 1957 [12]. D'autres assassinats, à l'arme blanche, visent des délateurs ou des auteurs de détournements de cotisations.

Le but, l'obsession même, du FLN de financer la guerre en Algérie suppose un encadrement fort de la main-d'œuvre algérienne en France. Si la coercition et les pressions sont indéniables et confirmées par les témoignages d'anciens militants, le FLN fait aussi montre d'une capacité d'attraction indiscutable, notamment lors de la semaine de grèves de janvier 1957. Avec 85 % de grévistes, l'objectif politique de montrer le nationalisme algérien au grand jour et de manière massive est atteint, ce qui est souligné par les rapports de police et de gendarmerie. Ces grèves, plus politiques que sociales, entérinent la coupure avec la gauche et le mouvement syndical métropolitains, empêtrés dans leurs contradictions. Si les militants français veulent « la paix en Algérie », les Algériens, eux, souhaitent une guerre victorieuse pour accoucher d'une nation et d'un État.

Le rejet de la politique de Guy Mollet prend une tournure plus populaire et touche les campagnes avec le rappel des réservistes. Des trains sont bloqués par la foule à Voiron le 20 avril 1956, puis à Grenoble, le 18 mai, où les manifestants font tomber une grue sur les voies et affrontent la police. Ces manifestations, fréquemment soutenues par

10. ADI 2985 W 28*, Lutte contre le FLN, rapport du cabinet du préfet sur la situation politique et sociale dans les milieux musulmans.
11. ADI 2696 W 51*, Affaires algériennes, rapport des RG sur l'activité du FLN, septembre 1958.
12. ADI 52 M 313, lettre du préfet de l'Isère à l'Igame de Lyon, 9 juillet 1957.

des maires et des conseillers municipaux communistes mais aussi SFIO, comme à Voiron, montrent l'ampleur du malaise. Mais les violences du FLN rendent impossible une solidarité significative avec lui. La gêne de nombreux militants anticolonialistes est manifeste pendant toute la période. Partisans de la paix et de l'indépendance, ils évitent toujours de paraître cautionner les méthodes de combat du FLN, que ce soit les assassinats en France ou les attentats à Alger en 1957. C'est le cas des militants sociaux de l'ADNA, qui tentent de séparer action sociale et engagement politique. C'est aussi le cas des quelques « porteurs de valises grenoblois » – souvent des jeunes femmes –, qui affirment avoir toujours transporté de l'argent et des documents vers Genève ou Lausanne, mais jamais d'armes[13]. C'est enfin le sens des nombreuses manifestations et réunions publiques où les pionniers de 1955 plaident pour des négociations et l'indépendance de l'Algérie, mais sans jamais donner un soutien explicite au FLN.

Le cas du docteur Pierre Fugain apparaît dans ce cadre comme une exception : né en 1921, personnage atypique, figure de la résistance iséroise, communiste turbulent, il a toujours considéré son engagement anticolonialiste comme la suite évidente et logique de sa résistance[14]. En tête des manifestations antiaméricaines au moment de la guerre de Corée et des manifestations antigouvernementales contre la guerre d'Indochine, il est allé plus loin sur la question algérienne en considérant la politique française comme guère différente du comportement de la Wehrmacht en 1944 : renonçant au militantisme public des pétitions et manifestations, il a transporté, soigné, abrité, caché des militants et des responsables du FLN en fuite ou de passage à Grenoble, et a été bientôt considéré par les responsables FLN comme l'un des leurs. Mohamed Bedjaoui, étudiant grenoblois, responsable de l'ADNA mais aussi du FLN, a notamment été soigné et abrité par Pierre Fugain. Bedjaoui a été par la suite député, président de l'Assemblée nationale d'Algérie, ministre et ambassadeur d'Algérie en France. Il n'est sans doute pas étranger à la médaille de la Révolution algérienne que Pierre Fugain a reçue en 2006.

---

13. Témoignage notamment de Mme Zitouni *in* Candice de Murcia, « La guerre d'Algérie en Isère », mémoire de maîtrise sous la direction d'Anne-Marie Abisset-Granet, université Pierre-Mendès-France, Grenoble, 2001.
14. Interview réalisée en 2004, complétée par celle effectuée au musée de la Résistance par le conservateur Jean-Claude Duclos en 2005.

Le militantisme à l'épreuve des crises

Les comités et mouvements anticolonialistes, pluralistes en 1955, ont connu une crise grave fin 1956. En effet, la plupart des militants chrétiens, notamment le groupe des universitaires, ont alors rompu avec les organisations telles que le Mouvement de la Paix où ils côtoyaient des communistes, faute d'une condamnation par ces derniers de l'intervention soviétique en Hongrie. Mais, en 1960-1961, l'heure est suffisamment grave pour que se rassemblent des communistes, des chrétiens, des membres du PSU et des socialistes en rupture autour de la défense de la République et du droit des peuples à disposer d'eux-mêmes. Des personnalités d'envergure nationale attirent les foules : d'Astier de La Vigerie, Pierre Mendès France le 5 mars 1960, Guy Mollet qui réunit autour de lui le 6 février 1961 1 800 personnes pour défendre... le général de Gaulle, Hubert Beuve-Méry, pour disserter sur « la liberté de la presse et l'avenir de l'Algérie ». Le début des années 1960 voit donc la multiplication d'actions unitaires pour en finir avec la guerre d'Algérie, et ce milieu est un creuset des équipes des municipalités de gauche du maire Hubert Dubedout de 1965 à 1983.

Pendant que les militants politiques français se préoccupent des menaces qui pèsent sur la République, les militants du FLN font face à une répression de plus en plus efficace. En août 1958, la tentation de porter la guerre sur le sol métropolitain fait long feu : la tentative d'attentat sur un dépôt d'essence et sur un relais de téléphone est un échec. Elle coûte la vie aux artificiers et entraîne une vague de 172 arrestations en Isère. À partir de l'automne 1958, le FLN est décapité régulièrement, ce qui oblige ses responsables à changer très souvent d'affectation et à renouveler les cadres, sans jamais pourtant cesser la récolte de fonds que la police n'a jamais pu bloquer. Mais, malgré l'aide ponctuelle d'avocats et de quelques « porteurs de valises », il reste que les rapports entre militants français et algériens sont rares. Seule l'action sociale les réunit, notamment au sanatorium de Saint-Hilaire-du-Touvet où les ouvriers algériens rencontrent des étudiants et militants français de l'ADNA. Certains de ces militants français entretiennent une correspondance avec des membres du FLN internés dans les camps du Larzac ou de Thol[15].

15. Paul Muzard, *op. cit.* Sur les internements et assignations à résidence, ADI 2985 W 2*.

C'est finalement dans ce cadre plus social que politique que Français et Algériens ont travaillé ensemble, pendant la guerre et après l'indépendance de l'Algérie, et c'est là que réside l'originalité iséroise. Les militants de l'ADNA, devenue Association dauphinoise de coopération franco-algérienne (ADCFA) après la guerre, ont continué et continuent encore, dans d'autres cadres associatifs, à rassembler des Algériens, pour beaucoup anciens militants du FLN, et des Français, souvent entrés dans l'action au temps de la guerre d'Algérie[16].

16. C'est le cas aujourd'hui de l'Adate (Association départementale d'accueil des travailleurs étrangers) ou d'Amal, association culturelle et de coopération franco-maghrébine dont le nom signifie « espoir » et dont Pierre Fugain est le président d'honneur.

17. DES MILIEUX NATIONALISTES À L'ÉPREUVE : INDÉPENDANTS ET GAULLISTES DANS L'ORNE

Gérard Bourdin

L'Orne, département rural de l'ouest de la France, vit la guerre d'Algérie comme un conflit frappant surtout le monde rural et artisanal, amplifiant le désarroi des campagnes en difficulté. Cette guerre nourrit un réflexe de défensive sociale et patriotique.

En 1951, en France, les gaullistes, avec 120 députés sur 627, sont le premier groupe parlementaire ; l'Orne, pour les suffrages, est leur deuxième département et ils y président le conseil général. En 1956, les gaullistes n'ont plus que 22 députés et la droite modérée traditionnelle, « indépendante et paysanne [1] », avec 98 députés, devient la première force de droite. Dans l'Orne, devenu un de ses meilleurs fiefs, cette droite cumule 36 % des suffrages exprimés, soit trois des quatre sièges de députés. Pierre Couinaud et Paul Pelleray sont des transfuges du gaullisme ; le premier est maire d'Argentan, la troisième ville du département, le second est président d'honneur de la Fédération départementale des syndicats d'exploitants agricoles (FDSEA) ; et le troisième, Philippe Monin, est proche des poujadistes. L'« indépendant et paysan » Jacques Roulleaux-Dugage est un autre notable incontournable, résistant giraudiste, lié à une famille de tradition maurrassienne très engagée dans le vichysme traditionaliste, conseiller général influent dans le Bocage

1. Philip Williams, *La Vie politique sous la IVe République*, Paris, Armand Colin, 1971 ; Gilles Richard, « Le Centre national des indépendants et paysans de 1948 à 1962, ou l'Échec de l'union des droites françaises dans le parti des modérés », thèse d'État, Institut d'études politiques de Paris, 1998.

armoricain conservateur, élu en janvier 1956 vice-président du Conseil de l'Union française. Gaullistes et indépendants sont donc en concurrence. À partir de quelles valeurs et de quels projets ?

Comment cette droite dominatrice a-t-elle affirmé son attachement à l'Algérie française ?

Sauvegarder l'Algérie française (1954-1958)

L'extrême droite ornaise défend avant tout le monde paysan. En novembre 1954, les réunions tenues par les dorgéristes n'ont encore que peu de succès ; à Vimoutiers, une quarantaine de personnes seulement écoutent les orateurs reprocher au gouvernement l'« abandon » de l'Indochine et son insuffisante répression dans les Aurès.

Cependant, l'audience du mouvement s'amplifie. En novembre 1955, la Basse-Normandie est la région française dans laquelle le dorgérisme est le mieux implanté, actif pour la défense des bouilleurs de cru[2] et animé par le dirigeant départemental André Demarquay. Le 6 décembre 1954, à Alençon, 6 000 paysans manifestent à l'appel de la FDSEA contre un gouvernement par lequel ils se sentent méprisés. En 1955, les dorgéristes multiplient avec succès les réunions[3]. Le leader national paysan vient à plusieurs reprises, et des contacts sont pris avec Jacques Roulleaux-Dugage.

En même temps se développe l'Union de défense des commerçants et artisans (UDCA), encadrée par Pierre Champagne[4], grainetier d'une cinquantaine d'années, meunier, éleveur à Chandai (canton de l'Aigle) où il est conseiller municipal. Son commerce est peu prospère et frôle

2. Archives départementales de l'Orne (ADO) 158 W 70*, dossier « Défense paysanne ». Voir en particulier le rapport du préfet, directeur national des Renseignements généraux, le 30 novembre 1955. Plus de 500 adhérents se répartissent parmi la petite ou moyenne paysannerie du Bocage, du pays d'Auge autour de Vimoutiers, du sud du Perche.

3. Les dorgéristes rassemblent 200 manifestants, le 29 décembre 1954, à Joué-du-Bois (canton de Carrouges), contre une vente-saisie ; 200 personnes à La Ferté-Macé en janvier 1955 ; 150 personnes le 4 avril pour soutenir la candidature de leur dirigeant départemental aux cantonales ; 150 personnes à Beauvain (canton de Carrouges).

4. Pour Pierre Champagne, voir rapport des RG du 8 août 1959, ADO 348 W 354*.

la faillite. Mais son mouvement atteint 800 adhérents. En octobre 1955, la campagne des poujadistes s'amplifie et les réunions tenues rassemblent souvent 500 personnes. Les dorgéristes acceptent une action commune avec les poujadistes. Lors des élections de janvier 1956, ils bousculent le jeu dans les cantons les plus ruraux.

Les poujadistes, sous l'impulsion de Champagne, prennent le relais des dorgéristes. L'Union et fraternité française (UFF), le groupe parlementaire poujadiste, organise six réunions en février, principalement suivies dans le Bocage. Le 16 avril, 1 700 personnes se réunissent à Argentan, chiffre important mais en deçà des 7 000 espérées. Puis le mouvement connaît des hauts et des bas. Champagne, candidat aux élections cantonales du 20 avril 1957 à l'Aigle, recueille encore 23 % des suffrages exprimés. Le mouvement conserve du mordant. En octobre 1957, dans un bourg du canton d'Alençon-Est, 1 500 personnes assistent à un office religieux à la mémoire d'un soldat, fils d'un paysan exploitant une ferme de 70 hectares, la plus belle de la commune, conseiller municipal que les Renseignements généraux classent comme d'extrême droite ; une telle foule est presque ressentie comme une force politique faisant pression pour une grande fermeté en Algérie. En décembre 1957, les poujadistes remportent un succès lors des élections aux chambres de commerce et le député Monin s'apparente au groupe UFF. Mais le mouvement manque de cadres et sa presse est peu lue. Le nombre des abonnés à *Fraternité française* tombe de 600 en 1955 à 450 en 1956, 500 en 1957 et 195 en mai 1958[5].

La contestation d'extrême droite, la confusion entre la défense de la présence française en Algérie et celle de la paysannerie traditionnelle ou du petit commerce renforcent la cohésion de pensée de la droite autour d'une politique algérienne conservatrice. Les indépendants espèrent en récupérer le potentiel : seul leur *Journal de l'Orne* s'insurge, le 8 février 1956, contre l'invalidation de onze députés poujadistes.

Le 26 août 1955, après les massacres d'Européens à Oued-Zem au Maroc et dans plusieurs villes du Constantinois, *Le Journal de l'Orne* avait protesté contre la mort de « mille personnes » (123 en réalité). Dès lors, le ton était donné : critique du « terrorisme », demande d'interdiction de son « allié » le Parti communiste, dénonciation des « États arabes qui prétendent nous donner des leçons de civilisation, alors que chez eux la misère de la population y est effroyable et qu'il subsiste encore – en Arabie saoudite notamment – l'ignoble système de l'esclavage... »

5. ADO 348 W 354*.

En 1956, l'Orne est un bastion des indépendants. En mars 1956, les milieux modérés s'abstiennent de critiquer Guy Mollet, et, en avril, sur proposition du sénateur indépendant Étienne Le Sassier-Boisauné, le conseil général lui vote même, à l'unanimité, une motion de confiance. La même année, *Le Journal de l'Orne* demande la formation d'un gouvernement d'union nationale dans lequel se retrouveraient tous les partis « nationaux », proteste contre les pleins pouvoirs accordés à Guy Mollet, trop « équivoque » en particulier par « son manque de répression », la mauvaise direction de l'armée, le souhait d'un collège électoral unique. En octobre, les indépendants ornais acceptent de voter la confiance au gouvernement. Le problème est bien là : le gouvernement bénéficie d'un soutien large, mais lourd de contradictions.

En 1957, l'opinion publique est satisfaite par la rapide formation du gouvernement Bourgès-Maunoury. Mais la trop forte présence socialiste pousse les indépendants Pelleray et Couinaud à s'abstenir lors du vote d'investiture. Monin, proche de Dorgères, s'y oppose. Les indépendants s'intéressent essentiellement à la politique agricole et soutiennent, en septembre-octobre, les 250 municipalités, sur 507, qui se lancent dans une grève administrative et les 45 autres qui démissionnent. L'Orne est le seul département du nord de la Loire où le mouvement prend une telle ampleur. Défenses de la paysannerie et de l'Algérie sont de plus en plus associées dans certains esprits. L'effort militaire est d'abord vu comme un effort de paysans. Le combat pour les valeurs traditionnelles est rappelé. En juillet, le maire de Lonrai montre que le soldat Michel Chéreau est mort « en patriote et en chrétien[6] ».

En septembre, les trois députés indépendants votent contre la loi-cadre qui prévoit un collège unique en Algérie. Une nouvelle crise ministérielle affecte le paysage politique, et une partie de l'opinion est désorientée par cette attitude systématiquement négative et corporative. Les indépendants déçoivent. L'Orne semble devant un vide politique dont profitent les gaullistes qui interviennent plus ouvertement.

Les gaullistes : le devoir de défendre la Grande Nation

En 1956, les gaullistes, avec 7,4 % des voix, sont en très net recul, mais ils confortent l'état d'esprit dominant, soucieux, selon leur profession

6. *Ouest-France*, 5 juillet 1957.

de foi, de mettre fin à « l'Algérie en état de rébellion ouverte ». *Le Réveil normand* soutient le gouvernement Mollet, mais dans le but essentiel de maintenir la présence française. Une nouvelle preuve de la confiance accordée au gouvernement est le succès, en juin 1956, de l'emprunt pour le financement des opérations engagées. Le conseil municipal d'Alençon, gaulliste, adopte à l'unanimité moins les voix des deux communistes présents une pétition faisant confiance au président du Conseil et au ministre résidant. Le 9 septembre, Guy Mollet se rend en voyage officiel dans sa ville natale, Flers. Il est chaleureusement accueilli par le maire, proche des gaullistes, et par le député MRP. La fibre nationale joue à plein. *Le Réveil normand* donne treize listes de rappelés, encourage les lecteurs à leur écrire, multiplie les photos et reproduit le courrier envoyé par les soldats sous le titre « Courrier d'Afrique », publie des lettres de remerciements du ministre résidant Robert Lacoste et du ministre des Affaires étrangères Christian Pineau, critique constamment Mendès France qui « met des bananes... après les tomates[7] ». Dans *Le Réveil normand* du 2 février 1957, le directeur, Roland Boudet, publie un intéressant éditorial, « Vous les gars », dans lequel il veut démontrer que l'effort des soldats français rappelle la Résistance, la 2e DB[8], le sens du devoir national pour conserver l'Algérie française. Le 20 avril, un article fustige la « propagande » qui dessert l'armée.

Le 22 mai 1957, *Le Réveil normand* s'insurge contre les indépendants qui « se sont davantage occupés des impôts que de la continuité de la politique extérieure ». En juin, le journal critique les « 200 comitards » qui ont participé au renversement de Guy Mollet, souhaite un gouvernement de « salut public », fait appel au général de Gaulle dont il publie une grande photographie[9].

En juillet, le conseiller général gaulliste Janvier maintient la flamme du combat pour l'Algérie française lors de l'inhumation de Michel Chéreau. Janvier « montre ce que représente pour le pays la défense de l'Algérie » : « Aujourd'hui l'abdication de la France en Algérie

---

7. *Le Réveil normand*, 25 février 1956.

8. Alençon fut, pendant 1944, la première ville française libérée par une armée française (la 2e DB de Leclerc).

9. La seule différence entre Boudet et les cadres gaullistes se remarque dans son regret de l'abandon de la CED et sa volonté de faire l'Europe, ce qui est aussi une façon de critiquer Mendès France ; avec la CED, juge Boudet, la France ne serait pas seule face au problème algérien.

ce serait là-bas le signal d'une effroyable tuerie et ici-même ce serait pour nos ennemis [...] la tentation irrésistible d'anéantir notre pays présumé sans défense[10]. » En assistant à toutes les inhumations de la région d'Alençon, les conseillers généraux Marcel Hébert et Émile Janvier affirment leur conviction d'attachement à la Grande Nation. Le 27 juillet, *Le Réveil normand* montre une photo du 14 Juillet à Alger : plus de 10 000 hommes ont défilé, dont 3 000 « harkis et groupes d'autodéfense » musulmans, « frères d'armes ». En octobre, Roland Boudet, dans *Le Réveil normand*, dit ne pas avoir d'avis sur la loi-cadre, explique toutes les prises de position, mais consacre davantage de lignes aux plus hostiles[11]. Il veut avant tout une France respectée. Le 23 février 1957, le journal a déjà publié un article demandant un cadre fédéral à bien distinguer d'une fédération d'États.

Or, fin 1957, l'opinion est sensible aux critiques formulées à l'égard des méthodes répressives employées par l'armée et ne fait pas la sourde oreille à la propagande dirigée contre les coûts de la pacification, financiers et surtout humains, contre l'absence apparente de solutions et de réformes profondes en Algérie. Une critique de plus en plus sévère est menée contre la politique gouvernementale en Algérie, notamment dans les milieux catholiques et enseignants. L'attitude critique se confirme : un Comité départemental pour la paix en Algérie, comprenant des socialistes, des communistes et des catholiques de gauche, réunit en mars 1958 130 auditeurs lors d'une conférence prononcée par Robert Barrat, journaliste à *France Observateur* et *Témoignage chrétien*, qui reprend aussi les thèses de *L'Express* et dont les propos « ont visiblement reçu l'adhésion de la majorité de ses auditeurs[12] ». Cette conférence fait monter les gaullistes au créneau. Le maire d'Alençon est exaspéré, s'insurge dans *Le Réveil normand* contre un article d'Arsène Couvreur, éminent militant MRP. Hébert proteste à nouveau en avril dans le même journal ; la volonté de paix face à l'Algérie ne ressemble-t-elle pas à l'attitude des pacifistes face à Hitler ? Il en appelle à l'esprit de résistance face aux menées terroristes, répète qu'avec de Gaulle la France fut respectée. Dans *Le Réveil normand* du 8 mars, Boudet divise la France en deux camps : celle qui est « derrière Mendès et Mauriac et derrière les communistes », l'autre qui suit

---

10. *Ouest-France*, 5 juillet 1957.
11. *Le Réveil normand*, 5 octobre 1957.
12. ADO 158 W 31/1*, rapport du préfet, mars 1958.

« Bidault, Lacoste, Pleven, Pinay, Morice et tous les Français d'Afrique ».

Lors des obsèques de soldats, les discours insistent invariablement sur le devoir de rester en Algérie, sur la méfiance vis-à-vis des « rebelles ». Mais les gaullistes, contrairement aux indépendants, admettent la possibilité de grandes réformes. Ils réclament un pouvoir fort pour garantir l'ordre et les réformes. Le conseil général le comprend bien, qui, dès décembre 1957, émet le vœu d'un système garantissant la stabilité des institutions[13]. Dans *Le Réveil normand* du 8 mars 1958, Roland Boudet avertit : « L'armée est découragée par le Parlement. » Le général de Gaulle semble au-dessus de la mêlée.

Le 1er juin 1958, à la suite des événements d'Alger, de Gaulle est investi président du Conseil Le référendum pour la nouvelle Constitution est prévu pour le 28 septembre. Dans l'Orne, quatre associations militent en faveur du « oui ». Deux ont été fondées par des gaullistes, Boudet et l'équipe Janvier-Terrenoire. L'Association pour le référendum est au contraire contrôlée par l'indépendant Roulleaux-Dugage et par le général de Grancey, gouverneur des Invalides, ancien résistant, lui aussi de sympathie giraudiste. La quatrième organisation, le MP-13, est l'enfant des poujadistes et des dorgéristes[14]. Le 8 août 1958, une réunion dorgéro-poujadiste se tient à Argentan pour tenter de mieux structurer le MP-13 ornais, mais des divergences apparaissent. Champagne se méfie de de Gaulle et déclare qu'il votera « non » au référendum du 28 septembre, d'où une mésentente dommageable.

De Gaulle triomphe. L'Orne, avec 91,3 % des suffrages exprimés, se classe deuxième département gaulliste. Le Bocage armoricain est d'un gaullisme presque unanimiste. Les élections législatives des 23 et 30 novembre sont une victoire. Louis Terrenoire inflige une dure défaite

---

13. ADO 158 W 80/1*, rapport du préfet de l'Orne, juin et septembre 1958.
14. Le Mouvement populaire du 13 mai, ou MP-13, est fondé le 13 juin 1958 à Paris par des personnalités traditionalistes, tel le général Chassin dont la devise est *Dieu, Travail, Patrie*, puis rejoint par diverses personnalités comme Paul Antier, Pierre Lagaillarde, Lassauzet de l'Acuf (Association des combattants de l'Union française), Réyo du Mouvement Poujade. Le MP-13, dirigé en Algérie par le colon monarchiste et catholique traditionaliste Robert Martel, devient vite le plus important des mouvements activistes et se méfie très rapidement de de Gaulle. En juillet, Robert Martel prend la tête des partisans du « non » et poursuit sa croisade pour la « chrétienté menacée ». Voir Morland, Barangé et Martinez, *Histoire de l'Organisation de l'armée secrète*, Paris, Julliard, 1964.

à Roulleaux-Dugage dans la circonscription d'Alençon, et Roland Boudet, membre de l'UNR, est élu dans celle de Mortagne. Le MRP Halbout, ouvert aux réformes, devance Couinaud. Au niveau national, avec 206 des 578 sièges de députés, les gaullistes dominent les « modérés » qui n'en ont que 129[15].

Mais les ambiguïtés restent. Dans le Bocage, une forte minorité continue à soutenir les indépendants ou les dorgéristes. Les uns et les autres contribuent à l'entretien de la suspicion envers les Nord-Africains. En janvier 1958, un notable prévient le chef de gendarmerie d'un canton au fort électorat dorgériste qu'il a été mis au courant que les « musulmans » d'un chantier sont en possession d'armes et de poignards. L'été se déroule dans une atmosphère de peur pour les divers ressortissants algériens[16].

Après 1958, les nostalgies « indépendantes » : la religion, la « race », le « sol », la « terre »

Après 1958, *Le Journal de l'Orne*, dirigé par l'indépendant Couinaud, poursuit sa campagne pour l'Algérie française. Le nationalisme des indépendants se confond avec la défense des valeurs traditionnelles. Une réponse favorable au référendum de janvier 1961 « aurait des répercussions sur toute la civilisation occidentale, sur tout le monde chrétien » :

> Un commerçant abandonnerait-il une succursale sous seule pression de ses concurrents ? Un paysan abandonnerait-il gratuitement à un voisin de cultiver une partie de son champ ? Un prêtre dirait-il un jour à un converti : maintenant je t'abandonne, tu vas embrasser une autre religion ? non ! Eh ! bien, il en est de même pour l'Algérie[17].

Le Journal de l'Orne défend « le sens profond de la race française, laquelle est toute de bon sens et d'équité. Nos parents avaient apporté hors de la métropole en Afrique la paix, la santé, l'instruction. Moscou

---

15. Philip Williams, *La Vie politique sous la IVe République, op. cit.*
16. ADO 348 W 407*, dossier établi à partir des rapports de gendarmerie et des RG sur les Nord-Africains vivant dans l'Orne, 1958-1968.
17. *Le Journal de l'Orne*, 2 décembre 1960, éditorial de Thomas d'Annebault.

a détérioré cette vérité[18]. » Il s'enracine dans la défense de la paysannerie et fait constamment référence à la notion de « sol » :

> Le sol de la France n'est pas une affaire de gouvernement mais des Français qui se souviennent des mots d'ordre de Londres, pendant la guerre, contre la braderie du territoire de la Patrie. Il n'y a pas deux poids et deux mesures. Ce qui était un principe sacré de 1940 à 1944 l'est aujourd'hui aussi[19].

Le nationalisme du *Journal de l'Orne* se montre beaucoup plus exclusif que celui des gaullistes. Les idées d'autonomie ou de fédération sont rejetées. Le *Journal* n'approuve pas les barricades, mais les comprend. Les événements de janvier 1960 sont dus, pour l'éditorialiste, à « ce gouvernement de gauche, régi par M. Debré[20] ». Le gouvernement français encourage cette évolution : il « a offert l'indépendance à qui demandait l'autonomie interne seulement[21] ». En octobre 1960, *Le Journal de l'Orne* affirme comprendre les idées de ces officiers de réserve réunis dans un groupe appelé Carrefour ainsi que l'attitude des indépendants de Paris qui protestent contre l'« UNRisation des mairies de la capitale ». Le 2 décembre 1960, *Le Journal de l'Orne* s'oppose au référendum – « l'autonomie offerte aux départements français d'Algérie équivaut purement et simplement au départ de la France et à la forfaiture » –, à la mainmise du communisme sur toute l'Afrique du Nord et sur la Méditerranée[22].

En avril 1961, l'hebdomadaire est très discret sur le putsch des généraux. Par la suite, il se montre réticent vis-à-vis des actions de l'OAS ; sa virulence s'exerce désormais à la fois contre la politique algérienne du gouvernement et contre sa politique agricole. Le salut face au « désespoir politique[23] » viendra-t-il de la terre ? Les paysans, explique le journal, sont prêts à manifester avec violence, car ils se sentent méprisés par les technocrates qui ne connaissent rien à la campagne. De plus, ils

18. *Le Journal de l'Orne*, 10 octobre 1960, éditorial de Thomas d'Annebault.
19. *Le Journal de l'Orne*, 23 février 1962, éditorial de Thomas d'Annebault.
20. *Le Journal de l'Orne*, 29 janvier 1960.
21. *Le Journal de l'Orne*, 6 octobre 1960.
22. En 1962, il déplore encore un pouvoir qui a « lâché ces musulmans dont il avait la charge bien avant qu'ils atteignent au degré de civilisation où l'indépendance peut se prétendre » (*Le Journal de l'Orne*, 2 mars 1962).
23. *Le Journal de l'Orne*, 19 mars 1962.

ont le sentiment que les élections ne servent plus à rien : « Les soucis permanents des agriculteurs méritent le respect, sinon la colère de la terre sera terrible[24]. » La terre ne ment pas !

Cependant, Couinaud, le résistant, reste fidèle à de Gaulle, le remercie fréquemment de son action en 1940. En juillet 1960, il manifeste sa déception lorsque, au cours de son périple normand, le Général ne s'arrête qu'un très bref moment à Argentan, manière de lui reprocher son départ du RPF pour rallier les indépendants. En avril 1961, fatigué, Couinaud démissionne de la mairie, se réconcilie avec les conseillers municipaux gaullistes, eux aussi anciens de la Résistance. Ancien chef départemental de la Résistance, ami de Couinaud et compagnon d'idées sur la question algérienne, Robert Aubin devient conseiller général en se référant au Général. En juillet 1962, Couinaud est honoré du titre d'officier de la Légion d'honneur. Les fidélités nouées pendant la Seconde Guerre ont fini par l'emporter.

Les débats qui ont lieu au sein du conseil général le 29 avril 1961 à la suite du putsch des généraux sont révélateurs du poids des indépendants les plus conservateurs. Le gaulliste Émile Janvier déclare que l'on a vécu des heures dramatiques et prépare un texte signé par 27 sur 35 conseillers généraux. L'un des réticents présente une autre motion valorisant l'armée, moins emphatique pour de Gaulle ; ce texte est accepté à l'unanimité. Telle apparaît l'attitude de ces indépendants, nombreux dans l'assemblée départementale : ils gardent leur cœur pour l'Algérie française, mais refusent de franchir le pas de la sécession ; seule la minorité, adhérente au Centre national des indépendants et paysans (CNIP), se montre plus critique, mais son influence est insuffisante[25]. Les conseillers généraux les plus nostalgiques proviennent du vieux Perche nobiliaire, des pays chouans du Bocage et des cantons dorgéristes.

Roland Boudet, « Dunkerque-Tamanrasset », la dissidence et le rêve fédéraliste

Louis Terrenoire[26] a été notoirement associé aux étapes de la politique gaulliste, accompagné localement par les démocrates-chrétiens, son

24. *Le Journal de l'Orne*, 7 septembre 1961.
25. ADO 348 W 406*, rapport des RG, 10 mai 1961.
26. Louis Terrenoire a été directeur des informations et du journal télévisé à la

groupe d'origine. Un autre intérêt de l'exemple ornais réside dans l'évolution du gaulliste Boudet et de son journal.

En mai 1958, *Le Réveil normand* reproduit les portraits des tenants de l'Algérie française que sont Salan et Delbecque, ainsi que des photos de l'entente entre « Européens et musulmans » sur le forum d'Alger. En novembre, Boudet critique l'attitude du FLN, peu enthousiaste à accepter un cessez-le-feu. Lors des élections de novembre, alors que le poujadiste Champagne se cramponne à l'intégration, Boudet affirme vouloir soutenir de Gaulle pour « sauver » l'Algérie française après l'obtention du cessez-le-feu, mais ne voit que trois issues au conflit : l'« Algérie algérienne » indépendante et « détachée », l'Algérie « intégrée », ou seulement « associée » mais dans un cadre français. Si l'Algérie « ne veut que s'associer, pourquoi lui imposer davantage ? Que ce peuple choisisse librement son destin[27] ».

Après le discours du Général du 16 septembre 1959, Boudet réaffirme son soutien à de Gaulle et souhaite qu'« un retour à la paix permette à tous les hommes vivant sur les deux rives de la Méditerranée de mieux se comprendre et de choisir, librement et définitivement, les liens qui doivent les unir[28] ». À l'Assemblée nationale, Boudet devient président du groupe d'amitié intitulé « Dunkerque-Tamanrasset[29] », groupe de 133 députés, dont le bachaga[30] Boualem et Georges Bidault

---

RTF après le retour au pouvoir du général de Gaulle. En mars 1959, il devient président du groupe parlementaire UNR. En février 1960, il est nommé ministre de l'Information puis, en août, ministre délégué auprès du Premier ministre, chargé des Relations avec le Parlement tout en restant porte-parole de l'Élysée. En avril 1962, il quitte le gouvernement pour devenir secrétaire général de l'UNR. Député de l'Orne de 1945 à 1951 et de 1958 à 1973. Voir Michel Boivin, *De Gaulle et le gaullisme en Basse-Normandie de 1945 à nos jours*, Orléans, Paradigme/Librairie Minard, 1984 ; Guy Sabatier, Philippe Ragueneau, *Dictionnaire du gaullisme*, Paris, Albin Michel, 2000 ; Serge Berstein, *Histoire du gaullisme*, Paris, Perrin, 2001.

27. *Le Réveil normand*, 15 novembre 1958.

28. *Le Réveil normand*, 26 septembre 1959 ; Roland Boudet, *Né en 13. De la forêt du Perche au Palais-Bourbon*, édité à compte d'auteur, 1991.

29. Tamanrasset est la ville algérienne la plus méridionale, située dans le département des Oasis, dans le Hoggar, en plein Sahara ; elle devient chef-lieu d'arrondissement le 13 décembre 1960.

30. Le bachaga est un titre donné par l'administration française aux notables algériens qui ont été à son service. Le bachaga Boualem a été officier dans l'armée française pendant vingt et un ans. Il reçoit le titre de bachaga des Beni Boudouane constitués en groupe de harkis. Boualem est député d'Orléansville (1958-1962) et cofondateur du Rassemblement pour l'Algérie française.

sont vice-présidents et qui compte de nombreux députés d'Algérie. « Le rôle de notre groupe sera de montrer par tous les moyens possibles aux Algériens que les Français les attendent réellement en frères[31]. »

En octobre 1959, l'avis de Boudet devient de plus en plus clair : il faut s'orienter vers l'intégration de l'Algérie à la France, que l'on peut appeler « francisation ». Selon que ces liens existeront ou non, la France « sera ou non une grande nation ». Il faut « se fondre le plus totalement possible[32] ». Ainsi, la France sera forte au niveau économique et l'Algérie fera le poids. Cependant, Boudet ne reproche pas à de Gaulle de pouvoir préférer l'« association ». Ce sont deux solutions « françaises ». En octobre, Boudet accorde sa confiance au gouvernement Debré et n'approuve pas l'attitude des députés UNR qui ont voté contre lui, pas plus que celle de Georges Bidault et de Pierre Lagaillarde, membres de Dunkerque-Tamanrasset.

En novembre, Boudet montre son intérêt pour les anciens d'Algérie en devenant président des poilus d'Orient et des TOE (théâtre des opérations extérieures) de la section de l'Aigle, dont les anciens d'Indochine et d'Afrique du Nord peuvent désormais faire partie. Lors des réinhumations des corps de soldats tués et rapatriés d'Algérie, Boudet est le seul député à prononcer des discours très engagés : « Nous voulons que l'Algérie demeure définitivement française », déclare-t-il ainsi le 22 mai 1959[33].

Le 30 janvier 1960, en pleine fin des barricades, *Le Réveil normand* publie le portrait du général Massu ; dans son éditorial, Boudet fait toujours confiance à de Gaulle, mais lui reproche d'être trop distant ; en Algérie, insiste-t-il, l'armée et la population soutiennent les « extrémistes ». Le député vote pour les pleins pouvoirs, mais il pose la question : « Il faut se demander comment on en est arrivé là et comment on se rend compte, une fois de plus, que le sort de l'Algérie commande celui de la France et probablement celui du monde occidental ? » En mars, Boudet fait partie des onze députés UNR qui refusent de retirer leur signature au bas d'une lettre demandant, pour des raisons de politique agricole, la convocation anticipée du Parlement ; il repousse la question préalable sur la force de frappe et préfère envoyer une lettre de démission plutôt que d'être exclu de l'UNR.

31. *Le Réveil normand*, 10 octobre 1959.
32. *Le Réveil normand*, 3 octobre 1959.
33. *Le Perche*, 25 mai 1959.

En juillet, il accueille chaleureusement le général de Gaulle en visite dans l'Orne. En septembre, il lui écrit[34] au sujet du référendum annoncé et demande que ce référendum ait lieu avant 1963, date des élections législatives où seront élus des députés confrontés au problème des classes pleines nées dans l'après-guerre : les nombreux parents souhaiteront alors la paix à n'importe quel prix. Le référendum ne devra pas non plus avoir lieu trop tôt, de façon à vérifier la bonne foi des chefs de la « rébellion ». Boudet ne reçoit aucune réponse. En novembre, il vote la censure sur la force de frappe.

Cependant, les discours prononcés lors des obsèques sont de plus en plus neutres. Le député sent-il que la population ne le suit pas ? Fin décembre 1960, pour la campagne liée au référendum d'autodétermination, Boudet ne donne pas d'indications sur son vote. Tout en réprouvant l'évolution vers l'« Algérie algérienne[35] », il refuse tout autant les risques engendrés par un probable départ du Général en cas de victoire du « non ».

Après le succès du « oui », il s'interroge sur l'utilité de rester plus longtemps en Algérie. Si la France a longtemps accepté des sacrifices, c'était pour le maintien de la « France de Dunkerque à Tamanrasset[36] ». Il n'approuve pas le putsch des généraux d'avril 1961, même si *Le Réveil normand* publie plusieurs articles sur le maréchal Juin et fait une large place aux procès des généraux Challe, Zeller, Jouhaud et Salan. L'ancien gaulliste affirme que l'armée a l'impression de ne plus être comprise de la nation. Il cotise à l'association Secours populaire par l'entraide et la solidarité, qui œuvre en faveur des familles d'activistes emprisonnés[37]. En effet, Boudet comprend l'OAS tout en la condamnant, affirmant que les Français refusent l'usage de la violence et que l'OAS reprend les méthodes du FLN. Beaucoup le considèrent néanmoins comme proche de l'OAS ; en mars, il porte plainte après avoir reçu un tract signé « Les républicains français » menaçant de représailles les « complices » des insoumis. En juin, il souhaite une entente de tous les pays contre le terrorisme.

Notre homme politique ne fait plus que ruminer sa déception, souhaite le retour à un régime parlementaire plus classique et la création

34. Lettre de Roland Boudet du 12 septembre 1960. Fonds Louis Terrenoire 449 AP 65 (CHAN).

35. *Le Réveil normand*, 31 décembre 1960.

36. *Le Réveil normand*, 14 janvier 1961.

37. ADO 348 W 354*.

d'un « mouvement libéral », craint la dictature du pouvoir ou celle de l'« opposition violente » suscitée par le régime. Tout en désapprouvant l'aspect factieux de l'OAS, il affirme comprendre ceux qui en font partie. Il reproche au FLN de réussir par la force, d'avoir imposé l'idée d'une nation qui au départ n'existait pas, de mener l'Afrique du Nord vers une situation comparable à celle du Congo, enfin de permettre l'établissement du communisme dans toute la Méditerranée. « Entre la civilisation occidentale, respectueuse de la religion, et la dictature de Moscou, destructrice de la religion, que préfère un musulman[38] ? »

Pour Boudet, seule la construction d'une Europe libre pourra éviter à la France de se trouver prise dans un étau ou d'être inféodée aux États-Unis dont l'attitude au sujet de l'Algérie n'a pas été irréprochable. Le 19 juillet 1961, dans *Le Journal du Parlement*, Boudet souhaite une République fédérale française, groupement de la République métropolitaine française et de la République algérienne, chacune étant souveraine avec son Parlement et son gouvernement propres, sauf pour la Défense, les Finances et les Affaires étrangères ; il souhaite ensuite une République fédérale européenne, puis une vaste fédération eurafricaine.

Logiquement, Boudet adhère au Parti libéral européen de Jean-Paul David. Il reprend l'idéal fédéral, considère que les morts ne sont pas morts pour rien si la démocratie s'installe en Algérie. Le 17 mars 1962, Boudet publie une lettre « à un pauvre petit ami qui fut tué en 1959 », lui apprend que maintenant la police est partout en France, que tout opposant au pouvoir est traité de « fasciste ». Il souhaite que l'Algérie respecte la Déclaration des droits de l'homme, se dit « patriote » et « républicain », « comme on l'était en 1789 ». Le 7 avril, Boudet réclame une « reconquête fraternelle de l'Algérie » ; le 14 avril, il écrit : « C'est le cœur de ces gens d'outre-Méditerranée que nous devons reconquérir, par reconnaissance pour tous les sacrifices consentis là-bas par les nôtres et par intérêt pour la défense de notre sécurité et celle de la civilisation occidentale. » Il envisage la création d'un parti français en Algérie et demande que l'aide apportée par la France soit subordonnée à l'état démocratique du pays.

Le 6 juin 1962, il approuve la censure demandée par les députés d'Algérie ; contre vents et marées, il reste fidèle à une République fédérale allant de Dunkerque à Tamanrasset. Lors des législatives de

38. *Le Réveil normand*, 25 novembre 1961.

novembre, il est battu par le gaulliste Ernest Voyer ; plus du quart des électeurs approuvent cependant sa démarche[39].

La pensée dominante dans la population est alors donnée lors de l'inhumation d'un soldat le 1er février 1962 en présence du président du conseil général, le gaulliste Gaston Meillon ; Augustin Gavin, maire et conseiller général, reconnaît : « Michel Géhan était digne de faire partie de cette grande famille qu'est l'armée française, mais qui n'était pas née pour cette guerre civile qui terrorise, qui ensanglante l'Algérie au grand désespoir de tous les Français[40]. »

Les résultats électoraux permettent d'évaluer l'influence des mouvances représentées par Couinaud et Boudet. Lors du référendum du 8 janvier 1961, le « non » s'élève à 13 % des suffrages ; les zones où il se situe entre 15 et 20 % correspondent aux cantons urbains de l'Aigle et d'Argentan, sous influence directe des deux notables. Lors du référendum du 8 avril 1962, le « non » n'atteint que 8,1 % des voix. Le combat pour l'Algérie française est désormais relayé par la défense de la société rurale traditionnelle, elle-même en crise. Lors des législatives de novembre 1962, sur ce thème, Roulleaux-Dugage obtient le tiers des voix, mais il est à nouveau battu par un Terrenoire soutenu par des agriculteurs modernistes sans regret de l'Algérie. En revanche, Roland Boudet, honorablement battu en 1962, sera réélu en 1967 comme centriste. Sa défense de la Grande Nation l'a fait paradoxalement évoluer vers l'Europe et s'est accompagnée de la défense du régime parlementaire. Les irréductibles de l'Algérie française se cantonnent dès lors dans des groupuscules d'extrême droite. Au niveau national, après les élections des 18 et 25 novembre 1962, les « modérés d'opposition » ne représentent plus qu'une quinzaine de députés. Ils sont moins nombreux que les Républicains indépendants, qui ont choisi le ralliement au régime et doivent se fondre dans le groupe parlementaire du Centre démocratique où ils rejoignent les débris du MRP et quelques libéraux.

---

39. Roland Boudet prendra sa revanche. Il devient conseiller général de l'Aigle en 1964, maire en 1965. Membre du groupe du Centre démocratique, il reconquiert le siège de député en 1967. Il reste député centriste jusqu'en 1978, date à laquelle il passe le relais à son suppléant.
40. *Ouest-France*, 10 février 1962.

18. DE DUNKERQUE À MONTREUIL-SUR-MER : UN LITTORAL OUVRIER CONTRE LA GUERRE EN ALGÉRIE

Marc Coppin

De Dunkerque à Montreuil-sur-Mer, sur une Côte d'Opale marquée à gauche, essentiellement en raison de l'importance du mouvement ouvrier, même si les agglomérations plus modestes de Montreuil ou de Saint-Omer sont plus conservatrices, les réactions à la guerre d'Algérie sont conformes aux réactions nationales[1]. Chronologiquement, c'est en avril 1961, avec le putsch d'Alger, que les réactions sont les plus nombreuses. C'est d'ailleurs à cette occasion que Paul Asseman, maire socialiste de Dunkerque, déroge à l'article 72 de la loi de 1884 interdisant à un conseil municipal d'émettre des vœux à caractère politique et s'exprime ainsi par la motion adoptée à l'unanimité le 24 avril[2] :

> Vivement ému de la situation dramatique du pays à la suite des événements d'Algérie, conscient d'être l'interprète de la population dunkerquoise, réprouve toute tentative d'usurpation du pouvoir légal, exprime à nouveau sa confiance au chef de l'État et aux pouvoirs publics pour la défense des institutions démocratiques et des libertés républicaines.

1. Cédric Delattre, « Les droites à Saint-Omer depuis 1945 », mémoire de maîtrise sous la direction de Bruno Béthouart, université du Littoral-Côte-d'Opale 2000, 2 tomes.
2. Délibérations du conseil municipal de Dunkerque, séance extraordinaire du 24 avril 1961.

Il s'agit là d'une exception notable. Ailleurs, à Boulogne-sur-Mer, Calais[3], Dunkerque, Saint-Omer et Montreuil-sur-Mer, les municipalités se réfugient derrière cet article pour éviter tout débat politique.

L'épisode est significatif des réactions à la guerre qui sont d'abord venues des partis de gauche et des syndicats. Ils ont trouvé, notamment chez les progressistes, les chrétiens et les enseignants, des milieux réceptifs à leur action contre la guerre. L'engagement au service de la cause de l'indépendance algérienne ou, au contraire, de l'Algérie française, est resté, lui, marginal.

L'association : un outil précieux de la réaction collective

La plupart des associations qui sont intervenues directement pour dénoncer le conflit sont très souvent, parfois exclusivement, des associations proches du PCF, même si on ne peut parler de fracture entre associations communistes ou non communistes. Ainsi en est-il de l'Union des femmes françaises (UFF). Le 24 avril 1958, la copie d'une lettre envoyée au président de la République par le comité calaisien de l'UFF est publiée par *Nord Littoral* dans sa rubrique « Nos lecteurs ont la parole ». En voici quelques extraits :

> Depuis le début de la guerre en Algérie, déjà 20 jeunes soldats du Calaisis ont été tués. [...] À Calais, dans tous les milieux, on peut entendre dire : « Il faut arrêter cette guerre de plus en plus meurtrière. » [...] À l'occasion de la Journée internationale des femmes du 8 mars, les quelques centaines de femmes contactées ont signé les pétitions pour la paix en Algérie. [...] Diên Biên Phû n'a donc pas suffi !

Cette dernière phrase est par ailleurs la seule comparaison entre les conflits indochinois et algérien jamais trouvée dans la presse ou les archives dépouillées.

L'UFF intervient évidemment beaucoup aux côtés du Mouvement de la Paix, également d'obédience communiste. Ensemble ils appellent à partir de mai 1961 à la « levée de l'article 16, qui vise à limiter

---

3. Calais avait pour maire depuis 1959 Jacques Vendroux, beau-frère du général de Gaulle.

l'expression de la volonté populaire de paix en Algérie[4] ». Ensemble ils forment des Comités de la paix, comme ceux qui se sont établis à Calais-Nord et dans le quartier du Beau-Marais, ce même mois de mai, et qui s'implantent jusque chez les dockers ou bien encore dans les établissements industriels comme les usines Brampton[5]. Mais l'UFF appelle également à la générosité pour les enfants d'Algérie victimes de la guerre :

> Mères de Calais, l'UFF vous a souvent appelées à manifester, à lutter contre la vie chère, les bas salaires, contre la guerre d'Algérie. Nous connaissons vos difficultés, votre misère même. Vous ne pouvez même pas donner à vos enfants la friandise qu'ils vous demandent. Aujourd'hui, l'UFF fait appel à votre cœur de mères. En Tunisie, au Maroc, sont réfugiés des dizaines de milliers d'enfants algériens qui ont fui la guerre et ses horreurs[6].

Une autre association, cette fois apolitique, regroupe des parents d'élèves du Fort-Nieulay. Choqués par la mort en Algérie d'un jeune instituteur de l'école de leurs enfants, Michel Meats, les parents d'élèves ont écrit au général de Gaulle et leur lettre a été reproduite dans *Nord Littoral* le 9 février 1960 :

> Le comité [...] stupéfait par l'annonce du décès du jeune instituteur Meats Michel [...] renouvelle son indignation contre la poursuite d'une guerre injuste, fratricide, qui a semé la douleur et le deuil dans bien des foyers, notamment dans la population laborieuse du Fort-Nieulay.

Ici, l'émotion des parents explique l'intervention auprès du chef de l'État. Il ne s'agit plus seulement d'adultes, mais cette fois d'enfants confrontés aux réalités de la guerre.

Plus surprenante car plus rare, l'intervention du Grand Orient de France, obédience maçonnique peu habituée à faire parler d'elle, qui en avril 1960 se range aux côtés de partis de gauche, de syndicats ou d'associations comme la Libre Pensée dans un appel intitulé « Halte au

4. *Nord Littoral*, 17 mai 1961, p. 3. Ce journal se veut le quotidien de la Côte d'Opale. Ses dirigeants sont proches de la SFIO.
5. *Nord Littoral*, 24 mai 1961, p. 5.
6. *Nord Littoral*, 24 janvier 1961, p. 4.

fascisme ». Faut-il que la défense des idéaux républicains soit fondamentale aux yeux des francs-maçons pour qu'ils se dévoilent publiquement !

On peut souligner enfin que les liens entre partis politiques, syndicats et associations sont forts et leurs actions souvent communes. Les militants adhèrent fréquemment aux uns et aux autres. C'est le cas d'Antoinette V.[7], enseignante, adhérente à l'Union des gauches socialistes puis au PSU, membre du Syndicat national de l'enseignement secondaire et du Comité Audin, sympathisante de la Ligue des droits de l'homme et de la Libre Pensée qu'elle rejoint en 1965. Manifestations, réunions, débats, pétition contre la torture, contre la censure, l'activité militante est chargée !

Les militants font aussi un travail de terrain dans les quartiers, invoquant des arguments de proximité : « nos enfants à la guerre », « nos morts ». Ils tentent d'intervenir auprès des élus locaux, parfois très tôt dans le déroulement du conflit. Ainsi cette lettre des habitants des cités Bourre et Colonne-Sud, Heute-Ville, Centre, Bréquerecque (quartiers de Boulogne-sur-Mer), adressée au conseil municipal de la ville et lue en séance publique le 12 décembre 1955[8] :

> Pendant la guerre 1914-1918 nous étions des enfants et nombreuses sont celles d'entre nous qui ont perdu leur père ou quelqu'un de leur famille.
> À la guerre 1939-1944, le père étant prisonnier, nous avons élevé seules nos enfants au prix d'immenses sacrifices, et sous les continuels bombardements.
> [...] La paix étant signée au Vietnam, nous pensions qu'avec l'argent qui était dépensé pour la guerre du Vietnam nous aurions eu une vie meilleure, des écoles pour nos enfants, des logements sains.
> [...] En plus on nous enlève nos fils pour les jeter dans un nouveau foyer de guerre, en Afrique du Nord.
> Les mères de soldats, rappelés, unies par le même sentiment, ont lancé un appel s'adressant aux femmes de Boulogne.
> Plus de 700 femmes dans Boulogne ont pris position. [...] Nous, femmes de Boulogne, nous ne voulons plus que le sang coule en Algérie. Nous comprenons d'autant plus l'angoisse des mères et

7. Militante interrogée par l'auteur, mais souhaitant conserver l'anonymat.
8. Délibérations du conseil municipal de Boulogne-sur-Mer, séance ordinaire du 12 décembre 1955.

femmes de soldats que nous avons des enfants nous aussi et qu'ils souffrent également du fait de l'énorme budget de guerre.
Sur cet appel nous nous sommes rencontrées, toutes, sans distinction d'opinion : communistes, socialistes, inorganisées.

Elles demandent :

- que cessent les opérations militaires qui font couler tant de sang ;
- que soit arrêté l'envoi des jeunes du contingent en Afrique du Nord ;
- que soient rendus rapidement à leur foyer les soldats rappelés ou libérables ;
- que soit recherché par la négociation le règlement des problèmes qui se posent en Algérie et au Maroc.

Alors que le maire refuse que le conseil municipal discute de questions politiques, cette lettre interpelle les élus sur le coût de la guerre, qui rejaillit bien sûr sur les finances locales, mais également sur la pérennité des conflits et des souffrances depuis le début du XXe siècle. Une continuité est établie avec les deux conflits mondiaux et les sacrifices déjà endurés. Même si aucune affiliation n'est revendiquée, cette lettre rappelle beaucoup les comités de mères de soldats que le PCF organisait. En tout cas, les habitants semblent encadrés, pris en charge par des militants de gauche visiblement unis. Est-il besoin de préciser que les quartiers où résident ces familles sont des quartiers populaires ?

On retrouve d'autres Boulonnais, parents de militaires en Algérie, réunis en association en 1958. Plusieurs rapports des Renseignements généraux datés du mois de mai évoquent la création de l'Association nationale des parents de militaires appelés ou maintenus en Algérie, à Boulogne-sur-Mer, par des personnes de tendances politiques différentes, allant de la SFIO à l'Union de défense des commerçants et artisans (UDCA), c'est-à-dire aux poujadistes. L'association se veut apolitique pour « empêcher le noyautage par le Parti communiste[9] ».

9. Archives départementales du Pas-de-Calais (ADPC) W 24918*, cabinet du préfet.

On est loin ici de l'union de la gauche évoquée dans la précédente lettre. Une frange plus large de la population se sent-elle alors concernée ?

Une population concernée par la guerre

À Calais, ce sont 22 familles du quartier populaire du Petit-Courgain qui ont adressé une lettre au député-maire de leur ville, Jacques Vendroux, et à *Nord Littoral*. Cette lettre est reproduite dans le numéro du 20 avril 1958 :

> Si l'on en juge sur les réactions des Calaisiens, il est permis d'estimer que la guerre d'Algérie est absolument impopulaire en France. [...] révoltées par l'annonce de la mort en Algérie de trois nouveaux soldats calaisiens. Nous nous demandons avec angoisse combien il faudra encore de cadavres pour que le gouvernement se décide à faire des rapprochements pour que cesse le massacre. [...] Nous pensons que nos enfants n'ont pas été élevés jusqu'à 20 ans pour se faire tuer dans une guerre qui dure depuis quatre ans et qui risque de durer autant que la guerre d'Indochine. Quoi qu'il arrive, cela ne nous donnera certainement pas des conditions de vie meilleures et nos garçons auront donné leur vie pour rien.

Plus amère encore, cette lettre signée Mme veuve B. dans la rubrique « Nos lecteurs ont la parole ». En voici quelques extraits :

> [...] Cela devient plus qu'un abus quand vous entendez, en radio, des politiciens qui viennent vous dire : ce n'est pas une guerre mais une pacification. [...] Est-ce du cynisme ou de l'inconscience ? [...] Le peuple est las de voir ceux qu'ils ont envoyés se faire tuer en Algérie en leur donnant le nom de pacification. [...] Quand on pense que l'homme du dernier quart d'heure... est un socialiste ; le parti qu'on vénérait pour ses doctrines de paix ; il l'assassine son parti. [...] On condamne un bourreau de bêtes et celui qui fait tomber des centaines ou des milliers de gars de 20 ans, alors, y a-t-il une justice pour lui [10] ?

10. *Nord Littoral*, 23 avril 1958, p. 2.

La population sait aussi s'organiser pour venir en aide aux siens, à ses « p'tits gars de chez nous sous le ciel d'AFN[11] ». Dès juillet 1956 est lancé un « vibrant appel à toute la population calaisienne en faveur de nos appelés en Afrique du Nord ». L'association Anciens combattants prisonniers de guerre (ACPG) de Calais a pris l'engagement de créer un Comité d'assistance aux soldats d'Afrique du Nord. Sont présents les autorités consulaires, politiques, confessionnelles, les sociétés patriotiques, les syndicats patronaux et ouvriers, les comités d'entreprise, la presse. À l'issue de la première réunion du comité, il est proposé de mettre en place des troncs chez les commerçants en vue de récolter des fonds pour les 400 Calaisiens en Algérie que la mairie a recensés[12].

L'investissement de la population est évidemment indispensable à la survie des différents comités de vigilance nés des circonstances. Ainsi, le Comité provisoire de vigilance antifasciste de Calais, créé en mai 1958, devient par la suite le Comité de lutte contre le fascisme, puis le Comité de vigilance antifasciste de Calais en février 1962 et enfin le Comité de liaison antifasciste et de défense républicaine en mars. Les signataires sont nombreux : PCF, PSU, CGT, Snes, UFF, Mouvement de la Paix, Ligue des droits de l'homme, FO, CFTC, SNI, Snet, SFIO, Ligue de l'enseignement, Mouvement de libération ouvrière, Association populaire familiale, Libre Pensée. Mais le rôle premier revient aux militants, prompts à se mobiliser. Le putsch des généraux a provoqué à Calais l'organisation de milices d'autodéfense populaires. Après Charonne, la réaction de la population est spontanée sur les lieux de travail. Le Comité de vigilance antifasciste de Calais écrit dans *Nord Littoral* le 11 février 1962 :

> Le pouvoir gaulliste a fait couler le sang des antifascistes : il a montré ainsi la véritable nature de sa politique. En déchaînant ses forces contre les antifascistes, il favorise les entreprises factieuses. Le peuple de France aspire à l'ordre et à la sécurité. [...] Devant l'urgence du danger le Comité se félicite de la constitution de comités antifascistes dans les entreprises : aux Filés, chez les dockers, chez Brampton et chez les cheminots.

11. Titre d'une rubrique courante de *Nord Littoral*, présentant une ou plusieurs photos de soldats du Calaisis en Afrique du Nord. Ces photos étaient envoyées par les appelés eux-mêmes, *Nord Littoral* jouant ici un rôle essentiel d'intermédiaire avec les familles.
12. *Nord Littoral*, 3 juillet 1956, p. 2.

Et en mars : « Travailleurs et Républicains ! [...] Le fascisme ne passera pas. C'en est assez de la complicité gouvernementale[13]. »

Les municipalités communistes reçoivent des menaces, parfois suffisamment sérieuses pour que les maires prennent l'initiative de mettre au point un système de défense. C'est le cas en particulier à Saint-Pol-sur-Mer, près de Dunkerque. Au début du mois de décembre 1961, le maire reçoit des menaces de mort par téléphone et par courrier ; on lui annonce également qu'on va faire sauter la mairie. Le maire, en accord avec ses adjoints, décide de convier la population à une réunion extraordinaire du conseil municipal. Le 19 au soir, 150 personnes assistent à la réunion. Il est décidé de constituer une milice communale qui assurera la garde de la mairie toutes les nuits. Cette milice rassemble 70 à 80 personnes organisées en sept groupes ayant chacun à sa tête un adjoint ; chaque groupe se trouve de garde un jour par semaine. Les volontaires, militants communistes et syndicalistes, recrutés parmi les cheminots et les dockers, comptent dans leurs rangs nombre d'anciens résistants. Ils apportent pour la plupart des armes, de vieux révolvers, des tuyaux de plomb ou de caoutchouc. Leur mission consiste à monter la garde et à signaler tout mouvement suspect. En cas de coup de force, il est convenu que l'on actionnera la sirène d'incendie pendant un quart d'heure afin de mobiliser la population. De son côté, le maire de la ville demande au sous-préfet un permis de port d'armes[14].

Ailleurs, le PCF n'hésite pas à recourir à la dénonciation. Le 14 janvier 1962, *Liberté* applaudit ainsi à l'arrestation d'un agent OAS au Portel, près de Boulogne, que l'organisation locale du parti dénonçait publiquement comme tel depuis plusieurs jours. De manière générale, le quotidien communiste, se proposant de dénoncer ce qu'il considère comme la carence des pouvoirs publics, publie au mois de janvier des articles de fond très fouillés sur les ramifications de l'OAS, n'hésitant pas à citer nommément des personnes[15].

Chez les gaullistes aussi les réactions populaires sont promptes.

---

13. *Nord Littoral*, 11 mars 1962, p. 6.
14. Jean-René Genty, « La guerre d'Algérie et la population du Nord-Pas-de-Calais, 1954-1962 », thèse de troisième cycle sous la direction de Marcel Gillet, 1983, p. 528.
15. *Liberté*, 14 janvier 1962.

> [En avril 1961, l'UNR] a constitué des milices qui seraient de suite prêtes à intervenir. Les médaillés militaires, de leur côté, ont pris des mesures en prévision du pire. [...] De très nombreux isolés se sont fait inscrire à la cabine des huissiers de l'hôtel de ville [...], les volontaires ne manqueraient pas si les affaires venaient à se gâter[16].

Les partisans du général de Gaulle sont actifs depuis 1958. En juillet de cette même année avait été créé un Groupement régional pour le soutien de l'œuvre de rénovation nationale et républicaine du général de Gaulle et de son gouvernement, présidé par Jacques Vendroux. Le groupement comportait alors quatre secteurs : Calais, Boulogne, Montreuil, Saint-Omer.

Si les habitants réagissent collectivement, spontanément ou le plus souvent encadrés et organisés par des militants, les actes individuels sont également à prendre en compte. Ainsi, Renée D., veuve, habitant Bray-Dunes, est accusée d'avoir hébergé sciemment un soldat déserteur, Jean-Claude D., du 1er novembre au 11 décembre 1960. Elle est par la suite inculpée de recel de déserteur en vertu de l'article 203 du Code de justice militaire et condamnée à six mois avec sursis[17]. L'action individuelle est parfois dangereuse, car elle risque de heurter les sensibilités différentes de la famille, des collègues de travail, des voisins, comme on le verra plus loin.

Des Églises, des syndicalistes et des enseignants très mobilisés

Les Églises et les intellectuels s'engagent également. Il convient de suite de distinguer réactions du clergé et réactions des fidèles. L'Église catholique – la seule dont il sera question ici – s'est peu fait entendre. Le 2 juin 1958, avec l'effondrement de la IVe République et l'investiture de Charles de Gaulle, un article intitulé « Des prières pour la France dans les Églises de Calais » est publié dans *Nord Littoral*. Il s'agit d'un appel de l'évêque du diocèse d'Arras. « Dans les circonstances graves et

16. *Nord Littoral*, 25 avril 1961, p. 2.
17. Archives départementales du Nord (ADN) 1900 W 578*, tribunal de grande instance de Dunkerque.

périlleuses pour l'unité française et la concorde des esprits, il est tout naturel qu'un chrétien se tourne vers Dieu. » L'évêque appelle les curés du diocèse à convoquer leurs paroissiens à une messe pour la France. L'engagement est discret. De même, en février 1962, après les huit morts du métro Charonne, un communiqué du clergé de Calais rappelle la doctrine du clergé sur la violence et sur la responsabilité des citoyens[18]. On ne peut pas là non plus parler de prise de position militante.

Il y eut pourtant une exception régionale notable à cette discrétion. Lors des funérailles de Daniel Cavignaux à Fives le 11 janvier 1959, l'abbé Declercq prononce le sermon suivant :

> Il me semble que ce garçon dont le cadavre est là se trouvait dans cette église il y a deux mois. Il a dû avoir une prière analogue à celle du Christ à Gethsémani : « Seigneur, permettez que je ne meure pas dans cette guerre absurde et criminelle d'Algérie, permettez que je rentre à la maison. » [...] Et ce garçon est mort là où était son devoir. Mais à ce moment-là, vous comprenez, j'ai l'impression de présenter un Dieu incompréhensible, qui est un Dieu féroce, un Dieu cruel, alors que ce sont nos agissements humains d'hommes libres qui provoquent tous ces drames. En tout cas, s'il y en a un seul parmi vous qui pactise avec toutes ces théories à la mode – Sois français ou meurs ! –, qu'il quitte immédiatement cette église, car je vous le dis de la part de Dieu, ces théories ont tué cet enfant qui est là aussi sûrement que les balles des fellaghas, et qu'on ne vienne pas jouer la comédie auprès de ce cercueil[19].

Ce sermon fort critique à l'égard des autorités provoque la réaction du général commandant la place de Lille qui diffuse une note interne par laquelle il interdit à tout militaire en uniforme de pénétrer dans l'église Notre-Dame de Fives. Quant aux milieux nationalistes, ils attaquent le prêtre avec virulence.

Le syndicalisme chrétien est alors puissant. La Jeunesse ouvrière chrétienne (JOC) prend rapidement position en faveur de la paix, de l'égalité entre jeunes travailleurs algériens et français. La JOC en arrive

---

18. *Nord Littoral*, 13 février 1962, p. 2.
19. J.-R. Genty, *op. cit.*, p. 52.

à dire que l'Algérie doit réussir son indépendance. Malgré le climat entretenu, la JOC et des jeunes travailleurs avec elle refusent la torture, le racisme et le mépris d'un peuple. La JOC condamne vivement l'action de l'OAS. Dans la fédération de Boulogne-Étaples, de 1957 à 1960, des lettres sont adressées aux appelés en AFN, avec de-ci, de-là quelques actions antimilitaristes. Les jeunes restés sur place s'organisent par quartier et font des réunions dans lesquelles le racisme est dénoncé. Ils envoient des colis aux appelés originaires de leur quartier[20]. La lecture d'*Engagement*, le bulletin de la branche ouvrière du Mouvement des familles rurales, l'organe des militants ouvriers ruraux, montre au contraire un refus de s'engager[21]. Est-ce à dire que la Jeunesse agricole chrétienne (JAC) est moins militante que la JOC ? N'est-ce pas plutôt l'expression de la différence entre l'organe « officiel » qui se veut neutre, refuse de prendre parti, et l'engagement particulier des militants qui souhaitent ne pas rester passifs face à des événements qui les touchent de près vu leur âge ?

Les syndicats enseignants, on l'a vu, se sont fortement mobilisés aux côtés des autres formations de défense des intérêts professionnels, particulièrement à partir de mai 1958. En général, la mobilisation enseignante s'est faite autour de slogans communs aux syndicats de gauche ou à des associations comme la Ligue des droits de l'homme : contre les « menées factieuses ou fascistes », pour la défense des institutions républicaines. La grande grève de l'enseignement organisée le 30 mai 1958, suivie à 85 % à Calais, avait pour but de « sauver la République[22] ». Les premiers syndicats à s'investir furent le Syndicat national des instituteurs (SNI) et la Fédération de l'Éducation nationale (FEN).

On retrouve bien sûr ce même engagement en janvier 1960 et en avril 1961. Le 23 avril 1961, le SNI groupe de Calais fait publier en page 2 de *Nord Littoral* un communiqué :

> [Le SNI] dénonce la tentative que font les rebelles de forcer les jeunes du contingent à participer à une aventure criminelle ; demande à ses adhérents de faire preuve de la plus extrême vigilance et de se tenir prêts à répondre aux mots d'ordre lancés par le SNI et la FEN. Comme l'ont fait le SNI et la FEN sur le plan

20. Archives diocésaines d'Arras 4 K 11/356.
21. Archives diocésaines d'Arras 4 K 13/109.
22. *Nord Littoral*, 31 mai 1958, p. 3.

national, il renouvelle pour sa part l'engagement solennel qu'il a pris avec toutes les organisations syndicales, le 30 janvier, le 30 juin et le 27 octobre 1960, de s'opposer par la grève générale à tout coup de force.

La FEN n'hésite pas à transformer l'action syndicale en action politique. Pour son secrétaire calaisien, Robert Rembotte, c'est la classe ouvrière aidée par les soldats du contingent et les républicains qui a sauvé le pays de la rébellion fasciste d'Alger. Il estime que la grève du 24 avril a été un avertissement qui s'adressait autant au général de Gaulle et à son gouvernement qu'aux factieux d'Alger[23]. Dans une tribune libre du 7 avril 1962, le SNI, quant à lui, ne souhaite pas donner de consigne de vote, mais rappelle clairement son opposition au pouvoir personnel du chef de l'État.

Quels furent les réels succès et impacts de ces grèves ? Ainsi, celle du 30 mai 1958 a connu un succès très inégal : 65 % de grévistes dans le Nord, avec un chiffre de manifestants sur les pavés de Lille jamais encore atteint jusqu'ici, mais des défections enregistrées ailleurs par crainte d'une manifestation politique. Dans le Pas-de-Calais, 70 % des instituteurs étaient en grève, mais dans le secondaire les chiffres du Snes sont moins triomphants, parfois même mauvais comme à Arras, la préfecture.

Le 6 février 1962, lors de la grève protestataire organisée par la FEN et l'Union nationale des étudiants de France (Unef), les arrêts de travail à partir de 16 heures ont été suivis à 99 % dans le Pas-de-Calais, avec six rassemblements organisés dans le département : Arras, Boulogne, Béthune, Lens, Saint-Omer, Calais. Au total, 3 500 personnes ont participé, mais on peut noter une division du monde syndical enseignant avec le refus de la FEN de voir le Syndicat général de l'Éducation nationale (Sgen) manifester à ses côtés. Lors de la grève du 13 février 1962 en hommage aux victimes de Charonne, le mouvement a été suivi à 85-90 % dans le Nord (en dépit de difficultés dans les collèges d'enseignement technique) et s'est accompagné de dépôts de gerbes dans de nombreuses localités[24].

L'action des enseignants a également consisté à signer des pétitions. L'une des plus importantes date de novembre 1960. Elle a pour

23. *Nord Littoral*, 2 mai 1961, p. 2.
24. CAMT, FEN cotes 1998 011, 2BB98 et 99*.

titre « Appel à l'opinion pour une paix négociée », elle est nationale et recueille seulement une petite dizaine de signatures à Saint-Omer contre 109 à Calais, essentiellement des directeurs d'école, des professeurs, des instituteurs, auxquels se joignent parfois des parents d'élèves de toutes professions[25].

Les Renseignements généraux ont collecté les télégrammes et les motions de la Fédération des œuvres laïques et des enseignants pour soutenir la République contre la rébellion et les « factieux » en avril 1961[26]. On y retrouve les noms d'instituteurs de Coulogne, d'enseignants du lycée de Montreuil-sur-Mer, du lycée Mariette et du lycée technique de Boulogne.

Mais apposer sa signature n'est pas un acte sans conséquence. Des enseignants sont parfois l'objet de menaces. Une lettre signée « Les enseignants communistes [du lycée de jeunes filles de Calais] » raconte qu'une enseignante, par ailleurs secrétaire du Snes, a trouvé écrit sur un papier administratif : « Mme Danel au poteau ». L'auteur, un de ses collègues, a prétendu à une plaisanterie, plutôt malvenue « dans le climat créé par l'OAS ». Toujours d'après cette lettre, des individus ont sonné vers 2 heures du matin chez une personnalité calaisienne de l'enseignement et lui ont crié : « On aura ta peau » depuis l'intérieur de leur Simca. Et la lettre de conclure qu'il faut « empêcher la gangrène fasciste de s'étendre dans nos établissements scolaires[27] ». D'autres témoins encore se souviennent d'avoir trouvé des mots d'insulte et de menace dans leur casier de la salle des professeurs[28]. S'engager alors dans un camp n'est pas sans danger.

Il me semble ici intéressant de signaler l'absence de réactions organisées et spécifiques contre la torture. S'il y a eu des prises de position individuelles, à aucun moment parti, syndicat ou association n'ont appelé à manifester contre la torture, à exprimer leur refus de celle-ci. Comment expliquer ce silence ? Pourquoi un tel mot d'ordre n'a-t-il jamais été utilisé pour rassembler ? L'absence alors de centre universitaire sur le littoral peut être un élément de réponse, la mobilisation contre la torture ne bénéficiant pas du relais d'intellectuels de renom comme cela a pu être le cas ailleurs.

---

25. CAMT, FEN cotes 1998 011, 2BB98 et 99*.
26. ADPC W 23338*, cabinet du préfet.
27. ADPC W 23908/5* et 1 W 23404/11*, cabinet du préfet.
28. Voir note 7, p. 201.

Marginalité de l'activisme

L'activisme pro-Algérie française est resté rare, avec un acte isolé à valeur symbolique, une charge de plastic qui explose sur le perron de l'hôtel de ville de Dunkerque le 13 mai 1961. En juillet de la même année, c'est au domicile d'Arthur Moulin, député UNR du Nord, qu'un pain de plastic explose à 3 heures du matin[29].

Il existe alors plusieurs méthodes pour afficher son soutien à une cause, à des hommes ou à des idées. L'une des plus discrètes consiste à griffonner à la main des graffitis sur les murs, les arbres... la nuit le plus souvent. Dans les arrondissements de Boulogne, Calais et Montreuil, les inscriptions pro-OAS sont nombreuses en 1962, d'après les rapports de police et des Renseignements généraux[30]. Bien plus graves sont les lettres de menaces recensées, dont une reçue par le quotidien *Nord Littoral*. Cela donne une idée du climat de tension qui régnait à l'époque, car ce journal, dont le directeur était membre de la SFIO, a toujours affiché une ligne éditoriale peu engagée politiquement même si, bien sûr, toujours favorable à la paix, et légaliste, c'est-à-dire derrière le gouvernement légitime du général de Gaulle.

Ce climat peut expliquer des actes insensés. On pense à Me Carlot, notaire bien établi du centre de Calais, pris sur le fait par la police alors qu'il inscrivait des graffitis pro-OAS sur les murs de l'hôtel de ville[31].

Parfois, des bagarres opposent les différents clans. Jeanne Brunschwig, professeure au lycée Jean-Bart de Dunkerque, raconte des heurts entre lycéens d'extrême droite et des dockers en mai 1958 ; ces mêmes dockers qui sont 2 000 à applaudir Brigitte Bardot leur annonçant son refus d'obtempérer à une demande de racket de l'OAS, le 4 décembre 1961, lors de l'inauguration de la nouvelle chambre syndicale[32]. Une marque plus affirmée d'engagement consistait à collecter des fonds pour le FLN. À travers les documents de la série M, ministère de l'Intérieur / Direction générale de la Sûreté nationale / Direction des RG, on connaît assez bien l'implantation du FLN en France[33]. On apprend ainsi que, dans la région de Boulogne-sur-Mer, Abbeville, Calais et Dunkerque, il

29. J.-R. Genty, *op. cit.*, p. 374.
30. ADPC 1 W 23908/5* et 1 W 23404/11*, cabinet du préfet.
31. *Nord Littoral*, 27 mars 1962, p. 3.
32. J.-R. Genty, *op. cit.*, p. 516.
33. ADPC M 7955 et M 7956*, cabinet du préfet.

y avait environ 400 éléments potentiels dès mars 1959, c'est-à-dire susceptibles d'avoir partie liée avec le FLN, que cette région fonctionnait de manière défectueuse en raison du manque de zèle et de savoir-faire des dirigeants locaux, mais qu'il existait de grandes potentialités. Dans ces documents classés très secrets, on peut également apprendre que l'adjoint au chef de région était un docker de Boulogne ou que la cellule FLN de Dunkerque ne comptait probablement que cinq membres.

L'étude des sources judiciaires révèle l'importance de la collecte de fonds pour le FLN, surtout autour de Dunkerque, le nombre de personnes d'origine algérienne y étant plus important qu'ailleurs. Une affaire d'atteinte à la sûreté extérieure de l'État a été jugée au tribunal de grande instance de Dunkerque en 1959, deux en 1960 et 1962, trois en 1961[34]. Ainsi Ammar Z., délégué CGT auprès des ouvriers nord-africains, est-il connu en 1956 et 1957 pour son activité au profit du MNA : propagande nationaliste, collecte de fonds auprès des ouvriers de l'usine des Dunes à Leffrinckoucke (banlieue de Dunkerque). En mai 1960, le FLN réussit à s'implanter à Dunkerque et à éliminer son rival, le MNA. Ammar Z. est soupçonné d'avoir repris son activité nationaliste au profit du FLN, il serait l'adjoint au chef de la kasma de Dunkerque. Son café sert de lieu de réunion aux responsables FLN locaux. Règlements de comptes, agressions, menaces de mort sont monnaie courante dans les cantonnements d'immigrés, comme la cité Oncor, ou sur les chantiers de la ville.

Ces actes sont jugés avec la plus grande rigueur. En mai 1958, des collecteurs du FLN sont sévèrement condamnés à Boulogne[35] : Bouaziz, le trésorier-payeur, à deux ans de prison, Ouanes, le chef de région, à un an de prison, et Lafdal, son garde du corps, à six mois. Tous les trois sont également condamnés à une amende de 30 000 anciens francs (AF). La somme de 195 000 AF trouvée sur eux est confisquée. En 1959, sept personnes d'origine algérienne (Rabah B., Aïssa A., Khodja H., Zidane R., Sétouf B., Saïd B., Mohammed M.) sont condamnées à des peines allant de dix-huit mois à trois ans de prison pour vol, menaces de mort, port d'arme prohibée, atteinte à la sécurité extérieure de l'État et complicité par le tribunal de grande instance de Dunkerque[36].

---

34. ADN 1900 W 524* et 1900 W 616*, tribunal de grande instance de Dunkerque.
35. *La Voix du Nord*, 22 mai 1958, p. 2.
36. ADN 1900 W 616*, tribunal de grande instance de Dunkerque.

L'étude des différentes sources disponibles montre donc des habitants du littoral très attachés à la République et à ses valeurs, et très opposés à l'OAS et à toute forme d'extrémisme, notamment politique. Devant la gravité des événements, comme lors de la rébellion d'avril 1961, les habitants de la Côte d'Opale n'hésitent pas à s'engager fortement, à manifester, soudés et prêts à l'action. Un rapport des RG du 1er mai 1961 (sur la situation politique dans le Pas-de-Calais, l'attitude de la population, des partis et syndicats dans tous les arrondissements) note un apaisement après l'échec du putsch[37]. Mais la vigilance demeure, ainsi que la volonté de commémorer ces instants graves où la République a été défendue. Le 13 février 1963, à Boulogne-sur-Mer, à l'appel des organisations syndicales et du Comité de défense de la République, une manifestation a lieu en souvenir de février 1962[38].

Cette attitude peut-elle être liée à un attachement à la personne du général de Gaulle ? Le 3 avril 1962, Jacques Vendroux notait dans son livre de souvenirs familiaux et politiques[39] :

> Depuis une semaine, nous sommes plongés dans la préparation du référendum sur les accords d'Évian. Je parcours consciencieusement ma circonscription ; mais ma propagande est superflue : les jeux sont faits. Deux considérations inspirent les électeurs : la confiance qu'ils ont en la politique de paix du général de Gaulle, le désir de voir revenir au plus tôt les jeunes soldats encore en Algérie.

Deux mois plus tard, il écrivait encore, à l'occasion de la commémoration de l'appel du 18 Juin :

> Il est de notoriété publique que trois ou quatre membres de mon conseil, issus de la tendance des républicains indépendants, éprouvent quelque amertume de la politique gaullienne à l'égard de l'Algérie. Or ils avaient tenu à participer à l'hommage rendu à de Gaulle. Ce comportement me confirme dans l'impression que j'ai déjà ressentie à plusieurs reprises : nombre de Français

---

37. ADPC 1 W 23340/1*, cabinet du préfet.
38. ADPC 1 W 23403/12*, cabinet du préfet.
39. Jacques Vendroux, *Ces grandes années que j'ai vécues... 1958-1970*, Paris, Plon, 1975.

> tiennent à souligner la différence qu'ils font entre « l'homme du 18 juin » qu'ils continuent à respecter et à admirer, et le chef de la majorité actuelle qu'au contraire ils contestent.

Ce qui peut sembler contradictoire avec le fait qu'on a surtout affaire, sur le littoral de la Côte d'Opale, à une action et une mobilisation de gauche.

19. FACE AU PUTSCH

Marc Coppin et Alain Trogneux

La tentative de putsch d'avril 1961 a suscité en France de nombreuses réactions. Pour la troisième fois, après mai 1958 et « la semaine des barricades » de janvier 1960, la guerre d'Algérie a fait vaciller le pouvoir en place et entraîné une grave menace à l'encontre de la République.

Les journées du 22 au 25 avril 1961 ont suscité des réactions officielles, politiques, militantes, populaires, émotionnelles... Les canaux de diffusion des événements ont été très nombreux : informations radiophoniques, journaux, tracts, bouche à oreille, mais aussi comités (re)constitués pour l'occasion, syndicats, partis, allocutions du général de Gaulle. Cette multiplicité des réactions témoigne-t-elle d'un sentiment partagé que la République était en danger ?

Une mobilisation de guerre

Face à l'insurrection d'Alger, on assiste généralement à une véritable mobilisation de guerre. Stupéfaction et colère dominent l'opinion publique. La presse locale des départements étudiés pour cette étude est très sévère avec les putschistes[1]. *Ouest-France* y voit « une aberration » ; *L'Indépendant de l'Ouest* estime que « la révolte militaire a eu la fin que

1. Treize départements ont répondu à l'enquête : Somme, Loir-et-Cher, Ille-et-Vilaine, Manche, Mayenne, Orne, Calvados, Seine-et-Oise, Eure, Pas-de-Calais, Cher, Sarthe et Hérault.

mérite toute entreprise de ce genre » ; *Le Courrier de la Mayenne* préfère y voir un « acte de désespoir », et *Le Courrier picard* une « folle équipée ». Pour qualifier l'OAS, on parle d'assassins, de folie meurtrière, d'inconscients... De Gaulle est présenté comme un héros guerrier, un sauveur, le plus illustre des Français. Que de grands mots utilisés, reflétant cette sensation de catastrophisme !

Beaucoup de mesures préventives sont prises par les préfets dans la plupart des départements. Ainsi, en Mayenne, protection des points sensibles, notamment l'aéroport, patrouilles discrètes auprès des résidences de certaines personnalités séjournant dans le département, dont Robert Buron, ministre des Transports, et Louis Terrenoire, ministre de l'Information, surveillance renforcée des étrangers, perquisition chez les pro-putschistes ; dans l'Orne, mesures de protection des terrains d'aviation et de la préfecture ; dans le Calvados, organisation d'un système de protection des bâtiments publics, aéroport de Caen bloqué par des autobus ; *idem* dans la Somme où le préfet fait neutraliser tous les aérodromes, y compris celui attribué à l'Otan.

On assiste à la reconstitution des Comités antifascistes et de défense des libertés républicaines, mais aussi à la naissance de comités dans des villes jusqu'alors peu touchées, comme Fougères, Saint-Malo, Combourg en Ille-et-Vilaine, Albert et Montdidier dans la Somme, et également à l'envoi massif de télégrammes de soutien au chef de l'État de la part des conseils généraux et municipaux. Ainsi, Jacques Vendroux, maire de Calais et beau-frère du Général, lui adresse le 23 avril le télégramme suivant : « Administration municipale Calais, convaincue de refléter les sentiments de l'immense majorité de la population de la ville, vous prie de croire à son respectueux dévouement comme à l'indéfectible attachement qu'elle porte à tout ce que vous représentez. » Les syndicats enseignants, SNI et FEN, s'engagent solennellement le même jour à s'opposer par la grève générale à tout coup de force. Beaucoup de motions sont envoyées et un comité anti-OAS se constitue même parmi les soldats du 5e RI stationné à Blois.

Des arrêts de travail sont très suivis le 24 avril, où la tension est vive. Il s'agit bien du pic d'intensité de l'émotion sur toute la période, avant février 1962 et le drame du métro Charonne. Le soutien au Général est total, et la crainte pour la République réelle. Les manifestations sont de grande ampleur : 25 000 manifestants à Rennes (c'est le chiffre le plus important dans cette ville pendant toute la guerre d'Algérie), 2 500 à Fougères, 300 à Saint-Malo, 4 000 à Laval, 500 à

Mayenne... Aux associations et syndicats traditionnels s'ajoutent à Calais l'obédience maçonnique du Grand Orient de France et l'organisation spontanée de milices d'autodéfense UNR composées principalement de médaillés militaires. En solidarité avec le Général, le groupe UNR de la ville exprime son inquiétude sur un ton pathétique qui n'est pas sans rappeler celui avec lequel le Premier ministre Michel Debré invitait les Français à barrer la route aux parachutistes putschistes dont on attendait la venue sur Paris :

> Depuis lundi matin, des groupes de défense, formés de militants et de membres de l'UNR, ont été organisés dans toute la ville et sont en permanence à la disposition de la force publique pour effectuer toutes les tâches de surveillance ou éventuellement de soutien dont celle-ci pourrait avoir besoin. [...] C'est pourquoi l'UNR, soucieuse de renforcer l'organisation de ses groupes, invite les Calaisiens de bonne volonté, qui ont déjà manifesté le désir de soutenir la politique et l'action du général de Gaulle : soit à venir s'inscrire [...] en indiquant : nom, prénom, adresse, âge, numéro de téléphone, s'il y a lieu, moyen de transport disponible tels que vélomoteurs, automobiles... Calaisiens : aidez le général de Gaulle[2] !

« Le fascisme militaire ne passera pas » est un slogan récurrent. Les fédérations socialistes du Nord et du Pas-de-Calais « appellent leurs militants et tous les républicains et les démocrates à se considérer comme en état d'alerte[3] ». Le 26 avril encore, partis et syndicats multiplient les appels à la vigilance, quand bien même le danger d'une action militaire rebelle contre la métropole semble s'éloigner.

Après le putsch, une série de perquisitions a lieu, en mai, dans les milieux poujadistes, la mouvance monarchiste, chez les officiers d'active et de réserve. La police recherche des dépôts d'armes – notamment dans la Mayenne et dans la Somme. Une circulaire secrète d'arrestations préventives dans les différents mouvements d'extrême droite existait déjà au cabinet du préfet du Pas-de-Calais. En Seine-et-Oise, des services d'ordre et des rondes sont organisés par les cellules et les mairies communistes par peur des plasticages OAS.

---

2. *Nord Littoral*, 26 avril 1961, p. 2.
3. Une de *Nord Matin*, 24 avril 1961.

La gauche ne mobilise presque personne dans la Manche, et ce, même lorsqu'elle a le soutien du MRP, comme c'est le cas en décembre 1961. De même, dans la Sarthe, il n'y a pas d'union dans les appels à constitution de comités antifascistes lancés par le PCF, le PSU, la CGT-FEN et le Mouvement de la Paix. Certains verront le jour sous l'impulsion des enseignants de la FEN et du Sgen à La Flèche. La gauche non communiste, elle, forme un Comité de défense de la République.

Par ailleurs, il semble bien qu'à chaque événement important les mêmes comités resurgissent, la plupart du temps à l'initiative du Parti communiste ou de la CGT. La durée de vie de ces comités est assez courte, hormis le groupe qui gravite autour du Mouvement de la Paix, mais où on trouve toujours les mêmes militants communistes. On les retrouve encore en 1962, en réaction aux actes de l'OAS, au moment des pourparlers en vue des accords d'Évian, à l'occasion du procès du général Salan en mai et même en août, à l'occasion de l'attentat du Petit-Clamart[4].

Peut-on pour autant estimer que, pour la majorité des Français, la République est en danger en avril 1961 ? La comparaison avec mai 1958 et janvier 1960 est assez éclairante.

Lors du 13 mai 1958, le sentiment était à la dramatisation face à une situation très confuse où cohabitaient finalement trois pouvoirs : le pouvoir légal à Paris, le pouvoir insurrectionnel à Alger et un pouvoir moral à Colombey-les-Deux-Églises. La réaction à l'événement fut assez limitée. Au-delà d'une certaine unité de façade par la constitution de Comités antifascistes et de défense républicaine, on retrouvait surtout les adhérents du PCF, de la CGT, du Mouvement de la Paix, de la Ligue des droits de l'homme. Des Comités de défense des institutions démocratiques et parlementaires ont certes rassemblé SFIO, FEN, MRP, CFTC, radicaux socialistes, UGS..., mais leur action n'a pas dépassé le cadre de réunions à la Bourse du travail, de diffusions de tracts, d'appels à la grève. Rien de bien spontané, car les émetteurs étaient politiques ou syndicaux. Ici ou là, en Mayenne ou dans la Somme, on vit aussi apparaître des slogans à la peinture sur les murs ou sur les routes : « Vive Massu, Algérie française... »

Cette unité de mouvement fut pourtant éphémère et sporadique. Les réactions de défense de la gauche aux événements du 13 mai ont

4. C'est notamment le cas à Amiens.

été brèves. La solution gaulliste s'est imposée aux Français dès la seconde quinzaine de mai, et il y eut beaucoup de scepticisme par rapport aux manifestations lancées par les syndicats. Le préfet de la Somme résumait ainsi la situation : « Les Picards font confiance au général de Gaulle[5]. » On pourrait aussi reprendre la formule d'André Malraux dans une conférence de presse tenue fin juin 1958 : « Il y a des hommes qui souhaitent la République sans de Gaulle et d'autres de Gaulle sans la République, mais la majorité souhaite les deux ensemble[6]. »

En comparaison, les événements d'Alger du 24 janvier 1960 provoquèrent un mouvement général de réprobation, avec une émotion palpable et un unanimisme total derrière le général de Gaulle. Les comités antifascistes furent réactivés – en Loir-et-Cher, en Ille-et-Vilaine, dans la Somme, la Manche et le Pas-de-Calais. Des télégrammes de soutien furent envoyés massivement au chef de l'État de la part des conseils généraux, des maires ou des parlementaires[7]. La menace des ultras d'Algérie se fit davantage sentir, les partis de gauche réclamant des mesures énergiques. La grève du 1er février 1960 en soutien à de Gaulle fut très suivie. Mais il s'agissait d'une grève de protestation d'une heure. À noter surtout la mobilisation dans le secteur public avec EDF, GDF, les enseignants, les postiers et les cheminots, mobilisation limitée dans le secteur privé à quelques entreprises industrielles. Il n'y eut pas de manifestations d'ampleur durant cette période.

Un pas supplémentaire semble bien avoir été franchi en avril 1961 et l'opinion le ressent, pour qui la République est bien en danger. La confiance en de Gaulle demeure. Dans les départements étudiés, on pourrait résumer la situation par ces formules : les libertés sont « sauvées » par de Gaulle en 1958, « merci à de Gaulle » en janvier 1960 et, en avril 1961, « le fascisme ne passera pas » grâce à de Gaulle...

---

5. Archives départementales de la Somme, 21 W 1*, rapport du préfet, 31 mai 1958.

6. Conférence de presse du 24 juin 1958, cité dans Philippe Nivet, « D'une République à l'autre », *Bulletin de l'IHTP*, n° 79, 2002.

7. Des informations ont été recueillies sur ce point dans l'Orne, en Mayenne, dans la Somme ou la région Nord-Pas-de-Calais.

11 mars 1962, Issy-les-Moulineaux. Des colleurs d'affiches de l'Union des étudiants communistes de France en plein travail. Les affiches anti-OAS répondent à l'attentat à la voiture piégée commis la veille par l'OAS dans cette ville, contre le congrès national du Mouvement de la Paix. L'attentat a fait 3 morts et 47 blessés.

III. S'ENGAGER SUR LE SORT DE L'ALGÉRIE

Le sort de l'Algérie devint la préoccupation majeure d'une minorité d'acteurs organisés dans des structures de formes diverses : partis, associations, comités... Ici, Algériens et Français se séparent dans l'action : la gauche française peine à rallier les Algériens. Le succès du FLN, devenu leur organisation phare, interroge : que doit-il à l'ancrage de ses dirigeants dans le milieu des migrants en France ? Localement se retrouvent aussi des communistes, des socialistes, des gens de gauche déchirés par des tensions et traversés par des ambiguïtés qui prennent parfois une acuité plus forte qu'à l'échelle nationale, car les militants se connaissent tous et de longue date. Ils se sont rencontrés, unis, opposés sur d'autres causes. La focalisation sur des parcours individuels affine encore le regard : comment un Algérien, étudiant, appelé du contingent, finit-il par rejoindre le FLN ? Comment un enseignant, militant syndical, catholique, en vient-il à promouvoir la Nouvelle Gauche ? Enfin, l'ancrage local est déterminant pour les groupes plus actifs dans la défense de l'Algérie française : l'analyse des terreaux sur lesquels ils purent prospérer permet d'en saisir la répartition spécifique sur le sol métropolitain, que ce soit pendant la guerre ou encore après 1962.

20. LE RENDEZ-VOUS MANQUÉ DES ALGÉRIENS ET DU PARTI COMMUNISTE FRANÇAIS. L'EXPÉRIENCE DE *L'ALGÉRIEN EN FRANCE* (1950-1960)

Caroline Izambert

Dans les années 1920, le mouvement national algérien s'est forgé dans les milieux métropolitains proches du PCF. Mais à la fin des années 1940 le contact des Algériens avec le mouvement communiste se fait surtout par le biais de la CGT, où les Algériens continuent de se syndiquer massivement : « En 1954, plus de 80 % des travailleurs algériens musulmans ont en poche la carte de la CGT[1]. » Le PCF ne porte alors qu'un intérêt fluctuant aux revendications politiques spécifiques de ces migrants. Après la Seconde Guerre mondiale, ces derniers, essentiellement des hommes regroupés dans les grands centres industriels, sont quotidiennement en relation avec les organisations ouvrières françaises.

En mai 1950, une décision du secrétariat national du PCF marque une inflexion en décidant la mise en place d'une politique en leur direction « sur la base de la défense immédiate des travailleurs algériens, marocains et tunisiens[2] ». La traduction la plus visible de cette décision est le lancement d'un nouveau journal, *L'Algérien en France.* Cette création s'inscrit d'abord dans une réorientation générale de la politique du parti depuis le départ des ministres communistes du gouvernement en 1947. Le Kominform, le premier, enjoint les communistes français de

---

1. Benjamin Stora, *Ils venaient d'Algérie. L'immigration algérienne en France, 1912-1992*, Paris, Fayard, 1992, p. 111.
2. Décision du 9 mai 1950 citée par Cédric Dameron, « Le PCF et l'émigration (1944-1958) », mémoire de maîtrise sous la direction de Marie-Claude Blanc-Chaléard, université d'Orléans, 2000, p. 78.

mettre au point une propagande spécifique pour les travailleurs maghrébins. L'explication est également d'ordre démographique : entre 1947 et 1953, le nombre d'Algériens en métropole a augmenté de plus de 85 %. Au total, ils sont 211 000 en France en 1954. C'est donc une population en forte expansion qui devient « moins mobile, plus sédentaire[3] » et donc « plus homogène[4] ». Le PCF, dont l'audience électorale s'effrite, ne peut ignorer plus longtemps cette part croissante du prolétariat. *L'Algérien en France*, enfin, peut être vu comme une réponse au développement du nationalisme algérien en métropole et à la radicalisation progressive de son discours. Les Algériens sont de plus en plus captés par les organisations nationalistes. En mars 1952, une section du MTLD se crée à l'usine automobile de Renault-Billancourt, site industriel qui réunissait le plus gros contingent d'Algériens[5]. Cette concurrence et ce mouvement d'autonomisation politique poussent le PCF à se lancer dans la bataille.

Un journal pour les nationalistes algériens ?

L'Algérien en France se présente sous la forme d'un journal A3 de quatre pages. La première est essentiellement consacrée à un grand article de politique étrangère sur le Maghreb et le Moyen-Orient. Y figure également un éditorial écrit par un responsable communiste. 81 % des éditoriaux ont été écrits par un membre des instances dirigeantes du PCF, bureau politique ou comité central. 78 % sont des textes originaux, c'est-à-dire qu'ils ne sont pas la reprise de textes déjà parus dans d'autres publications du PCF. Sur 113 numéros, Léon Feix, le spécialiste officiel des questions coloniales au PCF, a signé, à lui seul, au moins 37 éditoriaux. L'investissement sur la durée des grands noms du parti par la présence de leur nom au bas des éditoriaux témoigne de l'importance que le PCF attache à cette question, au moins sur le plan symbolique. La deuxième page rend compte de l'actualité algérienne région

3. Benjamin Stora, *op. cit.*, p. 112.
4. *Ibid.*, p. 98.
5. Laure Pitti, « Ouvriers algériens à Renault-Billancourt, de la guerre d'Algérie aux grèves d'OS des années 1970 : contribution à l'histoire sociale et politique des ouvriers étrangers en France », thèse de doctorat sous la direction de René Gallissot, université Paris-VIII, 2002, 3 tomes.

par région et des événements politiques sur place, notamment de l'évolution des rapports entre le Parti communiste algérien (PCA) et les mouvements nationalistes. La troisième page regroupe tous les articles sur les luttes dans les entreprises et les conditions de vie des Algériens en France. La dernière page traite de thèmes culturels, sportifs et artistiques.

En général, les articles ne sont pas signés. Ceux qui le sont n'ont pas été, pour la plupart, rédigés par des Algériens. On dénombre à peine 20 articles en arabe pendant les dix années de parution du journal. Malgré son ambition affichée de s'adresser à tous les Maghrébins, *L'Algérien en France* cible, de fait, les seuls Algériens et ne peut intéresser que le pourcentage réduit de ceux qui maîtrisent parfaitement le français à l'écrit. Mais le ton étant relativement ouvert et les références à la culture arabe et musulmane abondantes, il doit donc être diffusé au-delà de la poignée d'Algériens encartés au PCF. Cédric Dameron évoque le chiffre de 5 000 exemplaires pour le premier numéro[6]. Cette publication, toutefois, ne semble pas avoir été vendue au sein même des entreprises : Laure Pitti affirme n'avoir jamais rencontré ce journal au cours de ses recherches sur l'usine Renault-Billancourt, qui était pourtant l'entreprise employant « l'effectif de Nord-Africains le plus important au début des années 1950, composé en très grande majorité d'Algériens[7] ». Par déduction et au regard du contenu du journal, il semble plutôt avoir été un support de discussions pour les militants communistes qui fréquentaient des Algériens hors de leur lieu de travail.

Les bidonvilles de Nanterre ont été évoqués à plusieurs reprises par les militants de l'époque au cours d'entretiens. L'objectif semble donc avoir été de sensibiliser à l'idéologie communiste des hommes déjà acquis au nationalisme et peut-être même d'encourager le rapprochement du PCF avec les organisations politiques algériennes. Cette perspective originale pour une publication communiste en fait une source privilégiée pour observer comment la guerre d'Algérie a été le révélateur des ambiguïtés de la politique du PCF en direction des ouvriers des colonies travaillant en métropole.

6. Cédric Dameron, *op. cit.*, p. 82.
7. Laure Pitti, *op. cit.*, p. 34.

De la volonté de convaincre à la nécessité de se justifier

De nombreux obstacles ont dû être levés pour que l'initiative communiste soit positivement reçue par les Algériens : comment obtenir un crédit politique auprès d'une population pour laquelle la lutte contre le colonialisme est prioritaire sur la lutte de classes ? Comme le remarque Sylvie Thénault, « en 1945, les forces de gauche sont [...] démunies de projet anticipant l'émergence des revendications indépendantistes et prévoyant une réponse adéquate[8] ». À ce titre, la grande originalité de *L'Algérien en France* est l'effort d'adaptation aux préoccupations politiques spécifiques des Algériens.

L'actualité du MTLD est suivie avec une attention particulière. La condamnation des interdictions répétées de son organe de presse, *L'Algérie libre*, fait régulièrement la une. Le journal exalte l'union réelle ou supposée entre nationalistes et communistes. Les rédacteurs ne cessent de se présenter comme des « alliés sincères et désintéressés[9] » du nationalisme algérien. La démarche n'est pas exempte d'une certaine démagogie : lorsque sept personnes, dont six Algériens, sont tuées par la police parisienne lors du défilé du 14 juillet 1953[10], *L'Algérien en France* met l'accent sur la présence des communistes dans la même manifestation, sans préciser que c'est alors la première fois que les militants du MTLD défilaient dans un cortège séparé de celui du PCF pour la fête nationale. Les ambiguïtés restent fortes autour des revendications nationalistes : si le mot d'ordre d'indépendance apparaît régulièrement dans les éditoriaux, il est utilisé de façon incantatoire et la « nécessité du maintien de liens » entre la France et l'Algérie est constamment réaffirmée.

Malgré des relations régulières entre organisations, les rédacteurs de *L'Algérien en France* ne perçoivent pas les tensions au sein du MTLD sur la question des moyens à employer pour obtenir l'indépendance et ne peuvent comprendre que les événements du 1er novembre 1954 puis l'insurrection du Constantinois en août 1955 marquent le début d'une guerre de libération nationale. Dans *L'Algérien en France*, tout en étant

8. Sylvie Thénault, « La gauche et la décolonisation », *in* Jean-Jacques Becker et Gilles Candar (dir.), *Histoire des gauches en France*, t. II : *La Gauche à l'épreuve de l'histoire*, Paris, La Découverte, 2004, p. 435-451.
9. *L'Algérien en France*, nº 3, octobre 1950.
10. Benjamin Stora, *op. cit.*, p. 112-113.

à la une, ces événements font l'objet d'un jugement réservé : le journal se refuse à approuver l'emploi de méthodes que seule une période authentiquement révolutionnaire, au sens marxiste du terme, autoriserait. Mais il ne peut non plus reprendre à son compte l'analyse de *L'Humanité* qui voit dans les événements du 1er novembre 1954 des « actes terroristes[11] ». La condamnation de la répression menée par l'armée française et l'appel à des négociations tiennent lieu de ligne politique jusqu'en 1956.

À partir de mars 1956, quand les pouvoirs spéciaux sont votés par les députés communistes contre l'avis d'une partie des militants, le journal entre dans une phase nouvelle : il sert alors à justifier les choix du PC. Il doit en effet réagir à l'incompréhension et à la colère de son lectorat. Le vote est présenté comme le « seul moyen de préserver les partisans du développement du front unique avec les ouvriers socialistes, en premier lieu pour le cessez-le-feu et la négociation[12] ». Dès octobre 1956, le journal reconnaît à demi-mot que les pouvoirs spéciaux sont une erreur et accuse les socialistes d'avoir « trahi[13] » l'esprit dans lequel la loi avait été votée. Il est trop tard : les liens qui ont pu exister entre militants communistes et nationalistes sont déjà définitivement rompus. Les affrontements MNA-FLN en métropole compliquent encore la situation, d'autant que les communistes apparaissent comme plus proches du MNA, l'héritier du MTLD : *L'Algérien en France* se contente de « regretter les excès dangereux[14] » de cette lutte fratricide et ne prend parti pour aucune des deux organisations. Les noms même du FLN et de ses dirigeants n'apparaissent quasiment jamais dans *L'Algérien en France* à partir de cette date : ainsi, quand les rédacteurs enjoignent les autorités françaises d'ouvrir des négociations, ils se contentent d'évoquer un « interlocuteur légitime[15] », sans désigner l'organisation qui avait pris incontestablement le leadership des deux côtés de la Méditerranée. Le contenu du journal est, dès la fin 1956, verrouillé par la direction. Les reproductions de communiqués du bureau politique et du comité central se succèdent. Le journal cesse d'être l'expérience éditoriale originale qu'il avait été au sein de l'appareil communiste dans la

11. *L'Humanité*, 2 novembre 1954.
12. Léon Feix, éditorial « Frères de lutte », *L'Algérien en France*, n° 68, avril 1956.
13. *L'Algérien en France*, n° 74, octobre 1956.
14. *L'Algérien en France*, n° 88, octobre 1957.
15. *L'Algérien en France*, n° 75, novembre 1957.

première partie de la décennie et disparaît finalement après 111 numéros en octobre 1960.

La fin de l'édition de *L'Algérien en France* est un aveu d'échec : le PCF n'a pas trouvé le moyen d'amener dans son giron les Algériens qui regardent désormais vers Alger et attendent l'indépendance de leur pays. Paradoxalement, la fin de *L'Algérien en France* coïncide avec le début des mobilisations massives des forces militantes communistes sur la question algérienne dans les grandes manifestations pour la paix. Communistes et nationalistes défilent contre la guerre, mais séparément. Des deux côtés, la mobilisation militante est sévèrement réprimée. Le 8 février 1962, à Paris, au métro Charonne, huit militants communistes sont tués par la police. Les Algériens, quant à eux, ont déjà connu un « massacre d'État[16] » quelques mois auparavant, le 17 octobre 1961.

16. J'emprunte cette qualification à Alain Dewerpe, *Charonne, 8 février 1962. Anthropologie historique d'un massacre d'État*, Paris, Gallimard, 2006.

21. LE MOUVEMENT DE LA PAIX DANS LA SARTHE : UNE DYNAMIQUE CONTRARIÉE

Gérard Boëldieu

Dans la Sarthe, le Mouvement de la Paix, assoupi après la guerre d'Indochine, la querelle de la Communauté européenne de défense (CED) et l'affaire du réarmement allemand, a été, en avril-mai 1956, le troisième mouvement de masse communiste réactivé contre la guerre d'Algérie, sept à huit mois après l'Union des femmes françaises (UFF) et le Secours populaire[1]. Le rassemblement du 3 juin 1956 au Mans, préparatoire aux journées nationales des 15, 16 et 17 juin à Paris, constitue le premier jalon important en vue de la constitution d'un Comité départemental pour la négociation en Algérie et la détente internationale, composante statutaire du Mouvement de la Paix. Des communistes[2] y côtoient des membres d'organisations « satellites[3] » du PCF, leurs compagnons de

1. Cette contribution a bénéficié des archives personnelles de deux militants que nous remercions vivement : Henry Lelièvre, médecin, secrétaire du Conseil de la paix de la Sarthe à partir du début de 1958, et Christian Rouby, instituteur, militant communiste, animateur de la tendance « cégétiste » de la section sarthoise du Syndicat national des instituteurs (SNI), élu conseiller municipal de Sainte-Jamme-sur-Sarthe en 1959, principal fondateur du comité cantonal de Ballon en 1960.

2. Avec 20 % des suffrages exprimés aux législatives du 2 janvier précédent, le PCF est alors la première formation politique de la Sarthe.

3. Expression des RG dans leur rapport du 4 juin 1956 sur le rassemblement départemental du Mouvement de la Paix du 3 juin, archives départementales de la Sarthe (ADS) 660 W 125*, pour désigner, en l'occurrence, l'UD-CGT, le Secours populaire et l'UFF que rejoignent en 1957 la Fédération nationale des déportés

route du Mouvement de libération du peuple (MLP) et diverses personnalités : un socialiste dissident, des chrétiens de gauche, des pacifistes du Mouvement universel pour une fédération mondiale. S'y expriment également des responsables de la Nouvelle Gauche, formation en voie d'organisation dans le département.

Quand au début de 1958 deux des promoteurs et animateurs de ce comité accèdent à la direction du Conseil départemental de la paix, les appellations « Conseil départemental de la paix » et « Comité pour la négociation (puis la paix) en Algérie et la détente internationale » deviennent interchangeables. Maurice Chaumont, avocat au barreau du Mans, occupe la nouvelle fonction de président. Né en 1910 à Beaufay (Sarthe), conseiller municipal socialiste du Mans de la Libération à 1959, il milite à la fois au Mouvement de la Paix et à la Ligue des droits de l'homme. Opposé à la CED et au réarmement allemand, il s'éloigne alors de la SFIO, rejoignant ensuite l'Union de la gauche socialiste (UGS)[4]. Au secrétariat, Henry Lelièvre, médecin généraliste au Mans depuis 1953, succède à l'ingénieur des services départementaux de l'Agriculture Pierre Combe, un des principaux dirigeants de la fédération communiste, conseiller municipal du Mans, présenté par les RG comme le « pivot de toutes les combinaisons cryptocommunistes[5] » dans la Sarthe depuis le début des années 1950. Né en 1927 à Toulon, fils d'un officier de marine, Henry Lelièvre est devenu communiste pour continuer l'action de Jean-Pierre Mulotte, son camarade de lycée parisien fusillé par les Allemands en juin 1944. En mai 1957, il accède au comité fédéral de la Sarthe du PCF[6]. Cette direction bicéphale s'avère soudée, active et durable.

Le noyau dur de militants sur lequel elle s'appuie peut être évalué à une cinquantaine d'individus, dont une petite minorité de femmes[7]. La majorité d'entre eux réside au Mans. Plus des trois quarts sont

---

et internés résistants et patriotes (FNDIRP) et l'Association républicaine des anciens combattants (Arac).

4. Rapports mensuels du préfet au ministre de l'Intérieur pour les années 1954 (ADS 660 W 97*), 1955 (ADS 650 W 59*), 1957 (ADS 660 W 98*). Manquent aux ADS les rapports de 1956.

5. Rapport des RG au préfet du 20 mai 1957, ADS 660 W 125*.

6. D'après Henry Lelièvre lui-même et les notes d'information des RG au préfet du 20 mai 1957 (ADS 660 W 125*) et du 18 janvier 1960 (ADS 1278 W 336*). Cette dernière mentionne « bureau fédéral » au lieu de « comité fédéral ».

7. En l'absence de fichier de militants, notre corpus inclut les orateurs récurrents

engagés politiquement à gauche, selon un éventail allant du PCF (les plus nombreux) à l'étiquette « socialiste indépendant » en passant par l'UGS puis le Parti socialiste unifié (PSU). Parmi les militants d'avant-guerre, minoritaires, le plus prestigieux est l'ex-socialiste SFIO et libre penseur Alexandre Mauger (1886-1960), compagnon de route des communistes depuis les années 1930 lorsqu'il militait à la Confédération générale des paysans travailleurs (CGPT), maire de Lombron depuis 1935, conseiller général de son canton de Montfort-le-Rotrou depuis 1945, adhérent de la première heure du Mouvement de la Paix, délégué à son congrès mondial de Vienne en 1952[8]. Pour une majorité, la lutte pour la paix en Algérie s'inscrit dans la continuité du combat contre la guerre d'Indochine. En ce qui concerne les professions, on trouve une prépondérance du secteur tertiaire, avec moins d'une dizaine de membres de professions libérales (professions médicales et juridiques) et une forte proportion de fonctionnaires. Les enseignants du public, surreprésentés, constituent plus du tiers du corpus, soit cinq professeurs du technique et du secondaire classique et moderne, politiquement partagés entre le PCF et la Nouvelle Gauche, ainsi que neuf instituteurs et quatre institutrices, membres du PCF à deux exceptions près. Les cadres moyens d'entreprises nationalisées (SNCF, EDF, Régie Renault) l'emportent numériquement sur les artisans et les ouvriers. En 1961, au 21e rang parmi les 80 comités départementaux du Mouvement de la Paix en France pour le nombre de ses comités locaux, mais au 9e selon le nombre de cartes de soutien commandées et le nombre d'abonnés à *Combat pour la paix*, au 6e pour la vente militante, le Conseil de la paix sarthois ne figure donc pas parmi les moins actifs[9]. Il concrétise la plupart des initiatives lancées sur le plan national, tant contre la guerre d'Algérie que pour le désarmement général : assises statutaires annuelles ouvertes à tous, journées d'étude, journées et semaines d'action. Sans négliger

---

aux assises départementales annuelles, les délégués aux assises nationales, des initiateurs de pétitions, les responsables des comités locaux au 1er janvier 1961 (archives d'Henry Lelièvre), les opposants à la guerre d'Algérie explicitement désignés comme membres ou proches du Mouvement de la Paix dans les notes et les rapports de police.

8. Voir sa notice dans le *Dictionnaire biographique du mouvement ouvrier français*, Paris, Éditions ouvrières, t. XXXVI, p. 114.

9. D'après « Quelques notes sur l'état d'organisation du Mouvement de la Paix (au 1er juillet 1961) », *Combat pour la paix*, n° 144-145, juin-juillet 1961.

d'appuyer des personnalités et d'autres organisations œuvrant dans le même sens [10].

Pourtant, le Conseil de la paix sarthois souffre d'un problème chronique : malgré tout, et bien qu'unique « lieu de convergence [11] » possible de toutes les énergies contre la guerre d'Algérie dans la Sarthe, il ne réussit pas à impulser une mobilisation populaire aussi puissante qu'il le souhaiterait. Indifférence de l'opinion à sa cause ? Entraves des autorités ? Défaillances internes ? C'est la question d'une dynamique militante impuissante à s'élargir au-delà d'un cercle d'acteurs recrutés dans la mouvance communiste qui est ici posée.

Un bilan en deçà des espérances

Médiocre assistance à ses rassemblements publics, circonspection de la plupart des élus locaux envers ses initiatives, pratiquement aucune extension de son espace géographique de militantisme... autant d'indicateurs de l'échec relatif du Conseil de la paix sarthois dans sa tentative de créer un fort mouvement de masse contre la guerre d'Algérie.

Au début de 1960, convaincu de l'existence dans la population d'un « courant largement majoritaire en faveur de la négociation », le secrétaire du Conseil de la paix sarthois interroge amèrement : « Comment se fait-il alors que nous ne parvenions pas à susciter le grand mouvement de masse qui existe dans d'autres domaines : laïcité, défense paysanne par exemple [12] ? » De fait, à ce moment, tandis que chaque manifestation à caractère social regroupe, selon la presse et la police, de 5 000 à 7 000 personnes, le Mouvement de la Paix en réunit au mieux un millier. Toutefois, son audience a progressé puisque, jusqu'à l'allocution du général de Gaulle sur l'autodétermination, en septembre 1959, chaque meeting n'attirait au plus que 500 à

10. Par exemple, contre la torture en Algérie : lettre ouverte de soutien au Pr Capitant (*Ouest-France*, 29 mars 1957), relais de la Ligue des droits de l'homme et de *Témoignage chrétien* (note d'information des RG au préfet du 30 avril 1957, ADS 660 W 125*).

11. Expression de son secrétaire dans le *Bulletin du comité départemental du Mouvement de la Paix*, n° 1, 1960. Il parle aussi de « catalyseur » (note d'information des RG au préfet du 30 janvier 1960, ADS 1359 W 120*).

12. *Bulletin du comité départemental du Mouvement de la Paix*, n° 1, 1960, archives d'Henry Lelièvre.

600 personnes, l'étiage se situant le 28 janvier 1957, dans le contexte des événements de Hongrie, avec une centaine de participants seulement.

Les appels aux élus locaux ne sont guère entendus. Si 13 maires, dont 2 conseillers généraux, figurent parmi les 48 signataires d'un *Mémoire sur la situation en Algérie* rendu public à la fin de 1956[13], en décembre 1959, ils ne sont plus que 11 à signer la lettre-pétition au président de la République demandant l'arrêt des combats[14]. Si l'on ajoute ceux qui, à un moment ou un autre, ont signé des appels à manifester, c'est au total, de 1956 à 1962, une trentaine de maires, tous des ruraux, qui, brièvement ou durablement, ont accompagné le Mouvement de la Paix. Sur 386, c'est peu. La plupart ignorent-ils, comme le suggèrent les RG, les liens entre le Mouvement de la Paix et le PCF ? Certains, politiquement modérés, ont été élus avec le soutien ou la neutralité des communistes. En 1956, l'influence d'Alexandre Mauger sur ses collègues élus est manifeste, puisque, sur les 13 maires signataires du *Mémoire*, 8 sont du canton de Montfort-le-Rotrou. L'influence d'instituteurs-secrétaires de mairie communistes sur une partie d'entre eux doit aussi être considérée. Tous ces maires gèrent des communes de la partie est/sud-est du département, la plus à gauche, terre d'implantation du PCF et du Mouvement de la Paix depuis leurs débuts respectifs[15].

Étendre l'action du Mouvement de la Paix à tout le département signifie donc la création de comités locaux dans l'Ouest sarthois conservateur. Tâche non accomplie, en dépit des exhortations réitérées des responsables. Tout au plus note-t-on la réactivation du comité de Sablé et un projet tardif, fin 1961, de création, à Conlie. Les créations de comités locaux, la plupart à l'initiative d'instituteurs communistes, s'inscrivent en fait dans l'espace traditionnel d'implantation de la

13. Note d'information des RG au préfet du 4 décembre 1956, ADS 660 W 125*.
14. Note d'information des RG au préfet du 18 novembre 1959, ADS 1359 W 120*.
15. Sur le clivage politique entre l'est et l'ouest de la Sarthe, voir les ouvrages classiques d'André Siegfried, *Tableau politique de la France de l'Ouest sous la IIIe République*, Paris, Librairie Armand Colin, 1964 (seconde édition), et de Paul Bois, *Paysans de l'Ouest. Des structures économiques et sociales aux options politiques depuis l'époque révolutionnaire dans la Sarthe*, Paris-La Haye, Mouton & Co, 1960 (réimprimé en 1984 par les Éditions de l'École des hautes études en sciences sociales).

gauche et à ses marges : quelques comités de quartier au Mans, le comité cantonal de Vibraye pendant la campagne des cantonales de mars 1958, le comité cantonal de Ballon à la veille des pourparlers de Melun, en juin 1960, et le comité d'Arnage. Elles compensent des mises en sommeil ailleurs. Sur les 20 comités de paix répertoriés en 1961, dont deux d'entreprise[16], une douzaine datent d'avant 1956.

Le Conseil de la paix sarthois dénonce les entraves à son action : interdictions de défiler sur la voie publique, pressions sur les élus locaux prêts à le soutenir par le préfet ; lacération fréquente, parfois systématique, de ses affiches par la police ; refus de mise à disposition de salle municipale par certains maires[17] ; parution tronquée, quand elle n'est pas refusée, de ses communiqués les plus importants, comptes rendus tendancieux de ses rassemblements dans la presse locale et régionale. Mais il reconnaît aussi ses propres « défaillances[18] ». À plusieurs reprises, il doit lancer des appels et des souscriptions pour tenter de résorber le déficit de sa trésorerie. En octobre 1959, le coût de l'édition de tracts et d'affiches est évalué à 50 000 anciens francs (AF), somme supérieure à l'encaisse ; en décembre 1961, après trois grands meetings au Mans et des réunions publiques dans le reste du département, le déficit déclaré est de 140 000 AF. Si le militantisme au sommet s'avère constant, la mobilisation à la base est-elle toujours à la hauteur des enjeux ? La réussite relative des rassemblements départementaux du 3 juin 1956 et du 5 mars 1961 s'explique en effet par un fort engagement des cellules communistes aux côtés des comités de paix[19]. Des formes d'action de masse ne font pas l'unanimité parmi les militants : dès 1956, des non-communistes jugent les collectes de signatures au porte-à-porte coûteuses en efforts pour un résultat souvent décevant ; d'autres craignent la

16. Chez les cheminots et à l'usine Renault. Parmi les 18 membres du bureau du comité de paix cantonal de Ballon figurent 4 ouvriers de l'usine de la Société générale de fonderie (SGF) d'Antoigné. Archives de Christian Rouby.

17. Par exemple, en 1957, au Mans, dont le maire gaulliste n'a pas pardonné au Mouvement de la Paix son attitude neutraliste pendant l'intervention soviétique à Budapest (rapport des RG sur le rassemblement à l'initiative du Conseil départemental de la paix du 27 janvier 1957, ADS 660 W 125*). En 1958, toujours au Mans, le Conseil de la paix sarthois est contraint, à plusieurs reprises, de louer des salles privées.

18. Expression de son secrétaire.

19. Henry Lelièvre appelle alors les communistes à ne pas se désintéresser d'un « tel mouvement ». Brouillon de son intervention à la conférence fédérale du PCF, le 29 octobre 1960. Archives d'Henry Lelièvre.

dévalorisation des pétitions et des délégations à la suite de leur banalisation.

Si les aléas du militantisme ont certainement pesé, il importe surtout de constater que la question cruciale de l'« élargissement » du Mouvement de la Paix, au cœur de sa démarche, a constamment été posée.

De la difficulté d'élargir

Dans le contexte de la guerre froide, les déclarations de ses dirigeants affirmant l'autonomie du Mouvement de la Paix et prônant l'ouverture « sans exclusive » avec son corollaire, la recherche du compromis[20], ne convainquent pas les dirigeants des formations politiques et syndicales qui s'emploient à isoler le Parti communiste[21]. Parmi les groupements contactés après 1956 tout au plus relève-t-on les réponses positives, mais sporadiques, des Compagnons de l'Arche, fin 1957, de la Libre Pensée en février 1959 et novembre 1961, ainsi que de la Ligue des droits de l'homme.

À l'issue du rassemblement du 3 juin 1956 est particulièrement déplorée l'absence de la Fédération de l'Éducation nationale (FEN), susceptible de constituer la passerelle idéale vers les milieux laïques, dont la SFIO, et en direction d'une large fraction de la population, les parents

20. Henry Lelièvre déclare aussi, à cette conférence fédérale du 29 octobre 1960 : « Le Mouvement de la Paix est une organisation majeure – et j'emploie ce mot dans les deux sens – y compris dans le sens de majorité. Cela signifie qu'il ne peut être considéré – en aucun cas – comme une organisation annexe de notre parti. Ses mots d'ordre qu'il fait pénétrer dans les masses et pour lesquels il mobilise les masses sont ses mots d'ordre propres. Les solutions qu'il préconise sont des solutions de compromis c'est-à-dire communes et contradictoires pour des gens d'opinions diverses – communistes et non communistes – décidés à s'entendre et agir ensemble. » Archives d'Henry Lelièvre.

21. Certains ne se sont toutefois pas dérobés. Contacté par Henry Lelièvre pour participer à ses côtés, en tant que médecin, à la campagne de sensibilisation aux effets des retombées radioactives, un des principaux responsables locaux du MRP, le docteur Mordret, engage avec lui et le Conseil de la paix, à titre personnel, un dialogue sans concessions sur l'Algérie. Aux assises départementales de mars 1958, il expose son point de vue, en fait celui du MRP, sans signer la motion finale (note des RG au préfet du 1er avril 1958, ADS 1359 W 124*). Il assiste en partie à celles de février 1960. Dans la lettre où il expose les raisons de son absence temporaire, il fait l'éloge du général de Gaulle qui « a évité la guerre civile » et a « loyalement maintenu la République », ainsi que du gouvernement « qui fait, en Algérie, son devoir ». Archives d'Henry Lelièvre.

d'élèves. Par la suite, les deux organisations ne se rencontrent qu'épisodiquement lors des rassemblements unitaires de gauche – celui de la fin mai 1958 pour « la défense de la République » ; celui du 27 octobre 1960 en réponse à l'appel de l'Union nationale des étudiants de France (Unef)[22] –, puis pour pétitionner contre les violences policières en 1961 et s'opposer à l'OAS.

Le genre de relations avec les syndicats d'enseignants de la FEN[23], les plus représentatifs sur le plan départemental[24], dépend du rapport de force entre les tendances constitutives de chacun d'eux. D'emblée faciles avec les sections du Syndicat national de l'enseignement technique (Snet) et du Syndicat national de l'enseignement secondaire (Snes)[25], elles le sont restées de bout en bout. Quant à la direction de la section du SNI, qui appartient entièrement au courant « autonome », future tendance « Unité, indépendance et démocratie », elle a résisté constamment aux pressions de la minorité « ex-cégétiste » favorable à l'unité d'action avec le Mouvement de la Paix[26]. Tout en admettant des convergences entre des positions du Mouvement de la Paix et certaines positions du SNI (cessez-le-feu immédiat et négociations), son secrétaire, Robert Dernelle, prompt à accuser les minoritaires d'outrepasser les résolutions des congrès de leur syndicat, entend ne pas servir de caution

22. Plus de 6 000 manifestants selon la presse locale, 4 500 d'après les RG (rapport du 28 octobre 1960, ADS 1359 W 120*), dont beaucoup d'enseignants. Sur l'estrade siègent les représentants de la FEN, de la section du SNI, de l'UD-CGT, des fédérations du PCF, du PSU et de la SFIO, du Conseil départemental de la paix, de l'Arac, de l'Association nationale des cheminots anciens combattants, de la FNDIRP. L'UD-FO, la CFTC qui n'a pas signé l'appel commun et le Sgen ont soutenu sans participer à l'organisation (divers rapports et notes d'information des RG, ADS 1359 W 120*, et presse locale).
23. Lors des événements de Hongrie, il semble que quelques enseignants du Sgen se sont éloignés du Mouvement de la Paix.
24. Aux élections pour la commission départementale de l'enseignement primaire et pour la commission administrative paritaire départementale, le SNI recueille dans la Sarthe plus de 90 % des suffrages exprimés (*Bulletin de l'enseignement primaire* de 1952 à 1964).
25. Un de ses dirigeants locaux, Jean-Louis Moret-Bailly, professeur agrégé d'allemand au lycée de garçons du Mans, par ailleurs militant du PSA puis du PSU, est un des membres les plus actifs du bureau du Conseil de la paix sarthois. Au plan national, le Snes s'associe à des manifestations du Mouvement de la Paix.
26. La lecture de *L'Instituteur syndicaliste* apprend que les relations entre la direction de la section sarthoise du SNI et le Mouvement de la Paix étaient déjà tendues au temps de la guerre d'Indochine. Archives de Christian Rouby.

aux communistes. Se déclarant résolument apolitique, il estime plus efficaces les interventions discrètes auprès des pouvoirs publics[27]. De plus, au nom de la défense de la laïcité, certains, dans son entourage (et à la FEN), reprochent au Mouvement de la Paix ses liens avec le MLP et ses tentatives d'approche du MRP et de la CFTC. Sous la IVe République, la section sarthoise du SNI se tient ainsi « à l'écart de tous les rassemblements et actions menées dans la Sarthe[28] » contre la guerre d'Algérie.

Toutefois, à la suite de l'Appel des 110[29], elle accepte d'être représentée aux assises départementales de mars 1958. Fort d'avoir impulsé[30] le rassemblement du 27 octobre 1960, le bureau du Conseil de la paix contacte aussitôt la direction de la section du SNI pour prolonger et approfondir l'action. En vain. Rappelant que, pour le 27 octobre, il n'était prévu qu'un seul rassemblement, au Mans, Robert Dernelle dénonce comme fractionniste l'attitude des deux instituteurs communistes et « ex-cégétistes » fondateurs du comité de paix cantonal de Ballon, à l'origine du meeting tenu au même moment à Sainte-Jamme-sur-Sarthe[31], le premier contre la guerre d'Algérie en zone rurale sarthoise. Plus profondément, les prises de position qui suivent, de part et d'autre, se révèlent inconciliables : lors de la campagne référendaire sur l'autodétermination, le Mouvement de la Paix prône le « non », le SNI adoptant une attitude neutraliste ; sur la question des interlocuteurs du côté algérien, le Mouvement de la Paix ne reconnaît comme légitime

---

27. Lettre de protestation de Robert Dernelle au préfet après l'annonce de la disparition de Maurice Audin. Note d'information des RG du 17 mars 1958, ADS 1359 W 124*.

28. *L'Instituteur syndicaliste*, novembre-décembre 1957.

29. Au début de décembre 1957, 110 personnalités d'opinions diverses, parmi lesquelles Emmanuel d'Astier, Robert Barrat, Claude Bourdet, Me Yves Dechezelles, Léon Feix, André Philip, Me Pierre Stibbe et Jean-Pierre Vernant, lancent un appel « contre la guerre d'Algérie ». Un appel « pressant » renouvelé le 3 février 1958 : est préconisée dans chaque département l'organisation en mars d'une « assemblée réunissant les différentes forces qui agissent pour la paix en Algérie » afin de désigner des délégués à l'« assemblée nationale pour la paix en Algérie » du 30 mars 1958, à Paris. Dans ses numéros de mars et avril-mai 1958, l'organe du Mouvement de la Paix, *Combat pour la paix*, rend longuement compte de cette manifestation. Archives d'Henry Lelièvre.

30. Au point que, pour le préfet, il s'agit d'une « manifestation organisée par le Mouvement de la Paix sur la base de l'appel à l'union lancé par l'Unef ». Le préfet au ministre de l'Intérieur le 24 octobre 1960, ADS 1359 W 120*.

31. Il rassemble une centaine de personnes selon les RG. Rapport du 28 octobre, ADS 1359 W 120*.

que le FLN, alors que le SNI[32] milite pour une « table ronde groupant les représentants authentiques de toutes les populations sans distinction aucune[33] ». Afin de rassembler leurs collègues de toutes opinions contre la guerre et contre l'OAS, les minoritaires du SNI lancent en février 1961 un Comité de paix des enseignants qui, immédiatement, pétitionne pour l'ouverture de négociations avec le seul FLN[34].

Faute d'accords « au sommet », la seule politique possible du Conseil de la paix sarthois pour s'élargir reste l'« union à la base ». Les appels aux jeunes, considérés comme les plus directement concernés par la guerre d'Algérie, ne semblent guère avoir été suivis d'effets[35]. Des démarches individuelles auprès de militants et de personnalités aboutissent néanmoins, comme on l'a déjà vu à propos des quelques élus locaux signataires de pétitions. Entre 1956 et 1962, pour créer une dynamique, à gauche en l'occurrence, le compagnonnage avec un radical mendésiste et une figure locale de la SFIO est monté en épingle. Bien que partisan de l'Algérie française dans un cadre fédéral, le radical Pierre Fœillet, agent d'assurances au Mans, manifeste avec les communistes le 17 octobre 1957 pour dénoncer publiquement l'usage de la torture, mais aussi parce que, ancien combattant des deux guerres, engagé volontaire en 1914-1918, décoré de la médaille de Verdun et de la croix de guerre, il a, écrit-il, une « certaine excuse pour parler de la paix[36] ». Absent aux assises du 23 mars 1958 du Conseil de la paix où

32. *Bulletin du Comité départemental du Mouvement de la Paix*, n° 5 (archives d'Henry Lelièvre), et *L'Instituteur syndicaliste*, octobre-novembre 1960, janvier 1961, février 1961 (archives de Christian Rouby). Sur les organisations syndicales enseignantes et la guerre d'Algérie, voir Alain Monchablon, « La guerre d'Algérie et les enseignants et étudiants à travers leurs organisations syndicales », *Historiens et géographes*, avril 2005, p. 203-206.

33. Jacques Girault, *Instituteurs, professeurs, une culture syndicale dans la société française (fin XIXe-XXe siècle)*, Paris, Publications de la Sorbonne, 1996, p. 177.

34. Rapport des RG au préfet du 1er février 1961, ADS 1359 W 124*.

35. Par exemple, appel du secrétaire aux « jeunes de toutes opinions » pour collaborer avec le Mouvement de la Paix lors du rassemblement départemental des Jeunes communistes, le 25 avril 1960. Rapport des RG au préfet du 24 avril 1960, ADS 1359 W 120*.

36. Post-scriptum de sa lettre de protestation au préfet après la dispersion brutale par la police de la manifestation communiste du 17 octobre 1957 devant le monument aux morts de la guerre de 1870-1871, à Pontlieue, quartier du Mans. Avec Robert Jarry, secrétaire de la fédération communiste, et Maurice Chaumont, président du Conseil départemental de la paix, il y est un des orateurs pressentis. ADS 660 W 125*.

il devait prendre la parole[37], il signe l'appel à manifester en mars 1961[38]. D'autre part, le socialiste SFIO André Guérin, maire de la commune rurale et ouvrière de Sainte-Jamme-sur-Sarthe depuis la Libération, conseiller général depuis 1945, déjà aux côtés du Mouvement de la Paix contre le réarmement allemand[39], accepte en juin 1960, contrairement aux instructions de son parti, la présidence du nouveau comité cantonal de Ballon[40]. Co-organisateur de la manifestation du 27 octobre 1960 dans sa commune, il est un des orateurs au rassemblement du 5 mars 1961, au Mans, où il explicite le sens de son engagement : pour défendre la République face aux menées des ultras. Politiquement isolés, le radical faute d'assise politique, le socialiste dans sa fédération, de surcroît dans un département attentiste, ils n'ont pratiquement pas eu d'émules[41].

Selon le préfet, sous la IVe République, dans le département de Christian Pineau, ministre socialiste des Affaires étrangères, la population considère la question algérienne comme « insoluble[42] ». Elle souhaite le maintien de l'Algérie française et approuve les réformes

---

37. Note d'information des RG au préfet du 24 mars 1958, ADS 1278 W 336*.
38. *Le Maine libre*, 2 mars 1961. Après la guerre d'Algérie, entre 1965 et 1977, Pierre Fœillet siège au conseil municipal du Mans avec le maire centriste Jacques Maury dont il est un des adjoints.
39. Avec trois autres conseillers généraux, il signe son appel à manifester au Mans, le 9 décembre 1954. Liste des signataires, ADS 1278 W 337*.
40. Composition du comité cantonal de Ballon, archives de Christian Rouby.
41. Après la « semaine des barricades » à Alger, parmi les signataires de l'appel à manifester le 5 mars 1961 avec le Mouvement de la Paix, soutenu par la fédération du PCF, figurent un membre du Parti radical, une personnalité radicalisante (le directeur des puissantes organisations agricoles locales, déjà aux côtés du Mouvement de la Paix dans la lutte contre la CED) et Henri Ledru (Union des forces démocratiques, UFD), bien qu'en mauvais termes avec les communistes après les municipales de mars 1959 au Mans (*Le Maine libre* du 2 mars 1961). Syndicaliste CGT, ancien résistant (Libération-Nord), ancien président du Comité départemental de libération, ancien député SFIO aux deux assemblées constituantes, compagnon de route des communistes au temps du combat contre le RPF, Henri Ledru a, aux assises départementales du Conseil de la paix du 27 février 1959, au nom de l'UFD, convié « les personnes de bonne volonté à multiplier les initiatives pour imposer la paix par la négociation ». En avril 1961, il déclare au préfet se tenir « à la disposition du chef de l'État pour toute mission [...] pour aider à la défense effective de notre Patrie contre les factieux d'Alger ». ADS 1359 W 121 et 124*.
42. Rapport mensuel du préfet au ministre de l'Intérieur, février 1957, ADS 660 W 98*.

proposées. La guerre semble passer au premier plan des préoccupations quand survient un fait qui bouleverse la population locale ou touche des familles. Après mai 1958, la confiance en de Gaulle pour régler le problème algérien, très grande dès les débuts de la Ve République[43], demeure telle, malgré certaines prises de distance, qu'elle peut même inciter à la réserve des sympathisants du Mouvement de la Paix. Ainsi, après l'allocution sur l'autodétermination, suivant l'avis de son conseil municipal, le maire de Bouloire, un des signataires du *Mémoire sur la situation d'Algérie* de décembre 1956, refuse de signer la lettre-pétition au président de la République : « Le président de Gaulle a pris une position courageuse et libérale qui doit amener, espérons-nous, une solution à la guerre d'Algérie. [...] Il paraît désirable de le laisser résoudre ce problème en évitant les pressions, qu'elles viennent d'un côté ou de l'autre[44]. »

Une pépinière de responsables politiques ou syndicaux et d'élus locaux

La chronologie des ralliements de quelques élus locaux et de personnalités témoigne des moments les plus intenses de l'action du Conseil de la paix sarthois contre la guerre d'Algérie : lors de la dénonciation de la torture, à l'ouverture des premières négociations, au début de la lutte « antifasciste ». Par la suite, contre l'OAS, le Conseil de la paix sarthois soutient davantage les actions de la CGT et du PCF qu'il n'en est lui-même à l'initiative.

Perçu avant tout comme élément du « conglomérat communiste[45] », il ne parvient pas à se constituer en puissant pôle de rassemblement de tous les opposants à la guerre d'Algérie. Il ne rassemble guère

43. Au référendum sur la Constitution, dans la Sarthe, avec 82 % des suffrages exprimés, le « oui » l'emporte plus largement que sur le plan national. Aux législatives qui suivent, les cinq candidats élus soutiennent les nouvelles institutions : trois gaullistes, un républicain indépendant, un socialiste indépendant (exclu récent de la SFIO).

44. Lettre du maire de Bouloire au président du Conseil départemental du Mouvement de la Paix, le 1er décembre 1959. Archives d'Henry Lelièvre.

45. Expression popularisée par Axelle Brodiez dans son livre *Le Secours populaire français 1945-2000. Du communisme à l'humanitaire*, Paris, Presses de la fondation nationale des sciences politiques, 2006. Voir son schéma p. 108.

au-delà de la Nouvelle Gauche et des radicaux mendésistes. Certes, des préventions existent à son égard, mais, de fait, tout en prônant le compromis, le Conseil de la paix sarthois reste aligné sur les positions du PCF que contestent la plupart de ceux qu'il appelle à le rejoindre, contrairement au Secours populaire qui, sur le plan national, tend, « par souci d'ouverture, à se refuser à toute appréciation sur l'issue souhaitable du conflit[46] ». Aussi, sa tentative de dialogue avec la section du SNI après le 27 octobre 1960 tourne-t-elle, comme on l'a vu, à la confrontation de deux conceptions de sortie de la guerre : son programme, plutôt conforme aux orientations du PCF, face à celui du SNI assez proche de celui de la SFIO.

Quoi qu'il en ait été de l'isolement du Conseil de la paix sarthois au temps de la guerre d'Algérie, force est de constater, avec le recul, que le groupe de ses militants les plus actifs a constitué alors une pépinière de futurs responsables syndicaux et, dans le contexte d'union à gauche en 1977, d'élus locaux, surtout communistes.

46. Axelle Brodiez, « Le Secours populaire français dans la guerre d'Algérie. Mobilisation communiste et tournant identitaire d'une organisation de masse », *Vingtième Siècle. Revue d'Histoire*, n° 90, avril-juin 2006, p. 54.

22. LES SOCIALISTES ET L'ALGÉRIE. LES ARDENNES, TERRE DE MINORITÉ

Gilles Deroche

La prise de conscience du phénomène colonial provoque une scission dans le Parti socialiste (**la mouvance socialiste OU SFIO ?**). La SFIO finit par épouser la vague gaulliste, alors qu'une Nouvelle Gauche réclame la paix et s'oppose énergiquement au régime du Général.

Cette Nouvelle Gauche est très vigoureuse dans les Ardennes qui, à la veille des « événements », ont deux députés socialistes, Guy Desson et Camille Titeux. Mais c'est la personnalité d'Andrée Viénot qui domine la SFIO locale. Fille d'un puissant métallurgiste luxembourgeois, veuve d'un député socialiste de Rocroi, collaborateur de Léon Blum, résistante, la grande dame du socialisme ardennais est conseillère générale et maire de Rocroi[1].

Les parcours politiques de ces leaders divergent puis se rejoignent. Andrée Viénot quitte la SFIO dès 1956. Titeux et Desson hésitent. Ce dernier abandonne le parti en 1958. Andrée Viénot et Guy Desson se retrouvent par la suite au PSU, alors que Titeux poursuivra sa carrière au Parti socialiste. Trois destins différents, trois choix et trois itinéraires qui peuvent autant s'expliquer par des stratégies d'élus dans des cadres politiques que par une fidélité à des idéaux. Des choix, aussi, sur lesquels pèse l'évolution de la politique nationale et qui, au total, font des Ardennes un lieu idéal pour analyser les ruptures et recompositions des socialistes pendant la guerre d'Algérie.

1. Gilles Deroche, *Guy Desson, la politique et la culture. Itinéraire d'un député ardennais. Biographie*, préface de Roland Dumas, Charleville-Mézières, éditions Terres ardennaises, 1996.

La fracture socialiste ardennaise

Avant le début des « événements », les questions coloniales n'ont guère constitué un sujet important pour les Ardennais, même si Andrée Viénot, très attentive aux affaires d'Afrique du Nord dans lesquelles son mari s'est illustré, a, en 1953, dénoncé les machinations françaises contre le sultan du Maroc[2].

Les premières allusions à la situation en Algérie dans l'hebdomadaire de la SFIO *Le Réveil ardennais* apparaissent à l'occasion des élections législatives du 2 janvier 1956, que les socialistes ardennais abordent en association avec les radicaux, unis dans un Front républicain patronné par Mendès France. Le premier point de leur programme est d'« assurer la paix en Afrique du Nord pour éviter un nouveau Diên Biên Phû », un objectif sur lequel Andrée Viénot insiste : « Celui qui peut faire la paix avec l'aide du Front républicain, celui qui a fait ses preuves en pacifiant l'Indochine et la Tunisie, c'est Mendès France. Tous ceux qui veulent arrêter le massacre voteront pour le Front républicain[3]. »

Ces arguments touchent les électeurs et la part des suffrages locaux augmente, passant de 29,3 % aux législatives de 1951 à 34,5 % en 1956. Guy Desson et Camille Titeux sont réélus. Ils représenteront les Ardennes à l'Assemblée nationale, en compagnie de René Penoy (MRP) et Pierre Lareppe (PC). Ce succès ne doit cependant pas cacher le reflux subi par le Parti socialiste au tournant des années 1950. La chute du nombre des cartes de militants ardennais en témoigne : 1 800 en 1948, 1 100 en 1951. L'enthousiasme né à la Libération est retombé[4].

Pour Andrée Viénot, la politique du gouvernement de Guy Mollet trahit les promesses de la campagne. Elle ne supporte pas ce qu'elle considère comme une tromperie et, le 13 mars 1956, elle s'adresse ainsi à Pierre Commin, secrétaire général de la SFIO : « Ne vous y trompez pas : c'est [...] pour la paix, pour le retour des soldats que le pays a voté socialiste dans une proportion qui nous a surpris nous-mêmes. » Cette

---

2. Voir « Coup d'État marocain », *Le Réveil ardennais*, 30 août 1953. Sur Andrée Viénot : Marie-France Barbe et Gilles Deroche, *Andrée Viénot (1901-1976), une femme au service des autres*, numéro spécial de *Terres ardennaises*, octobre 1998.
3. « Pour la paix en Algérie », *Le Réveil ardennais*, 1er janvier 1956.
4. D'après une lettre de Georges Brutelle*, secrétaire adjoint de la SFIO, à Guy Desson, 29 janvier 1952, conservée à l'Office universitaire de recherche socialiste (Ours).

lettre a aussi un caractère prophétique : « Ce sera la fin du parti ; et aussi, à terme, la fin de l'Algérie, le départ pur et simple après des fleuves de sang inutiles comme en Indochine[5]. » Dans les articles du *Réveil*, elle continue à affirmer qu'« il faut négocier ». Elle fait circuler des pétitions à l'intérieur même du parti, comme le manifeste « Justice et liberté outre-mer » qui n'émane pas de la SFIO, mais qui a recueilli des signatures de personnalités socialistes comme Oreste Rosenfeld, Marceau Pivert, Jean Rous et Robert Verdier. L'ampleur de l'agitation autour de cette question aboutit à la rédaction d'une lettre au congrès fédéral du 15 avril 1956, pour réclamer la convocation d'un congrès national sur le problème algérien[6].

Andrée Viénot intervient longuement à ce propos lors d'un conseil national de la SFIO, le 10 juin 1956. Elle est très dure envers Robert Lacoste et Guy Mollet, qu'elle compare à Cavaignac[7]. Ces positions sont très minoritaires dans le parti. La SFIO doit cependant en débattre, et le problème est d'abord exposé au sein des fédérations.

Dans les Ardennes, les socialistes se séparent bientôt en deux tendances qui se manifestent au congrès fédéral du 24 juin 1956, en préparation du 48e congrès de la SFIO qui doit se tenir à Lille le 28 juin suivant. Les débats sont vifs au congrès fédéral : les partisans de la motion Mayer-Rosenfeld contre l'emploi de la force en Algérie et pour une négociation sont violemment contestés. Guy Desson, qui prend la parole en dernier, rappelle que le Parti socialiste a depuis toujours été hostile au colonialisme et donne lecture des motions anticolonialistes votées depuis trente ans. Il est souvent interrompu par des congressistes et s'en étonne. À l'issue des votes, la motion Mayer-Rosenfeld, soutenue par Andrée Viénot, Guy Desson et Camille Titeux, obtient 324 voix, représentant 18 mandats pour le congrès national. La motion Commin pour la poursuite de la politique de Guy Mollet, défendue par des militants de poids, Othello Frezzato, leader de FO, Jacques Bozzi, ancien secrétaire de la SFIO, et André Lebon, secrétaire fédéral, n'obtient que 233 voix, représentant 13 mandats. Au congrès national de Lille, Andrée Viénot, Camille Titeux et Guy Desson soutiennent la motion Binot pour la négociation avec le FLN, des élections libres en

5. Lettre conservée à l'Ours*.
6. Lettre du 25 avril 1956 et réponse négative de Jean Andral*, ingénieur à Sedan, 5 et 24 mai 1956. Ours.
7. Extrait du compte rendu du conseil national de Puteaux*. Ours.

Algérie, la garantie des minorités et la coopération entre la France et l'Algérie.

Cependant, la politique de Guy Mollet ayant obtenu l'agrément du congrès de Lille[8], Andrée Viénot, dont l'influence est considérable dans les Ardennes, se désespère. Après le détournement de l'avion de Ben Bella[9] et l'expédition de Suez[10], elle adresse une lettre de démission à son ami de toujours, Guy Desson :

> Mais maintenant la mesure est comble, et je ne peux plus, en conscience, rester dans un parti dont la politique est contraire à tout ce que le socialisme a toujours signifié pour nous, ceci au moment même où l'évidence des crimes staliniens aurait dû rendre sa force conquérante à un socialisme démocratique véritable. Je sais que beaucoup de camarades, et parmi les meilleurs, pensent pouvoir continuer la lutte à l'intérieur du parti. Je suis arrivée à la conviction qu'ils se trompent. Je te prie de croire, mon cher Desson, à mon amitié et à mes sentiments indéfectiblement socialistes[11].

Guy Desson, qui a partagé tous les combats d'Andrée Viénot mais qui reste à la SFIO, a-t-il été tenté de la suivre ? Il explique son choix en invoquant la gravité de l'heure, due à la conjoncture internationale dominée par le danger communiste qui s'est manifesté en Hongrie[12]. En fait, pour lui comme pour Camille Titeux, en tant que parlementaires, il est difficile d'abandonner le parti sous l'étiquette duquel ils ont été élus. Pour éviter l'isolement, ils restent. Pour la défense de leurs idées, ils vont poursuivre la lutte à l'intérieur de la SFIO. Guy Desson, en outre, était moins déterminé qu'Andrée Viénot sur l'Algérie.

---

8. *Le Réveil ardennais*, 1er juillet 1956, et compte rendu, Ours. Le document présente également un projet de motion de Jacques Bozzi parlant de « bolchevisation du parti » et développant la thèse du complot étranger. Sur les socialistes ardennais : Didier Bigorgne, *Socialistes et socialisme dans les Ardennes (1905-2005)*, Charleville Mézières, éditions Terres ardennaises, 2005.
9. Le 22 octobre 1956, l'armée française détourne l'avion qui transporte les principaux dirigeants du FLN du Maroc en Égypte.
10. Elle a duré du 31 octobre au 6 novembre 1956, date du cessez-le-feu.
11. *Le Réveil ardennais*, 11 novembre 1956.
12. Voir son article assez confus, « Les suites d'une démission », *Le Réveil ardennais*, 18 novembre 1956.

Guy Desson, en effet, qui déplore l'impossibilité de saisir un interlocuteur valable pour obtenir une trêve qui permettrait d'aboutir à des élections libres, défend la doctrine de la SFIO, le triptyque molletiste « cessez-le-feu, négociations, élections [13] », tout en prenant parti sur l'existence d'une nation algérienne : « Il n'y a pas de nation algérienne. Est-ce si sûr que cela [14] ? » Voici évoquée la thèse du « fait national algérien » défendue notamment par Pierre Rimbert et qui a été rejetée au comité directeur du 11 avril 1956. Guy Desson s'engage même à effectuer un voyage en Algérie « pour se rendre compte » de la situation, ce qu'il fera effectivement [15].

Ses positions restent incertaines. Cependant, au mois de juin 1956, il signe un article qui semble en retrait. Il estime en effet que :

> pour l'Algérie, la question n'est pas si simple à trancher, puisque, comme j'ai eu le courage de l'écrire, nous assistons seulement aux prémisses de la naissance de la nation algérienne. Celle-ci n'est d'ailleurs pas homogène puisqu'elle compte un certain nombre d'Européens non musulmans qui ont pour une grande part contribué à l'équipement et à l'enrichissement de la future nation algérienne, sinon du peuple algérien [16].

Il pense aussi que l'Algérie est un enjeu entre les Soviétiques et les Américains et finit par se prononcer pour une solution autonomiste : « Je ne veux pas me montrer pessimiste, mais je le dis, en vérité, il est grand temps de voir en Afrique du Nord tout autre chose que le maintien d'un colonialisme périmé [17]. » Mais après le départ d'Andrée Viénot, accompagné de celui des socialistes ardennais les plus antimolletistes, Guy Desson ne s'exprime plus guère sur ces problèmes.

---

13. Voir à ce sujet Étienne Maquin, *Les Socialistes et la Guerre d'Algérie 1954-1958*, Paris, L'Harmattan, 1990.
14. Dans son article « La naissance d'une nation », *Le Réveil ardennais*, 29 avril 1956.
15. D'après un de ses articles dans *L'Espoir* du 23 février 1963, ce voyage a eu lieu pendant le premier semestre de 1956.
16. « Lien indissoluble », *Le Réveil ardennais*, 10 juin 1956.
17. « Réflexions sur l'Algérie », *Le Réveil ardennais*, 9 juin 1957.

Camille Titeux, quant à lui, prend parti plus nettement. Il appartient au Comité socialiste d'étude et d'action pour la paix en Algérie, fondé le 29 janvier 1957 et dissous dès le mois de mai suivant par les organismes directeurs du Parti socialiste. Il soutient aussi la motion « La résolution de Lille est-elle appliquée ? » au conseil national du 12 mai 1957. Il figure parmi les signataires de la motion « Qu'on le veuille ou non, tout dépend de l'Algérie », publiée dans la presse du parti en vue du congrès qui se tiendra à Toulouse en juin 1957. Camille Titeux fait aussi partie de l'équipe de *Tribune du socialisme* qui paraît dès le 25 janvier 1958 pour défendre ces idées et qui est interdit le 13 février suivant par le comité directeur de la SFIO.

Il est notable que l'utilisation généralisée de la torture à Alger depuis janvier 1957, dénoncée y compris dans les rangs du parti et au sujet de laquelle Guy Mollet a dû s'expliquer, n'est pas mise en avant. En fait, on ne trouve aucune trace de ces débats dans *Le Réveil ardennais*, où les allusions à l'Algérie en général sont rares. Pourtant, les « minoritaires » du parti expriment toujours leur opposition à la guerre. Ils sont sans doute plus représentés chez les socialistes ardennais qu'au niveau national. Au congrès fédéral de juin 1957, en préparation du congrès national de Toulouse, c'est la motion Ancier pour la reconnaissance de la vocation nationale de l'Algérie et la négociation qui l'emporte [18].

Cependant, en juillet 1957, à l'Assemblée nationale, ni Guy Desson ni Camille Titeux ne font partie des 27 députés socialistes contestataires refusant de prendre part au scrutin portant sur la reconduction et l'extension des pouvoirs spéciaux au gouvernement Bourgès-Maunoury qui a succédé à Guy Mollet [19]. Ils ne fournissent aucune explication, et cette attitude traduit leur loyauté envers le parti ou leur embarras de minoritaires. Puis, en octobre 1957, à l'occasion du débat sur le projet de loi-cadre modifiant le statut de l'Algérie, Guy Desson se prononce pour la fédération, position très modérée. Mais le rejet du projet de loi-cadre

18. « Au congrès de Charleville. Unanimité pour le rapport fédéral. "Bulletin de santé et d'optimisme" », *Le Réveil ardennais*, 30 juin 1957. Il est question de « discussion passionnée » dont les détails ne sont pas rapportés.
19. Étienne Maquin, *op. cit.*, p. 131.

ruine ses espoirs, et après le bombardement de Sakiet-sidi-Youssef[20], il s'écrie « Assez ! » : « Le sang des victimes innocentes, de femmes et d'enfants, avait coulé. Des morts étaient tombés sous les projectiles français dans des conditions qui provoquent l'horreur de tout être civilisé[21]. » Quant à Camille Titeux, il veut encore croire, malgré tout, à la négociation : « Plus que jamais, je pense que la négociation reste le seul moyen d'en sortir, mais il faut y venir très vite, car je suis convaincu que très rapidement cette possibilité ne sera plus à notre portée, et, pour avoir voulu trop garder, nous risquons de tout perdre[22]. »

Guy Desson espère encore une prise de conscience du Parti socialiste. Commentant les résultats d'une élection législative partielle dans la Nièvre, qui a vu la déconfiture des droites et la progression des candidats de l'Union démocratique et socialiste de la Résistance (UDSR, 2 %) et socialiste (1 %), ralliés aux thèses de la minorité, il écrit :

> Que nos augures tirent ces deux leçons du scrutin de dimanche dernier, qu'ils se pénètrent de l'importance de ce double avertissement et on pourra bientôt remercier les gens du Nivernais d'avoir ouvert la voie d'une politique véritablement française, c'est-à-dire humaine et réaliste, pacifique et constructive[23].

Les événements du 13 mai 1958[24] provoquent la constitution d'un Comité de vigilance qui réunit d'anciens résistants, des socialistes, des membres du MRP et des syndicalistes. Les trois députés ardennais de gauche restent inflexibles. Camille Titeux, Guy Desson et Pierre Lareppe, le bouillant député communiste, votent contre le programme et la politique du général de Gaulle et lui refusent la confiance, les pleins

20. Le 8 février 1958, l'armée française bombarde le village tunisien de Sakiet-sidi-Youssef à la frontière algéro-tunisienne. Le village est détruit, 62 civils sont tués et 130 personnes blessées.

21. *Le Réveil ardennais*, 15 février 1958.

22. *Le Réveil ardennais*, 8 mars 1958.

23. « Prise de conscience », *Le Réveil ardennais* du 15 mars 1958 et du 10 mai 1958.

24. Le 13 mai 1958 à Alger, les manifestations organisées pour saluer la mémoire de trois soldats français exécutés par le FLN et pour s'opposer à la formation à Paris d'un gouvernement présidé par Pierre Pflimlin tournent à l'émeute. L'armée fraternise avec les manifestants. Un comité est constitué sous la direction du général Massu qui adresse au président de la République, René Coty, un télégramme exigeant la création à Paris d'un gouvernement de salut public.

pouvoirs et les pouvoirs spéciaux en Algérie[25]. René Penoy, le seul député MRP élu aux législatives de 1956, vote pour.

L'investiture de de Gaulle, cependant, et la pression des événements provoquent un changement dans les positions des socialistes ardennais. Au congrès fédéral de septembre 1958, précédant le congrès national d'Issy-les-Moulineaux qui verra le départ des minoritaires, le oui au référendum sur l'adoption d'une nouvelle Constitution obtient 306 voix, alors que le non n'en réunit que 224. On note 19 abstentions.

Guy Desson suit alors le courant Gazier, dont il a signé la motion en juillet 1958[26]. Ce document contradictoire en apparence, hostile au nouveau régime, se prononce contre la politique de Guy Mollet, mais désigne la minorité comme l'adversaire, considérant qu'elle menace l'unité du parti. La motion, à usage interne, cherchait tout d'abord à empêcher la rupture et le départ de la minorité, tout en attirant l'attention sur les aspects inadmissibles de la Constitution.

Guy Desson reste ferme dans ses opinions. Depuis le départ d'Andrée Viénot, il n'a cessé de militer pour une solution pacifique en Algérie, dans la mouvance de la « minorité ». Militant à la SFIO depuis plus de trente ans, il est attaché à la « vieille maison », mais il lui est impossible d'y demeurer si elle abandonne les principes socialistes et se renie. Antigaulliste depuis la Libération, il lui est inconcevable de suivre le Général. Or la motion qu'il défend au congrès fédéral de septembre 1958 est minoritaire, et finalement le congrès national d'Issy-les-Moulineaux se prononce pour le oui au référendum du 28 septembre 1958[27]. Au soir de ce congrès, Guy Desson décide de quitter la SFIO, sacrifiant sa carrière politique, et c'est Camille Titeux qui annonce cet événement aux lecteurs du *Réveil* :

> [Une décision] que je comprends d'autant mieux que j'ai dû moi-même lutter de toutes mes forces contre les mêmes velléités de démissionnaire, parce que je reste intimement convaincu que nos

25. *Le Réveil ardennais*, 5 juin 1958.
26. Sur la motion Gazier, voir la thèse de Gilles Morin, *De l'opposition socialiste à la guerre d'Algérie au Parti socialiste autonome (1954-1960). Un courant socialiste de la SFIO au PSU*, thèse dactylographiée, université Paris-I, 1990-1991.
27. Sur le congrès fédéral, voir *Le Réveil ardennais*, 13 septembre 1958. Sur les minoritaires : Marc Heurgon, *Histoire du PSU*, t. I. : *La Fondation et la Guerre*, Paris, La Découverte, 1994.

camarades des sections ont commis une erreur en décidant de répondre favorablement au référendum[28].

C'est que Camille Titeux, de son côté, a opéré un virage en affirmant que la Constitution est dangereuse et qu'il préfère s'abstenir. Mais il ne quitte pas le parti.

Aux élections législatives des 23 et 30 novembre 1958, Guy Desson se présente néanmoins dans la 3e circonscription des Ardennes sous l'étiquette « socialiste indépendant ». Il est battu par le général Noiret, candidat de l'UNR. Commentant sa défaite devant ses amis, il déclare : « C'est bien la première fois qu'un général français gagne à Sedan[29] ! » Son score non négligeable démontre néanmoins que sa réélection était possible. Il va rejoindre la gauche d'opposition non communiste qui s'est constituée avec des militants déçus par la SFIO. Dans les Ardennes, Andrée Viénot a déjà préparé le terrain.

À la recherche du vrai socialisme

Une poignée d'isolés, démissionnaires du Parti socialiste, se sont en effet réunis le 7 novembre 1956, à l'appel d'Andrée Viénot, pour constituer le groupe Action socialiste, éditant un bulletin du même nom[30]. Il s'agit d'une formation transitoire destinée à recueillir les militants conscients de la crise profonde des partis. Ils se réclament de la classe ouvrière, sont fidèles à l'idée de paix, d'humanisme laïque et de justice du socialisme. Andrée Viénot définit ainsi ses intentions d'alors : « Je pensais à ce moment qu'une fraction de la SFIO et une fraction du PC finiraient par être dégoûtées par les palinodies de leurs directions respectives et par se détacher, permettant un regroupement très large et une alliance avec un radicalisme rénové[31]. »

Le premier numéro du bulletin *Action socialiste*, paru dès le 30 novembre 1956, dénonce en effet le sectarisme communiste et fait appel à la « conscience personnelle » de ses militants. C'est cependant

28. « Déception et espérance », *Le Réveil ardennais*, 27 septembre 1958.
29. *Le Réveil ardennais*, 6 décembre 1958.
30. *Action socialiste*, n° 5, 10 avril 1957, bulletin bimensuel ronéoté d'Action socialiste des Ardennes, archives personnelles de Gérard Pringot et fonds Jean Lambert (mal) conservé à la faculté des lettres de Reims.
31. *Action socialiste*, 30 novembre 1957, numéro spécial, dernier numéro.

à la SFIO que s'adresse l'essentiel des critiques exposées dans les huit numéros qui paraissent en l'espace d'un an. L'impuissance de l'opposition à Guy Mollet y est soulignée et l'anticolonialisme reste le cheval de bataille[32]. Andrée Viénot n'hésite pas à comparer les partisans algériens aux résistants français de la Seconde Guerre mondiale : « Résistants, souvenez-vous [...]. Dans Alger aujourd'hui comme hier dans Paris se dissimulent les réseaux clandestins, tantôt s'étendant, tantôt décimés, toujours renaissants ; "Ami, si tu tombes, un ami sort de l'ombre à ta place." Souvenez-vous[33]. » Pour autant, Andrée Viénot n'a pas rejoint le camp des « porteurs de valises ». La loyauté envers les appelés de Rocroi lui interdit cette option. Le combat pour la fin de cette guerre reste, pour elle, la seule solution et l'objectif de son action politique.

Un congrès national du groupe Action socialiste est convoqué pour le 7 décembre 1958 dans l'appartement parisien d'Andrée Viénot afin de fondre le petit mouvement dans un nouvel ensemble. Celui-ci naît le 9 décembre par la réunion de la Nouvelle Gauche, du MLP et d'une grande partie de la Jeune République.

Par ailleurs, un premier congrès fédéral ardennais de l'Union de la gauche socialiste (UGS) s'est tenu à Charleville le 16 février 1958. André Deguffroy, socialiste, Raymond Goury, un instituteur socialiste du Vouzinois exclu de la SFIO en 1956, et le docteur Jean Lambert, militant de la Ligue des droits de l'homme, y ont pris la parole en présence d'une quarantaine de délégués. Le congrès a envoyé aux deux députés de l'époque, Camille Titeux et Guy Desson, une lettre embarrassante concernant leur position sur l'affaire algérienne. Leur engagement, manquant de clarté, est évoqué. Que peuvent-ils encore espérer de la politique algérienne de la SFIO ? Dans leur position minoritaire au sein du parti, ces arguments frappent douloureusement. Souhaitant peut-être ne pas trop accabler ses amis, Andrée Viénot, elle, s'est tenue à l'écart de l'UGS.

Le 13 septembre 1958, elle a ressuscité *Le Narrateur de Rocroi* afin de diffuser sa propagande d'opposition aux projets gaullistes. Le 11 octobre, Guy Desson, qui vient de quitter la SFIO ralliée au général de Gaulle, lui confie un premier article. La réunion des anciens « minoritaires » se réalise alors. Les socialistes les plus avancés se retrouvent enfin dans les mêmes structures, autour d'Andrée Viénot.

32. *Action socialiste*, n° 3, 26 janvier 1957.
33. *Action socialiste*, n° 5, 10 avril 1957.

Le Narrateur et *L'Espoir*, que Guy Desson a créé le 28 septembre 1958, rendent compte des activités du Parti socialiste autonome (PSA) qui vient de naître. Le PSA plaide pour l'union syndicale, affirme son indépendance à l'égard du PCF, défend la laïcité et surtout reconnaît les aspirations nationales du peuple algérien. Andrée Viénot, Guy Desson et son ami méridional Charles Lussy ainsi que Daniel Mayer font partie du bureau national. Finalement, la fédération ardennaise du PSA est créée le 27 mars 1959, au cours d'une réunion tenue à Mézières. Le bureau provisoire est composé de Guy Desson, secrétaire fédéral, et d'Andrée Viénot, trésorière. À la fin de 1959, *Le Narrateur* cesse de paraître, mais le nouveau parti de gauche est déjà bien implanté dans les Ardennes.

La SFIO n'apprécie pas cette concurrence, mais les ralliements à la Nouvelle Gauche sont nombreux, jusque dans les rangs des radicaux, dont le président d'honneur Gabriel Delattre, avocat et ancien député du Front populaire de Sedan, s'est prononcé pour le « non » au référendum portant sur la nouvelle Constitution.

Très tôt est évoquée la possibilité d'une fusion entre le PSA et l'UGS ; elle a lieu lors du congrès d'Alfortville, les 1er, 2 et 3 avril 1960, et donne naissance au Parti socialiste unifié (PSU). Les Ardennais y sont particulièrement actifs et cet événement se répercute dans le département.

Le bureau fédéral ardennais est composé de militants des deux anciennes formations. Guy Desson en est le secrétaire fédéral, Jean Lambert le secrétaire fédéral adjoint, Andrée Viénot la secrétaire administrative, et Jean Deguffroy le trésorier. Jacques Vadon, un professeur, Claudia Delbarre, la collaboratrice de Guy Desson, Daniel Boule et Yves Raunet, un instituteur, complètent le bureau. De nombreuses tendances s'affrontent en son sein, mettant son unité en péril. Le ciment du nouveau parti, toutefois, c'est la lutte pour la paix en Algérie.

Andrée Viénot est en avance dans ce domaine, mais, en janvier 1959, elle espère encore en la politique du général de Gaulle, lequel vient de libérer les internés algériens et de gracier des condamnés[34]. Son éditorial s'intitule alors « Vers la Paix ». Rapidement déçue, cependant, elle laisse bientôt s'exprimer son scepticisme et, le 14 octobre de la même année, le titre de son article n'est plus que « Paix en Algérie ? »

34. *Le Narrateur*, n° 11, 17 janvier 1959.

Jusqu'au bout, elle proclamera son désir de paix à tout prix. En juin 1961, alors que rien n'est encore joué, elle s'écrie : « Sept ans de sang et de larmes. Pourquoi ? Pour rien ! »

Au conseil général, où elle est élue depuis 1945, elle défend aussi ses idées en proposant le vote de motions pacifistes. L'assemblée départementale devient la tribune de l'opposition ardennaise. Le vœu suivant est adopté à l'unanimité sur une proposition d'Andrée Viénot : « Le conseil général des Ardennes se félicite de ce que le président de la République ait reconnu le droit du peuple algérien à l'autodétermination, et espère que des négociations politiques avec ceux avec qui nous nous battons pourront conduire à une conclusion rapide de la paix[35]. »

Guy Desson, libéré de la réserve que lui imposait son appartenance à la SFIO, s'engage dans ce combat et participe même au procès du réseau Jeanson[36] en faveur de Micheline Pouteau, ancienne professeure de sa fille[37]. À la même époque, un appelé du contingent, Jean-Claude Vion, entre en contact avec lui à l'occasion d'une permission. Il va communiquer au journaliste du *Canard enchaîné* Jean Clémentin une quantité d'informations qui alimentent la chronique intitulée « L'ami bidasse ». Cette activité de renseignement n'étant pas sans danger, Andrée Viénot met Jean-Claude Vion en rapport avec des personnalités de la Ligue des droits de l'homme qui établissent un plan pour qu'il puisse se réfugier au consulat de Suède en cas de menace. Rendu à la vie civile, Jean-Claude Vion donne ouvertement son avis sur les pratiques de l'armée dans les colonnes de *L'Espoir*[38]. Devant les dangers que l'OAS et l'extrême droite font courir à la démocratie, la section ardennaise de la Ligue des droits de l'homme est reconstituée, avec notamment un grand nombre d'amis d'Andrée Viénot[39].

---

35. Procès-verbal de la séance du conseil général du 23 novembre 1959.
36. Le 5 septembre 1960 s'ouvre, devant un tribunal militaire, le procès du réseau Jeanson. Ses militants sont inculpés pour « atteinte à la sûreté extérieure de l'État », accusés d'avoir rédigé et diffusé le bulletin *Vérité pour...*, d'avoir transporté des fonds et du matériel de propagande du FLN et d'avoir loué des appartements pour des militants algériens recherchés. Le 6 septembre est publié un appel de 121 intellectuels sur le « droit à l'insoumission ».
37. Sur ce procès : *Le Procès du réseau Jeanson*, Paris, Maspero, 1961 ; Hervé Hamon et Patrick Rotman, *Les Porteurs de valises*, Paris, Le Seuil, « Points », 2001 (rééd.).
38. « La parole aux jeunes », 30 juin 1962, et « L'avenir du contingent », 15 novembre 1962.
39. *L'Espoir*, n° 49, 24 février 1962.

L'Espoir dénonce les brutalités des militaires dans le département de même que l'attitude de certains responsables. Le maire de Givet, par exemple, est mis au pilori car il a refusé, en avril 1961, de prendre des mesures de protection contre le coup d'État d'Alger[40]. Quant au militantisme d'Andrée Viénot, il ne passe pas inaperçu, et, soupçonnée d'atteinte à la sûreté de l'État, elle est arrêtée le 30 septembre 1960, en vertu d'une commission rogatoire. Conduite à la Sûreté pour un interrogatoire, elle est remise en liberté le lendemain.

Le PSU s'investit dans la lutte anti-OAS, bien que l'activisme ne soit pas très virulent dans les Ardennes. Andrée Viénot dénonce avec véhémence la répression de la manifestation du 17 octobre 1961 : « Nous sommes des assassins ! [...] Des corps dans la Seine... Est-ce Paris sous l'occupation nazie ! Non pas. C'est Paris à l'automne 1961, sous un doux soleil[41]. »

Mais ces événements autour de la guerre d'Algérie intéressent-ils les Ardennais ? On peut en douter. Les affaires liées au comportement des 3 500 Arabes travaillant dans les usines du département engendrent une forme de crainte, mais retiennent peu l'attention. L'explosion d'une grenade dans une poubelle de Charleville, le dépôt d'une charge d'explosifs sous la fenêtre d'un inspecteur de police à Montcy-Saint-Pierre et l'envoi de menaces de mort à Frezzato, secrétaire de l'UD-FO, à Lebon, maire de Charleville, à Vadon, membre du bureau fédéral du PSU, et à Husson, secrétaire de la FEN et du SNI, sont les seuls événements à noter. Des réunions anti-OAS se tiennent, cependant, à Sedan, Nouzonville, Nouvion et Charleville. Les militants de la CGT et les enseignants de la FEN observent des grèves de protestation. Globalement, la question algérienne, si elle a posé de vrais problèmes aux élus, a peu motivé les Ardennais.

Au référendum du 8 avril 1962, il est demandé aux Français tout à la fois de ratifier les accords d'Évian mettant fin à la guerre d'Algérie et de donner au président de la République le pouvoir de légiférer par ordonnances pour en assurer la mise en œuvre. Ce référendum a incontestablement un aspect plébiscitaire. *L'Espoir* propose la réponse suivante : « Oui à la paix. Non au pouvoir personnel. »

40. *L'Espoir*, 20 mai 1961, 20 mai 1962 et 28 juillet 1962.
41. *L'Espoir*, n° 61, octobre.

Finalement, pour ces trois figures du socialisme ardennais, le gaullisme a constitué le repère autour duquel se sont jouées les ruptures – celle de Camille Titeux, en tout cas – et contre lequel se sont opérées les retrouvailles et nouées les alliances. Le parcours sinueux de Guy Desson, en comparaison de la droite ligne suivie par Andrée Viénot, en témoigne. À l'issue de cette période, pour la gauche dans les Ardennes, une seule réalité s'impose alors : le gaullisme reste l'ennemi.

23. UN APPELÉ DU CONTINGENT : BACHIR HADJADJ

Hélène Bracco

Soumis par principe à la conscription depuis 1912, les appelés dits « Français musulmans » dans la terminologie coloniale furent plus de 100 000 à servir dans l'armée française pendant la guerre d'Algérie, la conscription étant devenue obligatoire pour eux depuis le statut de 1947, dont l'article 2 indiquait : « Les citoyens français d'Algérie bénéficient des mêmes droits et sont soumis aux mêmes obligations militaires que les citoyens français originaires de la métropole[1]. » On les désigna d'abord comme « Français musulmans d'Algérie » (FMA), puis comme « Français de souche nord-africaine » (FSNA), sur proposition du ministre des Armées en février 1958[2].

Bachir Hadjadj était l'un d'eux. Son témoignage montre que l'histoire de ces appelés algériens a aussi concerné le sol métropolitain[3].

---

1. Sur ces appelés : Anthony Clayton, *L'Histoire de l'armée française en Afrique. 1930-1962*, Paris, Albin Michel, 1994 ; Stéphanie Chauvin, *Les Appelés français de souche nord-africaine dans l'armée française pendant la guerre d'Algérie*, mémoire de maîtrise sous la direction de Jacques Marseille, université Paris-IV, 1995.

2. Maurice Faivre, *Les Combattants musulmans de la guerre d'Algérie, des soldats sacrifiés*, Paris, L'Harmattan 1995 ; Charles-Robert Ageron, « Les militaires algériens dans l'armée française de 1954 à 1962 », *in* Jean-Charles Jauffret (dir.), *Des hommes et des femmes en guerre d'Algérie*, Paris, Autrement, 2003, p. 342-359.

3. Cet article se limite au cas des appelés, laissant de côté les engagés volontaires, les supplétifs et les militaires de carrière. Hélène Bracco a traité du cas particulier d'un officier algérien de l'armée française, le lieutenant Abdelkader Rahmani, démissionnaire pendant la guerre d'Algérie, dans son ouvrage *Pour avoir dit non. Actes de refus dans la guerre d'Algérie, 1954-1962*, Paris, Paris-Méditerranée, 2003.

La politique française : de l'appel à l'instruction

En 1956, Bachir Hadjadj est étudiant à Grenoble. Soucieux de suivre scrupuleusement la grève totale et illimitée des cours et des examens lancée par l'Union générale des étudiants musulmans algériens (Ugema), il ne peut se réclamer du sursis accordé aux étudiants pour retarder leur appel sous les drapeaux. En décembre 1956, il reçoit sa convocation pour le conseil de révision.

Déclarés « BSA » (bons pour le service armé), ces « Français de souche nord-africaine » ont fait leurs classes dans des centres d'instruction en France jusqu'en 1958. À partir de cette date, pour les soustraire à l'influence des militants de la fédération de France du FLN, ils sont instruits en Algérie. Dans les centres d'instruction, l'armée fait appel, pour l'instruction spécifique des « Français musulmans », à de jeunes gradés sortis de leurs rangs. L'objectif est de faire de ces soldats de véritables militants de la cause française. L'armée utilise à ces fins l'« action psychologique », organisée par des bureaux régionaux créés le 1er mars 1955 avant d'être prise en charge par le 5e bureau, à partir d'août 1957[4].

Dans l'un des entretiens qu'il a accordés à Hélène Bracco, Bachir Hadjadj relate ainsi son expérience[5] :

> J'ai fait mes classes à Modane en 1956, au 15e bataillon de chasseurs alpins.
> Je faisais le traducteur. De même qu'on avait un cours de tir, de topographie et autres, on avait aussi un cours de psychologie. Un instructeur, qui était boulanger ou charbonnier dans le civil, qui avait été formé et à qui on avait recommandé ce qu'il fallait dire, venait avec ses fiches ; il parlait en français. On me demandait de traduire. Quand tu traduis, personne n'est dupe, même si tu es très près du texte. À la limite, on en riait quelquefois, parce que mes camarades savaient que j'étais obligé de dire cela. Ces cours

4. Caroline Izambert, *Les Soldats algériens musulmans et les Dernières Années de la guerre d'Algérie 1958-1962*, mémoire de maîtrise sous la direction de Jacques Frémeaux, université Paris-IV, septembre 2004.
5. Bachir Hadjadj a publié *Les Voleurs de rêve. 150 ans d'histoire d'une famille algérienne*, préfacé par Jean Lacouture, Paris, Albin Michel, 2007. Il a accordé à Hélène Bracco deux entretiens, fondements de cet article, sur son expérience au sein de l'armée française, à Paris en mars 2005 et à Aix-en-Provence en juin 2005. Ces entretiens sont disponibles à la phonothèque de la MMSH.

n'étaient pas destinés aux Français de souche, bien sûr ! À ma connaissance, ils n'avaient pas cette instruction psychologique.

Malgré ses efforts pour encadrer les recrues, l'armée se méfie de la propagande et du noyautage « subversif » de la part du FLN et, bien entendu, des recrues elles-mêmes. Le 26 mai 1955, le secrétariat général permanent de la Défense nationale et des Forces armées à Paris se préoccupe du stationnement des unités comportant des militaires « français musulmans » d'Algérie. Dans une note à la direction de la Sûreté nationale au ministère de l'Intérieur, il demande de :

> faire étudier les mesures qu'il y aurait lieu de prendre en vue d'éviter les contacts qui se sont révélés fâcheux, spécialement dans les régions de Clermont-Ferrand, Montluçon et Montbéliard-Belfort, entre les Français musulmans d'Algérie effectuant leur service militaire en métropole et leurs coreligionnaires civils[6].

Bachir Hadjadj en témoigne :

> Il y a eu deux, trois petits incidents qui m'ont montré qu'on était surveillés, en tant que FSNA : une fois, nous sommes allés avec un ami à Modane dans un quartier industriel où nous savions qu'il y avait des Algériens. Huit jours après, l'officier nous dit, presque sur le ton du grand frère : « Faites attention, hein ! » Pour être exact, on était culpabilisés de porter l'uniforme de l'armée française. Mais le FLN aussi se méfiait de nous.

En 1955-1956, le cabinet du gouverneur général de l'Algérie s'inquiète du grand nombre de conscrits « musulmans » de la classe 1956 qui se sont présentés devant les conseils de révision et se demande s'il faut y voir un signe de bon esprit, la crainte d'être obligés de prendre le maquis ou la réponse à des consignes nationalistes (apprendre le

---

6. Centre des archives d'outre-mer (CAOM) à Aix-en-Provence, ministère des Affaires algériennes, état d'esprit du contingent, correspondance, notes, 81 F 1443.

métier militaire dans l'armée française, y acquérir un grade si possible, en vue de trahir et de déserter ensuite[7]).

Au mois de juin 1958, des mesures de surveillance sont prises vis-à-vis des appelés « indésirables », affectés dans des bataillons de pionniers en métropole, unités sans caractère disciplinaire, les « irréductibles » étant affectés à la 302e compagnie de pionniers de Mende[8].

Des appelés « à part » ?

Comme au moment du recrutement où les « Français de souche européenne » (FSE) et les FSNA sont enregistrés sur des feuillets à part[9], dans le centre d'instruction, la séparation est perceptible. Bachir Hadjadj l'explique :

> Il y avait trois sections de Français de souche et une section de FSNA, les instructeurs des FSNA et ceux des autres sections [...] Nous avions un officier sous-lieutenant algérien, deux sergents algériens et des caporaux, comme moi, des Algériens, qui encadrions pendant deux mois l'instruction de ces jeunes FSNA. Quand ils partaient, deux autres venaient, etc. Le cours était organisé section par section.
>
> Je ne peux pas dire que nous étions mal considérés, mais nous étions à part. C'était difficile de se mélanger aux autres, dans la mesure où le mode de communication manquait. Et moi, le seul qui parlais français, j'étais doublement endolori, parce que, d'un côté, j'étais du côté de mes frères et, de l'autre, j'entendais ce que les autres disaient : « Bougnoules, bicots, etc. » ; mes frères, eux, ne comprenaient pas ou ils s'en foutaient, à la limite, tandis que moi je le sentais, je l'entendais, ça m'était insupportable.

---

7. CAOM, cabinet militaire du gouvernement général de l'Algérie, recensement des classes, statistiques, surveillance des appelés 1955-1956, 4 CM 6.
8. Stéphanie Chauvin, « Des appelés pas comme les autres ? Les conscrits "français de souche nord-africaine" pendant la guerre d'Algérie », *Vingtième Siècle. Revue d'histoire*, n° 48, octobre-décembre 1995, p. 21-30.
9. CAOM, cabinet militaire du gouvernement général de l'Algérie, recensement des classes, recensement des appelés musulmans 1951-1955, 3 CM 11.

À l'approche de leur départ pour l'Algérie, quel était leur état d'esprit ? L'écoute et l'étude des entretiens de Gregor Mathias [10] ne laissent aucun doute sur leur trouble :

> Pendant les classes à Tarbes, on parlait entre nous. On pensait qu'il valait mieux aller en Allemagne, partout plutôt qu'en Algérie. Après six mois, les quatre Kabyles, dont moi, nous sommes passés brigadiers. On nous a dit qu'on allait partir en Kabylie, chez nous. « Mais on va combattre les nôtres, chez nous ! » On a refusé. On a vu le capitaine et on lui a expliqué. On avait peur après les vingt-huit mois de service, peur des représailles du village. Le capitaine a dit qu'il ne pouvait rien faire [11].

Bachir Hadjadj se souvient :

> J'avais 20 ans. Il faut dire les choses : à 20 ans, quand j'étais instructeur, on était des gamins, et on était à Modane, en France. Il y avait les copains, toutes les occasions étaient bonnes pour oublier la situation de militaires français en partance pour l'Algérie. Ils buvaient [...] Des gens qui n'avaient jamais bu d'alcool [...] Même moi, je buvais aussi pour oublier un peu ça. C'était oppressant, très oppressant [...] Ils ne parlaient pas. Parce que c'est dangereux de parler. Tu ne sais pas à qui tu as affaire. La langue arabe, c'est comme toutes les langues orales : elle permet des tas de sous-entendus, on pouvait se faire passer des messages sans dire des mots... [Long silence] Le fait simplement qu'on dise « les frères ». Quand le gars en face de toi ne parle pas de fellaghas, mais de « frères », tu sais tout de suite où il se situe. Dans la vie de tous les jours, nous disions souvent de l'autre : « C'est mon frère » ; mais le fait d'en parler dans ces circonstances-là ! Les jeunes Français arrivaient à trouver des justifications. Mais nous, quelles justifications nous avions ?

---

10. Archives sonores, Gregor Mathias, *Enquête orale auprès des engagés et auxiliaires militaires français musulmans dans la guerre d'Algérie 1954-1962*, DEA « Mondes africain, arabe et asiatique », sous la direction de Jean-Louis Triaud, université de Provence, 1998. Disponibles à la phonothèque de la MMSH à Aix-en-Provence. Y figurent plusieurs cas d'appelés devenus supplétifs après leur service.
11. Entretien F 633.

> On savait que l'objectif du FLN, c'était l'indépendance, il le disait. Mais qu'est-ce que ça pouvait vouloir dire ? Honnêtement, on ne se l'imaginait pas. On savait simplement qu'il y avait une bataille contre l'injustice, contre l'oppression. Les Algériens étaient du bon côté. Et nous, soldats algériens, nous n'étions pas du bon côté, là.

Ce que corrobore un autre appelé : « L'autorité a toujours été respectée. Mais il ne faut pas se leurrer, notre cœur était de l'autre côté[12]. »

Conscientes de ce sentiment, les autorités militaires ont tenté de le combattre par une propagande spécifiquement destinée aux Algériens vivant en métropole, prenant aussi des mesures pour les familles des soldats. En mars 1956, le secrétaire général permanent de la Défense nationale à Paris estime déjà :

> L'amélioration par voie de propagande de l'éducation de l'opinion tant en métropole qu'en AFN sur le problème nord-africain paraît nécessaire à 99 % des unités. Pour ce faire, l'expérience d'émissions en langue arabe à partir de Radio-Strasbourg a été tentée sur le nord et l'est de la France. Depuis le 6 mars, elle a lieu également certains jours à Paris.
> Pour les Arabes seulement arabophones, il ne faut pas de raisonnement cartésien. Il faut procéder par affirmations, par litanies. Pour les intellectuels, la langue française avec sa logique propre demeure le meilleur véhicule. Il serait utile d'agir sans délai sur les travailleurs algériens de la métropole, qui ont une large influence sur leurs familles restées au pays, et de faire une place, dans les émissions du soir, à un journal parlé en langue vulgaire. [Il serait utile de] faire jouer les considérations d'intérêt, en utilisant les données économiques du problème, quitte à les traduire sur le plan le plus sensible[13].

Par l'action psychologique, les autorités françaises cherchent à récupérer le problème de conscience des FSNA :

---

12. Entretien réalisé par Gregor Mathias, F 648.
13. CAOM, ministère des Affaires algériennes, affaires militaires et renseignements, action psychologique, 81 F 1676.

> La preuve a été faite, ces dernières semaines, que l'opinion étrangère est surtout sensible à l'argument suivant : « 135 000 musulmans sous les armes au service de la France[14]. »
> Compte tenu de la possibilité qui existe, et qui a déjà été utilisée dans le passé, de projeter des films à l'occasion de débats de l'ONU, il est suggéré de réaliser un documentaire sur le thème défini ci-dessus [...]. Ce documentaire, dont le service d'Information d'Alger devrait prendre l'initiative, devrait, pour atteindre son but, être dépouillé de tous les éléments apparents de propagande, mais il devrait bien mettre en évidence le problème de conscience qui se pose aux musulmans, et qu'il tranche finalement dans le sens français[15].

Fin de service et reconversion

Après leur démobilisation, la France s'efforce d'occuper ses anciens soldats, pour améliorer son image ou éviter qu'ils ne soient récupérés par l'adversaire. À cet effet, des mesures sont envisagées dès 1957, au cours d'une réunion interministérielle du 21 mai, afin de leur assurer une formation :

> On pourra d'ailleurs distinguer entre les débrouillés auxquels on donnera une formation professionnelle et les non-débrouillés qui subiront une préformation à la fin de leur service. Le ministre de la Défense est d'accord pour assumer cette formation à quelques milliers de militaires musulmans, bien que ce soit contraire au principe de l'amalgame prévu entre appelés européens et musulmans[16].

À partir de 1958, des centres de formation professionnelle sont ouverts à Rivesaltes, Alençon, Fontenay-le-Comte et Issoire. L'armée

---

14. Souligné dans le texte d'origine.
15. CAOM, ministère des Affaires algériennes, affaires militaires et renseignements, action psychologique, 81 F 1676 : Comité action psychologique et sociale du 10 août 1959 – secret.
16. CAOM, ministère des Affaires algériennes, affaires militaires et renseignements, action psychologique, 81 F 1676.

oriente les soldats libérés vers la possibilité de s'engager dans les supplétifs, y compris en métropole. Elle leur permet à cette fin de faire valoir leurs états de service dans l'armée régulière. Inversement, l'armée reconnaît par décrets en 1961 l'assimilation des services supplétifs au service militaire[17].

Les supplétifs « musulmans » ont cependant des problèmes de reconversion importants. La non-résolution de ces problèmes, le manque de perspectives, la peur des représailles du FLN les conduisent à chercher des solutions multiformes et souvent douloureuses. L'étude des interviews réalisées par Gregor Mathias fait ressortir que, parmi les appelés démobilisés, nombreux furent ceux qui, livrés à eux-mêmes et sans vision d'avenir, s'engagèrent dans l'armée française ou devinrent supplétifs en France, où ils furent récupérés pour servir d'indicateurs dans les Renseignements généraux :

> Fin 1959, une fois mon service terminé, j'ai été recruté par le capitaine M. pour la police auxiliaire à Paris. J'étais policier en uniforme [...] On nous a mis dans des zones à forte concentration d'immigrés. On a commencé à vivre avec la population, on a fait la médiation sociale, on parlait la langue, c'était plus facile. Les gens étaient proches de nous, c'est comme ça qu'on recueillait les renseignements [...] Le PC était basé dans un hôtel-restaurant d'un immigré, pas loin de la place d'Italie. On interpellait les gars aux bouches de métro, on filtrait tout [...] Le FLN avait des endroits de prédilection, nous on bouclait le XIIIe, on rassurait les gens, on cassait les collectes de fonds [...] C'était pas la joie, mais il fallait des résultats. On était autorisés par les hautes sphères [...] On emmenait les gars à la cave. [...] Pour moi, il n'y a personne qui résiste ; il parle ou il invente. On appelle ça, en psycho, une « brisée sensorielle ». Une période sale[18]...

Le retour de Bachir Hadjadj est l'occasion d'un engagement tout à fait opposé. Fils de caïd de culture française, appelé dans l'armée française, traducteur pendant ses classes, tourmenté par un cas de conscience récurrent vis-à-vis de ses frères algériens en lutte, il n'a pas déserté :

---

17. À ce sujet, *voir* Maurice Faivre, *op. cit.*
18. Interview réalisée par Gregor Mathias, F 652.

> Les déserteurs ont été une minorité. Le FLN lui-même dans des tracts appelait à la désertion. Mais un appel à la désertion ne suffit pas si en face il n'y a pas toutes les structures d'accueil, et le FLN ne faisait pas ça. Vis-à-vis de l'Algérie, je regrette beaucoup de ne pas avoir eu le courage, en tous les cas la prise de conscience suffisante pour faire une action au moment où j'étais militaire. Je l'aurais faite si j'avais trouvé les conditions. Ce manque de confiance s'explique totalement : ces FSNA qui voulaient rejoindre le FLN étaient prêts, encore fallait-il qu'ils se sentent en sécurité, car eux aussi avaient peur de tomber entre les mains de rigolos ou de provocateurs. N'importe qui vient te proposer de déserter, tu ne vas pas déserter avec lui !
> Certainement, il y avait des désertions, mais tu sais, ce n'est pas une démarche simple de prendre les armes contre la puissance occupante de fait. De mémoire d'homme, il y avait toujours eu la France, et de mémoire du père et du grand-père, il y avait la France !
> Des hommes l'ont fait, c'est très bien, ils ont eu la chance d'avoir une formation politique, ou ils ont souffert plus que les autres d'une situation donnée...

« La circonstance ne s'est pas présentée de passer au FLN. Je ne suis pas sûr que j'aurais résisté à l'appel », confie un appelé interrogé par Gregor Mathias[19].

Bachir Hadjadj a accompli jusqu'au bout les vingt-huit mois de son service militaire, dont quatorze en France... En 1960, à son retour à la vie civile, il a 22 ans, et il reprend ses études à Grenoble. Il est membre d'une cellule de la section universitaire dépendant de la Fédération de France du FLN. Au début de l'année 1961, il apprend que « la révolution algérienne lance un appel à des volontaires pour rejoindre les rangs de l'ALN ». Après quelques jours de réflexion, il accepte de s'engager. Il passe au maquis.

Au moment où l'État français honore ses soldats tombés pour la défense de l'Algérie française, faut-il comprendre qu'il adresse, dans le même temps, ses remerciements à ses appelés « français musulmans »

19. Entretien F 631.

qui ont servi sous l'uniforme français ? « Ils ont servi la France ? Ou la France s'est servie d'eux ? », s'interroge un témoin de Gregor Mathias[20].

Laissons Bachir Hadjadj conclure :

> Mon problème concerne la France en tant qu'institution, et non le peuple français. Ce n'est pas normal que toute cette souffrance ait été planifiée, ait été imposée. On ne demande pas à des gens de lutter contre leurs frères...
> L'armée a donné systématiquement à tous les Français, qu'ils soient FSNA, ou d'autres qui sont allés en Algérie une médaille commémorative du « maintien de l'ordre » à la fin de leur service. Mais de la reconnaissance ? Non. D'abord je me sentirais honteux si la France me remerciait d'avoir fait ce que j'ai fait, je ne serais pas à l'aise. Le cas est déjà suffisamment grave pour qu'on n'en rajoute pas en me remerciant.

20. Entretien F 631.

24. À L'ORIGINE DU COMITÉ AUDIN : JACQUES-FERNAND CAHEN

Gérard Boëldieu

De l'homme qui suggéra à Josette Audin et à tous ceux qui la soutenaient de créer un comité pour rechercher son mari[1], préfiguration de ce qui devint le Comité Audin, tout au plus sait-on qu'il était, en 1957-1958, professeur agrégé d'anglais au prytanée militaire de La Flèche et militant de la Nouvelle Gauche.

Michel Winock, qui y milita aussi, est l'un des premiers historiens, sinon le premier, à avoir cité le nom de Cahen – et encore, avec un prénom erroné –, accompagné de sa profession, et à avoir fait état de son initiative[2]. Pierre Vidal-Naquet, que Cahen contacta, dit plus longuement ce qui revient à ce dernier dans la genèse du Comité Audin, comment Cahen l'influença, sans toutefois apporter de nouveaux éléments biographiques[3].

À partir d'une source orale et de documents d'archives locales[4], ces quelques lignes posent les grandes étapes de sa vie et de sa carrière

1. Le 11 juin 1957, au cours de la bataille d'Alger, Maurice Audin, professeur de mathématiques, membre du PCA et militant anticolonialiste, a été arrêté par des parachutistes. Son corps n'a jamais été retrouvé. Malgré les demandes répétées de sa veuve, Josette Audin, et du Comité Audin, les autorités n'ont jamais révélé ce qu'il était advenu de lui. Les seules informations distillées à l'époque laissaient entendre qu'il se serait évadé. Mais l'enquête de Pierre Vidal-Naquet a permis d'établir que Maurice Audin était mort sous la torture le 21 juin 1957.

2. Michel Winock, *La République se meurt*, Paris, Le Seuil, 1978 (nouvelle édition avec postface inédite, Gallimard, « Folio-histoire », 1985, p. 181).

3. Dans le second tome de ses *Mémoires. Le Trouble et la Lumière 1955-1998*, Paris, Le Seuil/La Découverte, 1998, p. 62.

4. Les renseignements d'ordre biographique ont été aimablement fournis par

professionnelle, évoquent ses engagements moraux et politiques qui n'allèrent pas, comme pour d'autres menant le même combat, sans risques personnels au temps de l'OAS.

D'origine juive, Jacques-Fernand Cahen est né le 3 juillet[5] 1908 dans le Ier arrondissement de Paris où son père, d'abord commerçant en gros, vraisemblablement dans le textile, était devenu tailleur d'habits après une faillite. Sa grand-mère maternelle, née Hatzfeld, était juive originaire d'Alsace. Dans sa jeunesse, il a collaboré à *Benjamin*, le journal pour enfants fondé par Jean Nohain, avec qui il a écrit des pièces pour le théâtre et la radio. Déçu par le milieu journalistique, trop corrompu à ses yeux, il a choisi l'enseignement. À la fin des années 1920, il devient le gendre d'Henri Martineau, le pionnier des études stendhaliennes en France, grand bourgeois catholique qui, après s'être offusqué, par antisémitisme, du choix de sa fille, apprécia ses qualités humaines. Lors de la mobilisation de 1939, Cahen, officier de réserve, est depuis peu (1938) surveillant au prytanée militaire de La Flèche. Fait prisonnier en 1940, il reste dans un oflag de Poméranie orientale jusqu'à sa libération par l'Armée rouge en 1945. Sa longue captivité constitue un tournant majeur dans sa vie[6] : par la conscience rétrospective qu'il a eue d'avoir ainsi échappé aux rafles et peut-être à la mort dans une chambre à gaz ; et surtout parce que, à la suite de conversations avec certains

Catherine Sommier, née en 1931, aînée des sept enfants de Jacques-Fernand Cahen, lors d'un entretien à son domicile de La Flèche le 12 mars 2005. Professeur de philosophie et de lettres dans le sud de la France au temps de la guerre d'Algérie, elle ne put alors suivre de près les activités politiques de son père. Les données sur les engagements politiques de Cahen proviennent de rapports du préfet de la Sarthe au ministre de l'Intérieur et de notes d'information des Renseignements généraux (RG) contenus dans des dossiers aujourd'hui conservés aux archives départementales (série W).

5. Selon sa fille et d'après le livret de famille. En novembre 1961, dans une lettre au ministre de l'Intérieur, le préfet donne la date du 3 septembre. Archives départementales de la Sarthe (ADS) 1187 W 42*.

6. Bien que le nom de Jacques-Fernand Cahen ne soit pas mentionné dans la seconde partie « L'expérience du camp : 1940-1945 » de l'ouvrage de François Dosse, *Paul Ricœur. Les sens d'une vie (1921-2005)* (édition revue et argumentée, La Découverte/Poche, Paris, 2008), la lecture de ces pages (p. 75-105) renseigne néanmoins sur ses conditions de vie matérielle, culturelle et religieuse de prisonnier en Porémanie orientale, dans l'entourage plus ou moins proche du philosophe.

compagnons intellectuels, dont le protestant Paul Ricœur, jusqu'alors athée, il se convertit au catholicisme.

De retour à La Flèche catholique fervent, Cahen reprend son service au prytanée et ses études jusqu'à l'obtention de l'agrégation d'anglais. Auteur d'un travail sur le roman américain paru en 1948 dans la revue *Le Divan*, fondée en 1909 par Henri Martineau[7], il se voit confier la rédaction du volume n° 407 de la collection « Que sais-je ? » consacré à la littérature américaine, paru en 1950[8].

Son entrée dans la vie politique sarthoise semble coïncider avec son engagement pacifiste aux côtés des forces politiques opposées à la CED puis au réarmement allemand, à partir de 1953. Il est alors un des principaux animateurs du Comité sarthois contre la CED devenu, en octobre 1954, le Comité sarthois pour la solution pacifique du problème allemand, fondé par le Mouvement de la Paix[9]. Ses réactions à la guerre d'Indochine, s'il en a eu, restent inconnues. Sans attache partisane reconnue en janvier 1954[10], il est signalé en octobre suivant comme le représentant le plus en vue du parti la Jeune République en voie d'organisation dans le département. Favorable au regroupement de la gauche non communiste, il est porté en janvier 1955 à la présidence du premier bureau directeur départemental de la Nouvelle Gauche qui, en septembre 1955, appelle à la constitution d'un « comité sarthois pour les solutions des problèmes d'Afrique du Nord[11] ». Le 3 juin 1956, au rassemblement départemental du Mouvement de la Paix au Mans, préparatoire aux journées nationales des 15, 16 et 17 juin à Paris, Cahen est l'un des seize orateurs. À propos de l'Algérie, après un « exposé argumenté sur le mouvement vers l'indépendance depuis le soulèvement des colonies anglaises », il rappelle le statut non appliqué de 1947 et se

7. Fascicules 267 (juillet-septembre) et 268 (octobre-décembre).
8. Plusieurs (au moins trois) rééditions jusqu'en 2004, date de sa refonte sous une autre plume.
9. ADS 1278 W 337*, notes et rapports des RG sur les activités, de novembre 1953 à décembre 1954, de ce comité.
10. ADS 660 W 97*, rapport mensuel du préfet au ministre de l'Intérieur, octobre 1954.
11. ADS 660 W 59*, rapport mensuel du préfet au ministre de l'Intérieur, septembre 1955, et ADS 660 W 125*, note d'information des RG du 24 octobre 1955 sur l'envoi d'une lettre au président de la République lui demandant de gracier des prisonniers politiques en Algérie, seule activité connue de ce comité quasiment mort-né (ADS 660 W 125*).

prononce pour son indépendance, avec maintien des liens économiques avec la France[12]. Lors des événements de Hongrie, il rompt avec les communistes aux côtés desquels il a milité jusqu'alors. Il aurait adhéré au groupe Socialisme ou Barbarie cofondé en 1948-1949 par son collègue du prytanée, le philosophe Jean-François Lyotard.

Après l'annonce de la disparition de Maurice Audin, Cahen fait partie des universitaires qui protestent publiquement dans le journal *Le Monde*[13]. On ne sait comment lui est venue l'idée d'écrire à Josette Audin[14]. De l'avis de sa fille, sa proposition de fonder un comité pour rechercher Maurice Audin révèle tout le caractère de son père : son honnêteté scrupuleuse, son goût inné de la vérité, le cas de conscience que lui pose l'usage de la torture, plus généralement sa hantise du mal, avivée par ses conversations avec Jean-François Lyotard.

De mars 1956 au début de 1961, on perd la trace de Cahen dans la vie publique sarthoise. Il n'est pas question de lui lors de l'implantation de l'Union de la gauche socialiste (UGS) en 1958. Pas de Comité Audin départemental. Aucun rapport de police ne signale sa présence aux principaux rassemblements contre la guerre d'Algérie.

C'est en avril 1961 qu'on le retrouve lorsque, membre du comité de vigilance anti-OAS de La Flèche, il cosigne, au nom du Sgen (Syndicat général de l'Éducation nationale), une motion condamnant le putsch des généraux à Alger[15]. En novembre, il porte plainte, après avoir reçu au prytanée une lettre manuscrite de l'OAS proférant des menaces à l'encontre des tenants du pouvoir en place, assorties d'appels à sédition[16]. Il n'est cependant pas le seul visé au prytanée : au même moment, Jean Taillé, professeur agrégé de mathématiques, catholique pratiquant comme Cahen, mais non marqué politiquement, reçoit à son domicile un tract posté d'Angers violemment antigouvernemental et anticommuniste.

La lettre reçue par Cahen est à mettre en rapport avec, selon ses propres termes, le « mauvais esprit » qui régnait l'année précédente dans sa classe de « Cyr 5 ». En mars 1962, nouveau dépôt d'une plainte, à la

12. ADS 660 W 125*, rapport des RG du 4 juin 1956.
13. *Le Monde* du 28 août 1958 (nom de Cahen cité, lettre non publiée).
14. Interrogés, deux de ses collègues d'alors ont dit n'avoir alors rien su et ne toujours rien savoir de son initiative.
15. ADS 1359 W 12*, rapport de police du 24 avril 1961.
16. ADS 1187 W 42*, le préfet de la Sarthe au ministre de l'Intérieur, le 18 novembre 1961.

suite de la réception, à son domicile cette fois, d'une lettre de menaces à son encontre[17] :

> Organisation de l'armée secrète. Délégation générale de métropole. Nous avons appris la formation dans votre ville d'un comité antinational dont vous êtes le président [Cahen n'en était pas le président]. Ce comité comprend des communistes notoires [suivent les noms de deux professeurs du prytanée dont celui du secrétaire de la section du Snes et d'un professeur du lycée de La Flèche]. En conséquence, vous devez vous considérer, dès réception de cette note, comme responsable de tous les actes antinationaux qui pourraient être commis dans l'arrondissement de La Flèche.

Trois autres membres du comité local de vigilance, dont deux professeurs du prytanée, également visés, agissent de même. Sont soupçonnés d'être les inspirateurs de ces courriers des militaires, anciens ou d'alors, du prytanée. Ces plaintes répétées entraînent une enquête administrative sur l'« état d'esprit régnant au Prytanée » qui conclut que, relativement à l'OAS, l'établissement constitue un « point très sensible qu'il [faut] surveiller[18] ».

Peu avant la fin de sa carrière de professeur, lassé du prytanée, et aussi pour changer d'horizon, Cahen demande et obtient sa mutation en 1968. Au titre de la coopération, il enseigne l'anglais à Tananarive pendant deux ans, puis à Alger jusqu'en 1973[19]. Il adhère à Amnesty International. Revenu définitivement à La Flèche, il y meurt pieusement le 16 juillet 1987 des suites d'un cancer.

---

17. ADS 1187 W 42. *Ibid.*
18. ADS 1187 W 42. *Ibid.*
19. Données aimablement fournies téléphoniquement par sa fille Christine Colas et son mari, les 24 et 25 octobre 2007.

25. LA CONNAISSANCE DE L'ÉMIGRATION, CLÉ DU REMANIEMENT RÉUSSI DE LA FÉDÉRATION DE FRANCE DU FLN (1957-1958)

Linda Amiri

Dans l'histoire de la guerre d'indépendance, l'émigration algérienne tient une place particulière en raison de sa position géographique et de ses choix politiques. Évoluant dans le pays ennemi qu'est devenue la France, elle est essentiellement constituée d'une classe ouvrière capable de souscrire une cotisation relativement élevée et régulière. Pour ces deux raisons, elle est l'objet de toutes les convoitises de la part du Mouvement national algérien (MNA) et du Front de libération nationale (FLN). En décembre 1954, Messali Hadj conserve l'essentiel de la Fédération de France du Mouvement pour le triomphe des libertés démocratiques (MTLD). Mais, avec l'arrivée des premiers émissaires du FLN[1] au début de l'année 1955, l'hégémonie politique du MNA se fissure. Tiraillées entre un parti indépendant et un parti qui unifie plusieurs

1. La première fédération a été constituée de Mourad Tarbouche, Noureddine Bensalem, Ahmed Doum, Abderrahmane Gueras, Salah Louanchi, Mohamed Madhi, Abdelkrim Souici, Ahmed Taleb-Ibrahimi ; la deuxième fédération (fin 1956-26 février 1957), de Mohamed Lebjaoui, Rabah Bouaziz, Tayeb Boulahrouf, Ahmed Boumendjel, Kaddour Ladlani, Hocine Moundji, Abdelkrim Souici, Ahmed Taleb-Ibrahimi, Youcef Bensiam, Hocine El-Mehdaoui, Brahim Sid Ali Mebarek. À partir du 27 février 1957, Tayeb Boulahrouf assure l'intérim jusqu'à l'arrivée de Boudaoud le 10 juin 1957. Durant cette période d'intérim, le comité fédéral se compose de Tayeb Boulahrouf (chef), Messaoud Guedroudj (logistique), Rabah Bouaziz (Organisation spéciale), Moundji Zine el-Abidine (finances et organisations parallèles) et Mohammed Harbi (presse et information).

tendances politiques, les anciennes kasmas[2] du MTLD se divisent. Si, au départ, la neutralité par le gel des cotisations est possible, rapidement la tension est telle que le choix d'un camp politique est inévitable. Dans cette « guerre dans la guerre[3] », l'année 1956 marque un point de non-retour : la guerre idéologique se double d'une lutte armée qui se prolongera jusqu'en 1962, malgré différentes tentatives de réconciliation.

Progressivement, le FLN réussit à contrôler l'émigration sans parvenir à la rallier dans son ensemble : dans l'Est, le Centre, le Sud-Ouest et particulièrement le Nord, le MNA se maintient dans certaines villes ou quartiers. Mais la tâche de la Fédération de France du FLN n'est pas seulement la lutte pour l'hégémonie politique. Elle doit également légitimer sa cause auprès de l'opinion publique française, afin de s'imposer comme seul interlocuteur. Pour ce faire, elle se dote d'une Commission presse et information (CPI) chargée de la propagande. À la fin de l'année 1956, le Comité de coordination et d'exécution (CCE)[4] modifie sa stratégie militaire en choisissant d'ouvrir un second front et de porter la guerre en France. Une décision qui explique la désignation d'un membre du Conseil national de la révolution algérienne (CNRA), Mohamed Lebjaoui, comme chef de la Fédération. Sa nomination met définitivement fin au conflit opposant l'intérieur à l'extérieur[5].

Bourgeois algérois, Lebjaoui est décrit par Mohammed Harbi comme un militant « capable de défendre ses idées à ses risques et périls », ouvert d'esprit mais dépourvu des « qualités d'un homme de l'ombre[6] ». Lorsqu'il arrive en France en janvier 1957, il ignore tout de l'émigration. Après avoir pris connaissance de la situation, « des moyens de l'organisation et des possibilités tant matérielles que politiques[7] », il estime que les « recommandations » d'Abane Ramdane promulguées au

2. Instance de base du FLN composée de cellules.
3. Expression empruntée à Mohammed Harbi.
4. Il s'agit de l'organe représentant le pouvoir exécutif du FLN, ancêtre du GPRA.
5. Au début de la guerre d'indépendance, la Fédération de France du FLN est un pouvoir extérieur que se disputent Abane Ramdane et Mohamed Boudiaf, ancien responsable à l'organisation de la Fédération de France du PPA-MTLD. Voir Gilbert Meynier, *Histoire intérieure du FLN (1954-1962)*, Paris, Fayard, 2002, p. 172-173.
6. Mohammed Harbi, *Une vie debout. Mémoires politiques*, t. I : *1945-1962*, Paris, La Découverte, 2001, p. 200.
7. Mohamed Lebjaoui, *Vérités sur la révolution algérienne*, Alger, Anep, 1970, rééd. 2005, p. 78.

nom du Comité de coordination et d'exécution (CCE) ne peuvent être appliquées. De fait, il renonce aux attentats pour concentrer ses efforts sur la réorganisation interne. Il nomme Amar Ladlani, dit Kaddour, Salah ou Pedro, membre du comité fédéral chargé du *nidham*[8]. Sur proposition de Mohammed Harbi, membre de la CPI, Lebjaoui met en place l'Amicale générale des travailleurs algériens (AGTA), le Comité des juifs algériens pour l'indépendance, ainsi qu'une Organisation des intellectuels algériens[9]. C'est également sous sa direction qu'est organisée la grève des huit jours (28 janvier-4 février 1957) qui impose définitivement le FLN dans l'émigration. Le succès est cependant chèrement payé, dans la mesure où les réunions préparatoires permettent à la police française de mettre en place des surveillances qui conduisent à l'arrestation de la quasi-totalité des cadres fédéraux, dont Mohamed Lebjaoui, Salah Louanchi et Ahmed Taleb-Ibrahimi.

Pour la troisième fois de son histoire, la Fédération de France du FLN est amputée de sa direction. Une situation qui exaspère le CCE, d'autant qu'il doit faire face à la « grande répression d'Alger[10] ». En France, Tayeb Boulahrouf assure l'intérim jusqu'à la nomination d'Omar Boudaoud, le 10 juin 1957. Le CCE donne pour instructions à ce dernier :

> d'intensifier la lutte armée en exécutant les personnalités ultras, en allumant des incendies de forêts, en sabotant les voies de communications et les centres vitaux de l'économie française [...], de lutter contre le MNA [et] d'abattre tous les dirigeants de ce parti [...], d'intensifier la propagande [...], [et enfin] de faire rentrer le maximum d'argent possible[11].

Pour l'aider dans sa tâche, Abane Ramdane[12] a procédé quelques mois plus tôt au recrutement d'un officier de l'ALN de la wilaya 4,

8. Organisation politico-administrative.
9. Mohammed Harbi, *op. cit.*, p. 200.
10. Expression empruntée à Gilbert Meynier. Elle désigne ce que l'armée française a appelé la « bataille d'Alger » (1957). Compte tenu du rapport de force disproportionné entre l'armée et le FLN, le terme de « bataille » est inapproprié.
11. Procès-verbal de la réunion du CCE du 10 juin 1957, cité par Mohammed Harbi, *op. cit.*, p. 389.
12. La notoriété a fixé la présentation de l'identité d'Abane Ramdane dans ce sens (nom puis prénom). Elle est adoptée ici pour cette raison.

Rabah Bouaziz, dit Saïd. Affecté à la Fédération de France au début de l'année 1957, Bouaziz est chargé de mettre en place une organisation militaire dite « Organisation spéciale » (OS) [13]. Au printemps 1958, c'est au tour d'Ali Haroun, dit Thami, de le rejoindre sur ordre du CCE. Il a en charge la CPI, en remplacement de Mohammed Harbi [14]. Ces nominations sont le prélude à la mise au pas de la Fédération de France du FLN. Omar Boudaoud maintient à son poste Amar Ladlani et rappelle Abdelkrim Souici, récemment libéré de prison.

Boudaoud, Ladlani, Bouaziz, Souici et Haroun forment le quatrième et dernier comité fédéral (février 1958-5 juillet 1962), le « comité des cinq ». Si l'on connaît aujourd'hui un peu mieux leur action, on ignore tout des hommes qui le composent. Jusqu'à leur arrivée, le comité fédéral était dirigé par des militants en provenance d'Algérie ou issus de l'émigration. Selon l'historien Gilbert Meynier, à partir de 1957, tous les cadres fédéraux nouvellement affectés sont des « parachutés », sous-entendant par là qu'ils sont étrangers à l'émigration ouvrière et à sa tradition politique héritée de l'Étoile nord-africaine [15]. Le parcours politique des membres du comité des cinq avant l'insurrection du 1er novembre 1954, tel qu'il nous est aujourd'hui possible de le restituer, incite à nuancer cette interprétation [16]. Comment et pour quelles raisons les hommes du comité des cinq ont-ils été choisis ? Quelle était leur connaissance de l'émigration algérienne avant leur affectation ? C'est à ces questions que cet article entend répondre.

Parcours de militants

Les hommes qui composent le comité des cinq sont de jeunes trentenaires originaires de Kabylie (Rabah Bouaziz, Amar Ladlani et Omar Boudaoud), d'Alger (Ali Haroun) et de Bône, dans l'est du pays (Abdelkrim Souici). C'est dans l'Algérie des années 1940 que tous, à l'exception d'Ali Haroun, se sont initiés à la politique au sein du Parti

13. Entretien avec Rabah Bouaziz à Alger, le 23 mai 2007.
14. Entretien avec Ali Haroun à Alger, le 19 mai 2007.
15. Gilbert Meynier, *op. cit.*, p. 73-76.
16. Ce travail repose sur des sources écrites ou orales, notamment une série de longs entretiens avec Omar Boudaoud, Rabah Bouaziz, Ali Haroun. Amar Ladlani est décédé en 2004, ses mémoires posthumes seraient en cours de publication. Abdelkrim Souici est mort en 2005.

du peuple algérien (PPA). Mais, pour certains, cette prise de conscience politique est intervenue avant même leur adhésion à ce parti. Ainsi en est-il de Rabah Bouaziz.

Rabah Bouaziz, l'homme de l'Organisation spéciale (OS)

Né en 1928 à Tizi-Rached, Rabah Bouaziz est issu d'une famille de paysans dont les terres ont été confisquées par l'État français à la suite de l'insurrection de Mokrani, en 1870-1871. Orphelin de père, il est élevé par sa grand-mère. Sur les conseils d'un parent instituteur, cette dernière le scolarise jusqu'au certificat d'études primaires. Mais le déclenchement de la Seconde Guerre mondiale entraîne la fermeture de son école, sans qu'il ait pu passer son diplôme. Au début des années 1940, le pays est en proie à la disette ; pour gagner sa vie, Rabah Bouaziz participe aux vendanges. Révolté par ses conditions de travail (longues journées de besogne, salaire aléatoire et dérisoire), il décide, avec les plus jeunes ouvriers agricoles, de faire part de ses revendications au colon. Ils sont aussitôt renvoyés. Cette expérience lui fait prendre conscience que lutte sociale et lutte politique ne sont pas antinomiques, bien au contraire ; toute revendication contre la domination coloniale est inévitablement politisée. Ce n'est donc pas un hasard si les drapeaux verts portant croissant et étoile ont toujours flotté lors des grèves et manifestations des ouvriers algériens, et ce, avant même la création de l'Étoile nord-africaine[17]. Après avoir passé quelque temps à Alger, il est de retour au village en 1945. Il a alors 17 ans et fait ses premières armes en politique. D'abord en intégrant les Scouts musulmans algériens, puis le commando du PPA de Tizi-Rached, dirigé par Ali Laïmèche[18].

---

17. Voir les travaux de Nora Benallègue-Chaouia, *Algérie. Mouvement ouvrier et question nationale 1919-1954*, Alger, OPU, 2005.

18. Ali Laïmèche (1925-1946) est un militant nationaliste originaire de Tizi-Rached. Lycéen, il adhère au PPA en 1942. En 1944-1945, il fait partie du « groupe de Ben Aknoun » aux côtés de Hocine Aït Ahmed. Après avoir obtenu la première partie de son baccalauréat, il quitte Alger pour se lancer dans l'action militante. Affecté en 1945 à Fort-National, il organise un commando d'une centaine de volontaires de Tizi-Rached tout en menant un travail politique auprès des villageois alentour. Il meurt en 1946 des suites d'une maladie. Ali Laïmèche est l'un des premiers auteurs de poèmes nationalistes berbères. Voir Benjamin Stora, *Dictionnaire biographique de militants nationalistes algériens (1926-1954)*, Paris, L'Har-

L'échec du soulèvement du 8 mai 1945 et la violence de la répression le persuadent que seule la lutte armée peut aboutir à l'indépendance. En 1946, il rejoint la capitale algérienne afin de trouver du travail. Réceptionniste dans un hôtel d'Alger, il est renvoyé quelques mois plus tard pour avoir hébergé clandestinement des militants nationalistes. Son beau-frère l'invite alors à le rejoindre en France, ce qu'il fait en 1947. Il s'installe en Ille-et-Vilaine, puis en Belgique, où il est ouvrier métallurgiste. Expulsé pour raison économique, il rejoint Paris en 1949 et milite dans la Fédération de France du MTLD. Alors que le parti est confronté à la crise dite « berbériste[19] », Rabah Bouaziz soutient la direction de la Fédération ainsi que les auteurs de la brochure *L'Algérie libre vivra*[20]. À l'issue de la crise, il quitte volontairement le parti, par solidarité avec les cadres « berbéristes » exclus, mais surtout parce qu'il ne partage pas la conception de la nation imposée par la direction. Désormais, il se consacre à ses activités syndicales au sein de la CGT. En 1951, il s'installe en Lorraine où il devient mineur et délégué syndical. Soucieux de sortir de sa condition sociale, il passe un CAP de travaux publics. En retrait de la politique, il suit cependant avec attention les soubresauts internes du MTLD et reste en contact avec des militants. Très hostile envers Messali Hadj, il soutient les centralistes. Pendant l'été 1954, il se rend en Kabylie, où il renoue avec le parti, avant de rentrer en France peu avant le déclenchement de l'insurrection. Sans hésiter, Rabah Bouaziz rejoint alors les premiers noyaux du FLN. Collecteur de

---

mattan, 1985, p. 179, et M. Benbrahim, *Ali Laïmèche (1925-1946)*, www.inalco.fr/crb/crb_2/Fiches_bio/Laimeche.pdf.

19. La crise berbériste débute en septembre 1948 avec la publication du mémoire de Messali Hadj à l'ONU, où il estime que l'histoire de la nation algérienne débute avec la conquête arabe et l'islamisation du pays. En 1949, des intellectuels kabyles, membres du PPA, réfutent cette conception arabo-musulmane de la nation et défendent, dans la brochure *L'Algérie libre vivra*, une nation et une histoire plurielle, c'est-à-dire berbère, turque et musulmane. Signée Idir El-Watani, cette brochure a été en fait rédigée par Yahia Henine, Me Mabrouk Belhocine et le docteur Sadek Hadjeres. En France, des militants comme Rachid Ali Yahia, membre de la direction fédérale du parti, défendent également cette conception. L'opposition entre les partisans des deux tendances est telle que le débat provoque une crise au sein du parti. Pour y mettre un terme, la direction, partisane de la thèse défendue par Messali Hadj, décide, à la fin de l'année 1949, l'éviction de tous les militants jugés responsables du « complot berbériste ». Voir Gilbert Meynier, *op. cit.*, p. 94-96.

20. Voir note précédente.

fonds, il est arrêté au cours de l'année 1955 et transféré vers l'Algérie, vraisemblablement sur dénonciation d'un militant du MNA[21]. Interné durant plusieurs mois à la prison de Barberousse, il est libéré faute de preuves et grâce au soutien de la CGT. Il décide de prendre le maquis et devient officier de l'Armée de libération nationale (ALN) dans la wilaya 4. En février 1957, il apprend, par l'intermédiaire de Si Sadek[22], l'arrestation des membres du comité fédéral de la Fédération de France du FLN :

> Un jour, il [Si Sadek] vient me voir, parce que j'étais rattaché au PC. C'était un militant de la Fédération de France, c'était un immigré, mais qui avait fait aussi la guerre 1939-1945. Comme on discutait, il m'annonça que tous les responsables de la Fédération avaient été arrêtés, Louanchi, Taleb... tout le monde ; j'ai dit : « Ils ont été noyautés, c'est simple – C'est pas normal ! Qu'est-ce qu'on peut faire ? » Je dis : « Je ne sais pas moi, il faut structurer. » On a discuté et un jour il m'appelle : « Il y a eu une réunion pour avoir des volontaires pour faire des actions suicides. Tu as compris le sens ? – Oui, il faut prendre des risques. » Il m'a dit : « Non ! C'est plus que des risques ! » Je lui ai dit : « Nous, si on est là, c'est qu'on est volontaires pour l'action ! » Il m'a dit : « On a discuté avec Abane des actions à porter en France. Puisque toi tu es volontaire, tu vas voir Abane[23]. »

Abane Ramdane voit en lui l'homme capable de mettre en place une organisation militaire et d'appliquer à la lettre les directives du CCE. Il lui donne alors l'ordre de se rendre clandestinement à Paris. L'homme qui prend la tête des actions militaires de la Fédération de France du FLN possède en effet une bonne connaissance de l'émigration et une expérience militaire. C'est un radical qui place la lutte pour

21. Entretien avec Rabah Bouaziz à Alger, le 23 mai 2007.
22. Né en 1925 à Ouadhias (Kabylie), Dehiles Slimane, dit Si Sadek, milite au PPA en 1945. Après la répression du 8 mai 1945, il rejoint le maquis aux côtés de Krim Belkacem. Au début des années 1950, il s'établit à Remiremont dans l'est de la France. Peu après la Toussaint 1954, le 2 novembre, il prend le maquis. Délégué de la zone IV au congrès de la Soummam, il dirige la wilaya 4 après le départ de Ouamrane pour la Tunisie. Colonel commandant de la wilaya 4, il est membre du CNRA de 1957 à 1962. Voir Benjamin Stora, *op. cit.*, p. 173.
23. Entretien avec Rabah Bouaziz à Alger, le 23 mai 2007.

l'indépendance au-dessus de tout. Sa détermination l'amène à organiser les premiers attentats du FLN : il est l'initiateur et l'organisateur de l'attentat contre Ali Chekkal le 26 mai 1957, alors que celui-ci se trouve à la tribune officielle du stade de Colombes aux côtés du président René Coty. De 1957 à l'indépendance, il dirige l'Organisation spéciale et met sur pied un service de renseignements qui parvient à s'infiltrer au sein de la DST.

Amar Ladlani : le responsable du nidham

Né en 1925 dans un village proche de Tizi-Ouzou, Amar Ladlani s'installe à Alger où il milite au PPA comme chef de groupe. À 24 ans, il décide d'émigrer et rejoint le Nord-Pas-de-Calais, plus exactement Liévin. En 1950, c'est en tant que permanent de la Fédération de France du MTLD qu'il est désigné « régional » du Centre puis du Nord. Il travaille alors sous la direction de Mohamed Boudiaf et de Mourad Didouche, tous deux responsables à l'organisation[24]. Centraliste, c'est tout naturellement que Ladlani rejoint les premiers noyaux du FLN. En juillet 1955, il est nommé adjoint d'Abderrahmane Guerras pour le Centre, et en janvier 1956 il est le responsable régional du Centre-Sud (Lyon, Marseille et Côte d'Azur). Une ascension rapide mais logique pour ce militant éprouvé qui a accepté de rallier le FLN au plus bas niveau de la hiérarchie. Son travail est jugé « excellent » par Mohamed Lebjaoui[25], au point que celui-ci le promeut membre du comité fédéral responsable de

24. En 1953, la Fédération de France du PPA-MTLD est dirigée par une « délégation permanente » composée de quatre membres (Moussa Boulkeroua, Tayeb Boulahrouf, Mohamed Ben M'Hel et Yazid M'Hamed). Son organisation repose sur deux responsables à l'organisation (Mohamed Boudiaf et Mourad Didouche) et quatre délégués régionaux chargés de superviser sur une région donnée l'action du PPA-MTLD : Lamroun Mostefa (région parisienne), Abderrahmane Guerras (région lyonnaise), Fodil (dit Nourredine) Bensalem (région Est), Mourad Tarbouche (région Sud) et Amar Ladlani (région Nord). Enfin, des commissions spécialisées ont pour charge de superviser différents secteurs : le travail syndical (Omar Belouchrani et Safi Boudissa), les étudiants (Emir Benaissa, Mohamed Benguettat, Mohammed Harbi et Larbi Madi), la presse (Ali Mahsas et Ben M'Hel), le soutien aux victimes de la répression (Larbi Madi) et le travail illégal (Abdellah Filali). Voir Benjamin Stora, *Histoire politique de l'immigration algérienne en France (1922-1962)*, thèse de doctorat d'État sous la direction de Charles-Robert Ageron, université Paris-XII, 1990, p. 254.
25. Mohamed Lebjaoui, *op. cit.*, p. 77.

l'organisation. Au début de l'année 1957, Amar Ladlani échappe au coup de filet de la DST, ce qui lui permet de poursuivre sa mission et de perfectionner le *nidham*. C'est également plus tard lui qui nomme et dirige les contrôleurs de wilayas et gère les filières d'évacuation des cotisations. Lorsque Omar Boudaoud prend contact avec Tayeb Boulahrouf en juin 1957, Ladlani s'impose comme un cadre essentiel au bon fonctionnement de la Fédération de France du FLN.

Ali Haroun : un « intellectuel » au comité des cinq[26]

Ali Haroun est sans doute celui qui doit le plus à la Fédération de France du MTLD, car c'est avec elle qu'il milite pour la première fois. Né en 1927 dans le quartier d'El Mouradia à Alger, il est issu d'une famille modeste. Grâce au soutien de ses instituteurs, Ali Haroun poursuit de brillantes études secondaires et s'inscrit à la faculté de droit d'Alger. L'ambiance pesante et le racisme des professeurs l'amènent à vouloir poursuivre ses études en France. Pour financer son projet, il décide de passer le concours de rédacteur. En 1947, il est affecté au ministère de l'Éducation nationale, rue de Grenelle à Paris. Étudiant en troisième année de droit, il partage sa vie entre ses études et son travail sans s'intéresser réellement à la vie politique. Son ami Saïd Slyemi, syndicaliste chez Renault et militant nationaliste, l'initie aux thèses du MTLD. En sa compagnie, Haroun assiste à des réunions politiques et fréquente les cafés algériens de la capitale, haut lieu de politisation de l'émigration algérienne. C'est aussi Slyemi qui lui présente pour la première fois Omar Boudaoud de passage à Paris[27]. Ali Haroun choisit de militer au sein de la section étudiante du MTLD dirigée par M'Hamed Yazid, dit Zoubir. À la fin de l'année 1951, il participe au Comité de réception des délégations arabes et musulmanes auprès de l'Assemblée générale de l'ONU, qui se tient à Paris. C'est à cette occasion qu'il rencontre pour la première fois Messali Hadj[28]. Lors de la crise de 1953, Ali Haroun

26. Entretien avec Ali Haroun à Alger, le 19 mai 2007.
27. Omar Boudaoud, *Du PPA au FLN. Mémoires d'un combattant*, Alger, Casbah, p. 81.
28. Entretien avec Haroun à Alger, le 19 mai 2007. Ce comité a été fondé par le MTLD, l'UDMA et les oulémas. Voir Mohammed Harbi, *Aux origines du FLN : la scission du PPA-MTLD. Contributions à l'histoire du populisme révolutionnaire en Algérie*, Paris, Christian Bourgois, 1975, p. 45-46.

soutient les centralistes. Ses études terminées, il repart à Alger pour y effectuer la fin de son stage et s'illustre à la conférence où il est désigné premier secrétaire. En novembre 1954, il suit avec fébrilité les événements, mais ses engagements professionnels lui imposent de quitter le pays pour le Maroc, où il travaille dans un cabinet d'avocats à Fès. Il milite dans les premiers noyaux FLN de ce qui devient bientôt la Fédération du FLN au Maroc. En juin 1956, Mohamed Boudiaf le charge de lancer l'édition B de *Résistance algérienne* à Tétouan ; Hocine Bouzaher et Mahieddine Moussaoui l'y rejoignent par la suite. L'année suivante, le journal cesse au profit d'*El Moudjahid*. Lorsque Abane transfère le siège du journal à Tunis, Ali Haroun entre au sein de son équipe francophone. Il y reste jusqu'aux événements de Sakiet-sidi-Youssef, le 8 février 1958 :

> Quelques jours après, j'ai reçu un message du Caire me disant : « RDV à Madrid. » Je ne savais pas où j'allais, j'en savais rien. Pendant la guerre, on ne demandait pas d'explication. On vous dit : « Va à tel endroit », vous ne dites pas : « Pourquoi j'y vais ? Pourquoi faire ? » Vous exécutez sans discuter. Donc je suis allé à Madrid, on m'a donné l'adresse et le point de chute. Je suis allé à ce point de chute, j'ai trouvé quelqu'un qui était déjà au courant puisqu'on l'avait informé que quelqu'un allait venir. Et donc il m'a dit : « Écoutez, attendez là, on va vous dire ce qu'il en est. » Et au bout d'une semaine je crois, dix jours, Omar Boudaoud est arrivé et m'a dit : « Voilà, tu es muté de Tunis à la Fédération de France. » J'ai dit : « Très bien. » Il a ajouté : « Écoute, je reviendrai dans une semaine et nous rentrerons en France. » J'ai répondu : « Très bien », et puis il est parti. Et puis la première semaine, la deuxième... J'ai attendu, je crois, huit semaines à Madrid ! Et quand il est revenu, il m'a dit : « Écoute, on a une catastrophe parce que notre filière sur les Pyrénées a été brûlée. [...] Tu vas prendre l'avion pour aller à Genève. De Genève, tu vas prendre le train pour aller en Allemagne. En Allemagne tu vas à Cologne à tel endroit, et de là on te donnera des directives. » C'est ce que j'ai fait[29].

C'est ainsi qu'Ali Haroun intègre la Fédération de France du FLN en avril 1958. Désigné responsable de la CPI, il remplace

29. Entretien avec Ali Haroun, Alger, le 19 mai 2007.

Mohammed Harbi et intègre le comité fédéral. Ali Haroun a également en charge la défense des détenus.

Omar Boudaoud : un vétéran étranger à l'émigration[30] *?*

Né en 1924 à Azroubar près de Tigzirt, Omar Boudaoud est issu de la petite bourgeoisie rurale. Titulaire du certificat d'études primaires, il est diplômé de l'Institut supérieur d'arboriculture de Mechtras. À 18 ans, c'est grâce à la lecture d'un tract des Jeunesses du PPA qu'il découvre l'existence de ce parti. Enthousiasmé par les thèses nationalistes, il prend contact avec Mohamed Zerouali, un responsable du PPA à Dellys. En sa compagnie, il assiste à une réunion clandestine dirigée par Reski Djemâa au cours de laquelle il prend connaissance des méthodes de recrutement du parti. De retour dans son village de Taourga, il applique ses consignes et, tout en contribuant à la mise en place d'un réseau de sympathisants, il recrute les premiers militants. Il est ensuite désigné responsable de la commune de Baghlia et membre du comité de région. Lors des événements de mai 1945, le mot d'ordre d'insurrection générale lui parvient le 10 du mois. Le 22 mai, dans l'après-midi, il reçoit *in extremis* le contrordre alors même que les villageois s'étaient préparés à l'insurrection[31]. Cependant, comme de nombreux militants, il est repéré pas les services de police et arrêté le 31 mai 1945. Conduit à la gendarmerie de Tizi-Ouzou, il est placé sous mandat de dépôt, puis assigné à résidence au camp de Bossuet. Alors qu'aucun élément ne prouve son appartenance au PPA, il est dénoncé par le responsable de Dellys, qui a avoué sous la torture[32]. Il est aussitôt transféré à Alger et interrogé à la villa des Oiseaux. Là, Omar Boudaoud est soumis à plusieurs reprises à la question avant d'être incarcéré au « fort turc » de Fort-de-l'Eau. Placé sous mandat de dépôt, il est ensuite emprisonné à Barberousse, où il reste jusqu'à son amnistie en mars 1946. Cette terrible expérience renforce son militantisme et sa foi dans le combat indépendantiste :

> La prison, c'était vraiment une école extraordinaire ! On était des militants venant d'à peu près partout d'Algérie ! Fallait voir ! Ma

30. Entretien avec Omar Boudaoud à Alger, le 21 mai 2007.
31. Omar Boudaoud, *op. cit.*, p. 36-40.
32. *Ibid.*, p. 41.

première arrestation à Barberousse ça a été quelque chose de fantastique pour moi ! Je suis sorti vraiment gonflé de là-bas ! C'était un peu... le territoire algérien, mais les Algériens n'en avaient aucune connaissance. Donc il y a eu un malaxage qui s'est fait et une confiance qui est née ! Et c'est là que j'ai compris la grandeur d'âme du parti à l'époque ! Le sens de la nation algérienne chez des Algériens[33].

À sa sortie de prison, Omar Boudaoud reprend ses activités politiques et devient responsable de la région de Dellys, première étape de la tournée de Messali Hadj en Kabylie en 1947. En tant que responsable régional, il est d'ailleurs chargé de l'organisation de cette étape. Celle-ci lui offre l'occasion de côtoyer le Zaîm. La même année, il est élu conseiller municipal MTLD de Baghlia[34]. Dans le même temps, il est le responsable de l'Organisation spéciale (OS) pour la Basse Kabylie. Mais, en avril 1949, alors que la répression s'abat sur l'OS, il est arrêté et interné près d'un mois au siège de la police judiciaire de Tizi-Ouzou, où il est torturé. Transféré à la prison de Tizi-Ouzou, il y reste sept mois aux côtés d'autres militants, dont Omar Oussedik[35], avant d'être envoyé à la prison de Barberousse à Alger. L'ambiance entre les prisonniers politiques est alors très différente de celle qui prévalait en 1945 ; les stigmates de la crise dite « berbériste » ainsi que le démantèlement de l'OS assombrissent le moral des militants[36]. À sa libération en 1951, Omar Boudaoud se dit « catastrophé » par la situation du parti, dans lequel il n'a d'ailleurs plus confiance[37]. Il décide de rejoindre Le Caire via Paris, où il espère entrer en contact avec le Bureau du Maghreb arabe[38]. Il arrive à Paris au cours de l'été 1952 et se trouve ainsi pour la première fois en France. Il ignore alors tout de l'émigration algérienne, bien qu'il ait de la famille installée dans la capitale. S'il ne milite plus, il côtoie des militants tels qu'Ali Mahsas, Omar Oussedik ou M'Hamed Yazid. Avec deux associés, il prend un café en gérance à Issy-les-Moulineaux jusqu'à la fin 1953, puis occupe un emploi de vendeur au *Bon Marché*.

---

33. Entretien avec Omar Boudaoud à Alger, le 21 mai 2007.
34. Omar Boudaoud, *op. cit.*, p. 56.
35. *Ibid.*, p. 71.
36. *Ibid.*, p. 74.
37. Entretien avec Omar Boudaoud à Alger, le 21 mai 2007.
38. Sur la question du Bureau du Maghreb arabe, voir Gilbert Meynier, *op. cit.*, p. 73-76.

En 1955, alors que la Fédération de France du FLN se constitue, Omar Boudaoud fait le choix, comme beaucoup d'Algériens à cette époque, d'envoyer ses cotisations directement à son village d'origine. À la fin de l'année, n'y tenant plus, il décide de rejoindre l'Algérie en passant par le Maroc. Mais au lieu des maquis, Omar Boudaoud se retrouve militant dans les premiers noyaux du FLN au Maroc, tout comme Ali Haroun. Chargé de l'armement pour la région de Meknès, Fès et une partie du Sud, il intègre le comité fédéral de la Fédération du FLN au Maroc, en devient le responsable logistique, puis financier. De passage à Tétouan, Abane Ramdane rencontre Omar Boudaoud au printemps 1957 ; Abane connaît son parcours avant guerre et voit en lui l'homme capable d'imposer à la Fédération de France les directives du CCE. À ce titre, il a pour charge de coordonner le comité fédéral et d'assurer les liaisons avec les hautes instances de la révolution.

Abdelkrim Souici : le trésorier de la Fédération de France

Issu d'une famille politisée, Abdelkrim Souici adhère très jeune au PPA-MTLD. Au début des années 1950, il est accusé d'« atteinte à la sûreté de l'État » et traduit devant un tribunal pour enfants[39]. En février 1954, il vient s'installer en France et devient permanent de la Fédération de France du PPA-MTLD[40]. Centraliste, il décide de repartir en Algérie et participe au Comité révolutionnaire pour l'unité et l'action (CRUA)[41]. Arrêté après l'insurrection de novembre 1954, il est libéré faute de preuves et décide de retourner à Paris. En contact avec Mourad Tarbouche, il rejoint les premières cellules du FLN avant d'être nommé responsable adjoint d'Ahmed Doum pour la région parisienne. Arrêté en août 1957, il bénéficie d'une liberté provisoire quelques mois plus tard. Abdelkrim Souici reprend contact avec le FLN. D'un naturel discret, il prend en charge les finances de la Fédération de France, la section universitaire et l'AGTA.

Le parcours de ces militants s'inscrit dans un processus migratoire dicté par des raisons économiques et/ou politiques, qui, en retour,

39. Ali Haroun, *La 7e Wilaya. La guerre du FLN en France, 1954-1962*, *op. cit.*, p. 40.
40. Benjamin Stora, *Histoire politique de l'immigration algérienne en France (1922-1962)*, *op. cit.*, p. 118.
41. *Ibid.*

structure de nombreuses communautés villageoises d'Algérie. Pour reprendre la classification des chefs fondateurs du FLN proposée par Gilbert Meynier[42], sur les cinq membres du quatrième comité fédéral de la Fédération de France du FLN, deux d'entre eux au moins sont des *party-made-men* (Ladlani et Souici), et deux se définissent par rapport à la *thawra* (« rupture violente » ou « révolution »), à savoir Bouaziz et Boudaoud. Enfin, du fait de sa formation universitaire, Ali Haroun est l'intellectuel du groupe, mais aussi le militant le moins expérimenté. Ensemble, ces hommes développent des organisations mises en place avant leurs nominations (OS, CPI, *nidham*, finances, etc.), tout en bouleversant la structure de la Fédération sous l'effet de leur radicalisme et de leurs méthodes.

Un remaniement brutal sur ordre du CCE

Dans un premier temps, Omar Boudaoud procède à la restructuration de la Fédération en s'appuyant sur les cadres fédéraux déjà en place : Mohammed Harbi, Messaoud Guedroudj, Amar Ladlani, Moundji Zin el-Abidine et Rabah Bouaziz. Quant à Ahmed Boumendjel, il décide, pour des raisons personnelles, de rejoindre Tunis de son propre chef. À cette date, le comité fédéral est donc composé de six membres, dont deux mandatés par le CCE. Omar Boudaoud maintient le principe de la direction collégiale qui prévalait avant son arrivée, mais pose un préalable : les directives du CCE font force de loi. Il estime également que, en cas d'égalité des voix lors d'un vote, la sienne en tant que représentant du CCE sera prépondérante[43]. Mais, dans le secret, il décide de procéder à un remaniement et d'écarter Moundji et Harbi. Le 13 février 1958, il adresse à Krim Belkacem, responsable militaire du CCE, un rapport dans lequel il décrit Moundji comme un « élément trouble » et Harbi comme un « militant du Parti communiste ». En les désavouant, il souhaite obtenir leur départ et propose le remplacement de Mohammed Harbi par Ali Haroun[44]. En mars 1958, Moundji est arrêté par la police française. Omar Boudaoud choisit de ne pas le remplacer.

42. Gilbert Meynier, *op. cit.*, p. 134.
43. Mohammed Harbi, *Une vie debout*, *op. cit.*, p. 205.
44. *Ibid.*, p. 222.

Messaoud Guedroudj fait également les frais de ce remaniement qui ne dit pas son nom[45].

En avril 1958, Omar Boudaoud transfère le comité fédéral en Allemagne. Tel un gouvernement en exil, celui-ci contrôle désormais l'émigration depuis l'extérieur. Sur place, les contrôleurs de wilayas veillent à appliquer ses directives. Afin de garder le contact avec l'émigration, les responsables fédéraux (en particulier Ladlani et Bouaziz) se rendent clandestinement en France lorsque leur présence est nécessaire (réunions, contrôle, actions, etc.). Le même mois, Ali Haroun prend ses fonctions à la tête de la CPI, tandis que Mohammed Harbi est affecté à la logistique. Ce remaniement accompagne les derniers préparatifs relatifs aux attentats prévus pour la nuit du 25 août 1958. En juillet, une réunion du comité fédéral élargi a lieu à Cologne. Mohammed Harbi, qui considère ces opérations comme une erreur politique, demande des explications[46]. Par le passé déjà, Aït Ahmed, Ben Bella, Boudiaf et Khider avaient fait part de leur réserve[47], mais ils n'avaient aucun lien organique avec la Fédération, qui tient ses ordres du CCE. De tous les cadres permanents, Mohammed Harbi refuse jusqu'au bout cette nouvelle orientation politique, pourtant en germe depuis la fin de l'année 1956. À l'issue de cette réunion, il décide de démissionner.

La nuit du 25 août 1958, l'OS déclenche une série d'attentats sur l'ensemble du territoire français. La répression qui s'ensuit est importante. L'ouverture du second front démontre les capacités du FLN à pouvoir frapper la puissance coloniale sur son propre territoire, à la grande surprise de l'État français. Dès lors, la guerre d'indépendance prend une nouvelle tournure. Elle ne concerne plus uniquement les seuls émigrés algériens. Devant ce nouvel état de fait, le ministère de l'Intérieur

---

45. Sur les raisons de son éviction, Mohammed Harbi et Omar Boudaoud donnent des explications opposées. Harbi déclare que Guedroudj a été évincé parce qu'il s'opposait à la ligne politique d'Omar Boudaoud et qu'il a été envoyé en mission au Maroc « porteur d'une lettre de cachet » ; il fut aussitôt interné au camp d'entraînement de Larache (voir *Une vie debout, op. cit.*, p. 220-223). Omar Boudaoud dit l'avoir « muté au Maroc » pour faute grave, mais rejette la responsabilité de son internement (voir *Du PPA au MTLD, op. cit.*, p. 156).

46. Mohammed Harbi, *Une vie debout, op. cit.*, p. 222.

47. *Ibid.*, p. 392-393.

renforce son système répressif en s'inspirant désormais de celui mis en place par l'armée en Algérie[48].

La comparaison des trajectoires politiques des membres du comité des cinq incite à nuancer l'analyse de Gilbert Meynier. Le parachutage est une pratique courante dans un parti politique ; dans un mouvement de résistance, elle est essentielle. Dans le cas cependant du dernier comité fédéral, cela ne signifie nullement que les cinq militants qui en bénéficient soient étrangers à l'émigration : tous ont vécu en France avant 1954. Quatre d'entre eux (Rabah Bouaziz, Ali Haroun, Amar Ladlani et Abdelkrim Souici) ont également milité au sein de la Fédération de France du PPA-MTLD. Après l'insurrection du 1er novembre 1954, Bouaziz, Ladlani et Souici appartiennent aux premières cellules de la Fédération de France du FLN, tandis que Boudaoud et Haroun militent au Maroc. Imposés par le CCE, tous mettent à profit leur expérience et leur connaissance de l'émigration pour appliquer ses directives et consolider les efforts de leurs prédécesseurs en matière d'organisation. Ainsi, le remaniement du comité fédéral a bien eu pour objectif la mise au pas de la Fédération de France du FLN. Si celle-ci ne s'est pas faite sans heurts, ce n'est pas parce que ses membres étaient étrangers à l'émigration, mais bien parce qu'ils ont rejeté les méthodes héritées de la Fédération de France du PPA-MTLD pour imposer celles, plus bureaucratiques et plus radicales, du Parti-État FLN. Des méthodes qui, face à la double concurrence du MNA et de l'État français, ont assuré à la Fédération de France du FLN une stabilité et une efficacité prouvées.

48. Voir Linda Amiri, *La Bataille de France. La guerre d'Algérie en métropole*, Paris, Robert Laffont, 2004.

26. GROUPUSCULES ET CULTURE DE NOSTALGIE : L'ORNE ET L'ALGÉRIE FRANÇAISE (1958-1965)

Gérard Bourdin

L'Orne, 275 000 habitants, s'étire sur deux mondes. Au Bocage, intégré au Grand Ouest catholique et conservateur, s'oppose la moitié est de tradition laïque. À leur jonction, Alençon est une ville préfectorale et tertiaire. Dans ce département rural très gaulliste, de petits noyaux poujadistes et dorgéristes cultivent sans grand espoir une rancœur d'anciens combattants déçus. Cependant, d'autres tendances de l'extrême droite ont su faire de la nostalgie de l'Algérie française un des fondements de leur renouvellement idéologique. Comment cette démarche s'est-elle réalisée, avec qui, sur quels fondements historiques et avec quels résultats ?

Le retour des maurrassiens

En juin 1960 se crée le Cercle du Bocage normand de la Restauration nationale, résurrection de l'Action française, présidé par un noble, général de 80 ans, propriétaire terrien vivant seul depuis le décès de sa sœur, épouse d'un ancien membre du Parti populaire français (PPF) de Jacques Doriot[1]. Parmi les militants, peu nombreux, figurent une châtelaine, des membres des classes moyennes. L'élément le plus actif est

1. Sources : archives départementales de l'Orne (ADO) 348 W 354* et, pour des renseignements sur le Centre d'études nationales et sur le réseau OAS de l'Ouest, archives départementales d'Ille-et-Vilaine (ADIV) 508 W 016, 027, 030, 033*.

un jeune employé des PTT, implanté dans un historique canton chouan du Bocage. Maurrassien, ancien étudiant à Rennes, il reste en relation avec les milieux nationalistes bretons, veut relever l'héritage dorgériste et, en tant que délégué départemental de la Société de la chouannerie normande, reprendre la tradition antirépublicaine. En réaction à la victoire gaulliste au référendum de janvier 1961, le président et le vice-président du cercle Jules-Lemaître du Havre le rencontrent pour constituer un Comité provincial de la contre-révolution avec des éléments de plusieurs mouvements « nationaux » existant dans toute la Normandie : le traditionaliste Mouvement populaire du 13 mai[2] (MP-13), la Restauration nationale et l'intégriste Cité catholique notamment.

Le Cercle du Bocage normand essaie de s'étendre à Alençon. Le 25 mai 1961, une réunion privée y est organisée dans un café, principal lieu de rendez-vous de la ville, en accord avec le MP-13[3]. Le président du Cercle des jeunes monarchistes de Rennes intervient sur le thème « Algérie, dernière chance de la France », mais, en dehors des deux organisateurs et de leurs épouses, personne n'est présent. Cependant, le Cercle du Bocage normand trouve quelque accointance chez la famille R., vieille famille militante catholique conservatrice[4]. Le gendre de R.,

2. Robert Martel fait savoir en avril 1961 que son MP-13 se regroupe au sein de l'OAS. C'est Martel qui, après l'échec du putsch d'avril, cache Salan dans les fermes de la Mitidja et essaie de lui inculquer ses idées passéistes. Le MP-13 a bien des rapports dans sa propagande avec le thème de la chouannerie si souvent développé par les maurrassiens ornais. Il prend d'ailleurs comme symbole le Sacré-Cœur rouge surmonté d'une croix. Le MP-13, fortement structuré, comptera de nombreux adhérents.

3. Morland, Barangé et Martinez, *Histoire de l'Organisation de l'armée secrète*, Paris, Julliard, 1964.

4. R. (1892-1971), propriétaire d'un grand magasin à Alençon, est le type même du notable catholique traditionnel. En 1922, il est un des principaux fondateurs de la Caisse mutuelle familiale de l'Orne ; en 1939, il préside la Caisse d'allocations familiales et l'Union des sociétés de secours mutuels. Dans l'Orne, entre les deux guerres, il est un des principaux dirigeants de la Fédération nationale catholique et président de l'Union nationale des combattants. Père de neuf enfants, il est vice-président de l'Association des familles nombreuses. Il a des responsabilités dans de nombreuses autres institutions sociales. Il est élu conseiller général. Fidèle de Vichy et même de Laval, il entre au conseil départemental, a des liens avec les grands notables installés par le pouvoir, et s'investit beaucoup dans les œuvres sociales de Vichy. À la Libération, R., jugé trop lavaliste, reste malgré tout intégré à la vie sociale ornaise. Le conseil d'administration des Allocations familiales, en présence du directeur régional de la Sécurité sociale,

chef de rayon dans son magasin, reprend le flambeau familial, milite à la Restauration nationale et au MP-13. En novembre, les cercles de Cherbourg, Rennes et Flers se regroupent dans un Centre national de l'Ouest. Le jeune militant du Bocage présenté ci-dessus en reste la principale personnalité. Il participe au Comité de la contre-révolution pour défendre l'Algérie française, mais refuse toute action subversive brutale et clandestine. En novembre 1961, il témoigne sa sympathie au comte de Paris après l'attentat dirigé contre lui en raison de son soutien à la politique gaulliste, rompt avec le Comité puis avec la Restauration nationale, refuse la violence. Il demande à tous les adhérents du Cercle du Bocage normand de cesser les contacts avec les activistes de Seine-Maritime. Nos maurrassiens vont-ils se contenter d'une démarche intellectuelle ?

L'assassinat d'Alfred Locussol, le complot OAS du réseau Ouest, ou l'inaction bas-normande

Les militants locaux, poujadistes ou maurrassiens ont-ils une part de responsabilité dans la dizaine de tracts expédiés de janvier à mars 1962 à des gendarmes ou à des hommes politiques locaux ? Sans aucun doute à l'Aigle, où les poujadistes envoient un tract signé « OAS-Normandie » aux membres du comité antifasciste local ; de même à Céaucé (canton de Domfront) pour un tract destiné à Louis Terrenoire, premier magistrat et député, alors ministre délégué auprès du Premier ministre. Le 13 mai 1962, les cinq notes klaxonnées « Algérie française » sur la grande place du monument aux morts d'Alençon sont le fait d'un poujadiste venu de la Mayenne, département limitrophe.

En ce printemps 1962, l'Association des combattants de l'Union française (Acuf), utilisée comme ossature civile de l'OAS, a un sursaut. Un de ses responsables organise dans un bourg où il est châtelain un banquet de 55 couverts pour l'association d'officiers de réserve La Marjolaine. Il y parle de l'Algérie et des anciens combattants kabyles et arabes abandonnés là-bas. Le sursaut est cependant faible. Une section de l'Acuf est créée en mai 1962 à l'Aigle, sous le titre d'Union nationale

---

le maintient comme membre du conseil d'administration en tant que personnalité connue pour ses travaux sur les questions sociales en faveur de la famille. Il occupe de nombreuses autres responsabilités.

des combattants d'Afrique française du Nord. Elle regroupe les quelques adhérents du Front national des combattants (FNC) de Jean-Marie Le Pen, liés au milieu poujadiste. Son président est un artisan menuisier de 30 ans. Son secrétaire, un employé à la Banque de France de 31 ans, et son trésorier, âgé de 29 ans, sont connus pour leurs sentiments « activistes » particulièrement affirmés. Le secrétaire adjoint, un ouvrier d'usine, n'a que 24 ans.

Ces activistes de la parole ne sont pour rien dans l'assassinat, à Alençon, le 3 janvier 1962, d'Alfred Locussol[5]. Cet ancien membre du Parti communiste algérien a été muté à Alençon où, devenu directeur adjoint de l'Enregistrement, il mène une vie discrète. Le crime est ordonné par l'OAS Algérie-Sahara, et le commando est envoyé d'Algérie dans le but, dit l'exécutant du crime, de « ranimer l'énergie des éléments OAS métropolitains jugés en Algérie trop mous[6] ». Les criminels sont très rapidement arrêtés, inculpés dès le 7 janvier. La seule action due à des activistes locaux se déroule dans la nuit du 8 au 9 janvier : des inconnus profanent le caveau provisoire où repose le corps de la victime, barbouillant les murs avec des inscriptions « OAS » ou « Mort aux cocos » que le préfet fait bien vite disparaître.

En fait, l'extrême droite locale n'a qu'une très faible audience et les maurrassiens n'osent appeler à autre chose qu'à « un non à la violence, un non à l'abandon, un non à la guerre civile[7] ». L'OAS n'arrive pas à trouver de solides appuis. Ainsi, le réseau OAS-3e Région militaire, auquel la Basse-Normandie est rattachée, s'évertue en vain à y fomenter une insurrection. Dirigé par un comte de 56 ans, agriculteur en Loire-Atlantique, ce réseau est encadré par des militaires de Saumur et de Saint-Cyr-Coëtquidan. Il est peuplé de nobles qui cultivent les souvenirs des guerres de Vendée et de la chouannerie. La création d'un maquis en Bretagne est envisagée, de même que l'évasion du sergent légionnaire Dovecar, assassin du commissaire Gavoury, lors de son transfert de la prison de la Santé à celle de Caen, pour laquelle des instructions sont reçues. En février, quand l'OAS-Métropole ordonne une destruction

5. L'assassinat d'Alfred Locussol marque le début des attentats OAS frappant la métropole en 1962.

6. ADIV 508 W 030*.

7. « Non à la guerre civile », tract du Cercle du Bocage normand distribué à Flers dans la nuit du 2 au 3 février 1962. ADO 348 W354*, rapport des RG, 3 février 1962.

dans chaque département ou subdivision[8], le réseau distribue des tracts et se fait entendre par des attentats contre le siège d'*Ouest-France* à Vannes et contre des immeubles liés au Parti communiste ou à ses responsables dans le Morbihan, la Mayenne et à Angers[9]. La faiblesse des subdivisions bas-normandes est visible.

En septembre 1962, 32 personnes du réseau OAS de l'Ouest, responsables des attentats, seront jugées par le tribunal militaire de Paris. Le journaliste du *Monde* Jean Planchais, ornais lui-même, né dans un milieu démocrate-chrétien, conclut à la sévérité du jugement : treize ans de réclusion contre les chefs.

> [Est condamné tout] un monde provincial, fait de notables, de hobereaux qui ont encore des terres, quelquefois des châteaux, et généralement peu d'argent, et qui sont liés par une tradition commune – il s'agit généralement d'une tradition politique d'extrême droite – et d'officiers activistes qui viennent ranimer les vieux tisons de la chouannerie en jetant, souvent malgré eux, des gens qui s'étaient juré de ne pas « faire de politique » dans une conspiration maladroite[10].

Gagner une audience nationale

Dans l'espoir d'élargir son audience, le leader maurrassien du Bocage se tourne vers le nationalisme de Pierre Boutang. Puis, en février 1962, il se rapproche du colonel Trinquier[11], président de l'Association pour

8. ADIV 508 W 033*.
9. Sont touchés la sous-préfecture et la mairie de Pontivy (Morbihan), le siège de l'Union des femmes françaises à Lanester, commune de la banlieue de Lorient à municipalité communiste, l'école publique de Forcé près de Laval, dans la Mayenne (dans cette école demeure l'instituteur Primet, ancien sénateur communiste de la Seine), et la permanence du Parti communiste à Angers.
10. *Le Monde*, 13 septembre 1962. Les responsables de l'attentat manqué contre le général de Gaulle à Pont-sur-Seine sont condamnés le même mois à vingt ans de réclusion par la cour d'assises de Troyes. Cette sanction est considérée comme moins sévère que celle donnée contre les membres du réseau de l'Ouest.
11. Déjà très actif pendant la bataille d'Alger, Trinquier a joué en mai 1958 un rôle primordial avec son régiment parachutiste. Ancien du MP-13, mouvement qui a fini par rejoindre l'OAS, officier en retraite, ancien chef des « Affreux » au

l'étude de la réforme des structures de l'État, proche du CNR-Intérieur[12], avatar de l'OAS-Métro. Bien que Trinquier soit un « républicain » dans lequel « il ne peut avoir une entière confiance[13] », le maurrassien devient son correspondant pour la Basse-Normandie. C'est la base d'une expansion d'envergure nationale. *Le Courrier bas-normand*, qui tire à 2 000 exemplaires, cesse d'être le journal de l'Union royaliste de Basse-Normandie pour devenir celui des « nationaux » de Normandie, de Bretagne et du Maine, puis, en mai 1962, *Le Courrier normand* et enfin *Le Courrier national*. Le Cercle du Bocage normand devient le Centre d'études nationales de l'Ouest, puis le Centre d'études nationales (CEN)[14], toujours dirigé par le même homme[15]. Participent à ses réunions un général et un député gaulliste dissident[16], anciens grands administrateurs coloniaux, le professeur Drieu La Rochelle, un général propriétaire d'un château ornais, le colonel Trinquier, le colonel Rémy, résistant néopétainiste repoussé par de Gaulle, deux autres colonels dont les noms rappellent la Vendée, le journaliste catholique traditionaliste André Figueras, Alain de Benoist[17] et Dominique Venner de la

---

Katanga, il a fondé l'Union nationale des parachutistes (UNP). Voir Pierre Milza, *Fascisme français. Passé et présent*, Paris, Flammarion, 1987.

12. En octobre 1961, le CNR ou le Conseil national de résistance est créé par Georges Bidault qui se souvient de son action pendant la Seconde Guerre mondiale et entend désormais animer en métropole l'opposition secrète contre le général de Gaulle. Ne voulant pas se faire doubler, le général Salan organisera le Conseil national de la résistance en Algérie. En mars 1962, les deux organisations se sont rapprochées, surtout en ce qui concerne l'OAS-Metro et CNR-intérieur.

13. ADO 348 W 354*, dossier sur le CEN, rapport des RG, 19 janvier 1963.

14. Ce CEN reprend pratiquement le nom du Cercle d'études nationales, mouvement fondé en 1956 par Pierre Boutang. Jérôme Cotillon, *Ce qu'il reste de Vichy*, Paris, Armand Colin, 2003.

15. Il en est le secrétaire national et Emmanuel Beau de Loménie en est le président.

16. Voir l'article « Des milieux nationalistes à l'épreuve : indépendants et gaullistes dans l'Orne », p. 183.

17. Alain de Benoist utilise le pseudonyme de Fabrice Laroche. Avec des militants issus de Jeune Nation, liés à la FEN, il publie le *Manifeste de la classe 60*, de tendance néofasciste, qui s'inspire de Dumont, Drieu, Maurras et Brasillach. Pour Figueras, Laroche et Venner, voir Pierre Milza, *op. cit.* ; Anne-Marie Duranton-Crabol, *Visages de la nouvelle droite, le GRECE et son histoire*, Paris, Presses de la Fondation nationale des sciences politiques, 1988 ; Morland, Baranger, Martinez, *Le Temps de l'OAS*, Bruxelles, Complexe, 1995. Pour Rémy et Emmanuel Beau de Loménie, voir Jérôme Cotillon, *op. cit.*

Fédération des étudiants nationalistes (FEN)[18]. Les cercles du CEN implantés dans l'Ouest s'emparent du patronage de « martyrs » connus : Charette à Nantes, Cadoudal à Rennes, La Rochejacquelin à Angers. La pensée reste maurrassienne, inspirée par La Tour du Pin , et, en décembre 1962, un compagnon de route de Charles Maurras, Albert Manouvriez, est choisi comme président d'honneur. Le CEN atteint alors environ un millier d'adhérents, répartis en 8 régions, calquées sur les régions militaires. Il y aurait des cercles dans 30 départements ; le plus important serait celui de Grenoble.

Dans *Le Courrier*, l'Algérie reste un thème récurrent. En octobre 1962, le journal juge « l'Algérie française captive » ; un « instituteur expatrié » lance une diatribe contre de Gaulle sous le titre « Un désastre éloquent » ; en décembre, le leader des maurassiens ornais souhaite qu'un Algérien, membre du comité directeur, ait un rôle important et représente les « provinces occupées ». Début 1963, le CEN lance une collecte en faveur des harkis. En mai, *Le Courrier* organise une Union pour l'amnistie des prisonniers et condamnés politiques. Revient aussi la défense de la société traditionnelle, du christianisme contre l'islam, des « familles rurales contre les trusts » et les Safer[19], l'« antichambre des kolkhozes ». En juillet, le CEN publie un manifeste et propose à tous les « nationaux » de « constituer partout ces sociétés de pensée contre-révolutionnaire qui permettront le moment venu l'orientation de la colère populaire que ne manqueront pas de soulever le gaullisme et la démocratie imbécile, qui livrent la France, pieds et poings liés, au communisme[20] ».

Après un certain flottement, à la suite des accords d'Évian, l'activité repart. Une réunion, dans une auberge tenue par l'épouse d'un dirigeant de l'OAS, rassemble 45 personnes, dont Drieu La Rochelle, Dominique Venner, plusieurs Ornais, notamment des poujadistes

---

18. La FEN est née en réaction contre l'Unef. Venner sera ensuite un des dirigeants du groupe Europe-Action puis de la Nouvelle Droite.
19. Les Safer, sociétés d'aménagement foncier et d'établissement rural, ont été créées par la loi du 4 août 1960. Elles sont en grande partie gérées par les syndicats agricoles, ont un droit de préemption sur les terres, les aménagent et les attribuent à prix abordable aux candidats choisis. Les propriétaires déjà établis ne peuvent donc plus acheter comme ils le veulent.
20. ADO 348 W 354*, *Le Courrier national*, juillet 1962. Rapports des RG, 21 août et 28 septembre 1962.

membres de l'Acuf ; se sont excusés l'abbé Lefèvre[21] de *La Pensée catholique* et l'abbé Chauvy. À la sortie, des jeunes filles vendent des foulards en l'honneur du 1er régiment de parachutistes, dissous à la suite du putsch, ainsi que des boîtes d'allumettes humoristiques fabriquées à la prison de la Santé et décorées du portrait du général Salan. Alors que certains comme Venner préconisent une action « psychologique et cellulaire » dans les mouvements déjà existants, les maurrassiens ornais ne partagent pas cette orientation.

Une certaine effervescence caractérise toutefois 1963. En mars, le colonel Trinquier se rend à Flers. Une cinquantaine de personnes se réunissent chez un fabricant de chapeaux, échappant ainsi à la surveillance d'observateurs et de 70 militants communistes et cégétistes. *Paris-Normandie*[22] présente l'assemblée sous un titre ironique, avec une photographie évoquant le temps des catacombes : « Le colonel Trinquier prétend nettoyer les écuries d'Augias, il a tenu une réunion dans une étable de Flers. » « Je suis un chouan[23] », proclame un responsable local. Les militants communistes ont aussi surveillé les domiciles personnels et pris des photographies au flash.

Puis, à l'initiative des poujadistes aiglons, une réunion se tient chez les traditionalistes « vichystes » alençonnais, ralliés au CEN. Les autres personnes correspondent aux piliers locaux de l'activisme. Parmi eux, A., un porte-drapeau de l'Assemblée des officiers de réserve, qui, selon son expression, cherche « à faire quelque chose sur le plan politique dans l'Orne », est l'agent des « indépendants et paysans » pour l'est de la circonscription d'Alençon-Domfront. Il est intervenu lors de la campagne pour les législatives dans plusieurs réunions publiques contre la politique gaulliste en Algérie. S'ajoutent un officier d'active d'origine noble, un agent immobilier, un représentant, un monteur en

21. L'abbé Lucien Lefèvre (1895-1987), natif de Vendée, docteur en théologie, proche de l'Action française puis du Vichy traditionaliste, était partisan d'un « catholicisme intégral ». Il participe en 1958 à la fondation de *La Pensée catholique*. Paul Airiau, « Les hommes de la *Pensée catholique* », *Catholica*, n° 60, 2006. Alain-René Michel, article « Intégrisme », *in* Jean-François Sirinelli (dir.), *Dictionnaire historique de la vie politique française au XXe siècle*, Paris, PUF, 2004.

22. *Paris-Normandie* est le quotidien régional de Haute-Normandie, modéré sans allégeance au pouvoir, hostile à l'OAS. Est-il sensible à la question de l'extrême droite en raison de la présence à Rouen de la Fédération des étudiants nationalistes ?

23. *Paris-Normandie*, 9 et 10 mars 1963.

chauffage, un employé à la Caisse d'allocations familiales agricoles. La réunion attire les maurrassiens du Bocage. Les poujadistes de l'Aigle ne peuvent se rendre à la réunion pour cause de mauvais temps, mais prévoient de faire venir Trinquier à Argentan et dans leur ville. La gauche se réunit pour une riposte contre cette réunion à « caractère fasciste », veut déposer une gerbe pour rappeler les victimes du métro Charonne et décide finalement de ne pas manifester, mais de surveiller le domicile de rencontre pour identifier les militants locaux[24].

En fait, la synthèse des extrêmes droites ne se réalise pas. Trinquier répond surtout à la fibre poujadiste ; même si les liens ne sont pas rompus, il correspond moins à la sensibilité maurrassienne, attachée à la tradition et jalouse de la direction de la contre-révolution. Fin 1963, les maurrassiens ornais appellent de leurs vœux une confédération des mouvements nationalistes pour créer un État français nationaliste, dans le cadre légal. Ils recherchent d'autres inspirations.

Le retour des notables traditionnels

Déjà publié dans *Le Courrier* en 1962, Georges Sauge est invité, en février 1963, à donner une conférence à Alençon. Le thème, « La vraie stratégie du communisme », attire 90 personnes en provenance des diverses extrêmes droites. La répartition professionnelle des assistants est plutôt révélatrice d'un milieu proche du poujadisme. Les cadres et employés sont nombreux. Ils côtoient des agriculteurs, des artisans, deux entrepreneurs de travaux publics, un commissaire principal des Ponts et Chaussées et un avocat. Sont aussi présents les poujadistes de l'Aigle. La coloration « Algérie française » est renforcée par la présence de rapatriés ou d'auditeurs originaires d'Afrique du Nord, notamment le président et le vice-président du bureau départemental de l'Association nationale des Français d'Afrique du Nord, d'outre-mer et de leurs amis (Anfanoma). Réapparaissent des nostalgiques de Vichy jusqu'alors en quête d'oubli. Parmi eux, deux couples accusés ou suspectés à la Libération de collaboration économique ou politique. Enfin sont repérés

24. Parmi les militants qui ont surveillé la maison se trouvent Jacques Inrep, membre du PSU. Jacques Inrep, *Soldat, peut-être... Tortionnaire, jamais !*, Resmarec, Scripta, 2003.

de nombreux catholiques pratiquants, voire traditionalistes, rejoints par les monarchistes du Bocage.

À la suite de cette réunion, l'officier de réserve A. crée une section du Centre supérieur de psychologie sociale. D'après les statuts, l'action doit se dérouler selon des moyens légaux et A. prévoit de multiplier les « conférences de propagande ». En relation avec Jean-Marie Le Pen, l'activité du groupement activiste ornais renoue avec la politique la plus traditionnelle. A. veut faire venir à Alençon les avocats Isorni et Tixier-Vignancour. Cette première réunion, prévue pour le 23 mars 1963, est organisée par les quelques dirigeants rapatriés avec l'aide de Jacques T., bien introduit dans les milieux ruraux et le clergé. Des contacts doivent être pris avec un conseiller général, élu avec le soutien de l'UNR, mais de tradition « indépendante ». On espère même la visite de Roland Boudet, député gaulliste dissident. Il est prévu de lui proposer le « ralliement de tous les nationaux ». Mais ni le conseiller général ni le député ne répondent à l'appel. En juin 1963, c'est Michel de Saint-Pierre qui s'exprime devant de nombreux jeunes et une dizaine d'ecclésiastiques ; il explique que ceux qui sont aujourd'hui « embastillés » pour avoir voulu conserver l'Algérie française ont agi en légitime défense et doivent être libérés comme l'ont été les « tueurs du FLN ». Les écrivains ou journalistes d'extrême droite réussissent à attirer de 200 à 500 personnes. Les conférences, théoriquement mensuelles, permettent à l'indépendant Jacques Roulleaux-Dugage[25] d'affirmer localement sa présence politique comme le chef de file des « nationalistes » ornais, en opposition au gaulliste Terrenoire.

En octobre, 300 personnes viennent écouter Jean-Louis Tixier-Vignancour, et en novembre elles sont 400 à se déplacer pour Jean Grandmougin[26]. En mai 1964, Gaston Monnerville, président du Sénat, est invité sur le thème « Le Sénat conservateur [...] de la République ». Il est présenté par Roulleaux-Dugage comme « le démocrate et le républicain, l'homme qui a su gravir tous les échelons de la vie politique grâce à son savoir, le grand patriote engagé volontaire en 1939-1940, le militant actif dans la Résistance ». Roulleaux-Dugage

25. Jacques Roulleaux-Dugage a fait partie de l'Urias, Union des républicains indépendants d'action sociale, qui a milité contre l'épuration, pour l'amnistie.

26. Jean Grandmougin était un journaliste très documenté et écouté, dans la mouvance de Tixier-Vignancour, surnommé « le journaliste le plus écouté de France », éditorialiste sur Europe 1.

réussit alors à faire venir les deux sénateurs de l'Orne et onze conseillers généraux ainsi que des militants de la gauche modérée. En octobre, Michel de Saint-Pierre revient, mais le sujet est moins l'Algérie qu'un regard critique sur la société.

Soutenir Tixier-Vignancour

Cependant, les premiers militants, maurrassiens ou poujadistes, refusent de jouer les seconds rôles derrière les notables politiques. En novembre 1963, dans un restaurant tenu par un poujadiste, ces « durs du nationalisme » créent un mouvement calqué sur la structure centralisée du Parti communiste, avec sections et cellules.

> Il a été également question d'éditer un bulletin de liaison régional ou départemental, sous un titre anodin, apparemment apolitique, avec des articles qui traiteraient du tourisme, de l'histoire, mais qui toutefois orienteraient le lecteur (ouvriers, paysans, cheminots et autres salariés) vers le nationalisme.

« Il faut, souligne notamment A., amener doucement la masse à nos idées. » Roulleaux-Dugage et ses amis sont critiqués comme de « petits politicards à courte vue » qui « veulent avoir leur petit truc à la Georges Sauge » sans se rendre compte que « les discours de Tixier-Vignancour et Jean Grandmougin attirent beaucoup de monde sans toucher politiquement la masse[27] ».

Mais tous se rabibochent en vue de la campagne de Tixier-Vignancour. Une réunion préparatoire regroupe les dirigeants de toutes les tendances locales, traditionalistes, poujadistes et indépendants paysans les plus engagés. Toutes les appartenances sociologiques se renouent ; se retrouvent ainsi des nobles et des généraux.

Les premiers maurrassiens reprennent et contrôlent la propagande. Ils font venir dans le Bocage les dirigeants du CEN, plus conformes à leur idéologie. Chacun s'exprime devant une trentaine de personnes, parmi lesquelles de nombreux cadres et commerçants. En octobre, lors

27. ADO 348 W 354*, dossier sur le Centre d'études politiques et sociales, rapport des RG, 3 décembre 1963.

de sa tournée dans l'ouest de la France, Pierre Poujade est présent[28]. En novembre, Othon de Habsbourg fait le déplacement. La venue de Weygand est espérée, mais le général meurt en janvier. Puis viennent, en avril 1964, la veuve de Jacques Bainville et Jacques d'Estailleur, membre de l'Académie des sciences d'outre-mer, président du cercle Jacques-Bainville et du Comité d'entente française ; en mai, Louis-Gabriel Robinet, directeur du *Figaro* ; en octobre Me Isorni. Les maurrassiens insistent sur la défense de l'agriculture traditionnelle et des bouilleurs de cru, deviennent des piliers du Blon (Bureau de liaison de l'opposition nationale) fondé par Emmanuel Beau de Loménie et sont actifs, en mai 1965, dans l'Assemblée générale de la chouannerie normande où l'on présente un hommage au général Weygand.

Mais ces militants ont deux visages : d'une part, l'action ouverte, légale, traditionaliste ; d'autre part, les tendances au repli, au durcissement idéologique, à la marche vers le néofascisme teinté de racisme. Les maurrassiens se font discrètement les thuriféraires des systèmes autoritaires et se retrouvent en avril 1964 à Rouen dans une réunion aux côtés de Dominique Venner. Le CEN s'y recommande des maîtres du nationalisme français, de Joseph de Maistre à Charles Maurras, et de l'ordre social chrétien, de La Tour du Pin à Bernard Lefebvre[29], rejoint Venner qui défend un « socialisme national », s'éloigne de Pierre Sidos au « nationalisme traditionnel » défini par Maurice Barrès, et répète que « seule la disparition des francs-maçons, sionistes et nationaux-conservateurs, permettra à la pensée nationaliste de s'imposer et d'assurer la victoire de la révolution ». Il prétend que le régime veut une « vaste coalition anti-blanche » et se rapproche des États « jaunes et noirs[30] ». Ainsi se perpétuent les souvenirs d'un monde perdu. Les militants ou les sympathisants d'extrême droite actifs tournent autour de la

28. Poujade, Beau de Loménie et Laroche prévoient de se rendre à Caen le 13 octobre, à Laval le 14, à Nantes le 15, à Rennes le 16, à Saint-Brieuc le 17 et dans le Finistère le 18.
29. Le docteur Lefebvre est un ancien poujadiste algérois passé à l'ultracisme pur et dur. Dans ses écrits il appelle à la « grande croisade antibolchevique » et à l'avènement d'un « ordre naturel » chrétien, communautaire et corporatif, reposant sur l'armée, sur la dictature d'un chef national et sur une lice de croyants. À la différence de Martel et du MP-13, ses modèles ne sont pas seulement Franco et Salazar, mais aussi Mussolini et Hitler, admirés pour leur lutte contre le communisme, « nouveau fléau de Dieu ». Voir Pierre Milza, *op. cit.*
30. ADO 348 W 354*, direction nationale des RG, note du 28 avril 1964.

soixantaine, plus ou moins rassemblés dans des groupuscules issus de l'Action française, du traditionalisme, du vichysme et des reliquats du poujadisme.

Les notables partisans de l'Algérie française refusent l'illégalité. Quelle est la traduction électorale de cette position ? Battus en novembre 1962, Boudet et Roulleaux-Dugage bénéficient malgré tout d'un soutien non négligeable : entre le quart et le tiers des voix dans leur circonscription respective. Mais Tixier-Vignancour, aux présidentielles de 1965, n'obtient que 4,2 % des suffrages et ne dépasse les 5 % que dans les cantons d'Argentan et de l'Aigle.

La mémoire de l'Algérie française s'est, en définitive, avérée politiquement inefficace. Ses partisans ont été incapables de développer un parti de masse. Ils ont essayé d'unir la nostalgie coloniale et la défense de la société rurale traditionnelle, mais si le second thème s'est maintenu, le premier a eu de moins en moins d'écho. Leur combat a perdu son originalité, s'est confondu avec celui de l'extrême droite et de ses valeurs en général, puis s'est dilué dans la droite conservatrice des notables traditionnels.

27. LE SUD, TERRE DE PRÉDILECTION DE L'ACTIVISME ? L'OAS-MÉTRO DANS L'HÉRAULT

Hélène Chaubin

On connaît moins l'histoire de l'Organisation de l'armée secrète en métropole que sur son territoire d'origine, l'Algérie[1]. L'OAS métropolitaine (OAS-Métro) n'eut ni la même virulence ni la même influence que son modèle algérien. Elle ne réussit pas à engendrer une guerre civile comme le souhaitaient ses chefs. Cependant, par ses méthodes violentes et ses liens avec les extrémismes politiques, elle mit à l'épreuve la solidité du tissu républicain restauré depuis la Libération et déjà menacé en 1958. Paradoxalement, moins de quinze ans après Torch[2], c'est de cette « autre rive » que vint le danger[3].

Inégalement implantée, l'OAS a naturellement trouvé des appuis dans l'espace géographique méditerranéen français. Des appuis nourris par les rapatriements amorcés au début des années 1950 et

1. Voir ces ouvrages de référence sur l'OAS : Olivier Dard, *Voyage au cœur de l'OAS*, Paris, Perrin, 2005 ; Anne-Marie Duranton-Crabol, *Le Temps de l'OAS*, Bruxelles, Complexe, 1995 ; Rémi Kauffer, *L'OAS. Histoire d'une guerre franco-française*, Paris, Le Seuil, 2002.

2. L'opération Torch est le débarquement des Alliés le 8 novembre 1942 en Afrique du Nord (Maroc français et Algérie). Ce débarquement va marquer le tournant de la Seconde Guerre mondiale sur le front occidental.

3. Jacques Delarue, « La police au paravent et en rempart », *in* Jean-Pierre Rioux (dir.), *La Guerre d'Algérie et les Français*, Paris, Fayard, 1990, p. 265, et le point de vue proposé par Charles-Robert Ageron dans la conclusion de cet ouvrage collectif, p. 625.

particulièrement concentrés, au moins au début de l'exode, sur les Bouches-du-Rhône, le Gard et l'Hérault.

Ce dernier département, où les attentats signés par l'OAS-Métro ont été nombreux, offre l'opportunité d'une étude de cas. Les archives locales des Renseignements généraux (RG), du Service régional de police judiciaire (SRPJ) et des tribunaux permettent de connaître les méthodes de l'OAS-Métro, ses acteurs, sa répression par la police et la justice dans les années 1961-1963. Cerner les origines de l'OAS et repérer ses membres, cependant, implique de revenir au moins à la fin de la IVe République et à l'avant-mai 1958. Les archives des partis et des associations, ainsi que la presse régionale, apportent des éléments sur les réactions d'une opinion partagée entre indifférence et mobilisation : les ripostes choisies par les gauches languedociennes n'ayant pas massivement mobilisé la population, l'OAS-Métro a perdu la bataille politique.

Les activistes métropolitains : un creuset pour l'OAS

Dans l'Hérault, la surveillance des milieux activistes « Algérie française » ne commence pas avec la création de l'OAS en janvier 1961 par des activistes réfugiés à Madrid. La première circulaire préfectorale régionale qui vise spécifiquement l'OAS est datée du 13 juin 1961, près de deux mois après la naissance de l'OAS-Métro, elle-même conçue à la suite de l'échec du putsch d'Alger d'avril 1961. Après chaque échec, en effet, ce fut la fuite en avant de l'OAS, qui en arriva à souhaiter une guerre civile en France pour parvenir à ses fins. Le recrutement local semble avoir débuté pendant l'été de 1961. Les premiers tracts et lettres de menaces datent de septembre, et les premiers attentats en série de décembre.

L'OAS-Métro n'a jamais eu d'unité parce qu'elle a noué des relations avec des milieux très divers. Elle est composée de trois branches : les Missions I, II et III[4]. Dans l'Hérault, les procès-verbaux du SRPJ et les documents issus de l'OAS ne permettent que rarement d'identifier les appartenances à l'une ou l'autre des trois antennes de l'OAS en métropole. On peut supposer que les policiers et les juges d'instruction n'avaient qu'une connaissance insuffisante de ces structures. Leurs

4. Rémi Kauffer, « OAS : la guerre franco-française d'Algérie », *in* Mohammed Harbi et Benjamin Stora (dir.), *La Guerre d'Algérie (1954-2004). La fin de l'amnésie*, Paris, Robert Laffont, 2004, p. 451-476.

enquêtes sur l'implantation du FLN sont bien plus précises. Il est vrai que l'OAS a été un mouvement éphémère.

La Mission I est politique ; elle a des liens qui vont du Front national aux indépendants. La Mission II a été conçue par le capitaine Sergent, un ancien des corps francs de Liberté, mouvement de résistance fondé à Montpellier en 1940 par Jacques Renouvin. Pierre Sergent est proche des royalistes ; il sera plus tard un député frontiste des Pyrénées-Orientales. La Mission III est sous l'autorité d'André Canal, surnommé « le Monocle », un pied-noir qui veut répondre au FLN par le terrorisme et la subversion. La signature « Mission III Zone Méditerranée » est la plus fréquente dans l'Hérault. Pour André Canal, venu à Paris en décembre avec un ordre de mission de Salan, il s'agit d'analyser le trouble et les divisions de l'opinion publique en France. En répandant la terreur et le désordre, en aiguisant les divergences politiques, en nourrissant l'anticommunisme, l'OAS espère arriver à renverser la République au profit d'un régime autoritaire qui maintiendrait la souveraineté française en Algérie par tous les moyens. Les partisans de l'Algérie française ont déjà largement provoqué en 1958 la chute de la IVe République. En 1961, ceux qui ne font plus confiance à de Gaulle souhaitent en finir aussi avec la Ve parce que la seule cause qui leur importe est celle de l'Algérie française[5].

L'OAS-Métro, qui a besoin de bases militantes, les trouve surtout à Paris et dans le Sud. À première vue, le Languedoc n'offre pas un terrain très favorable : la gauche y est puissante, et si la région n'est pas gaulliste, le général de Gaulle est suivi sur sa politique algérienne. Au référendum de janvier 1961, il y a 64 % de « oui » dans l'Hérault, et en avril 1962, après les accords d'Évian, 80,7 %. Des résultats qui traduisent seulement le désir d'en finir avec le drame de l'Algérie, puisque, à la fin de l'année 1962, au référendum sur les institutions, on compte une majorité de « non ».

Cependant, deux facteurs jouent en faveur de l'OAS : la persistance de l'activisme d'extrême droite qui a été très virulent en 1958 et la présence des premiers rapatriés avec d'importants relais dans les milieux des militaires et à l'université de Montpellier. Des réseaux existent, ils peuvent être récupérés[6].

---

5. Charles-Robert Ageron (voir note 3) écrit que « la France frôla dangereusement la guerre civile, côtoya les coups d'État et l'anarchie terroriste ».

6. Archives départementales de l'Hérault (ADH) 676 W 195*, partis, associations, 1956-1967, et 676 W 126, Comités de salut public.

Violence et extrémisme[7]

L'OAS recourt à trois méthodes : propagande, intimidation et attentats. Pour l'essentiel, l'OAS s'avère être une organisation portée sur l'action violente et inspirée par une pensée extrémiste.

Dans le champ politique, ses partisans sont des poujadistes et des indépendants. On les repère davantage dans les enquêtes policières que dans les dossiers des partis, car il s'agit de comportements individuels. Les hommes politiques un temps attirés dans cette orbite se montrent très discrets. Même Jean-Marie Le Pen, que l'on voit souvent dans la région depuis 1958, n'adhère pas à l'OAS. Il reste que des personnalités régionales de premier plan aident, en secret, cette organisation.

La propagande vise à convaincre ou à discréditer.

En 1961, il y a quelques adresses à l'intention des viticulteurs, des ouvriers, des étudiants, sur le thème de la concurrence d'une Algérie indépendante face à une « France croupissante, réduite à l'Hexagone métropolitain ». Le 29 septembre, le général Salan écrit depuis Alger des appels aux « maires des campagnes et des cités industrielles, bafoués et brimés par un pouvoir centralisateur ». Les plis sont postés à Paris.

L'OAS publie beaucoup. Des journaux comme *L'Appel de la France*, *Vive la France* ou *Organe de combat de la France métropolitaine*, des tracts en quantité appelant à agir et à cotiser : « Toi dont les repas sont assurés, pense aux patriotes, là-bas dans les maquis... » Des collectes de fonds en faveur des familles de partisans de l'OAS sont organisées.

Les communistes et de Gaulle deviennent des cibles. Le « Credo coco » est distribué en novembre 1961 : « Je crois à la bêtise des peuples, à l'absence d'armée soviétique, aux bienfaits de la déportation en Sibérie, des massacres de Budapest, de Berlin. [...] Aïe ma mère !... » Le mois suivant, c'est l'invitation aux obsèques du général de Gaulle que l'on devrait célébrer « dans la liesse générale » le 24 janvier 1962.

L'intimidation passe par des messages porteurs d'injonctions ou de menaces, comme le fameux « L'OAS vous salue. Où elle veut, quand elle veut » du général Salan. Le directeur du *Travailleur du Languedoc* reçoit ainsi le 21 septembre 1961 l'annonce de son exécution fixée au samedi 30 septembre dans la soirée. Le même mois, un ordre du jour de l'OAS Zone Méditerranée du 1er secteur (Marseille) est diffusé dans le

7. ADH 1764 W 26* et 1764 W 154*, SRPJ de Montpellier, enquêtes de février 1960 à mars 1962.

Languedoc : adressé au procureur général près la cour d'appel de Montpellier et à de nombreuses autorités administratives et judiciaires, il enjoint à tous de se tenir prêts à obéir aux ordres de l'OAS quand se produira un exode de centaines de milliers de personnes chassées d'Algérie par la « politique d'abandon imposée à la nation par le pouvoir personnel ». En mars 1962, les mêmes destinataires sont avertis : l'OAS punira les traîtres. Les jurés de la cour d'assises de Montpellier sont menacés lors de procès de plastiqueurs transférés par Alger en 1962. Et beaucoup de particuliers reçoivent à leur domicile, avant plasticage, l'annonce de « feux d'artifice » et le dessin de leur cercueil[8].

Enfin, en 1961 et 1962, on dénombre une cinquantaine d'attentats à l'explosif contre des personnes et des locaux dans l'Hérault, dont 40 à Montpellier, capitale de région. Il ne s'agit pas d'assassinats, seulement de plasticages. Les pics se situent en 1961 de mars à mai puis en novembre, et en 1962 en février et mars – en lien avec le putsch d'Alger et la conférence d'Évian. Le 5 septembre 1961, la voiture d'un footballeur marocain est détruite. La police impute l'attentat à un groupe connu de l'OAS : la victime aurait été l'agent d'un service de renseignements marocain ayant partie liée avec le FLN. Le tribunal de grande instance de Montpellier prononce un non-lieu le 10 mai 1963[9]. Dans tous les autres cas, les cibles sont des personnalités appartenant à la gauche ou à l'UNR (Union pour la nouvelle République). Le fils de Paul Ramadier compte parmi les victimes de 1961. Il était directeur de l'agence de la Compagnie du Bas-Rhône-Languedoc[10] et membre de la SFIO sans être un militant. Il semble avoir été choisi sur son nom. Il en va autrement pour des hommes d'influence hostiles à l'OAS : le député Paul Coste-Floret, le socialiste Jean Bène, administrateur du *Midi libre*, ou le professeur Emmanuel Le Roy Ladurie (secrétaire du PSU, le Parti socialiste unifié). Beaucoup d'universitaires sont victimes d'attentats, ainsi que des journalistes comme Maurice Charny, qui signait une « Tribune libre », très suivie, du *Midi libre*, et Georges Cabanes, chef d'agence de *La Marseillaise*. Sur la liste des victimes se trouvent encore des élus UNR qui ont protesté après les attentats dirigés contre le général de Gaulle, le président de la Ligue des droits de l'homme, des magistrats (le

8. ADH 1764 W 92*, lettres de menaces, 1961-1962.
9. ADH 1788 W 1160*, TGI de Montpellier, 1963.
10. Fondée en 1956 par Philippe Lamour pour l'irrigation du Languedoc.

président de la chambre d'accusation, le procureur général de Montpellier[11]), des jurés.

Les locaux visés sont ceux de la presse communiste, de l'Union des femmes françaises (UFF), de la Bourse du travail, du cercle Léon-Blum, siège de la SFIO, de la préfecture, du Bureau d'orientation des rapatriés français d'Afrique du Nord et de la maison d'arrêt de Montpellier. Il y eut quelques blessés et beaucoup de dégâts matériels. Les archives départementales disposent donc d'une magnifique collection de photographies de maisons éventrées et de spécimens de cordeaux Bickford ou de mèches de mineur – le tout volé dans des carrières. Sur les lieux, on voit la signature « OAS ZM réseau Algérie combattante » accompagnée de la croix celtique[12].

Entre poujadistes et étudiants

Les trois principaux donneurs d'ordres sont des gens de la région, âgés de 35 à 60 ans, membres de l'Union pour l'Algérie française (UAF), que l'un d'eux préside, et qui ont rallié l'OAS. Ce sont des commerçants ou des propriétaires exploitants qui ont des liens anciens avec le poujadisme. Tous ces responsables, très surveillés – souvent des anciens des Comités de salut public –, ne prennent aucun risque. Interrogatoires et perquisitions ne donnent rien. Ce sont les exécutants qui les mettent en cause.

Leurs relais immédiats sont des hommes d'extrême droite : un ancien du Parti populaire français (PPF) en 1943 qui a rejoint les indépendants et un royaliste lié à Pierre Boutang. Ces deux Gardois sont des anticommunistes fervents.

Une OAS-Métro-Jeunes existe aussi ; elle est dirigée par une étudiante en médecine de 22 ans venue de Jeune Nation et liée avec les milieux nord-africains sans en être originaire.

On compte également dans ce groupe hétérogène les activistes arrivés d'Algérie, dont Jacques Achard, 35 ans, ancien chef de secteur de Bab-el-Oued. Il connaît Salan depuis l'Indochine et a soutenu le putsch d'avril 1961. Originaire du Gard, il y travaille à la fin de 1961 à structurer l'OAS Méditerranée. Mais il avait été aussi à 17 ans l'un des FFI de la brigade du Languedoc formée par Gilbert de Chambrun. D'autres

11. ADH 1764 W 91*, SRPJ.
12. ADH 1764 W 26*, SRPJ.

groupes d'anciens de l'OAS-Algérie travaillent pour la Mission III à Marseille, Sète et Montpellier. Ils se font repérer en s'entraînant au tir dans la garrigue de Lunel et sont dénoncés par un agent double, ex-para de la Légion étrangère[13].

Les exécutants se recrutent parmi des viticulteurs, commerçants, artisans, anciens militaires nostalgiques de l'empire qui se retrouvent à l'Association des combattants de l'Union française (ex-anciens combattants d'Indochine), forte de 100 adhérents à Montpellier.

Pour créer ses réseaux, l'OAS-Métro recrute ainsi dans des réseaux plus anciens sans les détruire : anciens d'Indochine, Front national des combattants de Le Pen, Front national pour l'Algérie française, Union pour l'Algérie française et Fédération des Français rapatriés d'Algérie, dont les dirigeants sont dans la mouvance Algérie française et qui compte, en 1962, 2 000 adhérents dans l'Hérault et 3 800 en Languedoc.

D'autres recrues de l'OAS tiennent à Montpellier et à Sète des bars qui sont des points de rencontre. Certains tenanciers sont nés en Afrique du Nord. Quelques-uns sont très proches du milieu du proxénétisme et de la délinquance de droit commun.

Mais, pour plus de la moitié, les exécutants sont des étudiants ayant des attaches familiales en Algérie. L'OAS a réussi son implantation dans ce milieu en plein bouleversement depuis 1954, surtout en médecine, pharmacie et droit. Les étudiants présentent à la fois l'avantage de ne pas être, au début, fichés par la police et le désavantage de manquer d'expérience et de prudence. C'est surtout chez eux que les enquêteurs vont trouver la documentation OAS et les explosifs. À Montpellier, les dirigeants de l'Association générale des étudiants de Montpellier (Agem) de 1957 se retrouvent en 1961 à l'OAS. La Fédération des étudiants nationalistes (FEN), qui a succédé à Jeune Nation en 1959, voit deux de ses leaders, membres de l'OAS, condamnés le 14 mars 1963 par la Cour de sûreté de l'État[14].

Le 11 mars 1964, pour l'anniversaire de la mort de Jean-Marie Bastien-Thiry, la FEN distribue des tracts signés « OAS-Métro-Jeunes ». Tous les présidents de cette organisation sont des pieds-noirs jusqu'en 1965. Ses membres se retrouvent aussi à la très agissante Fédération des étudiants réfugiés. Animée par des étudiants rapatriés qui ont assisté à des actions subversives en Algérie pendant leur adolescence ou y ont participé, elle se

13. ADH 1764 W 30*, SRPJ, 1962.
14. ADH 541 W 24*, syndicalisme étudiant, 1957-1968.

caractérise par des thèmes politiques et des conduites agressives qui lui viennent de ses liens originels avec l'OAS. Les rapports avec les étudiants de couleur et juifs restent marqués par la violence[15]. Une situation durable puisqu'en novembre 1967 Montpellier reste la seule université où la Fédération nationale des étudiants de France (Fnef), qui compte dans ses rangs un grand nombre d'anciens partisans de l'Algérie française, est majoritaire[16].

Une surveillance étroite, une répression ciblée

Les circulaires préfectorales du 13 juin 1961 ordonnent une surveillance étroite des activistes. Les interpellations très nombreuses et répétées révèlent l'étendue de la mouvance de l'OAS. Mais les perquisitions et les interrogatoires sont le plus souvent décevants. Les intéressés nient tout dans des termes identiques et les investigations policières ne sont guère énergiques, même quand elles procèdent de requêtes pressantes de la Direction des services de police judiciaire.

Les perquisitions les plus fructueuses permettent des inculpations pour « reconstitution du groupement de fait dit OAS », les suspects étant écroués en maison d'arrêt ou assignés à résidence avant d'être jugés. Les jugements du tribunal de grande instance de Montpellier et du tribunal d'appel sont énoncés en vertu de décrets de décembre 1961 punissant « le maintien ou la reconstitution de l'organisation de fait dite OAS[17] ». Du 3 janvier 1962 au 10 mai 1963, le TGI, après enquêtes de la Sûreté urbaine de Montpellier, prononce 43 non-lieux pour des attentats par explosifs à Montpellier et à Frontignan. Les dossiers sont riches en pièces à conviction et photos des lieux atteints[18]. La mansuétude des pouvoirs publics à l'égard de l'OAS est souvent dénoncée, même si un internement administratif au camp de Saint-Maurice-l'Ardoise peut suivre un non-lieu – en petit nombre, puisque huit cas sont attestés[19]. Finalement, il s'agit de garder sous surveillance les activistes plutôt que de les sanctionner lourdement ou d'éradiquer l'organisation.

---

15. ADH 541 W 32*, rapport du préfet de région, juin 1964.
16. Rapport des RG, 21 novembre 1967.
17. ADH 1788 W 1163*, TGI de Montpellier.
18. ADH 1788 W 1160*, TGI de Montpellier.
19. Voir l'article « Saint-Maurice-l'Ardoise en 1962 : un camp pour activistes », p. 390.

En 1963, le SRPJ cherche dans les fichiers des rapatriés de Montpellier, Nîmes ou Perpignan des pieds-noirs inculpés à Alger pour homicide ou détention d'armes de guerre et qui ont pu fuir à la faveur de l'exode de 1962. Quelques membres de l'OAS sont traduits en 1963 devant la Cour de sûreté de l'État – le SRPJ ayant en effet enquêté avec succès sur des cas signalés par commission rogatoire d'un juge d'instruction attaché à cette cour[20].

Des réactions fractionnées

L'OAS-Métro s'est acquis des sympathies chez les indépendants et les poujadistes, mais pas chez les radicaux ni au MRP. Elle n'a pas conquis l'opinion en France comme elle l'avait fait en Algérie. Elle est apparue quand l'opinion était déjà gagnée ou résignée à l'idée de l'indépendance de l'Algérie. À gauche, beaucoup de socialistes qui souhaitaient rejoindre les comités antifascistes étaient retenus par les consignes nationales, mais en Languedoc les fédérations ont participé à certaines actions. Toutefois, l'anticommunisme, qui restait vif, a affaibli les réactions de la gauche. Le Parti socialiste unifié (PSU) et le Parti communiste se sont distingués par leur résistance à l'OAS, mais sans jamais bénéficier d'un soutien populaire massif malgré l'aspiration à la paix.

Par ailleurs, les manifestations anti-OAS n'ont pas mobilisé les foules. Les Comités de la paix créés par les communistes à partir de février 1961 ne se sont avérés efficaces que dans leurs fiefs. Les tracts « anti-factieux » étaient signés par le Parti communiste et le PSU, le Mouvement de la Paix, l'UFF, certaines associations d'anciens combattants, l'Association nationale des anciens combattants de la Résistance (Anacr) et l'Association républicaine des anciens combattants et victimes de guerre (Arac), ainsi que par des syndicats d'enseignants, la CGT et les Jeunesses laïques et républicaines (JLR)[21].

Chacun réagit surtout quand l'un des siens est victime d'un plasticage : les instituteurs protestent contre les « passivités » de la police et cherchent l'appui des parents d'élèves, la CGT appelle à des journées nationales d'action contre les « assassins de l'OAS » et les « complicités ouvertes dont bénéficient les hommes de main de l'OAS auprès des pouvoirs publics ». Il y a

20. ADH 541 W 32* et 1774 W 30*, SRPJ.

21. Sur les partis de gauche, ADH 406 W 4*, 5*, 116*, 124*. Sur les syndicats : 338 W 119, 676 W 1295*. Presse : *Le Travailleur du Languedoc*.

effectivement des manifestations en février 1962 après Charonne, puis en mars au lendemain de l'attentat OAS à la voiture piégée à Issy-les-Moulineaux lors du congrès du Mouvement de la Paix. Les communistes accusent alors la police de frapper plus les antifascistes que l'OAS[22].

En décembre 1962, des militants communistes prennent des activistes en flagrant délit et font arrêter deux hommes en publiant les noms. Et quand trois sympathisants de l'« Algérie française », dont deux avocats de Montpellier, sont plastiqués en mars et avril 1963, on découvre qu'il ne s'agit pas d'une action de l'OAS. L'auteur est un petit groupe qui signe GAAF (Groupe d'action antifasciste[23]) et engage les victimes à ne plus aider les factieux[24]. Le TGI prononce un non-lieu le 10 mai 1963.

Dans l'Hérault, l'OAS a donc recruté dans les milieux les plus divers, y compris dans ceux d'anciens résistants, mais ses éléments les plus actifs ont été les étudiants séduits par les thèses de l'extrême droite et les militaires qui ne pouvaient se résoudre à la perte de l'Algérie après celle de l'Indochine. Elle s'est manifestée non seulement par la propagande politique, mais aussi, de façon délictueuse, par la destruction de biens privés et publics, sans que ses acteurs aient été réellement punis. Les réactions de l'opinion ont joué leur rôle pour dissuader l'OAS-Métro de commettre les excès sanglants commis par l'OAS-Algérie. Depuis les différentes amnisties, la question est traitée avec discrétion[25]. Elle garde cependant une place dans la mémoire des rapatriés[26].

22. Tract du PCF à Sète (archives du Mouvement de la Paix).
23. Ce qualificatif d'« antifasciste » était alors revendiqué par les organisations proches du PCF.
24. ADH 1788 W 1159*, tribunal correctionnel de Montpellier.
25. Voir Stéphane Gacon, *L'Amnistie, de la Commune à la guerre d'Algérie*, Paris, Le Seuil, 2002.
26. Voir par exemple Philippe Bouba, « L'Arrivée et l'Adaptation des pieds-noirs en Roussillon, entre rancœur et espoir », mémoire de maîtrise sous la direction de Nicolas Marty, université de Perpignan, 2002. L'auteur, qui a reçu le prix universitaire du Cercle algérianiste en 2003, compte seulement trois ou quatre plasticages dans les Pyrénées-Orientales, « sans conséquence dans l'opinion publique ».

28. LES ASSOCIATIONS DE RAPATRIÉS : UNE HISTOIRE À CONSTRUIRE. L'EXEMPLE DU GARD ET DE L'HÉRAULT

Didier Lavrut

L'étude de l'encadrement des rapatriés en métropole et des associations qui s'y emploient est un champ qui reste très largement à défricher[1]. On en connaît mal la genèse et les fonctionnements. L'évolution quantitative et sociologique de leurs adhérents ainsi que les parcours des différents dirigeants n'ont pas encore fait l'objet d'un travail scientifique, et il en est de même de la sociabilité, des modes de mobilisation, des meetings, des rituels ou des revendications qu'elles ont portés. Dans le chaos de l'été 1962, près de 700 000 rapatriés arrivent en métropole dans des conditions dramatiques sans que ce mouvement ait été préparé ou anticipé. C'est dans l'urgence que les préfets forment fin mai des comités départementaux d'accueil qui coordonnent les actions de toutes les associations caritatives disponibles. Les associations de rapatriés en font partie et y gagnent une visibilité aussi soudaine qu'inédite. Mais toutes n'ont pas les mêmes stratégies ni les mêmes ressorts idéologiques. D'où la complexité d'une dynamique contradictoire balançant constamment entre l'éclatement et l'union, que les lignes qui suivent se proposent d'approcher à partir de l'exemple languedocien.

1. Jean-Jacques Jordi, *De l'exode à l'exil. Rapatriés et pieds-noirs en France*, Paris, L'Harmattan, 1993 ; Éric Savarèse, *L'Invention des pieds-noirs*, Biarritz, Séguier, 2002 ; Mohand Khellil et Jules Maurin (dir.), *Les Rapatriés d'Algérie en Languedoc-Roussillon, 1962-1992*, actes du colloque international de Montpellier, université Paul-Valéry, Montpellier-III, novembre 1991.

Une concurrence associative acharnée

Passé le choc de l'été 1962 et même si les flux ne sont pas encore stabilisés, on peut compter fin 1963 17 000 rapatriés installés dans le Gard, 35 000 dans l'Hérault, dont 18 000 à Montpellier, et près de 90 000 pour l'ensemble du Languedoc-Roussillon. Une source de légitimité et de crédibilité que se disputent très vite les associations existantes. Elles sont en vérité peu nombreuses. Sur les trois grandes associations qui, au printemps 1962, dominent la représentation des rapatriés en métropole, deux sont implantées dans l'Hérault et se livrent une concurrence sans concession[2] : l'Association nationale des Français d'Afrique du Nord, d'outre-mer et de leurs amis (Anfanoma) et la Fédération nationale des Français d'Afrique du Nord (FNFA).

La section départementale de l'Anfanoma est la plus importante. Dirigée par un avocat né en Tunisie en 1929, Armand Cascio, elle dispose de sections locales à Sète, à Agde et à Béziers, publie un mensuel, *Afrique Midi*, et déploie essentiellement une activité matérielle de soutien, d'entraide et d'aide au reclassement. Association à l'origine marseillaise, l'Afanoma (devenue nationale en 1958) avait ouvert en 1957 des sections dans plusieurs départements méridionaux dont l'Hérault, mais la section de Montpellier n'a une activité réelle que depuis 1959. Dirigée à l'échelle nationale par un Français d'Algérie élu député UNR de Seine-et-Marne en 1958, le colonel Battesti, l'Anfanoma tient un discours nécessairement hostile à de Gaulle tout en maintenant d'étroits contacts avec le pouvoir, qui la consulte.

La FNFA est née en 1961 à Montpellier de la fusion de diverses associations régionales allant de Bordeaux à Nîmes, à l'initiative de Lucien Franco, un ancien d'Indochine né en 1919, employé à la trésorerie générale de Montpellier[3]. Son siège national est à Montpellier, où elle dispose d'un journal à parution irrégulière, *L'Écho*, dans lequel Franco déploie un discours politique radicalement hostile à la gauche comme au pouvoir. Elle contrôle également une association d'étudiants pieds-noirs, le Centre montpelliérain des jeunes Français rapatriés d'AFN.

---

2. Archives départementales de l'Hérault (ADH) 542 W 59*, étude des services de la préfecture sur les rapatriés, 1er septembre 1962.
3. Il avait fondé en 1959 à Montpellier le Regroupement régional des Français d'Algérie.

Le Rassemblement national des Français d'Afrique du Nord (Ranfran), deuxième grande association nationale, n'a en revanche qu'une présence symbolique dans l'Hérault. Son délégué, Roger Meyere, directeur du *Languedocien*, un journal de Lunel, est un transfuge de l'Anfanoma et entretient d'excellentes relations avec la FNFA. Le 27 janvier 1961 à Montpellier, il assiste, comme quelques-uns des dirigeants du Ranfran, au premier conseil national de la FNFA.

Dans le Gard, la situation est plus complexe[4]. Jusqu'en mars 1962, il n'existe qu'une seule association, et encore n'exerce-t-elle son activité qu'à l'échelle de Nîmes. L'Amicale des Français rapatriés d'Afrique du Nord est créée en 1956 et s'affilie à l'Afanoma l'année suivante. Dès 1958, son activité décline à la suite de problèmes de gestion, et la plupart des adhérents rejoignent la section Anfanoma de Montpellier. En 1960, l'Amicale est reprise en main par Claude Matheron, un ancien d'Indochine originaire d'Anduze qui très vite rompt avec l'Anfanoma pour adhérer à la FNFA en octobre 1961. Lucien Franco et lui ont une expérience commune de l'Indochine et le même engagement pour une Algérie française qu'ils estiment sacrifiée par le pouvoir. C'est le discours que tient le Regroupement national dans les rangs duquel milite Matheron[5]. L'essentiel des rapatriés du Gard reste cependant inscrit à l'Anfanoma de Montpellier, ce qui explique l'échec de la tentative d'Armand Cascio d'implanter en mars 1962 une nouvelle section à Nîmes. Quoi qu'il en soit, l'influence de l'Amicale des Français rapatriés d'Afrique du Nord y semble acquise avec 260 adhérents. La réunion du 17 juin 1962 se fait en présence du préfet ainsi que d'un délégué de l'Union nationale des rapatriés[6], qui y reconnaît l'autorité de l'Amicale et renonce à ouvrir une section à Nîmes.

Au cours du mois de juin 1962, avec l'arrivée massive des rapatriés dans le Gard[7], Matheron et Franco, très actifs, créent des sections de la

4. Les sources viennent des rapports des RG et de la préfecture conservés aux archives départementales du Gard (ADG CA 1559*), mais aussi du dépouillement du quotidien *Le Méridional-la France*, relais majeur pour les associations de rapatriés.

5. Il est interné pendant une semaine en avril 1961 lors des opérations de police consécutives au putsch.

6. Association créée le 26 février 1962 par la sécession du bureau parisien de l'Anfanoma. Présidée par François Patrimonio, un avocat originaire du Maroc, elle est très proche du Ranfran qui en a soutenu la naissance.

7. Didier Lavrut, « Rapatriés et politique à Nîmes et dans le Gard (1962-1965) »,

FNFA à Beaucaire, à Bagnols-sur-Cèze, au Grau-du-Roi, multipliant les tracts contre l'Anfanoma. Le 29 juillet 1962, au cours de son assemblée générale, l'Amicale change de nom et de président. Elle devient l'Association départementale des Français rapatriés d'Afrique du Nord, et Alain de Cacqueray, un employé de la Compagnie du Bas-Rhône né à Port-Saïd en 1929, en prend la tête au moment de l'afflux maximal de rapatriés dans le département[8]. Sa personnalité, son sens du contact, son dynamisme, une collaboration étroite avec le préfet lui confèrent un poids considérable, tant dans l'association qu'auprès des rapatriés et des acteurs locaux. Cette stature nouvelle le conduit à prendre ses distances avec la FNFA. Dès l'automne 1962, Alain de Cacqueray rompt avec Lucien Franco et engage avec lui une véritable course dans le sud-est du département : l'Association départementale prend le contrôle des sections de Beaucaire, de Bagnols-sur-Cèze, de Saint-Gilles et en crée une à Sommières. Franco ne parvient à conserver que la plus petite, celle du Grau-du-Roi. Par ailleurs, le nord du département échappe toujours à l'influence de l'Association départementale. Les rapatriés d'avant juin 1962 sont toujours adhérents à l'Anfanoma de Montpellier, et les nouveaux, de plus en plus nombreux, ne sont pas encadrés. Ainsi, à Alès, le 28 juillet 1962, deux ressortissants espagnols sont menacés et sommés de quitter la France par un mystérieux Comité français des réfugiés d'Algérie, dont les RG ignorent tout[9]. L'installation croissante des rapatriés dans le nord du Gard conduit l'Anfanoma à créer dès l'automne des sections à Alès, Uzès, Pont-Saint-Esprit et Bagnols-sur-Cèze. Mais elles n'ont jamais eu ni un nombre significatif d'adhérents ni une activité importante.

De l'impossible entente à l'esquisse d'une union

Paradoxalement, ces ruptures s'accompagnent d'un discours aussi laborieux que récurrent en faveur de l'union de ces associations. La modeste

---

in Les Cultures politiques à Nîmes et dans le Bas-Languedoc du XVIIe siècle aux années 1970. Affrontements et dialogues, actes du colloque de la Société d'histoire moderne et contemporaine de Nîmes et du Gard, 18-19 novembre 2005, Paris, L'Harmattan, 2008, p. 375-391.

8. Jusqu'à 25 000 rapatriés fin août.

9. « Ils sont une charge pour la France et les réfugiés d'Algérie ont besoin de leur place et de leur logement », rapport des RG du 3 août 1962. ADG CA 1559*.

Association départementale d'Alain de Cacqueray y joue un rôle non négligeable. Le 3 février 1963, il organise à Nîmes une rencontre avec des leaders du Ranfran, en particulier son président et fondateur, l'avocat toulousain Vaysse-Tempé. Franco et le colonel Battesti, invités pour la forme, déclinent l'invitation, mais amorcent un timide dialogue avec Alain de Cacqueray le mois suivant. Ces rapprochements alertent la préfecture du Gard, qui s'inquiète d'une politisation de l'activité de l'Association départementale. En effet, jusqu'à l'automne 1962, ses revendications ont porté sur le logement et l'emploi, et Alain de Cacqueray, convaincu de la bonne volonté du préfet, a collaboré avec lui sans critiquer son action. Au cours de l'année 1963, l'effort porte essentiellement sur le reclassement, en particulier celui des petits agriculteurs, mais on voit apparaître dès avant l'été un ensemble de revendications plus générales concernant l'indemnisation totale des biens et l'amnistie en faveur des activistes. Cette évolution est très nette après le meeting du 19 mai 1963 à Nîmes où, devant 2 000 personnes, et après avoir rendu hommage à la mémoire de Bastien-Thiry[10], Alain de Cacqueray, le bachaga Boualem ainsi que les colonels du Ranfran, Thomazo, Trinquier et Reymond, lancent un appel à la création d'une fédération unique pour le Sud-Est. Cela dit, Alain de Cacqueray doit faire face à des retards de cotisations, signe d'un désengagement croissant des rapatriés à partir du moment où ils parviennent à s'insérer dans le tissu économique et social. Un thème aussi mobilisateur que celui de l'union permet à son association de continuer d'exister.

Un palier semble franchi le 12 septembre 1963. Une table ronde réunit des représentants méridionaux du Ranfran et de l'Anfanoma ainsi qu'Alain de Cacqueray et donne naissance au Comité de coordination de Marseille. Entre l'Association départementale et le Ranfran, au congrès duquel Alain de Cacqueray assiste fin octobre 1963 à Marseille, le rapprochement est consommé. D'un autre côté, le 30 novembre 1963, à Lyon, Franco annonce le ralliement de la FNFA aux 25 000 participants du congrès de l'Anfanoma. Néanmoins, les logiques locales et les inimitiés personnelles rendent le processus plus complexe. Ainsi, tout au long de l'année 1964, l'Anfanoma, qui a intégré le bachaga Boualem[11]

10. L'organisateur de l'attentat du Petit-Clamart, exécuté le 11 mars 1963.
11. Voir le chapitre que lui consacre Jean-Jacques Jordi dans *1962, l'arrivée des pieds-noirs*, Paris, Autrement, 1995. Rapatrié en mai 1962, le bachaga est installé au Mas-Thibert, près d'Arles.

dans son bureau national, l'envoie prêcher l'union dans les sections du Midi. En Languedoc, Cascio organise les tournées en s'assurant de la présence de leaders du Ranfran, mais en ignorant son rival Franco, au moment où la candidature, en avril, de Jean-Louis Tixier-Vignancour à l'élection présidentielle structure les énergies en vue d'une échéance. Toutes les associations appellent en effet les rapatriés à assister au meeting qu'il tient le 29 mai devant 15 000 personnes au Stadium de la Mer à Marseille.

La suppression du ministère des Rapatriés le 23 juillet 1964 conduit le Ranfran à accélérer le processus d'union et à rallier de nombreuses associations comme l'Amicale des Français d'Algérie (AFA), la Fédération des étudiants réfugiés (FER), le Groupement national pour l'indemnisation (GNPI) ou encore l'importante Amicale d'Alsace des rapatriés, de Robert Cerdan. La formation puis le travail de l'éphémère Comité d'entente des associations de réfugiés, animé à Marseille par César Aleman, débouche le 6 octobre sur la création de l'Union fédérative des associations de repliés d'outre-mer (Ufarom), dominée par le Ranfran, mais dont le trésorier n'est rien moins qu'Alain de Cacqueray et le secrétaire général Armand Cascio. L'Anfanoma est d'autant plus réticente qu'elle avait dès le mois d'août déchu Cascio de toutes ses responsabilités au sein de l'association départementale pour avoir détourné des fonds [12]. Une sanction qui n'avait pas été divulguée et que l'Ufarom ne pouvait connaître. Mais cela n'empêche pas Cascio, promu porte-parole de l'union, de faire le tour de toutes les sections Anfanoma du Midi en compagnie du bachaga Boualem pour les rallier à l'Ufarom. Ainsi, le 31 octobre, à Alès, il tente de convaincre 220 rapatriés, malgré les consignes de boycottage de la section locale de l'Anfanoma. Le lendemain, il rallie la section d'Uzès et poursuit son effort dans l'Hérault jusqu'au début de 1965, même s'il est évincé de ses fonctions de secrétaire général lors du congrès que tient l'Ufarom à Lyon le 8 novembre 1964, Cerdan ayant révélé l'affaire du détournement de fonds.

Le but de l'Ufarom était de rallier tous les rapatriés en s'alliant à l'ensemble des forces d'opposition à de Gaulle pour soutenir la candidature de Tixier-Vignancour. Mais, au fond, on peut se demander si

---

12. ADH 542 W 58*, rapport des RG (« Les activités de Me Cascio dans les milieux rapatriés »), 19 novembre 1964.

l'union spectaculaire au niveau national des deux grandes associations rivales, le Ranfran et l'Anfanoma, effective en 1965 au sein de l'Ufarom, n'a pas été l'aboutissement d'un processus qui aurait vu, au cours de l'année 1964, un certain nombre de sections de l'Anfanoma s'y rallier unilatéralement, sans l'aval de la direction nationale, à l'image de ce qui s'est passé dans le Gard et l'Hérault.

Un CRS surveille les suspects arrêtés, le 19 octobre 1957, dans le bidonville d'Argenteuil où a été abattu la veille un officier de police. 500 policiers, CRS et gendarmes ont participé au ratissage du bidonville.

IV. RÉPRIMER

Le dispositif légal de répression en France se présente comme la reproduction de celui qui avait été progressivement élaboré en Algérie, mais avec un temps de décalage, une atténuation, au moins dans les débuts, et deux spécificités fortes : l'absence des forces militaires, en dehors de la gendarmerie, et, puisque les policiers en sont les acteurs, la permanence de pratiques antérieures à 1954. Ainsi le contrôle s'enrichit-il d'un fichier visant les nationalistes algériens. Comme en Algérie étaient prévus : la détention administrative dans des lieux valant « centres de transit », qui étaient des locaux de police la plupart du temps ; la traduction en justice devant les tribunaux militaires ; l'internement des « suspects » dans des camps ouverts à cet effet. À la fin de la guerre, les activistes de l'Algérie française se virent appliquer le même type de mesures : détention policière prolongée, internement, incompétence des juridictions ordinaires. Rien de comparable, toutefois, dans les conditions qui ont été faites aux uns et aux autres : le Saint-Maurice-l'Ardoise des activistes de l'Algérie française ne fut pas le Larzac des Algériens, et Tulle n'eut rien à voir avec les prisons regorgeant de détenus condamnés pour leur engagement en faveur de l'indépendance.

29. CONTRÔLER, ENFERMER, ÉLOIGNER. LA RÉPRESSION POLICIÈRE ET ADMINISTRATIVE DES ALGÉRIENS DE MÉTROPOLE (1946-1962)

Emmanuel Blanchard

Entre 1944 et 1947, un ensemble de textes a organisé la reconnaissance de la citoyenneté des colonisés d'Algérie et l'égalité des droits entre les « musulmans » et les « Européens[1] ». Le double collège électoral a singulièrement limité la portée de ces dispositions dans les départements d'Algérie, mais elles ont eu des conséquences très importantes pour les candidats à l'émigration. Citoyens à part entière à partir du moment où ils pénétraient dans l'Hexagone, ils bénéficiaient d'une totale liberté de circulation entre les deux rives de la Méditerranée. Celle-ci avait déjà été reconnue à divers moments de l'entre-deux-guerres, mais la conjoncture économique, marquée à la fois par la grande paupérisation des *fellahs* et l'abaissement des coûts de transport, lui a donné une portée inédite à partir de la fin de l'année 1946. Les arrivées en métropole sont alors devenues massives – avec un solde migratoire annuel moyen d'environ 20 000 entre 1947 et 1962 –, alors même que les Algériens étaient au nombre des migrants que les experts souhaitaient ne pas voir s'installer en France[2]. Cette « immigration imposée[3] » par le contexte

1. Laure Blevis, « Les avatars de la citoyenneté en Algérie coloniale ou les paradoxes d'une catégorisation », *Droit et société*, n° 48, 2001, p. 557-580.
2. Patrick Weil, *La France et ses étrangers. L'aventure d'une politique de l'immigration, 1938-1991*, Paris, Calmann-Lévy, 1991, p. 54-59.
3. À la veille de la Seconde Guerre mondiale, Georges Mauco formula cette distinction entre « immigration voulue » et « immigration imposée » pour distinguer les « travailleurs » des « réfugiés ». Patrick Weil, « Georges Mauco, expert en immigration : ethnoracisme et antisémitisme fielleux », *in* Pierre-André Taguieff

colonial n'a pas tardé à susciter des protestations. De la fin de la Seconde Guerre mondiale jusqu'au dénouement de la guerre d'indépendance algérienne, la hiérarchie policière n'a eu de cesse de lutter contre ce « mythe de l'égalité des droits[4] ». Avec un succès croissant, notamment en raison des répercussions métropolitaines de la guerre d'indépendance, elle a réclamé des mesures lui permettant de contrôler, d'enfermer et d'éloigner les Algériens sans entrave juridique ni contrôle du pouvoir judiciaire.

Limiter la mobilité, une constante du contrôle policier des Algériens

La liberté de circulation accordée dans le cadre de la défense de l'empire colonial est venue s'opposer aux principes de l'ordre public en métropole tels qu'ils étaient interprétés par les forces de l'ordre. La « clochardisation[5] » de nombreux migrants d'Algérie et la délinquance de subsistance de certains d'entre eux alimentent ainsi le flot des récriminations d'administrés et des campagnes de presse qualifiées de « racistes » par les rares défenseurs des Algériens[6]. Elles renforcent des stéréotypes coloniaux que la nouvelle donne juridique et politique ne suffit pas à affaiblir et permettent à la police d'essayer de récupérer les pouvoirs perdus à la Libération. Face au refus des autorités politiques de revenir sur la liberté de circulation, la hiérarchie policière a essayé de la limiter par divers artifices, dont de nombreux avaient déjà été mis en œuvre dans l'entre-deux-guerres. L'obligation de subir des examens médicaux et des vaccinations, de réunir un cautionnement équivalent aux éventuels frais de rapatriement et de posséder une pièce d'identité uniformisée avec photographie est ainsi évoquée comme un moyen

(dir.), *L'Antisémitisme de plume, 1940-1944. Études et documents*, Paris, Berg international éditeurs, 1999, p. 267-276.

4. Agendas de Roger Léonard, préfet de police (1947-1951), 24 novembre 1948. Fonds Léonard du Centre d'histoire de Sciences-Po, cote RL 1.

5. Germaine Tillion, *Algérie 1957*, Paris, Minuit, 1957, p. 40-41.

6. Ce sont en particulier les communistes qui, dans leur presse, dénonçaient les journaux « racistes ». *L'Algérien en France* était en pointe dans ces dénonciations. À propos de cette publication, voir l'article « Le rendez-vous manqué des Algériens et du Parti communiste français. L'expérience de *L'Algérien en France* (1950-1960) », p. 222.

d'empêcher le départ des plus pauvres. Les nécessités de ne pas contrevenir à la Constitution, de tenir compte des représentants politiques des « Français musulmans d'Algérie », les concurrences et l'inertie administratives ont fait qu'avant le début de la guerre aucune disposition n'est venue véritablement limiter cette liberté de circulation.

Faute de contrôler l'émigration algérienne, la police a cherché à limiter ses possibilités de mobilité en métropole par deux biais : l'organisation de leur moindre visibilité dans l'espace public et celle des retours forcés en Algérie. Pour ce faire, elle a eu abondamment recours au répertoire d'actions de la police des « indésirables[7] ». Hors de tout cadre juridique se sont alors installées dans la durée des méthodes d'action qui n'avaient rien d'inédit. De rafles en internements dans des locaux de police, de fichages en tentatives de refoulement, de contrôles d'identité en rétentions administratives, les Algériens partagent le sort des autres « citoyens diminués[8] » (prostitués, vagabonds, homosexuels...) et d'un sous-prolétariat national dont le contrôle a longtemps constitué l'essentiel du travail policier[9]. Leur statut les protège néanmoins théoriquement de mesures telles que l'expulsion, qui menacent les étrangers contrevenant à l'ordre public ou ne répondant pas aux attentes des employeurs. Les Algériens n'ont pas eu non plus à connaître les affres des internements administratifs de longue durée. Ces privations de liberté à la seule initiative de la police sont pourtant pratiquées dans l'illégalité la plus totale à l'égard d'autres nationaux, tels les vagabonds conduits à la Maison départementale de Nanterre ou les prostituées hospitalisées de force à l'ancienne prison Saint-Lazare. Les représentants et les soutiens politiques des colonisés d'Algérie sont alors suffisamment entendus pour que ce type de mesure ne leur soit pas appliqué. La hiérarchie policière ne cesse pourtant de se référer à un horizon internemental qui ne deviendra réalité que quelques années plus tard.

---

7. Emmanuel Blanchard, « L'encadrement des Algériens de Paris (1944-1954), entre contraintes juridiques et arbitraire policier », *Crime, histoire & sociétés*, vol. XI, n° 1, 2007, p. 5-25.
8. L'expression « citoyens diminués » est souvent utilisée par des représentants du PCF pour qualifier les Algériens de métropole. Voir notamment les interventions d'élus PCF aux conseils de Paris et de la Seine : *Bulletin municipal officiel-conseil municipal*, 18 juillet 1947, p. 342 ; *Bulletin municipal officiel-conseil général*, 20 mars 1953, p. 170.
9. Philippe Robert, *Le Citoyen, le Crime, l'État*, Genève, Droz, 1999, p. 23-35.

Malgré ces limites imposées à l'arbitraire policier, les Algériens sont loin de bénéficier d'un traitement préférentiel. Ils sont l'objet de multiples conduites au poste, tant le week-end, afin d'éviter que la visibilité de ces travailleurs de l'ombre n'indispose les autres promeneurs parisiens[10], qu'au moment des appels à mobilisation du Mouvement pour le triomphe des libertés démocratiques (MTLD). La répression des manifestations nationalistes indique même à quel point la violence policière à l'encontre des colonisés n'est pas cantonnée aux territoires ultramarins[11]. Il n'en reste pas moins qu'à cette époque le « chèque en gris[12] » accordé par le pouvoir politique à une police chargée du maintien de l'ordre social et colonial, même au prix d'entorses à la légalité, n'est pas un blanc-seing : un certain nombre de contrepoids limitent l'arbitraire policier. Ils s'affaiblissent néanmoins considérablement lorsque se font sentir les répercussions métropolitaines de la guerre d'Algérie.

Des désirs policiers exaucés grâce à la guerre

À partir de 1955, la préfecture de police de Paris voit ainsi acceptées la plupart des revendications pour lesquelles elle s'était heurtée, les années précédentes, au refus du ministère de l'Intérieur et plus généralement du pouvoir politique.

Les Algériens sont ainsi progressivement fichés et mis en cartes. Le fichier des « Nord-Africains », détruit en 1940 afin de ne pas tomber dans les mains de l'occupant allemand, n'avait pas été remplacé à la Libération. Pour pallier cette lacune, la préfecture de police de Paris a mené, sous couvert d'enquêtes sociales et de recensements, de nombreuses opérations visant à une meilleure connaissance des « milieux nord-africains ». À partir d'août 1953, la brigade des agressions et

---

10. Léo Bogart, « Les Algériens en France, adaptation réussie et non réussie », *in* Ined, *Français et immigrés*, Paris, PUF-Ined, 1954, p. 48.
11. De mars 1937 à février 1962, les seuls manifestants tués à Paris par les forces de l'ordre furent des Algériens (28 mai 1952, 14 juillet 1953) et un militant de la CGT pris dans la fusillade qui visa le cortège du MTLD le 14 juillet 1953.
12. Nous empruntons ce concept au criminologue canadien Jean-Paul Brodeur qui l'utilise à propos des situations dans lesquelles les pouvoirs publics laissent la police libre de ses modalités de répression, même extralégales, tant que n'éclatent pas de controverses politiques. Jean-Paul Brodeur, « La police, mythes et réalités », *Criminologie*, vol. XVII, n° 1, 1984, p. 9-41.

violences (BAV)[13] multiplie les rafles, parfois avec l'appui de photographes, afin d'alimenter un nouveau fichier. Ce dernier reste cependant incomplet, la préfecture de police ne disposant d'aucune prérogative légale obligeant tous les Algériens à prendre contact avec elle. Avec l'entrée dans la guerre, cette dimension limitée du fichage devient un désavantage que ne peuvent plus contrebalancer les bénéfices politiques attendus d'un relatif respect du statut des Algériens. C'est à cette lumière que doivent principalement être analysées des mesures telles que la création de la carte nationale d'identité en octobre 1955. En mars 1956, quand le nouveau régime de circulation entre les deux rives de la Méditerranée est institué[14], la carte nationale d'identité devient obligatoire pour obtenir une autorisation de voyage. Ces textes législatifs ne peuvent être complètement appliqués en raison notamment de contraintes administratives et bureaucratiques, comme la tenue de l'état civil en Algérie, les effectifs policiers disponibles... Ils visent principalement à obliger les Algériens à se faire connaître des services de police. À partir de 1958, la préfecture de police de Paris et la Sûreté nationale reconnaissent explicitement que l'enregistrement de l'ensemble des Algériens est un objectif prioritaire. Pour la première, cette ambition s'accompagne de la mise en place d'un appareil militaro-policier, les Services d'assistance technique aux Français musulmans d'Algérie (SAT-FMA)[15], qui entendent subordonner toute action sociale aux impératifs du maintien de l'ordre et de la « guerre contre-révolutionnaire ».

Les forces de l'ordre obtiennent également satisfaction en matière de contrôle des mouvements, d'assignation à résidence et de refoulement des « indésirables ». En septembre 1958 et octobre 1961, la promulgation de couvre-feux limités aux seuls « travailleurs algériens » est sans doute la mesure la plus emblématique de ce retournement du rapport de force entre la police et les organes politiques et juridiques censés

13. Emmanuel Blanchard, « Police judiciaire et pratiques d'exception pendant la guerre d'Algérie », *Vingtième Siècle. Revue d'histoire*, n° 90, avril-juin 2006, p. 61-72.
14. À compter de cette date, la libre circulation est supprimée et il est nécessaire d'obtenir une autorisation de voyage, délivrée dans les commissariats de police, pour se rendre en Algérie.
15. Sur les SAT-FMA dont les personnels et méthodes sont importés d'Algérie : Jim House, Neil MacMaster, *Paris 1961. Les Algériens, la terreur d'État et la mémoire*, Paris, Tallandier, 2008.

la contrôler[16]. Symboliquement au moins[17], la police parisienne obtient, au mépris du droit, certaines des prérogatives en matière de limitation de la liberté de circuler qu'elle réclamait depuis de nombreuses années.

Dans la même optique de limitation de la liberté de mouvement de « suspects », les autorités préfectorales ont aussi recours à l'assignation à résidence à domicile : les individus visés doivent se présenter toutes les semaines au commissariat de leur localité pour faire viser leur carnet d'assignation à résidence. Les autorités policières savent que cette mesure n'est pas d'une grande efficacité et lui préfèrent les nouvelles possibilités d'enfermement. En 1957-1958, deux textes autorisent ainsi en métropole l'internement administratif, pratiqué en Algérie dès avril 1955 après le vote de l'état d'urgence. La loi du 26 juillet 1957 étend à la métropole une partie des pouvoirs spéciaux adoptés pour l'Algérie le 16 mars 1956. Elle ouvre ainsi la possibilité d'assigner à résidence toute personne condamnée en application des « lois sur les groupes de combat et milices privées ». Cette assignation, qui se concrétise par un internement dans l'un des deux « centres d'assignation à résidence surveillée » (CARS)[18] alors ouverts, est donc conditionnée à une condamnation judiciaire préalable. Elle permet au ministère de l'Intérieur de détenir de façon illimitée les « individus dangereux » libérés de prison.

Malgré ces nouveaux pouvoirs, la police ne se satisfait pas de rester sous la dépendance de l'autorité judiciaire. Le « laxisme » de cette dernière, régulièrement dénoncé en temps de paix, paraît insupportable à la hiérarchie policière alors que l'unité et l'intégrité nationales sont remises en cause par une « rébellion ». La nomination de Maurice Papon à la tête de la préfecture de police de Paris est l'un des facteurs qui a permis que de nouveaux moyens lui soient accordés. Un des projets de Papon inspire grandement l'ordonnance du 7 octobre 1958 qui donne

---

16. Sylvie Thénault, « Les couvre-feux en région parisienne pendant la guerre d'Algérie », à paraître.
17. Ces textes furent surtout importants pour limiter la circulation nocturne des véhicules conduits par des Algériens, dont ils permettaient la saisie sans autre forme de procès. Pour celle des piétons, les couvre-feux ne faisaient que renforcer les pratiques policières de contrôle nocturne de tous les Algériens circulant seuls ou en groupe.
18. Sylvie Thénault, « Personnel et internés dans les camps d'internement de la guerre d'Algérie. Entre stéréotypes coloniaux et combat pour l'indépendance », *Politix*, n° 69, 2005, p. 63-81.

de nouveaux pouvoirs aux autorités policières et administratives en matière d'internement. Ce texte élargit considérablement le champ des individus susceptibles de faire l'objet d'une mesure d'assignation à résidence : toutes les « personnes dangereuses pour la sécurité publique en raison de l'aide matérielle directe ou indirecte qu'elles apportent aux rebelles des départements algériens » sont concernées.

Des précisions ultérieures confirment cependant que seuls les « Français musulmans d'Algérie » sont visés par ces mesures privatives de liberté dont la promulgation est facilitée. L'ordonnance prévoit en effet qu'un simple arrêté préfectoral, signé sur la foi de rapports des RG, suffit à placer les individus « à surveiller » dans des établissements pénitentiaires ou des « centres de triage[19] » qui sont créés dans les départements où la « colonie nord-africaine » est fortement implantée. Seule véritable limite à ces pouvoirs exorbitants accordés aux autorités policières : cet internement préfectoral ne peut normalement pas dépasser quinze jours. Il peut cependant être prolongé par un arrêté ministériel d'assignation à résidence, sans limitation de durée. Ce dernier est pris en fonction des seuls rapports de police. Cette dernière ne voit d'ailleurs guère ses pouvoirs limités par la création de la Commission de vérification des mesures de sécurité publique prévue à l'article 3 de l'ordonnance du 7 octobre 1958. Même si certains de ses avis transmis au ministère de l'Intérieur sont suivis d'effets, elle n'exerce qu'un vague contrôle *a posteriori* et ne joue qu'un rôle consultatif. Son rôle est donc tout aussi limité que celui de la Commission de sauvegarde des droits et libertés individuels chargée d'enquêter sur les tortures et les disparitions en Algérie[20].

---

19. Les centres de triage étaient des lieux d'enfermement et parfois d'interrogatoire des individus assignés à résidence par les préfets pour une durée de quinze jours. Parfois dits aussi « centres de transit » ou « centres d'identification », le plus souvent caractérisés par une simple adresse pour cacher leur véritable usage, ils étaient généralement situés dans l'enceinte des commissariats ou autres locaux de police. « L'internement avant l'internement. Commissariats et centres de triage, lieux de détention et d'assignation à résidence (il)-légales », *Marériaux pour l'histoire de notre temps*, n° 91, octobre-décembre 2008.

20. Au sujet de ces commissions : Raphaëlle Branche, « La Commission de sauvegarde pendant la guerre d'Algérie : chronique d'un échec annoncé », *Vingtième Siècle. Revue d'histoire*, n° 61, janvier-mars 1999, p. 14-29. De la même auteure : « La seconde Commission de sauvegarde des droits et libertés individuels », *in* AFHJ, *La Justice en Algérie, 1830-1962*, La Documentation française, 2005, p. 237-246.

À l'issue du délai imposé par l'arrêté préfectoral d'assignation à résidence, les individus qui font l'objet d'un arrêté ministériel sont transférés dans un des quatre CARS finalement ouverts. Devant la volonté policière de placer en rétention le maximum d'individus, les difficultés de coordination entre de multiples ministères (Justice, Intérieur, Défense[21]), le coût de cette politique et l'absence de respect des délais de signature par le ministère de l'Intérieur sont les seules limites au recours aux assignations à résidence « sans durée préfixe ». Ces considérations incitent ainsi Émile Pelletier, ministre de l'Intérieur, à rappeler en octobre 1958 :

> Il ne saurait être question pour le moment, bien qu'elle puisse apparaître comme un moyen commode de se débarrasser de tous les éléments FSNA [Français de souche nord-africaine] tenus pour dangereux, de recourir à une politique massive d'internement, en raison des capacités très réduites qu'offrent encore, tant en métropole qu'en Algérie, les centres d'hébergement destinés à les recevoir[22].

Ce dispositif est cependant monté en charge dans les années suivantes. Pendant près de trois ans, il a pris le pas sur les velléités de renvoyer les « suspects » outre-Méditerranée.

L'Algérie, terre de bannissement

Les « rapatriements » dans les départements algériens sont l'autre horizon du travail policier. Dès la fin des années 1940, les dispositions relatives à la reconduite des vagabonds dans leur département ou pays d'origine ont été invoquées et utilisées comme un moyen de se débarrasser de certains « oisifs ». Les dispositions réglementaires en la matière sont modifiées à plusieurs reprises afin d'élargir les catégories d'individus concernées par des dispositifs gérés par différents ministères. Pour les Algériens, citoyens français, ces retours sont censés n'être possibles

21. La gendarmerie était chargée des transferts des assignés à résidence des centres de triage aux CARS.
22. Circulaire n° 577 du ministère de l'Intérieur relative à l'application de l'ordonnance du 7 octobre 1958 et envoyée à tous les préfets le 15 octobre 1958.

que si ceux-ci en ont explicitement exprimé la volonté. La préfecture de police de Paris est pourtant tentée de leur appliquer les dispositions relatives aux étrangers qui peuvent être reconduits contre leur gré. Si des retours forcés sont effectivement mis en œuvre, ils connaissent cependant une application limitée, notamment pour des questions de répartition de la charge financière de ces rapatriements – les communes et départements algériens devant contribuer aux frais et n'y étant généralement pas enclins. Ces dispositions connaissent pourtant un certain succès, puisque le nombre des rapatriements est multiplié par dix entre 1950 et 1954, pour atteindre un total de 6 500 au cours de cette seule année[23]. Ces retours n'augmentent pas beaucoup durant la guerre d'Algérie. Leur nombre est limité par l'implication de différents ministères et le coût de la prise en charge des transports. Cependant, lorsqu'il apparaît nécessaire de signifier que le pouvoir sait être ferme avec les nationalistes, des « reconduites au douar d'origine » par centaines sont opérées sans qu'aucune disposition juridique quelconque ne soit invoquée. Il en a été ainsi après les émeutes de la Goutte-d'Or en août 1955[24] et après les manifestations d'octobre 1961.

L'ordonnance du 7 octobre 1958 ouvre aussi la possibilité de recourir à l'« éloignement, sorte d'interdiction de séjour administrative[25] ». Si, traditionnellement, cette dernière mesure est peu efficace, sinon à transformer les « interdits de séjour » qui ne la respectent pas en indicateurs de police, l'« éloignement » ouvre la voie à de nouveaux départs contraints vers l'Algérie. Les interdictions portent le plus souvent sur la seule région parisienne, mais peuvent être étendues à l'ensemble du territoire français.

Dans ce cas, il semble qu'en règle générale ces interdits de séjour ne soient pas reconduits jusqu'en Algérie. En revanche, les demandes d'autorisations de voyage sont parfois utilisées pour favoriser l'« élimination » d'individus fichés Z dans la catégorie « très dangereux ». Ce procédé répond en outre à la nécessité de limiter les coûts de la répression, puisque les intéressés financent eux-mêmes leur voyage. Quand ils demandent à rentrer en Algérie et déposent leur dossier auprès du commissariat de leur localité, l'autorisation de voyager leur est accordée

23. Archives nationales (AN) F 1A 5134*.
24. André-Louis Dubois et Pierre Sergent, *Le Malentendu algérien. 12 ans après*, Paris, Fayard, 1972, p. 106-107.
25. Circulaire du 15 octobre 1958, *op. cit.*

et dotée d'un numéro avec la mention du département de résidence en métropole. Ce signalement doit entraîner l'arrestation de son possesseur à l'arrivée en Algérie. Si tout fonctionne bien, la personne en question a ainsi payé son voyage à destination d'un camp algérien où elle se retrouve assignée à résidence. Cette procédure a été en vigueur d'août 1957 à avril 1959. Quelques « incidents regrettables » ont mis fin à l'expérience : il est arrivé, par exemple, que des individus signalés fassent l'aller-retour sans être inquiétés ou que des personnes soient arrêtées à leur débarquement en Algérie sans raison. Par la suite, « sauf motifs humanitaires sérieux », traités au niveau ministériel, les demandes de sortie du territoire français ne sont plus accordées aux fichés Z[26].

En Algérie, les autorités locales, bien que dotées de pouvoirs de police étendus et renforcées par les effectifs de l'armée, n'ont pas intérêt à ce que les militants frontistes les plus aguerris soient concentrés sur leur territoire, même enfermés dans des camps qui s'avèrent être de véritables écoles des cadres du FLN. Alors que, pendant des années, elles ont abondamment été accusées d'encourager l'émigration en métropole des « mauvais éléments » dont elles voulaient se débarrasser, elles ont dû, à leur tour, faire face à des arrivées qu'elles n'avaient pas souhaitées. Ces luttes d'influence entre administrations métropolitaines et algériennes font partie des raisons qui expliquent que, tout au long de la guerre d'Algérie, les circuits de la répression administrative et juridique ont connu plusieurs inflexions.

Permanence et évolution des circuits répressifs[27]

Au début de la guerre d'indépendance, ces circuits aboutissent presque systématiquement outre-Méditerranée. Pour les forces de l'ordre,

26. Télégrammes secrets du ministère de l'Intérieur, 7 janvier et 28 avril 1959, archives de la préfecture de police de Paris (APP) HA 8*. Sur le fichier Z, voir l'article « Identifier les nationalistes algériens : les fiches Z », p. 332.
27. Cette partie est surtout fondée sur le dépouillement des archives de la répression des nationalistes algériens en Seine-et-Oise conservées aux archives départementales (ADSO) 78 – les archives de Seine-et-Oise se trouvent désormais aux archives départementales des Yvelines. Les dossiers de police de 184 militants de la région d'Argenteuil (pour lesquels des demandes d'assignation à résidence avaient été faites au ministère de l'Intérieur entre 1957 et 1961) ont été analysés. ADSO 78 1 W 511* à 1 W 547*.

l'Algérie est en effet le débouché naturel pour sanctionner la venue d'« indésirables » qui n'auraient pas dû quitter leurs départements d'origine. Surtout, les moyens juridiques de répression y sont plus étendus que les seules ressources du Code pénal et du Code d'instruction criminelle auxquels les forces de l'ordre de métropole sont censées se conformer. La coopération avec des juges d'Algérie permet de contourner ces limites. À partir de 1957, des opérations sont lancées sur le plan national afin de déférer devant la justice algérienne des militants FLN de métropole sur le fondement du délit d'atteinte à la sûreté extérieure de l'État et de leurs liens (financiers notamment) avec une organisation dont les agissements outre-Méditerranée font l'objet de poursuites judiciaires. Arrêtés sur la base de commissions rogatoires lancées par des juges algérois, des militants parisiens sont ainsi transférés en Algérie. Certains de ces inculpés y sont emprisonnés, d'autres font l'objet d'un non-lieu suivi d'une assignation à résidence dans l'un des camps déjà ouverts, mais la plupart ne tardent pas à rentrer en métropole. La fragilité des attendus juridiques qui ont présidé à leurs poursuites devant une juridiction algérienne, les libérations successives de camps surpeuplés, les réticences des autorités des départements algériens à accueillir ces suspects ont joué en faveur de ces retours. Cet échec relatif d'une exportation de la répression dans le cadre colonial a incité les autorités policières à plaider pour un renforcement de leurs prérogatives et des possibilités de répression administrative et judiciaire en métropole.

Les allongements successifs des durées de garde à vue et les possibilités de perquisition – notamment nocturne – sans contrôle d'un juge d'instruction sont venus considérablement renforcer l'arsenal policier[28]. Grâce aux alinéas de l'ordonnance du 7 octobre 1958 relatifs à l'internement administratif, les forces de l'ordre sont de plus en plus affranchies de tout contrôle et débouché judiciaires. L'enfermement dans des camps fait en effet office de sanction idéale pour les autorités policières. Cette absence d'instructions et de poursuites judiciaires permet que les affaires menées en dépit du respect de toute procédure se traduisent quand même par l'enfermement des principaux mis en cause. Parmi ces derniers, seuls ceux pour lesquels les règles formelles de la procédure pénale ont été un tant soit peu prises en compte et contre qui des

---

28. Stéphane Boittiaux, « La Procédure de répression des infractions terroristes depuis le 30 octobre 1954 », thèse de droit, université de Paris, 1962.

preuves d'appartenance au FLN ou de participation à des délits de droit commun (violences, racket...) ont été réunies, sont traduits devant les tribunaux. De surcroît, le 8 octobre 1958, une ordonnance vient étendre la possibilité de saisir la justice militaire en métropole. Celle-ci n'intervient pratiquement qu'au stade du jugement et, à partir de 1960, l'instruction est totalement laissée entre les mains du pouvoir policier[29]. Mais si les autorités policières attendent des tribunaux permanents des forces armées (TPFA) une plus grande sévérité que de la part des juges civils, leurs attentes sont, semble-t-il, en partie déçues. Bien que seules les affaires les plus graves soient déférées devant les TPFA, ces derniers ne s'estiment pas toujours compétents et prononcent des peines qui, en moyenne, ne diffèrent guère de celles des tribunaux civils[30]. Quelquefois, pourtant, ils n'hésitent pas à rendre plusieurs verdicts de condamnation à mort en un seul après-midi[31]. Ces verdicts expéditifs incitent la préfecture de police de Paris à demander que des affaires toujours plus nombreuses puissent être directement déférées devant les juridictions militaires[32].

Le laxisme supposé de la justice, qui est à l'origine de ces innovations juridiques et de l'extension inédite des pouvoirs de police, est pourtant loin d'être avéré. Tout au long de la guerre d'Algérie, en moyenne plus de 10 000 Algériens ont été détenus dans des prisons métropolitaines qui n'auraient pu supporter une nouvelle hausse de la population carcérale[33]. Peut-être est-ce pour cette raison, ou à cause de

29. Ordonnance 60-520 du 3 juin 1960. Sur le sujet, voir Jean-Marc Berlière, « Policiers et pouvoir politique en période de crise : la guerre d'Algérie (1958-1962) », *in Être policier : les métiers de police(s), XVIIIe-XXe siècle*, Rennes, PUR, à paraître.

30. Rapport du cabinet du ministère de l'Intérieur aux directeurs de la préfecture de police de Paris et de la Sûreté nationale, 18 mai 1960, APP HA 65*.

31. Entretien avec Henri Leclerc (avocat, collaborateur d'Yves Dechezelle et de Pierre Stibbe entre 1955 et 1959), Paris, le 19 mai 2005. Il évoque ici le TPFA du Cherche-Midi à Paris.

32. Pour des exemples de répartition et de luttes de compétences entre les juridictions civiles et militaires : Annie Deperchin et Arnaud Lecompte, « Les crimes commis par les Algériens en métropole devant la cour d'assises du Nord, 1954-1962 », *in* AFHJ, *op. cit.*, p. 257-270.

33. Chiffres disponibles dans les comptes rendus des réunions des CTAM (1958-1962), AN F 1A 5014*. Ces comptages mêlent les détenus de droit commun et les détenus politiques. À la fin de 1962, un peu plus de 3 000 Algériens restaient emprisonnés en métropole.

la volonté de ne pas s'écarter de leur strict mandat professionnel et de ne pas gêner le gouvernement, que les juges ne se sont jamais intéressés aux conditions d'internement administratif. En moyenne, ces assignations à résidence dans des camps ont concerné environ 5 000 personnes pour les seuls CARS[34], soit, encore une fois, la totalité des places disponibles. Quant au nombre de personnes retenues dans les centres de triage, il est inconnu. La durée d'internement dans ces lieux dépendait davantage des locaux disponibles et des possibilités d'assignation à résidence dans les CARS que de la limite de quinze jours imposée par les textes réglementaires[35].

Les difficultés logistiques et plus encore les accusations portées contre les militants interdits de séjour en région parisienne et soupçonnés de propager l'influence du FLN dans les villes ou campagnes où ils étaient assignés à résidence, ont fait revenir les forces de police aux stratégies de refoulement. Le caractère inéluctable de l'indépendance algérienne a eu pour effet que les problèmes politiques posés par le renvoi outre-Méditerranée des « terroristes » arrêtés en métropole ne se posaient plus. À partir de 1961, seule compte l'« élimination des indésirables » dont la présence dans l'Hexagone n'est pas souhaitée. Les suites des arrestations opérées après le 17 octobre 1961 sont symptomatiques de cette évolution : au-delà de l'internement de près de 15 000 manifestants dans des camps de fortune, comme par exemple le Centre d'identification de Vincennes, le Palais des Sports, le stade Pierre-de-Coubertin, le Parc des Expositions, dans lesquels de nombreuses violences ont été commises, aucune réponse judiciaire, par l'emprisonnement, ou administrative, par l'assignation à résidence, n'a été

34. Dans les comptes rendus des CTAM, cette rubrique ne fait son apparition qu'à la fin 1959, moment où le nombre d'internés atteint son maximum (5 700) pour se stabiliser ensuite à un peu moins de 5 000, puis décline rapidement au quatrième trimestre 1961.

35. Les dossiers de police des internés de la caserne Noailles à Versailles (centre de triage pour le département de Seine-et-Oise) montrent que certains d'entre eux y restaient au-delà de la durée légale, mais rarement plus de quelques jours du fait de la surpopulation de ces locaux. À partir de 1959, avec l'ouverture du Centre d'identification de Vincennes (CIV), la préfecture de police disposa en la matière de plus de moyens et certains internés y restèrent enfermés plusieurs mois. Entretien avec Saad Abssi (Gennevilliers, le 3 octobre 2007), resté deux mois au CIV au début de l'année 1960.

apportée. Hors de tout cadre légal, plus de 1 800 Algériens ont été « reconduits dans leur douar d'origine » à partir du 19 octobre et dans les semaines qui ont suivi[36]. Le caractère exceptionnel de ces manifestations et de leur répression a permis de mettre en œuvre ce que les forces de police exigeaient depuis des années : expulser sans autre forme de procès des « Français musulmans d'Algérie » que leur citoyenneté n'avait jamais préservés des mesures de police pratiquées dans le monde colonial ou de celles utilisées à l'encontre des étrangers de métropole.

36. Ces « transferts exceptionnels » étaient venus s'ajouter à des « convois réguliers » de plusieurs centaines de personnes organisés depuis le 11 septembre 1961. APP HA 65.

30. IDENTIFIER LES NATIONALISTES ALGÉRIENS : LES FICHES Z

Hélène Chaubin et Laurent Chevrel

La politique de répression menée contre le mouvement nationaliste algérien s'est appuyée sur le fichage des individus. La découverte de « fiches Z » dans différents départements a fait apparaître ces dernières comme un outil important de la surveillance des nationalistes au niveau local[1]. Mais qu'en était-il ? *A posteriori*, par ailleurs, constituent-elles, comme tant d'archives de police, une ressource pour mieux cerner le mouvement nationaliste et les modes de répression dont il a fait l'objet ?

Des fiches au fichier : un outil évolutif et complexe, mal conservé

La création du fichier Z est décidée par la circulaire ministérielle n° 332 du 5 août 1957. Il s'agit d'un fichier national de « tous les individus dangereux résidant en métropole », constitué par l'assemblage de fichiers départementaux[2]. Il concerne les « militants nationalistes », sans plus de précision.

Son but est de « lutter plus efficacement contre l'action subversive », de permettre le « déclenchement rapide de mesures que le

1. Travaux d'Hélène Chaubin (Hérault), de Laurent Chevrel (Eure), de Didier Lavrut (Gard) et d'Annie Martin (Haute-Vienne).
2. Il n'a pas été possible de retrouver ce fichier national, qui était tenu à la direction des RG.

terrorisme peut rendre nécessaire à tout moment », de « suivre le déplacement des agents de liaison, membres de commandos, trafiquants d'armes, etc. » et d'échanger des informations sur ces individus. Il est alimenté dans chaque département par les Renseignements généraux. Ceux-ci tiennent ainsi à jour leurs dossiers et transmettent les informations nécessaires à Paris.

La circulaire n° 398 du 20 septembre 1957 distingue les catégories d'individus à inscrire au fichier. Les membres du FLN doivent « plus particulièrement retenir l'attention ». « Les agents nationalistes dont l'élimination doit être recherchée en priorité », « qui seraient [...] internés si les dispositions légales le permettaient », se classent dans la catégorie « très dangereux » de ceux qui ont une « influence déterminante dans la colonie algérienne ». Tous les échelons du FLN sont concernés, jusqu'à l'échelon chef de kasma. Les individus qui assurent un niveau de responsabilité inférieure sont classés « dangereux », ceux « dont les activités ne sont pas considérées comme pouvant créer des troubles graves à l'ordre public » sont classés comme « à surveiller ». Sur la France entière, les catégories se répartissent ainsi : « très dangereux », 10 % ; « dangereux », 35 % ; « à surveiller », 55 %.

Chaque fiche a un numéro en deux parties : année d'entrée dans le fichier, puis numéro en continu depuis le premier dossier. L'individu est rattaché à son département de domicile. Il ne s'agit pas d'un fichier au strict sens du terme, mais de dossiers individuels tenus à jour. Les RG constituent aussi des dossiers thématiques ou événementiels comprenant des fiches individuelles avec des renvois.

Ce fichier Z aurait pu disparaître avec l'indépendance de l'Algérie. Il n'en a rien été. La circulaire n° 234 du 7 avril 1962 parle de l'« alléger » en arrêtant les inscriptions et en épurant les dossiers. On perd ensuite sa trace hormis dans les départements, où tout ou partie de ces dossiers se trouve dans les fonds des RG. L'état de conservation est donc très différent d'un département à l'autre : fiches dans un seul dossier[3] sans certitude que toutes les fiches s'y trouvent, ou ventilation dans les dossiers nominatifs des RG[4] et donc mélange avec d'autres dossiers d'individus non inscrits au fichier Z. Par conséquent, il est impossible de constituer un échantillon pertinent à partir des seules fiches Z.

3. Cas du Gard.
4. Cas de l'Eure et de l'Hérault.

L'exemple de l'Hérault le montre. Au contraire du Gard, le fichier Z de premier échelon – départemental – n'a pas été conservé[5]. Mais des dossiers individuels de « Nord-Africains » remarqués par les services de police[6] sont classés par ordre alphabétique, qu'il y ait ou non inscription au fichier Z. Ils contiennent des documents divers : procès-verbaux dressés par les RG, les brigades de gendarmerie et le SRPJ ; injonctions émanant de la direction des RG ou du ministère de l'Intérieur ; fiches établies dans les maisons d'arrêt ; propositions du préfet à son ministre de tutelle. Les fiches d'identification de la direction de la Sûreté nationale sont des documents de synthèse avec photos anthropométriques, observations des RG, mesures administratives, mesures policières et procédures jusqu'aux condamnations par les tribunaux, ainsi que, dans le meilleur des cas, les motifs du fichage, les sanctions administratives, policières et judiciaires.

Des dossiers de droit commun sont mêlés aux 226 dossiers politiques établis en application de l'ordonnance du 7 octobre 1958. L'inscription au fichier Z entre 1957 et 1960 figure dans 88 cas. Le croisement avec d'autres dossiers de police et de gendarmerie[7] révèle les lacunes de ce dépôt. Des responsables de niveau élevé ne sont pas mentionnés comme fichés, alors qu'ils correspondent parfaitement à des catégories définies par la circulaire d'août 1957.

Le niveau départemental choisi par le ministère est mal adapté à l'étude des nationalistes. Ainsi, l'Hérault ne compte en 1957 que 1 000 Algériens sur un total de 500 000 habitants. Or ce département s'inscrit alors dans la wilaya centre-sud du FLN qui compte 5 000 cotisants, est centrée sur Marseille et dont les limites sont évolutives. En octobre 1958, l'Hérault, qui fait désormais partie de la wilaya 3 *bis* englobant tout le sud de la France, est rattaché à la région d'Alès/La Grand-Combe, où le FLN a près de 900 adhérents à cause du bassin minier. Comme il y a des camps d'internement ou de détention dans trois départements voisins (Saint-Maurice-l'Ardoise dans le Gard, le Larzac en Aveyron et Rivesaltes dans les Pyrénées-Orientales)[8], cela engendre des

5. Archives départementales du Gard CA 1362*, fichier Z.
6. Archives départementales de l'Hérault (ADH) 406 W 183*, dossiers individuels des Nord-Africains.
7. ADH 406 W 189*, RG, implantation FLN et MNA, statistiques ; 406 W 193*, RG, Nord-Africains, activités du FLN ; 406 W 143*, Scina, synthèses quotidiennes sur les activités terroristes des Nord-Africains (deux liasses).
8. ADH 406 W 189*, *ibid.* ; 406 W 193*, *ibid.* ; 406 W 143*, *ibid.*

mouvements fréquents, avec des incarcérations temporaires dans la maison d'arrêt de Montpellier.

Malgré ces réserves, l'étude des fiches Z de l'Hérault présente un double intérêt pour les chercheurs : par les données sociologiques qu'ils y trouvent et par l'éclairage qu'elles apportent sur le sens et les modalités de la répression policière.

Les fiches Z, une source pour l'historien ?

Le champ sociologique ouvert par les dossiers recouvre au moins cinq éléments essentiels l'âge, l'origine géographique, le lieu de résidence, la parenté et la profession.

Les individus fichés ont de 19 à 53 ans, mais la tranche majoritaire à 80 % est celle des 20 à 40 ans. Ils sont tous algériens, nés en Algérie. Dans presque tous les cas, leur famille est en Algérie. À une exception près, ce sont des hommes. Deux seulement sont mariés à des Françaises de métropole. La seule femme figurant au fichier Z est métropolitaine ; elle est l'épouse d'un Algérien également fiché et militant FLN.

Les professions ne sont précisées que dans environ 60 cas, avec deux groupes significatifs : les manœuvres, catégorie professionnelle dominante, et les étudiants. Le nombre de ces derniers a pourtant diminué à Montpellier après la dissolution en janvier 1958 de l'Union générale des étudiants musulmans algériens (Ugema). Surveillés et en butte à l'hostilité du Mouvement des étudiants de France (MEF), beaucoup ont quitté Montpellier. Ils étaient une centaine lors des grèves de 1956 et à peine 60 à la rentrée de 1958[9].

Figurent aussi quatre chômeurs secourus, cinq hospitalisés et trois militaires. Ces deux derniers groupes semblent sous-évalués, car l'Hérault comptait 243 militaires et 177 hospitalisés en sanatorium ou au préventorium de Lodève, que les RG décrivent comme « les centres d'agitation nationaliste les plus actifs[10] ». Pour le reste, l'éventail va du proxénète au cafetier ou au pêcheur.

Sur les 88 dossiers portant la mention Z, 73 sont assez complets pour évaluer correctement la répression policière ou judiciaire subie par les individus concernés. La comparaison avec les 226 personnes qui ont

9. ADH 406 W 191*, Ugema.
10. ADH 406 W 189*, RG, implantation FLN et MNA, juin 1958.

un dossier politique permet de savoir si les fichés Z ont connu une répression particulièrement forte, prenant la forme d'interpellations, d'internement, d'incarcération, de jugement ou encore d'expulsions : c'est le cas de 42 % d'entre eux contre 87 % des non-fichés Z. Dans le détail, les constatations sont paradoxales : le déséquilibre est patent pour les expulsions et l'internement, qui ont touché respectivement 10 % des fichés Z contre 22 % des autres, et 19 % des fichés Z contre 36 % des autres. On peut en conclure que la répression a été relativement moins forte pour les inscrits au fichier Z : peut-être parce que leur surveillance était l'un des meilleurs moyens du contrôle policier sur les réseaux du FLN. Il y a davantage d'équilibre en ce qui concerne la répression par les tribunaux correctionnels : 35 % des fichés Z contre 29 % des autres.

Les fiches Z de l'Hérault permettent par ailleurs de voir comment est appliquée la circulaire ministérielle du 5 août 1957. Il apparaît d'abord que, si l'inscription au fichier est effectivement justifiée par l'appartenance au FLN et l'exercice de responsabilités ou de fonctions comme la collecte de fonds, appartenir au PCF ou à la CGT constitue une circonstance aggravante : c'est le cas d'un syndicaliste CGT venu d'Alès et d'un couple franco-algérien de militants communistes.

La catégorisation prescrite par la circulaire du 20 septembre 1957 n'est pas respectée, ni sur le plan quantitatif ni sur le plan qualitatif. Les pourcentages dans l'Hérault sont en effet les suivants : « très dangereux », 12 % ; « dangereux », 29 % ; « à surveiller », 59 %[11]. Cette discordance avec la classification ministérielle peut s'expliquer en partie par le fait que, le FLN ne s'étant pas attaqué à la population dans le Languedoc, il n'y a pas d'individus entrant dans la catégorie « très dangereux » de la circulaire ministérielle.

En fait, les fichés Z « très dangereux » de l'Hérault ne dépassent pas le poste de chef de cellule prévu dans la catégorie « à surveiller ». Ce sont surtout des propagandistes réputés intelligents et actifs, comme l'ex-délégué CGT d'Alès ou un étudiant en médecine qui obtient son doctorat en 1959 et dont les déplacements en Suisse et dans les pays de l'Est sont connus : on ne lui interdit que l'Algérie. Aucun de ces deux hommes n'a jamais été incarcéré ni assigné à

11. Sur les 88 dossiers fichés Z, seuls 73 font partie de ce classement. En effet, 15 dossiers ne concernent que des individus de passage dans le département.

résidence. Dans deux cas de propagande active, il y a eu jugement : l'un à Alger devant un tribunal militaire en 1957, à la suite duquel le condamné a été incarcéré deux ans puis interné au Larzac ; l'autre devant le tribunal de grande instance de Montpellier en 1961, qui a prononcé une peine de six mois de prison. Les peines varient toujours de six mois à deux ans de prison. Curieusement, les responsables de kasma (Montpellier, Sète, Nîmes et Nice) et même le chef de la 3e région FLN (de Montpellier à Perpignan) ne sont pas signalés comme inscrits au fichier Z.

Vingt et un autres fichés sont qualifiés de « dangereux ». La distinction avec la catégorie précédente n'est pas limpide. Les chefs de section et de groupe n'y figurent pas. L'accusation la plus commune est la collecte de fonds et la détention de documents du FLN, parfois la propagande avant et après Évian. Dans cette catégorie, il y a trois cas d'internement. Pour trois personnes accusées d'incitation de militaires à la désertion, l'affaire est classée sans suite alors que, pour une accusation identique mais traitée en Algérie par un juge d'instruction militaire, il y a transfert en Algérie. Enfin un cas qui aurait eu sa place parmi les « très dangereux » se trouve dans la même catégorie : un chef de région (l'Isère) qui est transféré à Paris et dont l'arrestation vaut à la gendarmerie de Montpellier les félicitations du ministre et du préfet.

Les 43 personnes « à surveiller » constituent la catégorie censée être peu susceptible de provoquer des troubles graves. Là encore, il y a inadéquation : on fiche « à surveiller » des hommes qui sont des chefs de kasma de Montpellier et de Béziers, connus puisque condamnés à deux ans de prison. Ou encore un homme convaincu de pressions et de violences sur des Algériens accusés de consommer alcool et tabac et sur des musulmanes mariées à des Français de souche : il est interné au Larzac en 1959 avant d'être expulsé vers l'Algérie pour y être interné en décembre 1961. La motivation la plus fréquente reste la collecte, la possession de documents, parfois d'armes de poing. Il y a dans le groupe huit étudiants de l'Ugema fichés en 1957 pendant les grèves et les manifestations[12]. Ils avaient distribué des tracts. L'un d'eux est aussi inscrit au PCF. Tous sont surveillés, mais on ne leur refuse pas systématiquement les autorisations de voyage en Algérie, puisque cinq d'entre eux les obtiennent plusieurs

12. ADH 406 W 191*, RG, Ugema.

fois. La décision est liée en partie à la situation de leur famille en Algérie. Un seul a fait l'objet d'une procédure, mais avec classement sans suite par le parquet de Montpellier en juillet 1957. On les suspecte surtout de liaisons avec l'étranger, Europe de l'Est, Espagne (ils avaient des autorisations de sortie de la Fédération de France du FLN). Aucun n'est emprisonné ni interné. Pourtant, en croisant ces dossiers d'étudiants avec ceux de la Sûreté, on s'aperçoit que l'un d'eux a été en 1961 responsable régional d'Avignon. Son adjoint n'a pas de fiche, mais un casier de droit commun. Surnommé « King Kong », il gère un bar et dirige le tribunal de répression du FLN d'Avignon. Le 13 mai 1961, dans une réunion à Avignon, le responsable de la wilaya de Marseille, également un étudiant, et le nouveau responsable régional de Montpellier/Port-Bou sont repérés. Les deux hommes ne figurent même pas dans les dossiers individuels. Ces responsables sont pourtant surveillés, mais pas inquiétés. Le filet est à mailles larges, et 1961 n'est pas 1957. Le nombre des inscriptions, d'ailleurs, baisse rapidement : 21 en 1957, 32 en 1958, 15 puis 5 dans les deux années suivantes.

L'application locale de consignes nationales a donc été imparfaite. Beaucoup d'Algériens passaient dans l'Hérault parce qu'ils étaient frappés de mesures d'éloignement d'autres régions ou cherchaient du travail sur les chantiers et dans les vignobles. Le fichier ne contient que leurs noms. Aujourd'hui, pour obtenir un tableau correct de la situation dans le Sud, l'historien doit regrouper, au minimum, les fiches de quatre départements : l'Hérault, le Gard[13], les Bouches-du-Rhône et le Vaucluse.

Finalement, le fichier Z de l'Hérault donne l'image d'une population imparfaitement connue des RG, certes exposée à un arbitraire adossé à la législation spécifique élaborée dans le cadre de cette guerre, mais pas plus que ne l'étaient ceux qui ne relevaient que de l'ordonnance du 7 octobre 1958. Dans le fichier Z il s'agit avant tout de personnes placées sous une constante surveillance. Cette surveillance est

---

13. Bernard Deschamps, *Le Fichier Z. Essai d'histoire du FLN algérien dans le Gard (1954-1962)*, Pantin, Le Temps des cerises, 2004. L'auteur parle de 259 noms fournis au ministère de l'Intérieur par le préfet du Gard entre le 3 septembre 1957 et le 3 juin 1958 en application de la circulaire du 5 août 1957. Il n'analyse pas le fichier.

restée imparfaite, notamment en raison du renouvellement des responsables et de la mobilité des militants : ces deux éléments expliquent le maintien ou la restauration rapide des réseaux et leur capacité à assurer collectes et propagande jusqu'en 1962.

31. LA RÉPRESSION JUDICIAIRE : PRÉTOIRES ET PRISONS D'ILLE-ET-VILAINE

Catherine Le Guen

Pendant la guerre d'Algérie, le département d'Ille-et-Vilaine est réputé tranquille. C'est sans doute pour cette raison que la plainte de Josette Audin est instruite à Rennes ; Henri Alleg, témoin dans cette affaire, y est transféré, et c'est de l'hôpital de cette ville qu'il s'évade en octobre 1961 avec l'aide de militants locaux du Parti communiste. Au début de la guerre, dans ce département peu industriel, l'immigration est quasi nulle, de telle sorte qu'évoquer la présence de militants nationalistes peut sembler une gageure.

Pourtant, les archives gardent des traces nombreuses de l'activité nationaliste des Algériens dans le département : l'immigration algérienne commence à s'installer pendant la guerre ; les Algériens devenant alors un enjeu à la fois pour la police qui les considère d'emblée comme suspects et pour le FLN qui veut les contrôler.

Rennes, chef-lieu d'un département où, comme le dit un permanent du PCF de l'époque[1], « l'évêché, la préfecture et la 3e région militaire règnent », est le siège d'une cour d'appel. L'état-major de la 3e RM y réside de même que le tribunal permanent des forces armées, qui juge de nombreux militants nationalistes et joue aussi le rôle de cour d'appel pour les tribunaux militaires des autres régions. À cette occasion, les accusés se défendent en récusant la justice française, et l'écho de leurs luttes, d'abord inaudible, finit par sortir des prétoires.

1. Entretien avec C. B., le 4 avril 2005.

Les prisons d'Ille-et-Vilaine (la prison centrale pour les femmes, les maisons d'arrêt de Rennes et de Saint-Malo pour les hommes) enferment aussi de nombreux militants nationalistes : il s'agit d'abord de militants locaux arrêtés et jugés dès le début de la guerre, mais aussi de militants condamnés en Algérie. Ainsi, Rabah Bitat, l'un des fondateurs du FLN, arrêté en mars 1955, condamné aux travaux forcés à perpétuité et transféré en France, est emprisonné un temps à Rennes, puis à Saint-Malo. Les fonctionnaires de police, les juges, les avocats et les gardiens de prison ont en face d'eux des détenus peu ordinaires.

Ce département offre donc l'opportunité d'éclairer un pan particulier de la guerre : celui de la répression judiciaire et ses conséquences. Pour l'heure, le fonctionnement de la justice en Algérie, une justice prise en tenaille entre les exigences de l'État de droit et la poursuite de la guerre, est connu[2]. En ce qui concerne le territoire métropolitain, en revanche, si une thèse de droit analyse les procédures, le fonctionnement de la justice n'a été étudié que pour la cour d'assises du Nord[3]. Ainsi, l'accès aux archives du cabinet du préfet ainsi qu'à celles du procureur de la République, de l'administration pénitentiaire et des tribunaux militaires permet d'enrichir aujourd'hui la connaissance de cet aspect essentiel de la guerre.

Algériens et Français

Au début de la guerre, les Algériens présents à Rennes ne sont qu'une poignée. Ils sont d'autant plus faciles à surveiller pour la police. L'immigration s'intensifie dans le département pendant la guerre ; leur contrôle est alors l'enjeu d'une bataille rigoureuse menée par le FLN.

> [En 1954,] les Algériens demeurant à Rennes sont au nombre d'une cinquantaine, on compte également six Marocains et deux Tunisiens. L'élément nord-africain est relativement stable dans

2. Sylvie Thénault, *Une drôle de justice. Les magistrats dans la guerre d'Algérie*, Paris, La Découverte, 2001.
3. Stéphane Boitiaux, « La Procédure de répression des infractions terroristes depuis le 30 octobre 1954 », thèse de droit de l'université Paris-II, 1962 ; Annie Deperchin et Arnaud Lecompte, « Les crimes commis par les Algériens en métropole devant la cour d'assises du Nord », *in* AFHJ, *La Justice en Algérie, 1830-1962*, Paris, La Documentation française, 2005, p. 257-270.

> notre ville ; il ne semble pas avoir été affecté par les récents événements en Algérie. Il n'existe pas à notre connaissance de sections MTLD à Rennes et l'activité politique des Algériens ne s'est pas spécialement fait remarquer[4].

Trente sont marchands ambulants, les autres sont manœuvres. En 1958, « le FLN poursuit le contrôle complet et définitif de tous les Algériens de métropole, objectif qui impliquait la disparition du MNA[5]. » En mars, les RG s'inquiètent cependant : « Les arrivées importantes de Nord-Africains n'ont pas manqué d'attirer l'attention de la population rennaise et nous avons eu à enregistrer des manifestations d'inquiétude à ce sujet[6]. » En 1959, ils sont près de 300 à Rennes.

Tous les Algériens sont suspects, et comme ils sont peu nombreux, ils font l'objet d'une fiche de police d'autant plus facile à réaliser qu'ils demeurent presque tous dans des meublés ou, en juin 1958, pour 15 d'entre eux, à l'école de rééducation des mutilés de guerre et pour 22 d'entre eux dans un foyer tenu par des religieux. Un cas parmi d'autres, celui de D. T.[7] : né en 1936, marié à une Française, il a fait son service militaire en Algérie, où il a été blessé. Invalide à 65 %, il séjourne à Rennes à l'école de rééducation des mutilés : les fiches de police le considèrent tantôt comme un « bon sujet » tantôt comme un « chef de kasma ». En 1962, selon la police, on compte à Rennes 530 « FMA[8] ».

En Loire-Atlantique, en 1958, on dénombre 1 000 Algériens, 340 à Brest et 200 à Lorient. Ils travaillent aux Chantiers de l'Atlantique à Saint-Nazaire, à l'usine métallurgique des Batignolles à Nantes. À Brest et à Lorient, ils peuplent les chantiers de l'Office national des cantonnements ouvriers de la reconstruction (Oncor). L'atmosphère politique et syndicale y semble fort différente de celle de Rennes, en particulier à Saint-Nazaire où un Algérien militant de la CGT est condamné à huit

---

4. Cabinet du préfet, rapport du chef de la Sûreté urbaine, 13 novembre 1954, archives départementales d'Ille-et-Vilaine (ADIV) 1457 W 37*.
5. Note de synthèse, février 1958, envoyée par le ministère de l'Intérieur au cabinet du préfet, ADIV 510 W 37*.
6. Rapport du commissaire de la Sûreté urbaine le 21 mars 1958, ADIV 1457 W 37*.
7. Fiche de police de la direction régionale des RG, ADIV 1492 W 12*.
8. Rapport mensuel de la direction régionale des RG, ADIV 1492 W 12*.

mois de prison pour avoir participé aux grèves et manifestations d'août 1955 pendant lesquelles un ouvrier a été tué par la police[9].

À Rennes, deux cafés situés rue de Nantes, c'est-à-dire dans le quartier populaire du sud de Rennes, près des ateliers SNCF, sont étroitement surveillés. Le tenancier de l'un des deux, S. T., ancien combattant de 1939, est allé rendre visite à Messali Hadj en juin 1952 à Niort. En 1959, il est arrêté et inculpé pour le meurtre d'un indicateur de police dont on a retrouvé le corps dans la Vilaine. Cet indicateur de police « condamné à mort par le FLN », selon S. T., surveillait les Algériens de Vannes et de Lorient en 1958 ; « réfugié » au centre de Nogent-le-Rotrou[10], il revient à Vannes et dénonce les collecteurs de fonds de Lorient en octobre 1959. Il est reçu à la préfecture à Rennes le 15 octobre et dénonce à nouveau, auprès du chef de service des affaires algériennes, deux personnes dont l'un des deux accusés. Il disparaît le 19 octobre et on retrouve son corps dans la rivière[11]. Omar Lazili[12], ancien agent de liaison du FLN, confirme que cet assassinat a bien eu lieu sur ordre du FLN, dans la cave du café, à l'insu du tenancier.

L'autre café, celui de K. A., est davantage encore considéré par la police comme le « repaire du FLN » : en juillet 1962, on y célébrera d'ailleurs l'indépendance de l'Algérie. Le lendemain, le café est plastiqué ; le front syndical (CGT, CFTC, FO, FEN, SNI, Sgen et Ager)[13] organise alors une manifestation de protestation qui rassemble 200 personnes.

C'est que Rennes compte des opposants à la guerre : ils y ont organisé des manifestations de rue de plus en plus nombreuses et de plus en plus fréquentées, mais sur des mots d'ordre nationaux. Le 27 octobre 1960, la presse compte 3 500 manifestants, chiffre maximal relevé pour les manifestations spécifiquement consacrées à l'Algérie. C'est surtout le front syndical qui est l'organisateur de ces manifestations, les forces politiques suivent ou non. Ce même jour, devant 3 500 personnes,

---

9. Cabinet du préfet, rapport mensuel de la direction régionale des RG, ADIV 1492 W 12*.

10. Le 15 octobre 1958, à l'initiative du préfet de police Maurice Papon, s'est ouvert à Nogent un centre d'accueil pour les individus protégés par la police. Linda Amiri, *La Bataille de France. La guerre d'Algérie en métropole*, Paris, Robert Laffont, 2004.

11. Cabinet du préfet, rapport de la surveillance du territoire, décembre 1960, ADIV 510 W 38*.

12. Entretien réalisé à Rennes le 14 septembre 2005.

13. Direction régionale des RG, rapport du 6 juillet 1962, ADIV 1492 W 14*.

Pierre Legâvre, secrétaire départemental de la CFTC, dénonce « l'inquiétude de ces jeunes qui ne veulent pas devenir des salauds et qui en tout cas ne veulent pas de près ou de loin cautionner, donner raison aux sadiques et aux maîtres de la dynamo et de la torture [14] ». Ce discours lui vaut d'ailleurs les vifs reproches du MRP. Les mots d'ordre du rassemblement intersyndical sont plus consensuels : « Paix immédiate en Algérie », « Application loyale de l'autodétermination » et « Sauvegarde de la démocratie ». Après le 17 octobre 1961, un tract signé par la CFTC, le Sgen, l'Ager, des étudiants algériens de Rennes et la Fédération des étudiants d'Afrique noire dénonce « les criminelles explosions de haine de la répression sanglante du 17 octobre, les arrestations et internements arbitraires en Algérie [15] ». Mais il s'agit de ce qui s'est passé à Paris.

Dans les archives, la police et les responsables syndicaux parlent surtout des difficultés qu'il y a à réaliser l'union des opposants à la guerre, à faire cohabiter CFTC et CGT par exemple, ou des relations compliquées entre le MRP et la CFTC. Il n'y a, semble-t-il, aucun lien officiel entre les nationalistes algériens présents localement et les opposants à la guerre. On ne note que deux manifestations de solidarité organisées par les étudiants, en mars 1961, lors d'un procès devant le TPFA, et le 15 décembre 1961 : 50 personnes, principalement des étudiants, se rassemblent devant le palais de justice de Rennes contre « la chaîne des violences, les ratonnades racistes, les tragiques conditions de vie des Algériens en France [16] ». Ces manifestants restent très isolés.

De son côté, à partir de février 1960, le FLN « tente de conquérir des régions qui sont, en fait, restées hors de son influence ». En juillet 1960, pour la 3e RM, la collecte concerne 800 cotisants, 6 000 en octobre [17].

Les nationalistes agissent en collectant des fonds, en appelant à la désertion des Algériens mobilisés, en commettant des assassinats. En 1959, la même année que l'élimination de l'indicateur de police, un Algérien est poignardé près de Rennes. La région est peu concernée par ces « règlements de comptes entre Nord-Africains », comme l'écrit *Ouest-France* le 20 octobre 1959.

14. Archives de la CFTC, copie du discours de Pierre Legâvre, ADIV 111 J 63*.

15. Cabinet du préfet, surveillance du territoire, tract du 25 octobre 1961, ADIV 508 W 7*.

16. Cabinet du préfet, direction régionale des RG, ADIV 510 W 07*.

17. Note de synthèse, ministère de l'Intérieur, mars 1960, ADIV 1492 W 126*.

L'activité nationaliste des Algériens donne néanmoins lieu à des poursuites judiciaires et alimente les procès tenus à Rennes.

Les procès

Les archives du procureur de la République auprès de la cour d'appel de Rennes contiennent des rapports mensuels consacrés aux Algériens contre lesquels des informations judiciaires ont été ouvertes. Ainsi, en avril 1956, à Saint-Nazaire, dans un meeting pour la paix en Algérie, un ouvrier employé à la reconstruction de la ville et résidant dans un foyer de l'Oncor, par ailleurs élu de la CGT, « stigmatise la misère du peuple algérien[18] ». Il est surveillé par la police comme faisant partie du « FLN, parti clandestin d'origine étrangère, susceptible dans un proche avenir de fusionner à son profit avec le MNA ». Sous le coup d'une commission rogatoire délivrée en Algérie, il reconnaît « être en contact avec le FLN depuis 1954 », après avoir milité au MTLD depuis 1951. La police a saisi chez lui des listes de noms et une comptabilité dont il affirme qu'il s'agit d'une comptabilité familiale. Incarcéré pendant huit mois, en 1957, il fait deux grèves de la faim ; après une relaxe en novembre 1957, le parquet fait appel et il est condamné par défaut en janvier 1958 à un an de prison.

Pour l'année 1957, les archives du procureur général de Rennes mentionnent des affaires similaires, soit le démantèlement de réseaux de collecteurs de fonds à Brest et à Lorient.

En 1958, c'est à Rennes qu'un réseau est découvert : les militants sont internés dans un camp de triage ouvert pour l'occasion. Le camp de la Marne est contrôlé par les CRS : « L'aménagement des locaux est réduit au strict minimum, la paille pourra être utilisée pour le couchage[19]. » Il s'agit de sept personnes : deux sont condamnées à des peines de trois mois et quinze jours de prison et ensuite internées à Saint-Maurice-l'Ardoise, trois autres sont internées d'emblée à Vadenay, deux sont relaxées et surveillées. En décembre 1958, à Lorient, onze personnes sont condamnées, une encore en décembre 1959 à Rennes.

---

18. Rapports mensuels auprès du procureur de la République, octobre 1956, mars 1957, janvier 1958, ADIV 1030 W 126*.

19. Cabinet du préfet, surveillance du territoire, rapport du 31 octobre 1958, ADIV 510 W 38*.

En février de la même année, un réseau de collecteurs de fonds est repéré à l'École spéciale militaire interarmes de Coëtquidan parmi les soldats et sous-officiers algériens mobilisés : quatre personnes sont condamnées à treize mois de prison.

Plusieurs affaires de désertion de l'armée ou d'incitation à la désertion témoignent aussi de la répression des activités nationalistes. Le 27 mai 1959, le TPFA condamne à quatre ans de prison un « commissaire politique du FLN préposé à la désertion des officiers musulmans », selon *Ouest-France*, toujours à l'École spéciale militaire interarmes de Coëtquidan. En 1960, deux autres affaires sont jugées, entraînant à chaque fois de lourdes peines : vingt ans de prison et mise sous séquestre de leurs biens en février pour deux déserteurs du 41e régiment d'infanterie de Rennes, trois ans en mars pour deux hommes du bataillon de chasseurs à pied de Granville[20].

Lors des procès, les militants nationalistes appliquent les consignes du FLN : parfois refus de s'exprimer en français, hommage aux morts de la guerre d'indépendance, refus de reconnaître la légitimité des tribunaux, qu'ils soient civils ou militaires.

Ainsi, en novembre 1959, lors d'un cinquième procès après quatre jugements cassés pour vice de forme à la demande des avocats, trois membres du FLN sont jugés pour deux assassinats commis à Dijon en décembre 1957. Les avocats sont ceux du collectif du FLN, Mes Pierre Stibbe, Michèle Beauvillard, Michel Zavrian, Mourad Oussedik et Ouskind. « Les accusés disent la prière des morts et observent une minute de silence », selon le journal *Ouest-France* du 18 novembre 1959. Il y a des problèmes épineux, les traducteurs étant des officiers récusés par la défense ; les accusés et leurs avocats rejettent alors la juridiction militaire. La sentence de mort pour l'un des accusés est commuée en détention à perpétuité, les autres accusés sont condamnés à dix ans de prison.

Les affaires sont instruites par des magistrats civils avant d'être revendiquées et jugées par le TPFA. Lors des instructions, les magistrats ne retiennent pas facilement les témoignages anonymes recueillis par la police. C'est ce qui s'est passé pour les accusés de Dijon jugés à Rennes lors de leur cinquième procès[21].

---

20. Cabinet du préfet, surveillance du territoire, rapports de février 1959 et février 1960, ADIV 510 W 38*.
21. Dépôt central des archives de la justice militaire, greffe des tribunaux militaires dissous, Le Blanc, boîtes 364 et 365*.

De même, dans l'affaire du meurtre de l'indicateur de police dont on a retrouvé le corps dans la rivière, un militant FLN venu de Paris et le tenancier du café de Rennes où l'indicateur aurait été tué sont acquittés en décembre 1960 par le tribunal des forces armées[22]. Les rapports de police qui les accablent sont, là encore, fondés sur des témoignages anonymes. La chambre d'accusation maintient les pièces dans le dossier malgré les protestations de l'avocat, Me André Lecoq, mais à l'audience le TPFA ne les retient pas.

À l'inverse, en juillet 1960, le TPFA condamne à mort, après une délibération d'une demi-heure, cinq hommes dont Abdelhouab Kernane, présenté ensuite comme l'un des délégués FLN de la prison. Ils étaient accusés de l'assassinat d'un collecteur de fonds « malhonnête » et de deux tentatives d'assassinat sur le responsable du MNA, tous commis à Caen en juillet 1958. Les accusés ont reconnu les faits, ils les ont même revendiqués au nom de la guerre d'indépendance. Après appel, la sentence est confirmée le 23 août en un temps record[23].

Jusqu'en 1961, ces procès se déroulent sans bruit ; seule la presse locale en rend compte très régulièrement, sans commentaire particulier.

Le seul procès retentissant qui donne lieu à une manifestation de solidarité de 500 personnes devant le palais de justice de Rennes est celui du réseau nantais de Yacine Saïd[24]. Il s'agit de 57 personnes poursuivies pour « port d'armes et atteinte à la sûreté extérieure de l'État ». Au début du procès, Yacine Saïd, fils et petit-fils d'anciens combattants, demande une minute de silence. Le procès est interrompu le 28 pour cause de ramadan. Le 1er mars, de graves incidents ont lieu au tribunal, selon le journal *Ouest-France* : « Des coups sont portés aux accusés, quel drame ! » Le 2 mars, les détenus ont refusé de quitter la prison « en raison des sévices subis la veille ». Une plainte est déposée.

Pendant l'instruction, à nouveau, les PV de la police faisant état de témoignages anonymes sont infirmés par les juges et, à l'audience, les débats sont animés. Le 4 mars, Yacine Saïd et O. K. sont condamnés

22. Dépôt central des archives de la justice militaire, greffe des tribunaux militaires dissous, Le Blanc, boîte 367, notes d'audience*.
23. Dépôt central des archives de la justice militaire, greffe des tribunaux militaires dissous, Le Blanc, boîte 367*.
24. Dépôt central des archives de la justice militaire, greffe des tribunaux militaires dissous, Le Blanc, boîte 367*.

à quinze ans de prison, B. Z. à dix ans, les autres à des peines de un à cinq ans ; 25 autres sont relaxés.

La prison, autre lieu du combat nationaliste

Tout d'abord, il semble que les prisons de ce département tranquille soient utilisées pour absorber le trop-plein des prisons d'Algérie et pour mettre à l'abri, dans de meilleures conditions matérielles, certains détenus illustres comme Henri Alleg.

En 1959, Edmond Michelet a confié à Simone Veil une mission d'inspection des prisons en Algérie. Elle a alors recommandé des transferts de détenus en France. Elle s'est en particulier intéressée au sort des femmes détenues ; ces dernières ont été regroupées d'abord à Pau, puis à Rennes à la maison centrale. Djamila Boupacha a ainsi été libérée en 1962 de la maison centrale de Rennes[25].

En 1961 sont emprisonnés à la maison d'arrêt de Rennes une dizaine de détenus, qui ont tous le même profil : ils ont été pris les armes à la main en Algérie où ils ont été condamnés à de lourdes peines et ils sont très jeunes. Ainsi, T. A., né en 1940, a été condamné à la perpétuité à Alger en février 1961. Par trois fois, en juillet, septembre et novembre, il tente de s'évader. Le procès-verbal établi difficilement par les RG le 26 juillet 1961, T. A. ne parlant qu'arabe, indique : « Comme mes camarades FMA, détenus, je voudrais à tout prix être transféré en Algérie[26]. »

Les archives suggèrent cependant que l'emprisonnement à Rennes peut valoir autant mesure d'éloignement que mesure de protection. Ainsi, Rabah Bitat, arrêté en 1955, détenu à Riom de juin à juillet 1958, est transféré à Saint-Malo en septembre 1958, après un bref séjour à Rennes. Dans son rapport, le sous-préfet indique qu'il n'y a qu'un seul surveillant la nuit à la prison de Saint-Malo. Il demande des renforts. Il réitère sa demande en mars 1960 alors qu'il n'y a toujours qu'un surveillant la nuit pour un effectif total de 8 surveillants et 12 détenus « nord-africains », MNA cette fois[27].

---

25. Intervention de Simone Veil, colloque « Femmes et pouvoir », au Sénat le 8 mars 2004, site www.sénat.fr
26. Cabinet du préfet, direction générale des RG, 26 juillet 1961, ADIV 1492 W 12*.
27. Administration pénitentiaire, rapports du sous-préfet de Saint-Malo, 3 octobre 1958 et 19 novembre 1960, ADIV 519 W 66*.

Henri Alleg indique, quant à lui, que ses conditions de détention ont été « bonnes, en particulier si on fait des comparaisons avec l'Algérie[28] ». Il bénéficie d'une cellule individuelle, peut recevoir les visites de Gilberte, son épouse, et ainsi organiser son évasion. Il a rédigé clandestinement à la prison de Rennes son livre *Prisonniers de guerre*[29]. Il rapporte que les autorités pénitentiaires sont perturbées par ces détenus particuliers : « Il y avait dans tout ce personnel des gens qui en avaient assez de cette guerre. Ils voyaient bien qu'on n'avait rien à faire en prison. Ils avaient gardé des résistants, ils avaient gardé les collabos, les autonomistes bretons et enfin les Algériens. Cela gâchait leur service[30]. »

Cependant, ce sont des détenus algériens moins illustres qui sont les plus nombreux. Il s'agit de militants arrêtés et condamnés en France. Lors de leur détention, les détenus nationalistes réclament un régime politique de détention. Ainsi, le sous-préfet de Saint-Malo rapporte que, au moment de son arrivée à la prison de Saint-Malo, Rabah Bitat a déclaré[31] : « J'exige de bénéficier du régime politique. » Rabah Bitat a été transféré à Fresnes, où il a été transféré au moment de la grève de la faim des détenus algériens de juillet 1959. En août, il signe avec Edmond Michelet la circulaire qui aménage un régime spécial, dit « régime A », pour les détenus algériens[32]. Celui-ci prévoit la possibilité de s'abonner à trois quotidiens, *L'Humanité* et *Libération* étant exclus, la remise de colis en provenance de la Croix-Rouge, l'organisation de groupes scolaires restreints, les cours pouvant être donnés par les détenus, la possibilité pour les musulmans de se réunir à cinq maximum les vendredis et jours de fête religieuse pour des prières en commun. Après les grèves de la faim de novembre 1961, les détenus peuvent avoir un transistor et recevoir des livres, leur uniforme doit être distinct de celui des droits communs, et enfin un porte-parole des détenus est institué.

En janvier 1961, sur 278 détenus, prévenus et condamnés à la maison d'arrêt de Rennes, 91 sont considérés par l'administration pénitentiaire comme « catégorie A[33] ».

---

28. Lors d'un entretien avec l'auteur, le 20 janvier 2005.
29. Henri Alleg, *Prisonniers de guerre*, Paris, Minuit, rééd. juin 2001.
30. Entretien avec l'auteur le 20 janvier 2005.
31. Administration pénitentiaire, rapport du sous-préfet de Saint-Malo, 27 septembre 1958, ADIV 519 W 66*.
32. Ali Haroun, *La 7e Wilaya, la guerre d'Algérie en France*, Paris, Le Seuil, 1986.
33. Administration pénitentiaire, rapport d'inspection, 18 janvier 1961, ADIV 519 W 62*.

Dans la pratique, à Rennes, les détenus bénéficient de ce régime A. Henri Alleg raconte que dans la journée, et même certains soirs, ils peuvent circuler d'une cellule à l'autre. Il rapporte aussi avec beaucoup d'émotion encore aujourd'hui que sa mise au secret, au moment de son arrivée dans la prison, a été levée à la demande des Algériens et qu'ensuite certains d'entre eux, en particulier ceux qui avaient été transférés d'Algérie, lui ont demandé des cours de français.

> Les plus jeunes m'ont demandé des cours particuliers de français, d'orthographe ; tous voulaient apprendre le français, ils m'avaient aussi demandé de leur apprendre à lire et à écrire l'arabe. Mais je n'étais pas capable de leur donner des leçons en arabe, je me débrouille, mais je ne suis pas capable d'être prof d'arabe. Ce qui les intéressait, les ouvriers, c'était de savoir compter, de savoir lire et écrire en français [...]. Certains sont devenus mes copains. L'un d'eux est venu me voir après la prison. Il est devenu rotativiste, je suis intervenu pour qu'il puisse aller dans une école dans un pays socialiste. Ils étaient tous dans une même logique, il y avait un patriotisme fondamental[34].

Pour le patriotisme, pas de doute. Certains détails montrent cependant qu'il y a plus que des nuances entre les cours que peut donner Henri Alleg et ceux que dispensent les deux autres détenus autorisés à donner des cours : Abdelhouab Kernane venant de Caen et Saïd Yacine responsable du groupe de choc de Nantes. Henri Alleg en témoigne d'ailleurs :

> On m'interrogeait sur tout. Je leur ai expliqué – au moment où on parlait de Gagarine, comme on fait dans les petites classes –, avec une orange, une noix et un petit pois, la Terre et ses planètes. Ce qui m'a valu quelques ennuis de la part d'un type qui, s'il est encore vivant, a dû être plus tard militant intégriste. « Tout cela n'est pas vrai, ce n'est pas dans le Coran, il est en train de faire de vous des communistes, des athées », a-t-il dit. Mon autorité morale était telle qu'ils lui ont dit : « Tu fermes ta gueule, c'est à toi qu'on va régler ton compte »[35].

34. Entretien avec Henri Alleg, le 20 janvier 2005.
35. Entretien avec Henri Alleg, le 20 janvier 2005.

Henri Alleg note aussi que, lorsqu'ils faisaient la prière, il ne les rejoignait pas : « Ils savaient ce que j'étais, pas une seule fois il n'y a eu une observation sur ce point-là, jamais. » Cependant, pour les RG, « Salem, Yacine et Kernane sont les chefs du FLN[36] ».

Les différences de traitement entre un militant célèbre comme Henri Alleg et les détenus plus ou moins connus du FLN sont flagrantes pour ce qui concerne les évasions. L'évasion d'Henri Alleg, le 2 octobre 1961, a été soigneusement préparée et réalisée avec une aide extérieure, celle du PCF. À trois reprises, en 1961, des détenus du FLN de la prison de Rennes ont aussi tenté « la belle ». Mais sans aide extérieure, leurs tentatives sont vouées à l'échec. C'est d'ailleurs ce que dit Henri Alleg à l'un d'entre eux lorsqu'il refuse la proposition qui lui est faite de participer à l'une de ces tentatives, qui échoue, dans la nuit du 23 au 24 juillet 1961. Deux autres tentatives encore moins réussies ont lieu en septembre et en novembre. En juillet, cinq détenus algériens sont néanmoins parvenus à sortir de la prison. Errant dans la campagne rennaise, ils demandent de l'aide à un boucher de Chartres-de-Bretagne qui téléphone à la gendarmerie. Le 25 juillet, le journal *Ouest-France* relate ainsi les faits : « Signalés par la population, traqués par hélicoptère et cernés par plusieurs brigades de gendarmerie, les évadés de la prison de Rennes ont été arrêtés sans résistance. » Les Algériens ont déclaré, indique *Ouest-France*, « ne pas connaître la France, n'avoir rien contre les Français et en vouloir seulement aux pieds-noirs ». Lors d'une fouille générale de la prison organisée après la tentative d'évasion, les RG notent la présence dans les cellules de photos, de journaux, de transistors, de livres, de trois couteaux, d'un rasoir à main et de six drapeaux du FLN. Les RG dénoncent la « capitulation totale de l'administration pénitentiaire devant les détenus FMA[37] ». Par ailleurs, au moment de la lutte contre l'OAS, les rapports de police consacrés à l'assistante sociale de la prison, membre actif de l'OAS, révèlent que cette dernière renseignait le commissaire de la sécurité civile sur le FLN à la prison de Rennes[38].

En novembre 1961, les détenus de Rennes obéissent au mot d'ordre de grève de la faim lancé par le FLN. Sur le terrain de sport de

36. Salem est le patronyme d'Henri Alleg. Cabinet du préfet, surveillance du territoire, rapport du 10 octobre 1961, ADIV 510 W 10*.
37. Administration pénitentiaire, rapport des RG joint au dossier concernant l'évasion, ADIV 519 W 66*.
38. Cabinet du préfet, surveillance du territoire, rapport de mai 1965, ADIV 510 W 019*.

la prison, les détenus se rassemblent en rang par trois et brandissent un drapeau du FLN.

En 1962, les voisins de la prison de Rennes se plaignent que tous les jours, à 13 heures, le drapeau du FLN apparaît aux fenêtres[39].

Un symbole : l'évasion d'Henri Alleg

Le Parti communiste soutient ses militants. Or ce sont des militants communistes qui aident Henri Alleg à s'évader, mais évidemment, dans ce cas, il s'agit d'un soutien clandestin.

La Question a été lue et distribuée à Rennes, après et avant son interdiction. Les archives de la CFDT en conservent plusieurs exemplaires, publiés par les *Cahiers de Reconstruction*, la revue de la minorité de la CFTC. Le journal *Ouest-France* rend compte de la parution puis de l'interdiction de *La Question*, de même qu'*Ouest-Matin*, journal communiste. La presse locale indique aussi que l'instruction de la plainte déposée par Josette Audin est confiée à un juge de Rennes. Elle rapporte également qu'Henri Alleg est transféré à la prison de Rennes pour être entendu comme témoin dans cette affaire.

La stupeur est grande cependant lorsqu'on apprend qu'Henri Alleg s'est évadé dans la nuit du 1er au 2 octobre 1961. Il demeure introuvable. Pour la police, le mystère est total, malgré les nombreuses auditions du personnel de l'hôpital de Pontchaillou où Henri Alleg avait été admis. Les auditions des enfants de l'orphelinat voisin et celles des policiers de faction ne donnent rien non plus. Les policiers responsables s'accusent mutuellement d'incompétence...

Henri Alleg raconte que son évasion a été soigneusement préparée[40]. À la prison, il peut recevoir la visite de son épouse Gilberte, à qui très vite il demande d'organiser son évasion. « J'ai bénéficié d'une aide extérieure, celle des camarades du Parti communiste, en particulier de l'un d'eux, Albert Ouzoulias. » Gilberte fait savoir à son mari qu'il faut qu'il soit hospitalisé pour s'évader.

Il faut donc tomber malade. « J'ai commencé à ne plus manger, mais sans le dire [...]. On avait fait des grèves de la faim assez

---

39. Cabinet du préfet, direction régionale des RG, rapports de novembre 1961 et janvier 1962, ADIV 1492 W 12*.
40. Entretien avec l'auteur le 20 janvier 2005.

nombreuses en Algérie, on peut dire que j'étais entraîné. » Henri Alleg est hospitalisé le 9 septembre pour « décalcification et mauvais état général[41] ». Las, la chambre où on l'admet décourage toute tentative d'évasion. « Il s'agissait d'une cellule d'aliénés, une cellule ronde comme un cylindre avec une bouche d'aération située à 3 mètres environ du sol. Quand j'ai vu ça, j'ai commencé à protester en disant que je voulais retourner en prison[42]. » Ce qui est fait dès le lendemain. Le médecin de la prison, le docteur Prudent Porée, rédige alors, le 13 septembre, un rapport dénonçant les conditions de détention des détenus malades qu'il fait hospitaliser à l'hôtel-Dieu. Le même jour, il fait à nouveau hospitaliser Henri Alleg, cette fois-ci à Pontchaillou et dans une chambre individuelle. « Une grande salle avec des fenêtres ouvertes sur la campagne. » Le docteur Porée ne sort pas de son rôle professionnel, selon Henri Alleg ; néanmoins, membre du Parti radical, ancien conseiller municipal avant guerre, président du comité d'honneur d'*Ouest-Matin*, journal communiste, il a au minimum le souci du confort de son patient[43].

L'attente commence alors.

> J'avais fait une lettre à ma femme qui indiquait que j'étais dans un hôpital : « C'est magnifique, au rez-de-chaussée avec un pré devant moi, quelle joie de voir un peu de verdure, d'être loin des barres de béton et d'acier, il y a un champ de carottes qui est là, et au fond bien sûr, il y a un mur et contre le mur un arbre magnifique. » Je me suis dit qu'ils allaient comprendre où j'étais[44].

Quelques jours après, une main anonyme fait passer sous le grillage de la fenêtre une grosse cisaille qu'Henri Alleg cache la nuit dans son lit et qu'il porte à sa ceinture le jour ! Et ensuite un papier avec le jour et l'heure. Le jour dit, et non sans mal, Henri Alleg parvient à couper le grillage : « Je suis tombé dans le potager aux carottes, j'ai filé, je n'ai pas été chronométré, mais j'ai sûrement battu mon record... Je

41. Cabinet du préfet surveillance du territoire, lettre du préfet au Premier ministre, ADIV 510 W 10*.
42. Entretien avec Henri Alleg, le 20 janvier 2005.
43. Cabinet du préfet, direction régionale des RG, ADIV 510 W 10*.
44. Entretien avec l'auteur le 20 janvier 2005.

suis arrivé jusqu'au mur, j'ai grimpé sur l'arbre dont les Algériens auraient dit que c'est Dieu qui l'avait mis là, puis sur le mur[45]. »

Dans la rue, trois personnes attendent, un chauffeur, une femme assez âgée et un jeune homme. Il s'agit de trois militants locaux du Parti communiste, dont Guillaume et Alice Perron. Guillaume est retraité de la SNCF et, comme sa femme Alice, ils ont appris la clandestinité pendant la Résistance. D'après Jean Courcier[46], résistant déporté qui a servi de chauffeur pour les repérages autour de l'hôpital, seul Émile Guerlavas, secrétaire de la fédération départementale du PCF, avait été mis dans la confidence. Aucune autre personne n'était au courant. Henri Alleg est caché d'abord chez les Perron dans les environs de Rennes et ensuite pendant quinze jours à La Richardais, près de Dinard, chez Louis Le Bideau (1897-1990), figure du PC local. Toute l'opération a été montée comme les opérations commandos de la Résistance. C'est ainsi qu'aujourd'hui les protagonistes la présentent, comme pour justifier un recours à une action illégale effectivement très risquée. Selon les confidences qu'il a faites à Henri Alleg, Louis Le Bideau a pris cette action pleine de risques comme l'occasion enfin offerte d'agir. En effet, ancien combattant de la Première Guerre mondiale et grand invalide de guerre, il n'avait pas été inquiété pour ses activités politiques pendant la Seconde Guerre mondiale.

Des militants rennais ont pris des risques considérables, mais aucun écho n'a transpiré. La page spéciale de *L'Humanité Dimanche* consacrée à l'Ille-et-Vilaine ne mentionne pas l'évasion, alors que, d'ordinaire, le journal monte en épingle la moindre signature d'une pétition en faveur de la paix en Algérie.

La solidarité a peu joué ; même si des liens personnels se sont tissés entre militants nationalistes et militants politiques et syndicaux locaux, les Algériens sont restés très isolés. À Saint-Nazaire, un militant de la CGT est aussi membre du FLN[47]. Les archives de la CFTC conservent trois tracts du FLN, l'un de juin 1960, les autres de 1961 et 1962 ; à Angers, un Algérien, membre de la CFTC et collecteur de fonds pour le FLN, est encore incarcéré en juin 1962 ; c'est la CFTC qui réclame sa

45. *Ibid.*
46. Entretien avec l'auteur, le 8 avril 2005.
47. Rapports mensuels des RG, ADIV 1492 W 12*.

libération[48]. Omar Lazili, ancien agent de liaison du FLN, confirme que la confiance entre militants algériens et français s'installe parfois, surtout lorsqu'il s'agit d'anciens résistants français, mais que cette solidarité ne s'exprime pas hors de services personnels rendus aux nationalistes algériens[49].

En revanche, la répression policière et judiciaire a largement concerné les Algériens présents dans le département et dans la région Ouest. Pour tous ces militants, célèbres ou anonymes, la guerre d'Algérie a eu lieu aussi dans les commissariats, les centres de tri, les prétoires et les prisons de ce département tranquille.

48. Archives de la CFTC, ADIV 11 J 63*.
49. Entretien à Rennes, le 14 septembre 2005.

32. L'ASSIGNATION À RÉSIDENCE SURVEILLÉE : LE CAMP DE THOL (1958-1961)

Arthur Grosjean

En avril 1960, à la suite d'une manifestation spectaculaire au cours de laquelle des militants de l'Action civique non violente, entendant protester contre l'arbitraire de l'internement administratif, expriment l'intention d'être enfermés à leur tour, *La Voix de l'Ain*, hebdomadaire catholique départemental, réagit :

> Que se passe-t-il à Thol ? Ces Algériens assignés à résidence, qui sont-ils et quel est leur sort ? Il est assez délicat de répondre à cette question car l'accès du camp est strictement interdit. Mais comment voulez-vous que le profane ne se pose pas de questions lorsque, en bordure d'une route aussi fréquentée [...], il découvre soudainement ce camp, entouré de barbelés, dominé par des miradors. Un mot lui vient tout naturellement, « camp de concentration », et ce mot évoque en lui-même un cortège de souvenirs douloureux[1].

Ces quelques phrases tirées d'un des rares articles contemporains consacrés au sujet illustrent les contradictions de l'opinion locale, partagée entre trouble et méconnaissance, quant au fonctionnement et aux finalités du centre d'assignation à résidence surveillée (CARS) de Thol[2].

1. *La Voix de l'Ain*, 15 avril 1960.
2. À propos de l'internement et de l'expression « camp de concentration », voir

De décembre 1958 à mars 1961, en effet, ce camp militaire, à l'instar de ceux du Larzac, de Saint-Maurice-l'Ardoise ou de Vadenay, sert au ministère de l'Intérieur à interner des milliers d'Algériens (Français musulmans d'Algérie, FMA) soupçonnés d'appartenir au FLN (plus rarement au MNA) ou de lui apporter leur soutien, sans pour autant que la police ait pu établir leur culpabilité de façon certaine. L'exemple de Thol offre la possibilité de comprendre les tentatives administratives et policières, souvent empiriques, en vue d'organiser l'internement administratif en territoire métropolitain pendant la guerre d'Algérie et de donner un sens à cette pratique d'exception, tentatives qui se heurtent du reste à la forte résistance des jeunes militants nationalistes encadrés par une organisation FLN hiérarchisée capable de prendre en main les activités des captifs.

Le choix du site et la mise en place du camp

Le nombre de centres destinés à l'internement administratif reste limité sur le territoire métropolitain : quatre au total. Cette relative rareté s'explique à la fois par des impératifs politiques, afin de ne pas trop attirer l'attention de l'opinion publique, et budgétaires : Valéry Giscard d'Estaing, alors ministre du Budget, aurait refusé de financer davantage d'infrastructures au coût de fonctionnement très élevé. Le ministère de l'Intérieur signale du reste, dès 1958, que les mesures d'internement ne sont pas destinées à devenir massives, à la différence de celles qui sont pratiquées sur le territoire algérien[3].

En décembre 1957, avant même la promulgation de l'ordonnance du 7 octobre 1958, le préfet-Igame de la 8e région militaire (Lyon) demande à ses collègues des différents départements de chercher des lieux susceptibles d'accueillir de 500 à 1 000 assignés[4]. Le choix se porte

---

Sylvie Thénault, « Interner en République : le cas de la France en guerre d'Algérie », *@mnis. Revue de civilisation contemporaine de l'université de Bretagne occidentale*, septembre 2003 (www.univ-brest.fr/amnis/).

3. Benjamin Stora, « La politique des camps d'internement », *in* Charles-Robert Ageron (dir.), *L'Algérie des Français*, Paris, Le Seuil, 1993 ; Sylvie Thénault, « Personnel et internés dans les camps français de la guerre d'Algérie », *Politix*, n° 69, 2005 ; courrier du ministre de l'Intérieur, service de l'assignation à résidence, aux préfets, 8 octobre 1958, archives départementales du Rhône (ADR) 248 W 140*.

4. Rapport de F. G., sur le camp de Vadenay, 11 décembre 1957, ADR 248 W 140*.

sur le camp militaire de Thol. La décision se comprend aisément : accessible car situé à une soixantaine de kilomètres au nord-est de Lyon à proximité de la route et de la voie ferrée menant de Lyon à Genève, mais isolé dans un territoire encore rural, le camp, qui ne présente plus un intérêt majeur pour l'armée, paraît relativement facile à surveiller et présente des garanties pour décourager les éventuelles tentatives d'évasion. Le 18 septembre 1958, le ministre de l'Intérieur informe le préfet de la 8e RM que le projet de camp à Thol est entériné et qu'il le charge de la responsabilité des travaux. Quelques semaines sont alors nécessaires pour aménager le camp, tandis que le préfet de l'Ain est chargé de recruter rapidement le personnel du service de surveillance interne[5].

Une organisation complexe pour des tâches plurielles : contenir, surveiller, encadrer et éduquer

La fonction première du camp est l'hébergement et la rétention des militants en lutte. Entouré de grillages, de barbelés et bientôt de miradors, le centre est composé de nombreux bâtiments « en dur » répartis sur une quinzaine d'hectares entre l'Ain et une route départementale. Les plus proches de la route, situés près de l'entrée, servent de bureaux à l'administration du centre et d'hébergement aux personnes y travaillant : directeur, gardiens, CRS. Les casernements les plus éloignés, au nombre d'une dizaine, longs chacun d'une quarantaine de mètres, complétés de quelques locaux annexes pour les réfectoires, les douches, l'infirmerie, les latrines et la laverie, sont entourés d'une seconde clôture. Les assignés y résident. L'organisation à l'intérieur de cet espace ne cesse cependant d'évoluer au fil des mois, suivant les divisions et les mises à l'écart entreprises par l'administration[6]. Le règlement du centre, inspiré de celui de Vadenay[7], officiellement adopté lors de l'ouverture du camp le 1er décembre 1958, précise la division des tâches dans le

5. Correspondances entre le préfet de l'Ain, le préfet de la VIIIe RM et le ministère de l'Intérieur, archives départementales de l'Ain (ADA) 777 W 13*.
6. Renseignements collectés dans les rapports de visite de la Cimade, dans la correspondance des conseillers techniques (ADR 248 W 140*), dans les notes et rapports des RG (ADA 306 W 14*).
7. Rapport de visite du camp de Vadenay, 10 et 11 décembre 1957, conservé par le cabinet du préfet-Igame du Rhône, ADR 248 W 140*.

centre et les obligations des assignés[8]. Un chef de centre, commissaire principal de police, assisté d'un adjoint et d'un gestionnaire, placés sous l'autorité du préfet de l'Ain, est chargé de l'administration globale du CARS : arrivées et départs des assignés, rapports réguliers, comptes rendus d'incidents.

La surveillance à l'intérieur du camp est assurée par une trentaine de gardiens : non pas des policiers ou des militaires, comme on pourrait s'y attendre, mais des recrutés contractuels locaux. Pour la plupart sans qualification, non armés, ils encadrent la vie quotidienne des assignés, notamment les appels et les fouilles, du reste réglementée de façon assez détaillée : heures de lever et de coucher, tenue, censure de la presse et du courrier reçu ou envoyé, sanctions éventuelles si ledit règlement n'est pas respecté, conditions de visite des familles et des avocats... Sont aussi recrutés localement les subordonnés chargés des tâches les plus quotidiennes à effectuer au sein du CARS : secrétaires, vaguemestre, cuisiniers[9].

La surveillance extérieure, destinée à prévenir les évasions, passibles de peines de prison assez lourdes, est assurée par une compagnie de CRS, cantonnée à l'entrée du camp. Effectuant de nombreuses rondes autour de l'enceinte extérieure, ces CRS sont susceptibles de réaliser des interventions ponctuelles à l'intérieur du camp.

Un inspecteur des Renseignements généraux détaché à Thol en avril 1959, agissant en liaison avec ses supérieurs hiérarchiques comme avec le directeur du CARS, est chargé de collecter des renseignements lors des interrogatoires d'assignés, par le recours à des informateurs, par le contrôle du courrier émis ou reçu, afin d'évaluer les sentiments et l'activité des captifs. Il se doit également de censurer les livres et journaux qui circulent dans le camp[10]. Dès septembre 1959 et jusqu'à la fermeture du centre, on dénombre non plus un mais quatre inspecteurs des RG à Thol, dont trois issus du « cadre chérifien[11] » et qui ont passé

---

8. Il semblerait cependant que le camp ait commencé à accueillir les premiers assignés le 23 novembre 1958, puisque c'est la date d'ouverture que le directeur du camp déclare aux équipiers de la Cimade qui effectuent leur première visite le 4 février 1959. Archives de la Cimade en cours de dépôt à la Bibliothèque de documentation internationale contemporaine (BDIC).

9. Liste du personnel, 1er septembre 1959, ADA 306 W 14*.

10. Note de service de la direction de la Sûreté au service des RG de l'Ain, ADA 306 W 14*.

11. Personnel du CARS, septembre 1959 et janvier 1961, ADA 306 W 14*.

plusieurs années au Maroc. Ils maîtrisent donc l'arabe et sont familiarisés avec les enjeux des conflits coloniaux[12].

Ce dispositif de base d'administration et de rétention des internés est somme toute peu surprenant dans le cadre de l'internement administratif en nombre de militants politiques. Il est complété au fil des mois par d'autres modes d'action. En effet, le ministre de l'Intérieur recommande, dès le 6 décembre 1958, qu'un « programme d'action sociale minimum » soit assuré à Thol[13]. Dans une logique d'encadrement des populations algériennes résidant en France, le ministère ne trouve donc rien de plus naturel que de faire intervenir dans les CARS des fonctionnaires formés en Algérie, mais venus travailler en métropole. Les conseillers techniques aux affaires musulmanes[14] (CTAM) avaient en effet été chargés auparavant tout à la fois d'encadrer, d'assister et de surveiller la population algérienne de France, dont le nombre croissant avait attiré l'attention dans les années d'après-guerre[15]. Le préfet-Igame du Rhône confie la tâche d'organiser l'action sociale à Thol d'abord à Georges M., CTAM rattaché à son cabinet et travaillant dans les différents départements de la région lyonnaise[16]. Le CTAM obtient l'intervention hebdomadaire d'un conseiller social mis à disposition par l'Association pour l'hébergement des travailleurs nord-africains de Bourg-en-Bresse[17], qui s'occupe principalement des demandes d'autorisation de visite et de l'aide aux assignés les plus démunis : Sécurité sociale, démarches administratives, vêtements.

---

12. Circulaires du ministère de l'Intérieur aux Igames, préfets, directeurs de CARS, CTAM-AES, 12 janvier 1960, ADR 248 W 140*.
13. Lettre du ministère de l'Intérieur au préfet-Igame du Rhône, cabinet des affaires musulmanes, 6 décembre 1958, ADR 248 W 40*.
14. Jim House, « Contrôle, encadrement, surveillance et répression des migrations coloniales : une décolonisation difficile (1956-1970) », *Bulletin de l'IHTP*, n° 83, juin 2004.
15. Vincent Viet, *Histoire des Français venus d'ailleurs*, Paris, Perrin, 2004, p. 185-187.
16. « L'Immigration nord-africaine dans le Rhône », répertoire des ADR, 1997 ; Élie Nabil Wakim, « La Politique de contrôle des travailleurs algériens à Lyon (1954-1964) », mémoire de maîtrise sous la direction de Sylvie Schweitzer, université Lyon-II, 2003.
17. Diverses correspondances entre le conseiller technique et le conseiller social, les préfectures de l'Ain et du Rhône et le ministère de l'Intérieur, décembre 1958-février 1959, ADR 248 W 140*.

Un pas important dans l'« action sociale » est franchi à l'automne 1959. Le ministère de l'Intérieur décide en effet de renforcer considérablement l'encadrement des assignés. Il dote ainsi chaque CARS d'un conseiller technique aux affaires musulmanes-action éducative et sociale (CTAM-AES) à plein-temps, chargé de « développer l'action sociale, éducative, psychologique auprès des assignés[18] ». Quatre mois plus tard, les CTAM font officiellement partie de l'organigramme de chaque camp. Des mesures à mettre en œuvre pour lutter contre l'« oisiveté » des assignés sont annoncées : cours, journaux, sport, qualification professionnelle. L'ambition affichée est claire : contrebalancer l'influence du FLN dans les CARS. Les CTAM sont d'ailleurs désormais consultés au même titre que le directeur ou que les policiers des RG avant de décider d'une libération administrative[19].

C'est dans ce contexte que Michel P., administrateur des services civils d'Algérie, arrive au CARS de Thol en novembre 1959. Le travail du CTAM est loin de se limiter à l'analyse et au renseignement. Il dispose d'un apport de main-d'œuvre considérable pour réaliser sa tâche d'encadrement et d'éducation puisqu'on lui adjoint des militaires : une vingtaine d'hommes, essentiellement des appelés originaires de la région, dont quatre sont censés faire fonction d'instituteurs, commandés par deux officiers et deux sous-officiers. Le CTAM affiche d'abord de grandes ambitions : occuper les assignés par des classes d'apprentissage du français, une bibliothèque, de la formation professionnelle, des ateliers rémunérés ; reprendre en main le camp en commençant par « réaliser une grande enquête pour rassembler des renseignements sur chaque assigné en vue d'agir et de l'orienter » et y imprimer son action[20]. Mais il doit rapidement déchanter. Beaucoup de projets sont abandonnés faute de ressources satisfaisantes : les employeurs locaux ne sont pas intéressés par la main-d'œuvre captive et les soldats s'avèrent peu compétents. Surtout, la simple présence de militaires qui s'arrogent les cantines, la distribution du courrier et de la presse, assimilés aux sections administratives spéciales (SAS) œuvrant en Algérie, déclenche la colère des assignés qui, mobilisés par la hiérarchie FLN interne au camp,

18. Lettre du ministère de l'Intérieur, Service des affaires musulmanes, au préfet du Rhône, 3 septembre 1959, ADR 248 W 140*.

19. Circulaires du ministère de l'Intérieur aux Igames, préfets, directeurs de CARS, CTAM-AES, 12 janvier 1960, ADR 248 W 140*.

20. Courrier de M. P., CTAM au CARS de Thol, au ministère de l'Intérieur, Service des affaires musulmanes, 12 novembre 1959, ADR 248 W 140*.

protestent et cessent tout contact avec le Service d'action éducative et sociale (SAES)[21]. Le ministère met fin à l'expérience le 1er janvier 1961[22].

Des assignés nombreux, jeunes et organisés

Les effectifs du camp augmentent rapidement dans les mois qui suivent son ouverture : 200 assignés fin décembre 1958, 900 fin février, ce qui reste ensuite l'effectif moyen du camp, mais on atteint le nombre de plus de 1 000 assignés en avril 1959[23]. Le CARS de Thol occupe donc par sa taille une position intermédiaire entre le grand camp du Larzac, qui compte 3 000 assignés, et celui, plus petit, de Vadenay, dans la Marne, bientôt dévolu aux assignés jugés « irrécupérables » susceptibles de troubler l'ordre et de mener une propagande excessive dans les autres centres. Cet effectif moyen ne garantit en rien le confort, comme le soulignent à plusieurs reprises les rapports de la Cimade signalant le manque d'équipement et l'excessive promiscuité, les baraquements prévus pour 50 personnes en comptant jusqu'à 100[24].

Le camp semble avoir d'abord rempli, jusqu'à l'été 1959, une double fonction géographique : régionale avec l'arrivée d'assignés envoyés par les préfectures les plus proches, celles du Rhône et de l'Isère, comme en témoignent plusieurs dossiers individuels conservés aux archives départementales du Rhône[25], et paradoxalement parisienne du fait de l'ample répression pratiquée alors dans le département de la Seine[26]. À partir de l'été 1959, une nouvelle répartition des assignés est décidée par le ministère de l'Intérieur à l'échelle nationale : ne sont

---

21. Idée confirmée par tous les rapports mensuels du CTAM au ministère de l'Intérieur de décembre 1959 à décembre 1960, ADR 248 W 140*, et rapport de la Cimade après une visite effectuée à Thol les 7 et 8 décembre 1959, archives de la Cimade.
22. Courrier du ministère de l'Intérieur aux Igames, 28 novembre 1960, ADR 248 W 140*.
23. Note de C. M. relative à l'action sociale en faveur des hébergés au CARS de Thol, 4 février 1959, ADR 240 W 140* ; rapport de visite de la Cimade, 23 et 24 avril 1959, archives de la Cimade.
24. Rapports de visite des équipiers de la Cimade de 1959 à 1960, archives de la Cimade.
25. Notices individuelles d'internement administratif, ADR 703 W 2*.
26. Linda Amiri, *La Bataille de France. La guerre d'Algérie en métropole*, Paris, Robert Laffont, 2004, p. 88.

envoyés à Thol que des jeunes gens âgés de 18 à 25 ans arrivant de toute la métropole[27]. On peut supposer que cette décision de regrouper les jeunes militants concrétise une volonté de les soustraire à l'influence des plus âgés et plus aguerris, davantage rompus aux techniques de répression et de récupération.

Une enquête statistique approfondie réalisée en février 1960 par le conseiller technique aux affaires musulmanes[28] auprès de 820 assignés permet de mieux connaître les jeunes hommes enfermés à Thol. Une majorité des assignés sont issus du monde ouvrier (71 %), qu'ils travaillent dans l'industrie, les mines ou le bâtiment. Beaucoup d'entre eux demeurent illettrés (462 d'entre eux soit 56 %) et célibataires (91 %). Originaires de l'Est algérien, ils résidaient avant leur assignation dans la région parisienne, pour la moitié d'entre eux, ou dans les départements plus urbanisés et plus industriels de la partie orientale de la métropole. Notons la présence de nombreux mineurs de moins de 21 ans (55 au total, soit près de 7 %), révélatrice de la priorité donnée à la logique administrative d'isolement, puisque, dans le domaine judiciaire, l'ordonnance du 2 février 1945 concernant l'enfance délinquante prévoyait la primauté de l'éducatif sur le répressif en matière pénale.

De tels profils pouvaient laisser penser aux autorités que, démunis et enfermés, ces jeunes gens se révéleraient plus perméables que des adultes expérimentés aux dispositifs en vigueur mélangeant répression et action psychologique dans le centre. Il est au contraire frappant de constater combien l'immense majorité des personnes recluses à Thol résistent au système administratif et policier d'enfermement en adhérant aux institutions alternatives que leur impose et/ou leur propose le FLN.

Très majoritaire parmi les assignés dès l'ouverture du centre – les rapports des RG ou de la Cimade ne recensant jamais plus d'une quarantaine de militants MNA, tous envoyés vers d'autres camps dès le mois de juin 1959[29] –, le FLN s'avère hégémonique à partir du moment où le camp est réservé aux jeunes. L'organisation ne tarde guère à prendre en main de façon autonome l'organisation interne du camp, dans la mesure où le règlement intérieur le permet.

27. Rapport de visite du CARS de Thol par les équipiers de la Cimade, 7 août 1959, archives de la Cimade, confirmé par les rapports ultérieurs des conseillers techniques.
28. ADR 248 W 40*.
29. ADA 777 W 14*.

Durant les mois qui suivent l'ouverture du CARS, les rapports entre les assignés et la direction du camp décrits par les équipiers de la Cimade semblent encore relativement simples. Les assignés sont déjà organisés, reproduisant derrière les barbelés la hiérarchie FLN avec laquelle nombre d'entre eux se sont familiarisés lorsqu'ils étaient libres. Ils se plaignent de leur indigence, en réclamant vêtements et médicaments, de la promiscuité, de la rupture avec leurs familles et manifestent occasionnellement pour obtenir des améliorations de leurs conditions d'enfermement, comme l'accès à la presse par exemple. Mais ils demeurent encore enclins au dialogue avec le personnel et les visiteurs de la Cimade[30]. Cette situation change du tout au tout entre l'été et la fin de l'année 1959. Les transferts d'assignés plus âgés vers le Larzac, la nomination d'un nouveau directeur beaucoup moins conciliant et enfin l'arrivée des militaires du SAES entraînent une tension accrue à l'intérieur du camp, alors que la Fédération de France du FLN lance des actions de grève dans les prisons et dans les camps. Les contacts avec l'administration comme avec le SAES et les visiteurs de la Cimade deviennent dès lors de plus en plus réduits, au point de s'avérer presque nuls. Les refus de « coopérer » et les grèves des poubelles, du courrier, des soins, voire de la faim, se multiplient. Ces mouvements incessants semblent du reste avoir suscité une mobilisation zélée[31]. Selon les RG, le durcissement s'explique d'abord par l'âge des assignés[32]. Cet état d'esprit plus combatif émanant de militants plus jeunes se traduit par l'éviction rapide des anciens chefs issus de la direction régionale et jugés trop mous, car composant parfois avec le directeur du camp. Ces derniers sont donc remplacés par de « jeunes Turcs » déterminés à en découdre au plus vite[33].

Toutes les sources confirment que le FLN est parvenu consciemment et efficacement à ériger et à légitimer aux yeux des assignés ses propres institutions dans le camp en encadrant la vie quotidienne de façon beaucoup plus efficace que n'aurait pu le faire l'administration

30. Rapport de visite du CARS de Thol par les équipiers de la Cimade, 7 août 1959, archives de la Cimade.
31. Rapports de visite des équipiers de la Cimade, automne 1959, rapports mensuels du CTAM du CARS, ADR 248 W 140* ; notes et rapports des RG, 1959-1960, ADA 306 W 14*.
32. Rapport des RG, 17 août 1959, ADA 306 W 14*.
33. Note des RG, 29 juillet 1959, ADA 306 W 14*.

française, grâce à une double hiérarchie politique et administrative[34], et ce, en enrôlant un nombre d'hommes considérable, si ce n'est la quasi-totalité d'entre eux. On peut estimer élevé le nombre de cadres FLN du camp : une quarantaine d'hommes. Quant au seul service d'ordre, il compterait 256 cellules de plusieurs militants. Ces institutions à la fois rigides et pléthoriques présentent la garantie d'impliquer un nombre élevé de « frères » et de pouvoir se perpétuer malgré les transferts d'éphémères leaders opérés régulièrement par la direction du camp.

Les cadres du FLN s'imposent aussi comme les principaux médiateurs entre les hommes enfermés et le monde extérieur. Alors qu'ils échangent une abondante correspondance avec d'autres responsables assignés dans d'autres camps, ils censurent le départ et l'arrivée du courrier avant même l'intervention de l'administration, allant jusqu'à confisquer certaines lettres. Ils font par ailleurs passer des mots d'ordre de prudence pour limiter les fuites que pourraient utiliser les RG qui épluchent les correspondances[35]. Ils acquièrent ainsi un pouvoir d'information considérable ainsi qu'un droit de regard sur les visites et les démarches entreprises par chacun. Ils contrôlent également l'arrivée des mandats, sur lesquels ils prélèvent des cotisations et des contributions qu'ils redistribuent aux « frères » nécessiteux[36]. Malgré les efforts répétés de l'administration pour remettre en cause la légitimité des porte-parole du FLN, il semble que ces derniers soient restés les seuls interlocuteurs efficaces de la direction du CARS.

Un système policier pesant permet au FLN de surveiller constamment le personnel du camp, en particulier les gardiens, mais aussi les assignés[37]. Le dispositif de renseignement aboutit à une justice qui se veut draconienne, appliquant deux codes de sanctions pour punir de façon graduelle des délits plus ou moins graves, qu'ils soient de nature politique ou non[38] :

– jours de corvées (pour des « propos outrageants à un responsable de l'organisation », des « insultes envers Dieu ou envers les Frères », des

34. Note des RG sur l'organisation politico-policière à l'intérieur du CARS de Thol, 20 juillet 1960, ADA 306 W 14*, confirmé par les rapports des conseillers techniques et des équipiers de la Cimade.
35. Note des RG, 6 janvier 1960, ADA 306 W 14*.
36. Rapport des RG, 29 juillet 1959, ADA 306 W 14*.
37. Note des RG non datée sur la police FLN du camp, ADA 306 W 14*.
38. Note des RG, 20 octobre 1959, ADA 306 W 14*.

« défauts d'hygiène », des « conversations avec les CRS et les gardiens »...) ;

– corrections et parfois quarantaine (« actes contre nature », « consommation de kif et d'alcool », « sectarisme, régionalisme, propos scandaleux dangereux à l'esprit FLN ») ;

– « livre blanc », c'est-à-dire exécution à la sortie du camp (collaboration avec l'ennemi, trahison, appartenance au MNA, récidiviste de propagande subversive).

Ce code pénal sommaire, révélateur de l'intention « puritaine » du FLN de discipliner les mœurs et la moralité des assignés de façon coercitive en matière d'hygiène, de sexualité, de drogue et de religion, montre surtout la volonté de dissuader par la violence toute infidélité ou trahison à l'encontre de l'organisation. Il est cependant impossible d'évaluer avec précision la fréquence des procès internes évoqués et la réalité de l'application des sanctions prévues, ni de mesurer le degré d'adhésion des assignés à un tel système policier et judiciaire, les inspecteurs des RG assimilant (trop ?) souvent la masse anonyme des hommes enfermés à Thol à des victimes de la hiérarchie FLN et non à des militants convaincus.

L'encadrement de ces hommes ne passe du reste pas uniquement par la contrainte, mais aussi, pour l'organisation, par la maîtrise du rythme des journées et des semaines. En plus des tâches quotidiennes, des temps solennels sont aménagés. Une minute de silence, suivie des mots d'ordres du comité, est observée chaque soir pour les camarades tombés au combat[39]. Des jeûnes sont par ailleurs observés lors de la commémoration des massacres de Sétif[40].

Plus significative encore, la question de l'école démontre de façon éclatante que c'est le FLN, davantage que l'administration du camp, qui propose ou impose un rythme et un mode de vie aux assignés et qui en obtient l'adhésion. Des séances d'apprentissage du français rassemblent

39. Rapport des RG, 1er mars 1960, ADA 306 W 14*.

40. Le 8 mai 1945, les partis nationalistes algériens, profitant des festivités de l'armistice, décident par des manifestations pacifiques de rappeler leurs revendications patriotiques. Après des heurts entre policiers et nationalistes, les manifestations dégénèrent en émeutes et provoquent d'abord des massacres d'Européens dans les régions de Sétif et de Guelma. L'armée française et, à Guelma, des miliciens européens, exercent alors une répression qui va prendre des proportions considérables et durer plusieurs semaines. Lettre du CTAM-SAES au Service des affaires musulmanes, ADR 248 W 140*.

au moins 400 hommes. Les moniteurs sont des assignés plus instruits que les autres. La présence des élèves est décrite comme obligatoire, avec des appels tous les matins. Dans le même temps, les appelés faisant fonction d'instituteurs du SAES, censés se substituer d'autorité à ces professeurs improvisés choisis par les détenus, ne parviennent qu'à rassembler une poignée de personnes, soit 21 en tout[41]. Le FLN ne fait pas mystère de son rôle éducatif pour repousser formellement les propositions éducatives émanant des autorités[42].

Quelles difficultés et quels parcours pour les internés ?

Sans disposer de statistiques médicales précises, il est frappant de constater combien les troubles sanitaires sont fréquents parmi la population des assignés. Un équipier de la Cimade, sur indication d'un délégué, estime au tiers la proportion de malades atteints de tuberculose (un baraquement leur est réservé), d'ulcères à l'estomac, de maladies nerveuses ou cardiaques[43]. Les séjours en hôpitaux pour des soins corporels ou psychiatriques s'avèrent beaucoup plus fréquents que ne le laisserait supposer la composition d'un groupe d'individus aussi jeunes.

On peut proposer à ce constat des explications simples : le dénuement et la fragilité d'une population ouvrière jeune, marginalisée avant même la captivité, dénuement accru par l'absence de travail rémunéré au centre, la surpopulation dans les baraquements, source de promiscuité et d'inconfort, le manque d'accès à l'hygiène parfois la plus élémentaire (les internés ne possèdent généralement que les vêtements qu'ils portaient à leur arrivée), la nourriture frugale proposée, l'insuffisance des médicaments, qui proviennent longtemps d'échantillons gratuits ou qui sont en partie distribués par la Cimade, et surtout la sous-médicalisation assurée parfois par un personnel aux compétences

41. Rapport hebdomadaire du FLN saisi lors d'une fouille, 14 septembre 1960 ; rapport du CTAM-SAES de Thol sur l'activité du mois de juillet, 30 juillet 1960, ADR 248 W 140*.
42. Lettre adressée par les assignés de Thol au ministre de l'Intérieur, 1er décembre 1959, ADA 306 W 14*.
43. Note de la Cimade adressée au ministère de l'Intérieur, 21 septembre 1959, archives de la Cimade.

et aux motivations douteuses[44]. Ce n'est qu'à l'issue d'une longue grève de la faim, menée jusqu'à l'hospitalisation et la nutrition de force sous forme d'ampoules pour les plus affaiblis, qu'un médecin militaire est rattaché au CARS de façon permanente[45]. Quant aux troubles psychiatriques nombreux, s'ils ne sont pas décrits avec précision, ils peuvent cependant raisonnablement être assimilés aux pathologies liées à l'enfermement et à l'isolement[46]. Les inspecteurs des RG interprètent quant à eux les hospitalisations de tous types comme le seul moyen qu'auraient trouvé certains pour échapper à la discipline de fer imposée par le FLN, ajoutant que, à leur retour au camp, ces patients sont l'objet d'une étroite surveillance de la part de l'organisation[47].

L'homme enfermé à Thol a donc pour spécificité son extrême jeunesse. Il correspond bien souvent aux caractéristiques de l'interné administratif établies par Marc Bernardot pour le CARS du Larzac : à la fois militant, ouvrier et malade[48].

Pendant toute la durée de fonctionnement du CARS, les inspecteurs des RG présents à Thol ont tenu un fichier nominatif des assignés[49]. Les 400 fiches lues et traitées permettent d'esquisser le parcours des assignés. Ainsi, près d'un tiers d'entre eux (31,75 %) ont été transférés d'un autre CARS. Cette proportion s'explique en grande partie par les transferts de jeunes militants lors de l'été 1959 et par les brassages effectués dans le but de briser l'organisation FLN. Les autres assignés rentrent au camp dans le cadre de la procédure décrite plus haut, sans qu'on puisse savoir avec certitude s'ils ont été condamnés précédemment à des peines de prison. Par ailleurs, la durée d'internement se révèle relativement longue : 30 % des assignés demeurent plus de dix mois à Thol. Seuls 17 % d'entre eux restent moins de trois mois, sans pour

44. Divers rapports de visite des équipiers de la Cimade, année 1959, archives de la Cimade.

45. Rapport de visite de la Cimade, 20 octobre 1959, archives de la Cimade.

46. Rapports de visite de la Cimade, 16 juillet 1959, 4 février 1959, 11 mars 1959, archives de la Cimade.

47. Note des RG, 29 juillet 1959, ADA 306 W 14*.

48. Marc Bernardot « Entre répression policière et prise en charge sanitaire et sociale : le cas du CARS du Larzac (1957-1963), *in Répression, contrôle et encadrement dans le monde colonial au XXe siècle, Bulletin de l'IHTP*, n° 83, 2004, disponible sur www.ihtp.cnrs.fr ; Marc Bernardot, « Être interné au Larzac. La politique d'assignation à résidence surveillée pendant la guerre d'Algérie (1958-1962) », *Politix*, n° 69, 2005, p. 39-62.

49. Fichier nominatif des assignés, ADA 761 W 54-57*.

autant être tous libérés. À l'issue de leur séjour à Thol, en effet, seuls 23,25 % des assignés sont libérés. Les trois quarts restants sont orientés vers un autre CARS, dont 6 % à Vadenay, CARS censé prendre en charge les militants les plus virulents. Thol n'est donc qu'une étape dans le processus de répression, l'internement se poursuivant la plupart du temps ailleurs, phénomène expliqué d'ailleurs en partie par la fermeture précoce du centre.

La lutte contre le FLN dans le CARS, un échec pour l'administration ?

Les autorités françaises ne peuvent naturellement pas supporter la suprématie d'une organisation révolutionnaire dans un lieu de réclusion, et tentent de rétablir leur autorité sur le camp par l'emploi de méthodes éprouvées : les leaders repérés sont régulièrement déplacés vers d'autres CARS, les supposés meneurs sont séparés de ceux dont les convictions semblent moins solides[50]. Les quelques « anticonformistes » et assignés prêts à écouter le CTAM et ses subordonnés sont isolés et protégés, comme l'étaient les militants MNA auparavant[51]. Mais les résultats de ces mesures sont dérisoires : la hiérarchie clandestine n'en est troublée que très provisoirement et l'échec du SAES ressort de façon encore plus évidente : sur les 49 assignés qui passent entre ses mains, 15 cèdent à la pression collective et préfèrent finalement rejoindre leurs camarades majoritaires[52]. Pis, certains assignés passés du côté français sont menacés de mort une fois libérés et se retrouvent acculés à réclamer un emploi de policier supplétif, de militaire, voire de gardien du CARS, pour se protéger[53]. Il semble que les hauts fonctionnaires du ministère de l'Intérieur n'aient nourri que peu d'illusions quant à la possibilité de rééduquer ou de « retourner » les

50. Opérations de transfert et d'isolement relatées dans les rapports et notes des RG, ADA 306 W 14*.
51. Rapport du CTAM-SAES au SAM-AS, 4 octobre 1960, ADR 248 W 140* ; rapport des équipiers de la Cimade, 23-24 avril 1959, archives de la Cimade ; diverses notes des RG de 1959 à 1960, ADA 306 W 14*.
52. Rapport du CTAM-SAES au SAM, 2 janvier 1961, ADR 248 W 140*.
53. Rapport du CTAM-SAES au SAM, 2 juin 1960, ADR 248 W 140*.

assignés et que l'isolement des plus actifs pour éviter une contamination politique de l'ensemble des Algériens de France ait prévalu[54].

Après plus de deux ans de service, le CARS de Thol est vidé de ses assignés, tous transférés au Larzac par trains spéciaux[55] au début du mois de mars 1961[56]. Nous n'avons pas encore trouvé les raisons précises de cette fermeture anticipée. On peut émettre plusieurs hypothèses, qui peuvent se révéler complémentaires : le début d'un désengagement au moment des négociations, le constat de l'échec politique et policier de l'assignation à résidence ciblant spécifiquement les plus jeunes, la nécessité de libérer des lieux propices à l'internement des activistes visés par des mesures de répression analogues à celles qui sont exercées contre le FLN, ou, plus simplement, la volonté de réaliser des économies d'échelle en concentrant les moyens financiers et le personnel consacrés à l'internement dans un nombre plus réduit de lieux. Le CARS est cependant réactivé pour quelques dizaines d'activistes après le putsch des généraux, de mai à juillet 1961, ce qui ne manque pas de susciter une campagne de protestation dans la presse de droite et des articles plus ironiques dans *Le Monde* et *Le Canard enchaîné*. Un an plus tard, le lieu est transféré à l'autorité du ministère de la Justice et transformé en pénitencier pour que les condamnés de l'OAS y effectuent de courtes peines[57].

---

54. Rapport du préfet, chef du Service des affaires musulmanes, à l'attention du ministre de l'Intérieur sur les CARS, 15 décembre 1959, ADA 777 W 13*.
55. Notes des RG, 3, 10 et 17 mars 1961, ADA 306 W 14*.
56. Rapport de visite de la Cimade, 2 mars 1961, archives de la Cimade ; annonce du préfet de l'Ain au SAM, 21 mars 1961, ADR 248 W 140*, ADA 777 W 66*.
57. Documents divers, ADA 306 W 15* et 777 W 70*.

33. LES ALGÉRIENS À L'ÉPREUVE DE L'INTERNEMENT : LE CAS DES COMMERÇANTS DU RHÔNE

Dalila Berbagui

L'internement administratif en France occupe une place peu importante dans l'historiographie de la guerre d'Algérie. Quelques travaux ont toutefois été entrepris par des historiens[1] et des sociologues[2]. Les sources consultables ont favorisé une analyse des pratiques d'internement, allant des politiques d'assignation à résidence surveillée à l'étude du fonctionnement des camps et de leur personnel. Cette contribution vient compléter cette historiographie en apportant un éclairage nouveau. En effet, le dépouillement des dossiers d'internés dans le département du Rhône[3] permet de reconstituer leur profil, et plus

1. Benjamin Stora, « La politique des camps d'internement », *in* Charles-Robert Ageron (dir.), *L'Algérie des Français*, Paris, Le Seuil, 1993, p. 295-299 ; Sylvie Thénault, « Interner en République : le cas de la France en guerre d'Algérie », *@mnis. Revue de civilisation contemporaine de l'université de Bretagne occidentale*, septembre 2003 (www.univ-brest.fr/amnis/documents/Thenault2003.pdf) ; Sylvie Thénault, « Personnel et internés dans les camps français de la guerre d'Algérie. Entre stéréotypes coloniaux et combat pour l'indépendance », *Politix*, n° 69, 2005, p. 63-82.
2. Marc Bernardot, « Être interné au Larzac. La politique d'assignation à résidence surveillée durant la guerre d'Algérie (1958-1962) », *Politix*, n° 69, 2005, p. 39-62 ; Marc Bernardot, « Entre répression policière et prise en charge sanitaire et sociale : le cas du centre d'assignation du Larzac (1957-1963) », *Bulletin de l'IHTP*, n° 80, 2004, p. 83-93.
3. Archives départementales du Rhône (ADR) 703 W 1*, « Fichier alphabétique des internés administratifs » ; ADR 703 W 2 à 10*, « Dossiers des Français musulmans originaires d'Algérie proposés pour une décision administrative

particulièrement celui des internés exerçant une profession dans le monde du commerce, entendu comme incluant aussi bien le commerce de lit (garnis, hôtels-meublés, bidonvilles) que les cafés, les restaurants et quelques commerces ambulants[4].

Le lien entre internement administratif et monde du commerce est multiple. En effet, la population internée est majoritairement interpellée et arrêtée dans des logements ou des commerces « nord-africains », ce qui, dans la taxinomie de l'époque, désigne essentiellement les « Français musulmans d'Algérie » (FMA), les Marocains et les Tunisiens n'étant pas concernés. Les commerçants, par ailleurs, sont relativement surreprésentés parmi les internés. En effet, sur les 720 dossiers d'internés qui sont conservés, 58, soit environ 8 %, concernent des individus exerçant dans le commerce : 49 commerçants et 9 employés. Or, de 1958 à 1962, divers recensements estiment à près de 2 % le poids des commerçants parmi la population active « nord-africaine[5] ». De fait, en raison de leur poids économique, mais aussi de leur notoriété, les commerçants jouent un rôle politique considérable. Leurs cafés, leurs garnis sont de véritables lieux d'échanges et d'activités politiques. De quelles politiques de contrôle et d'arrestation ont-ils été l'objet ? Quel était leur profil ? Quel a été leur devenir, certains d'entre eux ayant contesté leur internement en entreprenant plusieurs formes de recours ?

Du contrôle à la répression : les circuits de l'internement administratif

Pendant la guerre d'Algérie, les commerçants sont très sollicités par les cadres dirigeants du FLN ou du MNA. Au-delà de leur fonction

---

d'internement dans un centre de séjour surveillé » (1958-1962). Ces dossiers étant soumis à dérogation, le lecteur ne s'étonnera pas de l'usage de l'anonymat. Seuls les prénoms ont été conservés.

4. L'analyse est ici centrée sur les seuls commerçants « nord-africains » dans le cadre d'une thèse d'histoire, « Les commerçants et les artisans maghrébins dans le département du Rhône (1945-1984) », sous la direction de Sylvie Schweitzer, université Lyon-II, Larhra.

5. ADR 248 W 10*, Service des affaires musulmanes, département du Rhône, instructions ministérielles, rapports mensuels et trimestriels (1958-1965). Selon ces statistiques, les commerçants « nord-africains », dont l'effectif varie de 211 à 380 entre 1958 et 1965, ne représenteraient guère plus de 2 % de la population active en provenance du Maghreb.

politique, ils ont d'abord pour mission principale de participer au financement des partis et d'organiser celui-ci. Chaque militant est tenu de payer une cotisation et les collectes de fonds se déroulent fréquemment dans les commerces et les garnis. Ces contributions sont plus élevées pour les commerçants, et tout manquement à la règle entraîne des mesures répressives allant du simple rappel à l'ordre à des attentats violents : bris de vitrines, coups de feu, jets d'explosifs, magasins brûlés. Des fonds d'archives contiennent les demandes d'indemnisation et les plaintes exprimées par certains commerçants[6]. Un cafetier de Vénissieux relate des faits datant de 1957 : « Les Falaga *[sic]* de France me demandait *[sic]* de leur verser une somme de 10 000 AF. Quand j'ai refusé, ils m'ont incendié mon café. Mon établissement est détruit[7]. » Pour les enquêteurs, il s'agirait d'une amende punitive du FLN dans le cadre de sa lutte contre le MNA. Ce commerçant serait un « militant MNA déjà fiché » par les services de police pour ses activités politiques antérieures.

Les commerces tenus par les « Nord-Africains » sont donc étroitement surveillés et contrôlés afin de mettre un terme aux activités nationalistes. Un *Bulletin de la Fédération de France du FLN* met en garde les commerçants contre ces mesures répressives :

> Le militant est commerçant : il est menacé d'une fermeture définitive de son établissement, d'une saisie de son commerce. La police rappellera au marchand forain par exemple qu'elle peut lui faire retirer sa patente, le contraindre à la ruine à moins qu'il ne se montre « compréhensif » et qu'il fournisse les renseignements qu'il connaît[8].

Ce document révèle les méthodes employées par la police pour dissuader les commerçants de s'engager. Celles-ci s'accroissent avec les mesures élargies de contrôle et de répression faisant suite à la mise en

6. ADR 248 W 194-197*, « Victimes du terrorisme nord-africain, indemnisations, instructions ministérielles, notes, correspondances (1958-1963) ». Ces dossiers rassemblent majoritairement des victimes de la lutte entre le FLN et le MNA, mais aussi les victimes de conflits internes aux partis politiques.
7. ADR 248 W 196*, dossier de K. Amar.
8. ADR 437 W 78*, affaires nord-africaines, PV et rapports de police et de gendarmerie, notes des RG, pétitions, tracts (1946-1960), bulletin organique du FLN, document non daté.

place des pouvoirs spéciaux en 1956 et surtout après les textes de 1957 et 1958[9].

L'ordonnance du 7 octobre 1958 entraîne des internements administratifs de masse, qui se différencient du « système pénitentiaire par leur caractère collectif, extrajudiciaire et arbitraire[10] ». Dans ce contexte de « logique d'exception[11] », ces internements se fondent sur des preuves parfois dérisoires, révélées par les taxinomies employées : « Si au regard du CIC [Code d'instruction criminelle], il nous est difficile de le déférer aux tribunaux judiciaires, il n'en demeure pas moins que[12]... » Ailleurs, on peut encore lire les annotations suivantes : « Bien qu'aucune preuve au sens du Code de procédure pénale n'ait pu être relevée à l'encontre de l'intéressé et que de ce fait il ne peut être présenté à l'autorité judiciaire, il n'en reste pas moins que[13]... » Suivent alors divers éléments à charge qui entraînent, selon leur importance, deux types de détention : une détention de quinze jours au centre de triage de Lyon et/ou une détention dans un camp d'internement en France puis en Algérie pour certains. Sur les 49 commerçants étudiés, 16 sont libérés après leur détention au centre de triage tandis que 33 sont internés à Thol, au Larzac et dans une moindre proportion à Saint-Maurice-l'Ardoise. Signalons que l'un d'entre eux est détenu à la prison de Montluc (Lyon).

L'internement dans un camp se fait par arrêté du ministère de l'Intérieur, la détention dans un centre de triage par arrêté préfectoral. D'une durée de quinze jours, cette dernière s'effectue dans les locaux de la Sûreté urbaine, situés 4, rue Vauban à Lyon. Peu d'éléments éclairent le fonctionnement et les pratiques policières de ce centre de triage, toutefois des témoignages recueillis auprès d'anciens militants du FLN le désignent comme un haut lieu de torture.

Quant aux internés, ils sont envoyés dans des camps pour une durée indéterminée. Certains d'entre eux étaient inconnus des services de police, d'autres dossiers reconstituent avec précision leurs parcours politiques antérieurs :

---

9. Voir l'article « Contrôler, enfermer, éloigner. La répression policière et administrative des Algériens de métropole (1946-1962) », p. 318.

10. Marc Bernardot, « Être interné au Larzac. La politique d'assignation à résidence surveillée durant la guerre d'Algérie (1958-1962) », *art. cit.*

11. Denis Peschanski, *La France des camps : l'internement 1938-1946*, Paris, Gallimard, 2002.

12. ADR 703 W 2*, dossier d'internement administratif de Mohamed F.

13. ADR 703 W 3*, dossier d'internement administratif de Tahar A.

> Il réside en métropole depuis 1948, mais a effectué plusieurs séjours en Algérie de durée variable. En France, il réside à Ugine (Haute-Savoie) et à Metz avant de venir se fixer à Lyon où il exploite son commerce [...]. En 1952, il a été condamné à deux mois de prison par le tribunal correctionnel d'Annecy. Étant donné que l'intéressé constitue un danger pour l'ordre public en métropole, il y aurait lieu d'envisager son assignation à résidence en Algérie[14].

Ce commerçant fait l'objet d'une fiche Z « individu très dangereux[15] », établie sur proposition des Renseignements généraux (RG). Les plus dangereux peuvent être envoyés directement en Algérie ou dans les camps français[16]. Leur sort et la durée de leur internement dépendent de leur rôle présumé ou réel au sein du FLN ou du MNA, mais aussi des conditions matérielles du système répressif.

Du militant de base au haut responsable politique

Les commerçants internés avaient des fonctions et des statuts plus ou moins importants. Le « lieu de réunion politique » reste le motif d'arrestation le plus fréquent, les cafetiers étant souvent arrêtés en pleine réunion, qu'ils soient organisateurs, orateurs ou simples participants. Certains sont condamnés parce qu'ils hébergent des militants FLN ou MNA, d'autres parce que des armes ou des tracts ont été trouvés lors de perquisitions dans leur commerce. Des motifs d'internement concernent plus directement les commerçants, ceux qui exercent des fonctions politiques diverses : « agent de liaison », « membre d'un groupe de choc », « membre de l'Organisation spéciale », « chargé de la police du secteur », ou encore « collecteur de fonds ». Pour ce dernier cas, un dossier d'un interné rapporte les faits suivants : « Il a été établi que l'intéressé versait une cotisation mensuelle au FLN de 30 000 AF[17]. »

14. ADR 703 W 8*, dossier d'internement administratif de Mohamed L.
15. Voir l'article « Identifier les nationalistes algériens : les fiches Z », p. 332.
16. Voir l'article « Contrôler, enfermer, éloigner. La répression policière et administrative des Algériens de métropole (1946-1962) », p. 318.
17. ADR 703 W 5*, dossier d'internement administratif de Béramtane S.

Si certains, véritables cerveaux du FLN ou du MNA, dirigent ces organisations, d'autres ne sont que de simples exécutants, davantage sur le terrain et à un niveau hiérarchique plus ou moins élevé. Mustapha B., cafetier et tenancier de garnis, occupe les deux fonctions à la fois :

> En France depuis 1937, ancien militant du MTLD, responsable du MNA depuis l'implantation de ce mouvement à Lyon, B. Mustapha a été compromis dans plusieurs affaires d'attentat [...]. Il dirige les éléments de chocs messalistes de Lyon dont il est l'instigateur de la plupart des multiples attentats commis par le MNA dans le Rhône au cours de l'année 1960[18].

Ce commerçant est envoyé dans un camp d'internement en Algérie en décembre 1960. Un autre dossier retrace le parcours politique d'un des cerveaux du FLN, gérant du centre des travailleurs « nord-africains » de Pierre-Bénite (Rhône) :

> M. M. s'est fait remarquer par son activité particulière en faveur du FLN. Intelligent, lettré en arabe, il a fait des études d'arabe à la Zitouna de Tunis [...]. Il a, au cours d'un séjour de trois ans en Suisse pour soins médicaux, été en contact avec l'état-major de Ferhat Abbas [...]. À son arrivée à Lyon, il a collaboré avec B. Behi, responsable fédéral de l'AGTA, qu'il a secondé efficacement dans ses liaisons avec le PC et la CGT. Au sein du FLN, il occupait les fonctions d'adjoint au zonal de Lyon et était un des principaux conseillers techniques du chef de wilaya[19].

Voici un bon exemple permettant de retracer le lien étroit entre militants nationalistes et milieux politiques et syndicaux de gauche[20]. Interné au camp de Thol à Neuville-sur-Ain en juillet 1959, ce militant FLN écrit au préfet de l'Isère pour demander une permission de deux jours en raison de son état de santé dégradé. Cette lettre, signée par l'interné, témoigne de son bon niveau d'instruction, ce qui lui facilite la

18. ADR 703 W 8*, dossier d'internement administratif de Mustapha B.
19. ADR 703 W 5*, dossier d'internement administratif de Toufik M.
20. Voir l'article « Militants de la décolonisation en Isère : entre divergences politiques et solidarité », p. 175.

connaissance des recours administratifs et leur accès. Une autorisation de sortie lui est accordée, par décision du ministère de l'Intérieur, mais il s'agit là d'un cas isolé car la majorité des requêtes restent sans effets.

Des voies de recours quasi inefficaces

Les requêtes émanent des internés, de leurs avocats ou de la Commission de vérification des mesures de sécurité publique, créée par ordonnance du 7 octobre 1958[21].

Les internés s'adressent principalement au préfet, tandis qu'une petite minorité fait directement appel au général de Gaulle. Dans une lettre adressée au premier en décembre 1960, Ahmed M., détenu au Larzac, dénonce l'absence d'éléments à charge contre lui :

> J'ai été l'objet d'une mesure injustifiée, je n'ai jamais fait de politique. Toutefois des coreligionnaires, locataires du meublé, dont je suis chargé d'effectuer la surveillance, ne voulaient pas me payer les loyers auxquels ils étaient astreints. J'ai dû les faire expulser ; pour se venger, ils sont allés se plaindre à la police que j'étais collecteur de fonds. La police a effectué des enquêtes et n'a rien trouvé mais les mesures ont été prises tout de même[22].

Il demande l'autorisation de se rendre une fois par mois dans son garni, afin de gérer son commerce. Après huit mois d'échanges entre le détenu, la préfecture et le ministère, saisi par la Commission de vérification des mesures de sécurité publique, le préfet du Rhône rejette cette demande.

Ladite commission intervient parfois auprès du ministère de l'Intérieur pour demander des mesures de « bienveillance » ou d'« élargissement », lesquelles entraînent un réexamen systématique des dossiers. Une requête datant d'avril 1960 concerne un cafetier-restaurateur interné au Larzac depuis 1958[23] : le préfet s'oppose fermement à sa libération en rappelant qu'il fait l'objet d'une fiche Z. Son débit de boissons

---

21. Sur la Commission de vérification, voir l'article « Contrôler, enfermer, éloigner. La répression policière et administrative des Algériens de métropole (1946-1962) », p. 318.
22. ADR 703 W 7*, dossier d'internement administratif d'Ahmed M.
23. ADR 703 W 3*, dossier d'internement administratif de Hamadi S.

aurait servi de lieu de rencontre et de répartition d'armes aux chefs du FLN. En janvier 1961, le ministère de l'Intérieur dépose une nouvelle demande et propose une assignation à domicile avec pointage régulier. Le préfet réitère son refus : « Ainsi que je vous l'avais précisé dans ma lettre du 29 janvier 1960, M. S. Hamadi est un individu dangereux, et je m'oppose, dans tous les cas, à son retour dans mon département[24]. » En dernier ressort, le préfet reste maître de la décision de libérer ou de maintenir les détenus.

Un autre exemple confirme la primauté de l'autorité préfectorale, après les requêtes de la commission et d'un avocat lyonnais en faveur d'un commerçant en vêtements interné au Larzac[25]. L'avocat souligne que son client, libéré mais interdit de séjour dans le département, vit avec sa femme et trois enfants en bas âge et qu'il ne lui est pas possible de trouver un emploi en dehors de Lyon. Le préfet rappelle alors le danger qu'il représente et refuse son retour dans le Rhône.

Cet exemple n'est pas isolé. Les mesures d'élargissement, quand elles sont exceptionnellement accordées, sont assorties d'une interdiction de séjour dans le département d'origine. C'est le cas d'un tenancier de garni, libéré en mai 1960, mais qui ne peut pas se rendre dans la Loire, le Rhône, l'Isère, l'Ain et en Saône-et-Loire[26]. Il écrit alors au préfet pour obtenir l'autorisation de résider un mois à Lyon afin de gérer son commerce. Il met en avant l'ancienneté de sa présence en France, tout en signalant l'absence de preuves contre lui :

> Je tiens à vous préciser que je suis en métropole depuis 1921, je suis marié légitimement et suis père d'un enfant, je n'ai jamais été condamné et ai toujours été loyal envers la France, ma patrie. Si j'ai été assigné à résidence, sans qu'aucune poursuite ne soit engagée contre moi, ce n'est que sur de faux renseignements fournis à mon égard.

Le préfet lui octroie une autorisation de séjour à Lyon valable pour dix jours. En novembre 1960, une note du commissariat central de l'agglomération lyonnaise indique qu'il a été arrêté pour « infraction à

24. ADR 703 W 3*, dossier d'internement administratif de Hamadi S.
25. ADR 703 W 3*, dossier d'internement administratif d'Abderrahmane L.
26. ADR 703 W 3*, dossier d'internement administratif de Ferhat S.

arrêté d'éloignement ». Les locataires de son garni sont alors expulsés et l'immeuble démoli.

Parmi les internés, les commerçants « nord-africains » représentent donc un groupe non négligeable qui témoigne de leur rôle central pendant la guerre d'Algérie. Au cœur de la population « nord-africaine », ils sont les acteurs, mais aussi les victimes de la violence de cette guerre : internements administratifs, répressions policières, menaces de fermeture de leur commerce, sans oublier les risques d'attentats entre différentes fractions politiques (FLN, MNA). Certains, par leurs recours, ont tenté de déjouer cette absence de cadre juridique fondé sur des preuves solides. Mais ces recours restent minoritaires et leur issue est souvent négative dans un contexte de pouvoirs spéciaux et de législation d'exception.

34. L'AIDE AUX INTERNÉS : LA CIMADE AU CAMP DU LARZAC (1959-1961)

Jean-Philippe Marcy

La Cimade (Comité intermouvements auprès des évacués) a été créée en octobre 1939 par les dirigeants protestants du Comité intermouvements de jeunesse pour venir en aide notamment aux populations évacuées d'Alsace et de Lorraine. Pendant la Seconde Guerre mondiale, la Cimade s'est occupée des problèmes matériels comme des besoins psychologiques et spirituels des réfugiés et des internés. Elle était présente dans les camps d'internement d'Agde, d'Argelès, de Rivesaltes, d'Aix et de Gurs. Elle a aussi mis en place des centres d'accueil et a organisé des évasions vers la Suisse.

Durant la guerre d'Algérie, elle lance un appel aux Églises protestantes pour réfléchir aux causes de la guerre.

> Notre vision pour donner tout son sens à notre travail doit déboucher sur un avenir où Français, Espagnols, Italiens, Berbères, Kabyles, Arabes et Juifs sont appelés à vivre ensemble [...]. Les équipiers de la Cimade sont engagés non pas seulement dans des secours d'urgence, mais dans la préparation d'une « vie ensemble » où tous se trouveront associés d'une façon ou d'une autre[1].

Dans cet esprit et à la demande du Conseil œcuménique des Églises, la Cimade implante une équipe féminine à Alger et, par ailleurs,

1. François de Seyne, *Cimade information*, août-septembre 1991, p. 22.

en 1958, elle est autorisée par l'État à entrer dans les centres d'assignation à résidence surveillée. Elle met alors en place un « service nord-africain » composé de quatre équipiers qui visitent régulièrement les Algériens détenus en France dans les prisons, les camps ainsi qu'au centre de transit de Vincennes. « Chaque jour apportait à Vincennes des dizaines d'hommes arrêtés sur leur lieu de travail : notre rôle consistait, dans les heures ou les deux ou trois jours qui suivaient nos visites, à établir des liens avec leur famille quand elle était en France », se souvient une équipière de l'époque[2].

Le camp du Larzac, dans l'Aveyron, est le principal camp d'Algériens en métropole. Il est situé sur un plateau calcaire qui culmine à 900 mètres. Placé sous le commandement d'un directeur, commissaire divisionnaire nommé par le directeur de la Sûreté nationale et sous l'autorité du préfet de l'Aveyron, ce camp comporte 32 bâtiments de 90 places et 6 bâtiments de 160 places : d'un côté, les bâtiments qui constituent l'« Orient », où sont placés les assignés considérés comme irrécupérables, et, de l'autre côté, les bâtiments qui constituent l'« Occident », où se trouvent les assignés perçus comme modérés[3].

Jacqueline Peyron, responsable du service « prisons et libérés », a souvent fait équipe avec Georges Guibert dans leurs visites au camp d'assignés du Larzac. Jean-Jacques de Félice parle à son propos de « volonté de solidarité dans une voie difficile mais juste. Une solidarité, mais une lucidité, une distance, un jugement serein[4] ».

Ces équipiers se rendent régulièrement au camp du Larzac de mai 1959 à avril 1961 au moins. Chaque visite fait l'objet d'un rapport transmis au siège national. Ce sont ces rapports précis qui permettent de connaître le regard et l'action de la Cimade[5]. Il est évident que l'observation ainsi faite ne correspond pas du tout à celle qui émane soit des directeurs du camp, soit des Renseignements généraux.

---

2. Jacqueline Montureux-Carrière, « Algérie résurgence de la mémoire. Le service nord-africain », *Cimade information*, août-septembre 1991, p. 13-14.
3. Voir Marc Bernardot, « Être interné au Larzac, la politique d'assignation à résidence surveillée durant la guerre d'Algérie (1958-1962) », *Politix*, n° 69, 2005, p. 39-62.
4. Jean-Jacques de Félice, « Une solidarité vécue », *Cimade information*, août-septembre 1991, p. 15-16.
5. Ces rapports étaient conservés au siège de la Cimade en mars 2007, au moment de leur consultation pour cet article. Depuis, la Cimade a versé des archives à la BDIC de Nanterre, qui va reclasser les documents.

Quelle pouvait être l'action de la Cimade au Larzac au vu de son héritage historique et de sa vision de la guerre d'Algérie : droit des Algériens de choisir leur destin, arrêt des combats, volonté de déboucher sur un avenir où les différents peuples de la Méditerranée sont appelés à vivre ensemble ?

Une présence contrôlée, sinon contestée

Dans la mesure où les équipiers veulent rencontrer des assignés et où ils peuvent être témoins des incidents se produisant au camp, les autorités s'inquiètent de savoir s'ils vont se limiter à une action de caractère uniquement philanthropique. Les autorités locales, de la direction du camp à la préfecture en passant par les RG, surveillent avec inquiétude, voire avec hostilité, la présence des délégués dans le camp d'assignés. Mais les décisions concernant leur présence sont prises au ministère de l'Intérieur.

Dès l'ouverture du camp, les RG surveillent l'action de la Cimade, tant dans le camp du Larzac qu'à Millau. Ils rendent compte de chaque visite. Parfois même, celle-ci fait l'objet d'un rapport. Enfin, il y a un échange régulier d'informations entre la direction du camp, la préfecture et le ministère de l'Intérieur. À l'ouverture du camp, ainsi, le préfet interroge le directeur pour savoir quel est le service qui a autorisé la visite des équipiers[6]. Ce à quoi le directeur répond qu'ils sont en possession de laissez-passer permanents émanant de la Direction générale de la Sûreté nationale (DGSN). Il précise : « Les intéressés ont été reçus par moi, et n'ont eu aucun contact avec les assignés. Je me suis borné à leur faire part de la forme que devait revêtir l'aide qu'ils pourraient éventuellement apporter aux assignés indigents[7]. »

En juin 1959, les équipiers sont invités à se limiter à leur mission philanthropique et à faire preuve de prudence. Les RG précisent qu'au cours des conversations tenues avec les assignés « il n'a été traité que de questions sociales et familiales[8] ». Le problème est cependant qu'un assigné a remis une lettre à un équipier et qu'elle a échappé au contrôle

6. Archives départementales de l'Aveyron (ADAv) 173 W 5*, lettre du préfet au directeur du camp, 12 mai 1959.
7. ADAv 173 W 5*, lettre du préfet au directeur du camp, 15 mai 1959.
8. ADAv 173 W 5*, rapport des RG, 27 juin 1959.

de la correspondance[9]. Aussi le préfet écrit-il à la DGSN. Le ton de la missive qui dénonce les activités de la Cimade est très agressif à son égard : « Tout porte à croire que les équipiers ont trompé la confiance qui leur était faite. » Aussi propose-t-il la suspension, au moins temporaire, des visites[10]. Néanmoins, les visites se poursuivent, la présence de la Cimade ne dépendant que du ministère de l'Intérieur ; la Cimade prend contact avec des assignés et leur distribue des effets. En avril 1960, un télégramme est envoyé par la DGSN aux préfets des quatre départements ayant des camps d'assignés. La Cimade est autorisée à reprendre ses visites à partir du mardi 19 avril 1960[11]. Il n'y a pas eu de longue interruption, puisque la dernière visite remontait à février 1960.

Le 8 mai 1960, les RG présents au camp du Larzac reconnaissent que les propos échangés par les équipiers avec les assignés ont été enregistrés lors de leur visite et que les bandes magnétiques ont été adressées au service technique des RG[12].

Durant l'été 1960, le directeur du camp interroge le préfet. En effet, la Cimade lui envoie chaque mois une liste d'une centaine d'assignés pour savoir s'ils se trouvent présents dans le camp et connaître leur numéro de matricule ainsi que le bâtiment habité. Aussi le directeur souhaite-t-il recevoir de la part du préfet des instructions très précises, car les renseignements qui peuvent être fournis à la Cimade sont à ses yeux de caractère confidentiel[13]. Cette lettre est transmise quelques jours plus tard à la DGSN.

En janvier 1961, le nouveau directeur du camp intervient auprès du préfet, trouvant anormal que la Cimade veuille encore vérifier que les assignés dont elle a les noms sont effectivement présents dans le camp. Il affirme même que les contacts entre les assignés et les équipiers ne sont contrôlés ni par la direction, ni par le service social, ni par le poste RG[14]. Ce qui est faux : quelques jours plus tard, le même directeur

9. ADAv 173 W 5*, *ibid.*
10. ADAv 173 W 5*, lettre du 3 juillet 1959.
11. ADAv 173 W 5*, télégramme envoyé par la DGSN le 13 avril 1960 aux préfets de la Marne, de l'Ain, du Gard et de l'Aveyron.
12. ADAv 12 W 40*, note du 8 mai 1960.
13. ADAv 173 W 5*, lettre du 16 août 1960 envoyée par le directeur du camp au préfet de l'Aveyron.
14. ADAv 173 W 5*, lettre du 18 janvier 1961 envoyée par le directeur du camp au préfet de l'Aveyron.

informe le préfet que les délégués, lors de leur visite des 24 et 25 janvier, ont manifesté leur gêne par rapport à la présence constante d'un employé du service social du camp lors de leurs entretiens avec les assignés. Ils demandent à être seuls et souhaitent accomplir normalement leur mission [15].

La DGSN ne remet pas en cause la présence de la Cimade, mais veut limiter son action :

> Il est bien entendu que, si toutes facilités peuvent être données à la Cimade pour visiter les internés, celle-ci doit limiter son action au domaine spirituel et charitable qui est le sien. Il ne lui appartient pas de rechercher par exemple des renseignements dont *[sic]* seules les autorités ont à connaître [16].

Toutefois, le préfet reconnaît que c'est lui qui a demandé que les équipiers reçoivent les assignés dans les locaux du service social, en présence d'un employé du service, apparemment occupé à des tâches administratives [17].

Les autorités administratives du camp, la préfecture et la DGSN contrôlent donc l'action de la Cimade. Sa présence est surtout contestée par la préfecture, mais l'autorisation de sa présence dans les camps d'assignés relève d'une décision ministérielle. L'aide matérielle qu'elle fournit n'est pas non plus négligeable.

De l'aide sociale à la surveillance de la vie intérieure du camp

Dès l'ouverture du camp en avril 1959, la Cimade prend contact avec le pasteur de Millau, où une réunion est organisée le 5 mai. Jacqueline Peyron y est présente. Cette rencontre dont l'objectif est de mettre en place un comité d'entraide et de solidarité réunit essentiellement des protestants, mais aussi quelques catholiques et syndicalistes. Ce comité d'entraide comprendra plus tard des représentants du Secours catholique, de l'Association familiale protestante, des Amis des malades et de

15. ADAv 173 W 5*, lettre du directeur du camp au préfet, le 26 janvier 1961.
16. ADAv 173 W 5*, lettre de la DGSN au préfet de l'Aveyron, le 30 janvier 1961.
17. ADAv 173 W 5*, lettre du préfet à la DGSN, le 31 janvier 1961.

l'Association Saint-Vincent-de-Paul. Une organisation de collecte de vêtements sera mise en place avec l'aide du Secours catholique.

Le 6 mai 1959, Jacqueline Peyron et Georges Guibert font une première visite au camp du Larzac. Plus d'un millier d'assignés y vivent déjà dans des baraquements « pratiquement inchauffables ». L'hiver s'annonce rude et l'équipement médical est insuffisant. Le camp est par ailleurs complètement démuni de livres et de vêtements. En outre, il n'y a pas de service social. Trois compagnies de CRS gardent le camp. Et les rumeurs commencent à circuler... « Millau et les villages à l'entour s'inquiètent de cette concentration d'hommes, tant musulmans que CRS, et des bruits de toutes sortes courent. Les assignés du Larzac seraient tous des souteneurs ou des tueurs... » La Cimade se fait l'écho de ces rumeurs sans les prendre à son compte.

En juin 1959, les équipiers constatent que l'effectif du camp a nettement augmenté : 1 834 assignés. Cette augmentation est un leitmotiv de leurs rapports qui recensent 2 700 internés en octobre 1959, 3 400 en janvier 1960 avant d'enregistrer une baisse : 2 722 en juin suivant, mais à nouveau une hausse en avril 1961 avec 3 394 internés.

Dès juin 1959, par ailleurs, contact est pris avec l'assistant social résident dépendant de l'administration, qui est présenté comme un « homme bon et ouvert, heureux de collaborer avec nous ». « Nous avons établi certaines bases de collaboration. » Les équipiers manifestent toutefois une certaine prudence. Ainsi, s'ils reçoivent les assignés dans le bureau de l'assistant social, ils obtiennent pour la prochaine visite un bureau qui leur soit personnel et finissent par disposer d'un local en septembre. En juillet 1959, cependant, ils estiment encore les contacts avec l'assistant social fructueux, mais ils notent un certain raidissement de la part des responsables algériens. Ces derniers « interdiraient [aux assignés] d'entreprendre des démarches en vue de leur libération ». Il est vrai que le FLN exerce un véritable contrôle sur les assignés[18].

En octobre 1959, le service social est réorganisé et placé sous la responsabilité du préfet. Il exerce désormais une triple mission : affaires sociales, affaires éducatives et service psychologique. Cette réorganisation correspond à un net durcissement de la part de l'administration du

18. Voir Jean-Philippe Marcy, « Le Larzac 1959-1962. Entre une politique répressive et le pouvoir du FLN », *Matériaux pour l'histoire de notre temps*, n° 91, octobre-décembre 2008.

camp et de la préfecture. En novembre, d'ailleurs, le travail des équipiers est entravé par le service social qui, de son côté, doit obtenir des assignés des informations transmises ensuite aux RG. La Cimade reçoit au camp « Orient » dans les locaux du service social, mais aussi en présence du délégué FLN... ce que la Cimade refuse. Dans le même temps, le surveillant-chef du camp demande que les assignés reçus par la Cimade soient fouillés. Les équipiers protestent auprès du directeur du camp.

Ce durcissement aboutit, en décembre 1959, à une très grande effervescence : les assignés déclenchent une grève de la faim, du courrier et des colis, ils refusent les soins et toute assistance. Le rapport des équipiers évoque les principaux points de revendication : rétablissement de la libre circulation entre les deux parties du camp, « Orient » et « Occident », amélioration du service médical perturbé par des changements trop fréquents de médecins, amélioration de la gérance de la cantine, liberté de la presse – certains journaux, *L'Express, Libération* et *France Observateur*, étant interdits. Les assignés n'acceptent pas la réorganisation du service social et le fait que son responsable soit un fonctionnaire de police. Ils refusent les instituteurs français. Le directeur du camp révèle en outre un incident qui a eu lieu au début de la grève : lors de l'arrivée du camion de radiographie, demandé depuis longtemps pour le dépistage des tuberculeux, les assignés ont refusé toute visite médicale en raison de la grève. Le directeur a fait alors intervenir les CRS qui ont frappé les hommes, les ont forcés à attendre sous la pluie et dans la boue, pieds nus, pendant plusieurs heures, les déshabillant de force pour l'examen médical.

Si les équipiers n'ont pu voir alors les assignés qu'ils attendaient, ils ont vu leur porte-parole. Cette rencontre est significative. Ils tirent la conclusion qu'il y a trop d'assignés et que la situation géographique, sur un haut plateau où l'hiver est très rigoureux et dans une région enclavée, ne favorise pas les choses.

Ce rapport est transmis au ministre de l'Intérieur par le pasteur Marc Boegner, président de la Cimade. Un conseiller technique du ministère lui répond le 29 décembre 1959. Il est conscient d'un certain nombre de difficultés, mais il note qu'un effort considérable a été fait et sera poursuivi pour protéger les assignés contre le froid et les intempéries. Par ailleurs, 500 assignés devront être libérés dans les prochains jours. Cette lettre ne fait aucune allusion aux autres revendications concernant la libre circulation, la censure de la presse, la réorganisation du service social, le service sanitaire. Pour le ministère, la Cimade outrepasse ses seules fonctions philanthropiques. En janvier 1960, le directeur du camp exprime son mécontentement quant à ce rapport. Georges Guibert, l'un des deux auteurs, précise alors qu'il n'a pas été dans l'intention de la Cimade de nuire personnellement à la direction.

L'incident témoigne de l'enjeu des visites des équipiers, car entrer dans le camp, c'est voir ce qui s'y passe, pouvoir le dénoncer sans pour autant pouvoir y remédier. Le secours aux internés n'est cependant pas qu'un prétexte pour une mission d'une autre nature. Il est réel. Dès juin 1959, les équipiers rencontrent quelques membres de la paroisse protestante du Vigan, ville cévenole, et l'officier de l'Armée du Salut de cette ville. En effet, le commandeur territorial de l'Armée du Salut avait envoyé une lettre à Jacques Beaumont, secrétaire général de la Cimade, affirmant : « Nous ne voulons aucunement travailler en francs-tireurs en ce qui concerne le camp du Larzac » – la Cimade craignant que l'Armée du Salut n'agisse comme tels. Par ailleurs, le comité d'entraide créé à Millau fonctionne parfaitement. En juillet 1959, la Cimade a pu transporter 300 kilos de vêtements. Un stock de pardessus et de vêtements chauds se constitue en vue de l'hiver. En janvier 1960, les équipiers apportent 80 paires de chaussures montantes, don d'une fabrique cévenole grâce aux efforts conjugués du patron et des ouvriers. Ils remettent enfin un lot assez important de médicaments. En juin, voyant que la majorité des assignés ont très peu de ressources et même que 158 d'entre eux sont totalement démunis, ils proposent d'envoyer soit des colis mensuels d'objets indispensables, soit des mandats. En juillet, ils constatent de gros besoins matériels. En effet, les frais de rapatriement des assignés sont toujours à leur charge quand leur compte personnel le permet. Ils signalent aussi un besoin de livres en tout genre. En septembre, les problèmes matériels sont de plus en plus évidents, et, selon le responsable algérien, un tiers des assignés est démuni d'argent et de vêtements. Aussi un crédit est-il devenu nécessaire. En novembre, enfin, il y a un besoin urgent de lainages et de souliers.

L'organisation matérielle et sanitaire du camp entre aussi dans le champ de compétences de la Cimade. En janvier 1960, les équipiers soulignent la rigueur de l'hiver et observent plusieurs cas de tuberculose avant de constater, le mois suivant, des progrès concernant le service médical. En novembre 1960, ils font état de 26 malades tuberculeux, l'infirmerie étant seulement adaptée pour des malades légers. Le nouveau médecin fait néanmoins des dépistages systématiques, chose jugée onéreuse par le directeur du camp.

Après l'incident de l'hiver 1959-1960, les relations avec les autorités s'apaisent. En mai 1960, les équipiers rencontrent ainsi longuement le nouveau directeur qui évoque les différents remaniements apportés au camp, désormais divisé en cinq parties : « Orient », « Occident », « Pavillon des menacés » pour ceux qui le seraient par le FLN, « Extrême Nord » pour les irréductibles et « Isolement ». Ces deux derniers quartiers sont entourés de clôtures en ciment armé empêchant toute visibilité et ne laissant que très peu d'espace vital. En septembre, les équipiers, en l'absence du directeur, rencontrent un fonctionnaire du ministère de l'Intérieur, dont ils disent : « Très ouvert, il écoute ce que nous avons à dire sur les camps, les libérés, l'interdiction de séjour qui les frappe. »

Les contacts avec les internés ou le FLN ne sont pas toujours de même nature. En février 1960, les équipiers de la Cimade rencontrent Me Mourad Oussedik, responsable du collectif des avocats du FLN, assigné depuis peu. Les équipiers jugent leur conversation « fort intéressante et amicale », mais rien ne transparaît quant à son contenu. En juin, lors de leur visite du camp « Occident », le FLN impose la présence d'un interprète, ce qui provoque le mécontentement des équipiers. Néanmoins, en septembre, ces derniers jugent satisfaisante leur rencontre avec le responsable algérien du camp, membre du FLN. Le mois suivant, les équipiers rencontrent sans difficulté 45 assignés. Ils ont, par ailleurs, un long entretien sur la situation politique en métropole et en Algérie avec le nouveau directeur du camp et son prédécesseur.

La Cimade situe ainsi son action philanthropique dans un cadre politique qui influence de toute évidence les relations à l'intérieur même du camp : celles-ci se sont dégelées alors que les premiers pourparlers franco-algériens ont lieu à Melun en juin 1960. Elle intervient aussi très concrètement auprès des caisses de la Sécurité sociale et des Allocations familiales pour suivre et défendre des dossiers d'assignés.

La Cimade, enfin, est attentive aux visites des familles. Dès octobre 1959, les équipiers ont noté la création d'un foyer d'accueil pour les familles venant voir les assignés. Des équipières venues de la Cimade de Marseille accompagnent ainsi des épouses d'assignés pour qu'elles puissent voir leur mari ; il s'agit d'une véritable expédition (seize heures de route environ pour seulement deux heures de visite), mais ces voyages permettent d'engager de longues conversations chaleureuses[19].

---

19. Voir Annick Gentner et Charles Harper (dir.), *La Cimade à Marseille, 1956-1962*, septembre 2002, dossier fourni aimablement par Charles Harper.

Il est difficile de dire quelle fut l'action de la Cimade en 1961. Nous savons que les équipiers se rendent au camp les 24 et 25 janvier, ainsi que le 22 février. En avril, le pasteur Beaumont, secrétaire général de la Cimade, s'informe des situations matérielles et sociales dans le camp et promet à certains assignés de tenter des démarches en vue de leur élargissement[20]. Au-delà, aucune trace d'intervention de la Cimade au Larzac n'a pu être retrouvée, sans qu'il soit possible de dire s'il s'agit d'un déficit documentaire ou si les missions cessent, ni pour quelle raison.

Toutefois, les relations entre la Cimade et les assignés ne sont pas interrompues. En novembre 1961, les assignés du Larzac se joignent au mouvement de grève lancé au sein de tous les lieux de détention de France et d'Algérie par le FLN et commencent une grève de la faim. Dans une lettre envoyée au président de la Cimade, le 6 novembre, ils « dénoncent le caractère concentrationnaire des camps, dits "d'assignation" ». Ils rappellent leurs revendications politiques : indépendance totale de l'Algérie, « anéantissement du système colonialiste ». Ils expriment enfin leur confiance envers la Cimade : « Nous sommes persuadés que vous ferez écho à notre appel comme vous l'avez toujours fait dans le passé. »

« Votre efficacité découlait de ce que vous agissiez au-delà de toute contingence politique. C'était une adhésion de bonne volonté à la lutte de personnes persécutées. » Voilà en quels termes Me Oussedik s'adresse à la Cimade en 1991[21].

L'action de la Cimade se situe en effet dans une perspective politique, pour un avenir où effectivement des populations de la Méditerranée sont appelées à vivre ensemble. La question de la séparation entre l'action philanthropique et les perspectives de cette nature dépasse très largement le cas de la Cimade au Larzac. Il est évident, toutefois, que celle-ci ne pouvait que paraître suspecte aux yeux des autorités.

---

20. ADAv 173 W 5*, lettre du directeur du camp au préfet, le 26 janvier 1961, et rapports des RG le 20 février 1961 et le 6 avril 1961.
21. Propos recueillis par Arlette Domon, « Respecter l'histoire », *Cimade information*, août-septembre 1991, p. 18-19.

35. SAINT-MAURICE-L'ARDOISE EN 1962 : UN CAMP POUR ACTIVISTES

Didier Lavrut

Parmi les quatre camps créés par l'État sur le territoire métropolitain pendant la guerre d'Algérie, Saint-Maurice-l'Ardoise est celui qui a connu la plus longue période d'activité en tant que tel, soit près de dix-huit ans. Situé dans la partie orientale du département du Gard, à 2 kilomètres du Rhône, sur la commune de Saint-Laurent-les-Arbres, le camp créé en avril 1958 a vu trois catégories de populations s'y succéder. Les Algériens (FLN, MNA et droits communs) furent près d'un millier avant leur évacuation en décembre 1961, laissant place du 12 janvier au 14 juillet 1962 à près de 200 activistes ou sympathisants OAS. En septembre 1962, le camp a ensuite été réhabilité pour accueillir jusqu'à 6 000 harkis rapatriés avec leurs familles. Une violente révolte menée par des jeunes ayant grandi dans le camp a entraîné sa fermeture en 1976[1]. Cette continuité de l'usage du camp ajoute un chapitre à l'histoire de l'internement administratif, dont les problématiques ont été largement renouvelées[2]. Elle interroge aussi sur ce qu'une société tolère

1. Nejia Bacha, « Saint-Maurice-l'Ardoise. Un camp de harkis (1962-1976) », mémoire de maîtrise, université Paul-Valéry, Montpellier-III, 2002 ; Tom Charbit, *Saint-Maurice-l'Ardoise. Sociohistoire d'un camp de harkis (1962-1976)*, ministère de la Cohésion sociale, mai 2005 (www.social.gouv.fr/IMG/pdf/migrationsetudes130.pdf) ; « Un petit monde colonial en métropole. Le camp de harkis de Saint-Maurice-l'Ardoise (1962-1976) », *Politix*, n° 76, 2006, p. 31-52.
2. Denis Peschanski, *La France des camps. 1938-1946*, Paris, Gallimard, 2002 ; Marc Bernardot, « Des camps en France (1944-1963) », *Plein droit*, n° 58, décembre 2003 (www.gisti.org/doc/plein-droit/58/france.html).

comme limites à la démocratie. En ce sens, l'intérêt des six mois durant lesquels le camp a servi à l'internement d'un petit nombre d'activistes, au-delà de l'exception qu'ils constituent, tient avant tout à la façon dont pouvaient s'appliquer à des citoyens français à part entière des mesures qui concernaient jusqu'à présent les seuls Algériens.

La transformation et l'organisation du camp

Le putsch du 22 avril 1961 fait de l'OAS la priorité des activités policières, en Algérie comme en métropole. Dès le lendemain, de Gaulle décide de mettre en œuvre l'article 16 de la Constitution et c'est dans ce cadre qu'il signe, le 24 avril, une décision présidentielle qui permet d'appliquer l'ordonnance du 7 octobre 1958 non seulement à toute personne qui participe à une « entreprise de subversion », mais encore qui l'encourage. Dès lors, un simple arrêté ministériel, une simple décision préfectorale sans justification et sans intervention judiciaire enclenche une procédure d'assignation à résidence. Si ces assignations peuvent être faites à domicile, elles sont le plus souvent effectuées dans les locaux de police. Aussi la décision d'ouvrir un camp provient-elle vraisemblablement du décalage grandissant entre les impératifs du ministère de l'Intérieur et les décisions judiciaires, nombre d'activistes étant relaxés ou écopant de peines avec sursis. Ainsi, du 23 mai au 21 juillet 1961, le camp de Thol a servi à l'internement de 24 activistes arrêtés après le putsch, avant de reprendre du service en décembre pour la détention des activistes condamnés à des peines de moins de cinq ans. Au même moment, Saint-Maurice-l'Ardoise reçoit pour mission d'accueillir des activistes assignés pour une durée indéterminée.

C'est d'ailleurs le directeur du camp de Thol, Achille Perrodo, qui vient y prendre ses fonctions le 4 janvier 1962. Assisté d'un adjoint, il dispose de 17 agents techniques (secrétariat, cuisines, infirmerie, entretien) ainsi que de 56 gardiens qui sont des agents contractuels recrutés parmi des civils. On compte également des fonctionnaires de police du corps urbain de Marseille qui, à partir de mars, après une évasion collective, sont renforcés par des effectifs venus du Gard. Leur mission est d'assurer la discipline à l'intérieur du camp (fouilles, appel, contrôle des visiteurs, parloir). La garde extérieure est assurée par deux, puis trois compagnies républicaines de sécurité (CRS). Une seule d'entre elles comportant 217 hommes, on voit ce que représente en moyens financiers et en mobilisation de personnels la surveillance de 200 assignés. Il faut ajouter des fonctionnaires des Renseignements généraux, qui surveillent réunions, conversations, appels téléphoniques et courrier. Enfin, un médecin-chef demeure en permanence au camp.

Le camp est entouré d'une première enceinte constituée d'un double grillage de barbelés de plus de 3 mètres de haut. Au-delà, un *no man's land* de 50 à 100 mètres de large, débroussaillé seulement en mars, mène jusqu'à une triple rangée de ribards[3]. Des miradors sont implantés sur tout le pourtour, lui-même pourvu d'un éclairage à intervalles rapprochés. Néanmoins, les 15 hectares du camp, avec des bâtiments largement disséminés sur un terrain accidenté comportant d'importantes portions boisées, sont difficiles à surveiller. Les conditions de logement n'ont rien à voir avec la période d'internement des nationalistes algériens, ces derniers étant alors cinq fois plus nombreux. Des baraquements en préfabriqué abritent les salles de réunion et de lecture ainsi que le réfectoire. D'autres sont aménagés en petites chambrées pour deux assignés.

Être assigné à Saint-Maurice

Il n'est pas simple de repérer les raisons pour lesquelles le ministre signe un arrêté d'assignation à durée indéterminée. Il n'en informe ni le préfet, ni le directeur du camp, ni l'assigné lui-même, dont les questions restent sans réponse. Les RG eux-mêmes sont tenus dans l'ignorance[4]. De plus, il ne semble pas y avoir une logique rigoureuse dans les décisions. Quand le préfet demande au ministre de l'Intérieur d'assigner à Saint-Maurice deux activistes gardois impliqués dans l'évasion du camp en février, « en raison de leurs activités subversives », celui-ci, contre toute attente, décide de les assigner à résidence à domicile, laissant le préfet plutôt pantois[5].

3. Réseaux de barbelés organisés en rouleaux.
4. « Les motifs qui ont entraîné l'assignation à résidence nous étant inconnus », écrivent-ils au préfet le 24 mai 1962. Archives départementales du Gard (ADG) CA 1574*. La cote CA est spécifique aux archives départementales du Gard. Elle correspond aux versements du cabinet du préfet jusqu'au début des années 1980, date à partir de laquelle ils furent classés dans la série W. Toutes les cotes CA citées ici concernent des archives sous dérogation.
5. ADG CA 1567*.

En réalité, c'est en suivant quelques parcours que l'on parvient à cerner la complexité des cas de figure. L'un des plus médiatisés a été le capitaine parachutiste Jean-René Souètre, lié aux ultras d'Algérie. Refusant sa mutation en métropole, il a déserté le 8 février 1961 avec un groupe d'une vingtaine d'hommes pour fonder le maquis France Résurrection dans l'arrière-pays de Mostaganem, dont les membres ont comparu en décembre 1961 devant le tribunal militaire spécial. Tous ont bénéficié de circonstances atténuantes, écopant de peines avec sursis ou étant acquittés. Mais, dans la foulée, sept d'entre eux, dont Souètre, ont été placés sous arrêté d'assignation et transférés le jour même dans les locaux de police de l'ancien hôpital Beaujon à Paris. Ils font partie du premier groupe qui arrive à Saint-Maurice-l'Ardoise le 12 janvier 1962.

Autre cas exemplaire, Jean Ferré, jeune journaliste qui, en 1960, devient un des collaborateurs de Salan en Espagne. Arrêté fin septembre 1961 alors qu'il était en train de poster les lettres de Salan aux maires, il est interné à la Santé puis envoyé à l'Ardoise dans le même groupe que le capitaine Souètre. Dernier exemple fameux, celui de Jean Dides dont la carrière de commissaire de police avait débuté en 1942 et s'était achevée en 1954 avec l'« affaire des fuites[6] ». Ancien député, conseiller municipal de Paris, il a intégré en 1960 le Front national pour l'Algérie française (FNAF) de Jean-Marie Le Pen. Le 18 novembre 1961, il est un des orateurs de la réunion organisée par le Comité de Vincennes à la Mutualité. Arrêté le soir même pour avoir crié à la tribune : « Mort au général félon ! », il est placé en garde à vue et incarcéré à la Santé. Le 1er décembre, la chambre d'accusation de la cour de Paris le fait libérer en retenant son explication (il aurait dit en réalité : « Gloire au général Salan ! »). Interné à Beaujon dès sa sortie du tribunal, il fait lui aussi partie du premier convoi pour l'Ardoise. D'autres parcours sont repérables de façon indirecte[7] : des activistes venant d'Algérie, des dirigeants

6. Au cours de l'été 1954, Jean Dides avait tenté de décrédibiliser François Mitterrand, alors ministre de l'Intérieur de Pierre Mendès France, en le faisant soupçonner de faire parvenir au Parti communiste des documents secrets du Comité de défense nationale. Si l'affaire provoqua des débats houleux à l'Assemblée, François Mitterrand fut définitivement blanchi de tout soupçon en mars 1956. Paul Marcus, *La République trahie. L'affaire des fuites, 1954*, Biarritz, Atlantica, 1999.

7. Ainsi, pour ceux qui tentèrent de s'évader en février, ce sont les procès-verbaux d'auditions menées par la gendarmerie de Roquemaure qui nous renseignent, parce que les gendarmes s'y intéressent.

métropolitains de l'OAS comme l'ancien député Jean Berthommier, arrêté en Belgique, et de très nombreux militants de Jeune Nation.

Dès qu'ils arrivent, le 12 janvier 1962, le directeur, Achille Perrodo, est frappé par la jeunesse des 58 assignés, leur insolence et leur indiscipline générale. Les agressions envers les surveillants sont fréquentes, l'ivresse est récurrente et le vol de matériel régulier. Jusqu'en mars, les travaux de réaménagement se poursuivent, témoignant de l'extrême improvisation de la mise en service du camp. Il est extrêmement facile de dérober des outils ou la peinture qui permet de tracer sur les murs des inscriptions « Vive l'OAS » ou « Algérie française ». Jean Dides, 46 ans, qui s'est imposé comme chef de file du camp, apparaît du coup comme un élément modérant ses jeunes « compagnons ». Au début du mois de février, lorsque le successeur de Perrodo, Raoul Texier, veut reprendre les choses en main, les assignés lui font visiblement payer le renvoi de son prédécesseur. Paniqué, il décrit un véritable climat insurrectionnel : les assignés terrorisent le personnel et les agents, insultent les CRS, cassent ampoules, tables et armoires, vident les extincteurs, arrachent les portes, les haut-parleurs et lacèrent les couvertures[8]. Son arrêt de travail pour raison médicale semble arriver de façon fort opportune, le 6 février 1962[9].

Il n'en demeure pas moins que les assignés bénéficient d'une certaine bienveillance. Le mariage du capitaine Souètre, célébré le 20 janvier 1962 dans l'enceinte du camp par le maire de la commune en présence d'un reporter de *Paris-Match*[10], le montre à l'évidence. Un banquet dont le menu n'a rien de particulièrement carcéral[11] est dressé, auquel participent les 74 internés et les épouses d'une partie d'entre eux. Le témoin du marié n'est autre que le commandant adjoint de la 9e région militaire (Marseille), le général Clément. Cette affaire lui coûta son poste, de même qu'à Achille Perrodo. Elle témoigne néanmoins de la sympathie et des liens dont les assignés de l'Ardoise peuvent se prévaloir tant dans l'armée que dans la police, où Jean Dides dispose encore

---

8. ADG CA 1574*.
9. Il est remarquable de noter que quatre directeurs se sont succédé en seulement six mois.
10. *Paris-Match* a attendu que le général Clément ait été relevé de son commandement pour publier le reportage, quatre pages dans le numéro du 10 février 1962.
11. Macédoine de légumes, œufs mimosa, jambon, poulet rôti, petits pois, salade d'endives, fromage, fruits, pâtisseries, vin, café. ADG CA 1568*.

de nombreux et solides soutiens. Par ailleurs, la passivité de l'encadrement explique certainement la facilité avec laquelle il est possible de s'évader, en tout cas au cours des cinq premières semaines. L'évasion du 28 janvier est exemplaire de la façon pour le moins relâchée dont s'effectuent les contrôles. Deux assignés passent tout simplement par l'entrée du camp en même temps que les visiteurs et les ouvriers. Le directeur ne réagit que le surlendemain et précise dans sa déposition que personne ne se serait soumis à un appel, « étant donné l'indiscipline et la solidarité des assignés [12] ». L'évasion la plus spectaculaire se produit dans la nuit du 18 au 19 février. Pas moins de 18 assignés s'enfuient dans des conditions qui laissent perplexe. Jean-René Souètre et quelques autres ont creusé dans le sable, depuis l'un des baraquements en préfabriqué, un tunnel de 35 mètres de long qui débouche au-delà de la double clôture de barbelés. 23 m^2 de déblais ont été accumulés dans la pièce sans que les gardiens l'aient remarqué. À partir de 1 heure du matin, Souètre et sept autres fugitifs étant déjà loin, le baraquement reçoit entre 30 et 40 personnes qui viennent par curiosité, alertées par le bruit. Certains décident d'emprunter le tunnel. Non seulement ce défilé pour le moins indiscret n'alerte pas un seul gardien, mais il se prolonge jusque vers 4 heures du matin, moment où le dernier à décider de s'évader est finalement repéré à sa sortie du tunnel et arrêté sans résistance. Dix des seize fugitifs sont repris le lendemain. Ceux qui ont réussi à s'échapper passent en Espagne [13] ou restent en France pour rejoindre les réseaux de l'OAS [14]. Souètre envoie d'Espagne début mars une lettre au directeur du camp, puis passe en Algérie où il joue un rôle non négligeable dans les ultimes feux de l'OAS d'Alger [15].

S'organiser et attendre

En fait, les conditions de détention deviennent plus difficiles à partir de mars 1962. L'évasion de février met en évidence tant de carences que

12. ADG CA 1567*.

13. Comme Gaston Descaves, devenu Pierre Descaves, conseiller régional de Picardie depuis 1992, un des cadres du Front national depuis les années 1980, qui a raconté son évasion dans *La Salsa des cloportes* (Paris, Déterna, 2006).

14. Comme Louis Larnaudie arrêté à Nice le 28 juin 1962 alors qu'il rackettait des commerçants.

15. Olivier Dard, *Voyage au cœur de l'OAS*, Paris, Perrin, 2005.

la crédibilité du camp est en jeu. La sécurité est renforcée, le règlement intérieur appliqué plus strictement, et une troisième compagnie de CRS est envoyée sur place. D'autre part, la signature des accords d'Évian questionne bien évidemment les activistes, qui sont loin d'être unanimes dans leurs réactions. Enfin, l'empathie visible des forces de police pour les internés cesse à partir de la fusillade de la rue d'Isly, le 26 mars [16]. De fait, ce qui n'était qu'une mesure provisoire pour les premiers internés se transforme à partir d'avril en une détention d'autant plus difficile à vivre qu'elle n'est assortie d'aucune échéance et semble devoir se prolonger. Les mois d'avril et mai voient les effectifs monter jusqu'à 226 internés. Des situations dramatiques apparaissent dans les courriers que les familles ou les assignés envoient au préfet. En effet, pour beaucoup, l'incarcération qui se prolonge se traduit par la perte d'un emploi, par la saisie des comptes bancaires, par l'éclatement des familles. Dans la lettre qu'adresse Louis G. au préfet le 10 avril 1962, on retrouve la même récurrente incompréhension des motifs qui ont amené à l'internement et la certitude d'être victime d'une vengeance. Mais on constate surtout un même profil lié à la jeunesse. Louis G. a 23 ans, une petite fille qui avait dix jours quand il a été arrêté et il vient de perdre son emploi de technicien frigoriste à Oran : « Ma vie et celle de mon foyer sont en train de se briser [17]. » La rupture de leur couple conduit trois des internés à tenter le suicide. Certaines familles sont réduites à dépendre de la charité, telle celle de Jean Tavernier dont l'épouse vietnamienne venue s'installer à Roquemaure se retrouve sans ressources avec trois enfants à nourrir. Le Secours populaire par l'entraide et la solidarité (SPES) [18] puis le journal *Le Méridional-la France* lancent en juin une grande campagne pour récolter des fonds afin de la secourir jusqu'à ce que le préfet débloque l'intervention des aides sociales [19].

Les assignés ont, dès les premiers jours, organisé leurs propres rituels quotidiens. Chaque matin, à 9 heures, une brève cérémonie de lever des couleurs présidée par Jean Dides est marquée par le salut au drapeau suivi du *Chant des Africains* et du slogan « Algérie française »

16. Le 26 mars 1962 à Alger, une manifestation d'Européens tenta de briser le blocus par l'armée du quartier de Bab-el-Oued, dont l'OAS avait pris le contrôle. Rue d'Isly, près de la grande poste, une fusillade éclate et l'armée tire sur la foule, faisant plusieurs dizaines de morts.
17. ADG CA 1567*. Louis G. est libéré le 4 juin 1962.
18. Organisation dont le but est le soutien matériel aux familles des activistes.
19. 20 et 25 juin 1962.

scandé par trois fois. À l'issue du repas du soir, pendant une demi-heure, Jean Ferré préside une réunion politique avec une virulence croissante. Par ailleurs, Jean Dides, en sa double qualité de délégué des assignés et d'ancien parlementaire, multiplie les lettres ouvertes (Premier ministre, ministres, députés), systématiquement publiées par le journal *Le Méridional-la France*, mais aussi par *Rivarol* et le *Journal du Parlement*. Le 20 janvier 1962, il signe ainsi une missive particulièrement outrancière adressée au président de la République, où s'inscrit d'emblée le motif rhétorique assimilant Saint-Maurice à un camp de concentration et le général de Gaulle à Hitler[20]. Un des assignés, Giacomo Gagliardi, parvient à faire publier dans le quotidien *La Nation belge* un long article intitulé « Les camps de concentration du régime gaulliste », qui témoigne au moins de l'audience que les assignés réussissent à donner à leur incarcération[21].

De façon générale, le camp est loin d'être un espace clos. Les assignés sont en contact avec l'extérieur par leurs transistors ou le poste de télévision. Ils reçoivent des visites plusieurs heures durant l'après-midi. Le préfet a demandé dès janvier à l'évêché et au conseil régional de l'Église réformée de désigner prêtre et pasteur pour assurer les services religieux. Néanmoins, les assignés semblent épouver une grande défiance vis-à-vis de la hiérarchie catholique, dont ils condamnent le progressisme, en particulier depuis la condamnation sans ambiguïté de l'action de l'OAS par l'épiscopat français[22]. Ils dédaignent les visites du Secours catholique et de la Croix-Rouge, mais acceptent l'aide du SPES. Des parlementaires enfin s'inquiètent des conditions de détention de citoyens incarcérés hors de tout cadre judiciaire. Quelques assignés écrivent à leur député, soit à titre personnel comme Jean-Pierre S. à Max Lejeune[23], soit à titre collectif. Ainsi, début mai, les douze Corses assignés à l'Ardoise s'adressent aux parlementaires corses en précisant qu'ils ont prévenu de leur démarche leurs familles, parents et amis dans l'île[24], ce qui peut s'apparenter à une forme de pression spécifique. Par

20. *Le Méridional-la France*, 20 janvier 1962.
21. *La Nation belge*, 2 mars 1962.
22. Déclaration d'octobre 1961 de l'Assemblée des cardinaux et archevêques, intitulée « La violence devant la loi de Dieu ».
23. Merci à Alain Trogneux, correspondant pour la Somme, de m'avoir signalé dans le fonds Max Lejeune la lettre de cet assigné, militant socialiste et partisan de l'Algérie française.
24. « Les Corses internés à l'Ardoise alertent leurs compatriotes sénateurs et

ailleurs, le député de la circonscription du camp, Jean Poudevigne, qui connaît personnellement plusieurs assignés, effectue des visites fréquentes et en informe régulièrement le président de la commission des lois constitutionnelles de l'Assemblée nationale, Marcel Sanmarcelli, par ailleurs député de Corse. Sanmarcelli lui-même conduit fin juin à Saint-Maurice une délégation qui dénonce l'absence de condamnations judiciaires[25], tout en reconnaissant à de Gaulle le droit d'user de l'article 16 en les circonstances.

Par ce qui les relie à l'extérieur, les assignés n'ignorent rien de l'évolution des événements. Le cessez-le-feu en Algérie a été annoncé par le général de Gaulle le 19 mars dans un discours qu'ils ont écouté, abattus, dans leurs chambres, transistor à l'oreille. Lorsqu'ils apprennent la fusillade de la rue d'Isly, ils font publier un communiqué annonçant qu'ils donneront leur sang pour les hôpitaux d'Algérie et feront du 28 mars une journée de deuil et de jeûne en refusant toute visite[26]. Dans les jours qui précèdent le référendum du 8 avril, Jean Dides intervient personnellement dans la campagne en appelant à voter « non »[27], même si lui-même n'est pas autorisé à voter, tout comme l'ensemble des assignés. À partir de la fin mars, des coups décisifs sont portés à l'OAS, rendant les convictions des assignés de plus en plus fragiles. En l'espace d'un peu plus d'un mois, la police a mis la main en Algérie sur les deux derniers généraux du putsch encore en fuite. Jouhaud est condamné à mort le 13 avril, et Salan à la détention perpétuelle le 23 mai. André Canal, chef de l'OAS en métropole, est arrêté le 5 mai. Cette inéluctable déliquescence de l'OAS crée des fractures et des dissensions. Quand ils apprennent, dans la nuit du 23 au 24 mai, le verdict pour Salan, une centaine d'internés se rassemblent vers minuit au pied du mât porte-drapeau pour chanter le *Chant des Africains* et scander « Algérie française ». Mais lorsque Jean Dides leur demande de se mettre au garde-à-vous, des protestations fusent et quelqu'un lui fait une remarque suffisamment désobligeante pour qu'il quitte les lieux très en

---

députés. Ils menacent de faire la grève de la faim », *Le Méridional-la France*, 10 mai 1962.

25. Sur les 213 assignés présents au camp le 28 mai 1962, 64 % n'ont jamais été inculpés, 22 % avaient fait l'objet de mesures de liberté provisoire et 14 % avaient été acquittés par la justice ou condamnés avec sursis.

26. *Le Méridional-la France*, 30 mars 1962.

27. « Lettre ouverte aux Français : deux cents prisonniers derrière leurs barbelés vous parlent », *Le Méridional-la France*, 5 avril 1962.

colère. L'incident témoigne des clivages de plus en plus marqués entre des radicaux qui voient l'autorité qu'ils exerçaient jusqu'à présent s'amenuiser et une bonne moitié de l'effectif désireuse de retrouver liberté, famille et emploi. Beaucoup sont par ailleurs malades, fatigués, et leurs soucis familiaux relèguent l'Algérie au dernier rang de leurs préoccupations. Le 7 juin, on retrouve la même centaine d'hommes pour une minute de silence, drapeau en berne, après l'exécution quelques heures plus tôt de Dovecar et de Piegts, les assassins du commissaire Gavoury, déjà entrés au panthéon des martyrs de l'OAS. Mais au cours du mois de juin, les bagarres entre anciens et nouveaux arrivés ou entre métropolitains et pieds-noirs sont de plus en plus fréquentes : coups, blessures, intimidations, menaces de règlements de comptes après la libération. Pour la direction du camp, la situation devient extrêmement difficile à gérer. Les libérations sont annoncées le plus discrètement possible afin que ceux qui en bénéficient ne soient pas molestés par ceux qui restent, et le directeur multiplie les courriers au ministère pour suggérer le départ de ceux qui s'engagent à ne plus faire de politique.

La fermeture

Dès son ouverture pour l'internement des activistes, le camp de Saint-Maurice-l'Ardoise était tenu par l'échéance du 15 juillet 1962. En effet, lorsque la mise en œuvre de l'article 16 était arrivée à son terme, le 29 septembre 1961, de Gaulle avait contourné l'obstacle en signant le même jour une décision présidentielle qui prolongeait jusqu'au 15 juillet 1962, « sous réserve de ce qui pourrait être dicté par la loi », diverses décisions prises dans le cadre de l'application de l'article 16, notamment l'internement administratif des activistes. De fait, dès le début du mois de juillet, s'engage un grand mouvement de départs par groupes de 15 à 30 internés. Le 14 juillet 1962, les vingt derniers activistes libérés par arrêté ministériel signé la veille quittent le camp, dont Jean Dides et Jean Ferré qui, comme six autres, avaient été parmi les tout premiers arrivants et en conséquence avaient effectué à l'Ardoise le plus long séjour. En réalité, l'assignation à résidence surveillée est commuée en assignation à résidence à domicile sur le territoire métropolitain, un statut qui reste contraignant puisque tout déplacement hors de la commune de résidence reste soumis à l'approbation du préfet. La presse nationaliste a salué cette fermeture comme une défaite morale pour le pouvoir. *Rivarol*, dans son numéro 600 du 12 juillet 1962, publie un dessin avec cette légende en forme de jeu de mots : « Même si on ferme Saint-Maurice... il restera l'ardoise. »

Cela étant, les dispositions sur l'internement des activistes découlant de l'article 16 ont été prorogées jusqu'au 31 mai 1963 par l'ordonnance n° 62-797 du 13 juillet 1962, de Gaulle s'appuyant sur l'article 2 de la loi référendaire n° 62-421 du 13 avril 1962 relative à la mise en œuvre des déclarations gouvernementales faites à propos des accords d'Évian. Cet article autorise le président de la République à arrêter par ordonnance ou décret toute mesure relative à l'application de ces déclarations. En l'occurrence, le texte de l'ordonnance précise qu'il s'agit de donner au gouvernement les « moyens juridiques suffisants pour assurer le maintien de l'ordre et pour s'opposer à l'action d'éléments subversifs que la reconnaissance de l'indépendance algérienne n'a sans doute pas désarmés ». Le principe de l'internement administratif reste ainsi maintenu.

Néanmoins, Saint-Maurice a bien été le dernier camp destiné à interner des citoyens français. Il paraissait difficile de prolonger son existence alors même que l'Algérie était devenue indépendante le 3 juillet, que l'OAS était pratiquement démantelée et que les Français avaient tourné le dos à sept années de guerre. L'internement administratif, par définition provisoire, n'apparaissait plus comme un instrument efficace pour mettre à l'écart les citoyens considérés comme dangereux pour la sécurité publique. S'il est indiscutable que le coût financier comme la mobilisation en hommes interdisaient un prolongement de la durée du camp, la mise à l'écart de la justice comme des représentants du peuple, la privation arbitraire des libertés ont, au fond, fait l'objet d'un consensus tant que les Français ont senti peser une menace, tant sur eux-mêmes que sur le territoire. C'est certainement ce qui explique que la défense des principes démocratiques face à l'internement des activistes de Saint-Maurice-l'Ardoise ait été, en dehors des milieux nationalistes, si peu manifeste.

36. TULLE : LA PRISON DES PUTSCHISTES (1961-1968)

Gilbert Beaubatie

En 1961, Tulle est une petite ville d'environ 20 000 habitants, chef-lieu d'un département encore profondément rural, durement éprouvé par l'occupation allemande – 99 otages y ont été pendus le 9 juin 1944.

Durant sept ans, d'août 1961 à juin 1968, la détention des officiers et sous-officiers putschistes du mois d'avril 1961 y a suscité bien des interrogations et fait naître un certain nombre de rumeurs.

Pourquoi Tulle ?

Le 4 août 1961, jour où les condamnés sont transférés de la centrale de Clairvaux, considérée par les autorités comme inadaptée, à Tulle, la chancellerie fait savoir que sa prison est « l'établissement [...] le mieux adapté aux conditions requises par la situation de ces détenus ». Mais *L'Écho du Centre*, organe du Parti communiste, se demande trois jours plus tard pour quelles raisons la « ville [a été choisie] pour des pensionnaires de cet acabit ? » Le 19 août 1961, vingt organisations soutenues par une vingtaine de conseils municipaux appellent à organiser un meeting, salle de l'Université populaire, pour dénoncer le « scandale de la prison de Tulle [où] les auteurs de crimes contre la nation [...] sont maîtres[1] ». Mais un arrêté préfectoral brise net cette forte mobilisation politique et syndicale.

1. *L'Écho du Centre*, 19 août 1961.

Tulle se révèle idéale pour les autorités, car c'est alors une cité d'accès difficile, par route comme par chemin de fer, avec de nombreuses contraintes naturelles : une vallée encaissée, sept collines aux versants plus ou moins abrupts, des rues sinueuses et pentues, souvent en escalier – un relatif isolement et un « désordre » urbain qui offrent des garanties de sécurité, d'autant que l'OAS n'y fait guère parler d'elle dans des meetings ou des manifestations de rue, à la différence de l'antifascisme.

Tout risque d'un coup de force peut donc être considéré comme improbable. Enfin, la prison, inaugurée au mois d'octobre 1960 par le député-maire socialiste Jean Montalat, est flambant neuve. Située à 500 mètres de la préfecture, elle forme un rectangle de 30 mètres sur 90, avec une enceinte de 6 mètres de haut et quatre miradors. Aucun avion n'est autorisé à la survoler, et la surveillance est assurée par une DCA installée sur différentes hauteurs ainsi que par 200 gardes mobiles renouvelés tous les mois.

Prisonniers et quotidien de la prison de Tulle

Au total, de 1961 à 1968, la prison va abriter 18 prisonniers. Le 4 août 1961 arrivent les 10 condamnés en provenance de Clairvaux. Le 7 décembre, les généraux Jouhaud et Salan sont transférés de Fresnes. Six autres officiers vont compléter la liste en 1963 et 1964. Leur séjour à Tulle est plus ou moins long : certains sont libérés en 1965, d'autres en 1966. Le dernier à partir est le général Salan, le 15 juin 1968.

Dans cette prison confortable, chaque prisonnier dispose d'une cellule qu'il aménage à sa convenance. Dans la sienne, le général Jouhaud a une bibliothèque, un électrophone et des photographies de sa famille. Celle du général Salan a été « transformée en serre[2] ».

Les conditions de détention sont donc bien meilleures que celles qui existent dans les autres établissements pénitentiaires. Jouhaud reconnaît d'ailleurs que son arrivée à Tulle lui a donné l'« impression d'une liberté retrouvée ». La matinée est consacrée à la pratique du sport, considérée comme la « priorité des priorités », sous la conduite d'Hélie de Saint-Marc, promu « moniteur d'éducation physique » : outre

2. Muriel Mournetas, « L'Opinion publique et les Prisonniers politiques de l'OAS à Tulle », mémoire IEP de Toulouse, 1984-1985, p. 48.

la course à pied, le yoga, le volley-ball et le tennis sont prisés. Les prisonniers s'adonnent à diverses activités, manuelles ou intellectuelles : jardinage, reliure, philatélie (Salan), lecture, étude de l'économie (Hélie de Saint-Marc), histoire (Jouhaud), Mémoires (Challe, Zeller). Après le dîner, ils se réunissent dans une salle commune pour y discuter, regarder la télévision, jouer aux cartes. À 23 heures, en principe, ils regagnent leur cellule. Le régime spécial dont les prisonniers bénéficient contribue à remonter le moral de cette « communauté de Tulle », à tel point que Charles de La Chapelle signale que « tout est parfaitement calme ». « Nous vivons dans la plus complète sérénité personnelle, n'ayant de soucis toujours que pour les nôtres[3]. » Ce qui n'empêche pas Hélie de Saint-Marc d'avoir d'« interminables insomnies », et même de « souffrir davantage à Tulle qu'à Buchenwald[4] ».

Les réactions de la population locale

Mais l'événement est insolite pour l'opinion locale. *L'Écho du Centre* s'empresse de dénoncer le « régime de faveur » dont bénéficient les putschistes et invite républicains et démocrates à protester contre « ces fascistes, traîneurs de sabre, étrangleurs de la République » que le gouvernement a installés dans une « villa dorée[5] ». Le journal cherche à susciter l'indignation et la méfiance vis-à-vis des condamnés et de l'OAS, mais aussi du pouvoir gaulliste.

La Montagne et *Le Populaire* traitent de l'événement plutôt en page régionale qu'en page nationale, ce qui contribue à le dédramatiser, à le relativiser. Le premier de ces quotidiens s'adresse à la majorité modérée et « silencieuse ». L'indépendance de l'Algérie est un fait acquis et les putschistes purgent à Tulle une peine dont le régime a été, compte tenu de leur rang, amélioré. *Le Populaire* tient de son côté à stigmatiser le sort privilégié qui est accordé aux prisonniers.

La Corrèze républicaine et socialiste, très méfiante à l'égard de l'OAS, ne trouve en revanche rien à redire à ces faveurs accordées aux prisonniers et va jusqu'à se montrer favorable à l'amnistie. Engagement qui renvoie sans doute à la politique de la SFIO sous les gouvernements

3. Lettre du 21 janvier 1965.
4. Hélie de Saint-Marc, *Toute une vie*, Paris, Les Arènes, 2004, p. 231.
5. *L'Écho du Centre*, 19 août 1961.

Mollet et Bourgès-Maunoury, dont a été membre le Corrézien Marcel Champeix en tant que secrétaire d'État aux Affaires algériennes et secrétaire d'État à l'Algérie.

La Voix de la Corrèze, enfin, proche de l'OAS, considère les détenus comme des « hôtes de marque » et se plaît à exalter leur personnalité, entre autres celle d'Hélie de Saint-Marc, « vivante image d'Épinal d'une chevalerie d'un autre temps[6] ». Cet hebdomadaire, comme le précédent, plaide pour l'amnistie.

La présence à Tulle de ces illustres condamnés a aussi suscité des rumeurs. Dès le 19 août 1961, *L'Écho du Centre* donne le ton en assurant que les prisonniers « disposent d'un luxe insolent » et mènent la « vie de château en famille », « tout cela aux frais de la princesse ».

La fréquence des visites est à l'origine du bruit selon lequel les prisonniers ne manquent de rien. On soutient que des caisses de victuailles et des bouteilles de toutes sortes leur sont livrées, et même des écrevisses vivantes en provenance de Hollande ! Une prison où il n'est pas rare qu'au parloir se rencontrent épouses et maîtresses[7]...

Le témoignage de certains transporteurs a pu donner un certain crédit à de telles informations. Et, alimentant la rumeur, le général Jouhaud a révélé que, lorsqu'il a appris que sa condamnation à mort avait été commuée en réclusion criminelle à perpétuité, le 28 novembre 1962, il a « descendu » une bouteille de champagne[8]. À la fin de l'année 1962, un document atteste que « 14 colis de trois bouteilles, des vins du marquis de Perthuis », ont été apportés[9].

Des rumeurs d'évasion ont aussi circulé et l'opinion publique s'en est fait l'écho : à la fin du mois de septembre 1961, le bruit court que Challe et Zeller se sont évadés, ce que le soir même les autorités démentent. En 1962, au moment du transfert du colonel de La Chapelle, des groupes de vigilance républicaine, à l'initiative du Parti communiste, montent la garde afin de protéger la mairie, et chaque nuit des veilleurs vont « faire un tour vers la prison ».

---

6. *La Voix de la Corrèze*, 8 août 1961.
7. Muriel Mournetas, *op. cit.*, *passim*.
8. Edmond Jouhaud, *Ce que je n'ai pas dit*, Paris, Fayard, 1977.
9. Archives départementales de la Corrèze, fonds Borricand, 40 J 1-3*. René Borricand a été animateur du Secours populaire par l'entraide et la solidarité (SPES), dont l'objectif était de venir en aide aux militaires incarcérés et aux militants de l'OAS détenus. Il a entretenu une correspondance régulière avec certains d'entre eux, en particulier avec le lieutenant-colonel Charles de La Chapelle.

Le temps des rumeurs prend fin avec l'élargissement du dernier condamné, le général Salan, le 15 juin 1968.

Aucun projet d'évasion, si projet il y a eu, n'a pu aboutir. La prison de Tulle a prouvé qu'elle avait été « adaptée aux conditions requises ». Mais il semble que le traitement spécial, avantageux, dont les 18 prisonniers ont bénéficié dès leur arrivée ait aussi contribué à ce résultat[10].

10. On lira avec le plus grand intérêt l'article de Pierre Calvas, « Les généraux de l'OAS à la prison de Tulle : réalités et rumeurs », *in Histoire pénitentiaire*, Paris, direction de l'Administration pénitentiaire, coll. « Travaux & Documents », 2005, vol. III, p. 28-53. Nous remercions tout particulièrement Hélie de Saint-Marc qui, le 12 février 2007, a bien voulu nous faire part de ses commentaires.

© AFP

Une femme et ses enfants désireux de gagner la métropole viennent de débarquer du *Ville d'Oran* à Marseille le 26 mai 1962 comme de nombreux réfugiés, notamment des Européens d'Algérie (pieds-noirs) et des familles de harkis, qui continuent d'affluer vers la France depuis la signature des accords d'Évian. Après plus de sept ans de guerre, l'Algérie a proclamé son indépendance après la signature des accords d'Évian le 18 mars 1962 et leur ratification par référendum en France le 8 avril 1962 puis en Algérie le 1er juillet 1962.

V. LOGEMENT ET INSERTION SOCIALE : DES ENJEUX DE LA GUERRE

Le logement, question centrale dans la France d'après 1945, offre un exemple pertinent d'une politique publique que vient transformer le conflit. Tout en remarquant d'emblée que la politique de logement des Algériens n'empruntait pas qu'à un registre policier de contrôle et de surveillance se déclinant sur un mode colonial, mais qu'elle répondait aussi à des impératifs plus généraux, d'une autre nature, comme ceux de l'urbanisme, on voit que le déclenchement de la lutte pour l'indépendance la dota d'un enjeu accru. Il s'agissait désormais, en logeant les Algériens, de lutter contre le FLN et son emprise. Dans les dernières années de la guerre, l'arrivée massive et rapide de rapatriés d'Algérie constitua un nouveau défi pour les pouvoirs publics. À l'échelle nationale, il s'agissait d'intégrer les Français d'Algérie dans le tissu social de la métropole. Face à l'idéal d'une adaptation au plus proche des nécessités locales, les désirs des rapatriés et les conditions pratiques de leur arrivée en France obligèrent à quelques ajustements, à Paris comme ailleurs en France, y compris dans les départements ruraux. La situation faite aux harkis dans la Vienne vient aussi rappeler la diversité des expériences, dès lors que ces rapatriés n'étaient pas intégrés dans une politique étatique aussi généreuse que celle qui prit en charge les Français d'Algérie.

37. LES ALGÉRIENS DANS LA VILLE : LA SITUATION ROUENNAISE

Clément Bouvier

Dans les années 1950, la ville de Rouen, en grande partie détruite par les bombardements de la Seconde Guerre mondiale, est confrontée à une crise du logement sans précédent. La reconstruction présente des enjeux économiques et sociaux considérables. La répartition de la population subit alors les effets d'un double mouvement : assainissement et désindustrialisation du centre-ville au profit de l'agglomération[1]. C'est dans ce contexte que, fait nouveau, la gestion des « Français musulmans d'Algérie » (FMA) est confiée à des administrateurs spécialisés.

Cette décision prend effet en 1952 avec la création d'une Association d'aide aux travailleurs nord-africains de l'agglomération rouennaise (AATNAAR) et la mise en place, en préfecture, d'un conseiller technique aux affaires musulmanes (CTAM). Ces dispositifs servent, d'une part, à créer des logements, à répartir cette population dans des zones définies et, d'autre part, à coordonner les dispositifs de surveillance afin de centraliser le maximum d'informations la concernant. Ainsi peuvent être analysées les modalités du contrôle et de la surveillance des logements occupés par les « FMA » de 1952 à 1962 ; un contrôle et une surveillance mis à l'épreuve par le développement du nationalisme.

1. Voir à ce sujet Jean-Marie Cipolat, « La Reconstruction de Rouen dans son agglomération (1940-1965) », thèse d'histoire, université Paris-I, 2004.

Le logement : préoccupation principale du CTAM

En 1952, l'affectation de « fonctionnaires spécialistes de la question musulmane en métropole » est décidée[2]. Leur mission est de dresser le bilan de la situation géographique des « FMA » dans le département et de trier cette population : type de main-d'œuvre, nombre de chômeurs, de familles, de personnes détenues et hospitalisées. De fait, cette pratique du contrôle statistique s'institutionnalise. À partir de 1953, toutes les structures en contact avec la population algérienne sont tenues d'envoyer en préfecture le maximum de renseignements : état civil, situation familiale et date d'arrivée dans le département.

Ce contrôle s'intensifie avec la circulaire « Programme d'action 1958[3] ». Celle-ci, destinée à tous les CTAM, met en place des rapports trimestriels. Ils ont pour objet de rendre compte au ministère de l'Intérieur de tous les faits et gestes des « FMA » en métropole et des différentes actions mises en œuvre pour cette population. Avec ces rapports, la surveillance statistique est renforcée. Elle regroupe dorénavant les effectifs de main-d'œuvre comptabilisés par la direction départementale du Travail et de l'Emploi, la provenance et l'âge moyen des migrants fournis par le dépouillement des fichiers de Sécurité sociale, ainsi que l'appartenance politique ou syndicale procurée par les services de police. C'est avec ces multiples sources que le conseiller technique organise un quadrillage serré des Algériens du département.

Ces bilans accordent une place prépondérante à la surveillance des logements. En croisant la composition de ces statistiques avec les notes écrites, les politiques de répartition de population et d'aménagements urbains se dessinent. Par exemple, la différenciation entre les statistiques du logement des célibataires et celles du logement des familles rend compte de deux politiques distinctes : d'une part, la construction de foyers dans les zones industrielles en périphérie du centre historique pour les célibataires ; d'autre part, la création de logements de transit et l'intégration progressive des familles algériennes dans les HLM.

Les premières informations concernant les ménages apparaissent dans le rapport du deuxième trimestre 1958. La majorité des familles

2. Archives départementales de Seine-Maritime (ADSM) 29 W 2837*, note de l'Igame au préfet, 16 février 1952.
3. ADSM 29 W 2771*, circulaire n° 65, 10 février 1958.

Le logement des célibataires algériens à Rouen

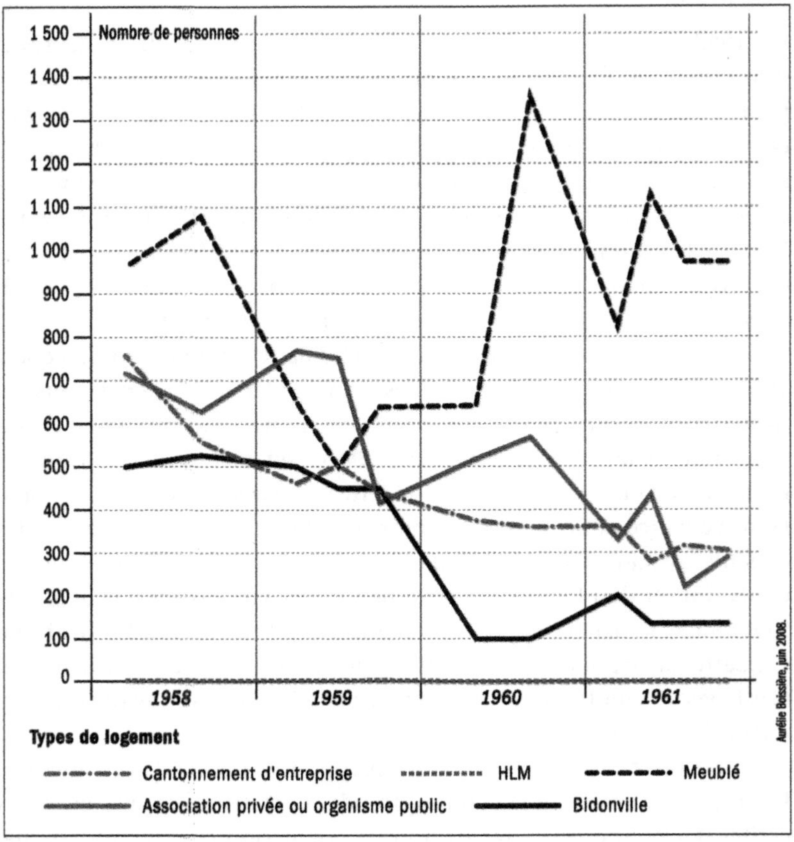

vit alors dans des meublés. Leur hausse subite, en 1959, correspond à la prise en compte des couples mixtes dans les statistiques. Par ailleurs, la proportion des familles vivant en HLM connaît une forte augmentation : un doublement d'effectif entre 1958 et 1961. C'est ce que note le rapport du troisième trimestre 1958 : « La douzaine d'Algériens mariés à des Françaises ont été recasés par l'Office HLM de Rouen en considération de leur nombre d'enfants. L'hébergement des familles reçoit progressivement une solution[4]. »

Cette mesure préfectorale se répercute sur les Offices HLM, mais aussi sur la politique menée par les associations d'aide sociale. En 1959,

4. ADSM 29 W Z 2751*.

Le logement des familles algériennes à Rouen

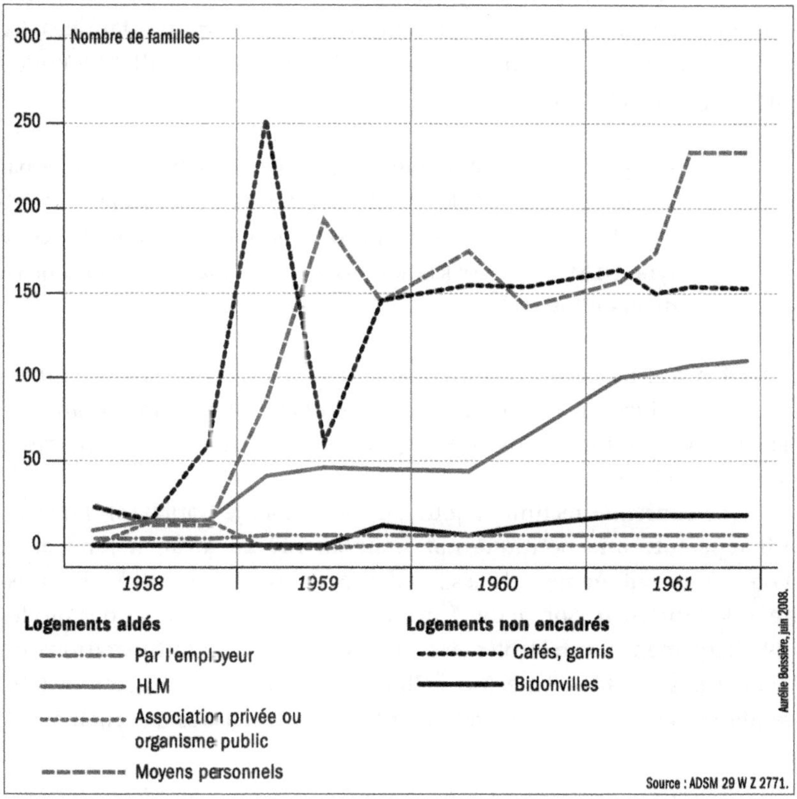

les familles logées dans les centres d'hébergement sont transférées en HLM. Les associations interviennent en dispensant des cours aux femmes musulmanes et en accordant des prêts à certaines familles. Ce traitement de faveur s'applique aux « FMA » mariés travaillant à Rouen depuis plusieurs années :

> Deux ménages dont un mixte ont bénéficié de prêts accordés par le président de l'Aide sociale aux foyers de travailleurs nord-africains afin de faciliter leur installation dans des immeubles de type HLM. [...] L'association accorde des prêts aux musulmans dignes d'intérêt[5].

Un réel processus de différenciation s'opère dans l'accès au logement des célibataires et des familles. Il rend compte de l'importance de la situation familiale dans la perception des « FMA » par les différentes administrations.

Le conseiller technique joue un rôle à double tranchant. En effet, s'il répercute une politique nationale au niveau local, il rend aussi compte périodiquement de la surveillance de son département au ministère de l'Intérieur. Son activité principale est de développer des modes d'hébergement contrôlables avec le concours des administrations en charge des « FMA ». Une fois celles-ci mises en place, il reste à faire appliquer les mesures d'encadrement par les structures d'accueil.

Le centre d'hébergement de Grand-Quevilly : une structure d'accueil sous surveillance

Le 20 février 1950, une circulaire du ministère de l'Intérieur attire l'attention des administrations locales sur les conditions d'hébergement des « musulmans français originaires d'Algérie[6] ». Après une réunion de la Commission départementale des questions nord-africaines, un programme d'amélioration de leur hébergement se met en place avec la création, sous l'égide du ministère du Travail et de la Sécurité sociale, d'une association ayant pour but de faciliter l'aménagement et la gestion d'un centre d'hébergement. Cette initiative s'appuie sur la réussite de structures du même type dans d'autres régions, dont le Nord et la région

5. ADSM 29 W Z 2751*, rapport du deuxième trimestre de 1958.
6. ADSM 249 W 215*.

parisienne, qui ont obtenu des résultats satisfaisants. Cette association, l'AATNAAR, constituée au début de l'année 1952, comprend, sous la présidence du préfet, des membres du conseil général, de la chambre de commerce de Rouen et des conseils municipaux des villes de l'agglomération, des représentants de la Confédération générale du patronat et des organisations syndicales ouvrières, enfin des industriels et des personnalités privées. Elle a développé en son sein trois commissions. Celle du travail et de l'hygiène, présidée par le directeur départemental du Travail, s'occupe de former des ouvriers qualifiés. Elle a permis l'ouverture d'une section nord-africaine au centre de formation pour adultes du Madrillet. Celle de l'instruction publique a pour rôle d'organiser et de dispenser des cours de français dans les centres d'hébergement. Celle du logement et de l'hébergement, enfin, est présidée par le délégué général à la Reconstruction et s'occupe d'héberger dans des conditions décentes les Nord-Africains. Ce sont les archives de cette association qui permettent d'analyser le fonctionnement d'un centre d'hébergement.

L'association décide en effet d'aménager les baraquements de l'Office national des cantonnements ouvriers de la reconstruction (Oncor) de Grand-Quevilly, qui étaient totalement abandonnés. Grâce aux subventions, 500 000 anciens francs (AF) du département et 300 000 AF de la ville de Rouen, ces bâtiments, constitués de dortoirs, de chambres de deux ou trois personnes, d'une grande salle à manger et de locaux administratifs, sont remis en état. Une aide supplémentaire est demandée au ministère de l'Intérieur et deux subventions de 3 millions d'anciens francs sont obtenues pour l'installation du chauffage central et pour les frais de fonctionnement du centre. Le centre d'hébergement de Grand-Quevilly est inauguré le 13 juillet 1953[7].

Ce choix de fixer la population algérienne de Rouen dans son agglomération et non en centre-ville n'est pas anodin. Certes, il faut résoudre la crise du logement et rénover le centre urbain, mais ce choix est aussi conditionné par le fait que la population rouennaise est défavorable à la fixation de migrants perçus comme étrangers dans le centre historique. La municipalité ne souhaitant pas contrarier son électorat, l'implantation des foyers se fait donc dans l'agglomération de Rouen.

D'autre part, les sites de construction des centres d'hébergement sont choisis en fonction de critères précis, que les archives de l'AATNAAR permettent d'éclairer dans le cas du centre de Petit-Quevilly :

7. ADSM 249 W 364*, article du *Paris-Normandie* du 13 juillet 1953.

> Le nouveau centre Oncor de Petit-Quevilly est situé à proximité d'un seul bâtiment de l'OPHLM, les inquiétudes de dissension entre Algériens et la population locale sont éliminées [...]. De plus le lieu est mitoyen de la caserne de gendarmerie, la police du cantonnement en sera facilitée[8].

L'éloignement de la population locale et la surveillance par les forces de l'ordre font partie intégrante de la politique de logement. Le but est de fixer la population algérienne à proximité des zones industrielles qui les emploient et de les mettre à l'écart du centre-ville.

En 1953, le rapport du secrétaire général de la préfecture fait état d'une capacité d'accueil de 150 places[9]. Chaque pensionnaire paie 70 AF par jour et 90 s'il est abonné au gaz. Le centre a aménagé une cuisine avec de nombreux réchauds que les pensionnaires peuvent louer. L'association envisage de vendre au prix coûtant les denrées alimentaires. Le loyer mensuel se situe dans une fourchette allant de 2 100 à 2 700 AF, alors qu'une enquête sociale datant de 1955 montre que 62 % des loyers de meublés sont inférieurs à 2 000 AF et que 30 % des loyers sont compris entre 2 000 et 3 000 AF[10]. Cette mensualité est élevée par rapport au salaire moyen perçu par les travailleurs nord-africains, compte tenu des prestations relativement médiocres du foyer.

En 1956, est créé un bâtiment neuf contigu au centre d'hébergement de Grand-Quevilly. Ce bâtiment de deux étages a une capacité de 150 lits et porte dorénavant la capacité du centre à 280 places. À cette occasion, le centre est inspecté :

> Les trois bâtiments de plain-pied occupés précédemment par l'Oncor montrent des constructions en bon état, les peintures sont à refaire, les sols sont en ciment et une révision complète de l'installation électrique doit être opérée [...]. 280 pensionnaires peuvent être logés, 130 dans les deux bâtiments de plain-pied réservés au couchage et 150 dans le bâtiment neuf [...]. Chaque pensionnaire dispose d'un lit métallique, d'un matelas, d'un sac de couchage et de trois couvertures, d'une armoire métallique,

8. ADSM 29 W Z 2752*.
9. ADSM 29 W Z 2751*.
10. *Ibid.*

> d'un tabouret et une table est disposée dans chaque chambre [...]. Au niveau des sanitaires, chaque bâtiment dispose de deux douches, de lavabos et de cabinets d'aisances [...]. Le centre dispose d'une infirmerie et d'un tableau d'affichage où sont disposés les règlements et les informations[11].

Le rôle des foyers consiste à procurer aux travailleurs un lieu où ils pourront récupérer après une journée de travail. Se loger en centre d'hébergement fait partie intégrante du système économique. Pour y accéder, les locataires doivent justifier d'un salaire régulier, la perte de l'emploi entraînant la perte du logement. Les conditions d'hygiène sont minimales, six douches pour 280 personnes. Un compte rendu du conseil d'administration de l'AATNAAR de novembre 1957 parle d'ailleurs de la nécessité de faire des travaux dans le centre[12]. La réfection des douches s'impose, car elles ne fonctionnent plus depuis deux mois à cause de problèmes d'infiltration. Le mobilier de chaque locataire est réduit au strict minimum. Les conditions de vie sont similaires à celles des casernes militaires.

L'ordre est d'ailleurs une composante clé de la vie quotidienne au centre d'hébergement. L'encadrement de la population algérienne repose sur une conception manichéenne : d'une part, les « honnêtes travailleurs, méritants et économes, dignes de la sympathie générale » et, de l'autre, les « oisifs », vivant de petits trafics illégaux[13]. Cette hiérarchie ressort clairement des rapports de l'association. Il s'agit de sélectionner par le mérite et le travail les Français musulmans résidant au foyer. Pour autant, la confiance n'a pas cours dans les centres. Lors de l'ouverture, la direction est confiée à un officier en retraite qui dirige le centre de manière patriarcale et autoritaire : « Un ordre parfait règne dans ces baraquements confortables, qui renferment environ 150 Nord-Africains[14]. »

La notion d'ordre est omniprésente. Le directeur du centre est chargé de faire appliquer un règlement très contraignant et, pour le faire respecter, il n'hésite pas à employer la manière forte. Ainsi, un rapport des Renseignements généraux de janvier 1954 le qualifie de

11. ADSM 249 W 329*.
12. ADSM 29 W Z 2766*.
13. ADSM 29 W Z 2751*.
14. *Ibid.*

« dompteur », à cause de la matraque posée en évidence sur son bureau. De nombreuses plaintes pour violence sont déposées par les locataires[15].

Cette surveillance constante au sein du logement entretient un climat de méfiance des travailleurs venant d'Algérie vis-à-vis des métropolitains. En 1979 encore, comme l'énonce le Groupe d'information et de soutien des travailleurs immigrés (Gisti), « le foyer ne remplit pas la fonction normale d'un logement [...] ; le règlement restreint les droits de visites [...] ; l'inexistence de lieux de rencontre traduit la privation abusive de droits élémentaires[16] ».

Le règlement du foyer insiste sur le fait que ce n'est pas un lieu public : l'accès en est strictement réservé aux locataires ; la venue de personnes extérieures est soumise à l'autorisation du directeur.

Le foyer ne constitue pas un lieu de sociabilité en raison de son architecture et de ses règles de vie. Il se présente comme un accessoire économique, destiné à remplacer les cantonnements d'entreprises, et politique, car il permet d'assigner une population déconsidérée à des lieux de vie spécifiques.

Une surveillance à l'épreuve de la guerre

Fréquentation du centre d'hébergement de Grand-Quevilly (76) entre 1953 et 1963

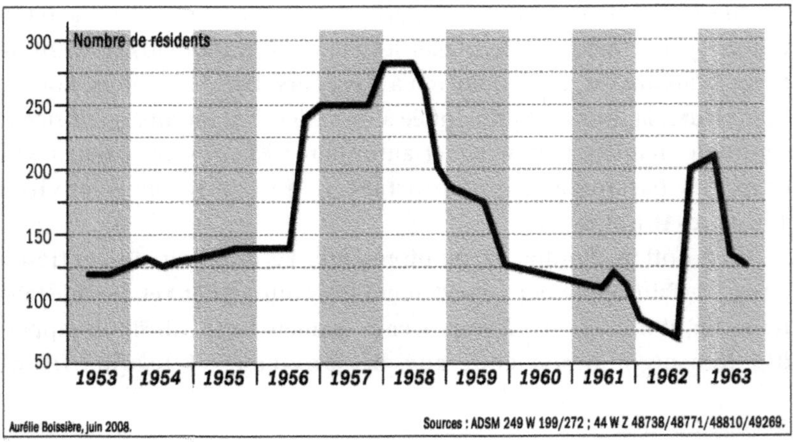

15. *Ibid.*
16. Gisti, *Les Foyers pour travailleurs migrants*, Paris, CIEMM, 1979, p. 15-16.

L'ouverture du centre AATNAAR en juillet 1953 marque un pas décisif dans la politique d'hébergement des Nord-Africains de la région rouennaise. Le nombre de travailleurs logés augmente graduellement, passant de 120 à 140. La hausse subite du quatrième trimestre 1956 correspond à l'ouverture d'un second centre, contigu. Le nombre de locataires passe alors de 140 à 240 travailleurs. Cette augmentation culmine à 282 individus au deuxième trimestre de 1958. Mais le contexte de guerre, entre 1958 et 1962, influe largement sur la fréquentation du centre de Grand-Quevilly. Il en résulte une forte baisse : au troisième trimestre de 1962, l'effectif n'est plus que de 70 Nord-Africains. Les rapports de l'association gestionnaire du centre rendent compte d'un déficit qui s'accroît au fil des mois.

Cette baisse de fréquentation se fait en parallèle avec le développement du nationalisme, malgré le faible effectif des Algériens à Rouen. Par exemple, en août 1958, quatre attentats contre des personnes sont recensés, une dizaine d'Algériens perdent la vie, de nombreux autres subissent des sévices corporels selon l'importance des griefs reprochés. À tout cela s'ajoutent des sabotages au sein des grandes entreprises. Les rapports du CTAM imputent la baisse du nombre de pensionnaires à la crainte du FLN[17]. Ce postulat est directement lié aux rapports de surveillance du commissariat central de Rouen. Ceux-ci montrent que le centre d'hébergement de Grand-Quevilly occupe une place particulière dans de nombreuses dépositions en rapport avec le FLN[18].

La trentaine de dossiers consultés révèle une forte activité des frontistes au sein même du foyer. Certains d'entre eux formulent clairement que les têtes pensantes du FLN, ou tout au moins les hommes qui préparent les attentats, y résident. En témoigne la déposition de Rachid B. Il raconte comment il s'est fait « enrôler » dans la réalisation d'un attentat contre le déchargement d'un navire sur le quai de l'entreprise Shell, en septembre 1959. Il a été recruté dans la cour du centre et a rencontré le « grand chef » dans une des chambres. En témoigne aussi le cas de Saïd M., inculpé d'assassinat et de tentative de meurtre dans l'attentat du 27 septembre 1958 contre le commissariat central de Rouen. Arrivé à Rouen en 1957, il loge au centre d'hébergement de Grand-Quevilly, où il est contacté pour intégrer le FLN, puis il grimpe rapidement les échelons. Comme il sait lire et écrire le français, il est

17. ADSM 29 W Z 2751*.
18. ADSM 2680 W 26*.

promu chef de section, puis chef de kasma et enfin chef de secteur. Son rôle est d'encaisser les cotisations et d'organiser les transports de sommes d'argent entre Paris et Rouen. Pendant cette période, près d'un an et demi, il réside au centre d'hébergement, où il organise ses réunions et ses rendez-vous. Ces deux exemples confirment l'implantation du FLN dans le centre d'hébergement de Grand-Quevilly, ce qui rend la vie quotidienne encore plus difficile pour les locataires soumis aux demandes toujours croissantes de cotisations et aux recrutements pour les actions terroristes. Malgré un encadrement ferme et des moyens de surveillance déployés, le foyer demeure une zone de forte activité indépendantiste. La politique de contrôle des centres d'hébergement connaît un échec relatif.

Pourtant, à la « crainte du FLN » et au « climat de peur » traditionnellement invoqués par l'administration pour expliquer la désaffection des foyers peuvent être ajoutés l'encadrement constant des locataires, les conditions de vie médiocres et la pression policière qui poussent assurément les travailleurs algériens à fuir les centres d'hébergement pour les meublés, comme le montre le graphique p. 410. Le meublé n'apporte pas de meilleures conditions de vie, mais simplement plus d'indépendance.

La ville de Rouen et son agglomération se démarquent assez peu des autres villes de France dans leur façon d'appréhender l'immigration algérienne. La multiplication des bilans statistiques, la création de centres d'hébergement en périphérie des zones d'habitation et la mise en place des CTAM font de la décennie 1952-1962 un véritable laboratoire de l'encadrement des immigrés. Les « FMA » se révèlent être la population test de cette politique. C'est d'ailleurs sur ce mode de fonctionnement que s'appuiera l'administration française pour réglementer les flux migratoires d'autres nationalités jusqu'à la fermeture progressive de ses frontières[19].

19. Voir à ce sujet Françoise de Barros, « Des "Français musulmans" aux "immigrés". L'importation de classifications coloniales dans les politiques de logement en France (1950-1970) », *Actes de la recherche en sciences sociales*, 2005/4, 159, p. 26-53.

38. HÉBERGEMENT ET RÉPRESSION : LE CENTRE DE LA PART-DIEU

Émilie Elongbil Ewane

À partir du début des années 1950, l'immigration algérienne, présente depuis longtemps dans l'agglomération lyonnaise[1], devient plus significative. Entre 1954 et 1962, la population algérienne passe de 10 000 à un peu plus de 13 000 personnes[2]. Les migrants se font plus nombreux pour répondre à la forte demande en main-d'œuvre de la région. Si le travail ne constitue pas pour cette population un problème, il n'en est pas de même en ce qui concerne leur hébergement dans un contexte de crise du logement. Dans une enquête de la préfecture du Rhône de 1953, il est précisé que plus d'un quart de la population algérienne vit dans des logements insalubres[3]. Hommes et femmes, célibataires ou familles s'entassent dans des garnis ou des hôtels meublés au loyer indécent. Pour faire face à cette pénurie, des entreprises, des associations décident de créer des foyers ou des centres d'hébergement pour les « travailleurs nord-africains », dont la majorité sont algériens. Ces structures sont conçues uniquement pour accueillir des hommes. Le plus célèbre et le plus grand des foyers d'hébergement de la région est celui de la

---

1. Geneviève Massard-Guilbaud, *Des Algériens à Lyon, de la Grande Guerre au Front populaire*, Paris, L'Harmattan, 1995.
2. Archives départementales du Rhône (ADR) 248 W 251*, enquête sociale sur les conditions d'emploi et de logement offertes aux travailleurs musulmans originaires d'Algérie dans l'agglomération lyonnaise et le département du Rhône, 1953.
3. ADR 248 W 253*, procès-verbal de réunion sur la situation d'hébergement des travailleurs français musulmans dans le département du Rhône, novembre 1955.

Part-Dieu. L'étude de sa gestion et de son fonctionnement parallèlement au développement en métropole des activités de lutte pour l'indépendance permet de saisir en quoi la guerre d'Algérie a modifié le centre et le quotidien de ses habitants.

Le centre d'hébergement de la Part-Dieu est créé en novembre 1946 pour faire face aux difficultés de logement que rencontrent les quelque 5 000 travailleurs nord-africains présents dans l'agglomération lyonnaise. Le projet est né à la suite d'initiatives lancées par différentes associations nord-africaines et par le préfet du Rhône. À partir de 1948, le comité de gestion du centre est dirigé uniquement par le directeur départemental du Travail, représentant du préfet. Désormais, et cela jusqu'à la disparition du centre en 1965, les deux seuls représentants nord-africains du comité seront des membres élus, à savoir le chef du culte musulman, l'imam Bel Hadj el-Maafi, et l'interprète du centre, M. Hamel[4].

D'une capacité moyenne de 1 600 places, le centre reste, jusqu'à sa démolition, le premier lieu d'accueil pour les travailleurs algériens de l'agglomération, qui en constituent 90 % des résidents. C'est également un lieu de référence dont on a l'habitude de donner l'adresse aux nouveaux arrivants. Situé dans le quartier de la Part-Dieu, boulevard Eugène-Deruelle, il est installé dans d'anciennes écuries militaires[5]. La structure des bâtiments rappelle celle d'une prison. Il n'existe qu'une seule sortie, contrôlée par des gardes et donnant sur le boulevard. Les dortoirs sont au nombre de 19 et peuvent accueillir de 80 à 150 lits. Quatre blocs W-C et 24 cabines de douche sont prévus pour un effectif qui a pu aller jusqu'à 2 000 personnes.

La vie quotidienne dans le centre de la Part-Dieu

Le foyer met à la disposition des hébergés une cantine, une salle de prière gérée par l'imam Bel Hadj, des magasins, un coiffeur... C'est une véritable ville dans la ville. La vie des résidents suit un règlement

4. Émilie Elongbil Ewane, « Les Immigrants et le Logement : exemple de la population algérienne dans l'agglomération lyonnaise de 1946 à 1962 », mémoire de master 2 sous la direction de Sylvie Schweitzer, université Lumière, Lyon-II, 2005.
5. À l'emplacement de l'ancien centre d'hébergement se trouve actuellement le centre commercial de la Part-Dieu.

intérieur très strict, contrôlé par différentes équipes d'encadrement. Chaque locataire du centre reçoit une carte nominative sur laquelle est apposé un timbre mensuel qui prouve qu'il s'est acquitté de son loyer. Cette carte est le sésame qui donne le droit d'entrer et de résider dans le centre. Si un habitant est en incapacité de présenter une carte en règle, il est expulsé. Les visites et les réunions sont interdites dans l'enceinte du foyer. L'application des sanctions est de la responsabilité du directeur du centre, Louis Hornung, qui a « toute autorité en vue de faire naître et subsister dans le centre une discipline aussi ferme que raisonnable[6] ». Pour veiller à la bonne marche du foyer, Louis Hornung est assisté d'un adjoint, Martin Poli, et d'une équipe de quatorze personnes. Sept Algériens sont employés au nettoyage. En revanche, l'équipe des contrôleurs, qui a pour fonction d'encadrer et de surveiller la population du centre, se compose de cinq Français, pour la plupart d'anciens militaires. Enfin, l'imam Bel Hadj est chargé de la question du culte après avoir obtenu un local au sein du centre. Accrédité en 1948 par la mosquée de Paris, il se positionne comme un partisan loyal de la France et ne fait pas, de ce fait, l'unanimité parmi les résidants[7].

Le fonctionnement interne du centre ne se modifie pas ou peu avec le début de la guerre d'Algérie. Le seul signe de changement est la coopération plus étroite entre la direction du centre et les services de police pour ce qui est du renseignement fourni sur les occupants. Néanmoins, la vie des résidents reste surtout organisée autour de la structure initiale : un règlement strict et des équipes d'encadrants. Mais, à partir de 1957, les conditions d'encadrement des migrants algériens de la région lyonnaise sont modifiées.

Au cours de l'année 1957, le FLN s'impose dans l'agglomération face à un MNA sur le déclin et qui a perdu ses leaders[8]. Cette période correspond également à une restructuration profonde de l'organisation du mouvement. En effet, si auparavant le FLN se fondait essentiellement sur des réseaux d'interconnaissances, sa nouvelle ambition est d'encadrer l'ensemble de la population algérienne en « quadrillant » le

6. ADR 248 W 283*, règlement intérieur du centre nord-africain établi par Louis Hornung.

7. ADR 668 W 86*, étude sur la colonie nord-africaine de Lyon, mai 1961.

8. Céline François, « Entre activisme et répression, la communauté algérienne à Lyon de 1954 à 1962 », mémoire de maîtrise sous la direction d'Olivier Faron, université Jean-Moulin, Lyon-III, 2000.

territoire[9]. L'objectif est d'influer sur la vie privée et professionnelle de chaque Algérien par l'intermédiaire d'un encadrement territorial fin. Le FLN met en place une organisation hiérarchique qui se calque sur les différents types d'espace. Pour le cas du centre de la Part-Dieu, la structure s'organise ainsi : les chambres correspondent à des cellules, les dortoirs sont des sections, les bâtiments des kasmas, le centre correspond, lui, à un secteur[10].

Un centre sous haute surveillance

Cette nouvelle situation n'échappe pas aux Renseignements généraux qui, dès la mi-août 1957, signalent dans l'un de leur rapport que « les cellules et groupes du parti ont été supprimés : la base de l'appareil FLN repose désormais sur le lieu d'habitation[11] ». En réponse à cette constatation, les services de police et les services administratifs de l'agglomération mettent en place un dispositif répressif contre les activités nationalistes, où le contrôle du logement va prendre une place essentielle. Ce dispositif est également soutenu par le nouveau préfet du département, Roger Ricard, partisan d'un durcissement de la politique préfectorale sur la question de l'immigration algérienne[12].

Dès 1958, lors d'une réunion, il inscrit comme une priorité la destruction du centre d'hébergement de la Part-Dieu et souhaite sa démolition pour l'année 1961. Les raisons officiellement évoquées renvoient à la question de l'hygiène et au projet de rénovation du quartier de la Part-Dieu. Mais rappelons que, durant cette période, le centre reste le premier lieu d'hébergement des travailleurs algériens en accueillant environ 8 % de la population algérienne recensée dans l'agglomération. Il est en outre classé par les Renseignements généraux comme un foyer

9. Paul-Marie Atger, « Esquisse d'une histoire politique des immigrés algériens à Lyon de la Libération à la guerre des Algériens en France, 1945-1957 », mémoire de maîtrise sous la direction de Jean-Louis Margolin et Sylvie Schweitzer, université de Provence, 2004.
10. *Ibid.*
11. ADR 668 W 86*, dossier « Terrorisme agitation NA-réorganisation du FLN », rapport des RG, 1957.
12. Élie Nabil Wakim, « La Politique de contrôle des travailleurs algériens à Lyon, 1954-1964 », mémoire de maîtrise sous la direction de Sylvie Schweitzer, université Lumière, Lyon-II, 2003.

fortement politisé. Aux yeux de la préfecture, il représente, de fait, un danger réel.

L'entreprise de recensement et d'évacuation du centre commence à s'organiser à partir de 1960. Elle est confiée au directeur du centre et au capitaine de la nouvelle section administrative technique (SAT). Les SAT sont des services civils animés par un personnel militaire, en l'occurrence des officiers des affaires algériennes. Ils ont été créés en novembre 1960 dans le Rhône[13] : une SAT Lyon-Nord et une SAT Lyon-Sud. Leurs actions sont exclusivement dirigées vers les populations « FMA », bien que cela ne soit pas précisé dans leur nom, contrairement à l'appellation adoptée en région parisienne. Chaque SAT possède une compétence territoriale délimitée. La SAT Lyon-Nord, dirigée par le capitaine Bertrand, a compétence pour les IIIe et VIe arrondissements, Villeurbanne, Vaulx-en-Velin et Bron. Elle est installée boulevard Eugène-Deruelle, à côté du centre de la Part-Dieu.

L'annonce de la fermeture du centre a des répercussions sur l'organisation de la vie dans le foyer, où un véritable climat de tension s'installe. À la suite d'un attentat contre l'un des contrôleurs, Louis Hornung autorise ces derniers à porter une arme[14]. Des renforts de police sont mis en place à l'entrée pour contrôler et filtrer ceux qui veulent s'introduire dans l'enceinte du foyer. Leur rôle est de limiter la clandestinité, véritable problème auquel se heurtent les dirigeants et les contrôleurs du centre[15].

Pour répondre à cette situation, des contrôles de police, souvent suivis d'arrestations, se multiplient à l'intérieur du centre. La lutte contre la clandestinité offre un prétexte à l'appareil policier pour surveiller au plus près la population du foyer. Les services de police travaillent en général en collaboration avec la SAT Lyon-Nord. Les contrôles ont lieu de nuit et les méthodes sont brutales. Ainsi, la nuit du 10 au 11 août 1961, une « visite du centre nord-africain de la

13. Les SAT ont été, en principe, supprimées en juin 1963. Voir Céline Jordan-Meille, L'Immigration nord-africaine dans le département du Rhône, 1950-1970, versement 248 W effectué par le service de liaison et de promotion des migrants, répertoire numérique, ADR, Lyon, 1997.

14. ADR 248 W 303*, lettre du capitaine Bertrand au préfet du Rhône, 10 avril 1962.

15. ADR 248 W 303*, lettre de M. Hornung au président de l'Association lyonnaise pour l'hébergement des Nord-Africains (ALNHA) qui gère le centre de la Part-Dieu, 4 août 1961.

Part-Dieu[16] » est effectuée à la suite d'un signalement de suspects FLN qui résideraient au foyer. L'opération de perquisition se déroule de 23 h 30 à 2 heures du matin. Sur un total de 1 289 occupants, 140 sont des clandestins que les services de police vont soumettre à des vérifications d'identité. Ces contrôles répondent à différents objectifs, dont celui de créer un effet dissuasif et un climat d'insécurité, mais aussi celui de permettre, à travers les vérifications d'identité, des arrestations[17]. Cette méthode de surveillance s'applique à l'ensemble de l'agglomération. Elle se traduit par des contrôles quotidiens dans les voitures, les foyers, les garnis, les cafés et les rues fréquentés par la population algérienne.

Au centre de la Part-Dieu, ces contrôles de police s'accompagnent d'opérations de recensement effectuées par la SAT Lyon-Nord en vue de procéder, avant la démolition du site, au relogement des occupants dans d'autres foyers. Mais les méthodes utilisées par la SAT sont critiquées par le directeur qui, après avoir dirigé le centre pendant treize ans, décide de se retirer fin août 1961. Dans sa lettre de démission, il déclare : « Il n'a été tenu aucun compte des observations que j'ai pu, à diverses reprises, présenter aux autorités préfectorales. [...] Je ne puis continuer à subir les conséquences d'un état de choses dont je ne suis pas responsable[18]. » Louis Hornung dénonce une situation où la tension et la violence se sont accentuées entre les résidents et le personnel encadrant.

La fin de l'année 1961 marque l'apogée du système répressif préfectoral dans l'agglomération. À partir de cette période, la fermeture du centre devient un objectif prioritaire pour la SAT Lyon-Nord. Le capitaine Bertrand décrit les habitants du centre comme une « masse grégaire entièrement soumise au FLN[19] ». En juillet 1962, il note : « Le CNA de la Part-Dieu est toujours un foyer des plus politisés par le FLN. [...] Les clandestins sont donc soit des semi-clochards, soit des responsables FLN qui viennent se faire héberger pendant quelques jours et prendre les mots d'ordre *[sic]*[20]. »

16. ADR 248 W 303*, lettre du commissaire divisionnaire, commissaire central de l'agglomération lyonnaise, au procureur de la République de Lyon, 11 août 1961.
17. Céline François, *op. cit.*
18. ADR 248 W 303*, lettre de démission de M. Hornung, 4 août 1961.
19. ADR 248 W 303*, rapport du capitaine Bertrand, 28 février 1962.
20. ADR 248 W 303*, lettre du capitaine Bertrand au préfet du Rhône, 18 juillet 1962.

Le centre est perçu comme une véritable fourmilière FLN. Mais, malgré la volonté affichée de résoudre rapidement la question du centre de la Part-Dieu, la suppression du site ne pourra être menée à bien qu'en 1965.

Un centre emblématique de la politique de contrôle des populations algériennes

La gestion du centre d'hébergement de la Part-Dieu s'inscrit dans l'évolution plus globale du système de contrôle des Algériens dans l'agglomération lyonnaise pendant la guerre d'Algérie. En effet, l'organisation de la vie au foyer reste proche de celle qui a été instaurée lors de sa création et a perduré jusqu'en 1957, date à laquelle les rapports entre les institutions de l'État et les nationalistes algériens vont se durcir. Pour lutter contre le quadrillage territorial de la population algérienne mis en place par le FLN, les services de la préfecture du Rhône instaurent un dispositif répressif dont l'une des bases est la surveillance par le logement. La structure de la vie au centre de la Part-Dieu répond alors aux exigences de ce nouveau système : l'encadrement des résidents devient plus violent, les contrôles suivis d'arrestations s'intensifient, l'évacuation et la destruction rapides du centre sont décidées. Le cas du foyer n'est qu'un des exemples de cette politique de contrôle menée dans l'agglomération. En effet, tous les types d'hébergement et les lieux de sociabilité fréquentés par la population algérienne sont soumis à ce système de surveillance – accompagné de perquisitions, de contrôles d'identité et parfois d'arrestations. Ces éléments ne correspondent qu'à l'un des maillons d'une chaîne de répression qui a par exemple conduit, en 1958, à la création du camp d'assignation à résidence surveillée de Thol pour les Algériens suspectés d'appartenir à une organisation nationaliste[21].

21. Voir l'article « L'assignation à résidence surveillée : le camp de Thol (1958-1961) », p. 356.

39. LE CTAM DANS LE NORD : LA GUERRE DANS SA DIMENSION COLONIALE[1] ?

Nordine Amara

C'est en 1951, sur décision du Gouvernement général de l'Algérie (GGA), que la fonction de conseiller technique aux affaires musulmanes (CTAM) a été créée. Il s'agit d'administrateurs des services civils d'Algérie envoyés en France pour « essayer de faire quelque chose[2] » face à l'augmentation des flux migratoires à destination de la France. Les CTAM doivent s'intégrer aux services administratifs préexistant à l'échelon préfectoral. Le souci exprimé de ne pas créer d'« administrations spécialisées » sert de caisse de résonance au discours juridique assimilant les Algériens aux « citoyens français ». Le CTAM a un « rôle d'animateur, d'informateur, de conseiller » auprès des services préfectoraux qu'il ne doit pas supplanter, ce qui, pourtant, devient vite irréalisable. Car c'est l'efficacité des politiques d'encadrement qui prime, et la réalisation de leurs objectifs passe par un recours aux savoirs coloniaux. Le CTAM nommé dans le nord de la France le 2 août 1954, M. David, a ainsi exercé une partie de son fonctionnariat dans la région de Constantine[3], « sous

1. Nordine Amara remercie chaleureusement le personnel des archives départementales du Nord, et tout particulièrement Dalila Lounici, dont l'aide a été très précieuse pour la réalisation de ce travail.

2. Archives départementales du Nord (ADN) 677 W 174833*, note de service au sujet des « affaires sociales intéressant la population musulmane en métropole », 15 décembre 1956.

3. ADN 677 W 174833*, courrier du 6 juin 1955 adressé au directeur régional des Douanes.

les ordres de M. Papon[4] ». Et comme l'atteste la correspondance du Bureau des affaires sociales musulmanes, il a mobilisé à chaque instant son réseau de connaissances en Algérie, notamment en matière de logement, afin de pourvoir, entre autres, les postes de directeur des centres d'hébergement[5]. Françoise de Barros souligne ainsi que se constitue dans les préfectures un « réseau d'Algériens » ainsi que des « ressources algériennes[6] ».

Les programmes de logement, pensés dès le début des années 1950, ont été accélérés avec la guerre d'indépendance. Les autorités françaises se lancent dans une véritable bataille, réorientée vers l'angle répressif. C'est dans ce cadre-là que l'« action répressive », l'« action psychologique » et l'« action sociale » se fondent et se confondent dans les pratiques étatiques d'encadrement des Algériens en France[7]. Dans une missive adressée aux sous-préfets de la 2e région militaire, M. David précise ainsi que « l'action sociale à mener en métropole en faveur des Français musulmans résidant de ce côté de la Méditerranée est une partie de l'effort plus général que la France mène en Algérie[8] ». Quelles structures d'hébergement furent alors destinées aux Algériens ? Quelles fonctions sociales et politiques leur furent assignées ?

Les structures de logement, des structures disciplinaires ?

La politique de logement est une caisse de résonance en Algérie des « bonnes intentions[9] » de la France à l'égard des Algériens expatriés. Par conséquent, la plus large publicité est faite aux constructions des

4. ADN 677 W 174833*, courrier du 24 mai 1956 adressé à M. Parini, administrateur au cabinet du préfet de Constantine. Courrier de M. David du 9 octobre 1956 adressé à M. Somveille, directeur du cabinet du préfet de Constantine.
5. Il s'adresse pour cela à divers administrateurs de communes mixtes en Algérie.
6. Françoise de Barros, « Contours d'un réseau administratif "algérien" et construction d'une compétence en "affaires musulmanes". Les conseillers techniques pour les affaires musulmanes en métropole (1952-1965) », in *La Colonie rapatriée*, revue *Politix*, n° 76, 2006, p. 97-117.
7. ADN 1022 W 14*, sous-préfecture de Valenciennes, procès-verbal de la réunion du Scina, 12 août 1958.
8. Courrier du 16 octobre 1955 au sujet de l'« hébergement des travailleurs NA ».
9. ADN 677 W 174833*, courrier de M. David du 16 avril 1956 adressé au préfet des Ardennes au sujet de la « construction de deux centres d'hébergement destinés aux travailleurs NA ».

centres d'hébergement, afin de souligner que les autorités françaises veillent à améliorer les conditions matérielles d'existence des Algériens : reportage photographique, diffusion de tracts dans les entreprises employant des Algériens, publication d'études réalisées par l'Esna[10], diffusion dans les actualités d'un court métrage réalisé par Pathé sur le centre de Marquette[11]. Mais sous ses apparences d'État-providence se dissimule l'État policier. En effet, force est de constater que le logement est un champ d'application de toute la pensée politique coloniale en matière de surveillance et de contrôle de la population algérienne. M. David l'exprime clairement lorsqu'il demande à un chef d'entreprise de Tourcoing de surseoir à la fermeture des hébergements mis à la disposition de ses employés tant que les centres d'hébergement ne sont pas construits en remplacement. Il lui propose alors de lui racheter le terrain nécessaire à la construction de ces logements de substitution, ce qui « donnerait l'occasion de reprendre en mains un groupe de musulmans dont certains éléments se sont parfois montrés peu disciplinés[12] ».

Les structures d'hébergement comporteraient donc des vertus disciplinaires. C'est à cette fin que les autorités préfectorales recherchent les moyens légaux et administratifs leur permettant de placer dans des structures d'hébergement de leur ressort le maximum d'Algériens. Il s'agit de dissoudre « dans nos cités de véritables ghettos, impénétrables à notre action et à notre pensée », comme l'explique le préfet du Nord au président de la CAF de Roubaix-Tourcoing[13]. Considérés comme de véritables « repaires et lieux de réunion pour les nationalistes » qui en font des « foyers du séparatisme algérien[14] », les cafés et hôtels-garnis tenus par des Algériens sont ciblés par l'État qui espère en fermer le plus grand nombre. Sur demande du ministère de l'Intérieur, des opérations

10. ADN 677 W 174833*, courrier de M. David du 24 février 1956 adressé au directeur de l'Esna en vue de publier un article sur le centre de Marquette.
11. ADN 677 W 174833*, courrier du 29 avril 1957 adressé au Bureau des affaires sociales musulmanes du ministère de l'Intérieur.
12. ADN 677 W 174833*, courrier du 13 décembre 1956 adressé au PDG du Peignage de la Tossée à Tourcoing.
13. ADN 677 W 174833*, courrier du 3 décembre 1955 adressé au président de la CAF de Roubaix-Tourcoing.
14. Procès-verbal Scina du 7 janvier 1958 ; ADN 677 W 174833*, note du 12 février 1958 sur la situation du logement dans la vallée de la Sambre.

de recensement sont réalisées en 1955, 1956 et 1957[15]. Sous couvert de transgression des règlements d'hygiène publique et de lutte contre la taudification de l'habitat, les autorités vont procéder à la fermeture administrative de ces lieux. En 1958, il est également étudié la possibilité de limiter l'achat de tels établissements par des Algériens ou bien de racheter ces lieux afin d'y placer à la direction un ancien officier algérien ou marocain de l'armée française[16]. Nonobstant l'absence de « textes particuliers » l'autorisant, il est alors demandé de faire un usage large des normes réglementaires en matière d'hygiène[17].

Les zones de peuplement algérien constituent les fronts de la guerre dans l'espace hexagonal. Les autorités françaises procèdent dès lors à une différenciation spatiale de leur territoire, alors que se créent des îlots de ghettoïsation de la population algérienne, appelés pudiquement « zones à forte densité nord-africaine ». Ce qui incommode les autorités, cependant, ce n'est pas tant la concentration de la population algérienne que la limitation de leur capacité d'intervention que constituent ces « cités musulmanes », comme les désigne le CTAM. Le but recherché est de concentrer la population algérienne en des lieux facilement ouverts aux contrôles étatiques : les centres d'hébergement. Leur site d'implantation atteste cette volonté de capter les flux migratoires algériens et de les orienter vers ces centres « disciplinaires[18] » qui sont la matérialisation spatiale de ce que Foucault nomme la « surveillance hiérarchique » :

> Une architecture qui n'est plus faite simplement pour être vue[19] (faste de palais) [...] mais pour permettre un contrôle intérieur, articulé et détaillé – pour rendre visibles ceux qui s'y trouvent ; plus généralement [...] une architecture qui serait un opérateur pour la transformation des individus : agir sur ceux qu'elle abrite,

---

15. ADN 677 W 174833*, courrier du 26 novembre 1955 adressé par le préfet du Nord à la direction départementale de la Police.
16. ADN 1022 W 14*, archives de la sous-préfecture de Valenciennes, procès-verbal Scina du 10 juin 1958.
17. ADN 1022 W 14*, procès-verbal Scina du 7 janvier 1958.
18. ADN 677 W 174833*, courrier du 21 février 1955 adressé au président de l'Union nord-africaine de Valenciennes au sujet du centre d'hébergement de Valenciennes.
19. Encore que, dans notre cas, l'aspect fastueux de ces constructions se décline sous l'impact propagandiste attendu des centres d'hébergement.

donner prise sur leur conduite, reconduire jusqu'à eux les effets du pouvoir, les offrir à une connaissance, les modifier[20].

À maints égards, les centres d'hébergement fonctionnent sur ce modèle du camp militaire. Ils ne sont pas qu'une simple infrastructure devant pallier les besoins réels de logements, mais relèvent d'un concept répressif que les autorités françaises réactualisent[21] avec la guerre d'indépendance algérienne. C'est une tentative de quadrillage de l'espace industriel abritant une main-d'œuvre algérienne. Ces habitats deviennent des laboratoires d'« action psychologique » et d'intense propagande « Algérie française » – une campagne à l'échelle nationale étant envisagée à la suite des événements de mai 1958. Tous les foyers et centres d'hébergement doivent être dotés d'un poste de télévision, cet outil de communication étant présenté comme étant le plus efficace pour toucher les travailleurs algériens[22]. La radio est également mobilisée. Il s'agit de faire pièce aux informations que les Algériens résidant en France obtiennent sur la situation réelle en Algérie de la part de leur famille restée sur place. Les émissions de propagande sont pensées comme des conversations de comptoir autour d'un « événement favorable survenu dans un douar porté à la connaissance des Français musulmans résidant en France et originaires de ce secteur[23] ». L'objectif étant de contrôler l'« état d'esprit des Français musulmans résidant en métropole[24] » en court-circuitant l'écho provenant des théâtres algériens de la guerre.

Afin d'atteindre les objectifs politiques assignés à ces structures d'hébergement, l'État charge des associations dites « spécialisées » de la construction puis de la gestion sociale et administrative des centres. Celles-ci travaillent en liaison avec les services de police locaux. La spécificité attendue de ces organismes est corrélative à la spécificité reconnue des Algériens. Elle implique un choix précis dans le recrutement des personnes missionnées pour l'encadrement des locataires,

20. Michel Foucault, *Surveiller et punir. Naissance de la prison*, Paris, Gallimard, 2004, p. 201-203.
21. Louis Chevalier, *Classes laborieuses et classes dangereuses à Paris pendant la première moitié du XIXe siècle*, Paris, Perrin, 2007 (rééd.).
22. ADN 1022 W 14*, sous-préfecture de Valenciennes, procès-verbal Scina du 8 juillet 1958.
23. *Idem.*
24. *Idem.*

puisque, est-il reconnu, « la présence des travailleurs nord-africains en métropole pose parfois des problèmes difficiles à résoudre par les voies ordinaires[25] ». Le profil des candidats idéaux est celui d'anciens fonctionnaires et militaires ayant exercé dans les colonies.

En sus de ces considérations culturalistes, cette externalisation des prérogatives étatiques en matière de logement répond à des considérations pratiques : surveiller sans éveiller la méfiance des Algériens à l'égard de l'administration. C'est donc une surveillance qui se réfracte au travers d'actions dites sociales afin d'engranger, sous couvert d'anonymat, les meilleurs résultats politiques. La plupart des centres d'hébergement sont ainsi dotés d'un « bureau d'intervention » pensé comme un écran entre la population algérienne et l'administration française. Cette inscription de la répression dans les actions sociales est jugée indispensable au vu de l'inadaptation de l'arsenal légal et judiciaire français qui ne permet pas sur le territoire français une répression adaptée au regard de l'importance des actions indépendantistes algériennes. Ces centres d'hébergement constituent l'occasion de « tenir ses hommes[26] » « en multipliant les contacts humains » entre les Algériens qui échappent au contrôle des autorités administratives[27].

Un échec ?

Si les limites de cet article ne permettent pas d'évaluer précisément les résultats obtenus par ce dispositif de relogement, il est néanmoins possible d'en donner quelques indices. Au regard de la proportion des Algériens hébergés dans ces centres, les autorités administratives ne sont pas parvenues à contrôler la totalité de la migration algérienne. Cela s'explique entre autres par le contexte de crise du logement.

Dans la région de Lille, les constructions spécifiques aux Algériens ne sont réalisables qu'à compter de l'année 1956, date à laquelle les

25. ADN 677 W 174833*, courrier de M. David du 14 mai 1956 adressé au directeur de l'Enregistrement des domaines et du timbre en vue de l'acquisition d'un immeuble.

26. Choukri Hmed, « "Tenir ses hommes". La gestion des étrangers "isolés" dans les foyers Sonacotra après la guerre d'Algérie », in *La Colonie rapatriée*, revue *Politix*, n° 76, 2006, p. 11-30.

27. ADN 1022 W 14* sous-préfecture de Valenciennes, procès-verbal Scina du 12 août 1958.

« conditions générales d'habitat dans cette région[28] » permettent un effort ciblé vers la population algérienne. Deux centres d'hébergement d'une capacité totale de 450 lits sont édifiés à Marquette et à Lille, ce qui est faible au regard des 2 000 Algériens estimés vivre dans les hôtels et garnis de Lille et ne permet donc pas de « viser à l'assainissement total de la ville ». La question des moyens financiers constitue un écueil pour l'exercice du pouvoir colonial cherchant à soumettre à son contrôle le plus grand nombre de la main-d'œuvre algérienne. Jusqu'à la création de la Sonacotral, le CTAM doit donc parer au plus urgent en transformant d'anciens baraquements de l'Oncor datant de la Seconde Guerre mondiale[29], puis en aménageant des hangars d'entreprise en foyers d'hébergement. Les autorités préfectorales doivent également composer avec les HLM et certaines municipalités[30] qui refusent, d'une part, d'intégrer dans leur parc de logements sociaux les Algériens[31] et, d'autre part, d'accueillir sur leur territoire un centre d'hébergement. C'est le cas de la municipalité de Valenciennes qui, en 1955, est « hostile à la construction, sur son territoire, de locaux destinés aux Nord-Africains[32] » en remplacement d'un centre « vétuste » situé boulevard Harpignies sur un terrain appartenant au ministère de la Guerre. Or le préfet du Nord, au vu de l'importante population algérienne logée dans les garnis du Valenciennois (600 habitants), rappelle au ministère de l'Intérieur l'impérieuse nécessité d'édifier ce centre d'hébergement d'une capacité de 192 lits. Les autorités préfectorales entendent faire « le siège[33] » de cette

---

28. ADN 677 W 174833*, courrier du préfet du 14 mars 1956 adressé au maire de Lille au sujet des « travailleurs nord-africains – logement dans les hôtels et garnis ».
29. ADN 677 W 174833*, courrier du 24 mars 1955 adressé aux sous-préfets de la 2e RM.
30. ADN 677 W 174833*, courrier de M. David du 2 juin 1956 adressé au préfet de la Seine-Maritime afin de presser les municipalités de céder un terrain nécessaire à la construction d'un centre d'hébergement.
31. Vincent Viet, « La politique du logement des immigrés (1945-1960) », *Vingtième Siècle. Revue d'histoire*, n° 64, 1999, p. 91-104.
32. ADN 677 W 174833*, courrier du préfet du Nord du 28 novembre 1955 adressé au ministère de l'Intérieur au sujet du « centre d'hébergement des travailleurs nord-africains » de Valenciennes.
33. ADN 677 W 174833*, courrier du 18 juin 1956. Si la position de la municipalité demeure inchangée, il est prévu de se rabattre auprès des chefs d'entreprise du Valenciennois afin d'obtenir un terrain constructible, car, est-il précisé, « la pénurie de main-d'œuvre dans notre région inciterait en effet les chefs d'entre-

municipalité et comptent sur le soutien des ministères de l'Intérieur et de la Défense[34].

Avant la création de la Sonacotral, l'insuffisance des financements étatiques explique la volonté constante du CTAM d'associer à cette politique de logement les entreprises employant de la main-d'œuvre algérienne. C'est le cas des Houillères nationales. La plupart des dirigeants de ces entreprises occupent des postes décisionnels dans les conseils d'administration des associations, dites « spécialisées », en charge de la construction et de la gestion de ces centres d'hébergement. Le double avantage escompté est de profiter de la « compétence musulmane » de ces entreprises[35] et d'injecter des capitaux industriels dans les projets de construction des centres. Cela permettait aussi de fixer la main-d'œuvre algérienne dans les bassins d'emplois industriels. Ainsi se confondent logique policière et logique de gestion d'une main-d'œuvre[36]. Comme le souligne Vincent Viet, les Algériens ont formé une « population d'exception dans le droit commun[37] ». Avec la Sonacotral s'opère un transfert de compétences, en matière de logement des Algériens, du ministère du Travail et de la Sécurité sociale vers le ministère de l'Intérieur.

Nonobstant l'accélération des constructions de centres d'hébergement[38] du fait d'une rationalisation des financements mixtes (État et

---

prise à s'intéresser à ces constructions de cet ordre afin de fixer les travailleurs à proximité de leurs usines ».

34. ADN 677 W 174833*, courrier du 17 août 1956 adressé au général commandant de la 2ᵉ RM. Sur ce courrier est portée la mention manuscrite « annulée ».

35. À ce sujet, voir Laure Pitti, « Les Nord-Africains à Renault : un cas d'école de gestion coloniale de la main-d'œuvre en métropole », *in* Raphaëlle Branche, Anne-Marie Pathé et Sylvie Thénault (dir.), *Répression, Contrôle et encadrement dans le monde colonial au XXᵉ siècle, Bulletin de l'IHTP*, n° 83, premier semestre 2004, p. 128-143.

36. Pour une étude plus approfondie des logiques qui président à la mise sur pied des politiques de contrôle des étrangers, voir Alexis Spire, *Étrangers à la carte. L'administration de l'immigration en France (1945-1975)*, Paris, Grasset, 2005, p. 51-109.

37. Vincent Viet, *La France immigrée. Construction d'une politique. 1914-1997*, Paris, Fayard, 1998, p. 175.

38. En date du 15 mars 1957, 9 centres d'hébergement d'une capacité totale de 1 872 lits sont ouverts sur l'ensemble de la 2ᵉ RM ; 8 autres centres disposant de 1 612 lits sont en construction et 17 centres d'une capacité de 2 350 lits sont en projet de construction. En 1957, la main-d'œuvre algérienne est estimée à 24 671 hommes, dont 8 066 sont logés par leurs entreprises. ADN 677 W

privés)[39], leur taux d'occupation permet d'émettre des doutes sur la réalisation des objectifs politiques assignés à ces structures. Dès 1956, le CTAM[40] souligne que les Algériens de la région lilloise répugnent à « profiter des avantages qui leur sont offerts » par le centre de la rue Auguste-Bonte érigé dans les locaux d'une ancienne usine désaffectée. Sur près de 200 lits, une vingtaine sont occupés, le plus fort taux d'occupation ayant été de 65 lits à la date du 15 juin 1956. Cette situation s'expliquerait par des « raisons d'ordre psychologique ». Faut-il y voir une méfiance des Algériens conscients de l'enjeu politique que constituent ces centres d'hébergement et craignant d'éventuelles représailles du FLN ou du MNA ? Les autorités préfectorales semblent le penser, mais elles estiment aussi que cette faible attractivité des lieux est la conséquence du déficit de leur équipement matériel. Parmi les « moyens de peupler le centre de la rue Auguste-Bonte » figurent des actions de propagande dans l'enceinte des entreprises employant des Algériens, la création d'un « foyer » disposant d'un poste de télévision ainsi que l'intensification des fermetures des hôtels-garnis algériens[41].

Une analyse de l'exercice du pouvoir colonial ne peut faire l'économie d'une étude approfondie du rapport de force existant entre les différents pouvoirs mis en concurrence pour le contrôle des Algériens résidant en France. Or c'est une des limites sérieuses de cette étude. Des quelques indices relevés lors de témoignages oraux, il ne semble pas que le FLN ait donné des consignes de boycott des centres d'hébergement. Au contraire, ce « regroupement de la masse » algérienne en un même lieu pouvait être profitable au FLN qui y voyait des facilités d'encadrement de la population algérienne, comme l'affirme Ahmed Doum, ancien responsable du FLN en région parisienne[42]. Les centres d'hébergement pouvaient donc être noyautés par les organisations indépendantistes algériennes qui y voyaient un vivier pour leur recrutement.

174833*, note du 1er trimestre 1957 relative à la « situation de l'hébergement des travailleurs nord-africains de la 2e région ».

39. ADN 677 W 174833*, note sur les « travailleurs nord-africains – hébergement – Sonacotral », en date du 17 janvier 1958, adressée aux présidents des « associations spécialisées » et aux sous-préfets.

40. ADN 677 W 174833*, avis de l'administrateur des services civils d'Algérie au sujet de « l'Association pour l'hébergement des travailleurs nord-africains », juin 1956.

41. ADN 677 W 174833*, courrier du 25 octobre 1956 adressé à M. Croisier.

42. Entretien réalisé à Alger en août 2007.

Parfois même, des responsables FLN y étaient temporairement hébergés. D'autre part, les autorités préfectorales ont aussi été concurrencées sur le terrain de la mise aux normes d'hygiène des hôtels et garnis tenus par les Algériens. Des commissions du FLN étaient ainsi chargées de limiter les abus des « marchands de sommeil[43] », mis en demeure d'appliquer des règles strictes d'hygiène et de confort sous peine d'amende.

Les autorités françaises, qui entendent endiguer les revendications indépendantistes au seul terrain algérien, se rendent compte qu'elles ne peuvent pas faire l'économie, en France même, des moyens de la « guerre révolutionnaire ». Ces moyens sont dictés par la nécessité de contrôler l'être et le devenir d'une population que les autorités souhaitent voir agir et penser conformément à leur volonté. Pour cela, l'administration s'appuie sur l'appareil policier, tente d'aménager l'appareil judiciaire dans un sens permettant une plus forte répression, mais, surtout, elle réactualise près d'un demi-siècle d'expériences coloniales en matière d'encadrement de la migration algérienne. C'est au travers de la politique du logement que le pouvoir colonial entend s'exercer dans toute sa plénitude sur la population algérienne.

S'il est exact que les techniques d'encadrement des populations ouvrières et immigrées autres qu'algériennes ont été réemployées, celles-ci relèvent aussi d'une logique spécifiquement coloniale. Car, contrairement aux migrations intra-européennes, les Algériens sont en guerre contre leur intégration forcée à l'ordre politique colonial. Or la guerre se pratique en France sous couvert des instruments de contrôle des migrations ouvrières dont la mobilisation vise effectivement à surveiller le corps d'une population réduite à un tout organique, mais aussi à en investir et à en contrôler les esprits. Contrainte directe donc, mais doublée, encadrée même, d'une contrainte douce qui s'insinue dans les politiques sociales.

43. Entretien avec Ahmed Doum, Alger, août 2007.

40. DES HARKIS DANS LA VIENNE

Marie-Claude Albert et Jean-Luc Gillard

Comment les rapatriés d'Algérie sont-ils perçus par la population métropolitaine à leur arrivée ? Évoquant souvent les flux massifs de populations installées dans les départements du sud de la France, cette question est aussi pertinente pour des départements moins peuplés et peut-être moins bouleversés dans leur structure économique, sociale et politique. Ainsi la Vienne, département rural du Centre-Ouest, participe-t-elle, comme d'autres, aux opérations de rapatriements consécutives à la guerre d'Algérie[1].

Dans ce contexte spécifique, les définitions du mot « rapatrié » sont floues. Si la qualité de « rapatrié » est juridiquement définie le 26 décembre 1961[2], le terme apparaît, dans le département, en 1962, sur les pièces attestant un départ lié aux « événements politiques d'Algérie[3] », mais il désigne de multiples catégories aux frontières fluctuantes[4].

Parmi les diverses catégories de « rapatriés », les plus visibles à l'échelle locale sont les « Français de souche européenne » (FSE) ou

---

1. Concernant des départements du sud, voir Colette Zytnicki, « L'administration face à l'arrivée des rapatriés d'Algérie : la région Midi-Pyrénées », *Annales du Midi*, n° 224, octobre 1998, p. 501-521.
2. *JORF*, 28 décembre 1961, p. 1196-1197.
3. Archives départementales de la Vienne (ADV) 1 W 3460*, affaires diverses, 1962.
4. Alexis Spire et Dominique Merlie, « La question des origines dans les statistiques en France : les enjeux d'une controverse », *Le Mouvement social*, n° 188, 1999, p. 119-130.

« pieds-noirs[5] » et les « Français musulmans d'Algérie[6] » (FMA). Les rapports officiels utilisent aussi les termes de « Nord-Africains », « autres musulmans » et plus fréquemment de « harkis » pour désigner les supplétifs musulmans de l'armée française en Algérie[7].

Dans la Vienne, les premières listes de rapatriés datent de février 1962, avant le cessez-le-feu[8]. À partir de mai, les pouvoirs publics prennent en charge les arrivées qui se concentrent au cours du second semestre de l'année[9]. Les modalités de ces arrivées comme les conditions d'accueil et d'installation de ces nouveaux habitants sont une étape essentielle pour comprendre les relations que les Français de métropole ont entretenues avec eux et réciproquement.

Les flux de l'exode : concentrés et surveillés

Jusqu'à la fin de 1957, le préfet note une présence réduite des milieux « nord-africains ». La volonté d'accueillir des « musulmans » en métropole est peu manifeste, les possibilités d'hébergement et d'emploi étant jugées insuffisantes.

Les premiers arrivants sont des harkis, acheminés par groupes. Ainsi 17 familles, comptant 90 personnes, originaires de Tlemcen, arrivent-elles à Poitiers le 12 mai 1962[10]. Parmi les 4 575 rapatriés recensés le 30 novembre 1962, seulement 16 % sont arrivés dans le département avant le 1er juin[11]. La majorité afflue durant l'été, comme l'attestent les rapports officiels et la presse : 300 personnes en deux

5. Éric Savarèse, *L'Invention des pieds-noirs*, Biarritz, Séguier, 2002.
6. François-Xavier Hautreux, « L'engagement des harkis (1954-1962). Essai de périodisation », *Vingtième Siècle. Revue d'histoire*, n° 90, avril-juin 2006.
7. La typologie officielle évolue en fonction de la situation politique. Déterminée de 1954 à 1957 par le critère colonial, elle se focalise sur les ressortissants de la colonie nord-africaine, nommés « Nord-Africains ». De 1957 à 1964, le critère culturel prédomine dans les désignations et l'élément « musulman » est explicite. Les « harkis », ou supplétifs de l'armée française, constituent une catégorie particulière dès 1957, mais ils sont la plupart du temps intégrés dans les FMA.
8. ADV 1 W 3460*, recensement du sous-préfet de Châtellerault, 1962.
9. ADV 1 W 3460*, recensement des rapatriés munis de cartes temporaires de Sécurité sociale à Châtellerault du 6 juillet 1962 au 23 janvier 1963.
10. ADV 1 W 4095*, accueil et installation des rapatriés d'Algérie 1962-1963, note du préfet au ministre de l'Intérieur, 12 mai 1962.
11. ADV 1 W 4272*, note du préfet du 30 novembre 1962.

jours en août 1962[12]. La dispersion des familles dans diverses communes s'impose, privilégiant celles qui disposent d'infrastructures, comme la station thermale de La Roche-Posay qui comptabilise plus de 50 rapatriés en septembre 1962[13]. Les effectifs s'amplifient rapidement en raison du regroupement familial. Au 10 octobre 1962, près de 2 000 rapatriés se regroupent dans les trois pôles urbains du département[14] : la préfecture de Poitiers et les deux sous-préfectures de Châtellerault et Montmorillon. Plus du quart se trouvent hébergés dans la ville de Châtellerault, plus industrialisée (550 personnes). S'y ajoutent 227 FMA arrivés par leurs propres moyens, dispersés dans les arrondissements de Châtellerault et de Montmorillon, 800 FMA du camp de la Rye, sur la commune du Vigeant au sud du département, et une centaine de familles de fonctionnaires européens rapatriés par leur propre corps.

En définitive, à la fin de 1962, le département compte plus de 5 000 rapatriés. Devant les difficultés de prise en charge, le préfet estime que le degré de saturation est atteint et qu'il faut cesser les envois[15]. Il en fait transférer un nombre croissant, représentant près d'un tiers du total, dans d'autres départements comme la Gironde. Et, fin novembre, son collègue des Bouches-du-Rhône, responsable de la répartition nationale, met un terme à l'acheminement de nouveaux rapatriés[16]. Au-delà des flux drainés par l'administration se dessinent les difficiles réalités des départs et des arrivées[17].

L'immense majorité des rapatriés quitte l'Algérie sans moyens et sans objectifs[18]. Une infime minorité a décidé de son départ et préparé son installation dans le département, tel ce ressortissant européen

12. ADV 1 W 4272*, *Centre-Presse*, 25 août 1962.

13. ADV 1 W 3701*, préfecture de la Vienne, 1re division, 1er bureau, rapatriés : réquisitions de logements, 1962-1964 ; note du sous-préfet de Châtellerault au préfet, 8 février 1963.

14. ADV 1 W 4272*, statistiques du 10 octobre 1962.

15. ADV 1 W 4272*, note préfectorale du 6 novembre 1962.

16. ADV 1 W 4272*, note préfectorale du 28 novembre 1962.

17. Jean-Jacques Jordi, *1962, l'arrivée des pieds-noirs*, Paris, Autrement, 1995 ; Daniel Lefeuvre, « Les pieds-noirs », *in* Mohammed Harbi et Benjamin Stora (dir.), *La Guerre d'Algérie (1954-2004). La fin de l'amnésie*, Paris, Laffont, 2004.

18. ADV 1 W 4272*, Comité départemental d'accueil pour les rapatriés d'Algérie, réunion du 3 septembre 1962 ; Charles-Robert Ageron, « Le drame des harkis en 1962 », *Vingtième Siècle. Revue d'histoire*, n° 42, 1994, p. 3-6 ; Laurent Müller, *Le Silence des harkis*, Paris, L'Harmattan, 1999.

domicilié à Alger qui désire revenir dans le village où il est propriétaire et y créer une entreprise de transport. On recense aussi quelques cas isolés d'expulsés d'Algérie, plus aisés, arrivés en général avant le boom de l'été 1962 : par exemple, le conseiller général du canton de Mostaganem, propriétaire d'une exploitation, rentré en métropole le 23 août 1961 [19].

Mais, comme la plupart des harkis, Boumédiène Bouhassoun affirme être « parti sans l'avoir choisi, sous la menace, alors que [son] frère venait d'être blessé, avec rien, pas même une valise, après avoir vendu en cachette [son] commerce et craignant que l'on découvre [ses] papiers militaires [20] ».

Selon les témoins, rien n'aurait été organisé au départ d'Algérie pour le transport des FMA. Ils partent par leurs propres moyens, souvent à bord de cargos [21]. Les harkis de Châtellerault relatent leur regroupement à Oran du 29 mars au 9 mai 1962, leur embarquement pour Marseille, la naissance d'un bébé durant la traversée et leur transfert dans le département de la Vienne le 12 mai 1962. D'autres arrivent seuls, cinq à six mois plus tard, par les mêmes modes de transport. Pour certains, le trajet prend des voies détournées, telle celle qui passe par Oran, Melilla, Barcelone, Port-Vendres et Marseille, tandis que d'autres, n'ayant pu embarquer, transitent par le Maroc et l'Espagne.

Lors de la première grande vague d'arrivées de harkis à partir du 28 mai 1962, la SNCF puis le comité d'accueil départemental organisent leur transfert dès leur arrivée en métropole. À leur débarquement à Marseille, les rapatriés sont envoyés dans le département de la Vienne soit à leur demande en fonction de leurs relations personnelles, soit dans le cadre du plan national d'hébergement.

Afin d'éviter tout mouvement d'opinion à leur encontre, leur arrivée, particulièrement celle des harkis, est très surveillée. Plusieurs notes du ministère de l'Intérieur soulignent qu'aucune installation ne

---

19. ADV 1 W 4273*, rapatriés, correspondances, années 1963-1964, note préfectorale du 23 décembre 1963.

20. Entretien avec B. Bouhassoun, le 2 mars 2005 ; Farid Benloukil, *Histoire d'un abandon*, Châtellerault, 2003, document audiovisuel. Le réalisateur explique l'histoire de son grand-père harki décédé en 1981. Après avoir montré les diverses structures de refuge, il expose à travers des entretiens les trois points de vue : celui d'un officier français ayant pris en charge des harkis, celui de l'épouse de son grand-père et celui du groupe.

21. Entretien collectif avec sept harkis de Châtellerault, le 10 février 2005.

peut « être accomplie en dehors de l'autorité du ministre d'État et du secrétaire d'État ». La plus grande vigilance est requise[22].

La trentaine de familles de harkis, soit 150 personnes environ, installées dans la Vienne ont été convoyées à partir de Marseille par des autocars spécialement affrétés, puis installées dans leurs propriétés familiales ou chez des amis par des officiers français SAS, car les chefs de ces familles harkies avaient servi sous leurs ordres en Algérie. Ainsi, un groupe de 20 personnes arrive en mai 1962 à Saint-Cassien près de Loudun[23]. Simultanément, le préfet signale au ministre de l'Intérieur l'arrivée de 17 familles de harkis en provenance de Tlemcen et hébergées dans la propriété d'un officier près de Chauvigny[24]. C'est le cas de Boumédiène Bouhassoun[25]. Il a servi en Algérie dans les unités de maintien de l'ordre, mis à la disposition de la SAS des Beni-Ouarsous en qualité de harki de septembre 1957 à décembre 1958, puis de moghazni de janvier 1959 à mars 1962 dans l'arrondissement de Beni-Saf, situé dans le département de Tlemcen. Rapatrié après la dissolution des SAS, le 13 mai 1962, il est installé à Chauvigny.

Seul un rapatrié sur deux a bénéficié d'indemnités au titre des allocations de départ, des frais de transport et de déménagement. Il est d'autant plus nécessaire de prévoir des structures d'accueil efficaces.

L'accueil : centres, propriétés familiales, camp

Le 1er juin 1962, une réunion sous l'autorité du préfet fonde le Comité d'accueil de la Vienne pour les rapatriés d'Algérie, composé des personnalités civiles et religieuses du département. Il prévoit que la SNCF mette à disposition des arrivants une salle pour attendre les moyens de déplacement vers les centres d'accueil. Ce transport est assuré par les cars de la Compagnie des tramways. Des assistantes sociales sont présentes dans

22. ADV 1 W 4095*, notes du ministère de l'Intérieur au préfet du 7 et du 14 mai 1962.
23. ADV 1 W 4095*, accueil et installation des rapatriés d'Algérie demeurant provisoirement à Saint-Cassien.
24. C'est d'ailleurs une aide d'urgence accordée par la préfecture qui a réglé la facture de 130 NF présentée par Les Rapides du Poitou pour le transport de ces familles de Poitiers à Chauvigny (ADV 1 W 4095*, accueil et installation des rapatriés d'Algérie 1962-1963).
25. Entretien avec B. Bouhassoun, le 2 mars 2005.

les centres ; la Croix-Rouge et des associations catholiques apportent leur concours matériel[26].

Trois mois plus tard, le Comité d'accueil dresse un premier bilan : 515 dossiers ont été traités, n'incluant ni les familles de fonctionnaires ni les FMA venus par leurs propres moyens. Le rapport du préfet croit bon de mentionner que « les rapatriés sont des gens modestes qui ne possèdent pour la plupart aucun bien » et souhaite « qu'il n'y ait aucune prévention contre eux dans l'opinion publique[27] ».

Le Comité prévoit une dispersion cantonale des rapatriés. La mise en place effective de comités cantonaux est attestée fin août 1962[28]. Plus de 200 personnes sont alors concernées, réparties à travers tout le département.

Où ces personnes sont-elles accueillies à leur arrivée dans le département ? L'essentiel des arrivées s'effectue à Poitiers. Un centre d'accueil prévu pour recevoir 80 personnes est ouvert près de la gare. Un second s'implante provisoirement dans les locaux du dispensaire de la Croix-Rouge. Dans les deux cas, la nourriture est fournie sous le contrôle de la Ville de Poitiers par le foyer des personnes âgées ; le personnel est issu de la Croix-Rouge et d'autres associations.

Pour faire face à l'arrivée massive de l'été 1962, des réponses encore plus provisoires sont envisagées : le lycée Victor-Hugo de Poitiers abrite 60 rapatriés du 24 au 29 août[29], les lycées Berthelot et Descartes de Châtellerault hébergent plusieurs familles[30], mais le recteur d'académie souligne le manque de matériel, de draps notamment, de personnel de service et de surveillance, ce qui limite l'utilisation des locaux ; en outre, la rentrée scolaire proche oblige à trouver d'autres solutions. Ainsi, la station thermale de La Roche-Posay, qui dispose de locaux à l'issue de la saison estivale, se voit confier quelques familles. Là encore, il s'agit d'un hébergement d'urgence et provisoire, car le maire signale qu'il n'est pas possible d'assurer le chauffage des logements occupés par les rapatriés

---

26. ADV 1 W 4272*, Comité départemental d'accueil pour les rapatriés d'Algérie.
27. ADV 1 W 4272*, réunion présidée par le préfet le 3 septembre 1962.
28. ADV 1 W 4272*, articles de presse recensés par la préfecture à propos du Comité d'accueil : *La Nouvelle République du Centre-Ouest*, 25, 28, 29, 30 et 31 août, 11 septembre 1962, *Centre-Presse*, 28 et 29 août 1962.
29. ADV 1 W 4272*, cabinet du préfet, rapatriés, statistiques.
30. ADV 1 W 3701*, préfecture de la Vienne, 1re division, 1er bureau, rapatriés, réquisitions, instances.

pour l'hiver[31]. De même, l'administration préfectorale recense quatre colonies de vacances pouvant être utilisées : Nieul-l'Espoir, Coussay-les-Bois, Chincé et Jouhet, mais les difficultés de fonctionnement sont identiques. De toute façon, ces structures d'hébergement ne sont là qu'à titre transitoire ; à partir des centres d'accueil, les rapatriés doivent, à terme, être transférés vers d'autres lieux. Parmi les harkis qui ont souhaité venir en métropole après les accords d'Évian de mars 1962, un certain nombre est orienté vers le centre d'accueil de Poitiers, puis immédiatement dirigé vers le centre d'hébergement de la Rye, au Vigeant. Ce camp, affecté provisoirement au secrétariat d'État aux Rapatriés, comporte 40 bâtiments, soit 150 logements disposant de l'électricité, de l'eau courante et d'un mobilier rudimentaire. Le nombre des hébergés a varié : ils étaient 800 le 6 novembre 1962 et 913 en janvier 1963. Mais, au-delà de l'accueil, tous aspirent à une véritable installation.

L'installation : du provisoire au durable

Dans la note du 31 janvier 1963, le préfet de la Vienne déclare, à propos des rapatriés : « Le problème primordial est aujourd'hui celui du logement et du reclassement professionnel[32]. »

Les centres d'accueil ne pouvant fournir qu'un hébergement transitoire, la recherche de logements pour les rapatriés est vite devenue une préoccupation première. Trois types de solutions prédominent : le logement par relations, le logement par réquisition auprès de propriétaires privés et le logement locatif neuf.

Certains rapatriés ont pu être logés par des membres de leur famille, ce qui explique leur volonté de venir dans le département, parfois dans des conditions précaires : l'état des lieux d'un logement à Poitiers est ainsi de trois pièces pour seize personnes à l'époque. Le souci est alors de trouver un meilleur logement. Autre exemple, ce rapatrié expulsé d'Algérie pour « menées subversives », rentré en France en août 1961, qui achète une exploitation agricole de 45 hectares et qui n'a donc pas de problème de logement lorsque son épouse le rejoint l'année suivante[33].

31. ADV 1 W 3460*, affaires diverses 1962, note du maire au préfet de la Vienne, 30 novembre 1962.
32. ADV 1 W 3460*, affaires diverses 1963.
33. ADV 1 W 4273*, note préfectorale du 23 décembre 1963.

D'autres bénéficient de logements réquisitionnés. En effet, en août 1962, le préfet de la Vienne prend un arrêté relatif à la réquisition de locaux vacants au profit des personnes rapatriées d'Algérie. Il diligente alors des enquêtes menées par la gendarmerie et les maires afin d'attribuer des logements inoccupés[34]. La volonté préfectorale exprimée par les ordres de réquisition, les actes de police et d'huissier est de « vider » les centres d'hébergement, mais l'épaisseur des liasses qui traitent de ces réquisitions montre aussi la réticence de certains propriétaires à les accepter, voire leur refus. Passer du provisoire au définitif en matière de logement n'a pas toujours été simple pour les rapatriés[35].

La solution idéale serait sans doute d'obtenir un logement locatif neuf. Le 15 juin 1962, une note du ministère de la Construction au préfet de la Vienne indique la liste des programmes HLM en cours de construction. L'Office départemental HLM et l'Office municipal HLM de Poitiers assurent ici l'essentiel du marché. Ils sont accompagnés par deux sociétés privées : la Société coopérative d'intérêt collectif (SCIC) de Châtellerault et la Société immobilière de la Ville de Poitiers. Le parc locatif en construction s'élève à près de 600 logements : pour l'Office départemental HLM, 119 logements à Poitiers et 130 à Châtellerault ; pour l'Office municipal HLM de Poitiers, 156 dans la première tranche et 134 dans la seconde ; mais aussi 24 logements à Loudun et 12 à Chauvigny[36].

Pourtant, au 31 janvier 1963, 318 demandes ne sont toujours pas satisfaites et 28 personnes demeurent logées au centre d'accueil de Poitiers. Au 30 septembre 1963, 240 demandes restent en attente[37].

Il importe aussi de travailler pour faire vivre sa famille. À leur arrivée dans le département de la Vienne, la plupart des rapatriés n'ont pas de quoi subvenir à leurs besoins. Les services de la préfecture doivent leur fournir dans l'urgence tout un ensemble d'aides, sous réserve

---

34. ADV 1 W 3701*, rapatriés, réquisition de logements 1962-1964, arrêté préfectoral pris en vertu de l'ordonnance du 4 juillet 1962.
35. ADV 1 W 3701*, rapatriés, réquisitions de logements, sous-liasse « Réquisitions 2/1962 », actes administratifs de réquisition et de mainlevée de réquisition à Poitiers.
36. ADV 1 W 4272*, cabinet du préfet, correspondances, logements pour rapatriés, notes du ministère de la Construction au préfet de la Vienne.
37. ADV 1 W 3460*, affaires diverses 1963, note préfectorale du 30 septembre 1963.

de la présentation des pièces justifiant de leur qualité de rapatriés. Ils peuvent alors bénéficier d'une indemnité de départ, de la gratuité des transports jusqu'au lieu d'installation, d'une indemnité de déménagement versée après le départ du centre d'accueil et d'une indemnité de subsistance. Ceux qui souhaitent se fixer définitivement comme commerçants ou artisans et qui peuvent justifier d'un local vide[38] perçoivent une subvention d'installation ; des secours d'extrême urgence, des allocations aux personnes âgées sont également prévus[39]. Une minorité peut obtenir un prêt de reclassement ou un capital de reconversion.

Les aides sont indispensables pour répondre au choc du rapatriement, mais, pour la plupart des rapatriés, elles ne sont qu'une étape vers le retour à l'emploi. Les services préfectoraux s'y activent. Ils notent : « Il y aurait de quoi employer une centaine d'ouvriers qualifiés, mais les demandeurs sont manœuvres, magasiniers, comptables, ou sans métier défini[40]. » C'est dire la difficulté à faire coïncider la demande et l'offre en matière d'emploi. Des actions sont mises en place par les autorités ; par exemple, les infirmières rapatriées d'Algérie en cours de formation sont automatiquement admises dans les écoles d'infirmières ; des licences supplémentaires d'exploitation de taxis sont instituées au profit des Français rapatriés[41] ; enfin, en septembre 1962, le secrétariat d'État aux Rapatriés envisage l'ouverture de chantiers de forestage dans le département pour employer les harkis.

Des propositions d'emploi sont formulées par des associations, des particuliers, mais elles ne concernent qu'un nombre réduit d'offres. Des exploitants agricoles de la zone de Loudun demandent à employer et à héberger des harkis avec leurs familles[42]. Au 1er janvier 1963, un rapatrié sur dix est encore demandeur d'emploi, pour plusieurs motifs : la rareté des offres en milieu rural pour ceux qui sont hébergés par les comités cantonaux, un lieu de travail trop éloigné du domicile, un salaire proposé inférieur au taux de l'allocation de subsistance...

---

38. ADV 1 W 4272*, chemise « Comités cantonaux », liste des prestations servies aux rapatriés français.
39. ADV 1 W 3477*, avril-décembre 1963, rapatriés, tableau statistique produit par la préfecture de la Vienne.
40. ADV 1 W 4272*, cabinet du préfet, correspondances, rapatriés, statistiques.
41. ADV 1 W 3460*, affaires diverses 1962, note du préfet du 13 septembre 1962.
42. ADV 1 W 4095*, affaires diverses 1962-1967, reclassement des harkis et autres musulmans.

Un certain nombre de rapatriés se débrouillent seuls pour retrouver un emploi, sans passer par les services de la main-d'œuvre. À titre d'exemple, Boumédiène Bouhassoun[43], hébergé à La Puye (près de Chauvigny) d'avril 1963 à début 1964, travaille comme maçon à Châtellerault et participe à la construction de la cité de la Plaine-d'Ozon, quartier de la ville appelé à recevoir rapidement les populations rapatriées et immigrées.

Les sources consultées donnent peu de renseignements sur d'éventuelles associations de rapatriés ayant pu jouer un rôle dans l'accueil, l'appui et la réinsertion des rapatriés[44].

Certes, le phénomène du rapatriement s'est prolongé dans le temps, mais le pic de l'été 1962 est bien visible, pour l'essentiel encadré par l'administration préfectorale. Si les villes du département de la Vienne reçoivent les flux majeurs, un effectif important est dispersé dans les communes rurales Par-delà les aides dispensées par les services préfectoraux, un bon nombre de rapatriés connaissent une insertion lente, voire le maintien d'une situation transitoire sur le plan du logement et de l'emploi.

L'histoire des rapatriés offre une double face : d'une part, un exode devenu exil ; d'autre part, une contribution aux Trente Glorieuses. Leur arrivée correspond et participe à l'expansion urbaine et économique des villes du département. Sur ce terrain, elle sera suivie, dès 1964, par la migration économique des travailleurs algériens.

43. Entretien avec M. Boumédiène Bouhassoun, le 2 mars 2005.

44. Il existe en effet une section de la Vienne de l'Association nationale des Français d'Afrique du Nord, d'outre-mer et de leurs amis (Anfanoma) avec une sous-section à Châtellerault (ADV 1 W 4273*, rapatriés Anfanoma 1964-1970). À cette époque, on ne recense aucune association spécialisée dans l'aide aux « musulmans » dans la Vienne (ADV 1 W 4095*).

41. « LES DIMANCHES LEUR SEMBLENT LONGS. » LES FRANÇAIS D'ALGÉRIE EN MAYENNE

Michel Dloussky

Comme beaucoup de départements de la moitié nord de la France, la Mayenne n'a accueilli qu'un nombre très limité de rapatriés[1]. Déjà, en septembre 1961, à propos des possibilités de logement, le préfet écrivait au commissaire chargé de l'aide aux rapatriés :

> L'expérience a montré que l'adaptation de ces rapatriés aux conditions de vie en Mayenne est difficile. Certains, bien que disposant d'un emploi conforme à leurs aptitudes, ne parviennent pas à s'accoutumer ni au mode de vie ni au climat de ce département et entreprennent rapidement des démarches en vue de se fixer dans le midi de la France. Dans ces conditions, je ne pense pas qu'il soit opportun d'encourager la venue massive en Mayenne de Français contraints de quitter l'Afrique du Nord, mais il va de soi que mes services continueront à mettre en œuvre tous les moyens dont ils disposent pour venir en aide aux rapatriés qui désireront s'installer dans mon département[2].

La faiblesse des flux d'arrivants a cependant aidé à l'intégration de cette population nouvelle.

1. Dans le courant de 1962, près de 1 300 rapatriés d'Algérie arrivent en Mayenne, sur un total pour l'ensemble du pays estimé entre 850 000 et 900 000.
2. Archives départementales de la Mayenne (ADM) 465 W 12*.

Des arrivants peu nombreux

On enregistre d'abord, à partir de mars 1962, des arrivées isolées – familles ou personnes seules –, puis, à partir du 10 juin, des arrivées groupées. En septembre[3], 680 personnes sont recensées, et quatre mois plus tard[4] près de 1 300. Par la suite, les arrivées diminuent fortement : une centaine de personnes seulement dans les premiers mois de 1963.

Si beaucoup espèrent partir dans le sud de la France, trois ans plus tard, on compte encore 1 195 anciens rapatriés dans le département. Environ 40 % des premiers arrivants sont repartis ; ils ont partiellement été remplacés par des nouveaux. Le nombre important de familles de fonctionnaires rapatriés (50 % des effectifs) affectés en Mayenne contribue vraisemblablement à cette relative stabilité. Il s'agit d'une population modeste, salariée ou retraitée dans sa quasi-totalité.

Dès le début se pose le problème de la continuité des revenus, donc du reclassement professionnel. Les fonctionnaires se voient généralement proposer un poste dans l'administration correspondante de la métropole : l'Éducation nationale, la gendarmerie, la police, la préfecture, la poste, Électricité et Gaz de France sont les principales administrations d'accueil.

Dans le secteur privé, beaucoup de nouveaux arrivants se déclarent demandeurs d'emploi, mais ne s'inscrivent pas toujours auprès des services de la main-d'œuvre. Des possibilités d'emploi existent surtout dans l'industrie, notamment dans la confection, la mécanique ou le câblage. Avec l'essor industriel de la fin des années 1950 dans le département, l'offre d'emploi est soutenue.

D'après les Renseignements généraux :

> Le maintien de l'emploi des rapatriés d'Algérie ne soulève pas de difficulté et, selon les services de la main-d'œuvre, sur tous les rapatriés qui ont sollicité du travail, la moitié a pu être placée sans mal, quelquefois avec des classifications différentes, car ils ont tendance à surestimer leur qualification professionnelle. Les difficultés disparaîtraient tout à fait si la question du logement ne se posait pas[5].

3. ADM 465 W 34*, état adressé à l'Igame d'Ille-et-Vilaine le 12 octobre 1962. Recensement à la date du 25 septembre 1962.
4. ADM 465 W 34*, état au 1er janvier 1963.
5. ADM 465 W 34*, rapport des RG à l'Igame, 31 août 1962.

Les statistiques mensuelles montrent une amélioration de la situation de l'emploi des rapatriés à partir de la fin de 1962 : en un an, le nombre des demandeurs d'emploi passe de 145 à 45[6]. Mais cette baisse est à tempérer, car elle tient également aux départs. La chambre de commerce centralise les propositions de vente aux rapatriés de commerces ou d'ateliers artisanaux : quelques dizaines sont présentées à partir de décembre 1962, principalement sur Laval, mais on en ignore le résultat.

Bien que le département reste à dominante rurale, les possibilités d'installation dans l'agriculture sont très réduites.

> Bien avant l'indépendance de l'Algérie, des Français d'Algérie, par l'intermédiaire des notaires, ont prospecté la région à la recherche de fermes qu'ils désiraient acquérir à des prix surestimés. La Fédération départementale des syndicats d'exploitants agricoles n'a pas connaissance de tels achats et aucun cultivateur n'est venu se plaindre d'une concurrence quelconque de la part de rapatriés. À l'Enregistrement, on ne signale aucune inscription d'achats de propriétés ou de commerces. En général, les rapatriés arrivés depuis le 1er juillet [1962] ne semblent pas de situation aisée[7].

En effet, dans une forte proportion, les rapatriés arrivés en Mayenne ne disposent que de faibles moyens, voire sont quasiment sans ressources. Un comité d'accueil n'est constitué que le 9 juin 1962 sous l'autorité du préfet, avec des centres dans les trois principales villes du département, Laval, Mayenne et Château-Gontier. Comme ailleurs, des assistantes sociales sont chargées de s'occuper des cas particuliers, et une enquête est lancée en septembre-octobre auprès des maires pour mieux déterminer les ressources, les aptitudes professionnelles, la situation en matière de logement et les premiers contacts avec la population locale[8].

Des aides pécuniaires sont mises en place pour faire face à des dépenses de subsistance, de déménagement, de transport ou de frais de retour. Au 31 décembre 1962, quelque 1 100 dossiers ont été ainsi examinés[9], pour un effectif global de 1 300 personnes, et ont donné lieu à

6. ADM 465 W 33*, statistiques préfectorales.
7. ADM 465 W 34*, rapport des RG à l'Igame, 31 août 1962.
8. ADM 465 W 12*.
9. ADM 465 W 2*, statistiques préfectorales.

l'attribution d'une aide financière. Dès le mois de mai, des dispositions sont également prises en vue de la scolarisation des enfants et des bourses sont distribuées pour les colonies de vacances.

La situation s'améliore dans le courant de 1963, avec notamment l'accès à un emploi. Les allocations de subsistance se limitent désormais à un petit nombre de bénéficiaires.

Les organisations caritatives participent également à cette aide, tant sur le plan matériel que psychologique. L'importance de leur intervention est cependant difficile à cerner par manque de données précises. Ainsi, le 7 juin, un appel des cardinaux de France, relayé localement, annonce que les communautés paroissiales et les mouvements d'Action catholique accueilleront ceux qui reviennent en métropole. L'évêque lance un appel en direction des paroissiens pour qu'ils participent au travail du Secours catholique[10].

De même, le conseil départemental de la Croix-Rouge aborde le problème des rapatriés dès 1961, tout en rappelant à cette occasion qu'il n'a pas à prendre de position à caractère politique. Dès les premières arrivées, il se préoccupe de la fourniture de vivres, de couvertures ou de layettes pour les enfants et rappelle dans un compte rendu de réunion du 28 mai 1962 que trois de ses agents ont été récompensés par le Mérite social pour leur action en faveur des rapatriés[11].

Les autorités prises de court par les arrivées

L'arrivée des rapatriés n'a pas été prévue. Or elle survient à un moment où le département ne dispose encore que de peu de logements HLM et où la demande s'est accrue à la suite de l'implantation de nombreuses industries. Les appartements HLM existants sont tous affectés, et les maires disent généralement qu'ils n'ont pas de disponibilités. C'est ce que rappelle le préfet au ministre de l'Intérieur dans une note de février 1963 : « Aucun appartement n'a été mis en service au cours de l'année 1962 par l'Office départemental des HLM[12]. »

Dans le courant de l'année 1962, une quinzaine seulement de logements du secteur HLM qui se libèrent sont attribués à des familles de

10. *L'Église de Laval*, bulletin bimensuel du 1er août 1962.
11. ADM 407 J 1, dépôt du conseil départemental de la Croix-Rouge.
12. ADM 465 W 14*.

rapatriés. Certes des programmes sont en cours de réalisation ou à l'étude, principalement à Laval, mais on considère que les demandes non satisfaites ne pourront être totalement résorbées qu'au second trimestre de 1965. Or, eu égard à leur souhait d'un minimum de confort, compatible avec leur modeste niveau de ressources et avec la possibilité de trouver plus facilement un emploi, les rapatriés désirent le plus souvent obtenir un appartement HLM à Laval.

Les pouvoirs publics doivent donc faire feu de tout bois. Dans l'immédiat, on trouve une centaine de places au grand séminaire de Laval, autant dans la communauté des Sœurs de la Charité d'Évron. Des contacts sont pris avec l'armée, la Croix-Rouge, des maisons de retraite. En juin, on se tourne vers la solution de dépannage des hôtels, des colonies de vacances, des internats. Des ordres de réquisition de logements inoccupés sont lancés (90 en 1962), mais très peu aboutissent. D'une part, les listes dont dispose la préfecture ne sont pas à jour ; d'autre part, les propriétaires affirment que les logements sont insalubres ou qu'ils sont déjà loués, ils renâclent devant les travaux indispensables et craignent de ne pouvoir récupérer le logement au terme du délai ou de ne pas être payés[13].

À l'automne, sur 72 rapatriés interrogés, seuls 20 estiment leur logement « acceptable » ou « correct[14] ». L'exiguïté des locaux, leur mauvais état, l'absence d'eau au robinet, les W-C extérieurs sont fréquents. L'importance de certaines familles (six membres, voire davantage) rend la recherche d'un logement adapté encore plus aléatoire. De plus, certains de ces logements se trouvent dans des localités où il est difficile de trouver un emploi.

Que dit la presse locale ?

Comment les rapatriés sont-ils perçus et accueillis dans le département ? La presse livre quelques indications. Le quotidien régional *Ouest-Franc*e commence à les évoquer en mai 1962, à propos des crédits mis à leur disposition ou des arrivées massives à Marseille. Par la suite, il relate les actualités locales ayant trait à la situation des rapatriés arrivés dans le département ou dans la région. Une rubrique spéciale, « Chronique des

13. ADM 465 W 15* et 16*.
14. ADM 465 W 12*, enquête sociale sur les rapatriés, septembre-octobre 1962.

rapatriés d'Algérie dans l'Ouest », apparaît en page régionale au début du mois de juillet : elle donne aux rapatriés des informations sur leurs droits, la recherche d'un emploi ou d'un logement ; elle leur propose de les aider à retrouver des parents ou des amis. Mais cette rubrique ne semble pas faire l'objet d'un suivi régulier. Assez rapidement, le quotidien signale seulement les décisions de portée nationale en faveur des rapatriés ou les appels des représentants départementaux de la Croix-Rouge ou du Secours catholique.

Deux des trois hebdomadaires les plus lus en Mayenne ignorent totalement ou presque la question des rapatriés d'Algérie[15]. Seul *Le Courrier de la Mayenne*, nettement situé à droite, donne des informations plus suivies et plus détaillées. Dès 1961, il évoque l'arrivée des rapatriés, bien avant les accords d'Évian. Le 3 septembre 1961, sous le titre « Les rapatriés, nos compatriotes », il signale l'installation de 350 000 rapatriés depuis 1954 (en fait, surtout originaires de Tunisie), dont 80 % ont besoin d'une aide de l'État. Le 7 mai de la même année, le journal conseille aux jeunes agriculteurs d'Algérie, « qui n'auraient pas d'avenir devant eux », de s'inscrire auprès de l'Association pour les migrations rurales en vue d'un voyage dans le Tarn et le Lot-et-Garonne, les exploitations disponibles en Mayenne étant inexistantes.

En 1962, quand l'exode devient massif, la place concernant les rapatriés augmente dans les colonnes du journal. L'hebdomadaire met également son service de petites annonces gracieusement à la disposition des rapatriés pour des recherches d'emploi ou de logement. On remercie les Mayennais qui ont trouvé du travail à quelques familles, sans omettre néanmoins les obstacles à surmonter. Ainsi peut-on lire dans un numéro de juillet : « Évidemment, leur tempérament n'est pas le même que celui des Mayennais et nous croyons qu'avec un peu de bonne volonté et de patience, on finira par se comprendre[16]. »

Enfin, le 25 septembre, le flux des rapatriés diminuant quelque peu, *Le Courrier de la Mayenne* tente un premier bilan et souligne l'écart existant entre les communes, notamment en matière de logement, les unes offrant des logements salubres, d'autres, notamment celles qui souffrent de l'exode rural, proposant des logements sans le confort élémentaire. Plus grave, la bonne volonté manquerait encore plus que les hébergements. Selon la déclaration d'un responsable du Secours

15. Il s'agit de *Mayenne-Républicain* et de *L'Indépendant de Château-Gontier*.
16. *Le Courrier de la Mayenne*, 21 juillet 1962.

catholique, rapportée par l'hebdomadaire : « Le problème des distractions se pose aussi. La plupart des familles vivaient à Alger ou Oran, deux très grandes villes très animées. Le calme et le silence de nos bourgs mayennais les surprend. Les dimanches leur semblent longs. »

Ainsi la première année passée en Mayenne est-elle difficile : faibles ressources, logement précaire, emploi souvent peu qualifié, dépaysement important. Dans un rapport des Renseignements généraux du 31 août 1962, sous le titre « État d'esprit et adaptation », on peut lire :

> Jusqu'à présent aucun fait saillant ne laisse supposer un mauvais état d'esprit parmi les repliés d'Algérie. Tous sans exception regrettent naturellement d'avoir quitté leur pays d'origine et bon nombre d'entre eux espèrent y retourner dès que les événements le permettront. Le trouble et le marasme économique qui règnent actuellement en Algérie ne font que renforcer leur opinion en faveur du maintien de l'Algérie française, les musulmans étant incapables, selon eux, de diriger le pays. Bien qu'ils se considèrent comme des exilés dans cette partie de la France dont ils redoutent surtout le climat, il semble que leur période d'adaptation devrait être assez brève. Pour le moment, ils ne se mélangent pas encore au public, mais la tranquillité d'esprit retrouvée, l'emploi et le logement les aideront sans doute à s'assimiler rapidement au milieu d'une population calme de nature. Les jeunes rapatriés font cependant l'objet d'une surveillance discrète[17].

Une certaine volonté d'intégration existe. Le maintien en Mayenne n'est pas écarté *a priori*, sous réserve que l'emploi et le logement donnent satisfaction. Quant à la population autochtone, elle aurait dans l'ensemble un préjugé favorable à l'égard des nouveaux arrivants, si l'on en croit les déclarations des maires. Il est vrai que la solidarité s'est manifestée dès le début et à de nombreuses reprises par des aides matérielles et psychologiques. Mais on note également plusieurs cas où l'indifférence l'emporte, et il est clair que l'on se montre réticent à les avoir comme locataires.

Les Français d'Algérie, au moins ceux qui restent en Mayenne ou qui y viendront ultérieurement, se fondent peu à peu dans la population

17. ADM 465 W 34*.

locale. L'intégration, pour une partie d'entre eux, dans la fonction publique métropolitaine a certainement joué un rôle, mais aussi, peut-être et paradoxalement, l'absence d'une instance locale représentative des rapatriés, qui les a fait échapper au repli communautaire.

42. « PARIS LES A PRIS DANS SES BRAS[1] ! » LA POLITIQUE D'ACCUEIL DES FRANÇAIS D'ALGÉRIE DANS LE DÉPARTEMENT DE LA SEINE

Yann Scioldo-Zürcher

> [La région parisienne] est particulièrement sensibilisée aux problèmes politiques posés par l'Algérie. L'arrivée dans la capitale et sa banlieue [de rapatriés] ne semble pas opportune. Beaucoup d'entre eux se révéleront, en effet, des exécutants tout désignés pour certains attentats et/ou au moins pour des manifestations qui auraient, en France et à l'étranger, un retentissement beaucoup plus grand que si elles se déroulaient en province. Quant à la délinquance juvénile, l'expérience a montré qu'elle n'était que facilitée par la vie dans les grands centres urbains. L'atmosphère de nombreux quartiers et de nombreuses communes de banlieue serait peu propice à l'amendement et à la réadaptation de jeunes gens habitués à la violence, au développement physique et moral d'enfants rapatriés[2].

En écrivant le 13 juin 1962 au ministre de l'Intérieur ses craintes pour la sécurité de l'État, Maurice Papon, préfet de police de la Seine, se lance dans un plaidoyer outrancier afin d'interdire aux Français rapatriés d'Algérie de venir s'installer dans la capitale française. Si le gouvernement de George Pompidou a partagé ces mêmes inclinations, il se montre cependant beaucoup plus pragmatique. N'ayant aucune possibilité

1. D'après Enrico Macias sur des paroles de Jean Peigné, *Paris, tu m'as pris dans tes bras*, Warner Chappell Music France, 1964.
2. Archives nationales, Centre des archives contemporaines, 19910467/1.

d'interdire juridiquement la libre circulation de Français, ce qui contreviendrait à tout principe républicain, il souhaite toutefois limiter une trop importante concentration de populations rapatriées dans la capitale et favoriser l'implantation des seuls actifs qui se dirigeront malgré tout vers une des principales régions pourvoyeuses d'emplois.

L'entreprise est délicate, Paris étant à la fois un lieu d'arrivée depuis l'Algérie, une ville de transit pour les rapatriés déjà présents en métropole et une cité avec un fort pouvoir d'attraction. La politique d'accueil organisée par la préfecture de la Seine va non seulement permettre l'encadrement des rapatriés par le pouvoir politique mais aussi favoriser la pacification d'une population particulièrement disposée au sentiment émeutier.

Accueillir

La préfecture de Paris a déjà à son actif l'organisation de comités d'accueil. Un éphémère centre de transit avait été mis en place pour les réfugiés hongrois et égyptiens arrivés en novembre 1956, mais c'est avec l'arrivée des Français rapatriés coloniaux qu'elle s'engage dans un accueil d'une plus grande envergure. Avec les arrivées continues des Français en provenance des anciens protectorats français, un centre d'accueil pour les réfugiés français et les rapatriés du Maroc et de la Tunisie voit le jour en avril 1959. Entre les mois d'août et de septembre 1961, une permanence est désormais quotidiennement tenue dans l'aéroport d'Orly[3]. Des assistantes sociales, un représentant de la préfecture et un représentant des élus régionaux secourent et informent de leurs droits les rapatriés qui arrivent par les vols réguliers. Officiellement, les Français rapatriés des anciens protectorats y sont accueillis ; officieusement, les Français qui quittent l'Algérie y sont aussi reçus. Après cette première expérience, la préfecture parisienne organise, à plus grande échelle, le débarquement des Français d'Algérie. En effet, le 2 avril 1962, le secrétariat d'État aux Rapatriés demande que les préfets constituent un comité d'accueil dans chacune des villes où les rapatriés sont hébergés en nombre ; le 6 mai 1962, il leur confie la charge de centres d'hébergement collectif, et le 26 mai c'est au tour du Premier ministre d'exiger des préfets qu'ils se consacrent pleinement à l'accueil des rapatriés d'Algérie[4].

---

3. Archives départementales de la Seine (ADSe) 1483 W 67, note du préfet en réponse au conseiller municipal Marbœuf, 20 avril 1959.
4. ADSe 1023-68-1-3, circulaire télégraphique 319.

Si les premiers bureaux d'accueil pour les Français d'Algérie sont ouverts à l'aéroport d'Orly après la parution de la circulaire du Premier ministre du 26 mai 1962, il faut cependant attendre le 8 juin pour que le comité d'accueil de la Seine soit créé, et le 16 pour qu'il soit réuni. Composé essentiellement d'agents préfectoraux et d'élus parisiens, le Comité relaie la politique d'intégration des rapatriés d'Algérie décidée par le gouvernement[5]. L'accueil mis en place doit organiser leur prise en charge immédiate par l'administration du secrétariat d'État aux Rapatriés et favoriser leur intégration en métropole. Pour éviter une installation dans les nombreux bidonvilles qui ceinturent la capitale, un revenu mensuel de substitution leur est assuré ainsi qu'un hébergement, même temporaire, dans un centre d'urgence[6].

Les rapatriés qui arrivent directement à Paris depuis l'Algérie doivent ainsi se soumettre à différentes opérations de contrôle policier. La police de l'air et des frontières recherche en effet les Français passés à la clandestinité et confisque les éventuelles armes qu'ils auraient emportées avec eux. Les opérations de douane nécessitent environ une heure pour un vol de 90 personnes. Après quoi, les services préfectoraux interviennent. Installés dans les salles de débarquement, ils constituent les dossiers administratifs qui vont permettre de suivre individuellement chaque ménage et règlent les premières allocations de retour, de déménagement et de subsistance, comme cela se fait déjà dans les ports et les aéroports méridionaux[7]. La préfecture organise enfin le transport des personnes et de leurs bagages dans l'enceinte de l'aéroport vers des salles de transit spécialement ouvertes à leur intention. De là, ceux qui ne savent où aller sont répartis dans différents lieux de la capitale.

5. Daniel Lefeuvre, « Les pieds-noirs », *in* Mohammed Harbi et Benjamin Stora (dir.), *La Guerre d'Algérie (1954-2004). La fin de l'amnésie*, Paris, Robert Laffont, 2004, p. 267-286.

6. ADSe 1023-68-1-4. Ce comité dirigé par le préfet de la Seine comptait le préfet de police, des représentants des présidents du conseil municipal de Paris et du conseil général de la Seine, du rapporteur général du budget de la Ville de Paris et du département de la Seine, du cardinal-archevêque de Paris, du président du Consistoire des Églises réformées de Paris, du grand rabbin de Paris, du secrétaire général du Secours catholique, du délégué aux relations extérieures de l'Armée du Salut, du président du tribunal de grande instance de la Seine et du receveur général des finances de la préfecture.

7. Yann Scioldo-Zürcher, « Devenir métropolitain, politique d'intégration et parcours de rapatriés d'Algérie en métropole 1954-2005 », thèse de doctorat de l'EHESS sous la direction de Nancy L. Green, 2006.

Les rapatriés arrivés à Paris sont divisés en quatre catégories administratives directement issues des catégorisations jusqu'alors en vigueur dans l'Algérie coloniale. Les « Français d'origine nord-africaine » sont tout d'abord séparés des « Français d'origine européenne »[8]. Les « Algériens indigènes » militaires sont hébergés à Vincennes, dans les locaux de l'armée de terre ; les civils « algériens indigènes » sont, quant à eux, dirigés vers le centre des Gobelins, une ancienne caserne de CRS située rue Coypel, dans le XIIIe arrondissement de Paris[9]. Restent les Français rapatriés « d'origine européenne ». La préfecture distingue ceux qui ont un lieu de repli de ceux qui n'ont nul endroit où aller. La préfecture de Paris estime ainsi que 60 % des rapatriés qui arrivent à Paris durant le mois de juin 1962 ont une adresse vers laquelle ils peuvent se diriger dès leur débarquement[10]. Les autres 40 % sont logés temporairement par la préfecture. Parmi eux, et selon le qualificatif employé par les autorités, on compte 5 % de « cas sociaux ».

Pour ces derniers, elle ouvre un petit centre de transit dans l'aéroport d'Orly et confie sa gestion à la Croix-Rouge[11]. Composé de 120 lits, de 40 lits d'enfants et de 20 berceaux, il est évidemment rapidement surpeuplé. Pour le désengorger, un autre centre de transit est ouvert dans l'enceinte de l'aéroport du Bourget. Plus adapté, il est composé d'une infirmerie, d'une salle d'accueil de 400 lits et offre de meilleures conditions sanitaires[12]. Les deux centres reçoivent 47 734 individus en l'espace de six mois. Les arrivants ne pouvant y résider que huit jours tout au plus, les nouveaux rapatriés « chassant » ceux qui les précèdent, la préfecture de la Seine décide, le 29 juin 1962, d'ouvrir le centre des Gobelins aux Européens[13]. Cependant, dans un souci de ségrégation constant, les familles européennes sont reçues dans des pièces qui disposent d'un accès séparé de celles qui sont réservées aux Algériens[14]. Le centre peut recevoir 90 Français d'Algérie dans des box que l'on réserve aux familles et 90 autres dans des dortoirs collectifs. Il est évidemment surencombré.

L'accueil des rapatriés arrivant directement d'Algérie n'est pas la seule tâche qui incombe à la préfecture. Elle doit aussi se charger des

8. Ce sont là deux catégories administratives créées par l'armée française en 1958.
9. ADSe 1023-68-1-11, dossier « Centre des Gobelins ».
10. ADSe 1023-68-1-3, note du 1er août 1963.
11. ADSe 1023-68-1-3, *ibid.*
12. ADSe 1023-68-1-3, *ibid.*
13. ADSe 1023-68-1-11, dossier « Centre des Gobelins », note du 19 juillet 1962.
14. ADSe 1483 W 74, note du 23 juillet 1962.

rapatriés qui arrivent à Paris depuis la province, généralement par train. La préfecture organise ainsi un accueil spécifique dans les gares ferroviaires de Lyon et d'Austerlitz. Les préfectures des villes de départ qui délivrent les bons de transport SNCF gratuits aux rapatriés informent la préfecture parisienne de l'arrivée des trains dans lesquels des rapatriés ont pris place[15]. Dès le 22 juin 1962, des assistantes sociales détachées en gare de Lyon attendent les rapatriés, les encadrent et gèrent un petit centre aménagé dans un local SNCF de la rue de Chalon. Le centre restera ouvert jusqu'au 15 février 1963 ; 10 527 personnes y ont été reçues, la moitié d'entre elles durant l'été 1962[16].

L'encadrement des rapatriés arrivés en gare est, une fois encore, particulièrement surveillé. La préfecture organise le transfert d'une gare à une autre de 38 % des rapatriés reçus. Des agents préfectoraux les convoient dans Paris en leur épargnant un transit difficile en métro. L'action n'est pas que philanthropique, il s'agit aussi de faciliter le transfert des rapatriés vers des régions où le logement est disponible et de leur éviter la tentation de s'installer, ne serait-ce que quelques jours, à Paris. La préfecture a même assuré le transfert individuel de 1 312 personnes vers leurs lieux privés de repli. Les services sociaux en gare ont aussi dirigé 26 % des accueillis vers les centres d'hébergement d'Orly, du Bourget ou de Paris.

Héberger

Comme les hébergements proposés sont temporaires, le gouvernement, par décret du 8 août 1962, ouvre des centres d'accueil censés recevoir les rapatriés sur un plus long terme. Ceux qui ne peuvent assurer individuellement leur hébergement et leur reclassement y sont admis sur décision des autorités préfectorales. À Paris, contrairement à ce qui se fait dans les autres villes de province, sans doute par crainte de ne pouvoir les récupérer en temps voulu, les dortoirs des lycées ne sont pas réquisitionnés[17].

La préfecture de la Seine veille notamment à répartir les rapatriés sur le territoire national en évitant les grandes concentrations de personnes et

15. ADSe 1023-68-1-11.
16. *Ibid.*
17. Voir l'article « Des harkis dans la Vienne », p. 436.

n'ouvre ses centres d'hébergement qu'aux seuls rapatriés pourvus d'un emploi ou en passe d'être reclassés. Les personnes âgées et isolées ne résident dans les centres parisiens que durant quelques jours avant d'être dirigées dans des maisons d'accueil provinciales[18]. Quant aux rapatriés actifs mais sans emploi, la préfecture met en place une politique d'orientation qui se veut persuasive. Ainsi, M. L. a-t-il le droit d'être hébergé seulement six jours. Passé ce délai, il n'est plus admis dans un centre d'hébergement, excepté celui de la ville de Caen, où l'ouverture prochaine d'une usine Citroën devrait lui assurer une embauche[19]. Cet autoritarisme n'est cependant pas d'une rigueur absolue. Si les exigences préfectorales sont acceptées par quelques ménages, elles essuient aussi des refus de la part d'autres qui ont malgré tout la liberté de se mouvoir et de s'installer là où ils le désirent. Dans ce cas-là, la préfecture les laisse dans les centres de transit les moins confortables[20]. Lorsque ces derniers ferment leurs portes, les centres d'hébergement reçoivent ces personnes, mais, une fois encore, la préfecture veille à toujours les orienter vers la province.

Le principal centre d'hébergement du département de la Seine, dit centre des Gobelins, est situé dans les locaux du centre d'aide sociale de la rue Baudricourt, dans le XIIIe arrondissement[21]. Situé à proximité du centre de transit qui portait le même nom et aménagé dans une ancienne caserne qui avait servi à la défense passive durant la Seconde Guerre mondiale, il est en cours de rénovation pour accueillir les personnes sans domicile. Il est ouvert aux seuls rapatriés le 1er décembre 1962[22]. Il offre 400 places[23]. Les sans-abri sont relégués dans le centre déjà surencombré de la bien mal nommée rue du Château-des-Rentiers, également située dans le XIIIe arrondissement. La préfecture, qui, par manque de lieux d'hébergement, ne peut plus maintenir le principe de

18. ADSe 1023-68-1-10, note du 22 août 1962.
19. ADSe 1023-68-1-11, dossier « Affaires diverses ».
20. ADSe 1023-68-1-11, *ibid.*
21. Valérie Esclangon-Morin, *Les Rapatriés d'Afrique du Nord, de 1956 à nos jours*, Paris, L'Harmattan, coll. « Histoire et perspectives méditerranéennes », 2007, p. 81 *sqq.*
22. ADSe 1023-68-1-11, dossier « Centre des Gobelins ».
23. Le centre Baudricourt a reçu 3 534 personnes entre les années 1962 et 1979. Il n'a hébergé qu'exceptionnellement en 1967 des personnes de nationalité portugaise, venues en situation d'urgence après l'incendie du bidonville des Francs-Moisins de Saint-Denis.

ségrégation ethnique, sépare toutefois les rapatriés en fonction de leurs caractéristiques sociales.

Les rapatriés salariés en attente d'un logement sont ainsi admis dans le centre des Gobelins. Un autre petit centre d'action sociale, le centre Lucquet, divisé en deux bâtiments, l'un situé rue Nationale dans le XIIIe arrondissement, l'autre dans la proche commune de Charenton-le-Pont, doit recevoir les personnes rapatriées jugées « asociales » et difficilement reclassables[24]. Les familles sont envoyées à Charenton-le-Pont, les célibataires rue Nationale. Enfin, le centre Pauline-Roland, situé à proximité du parc des Buttes-Chaumont, est réservé aux femmes seules et sans revenu, avec ou sans enfants, elles aussi jugées « asociales[25] ». Dans ces deux centres, les rapatriés sont mélangés avec des métropolitains connaissant les mêmes situations sociales.

Conjurer les démons de l'OAS

Au-delà de cette politique de régulation sociale qui visait à ne pas renvoyer aux périphéries de la ville les rapatriés en cours de réinsertion économique, ce qui les aurait plus encore fragilisés, le gouvernement et la préfecture de la Seine ont aussi œuvré à leur pacification politique en les coupant des solidarités qu'ils pourraient éventuellement tisser avec les associations partisanes de l'Algérie française. Ainsi, le 16 juin 1962, en s'adressant aux membres du comité d'accueil parisien, le préfet assure :

> [Il est] essentiel que nos compatriotes rapatriés, au terme d'un long voyage et au seuil d'une vie nouvelle, trouvent, dès leur arrivée, le réconfort dans un climat de sympathie et d'entraide, dans la certitude que le maximum sera fait pour qu'ils retrouvent rapidement leur place au sein de la communauté nationale[26].

Outre cette présentation lyrique propre à satisfaire les membres du Comité d'accueil de la Seine, la préfecture s'emploie à encadrer les

24. *Ibid.*
25. *Ibid.*, dossier « Centre Pauline-Rolland ».
26. ADSe 1023-68-1-3, compte rendu de la réunion constitutive du comité d'accueil des rapatriés d'Algérie du 16 juin 1962.

rapatriés et à éloigner d'eux l'influence des associations politiques qui ne manquent pas de venir à leur rencontre dans les aéroports. Malgré les arrivées généralement tardives des avions en provenance d'Algérie, qui atterrissent judicieusement entre minuit et 3 heures du matin, l'aéroport d'Orly est constamment encombré. Le préfet de la Seine dénonce ainsi, le 20 juin 1962, l'attitude de « curieux » qui, pour le seul lundi de Pentecôte, ont été 30 000 à venir à Orly, cherchant chacun à « voir un rapatrié[27] ». Inquiet de cette cohue, le service départemental de coordination des services sociaux de la Seine ne manque d'ailleurs pas de rappeler aux services d'ordre, le 26 juin 1962, « le danger que représente la réception des repliés d'Algérie dans un hall ouvert au public, endroit idéal pour le fonctionnement d'un réseau de renseignements et de liaison avec des éléments extrémistes venus d'Afrique du Nord[28] ». La préfecture isole ainsi dans l'aéroport les rapatriés du reste des voyageurs et met en œuvre un étroit contrôle des associations qui proposent leur aide. Un bureau de coordination, ouvert à partir du 20 juin 1962, centralise leurs propositions avant d'en autoriser quelques-unes. Seuls les principaux mouvements associatifs de secours, la Croix-Rouge, le Secours catholique, la Cimade et le Fonds social juif unifié, sont admis à pénétrer en salle de débarquement[29]. À ces associations coutumières du travail avec les services préfectoraux, qui se définissent pour la plupart d'entre elles comme des « auxiliaires des pouvoirs publics », viennent s'ajouter quelques autres associations quand la préfecture est assurée de leur loyauté politique. Notons l'accord donné par la préfecture de la Seine à l'Ordre de la courtoisie française, association proche du gouvernement, qui s'était illustrée quelques années auparavant dans l'organisation d'une « croisade pour l'amitié » *[sic]* et qui avait proposé ses services le 19 juin 1962[30]. Quelques autres associations d'anciens combattants ou de secours, telles l'influente Association Rhin et Danube, l'Association nationale des parents de tués et les Œuvres sociales de l'EDF, sont aussi admises, mais avec une plus grande réserve.

27. ADSe 1023-68-1-11, note du service départemental de coordination des services sociaux de la Seine au préfet Garnier.
28. ADSe 1023-68-1-11, *ibid.*
29. ADSe 1023-68-1-11, *ibid.*
30. ADSe 1023-68-1-13. Au président de la République revenait la présidence d'honneur de l'association qui comptait, entre autres membres d'honneur, le préfet de la Seine, le préfet de police de Paris, Mmes Edgar Faure et Philippe de Hautecloque ainsi que Pierre Lyautey.

Non autorisées à pénétrer dans les salles d'accueil, ces dernières tiennent des permanences quotidiennes entre 20 heures et 4 heures du matin. Elles convoient les rapatriés vers des destinations individuelles lorsque la préfecture ne peut pas affréter de moyens de transport. À l'exception de l'Anfanoma, dont le président, Pierre Battesti, est député de Seine-et-Marne, les associations de rapatriés sont aussi maintenues éloignées. Le 6 août 1962, Robert Boulin, secrétaire d'État aux Rapatriés, demande d'ailleurs aux préfets de ne pas donner suite aux demandes d'autorisation de plusieurs associations, dont la Fédération nationale d'entraide aux jeunes rapatriés, « qui dépassent le cadre des initiatives privées, qui visent à constituer des services para-officiels qui ne peuvent que gêner le travail de coordination des services administratifs[31] ». Le motif est clair : toutes les associations qui n'aident pas le gouvernement dans une tâche de soutien aux personnels administratifs et qui se positionnent politiquement en faveur de l'« Algérie française » voient leur offre de concours refusée.

À l'image de ce qui s'est fait dans les autres départements métropolitains, l'accueil des Français rapatriés d'Algérie organisé par la préfecture de la Seine a été le point de départ d'une pratique administrative inédite qui allait permettre de suivre, pratiquement au cas par cas, les trajectoires migratoires des Français rapatriés d'Algérie. Malgré les tensions politiques extrêmes qui ont entouré leur arrivée, jamais ils n'ont été refoulés hors du département, et si leurs premières conditions de vie y ont souvent été pénibles, la politique mise en place a toutefois réussi à pacifier et à organiser l'intégration dans des cadres de vie métropolitains de quelque 130 868 rapatriés installés dans l'agglomération parisienne en 1968, dont 27 156 à Paris même.

Cependant, la fin de l'Algérie française n'a pas entraîné de rupture avec les pratiques administratives coloniales. Les distinctions juridiques et sociales des différentes populations qui composaient l'Algérie française ont été implicitement maintenues, et loin de ne concerner que le seul hébergement des rapatriés, elles ont marqué, au contraire, chaque étape de la politique d'intégration des rapatriés d'Algérie à la métropole suivie par l'État.

31. ADSe 1023-68-1-11, note du 6 août 1962 du secrétaire d'État aux Rapatriés.

CHRONOLOGIE

Cette chronologie a été conçue pour accompagner la lecture des textes. Elle ne prétend pas présenter avec exhaustivité les événements marquants de la guerre en France. Le déséquilibre flagrant entre l'avant et l'après-mai 1958 témoigne néanmoins de la lenteur avec laquelle le territoire métropolitain entra dans la guerre, de l'accélération des événements que provoqua l'autodétermination, en raison du clivage qu'elle suscita dans le pays, ainsi que de l'onde de choc de la guerre au-delà de l'indépendance de l'Algérie[1].

1926

Création de l'Étoile nord-africaine (ENA) à Paris. Dissoute en 1937, l'ENA est la matrice principale des organisations nationalistes algériennes qui lui succédèrent : le Parti du peuple algérien (PPA) et sa vitrine légale créée après la Seconde Guerre mondiale, le Mouvement pour le triomphe des libertés démocratiques (MTLD). Messali Hadj en fut le chef charismatique.

1945

8 mai : manifestations nationalistes et massacres d'Algériens dans le Constantinois. Le bilan est estimé entre 15 000 et 20 000 morts.

---

1. Nous remercions Linda Amiri, Emmanuel Blanchard et Yann Scioldo-Zürcher pour leur aide précieuse dans l'établissement de cette chronologie. Les choix ultimes et les éventuelles erreurs relèvent toutefois de la seule responsabilité des coordinatrices du volume.

1947

Vote du statut de l'Algérie. Le truquage des élections organisées l'année suivante en Algérie par le gouverneur général socialiste Marcel-Edmond Naegelen, dans la continuité des pratiques antérieures, fut largement dénoncé dans ce contexte de volonté politique de réformer l'Algérie française pour mieux la sauvegarder.

1952

Mai : Messali Hadj, expulsé d'Algérie après une tournée dans le Constantinois, est assigné à résidence à Niort. Il le fut ensuite aux Sables-d'Olonne, à Angoulême et à Belle-Île-en-Mer.

1953

14 juillet : six Algériens du MTLD et un Français de la CGT sont tués par balles, par la police parisienne, au cours de la dispersion de la manifestation organisée par le Mouvement de la Paix.

1954

Été 1954 : le MTLD scissionne entre les partisans de Messali Hadj, qui se réunissent à Hornu, en Belgique, à l'initiative de la Fédération de France du MTLD, gagnée au messalisme, et ses opposants, les centralistes, qui tiennent leur congrès à Alger. Des activistes, partisans du passage à la lutte armée et réunis dans le « comité des 22 », préparent l'insurrection.
Nuit du 31 octobre au 1er novembre : série d'attentats en Algérie organisés et revendiqués par un groupe alors inconnu, le Front de libération nationale (FLN).
Décembre : création par Messali Hadj du Mouvement national algérien (MNA).

1955

Janvier : première réunion en vue de la constitution d'une Fédération de France du FLN, sous l'égide de Mohamed Boudiaf, avec des centralistes de la Fédération de France du MTLD, emmenés par Mourad Terbouche. Après une période de bataille politique, MNA et FLN se livrèrent en France à une lutte meurtrière qui fit des milliers de morts.
13 et 15 janvier : parution de deux articles retentissants dénonçant la torture pratiquée par la police en Algérie (Claude Bourdet, « Votre Gestapo d'Algérie », dans *France Observateur* ; François Mauriac, « La question », dans *L'Express*).
6 février : chute de Pierre Mendès France, président du Conseil, sur ses projets de réforme en Algérie. Il est remplacé par Edgar Faure.
Fin mars-début avril : premières arrestations décimant la direction de la Fédération de France du FLN, qui se reconstitue autour de Mohamed Mechatti, Fodil Bensalem, Abderrahmane Guerras et Ahmed Doum. Ils furent rejoints par Salah Louanchi, Tayeb Boulahrouf, Hocine Moundji et Ahmed Taleb pour constituer un comité fédéral de huit membres.

3 avril : vote de l'état d'urgence pour l'Algérie.

8-14 juillet : congrès constitutif, à Paris, de l'Union générale des étudiants musulmans algériens (Ugema), après une vive discussion sur l'opportunité du mot « musulmans ».

31 juillet-20 août : bouclage du quartier parisien de la Goutte-d'Or par les forces de l'ordre après l'« émeute » du 30 juillet causée par un énième accrochage entre des policiers et des Algériens du quartier.

24-28 août : à la suite du soulèvement dans le Nord Constantinois, décrets maintenant la classe 54/1 sous les drapeaux et rappelant la classe 53/2. Premiers départs de soldats de métropole vers l'Algérie.

Septembre-octobre : premières manifestations de soldats du contingent contre leur envoi en Algérie.

22 octobre : création par décret d'une carte nationale d'identité, mise en place progressivement et destinée à devenir obligatoire pour se rendre en Algérie.

30 novembre : dissolution de l'Assemblée nationale par Edgar Faure.

1956

2 janvier : le Front républicain remporte les élections législatives.

1er février : prise de fonction du gouvernement de Guy Mollet.

6 février : « journée des tomates » à Alger. Robert Lacoste est nommé ministre résidant en remplacement du gouverneur général Jacques Soustelle.

14 février : le MNA se dote d'une organisation syndicale, l'Union syndicale des travailleurs algériens (USTA), à l'effectif nombreux en France, au contraire de l'Union générale des travailleurs algériens (UGTA) créée par le FLN en Algérie. C'est cependant l'UGTA qui, plus tard, obtint la reconnaissance de la Confédération internationale des syndicats libres (CISL), consacrant l'isolement du MNA sur la scène mondiale.

9 mars : manifestation organisée par le MNA à Paris contre la discussion, à l'Assemblée nationale, du projet de loi dit « des pouvoirs spéciaux », accordant tout pouvoir au gouvernement de Guy Mollet pour l'Algérie.

16 mars : vote des pouvoirs spéciaux.

12 avril : décrets maintenant la classe 55/1 sous les drapeaux et rappelant les classes antérieures.

Avril-juin : manifestations de rappelés contre leur départ en Algérie.

18 mai : embuscade de Palestro dans laquelle disparaît une section de rappelés. L'événement suscite une grande émotion dans l'opinion publique et la presse françaises.

23 mai : démission de Pierre Mendès France qui reproche au gouvernement de ne pas réaliser un réel programme de réformes en Algérie.

Juin : début de la grève des étudiants algériens en France.

Août : arrestation de trois membres du comité fédéral de la Fédération de France du FLN, Mohamed Mechatti, Fodil Bensalem et Abderrahmane Guerras.

Francis Jeanson rend ses premiers services au FLN. Il devint l'animateur du principal réseau de « porteurs de valises ».
20 août : en Algérie, congrès de la Soummam dotant le FLN d'une plate-forme de revendications et de principes d'action ainsi que d'instances dirigeantes : Comité de coordination et d'exécution (CCE) et Conseil national de la révolution algérienne (CNRA). Cet effort d'organisation se traduit, pour la Fédération de France, par une volonté de structuration et de contrôle par le CCE, en vue d'un meilleur encadrement des Algériens de France.
22 octobre : détournement de l'avion transportant les dirigeants extérieurs du FLN, Hocine Aït Ahmed, Ahmed Ben Bella, Mohamed Boudiaf et Mohammed Khider, qu'accompagnait l'historien Mostefa Lacheraf. Ils restèrent détenus en métropole jusqu'à la fin du conflit.
30 octobre : création de la Sonacotral (Société nationale de construction de logements pour les travailleurs originaires d'Algérie). Elle ouvre son premier foyer à Argenteuil (Seine-et-Oise) en 1959.
31 octobre-6 novembre : expédition de Suez. Fiasco des troupes françaises alliées aux Britanniques et aux Israéliens.
17 novembre : arrestation d'un quatrième membre du comité fédéral de la Fédération de France du FLN, Ahmed Doum.
Décembre : Mohamed Lebjaoui est envoyé par le CCE pour prendre la direction de la Fédération de France.

1957

28 janvier-4 février : grève de huit jours décrétée par le FLN à la veille de la session de l'Assemblée générale des Nations unies ; en France, le succès du mot d'ordre assure sa prééminence sur le MNA. En Algérie, début de la « bataille d'Alger ».
Février : création de l'Amicale générale des travailleurs algériens (AGTA), antenne métropolitaine de l'Union générale des travailleurs algériens (UGTA), créée par le FLN en Algérie.
26 février : coup de filet de la DST qui achève de décapiter le comité fédéral de la Fédération de France du FLN. Pratiquement tous les dirigeants de la Fédération de France, dont son chef, Mohamed Lebjaoui, sont alors emprisonnés.
Février-avril : de la publication du *Dossier Jean Müller* par *Témoignage chrétien* à l'annonce de la création d'une Commission de sauvegarde des droits et libertés individuels, révélations sur la pratique de la torture à Alger et, plus largement, sur les méthodes employées par l'armée. Débat public virulent.
26 mai : attentat contre Ali Chekkal, ancien vice-président de l'Assemblée algérienne, à Colombes, en banlieue parisienne.
Juin : arrivée à Paris d'Omar Boudaoud, qui réorganise la Fédération de France du FLN, en prend la tête et met en place un comité fédéral de cinq membres.
13 juin : chute du gouvernement de Guy Mollet, remplacé par celui de

Maurice Bourgès-Maunoury. Les ministères essentiels pour la conduite des opérations en Algérie restent cependant aux mains des mêmes hommes.
26 juillet : loi étendant à la métropole une partie des pouvoirs spéciaux accordés pour l'Algérie. Les deux premiers camps d'internement ouvrent dans la foulée : Mourmelon-Vadenay et Saint-Maurice-l'Ardoise.
Août : Josette Audin et Gilberte Alleg alertent l'opinion sur le sort de leurs maris, arrêtés en juin par les parachutistes à Alger et dont le premier resta disparu.
5 août : circulaire du ministère de l'Intérieur créant le fichier Z, visant les nationalistes algériens de métropole.
30 septembre : chute du gouvernement de Maurice Bourgès-Maunoury, remplacé par celui de Félix Gaillard.
7 octobre : attentat du FLN contre Abdallah Filali, secrétaire général adjoint de la Fédération de France de l'USTA, rue d'Enghien à Paris. Il meurt deux jours plus tard. Son assassinat s'inscrit dans une période de recrudescence des attentats du FLN contre le MNA, qui en sort décimé.
18 octobre : Premier meurtre de policier par des nationalistes algériens, à Argenteuil (Seine-et-Oise). Les attentats du FLN contre les forces de l'ordre se multiplièrent à partir de janvier 1958.
Novembre : fondation du Comité Audin.
Décembre : arrestation de Mohamed Khemisti, secrétaire général de l'Ugema.
2 décembre : en Sorbonne, soutenance *in abstentia* de la thèse de mathématiques de Maurice Audin.

1958
Janvier : le Centre de coordination pour la défense des libertés et de la paix fait paraître le numéro 1 de *Témoignages et documents sur la guerre en Algérie*, pour republier, en particulier, les textes de presse censurés. La publication sera régulière jusqu'à la fin de la guerre.
28 janvier : dissolution de l'Ugema.
Février : publication du livre d'Henri Alleg, *La Question*, aux éditions de Minuit. Il ne sera saisi qu'au bout de quelques semaines.
8 février : bombardement de Sakiet-sidi-Youssef, village tunisien, par l'armée française.
14 mars : nomination de Maurice Papon à la préfecture de police de Paris.
Avril : le comité fédéral de la Fédération de France du FLN s'installe à Cologne (RFA). Il se stabilise avec cinq membres : Omar Boudaoud, Kaddour Ladlani, Saïd Bouaziz, Ali Haroun et Abdelkrim Souici.
13 avril : création de l'équipe de football du FLN dont les meneurs sont Mustapha Zitouni (AS Monaco) et Rachid Mekloufi (AS Saint-Étienne), tous deux titulaires en équipe de France. Leur fuite, organisée par la Fédération de France du FLN à la veille du Mondial de football, crée un véritable séisme dans le monde sportif et au-delà.

15 avril : chute du gouvernement de Félix Gaillard, qui avait accepté une mission anglo-saxonne de « bons offices » pour résoudre la crise internationale provoquée par le bombardement de Sakiet-sidi-Youssef.
Mai : parution de *L'Affaire Audin*, de Pierre Vidal-Naquet, aux éditions de Minuit. L'organe de presse du syndicat messaliste, l'USTA, cesse de paraître.
13 mai : manifestation et prise du gouvernement général à Alger, formation d'un Comité de salut public, investiture de Pierre Pflimlin à Paris.
15 mai : appel du général Salan au général de Gaulle.
16 mai : première déclaration de l'état d'urgence en France métropolitaine. Il resta en vigueur deux semaines, jusqu'à l'investiture du général de Gaulle.
28 mai : manifestation de vigilance républicaine à Paris.
1er juin : investiture du général de Gaulle, président du Conseil.
Nuit du 24 au 25 août : attentats du FLN en divers lieux du territoire métropolitain. Les semaines suivantes, des milliers d'Algériens de la région parisienne sont arrêtés et placés dans des centres d'identification (Vél' d'Hiv, gymnase Japy...).
Septembre : désertion de Jean-Louis Hurst, à l'origine de la création du réseau Jeune Résistance, qui organise des filières d'exfiltration des militaires français insoumis ou déserteurs.
15 septembre : attentat manqué du FLN contre Jacques Soustelle, ancien gouverneur général de l'Algérie et ministre de l'Information du gouvernement de Gaulle.
19 septembre : proclamation du premier Gouvernement provisoire de la République algérienne (GPRA), au Caire.
28 septembre : référendum sur la Constitution de la Ve République.
3 octobre : annonce du plan de Constantine, destiné à moderniser et à industrialiser l'Algérie.
7 octobre : ordonnance autorisant l'internement, en France, de toute personne apportant une « aide, directe ou indirecte, aux rebelles algériens ». Les camps de Thol et du Larzac sont alors ouverts.
13 octobre : le général de Gaulle lance un appel à la « paix des braves ».
23 et 30 novembre : élections législatives.
21 décembre : Charles de Gaulle élu premier président de la Ve République.

1959
8 janvier : prise de fonction du gouvernement de Michel Debré.
15 janvier : Messali Hadj est libre de toute assignation à résidence. Il s'installe près de Chantilly, dans l'Oise.
21 janvier : ouverture du Centre d'identification de Vincennes, le plus important des centres de transit en France.
Février : lancement du plan Challe en Algérie, destiné à éradiquer les maquis de l'ALN par de vastes opérations.

Mars-avril : le comité fédéral de la Fédération de France du FLN confie à Mourad Oussedik l'organisation d'un collectif d'avocats.
Avril : scandale sur les camps de regroupement en Algérie, alimenté par la publication, contre sa volonté, du rapport de Michel Rocard, alors stagiaire de l'ENA.
Juin : La Gangrène, recueil de plaintes contre des sévices infligés par la DST à des militants algériens à Paris, paraît aux éditions de Minuit. L'ouvrage fut saisi.
Juin-juillet : grèves de la faim des détenus nationalistes et sympathisants, dans les prisons métropolitaines, pour l'obtention d'un régime politique.
4 août : circulaire d'Edmond Michelet, ministre de la Justice, leur accordant un régime de détention assoupli.
16 septembre : discours de Charles de Gaulle annonçant l'autodétermination des habitants de l'Algérie sur le sort du pays.
Octobre : première et unique tentative d'assassinat de Messali Hadj par le FLN. Elle ne fit pas l'unanimité au sein même de l'organisation, où la question de prendre Messali pour cible, dans le but d'anéantir le MNA, était depuis longtemps discutée.
10 novembre : appel de Charles de Gaulle à des négociations.
25 novembre : création d'une force supplétive (FPA) à Paris. Elle entre en fonction en janvier 1960.
27-29 novembre : IIe congrès de l'USTA dans la salle des fêtes de Fives (Nord).

1960

5 janvier : à la suite d'une fuite au cabinet d'Edmond Michelet, le journal *Le Monde* publie le rapport de la septième mission du CICR dans les camps de détention et les prisons en Algérie.
24 janvier-1er février : « semaine des barricades » à Alger.
1er février : grève de soutien, en France, au général de Gaulle.
Avril : débat sur l'insoumission avec la sortie de deux livres : *Le Déserteur*, écrit par Jean-Louis Hurst sous le pseudonyme de Maurienne, aux éditions de Minuit, et *Le Refus*, de Maurice Maschino, aux éditions Maspero.
Mai : premier numéro de *Vérité-Liberté*, édité par le Comité Audin. La parution cessa au cours de l'été 1962 avec le numéro 20.
Juin : constitution à Paris du comité Djamila Boupacha, du nom d'une jeune femme suspectée de terrorisme, torturée et violée en Algérie. Le comité est présidé par Simone de Beauvoir.
26-29 juin : premières rencontres franco-algériennes, à Melun.
5 septembre : ouverture du procès du réseau Jeanson devant le tribunal militaire de Paris. Il se clôt le 1er octobre par un verdict sévère, 14 des 26 accusés écopant des peines maximales prévues par la loi.
6 septembre : Manifeste des 121 prônant le droit à l'insoumission.
27 octobre : à l'initiative de l'Unef, premières grandes manifestations pour la paix en Algérie.

1961

8 janvier : référendum approuvant l'autodétermination à 75 %.

11 février : création de l'Organisation de l'armée secrète (OAS), après la rencontre à Madrid de Jacques-Jacques Susini et de Pierre Lagaillarde, afin de regrouper les partisans de l'Algérie française et d'organiser une lutte armée.

2 mars : verdict clément du tribunal militaire de Paris envers les instigateurs de la « semaine des barricades » : les accusés présents sont acquittés. Les autres, parmi lesquels Jean-Jacques Susini et Pierre Lagaillarde, fondateurs de l'OAS, ont pu prendre la fuite dès le début du procès, le tribunal les ayant autorisés à comparaître libres.

22 avril : putsch des généraux en Algérie, qui échoue rapidement ; déclaration de l'état d'urgence en France.

24 avril : en vertu de l'article 16 de la Constitution, décision présidentielle autorisant l'internement de toute personne participant ou encourageant toute « entreprise de subversion ».

20 mai-13 juin : premiers pourparlers d'Évian. Annonce unilatérale française d'une « interruption des opérations offensives » pour un mois.

29 mai : ouverture du procès des généraux putschistes Maurice Challe et André Zeller devant le Haut Tribunal militaire. Ils sont condamnés à quinze ans de réclusion criminelle. Les généraux Jouhaud et Salan sont alors en fuite.

20-28 juillet : pourparlers de Lugrin.

24 août : création du secrétariat d'État aux Rapatriés, confié à Robert Boulin.

5 septembre : reconnaissance de la souveraineté algérienne sur le Sahara par le général de Gaulle.

8 septembre : attentat de l'OAS contre le général de Gaulle à Pont-sur-Seine.

14 septembre : application aux Français arrivant d'Algérie installés en métropole depuis le 1er août 1961 des dispositifs d'aide prévus pour les rapatriés des autres territoires anciennement coloniaux.

17 octobre : la répression de la démonstration de masse des Algériens contre le couvre-feu instauré à Paris fait plusieurs dizaines de morts.

23 octobre : début d'une série de manifestations françaises contre la guerre.

1er novembre : début d'un nouveau mouvement de grève de la faim de détenus du FLN dans les prisons françaises.

22 novembre : dissolution du Comité de Vincennes, créé le 17 juin 1960 et devenu le relais politique de l'OAS en métropole.

12 décembre : ouverture de bureaux d'accueil pour les Français arrivant d'Algérie.

19 décembre : vaste manifestation contre l'OAS, à Paris. Interdite, elle réunit plusieurs dizaines de milliers de personnes et sa répression, violente, fit plus de 100 blessés.

26 décembre : loi-cadre définissant le statut de « rapatrié », organisant l'« intégration des Français rapatriés dans les structures économiques et sociales de la nation » et posant le principe du droit à l'indemnisation.

1962

3 janvier : début d'une série d'attentats de l'OAS, avec l'assassinat par l'OAS d'Alfred Locussol, membre du PCA engagé dans le soutien au FLN, à Alençon.

8 février : à la suite d'un attentat de l'OAS contre André Malraux ayant défiguré une fillette, manifestation contre l'OAS et pour la paix en Algérie. La répression policière au métro Charonne, à Paris, fait 8 morts. Une neuvième personne meurt par la suite.

11-18 février : négociations aux Rousses.

13 février : 500 000 personnes suivent les obsèques des morts du métro Charonne, au cimetière du Père-Lachaise.

22 février : plan de démobilisation des supplétifs de l'armée française, les possibilités de leur réengagement sont réduites et aucun rapatriement n'est organisé. Après le cessez-le-feu, alors que des massacres commencèrent à viser tous ceux qui étaient considérés comme des « collaborateurs » par les nationalistes algériens, des dizaines de milliers de personnes fuirent en France. Malgré la diversité de leurs statuts, ils furent désignés comme « harkis ».

7 mars : ouverture des négociations finales à Évian.

10 mars : abrogation de l'ancienne réglementation relative aux aides mises en place pour les Français rapatriés ; application de la loi du 26 décembre 1961.

14 mars : attentat OAS à la voiture piégée, à Issy-les-Moulineaux, lors du congrès du Mouvement de la Paix. Deux gardiens de la paix sont tués par l'explosion.

18 mars 1962 : signature des accords d'Évian. Ils prévoient le cessez-le-feu et l'organisation d'un référendum d'autodétermination en Algérie.

19 mars : cessez-le-feu en Algérie.

22 mars : deux premiers décrets d'amnistie. Le premier, prévu par les accords d'Évian, vise les Algériens qui ont agi, sur le territoire algérien seulement, en faveur de l'indépendance du pays. Le second concerne les forces de l'ordre françaises pour tous les faits qu'elles ont commis.

26 mars : à l'appel de l'OAS à Alger, une manifestation interdite des partisans de l'Algérie française veut forcer le blocus du quartier de Bab-el-Oued. Pour la première fois, l'armée tire sur des manifestants français, rue d'Isly, faisant 54 morts et plus de 200 blessés. La prise de conscience de l'impossibilité de faire échouer le processus décidé par les accords d'Évian précipite les départs des Français d'Algérie.

8 avril : référendum sur les accords d'Évian, approuvés par les électeurs de métropole à 90 %. Les électeurs d'Algérie n'ont pas été consultés.

13 avril : le Haut Tribunal militaire condamne à mort Edmond Jouhaud, putschiste devenu chef de l'OAS en Oranie. Il fut gracié en novembre 1962.

14 avril : un décret étend l'amnistie des condamnés pour leur action en faveur de l'indépendance algérienne à ceux qui ont agi en métropole mais il ne concerne toujours que les Algériens.

14 avril : Michel Debré, Premier ministre, est remplacé par Georges Pompidou.

Mai : départs massifs des Français d'Algérie vers la France, les files d'attente sont de plusieurs jours dans les ports et aéroports.
17 mai : une ordonnance organise l'appel immédiat sous les drapeaux des jeunes Français d'Algérie âgés d'au moins 19 ans, aptes au service, y compris les sursitaires. L'Algérie se vide de sa jeunesse masculine envoyée ainsi en métropole sous contrôle militaire.
23 mai : le Haut Tribunal militaire condamne Raoul Salan, putschiste devenu chef de l'OAS, à la réclusion criminelle à perpétuité.
13 juin : création de la Commission de coordination pour la réinstallation des Français d'outre-mer, au Commissariat général du plan d'équipement et de la productivité.
1er juillet : référendum d'autodétermination en Algérie. L'indépendance remporte 99 % des suffrages exprimés.
3 juillet : reconnaissance de l'indépendance par le général de Gaulle.
5 juillet : célébration de l'indépendance en Algérie. À Oran, une fusillade d'origine inconnue déclenche une journée de violences, faisant une centaine de morts algériens et une quarantaine de morts français. Plusieurs centaines de Français d'Algérie furent portés disparus en quelques jours. La ville se vida alors de sa population européenne.
21 juillet : les anciens Français de statut de droit local vivant en France peuvent, sous délai, souscrire une déclaration de nationalité et être intégrés dans la nationalité française de plein droit.
21 août : une circulaire du secrétariat d'État aux Rapatriés impose l'organisation d'un service des rapatriés dans chaque préfecture.
22 août : attentat de l'OAS contre le général de Gaulle au Petit-Clamart.
1er septembre : instruction de Robert Boulin réservant aux rapatriés 30 % des logements HLM mis en location à partir du 1er août 1962.
11 septembre : instauration d'un ministère délégué auprès du Premier ministre chargé des Rapatriés, confié à Alain Peyrefitte.
7 décembre : création d'un ministère des Rapatriés, confié à François Missoffe.

1963

1er juin : levée de l'état d'urgence en France, ainsi que des mesures d'exception décidées le 24 avril 1961 en vertu de l'article 16 de la Constitution.

1964

9 juillet : arrêté revoyant à la baisse les pourcentages de réservation des logements à attribuer aux rapatriés. Selon les départements, les organismes HLM doivent réserver entre 30 % et 5 % de leurs logements mis en location.
23 juillet : transfert des attributions du ministre des Rapatriés au ministre de l'Intérieur.

23 décembre : loi qui étend l'amnistie aux Français d'Algérie ayant agi en « réplique à l'insurrection » en Algérie avant le cessez-le-feu.

1966

17 juin : loi d'amnistie plus large, incluant les « porteurs de valises », les insoumis et les déserteurs, mais excluant encore les chefs de l'OAS, les putschistes et tous ceux qui sont en fuite ou en exil.

1968

31 juillet : dernière loi complétant les précédentes et réalisant l'amnistie totale.

1970

15 juillet : loi instituant la première contribution nationale à l'indemnisation des Français dépossédés de biens situés dans un territoire placé antérieurement sous la souveraineté, le protectorat ou la tutelle de la France.

ORIENTATIONS BIBLIOGRAPHIQUES

Dispersées dans des revues, des ouvrages collectifs, les références d'histoire locale ne sont pas aisées à trouver, et il y a fort à parier que certaines ont échappé à notre vigilance. Néanmoins, cette bibliographie entend présenter un panorama de la recherche ayant abordé la guerre d'Algérie telle qu'elle fut vécue en France au niveau local, urbain ou rural, régional ou départemental. Pour cette raison, les ouvrages et articles portant sur la guerre en France, en général, en ont été exclus. De même – à l'exception des thèses non publiées – ont été exclus les travaux universitaires (mémoires de maîtrise, masters et DEA), faute d'avoir pu réunir des informations assez précises et complètes à leur sujet. Ces travaux ont pourtant toute leur place dans un travail d'histoire locale à ambition nationale, et plusieurs d'entre eux sont d'ailleurs mentionnés en notes de bas de page.

ALIDIÈRES BERNARD, « La guerre d'Algérie en France métropolitaine : souvenirs "oubliés" », *Hérodote*, n° 120, 2006, p. 149-176.

AMIRI LINDA, *Les Fantômes du 17 octobre*, Paris, Éditions Mémoire-Génériques, 2001.

AMIRI LINDA, *La Bataille de France. La guerre d'Algérie en métropole*, Paris, Robert Laffont, 2004.

BARROS FRANÇOISE (DE), « Les municipalités face aux Algériens : méconnaissances et usages des catégories coloniales en métropole avant et après la Seconde Guerre mondiale », *Genèses*, n° 53, décembre 2003, p. 69-92.

BARROS FRANÇOISE (DE), « L'État au prisme des municipalités. Une comparaison historique des catégorisations des étrangers en France (1919-1984) », thèse de sciences politiques sous la direction de Michel Offerlé, université Paris-I, 2004.

Baussant Michèle, *Pieds-noirs. Mémoires d'exils*, Paris, Stock, 2002.

Bayle Marc-René, *Les Droites à Toulon (1958-1994) : de l'Algérie française au Front national*, thèse d'histoire sous la direction de Jean-Marie Guillon, université Aix-Marseille-I, 1998.

Berger Olivier, « Des Français rapatriés d'Afrique du Nord à Palaiseau 1955-1962. Le cas de la résidence du parc d'Ardenay », *Outre-Mers. Revue d'histoire*, n° 356-357, 2e semestre 2007, p. 281-300.

Bernardot Marc, « Entre répression policière et prise en charge sanitaire et sociale : le cas du centre d'assignation à résidence du Larzac (1957-1963) », *Bulletin de l'IHTP*, n° 83, juin 2004, p. 83-93.

Bernardot Marc, « Être interné au Larzac. La politique d'assignation à résidence surveillée pendant la guerre d'Algérie », *Politix*, n° 69, mars 2005, p. 39-62.

Blanchard Emmanuel, « Police judiciaire et pratiques d'exception pendant la guerre d'Algérie », *Vingtième Siècle. Revue d'histoire*, n° 90, avril-juin 2006, p. 61-72.

Bonneau Béranger, *Les Harkis de la Somme. De 1954 à nos jours : un retour de guerre*, Amiens, Encrage, 2007.

Boulhaïs Nordine, *Des harkis berbères de l'Aurès au nord de la France*, Villeneuve-d'Ascq, Presses universitaires du Septentrion, 2002.

Boulhaïs Nordine, *Histoire des harkis du Nord de la France*, Paris, L'Harmattan, 2005.

Brunet Jean-Paul, *Police contre FLN. Le drame d'octobre 1961*, Paris, Flammarion, 1999.

Carrière Pierre, « L'insertion dans le milieu rural languedocien des agriculteurs rapatriés d'Afrique du nord », *Études rurales*, n° 52, 1973, p. 57-79.

Charbit Tom, « Un petit monde colonial en métropole. Le camp de harkis de Saint-Maurice-l'Ardoise (1962-1976) », *Politix*, n° 76, décembre 2006, p. 31-52.

Charbit Tom, « La genèse sociale d'une crise "raciale". L'installation des harkis dans le Gard rhodanien (1962-1975) », *in* Audisio Gabriel et Pugnière François (dir.), *Vivre dans la différence hier et aujourd'hui*, Avignon, Barthélemy, 2007, p. 51-55.

Chaubin Hélène, « Les gauches languedociennes à l'épreuve de la guerre d'Algérie », *Le Midi rouge. Bulletin de l'Association Maitron Languedoc-Roussillon*, n° 7, juin 2006, p. 17-23.

Comtat Emmanuelle, *Le Comportement politique des pieds-noirs d'Algérie. Étude de cas dans l'Isère*, Grenoble, Centre d'informatisation des données socio-politiques, 2003.

Deperchin Annie et Lecompte Arnaud, « Les crimes commis par les Algériens en métropole devant la cour d'assises du Nord. 1954-1962 », *in* AFHJ, *La Justice en Algérie, 1830-1962*, Paris, La Documentation française, 2005, p. 257-270.

DERDER PEGGY, *L'Immigration algérienne et les Pouvoirs publics dans le département de la Seine (1954-1962)*, Paris, L'Harmattan, 2001.

DEROCHE GILLES, *Les Ardennais et la Guerre d'Algérie*, Charleville-Mézières, éditions Terres ardennaises, 2002.

DESCHAMPS BERNARD, *Le Fichier Z. Essai d'histoire du FLN algérien dans le Gard (1954-1962)*, Pantin, Le Temps des cerises, 2004.

DESCHAMPS BERNARD, *Les Gardois contre la guerre d'Algérie*, Pantin, Le Temps des cerises, 2004.

DESCHAMPS BERNARD, « Un cas : militants anticolonialistes dans le Gard (1954-1962) », colloque « Pour une histoire critique et citoyenne. Le cas de l'histoire franco-algérienne », 20-22 juin 2006, Lyon, ENS LSH, 2007, http://ens-web3.ens-lsh.fr/colloques/france-algerie/communication.php3?id_article=199

DEWERPE ALAIN, *Charonne 8 février 1962. Anthropologie historique d'un massacre d'État*, Paris, Gallimard, 2006.

DONEUX JEAN L. et LE PAIGE HUGUES, *Le Front du Nord. Des Belges dans la guerre d'Algérie (1954-1962)*, Liège, Pol-His. RTBF, 1992.

EINAUDI JEAN-LUC, *La Bataille de Paris : 17 octobre 1961*, Paris, Le Seuil, 1991.

EINAUDI JEAN-LUC, *Octobre 1961 : un massacre à Paris*, Paris, Fayard, 2001.

GASTAUT YVAN, « L'affaire des Algériens du Jura », *L'Histoire*, n° 283, janvier 2004, p. 29-230.

GAUCHOTTE VALENTINE, *Les Catholiques en Lorraine et la Guerre d'Algérie*, Paris, L'Harmattan, 1999.

GENTY JEAN-RENÉ, *L'Immigration algérienne dans le Nord-Pas-de-Calais, 1909-1962*, Paris, L'Harmattan, 1999.

GENTY JEAN-RENÉ, *Des Algériens dans la région du Nord : de la catastrophe de Courrières à l'indépendance*, Paris / Budapest / Turin, L'Harmattan, 2005.

GENTY JEAN-RENÉ, *Le Mouvement nationaliste algérien dans le Nord, 1947-1957 : Fidaou al Djazaïr*, Paris, L'Harmattan, 2008.

GOSSE-ISSART DOMINIQUE, « La guerre d'Algérie vue du département du Lot. De l'exotisme à l'angoisse », *Cahiers d'histoire immédiate*, n° 26, automne 2004.

GRENIER CLÉMENT, « La protestation des rappelés en 1955, un mouvement d'indiscipline dans la guerre d'Algérie », *Le Mouvement social*, n° 218, janvier-mars 2007, p. 45-61.

GROSJEAN ARTHUR, « L'action des conseillers techniques aux affaires musulmanes : l'exemple du camp de Thol », *Matériaux pour l'histoire de notre temps*, n° 91, octobre-décembre 2008.

GUILLON MICHELLE, « Les rapatriés d'Algérie dans la région parisienne », *Annales de géographie*, n° 460, 1974, p. 644-675.

HAMADI ABDEL KADER, « La mémoire des lieux, les camps ouverts aux harkis dans le Sud », *Géographie. Bulletin de l'Association des géographes français*, n° 1, mars 2006, p. 105-120.

HAMADI ABDEL KADER, « De la mémoire des lieux au lieu de mémoire, le camp de Rivesaltes », *in* MANCERON GILLES et BESNACI-LANCOU FATIMA, *Les Harkis dans la colonisation et ses suites*, Paris, L'Atelier, 2008, p. 125-130.

HOUSE JIM et MACMASTER NEIL, « La Fédération de France du FLN et l'organisation de la manifestation du 17 octobre 1961 », *Vingtième Siècle. Revue d'histoire*, n° 83, juillet-septembre 2004, p. 145-160.

HOUSE JIM et MACMASTER NEIL, *Paris 1961 : Algerians, State Terror and Postcolonial Memories*, Oxford, Oxford University Press, 2006 (trad. française : *Paris 1961. Les Algériens, la terreur d'État et la mémoire*, Paris, Tallandier, 2008).

JORDI JEAN-JACQUES, « Archéologie et structure du réseau de sociabilité rapatrié et pied-noir », *Provence historique*, vol. XLVII, 1997, p. 177-188.

JORDI JEAN-JACQUES et TEMIME ÉMILE (dir.), *Marseille et le Choc des décolonisations*, Marseille, Édisud, 1996.

KHELLIL MOHAND et MAURIN JULES (dir.), *Les Rapatriés d'Algérie en Languedoc-Roussillon, 1962-1992*, actes du colloque international de Montpellier, université Paul-Valéry, Montpellier-III, novembre 1991.

LACROIX BERNARD, « L'activité indépendantiste algérienne dans les Alpes maritimes », *Recherches régionales, Alpes maritimes et contrées limitrophes*, n° 169, octobre-novembre 2003, p. 99-114.

LAVRUT DIDIER, « Saint-Maurice-l'Ardoise : un camp pour activistes dans le Gard en 1962 », *Revue d'histoire moderne et contemporaine de Nîmes et du Gard*, n° 23, 2007, p. 19-43.

LAVRUT DIDIER, « La fin de la guerre d'Algérie et les législatives de 1962 dans le Gard (1re partie) », *Le Midi rouge. Bulletin de l'Association Maitron Languedoc-Roussillon*, n° 10, décembre 2007, p. 21-32.

LAVRUT DIDIER, « Rapatriés et politique à Nîmes et dans le Gard (1962-1965) », *in Les Cultures politiques à Nîmes et dans le Languedoc oriental du* XVIIe *siècle aux années 1970 : affrontements et dialogues*, Paris, L'Harmattan, 2008.

LAVRUT DIDIER, « S'évader de Saint-Maurice-l'Ardoise », *Matériaux pour l'histoire de notre temps*, n° 91, octobre-décembre 2008.

LAVRUT DIDIER, « La fin de la guerre d'Algérie et les législatives de 1962 dans le Gard (2e partie) », *Le Midi rouge. Bulletin de l'Association Maitron Languedoc-Roussillon*, à paraître.

LEHMANN GÉRARD, *La Cendre et la Braise. Le réseau OAS-Est en métropole, 1961-1962*, Paris, SDE, 2004.

LEMIRE VINCENT et POTIN YANN, « "ICI ON NOIE LES ALGÉRIENS." Fabriques documentaires, avatars politiques et mémoires partagées d'une icône militante (1961-2001) », *Genèses*, n° 49, décembre 2002, p. 140-162.

LUCIANI MARIE-PIERRE, *Immigrés en Corse, minorité de la minorité*, Paris, CIEMI/L'Harmattan, 1995.

MARCY JEAN-PHILIPPE, « Le Larzac 1959-1962. Entre une politique répressive et le pouvoir du FLN », *Matériaux pour l'histoire de notre temps*, n° 91, octobre-décembre 2008.

MASCLET OLIVIER, « Une municipalité communiste face à l'immigration algérienne et marocaine : Gennevilliers, 1950-1972 », *Genèses*, n° 45, décembre 2001, p. 150-163.

MAUSS-COPEAUX CLAIRE, *Les Appelés en Algérie. La parole confisquée*, Paris, Hachette Littératures, 1998.

Mémoires d'Ille-et-Vilaine, n° 11, octobre 1988, dossier « L'Ille-et-Vilaine au temps de la guerre d'Algérie ».

MENCHI GUILLAUME, « *La Dépêche du Midi* et la guerre d'Algérie en 1957 », *Cahiers d'histoire immédiate*, n° 22, automne 2002, p. 193-208.

MOUMEN ABDERAHMEN, *Les Français musulmans en Vaucluse. Installation et difficultés d'intégration d'une communauté de rapatriés d'Algérie 1962-1991*, Paris, L'Harmattan, 2003.

OLIVESI DOMINIQUE, « L'utilisation des rapatriés dans les Alpes-Maritimes », *Bulletin de l'Institut d'histoire du temps présent*, n° 79, 2002, p. 120-131.

PILLEBOUE MARTINE, « Les agriculteurs rapatriés d'Afrique du Nord. L'exemple de l'Indre », *Études rurales*, n° 47, 1972, p. 73-97.

PITTI LAURE, « Ouvriers algériens à Renault-Billancourt de la guerre d'Algérie aux grèves d'OS des années 1970. Contribution à l'histoire sociale et politique des ouvriers étrangers en France », thèse d'histoire sous la direction de René Gallissot, université Paris-VIII, 2002, 3 tomes.

PITTI LAURE, « Les "Nord-Africains" à Renault. Un cas de gestion coloniale de la main-d'œuvre en métropole », *Bulletin de l'IHTP*, n° 83, juin 2004, p. 128-143.

PITTI LAURE, « Renault, la forteresse ouvrière à l'épreuve », *Vingtième Siècle. Revue d'histoire*, n° 83, juillet-septembre 2004, p. 131-144.

QUEMENEUR TRAMOR, « Les manifestations de rappelés contre la guerre d'Algérie », *Outre-Mers. Revue d'histoire*, n° 332-333, 2e semestre 2001, p. 407-428.

QUEMENEUR TRAMOR, « La messe en l'église Saint-Séverin et le *Dossier Jean Müller*. Des chrétiens et la désobéissance au début de la guerre d'Algérie (1955-1957) », *Bulletin de l'IHTP*, n° 83, juin 2004, p. 94-107.

SINEY-LANGE CHARLOTTE, « Grandes et petites misères du grand exode des juifs nord-africains vers la France. L'exemple parisien », *Le Mouvement social*, octobre-décembre 2001, p. 29-55.

TARED ZAHRA, « Interprétations et répercussions de la guerre d'Algérie en Lorraine », thèse d'histoire sous la direction d'Alfred Wahl, université de Metz, 1987.

VALAT RÉMY, *Les Calots bleus et la Bataille de Paris. Une force de police auxiliaire pendant la guerre d'Algérie*, Paris, Michalon, 2007.

WHITFIELD LEE C., « The Rise of Student Political Power and the Fall of French Imperialism in North Africa : Montpellier, 1954-1962 », *Proceedings of the*

Annual Meeting of the Western Society for French History, 1991, n° 18, p. 515-523.

ZYTNICKI COLETTE, « L'administration face à l'arrivée des rapatriés d'Algérie : l'exemple de la région Midi-Pyrénées (1962-1964) », *Annales du Midi*, n° 224, octobre 1998, p. 501-552.

LISTE DES SIGLES

AATNAAR : Association d'aide aux travailleurs nord-africains de l'agglomération rouennaise
ACPG : Anciens combattants prisonniers de guerre
Acuf : Association des combattants de l'Union française
ADA : archives départementales de l'Ain
Adate : Association départementale d'accueil des travailleurs étrangers
ADAv : archives départementales de l'Aveyron
ADC : archives départementales du Calvados
ADCFA : Association dauphinoise de coopération franco-algérienne
ADE : archives départementales de l'Eure
ADEL : archives départementales d'Eure-et-Loir
ADG : archives départementales du Gard
ADH : archives départementales de l'Hérault
ADHM : archives départementales de la Haute-Marne
ADHV : archives départementales de la Haute-Vienne
ADI : archives départementales de l'Isère
ADIV : archives départementales d'Ille-et-Vilaine
ADLC : archives départementales du Loir-et-Cher
ADM : archives départementales de la Mayenne
ADMa : archives départementales de la Manche
ADN : archives départementales du Nord
ADNA : Association dauphinoise de solidarité franco-nord-africaine
ADO : archives départementales de l'Orne
ADPC : archives départementales du Pas-de-Calais
ADR : archives départementales du Rhône
ADS : archives départementales de la Sarthe

ADSe : archives départementales de la Seine
ADSM : archives départementales de la Seine-Maritime
ADSO : archives départementales de Seine-et-Oise
ADSo : archives départementales de la Somme
ADV : archives départementales de la Vienne
AF : anciens francs
AFA : Amicale des Français d'Algérie
Anfanoma : Association nationale des Français d'Afrique du Nord, d'outre-mer et de leurs amis
AFN : Afrique du Nord
AGE : assemblée générale des étudiants
Agec : Association générale des étudiants caennais
Agem : Association générale des étudiants de Montpellier
Ager : Association générale des étudiants rennais
AGTA : Amicale générale des travailleurs algériens
ALN : Armée de libération nationale
AN : Archives nationales
Anacr : Association nationale des anciens combattants de la Résistance
Anfanoma : Association nationale des Français d'Afrique du Nord, d'outre-mer et de leurs amis
ANMT : Archives nationales du monde du travail
Anom : Archives nationales d'outre-mer
AOF : Afrique occidentale française
APP : archives de la préfecture de police de Paris
Arac : Association républicaine des anciens combattants et victimes de guerre
Assfam : Association service social familial migrants

BAV : brigade des agressions et violences
BDE : bureau des élèves
BDIC : Bibliothèque de documentation internationale contemporaine
BIS : Bureau d'intervention sociale
Blon : Bureau de liaison de l'opposition nationale
BSA : bon pour le service armé

Cada : Commission d'accès aux documents administratifs
CADTNA : Comité d'aide et de défense des travailleurs nord-africains
CAF : caisse d'allocations familiales
CAGN : Centre administratif de la gendarmerie nationale
CAMT : Centre des archives du monde du travail
CAOM : Centre des archives d'outre-mer
CARS : centre d'assignation à résidence surveillée
CCE : Comité de coordination et d'exécution

CDL : Comité départemental de libération
CED : Communauté européenne de défense
CEN : Centre d'études nationales
CFDT : Confédération française démocratique du travail
CFTC : Confédération française des travailleurs chrétiens
CGPT : Confédération générale des paysans travailleurs
CGT : Confédération générale du travail
CIC : Code d'instruction criminelle
Cimade : Comité intermouvements auprès des évacués
CISL : Confédération internationale des syndicats libres
CNI : Centre national des indépendants, créé en 1949, devenu Centre national des indépendants et paysans en 1951
CNIP : Conseil national des indépendants et paysans
CNRA : Conseil national de la révolution algérienne
CNRS : Centre national de la recherche scientifique
CPI : Commission presse et information
CRS : Compagnie républicaine de sécurité
CRUA : Comité révolutionnaire pour l'unité et l'action
CTAM : conseiller technique aux affaires musulmanes
CTAM-AES : conseiller technique aux affaires musulmanes-action éducative et sociale

DB : division blindée
DCA : Défensive Counter Air
DGSN : Direction générale de la Sûreté nationale
DST : Direction de la surveillance du territoire

EDF : Électricité de France
ENA : Étoile nord-africaine

FCL : Fédération communiste libertaire
FDSEA : Fédération départementale des syndicats d'exploitants agricoles
FEN : Fédération de l'Éducation nationale
FEN : Fédération des étudiants nationalistes
FER : Fédération des étudiants réfugiés
FLN : Front de libération nationale
FMA : Français musulmans d'Algérie
Fnaca : Fédération nationale des anciens combattants en Algérie
FNAF : Front national pour l'Algérie française
FNC : Front national des combattants
FNDIRP : Fédération nationale des déportés et internés résistants et patriotes
Fnef : Fédération nationale des étudiants de France

FNFA : Fédération nationale des Français d'Afrique du Nord
FO : Force ouvrière
FSE : Français de souche européenne
FSNA : Français de souche nord-africaine
FTP : Francs-tireurs et partisans

GAAF : Groupe d'action antifasciste
GGA : Gouvernement général de l'Algérie
Gisti : Groupe d'information et de soutien des travailleurs immigrés
GNPI : Groupement national pour l'indemnisation

HLM : habitation à loyer modéré

Igame : inspecteur général de l'administration en mission extraordinaire[1]
IHTP : Institut d'histoire du temps présent
Imec : Institut Mémoires de l'édition contemporaine
Inhes : Institut national des hautes études de sécurité

JAC : Jeunesse agricole chrétienne
JC : Jeunesse communiste
JLR : Jeunesses laïques et républicaines
JOC : Jeunesse ouvrière chrétienne

MEF : Mouvement des étudiants de France
MLP : Mouvement de libération du peuple
MMSH : Maison méditerranéenne des sciences de l'homme
MNA : Mouvement national algérien
Mnel : Mouvement national des élus locaux
MP-13 : Mouvement populaire du 13 mai
MRP : Mouvement républicain populaire
MTLD : Mouvement pour le triomphe des libertés démocratiques

NF : nouveaux francs

OAS : Organisation de l'armée secrète
Onac : Office national des anciens combattants et victimes de guerre
Oncor : Office national des cantonnements ouvriers de la reconstruction

1. Créés par le ministre de l'Intérieur Jules Moch, en mars 1948, tirant les leçons de la répression des grèves insurrectionnelles de l'année précédente, les Igames disposaient, dans une circonscription couvrant plusieurs départements, de pouvoirs étendus en matière de maintien de l'ordre.

OPHLM : Office public d'habitations à loyer modéré
OS : Organisation spéciale
Otan : Organisation du traité de l'Atlantique-Nord
Ours : Office universitaire de recherche socialiste

PCA : Parti communiste algérien
PCF : Parti communiste français
PMS : préparation militaire supérieure
PPA : Parti du peuple algérien
PPF : Parti populaire français
PSA : Parti socialiste autonome
PSU : Parti socialiste unifié
PTT : postes, télégraphes et téléphones

Ranfran : Rassemblement national des Français d'Afrique du Nord
RG : Renseignements généraux
RI : régiment d'infanterie
RIM : régiment d'infanterie motorisé ?
RM : région militaire
RPF : Rassemblement du peuple français

SAES : Service d'action éducative et sociale
Safer : société d'aménagement foncier et d'établissement rural
SAM : Service des affaires musulmanes
SAS : section administrative spéciale
SAT : section administrative technique
SAT-FMA : Service d'assistance technique aux Français musulmans d'Algérie
SCAA : Service de coordination des affaires algériennes
SCIC : Société coopérative d'intérêt collectif
Scina : Service de coordination des informations nord-africaines
SFIO : Section française de l'Internationale ouvrière
SGAA : secrétariat général pour les Affaires algériennes
Sgen : Syndicat général de l'Éducation nationale
SGF : Société générale de fonderie
SNCF : Société nationale des chemins de fer
Snes : Syndicat national de l'enseignement secondaire
Snesup : Syndicat national de l'enseignement supérieur
Snet : Syndicat national de l'enseignement technique
SNI : Syndicat national des instituteurs
Sonacotral : Société nationale de construction de logements pour les travailleurs algériens et leurs familles
SPES : Secours populaire par l'entraide et la solidarité

SRPJ : Service régional de police judiciaire
STO : service du travail obligatoire

TGI : tribunal de grande instance
TOE : théâtre des opérations extérieures
TPFA : tribunal permanent des forces armées

UAF : Union pour l'Algérie française
UDCA : Union de défense des commerçants et artisans
UDSR : Union démocratique et socialiste de la Résistance
Ufarom : Union fédérative des associations de repliés d'outre-mer
UFF : Union des femmes françaises
UFF : Union et fraternité française
UGE : Union des grandes écoles
Ugema : Union générale des étudiants musulmans algériens
UGS : Union de la gauche socialiste
UGTA : Union nationale des travailleurs algériens
Unef : Union nationale des étudiants de France
UNP : Union nationale des parachutistes
UNR : Union pour la nouvelle République
Urias : Union des républicains indépendants d'action sociale
Usraf : Union pour le salut et le renouveau de l'Algérie française
USTA : Union syndicale des travailleurs algériens

INDEX DES ACTEURS CITÉS

INDEX DES NOMS DE LIEUX

BIOGRAPHIE DES CONTRIBUTEURS

Raphaëlle Branche est maître de conférences en histoire contemporaine à l'université Paris-I, rattachée au Centre d'histoire sociale du XXe siècle (UMR 8058). Elle est notamment l'auteure de *La Torture et l'Armée pendant la guerre d'Algérie* (Paris, Gallimard, 2001) et *La Guerre d'Algérie : une histoire apaisée ?* (Paris, Le Seuil, 2005).

Sylvie Thénault est chargée de recherches au Centre d'histoire sociale du XXe siècle (UMR 8058). Auteure d'*Une drôle de Justice. Les magistrats dans la guerre d'Algérie* (Paris, La Découverte, 2001, rééd. 2004), elle s'intéresse aujourd'hui aux camps d'internement, et a publié une synthèse de ce conflit : *Histoire de la guerre d'indépendance algérienne* (Paris, Flammarion, 2005).

Marie-Claude Albert, docteure en histoire, a soutenu récemment à l'université Paris-I Sorbonne, une thèse d'histoire contemporaine sous la direction de Danièle Voldman (directrice de recherches CNRS au Centre d'histoire sociale), « Les politiques municipales d'assistance en France dans des villes en guerre (1938-1948) ». Correspondante départementale de l'IHTP-CNRS depuis 2001, elle a participé à plusieurs enquêtes. Ses travaux se centrent sur les politiques sociales et sur les politiques municipales au XXe siècle, particulièrement en période de conflit. Elle a publié *Châtellerault sous l'Occupation* (La Crèche, Geste éditions, 2005) et exerce comme professeure d'histoire-géographie au lycée Marcelin-Berthelot de Châtellerault (Vienne).

Nordine Amara est enseignant dans le secondaire et doctorant en histoire à Paris-I Sorbonne. Sa thèse porte sur l'histoire de la nationalité algérienne. Professeur certifié en histoire-géographie, il est TZR sur la zone Douai-Valenciennes, rattaché administrativement au collège Germinal à Raismes et affecté sur deux postes, un au collège Anatole-France à Anzin et l'autre au collège Gayant (« Ambition Réussite ») à Douai.

Linda Amiri, doctorante à Sciences-Po Paris, prépare une thèse sur la Fédération de France du FLN (1954-1962), sous la direction de Serge Berstein et Benjamin Stora. Elle est l'auteure de *La Bataille de France. La guerre d'Algérie en métropole* (Paris, Robert Laffont, 2004) et a participé aux ouvrages collectifs suivants : *La Guerre d'Algérie (1954-2004). La fin de l'amnésie* (dirigé par Benjamin Stora et Mohammed Harbi, Paris, Robert Laffont, 2004), *Histoire de l'islam et des musulmans en France, du Moyen Âge à nos jours* (dirigé par Mohammed Arkoun, Paris, Albin Michel, 2006), *Immigrances* (dirigé par Benjamin Stora et Émile Témime, Paris, Hachette Littératures, 2007) et *Des hommes et des femmes en guerre d'Algérie* (dirigé par Jean-Charles Jauffret, Paris, Autrement, 2003).

Gilbert Beaubatie est agrégé d'histoire, professeur à l'IUFM de Tulle, correspondant départemental de l'IHTP. Il vient de publier *Trotsky en Corrèze. Généalogie d'une rumeur* (avec Yannick Beaubatie, Bordeaux, éditions du Bord de l'eau, 2007) et *Nouveaux regards sur les pendaisons et les événements de juin 1944* (avec Jean-Jacques Fouché, Saint-Paul (87), Lucien Souny éditions, 2008).

Dalila Berbagui est doctorante à l'université Lyon-II, au Laboratoire de recherche historique Rhône-Alpes (Larhra, UMR 5190) et travaille sur « Les commerçants et les artisans maghrébins dans le département du Rhône (1945-1984) », sous la direction de Sylvie Schweitzer.

Emmanuel Blanchard enseigne les sciences économiques et sociales en région parisienne et achève une thèse d'histoire contemporaine sous la direction de Jean-Marc Berlière : « Encadrer des "citoyens diminués". La police des Algériens en région parisienne (1944-1962) ».

Gérard Boëldieu, ancien professeur d'histoire et de géographie au lycée Montesquieu du Mans, est correspondant départemental de l'IHTP pour la Sarthe. Collaborateur du Maitron *(Dictionnaire biographique du mouvement ouvrier et du mouvement social).*

Gérard Bourdin, docteur en histoire, a été en relation avec le Centre d'histoire quantitative de l'université de Caen. Correspondant de l'IHTP pour l'Orne, il est l'auteur d'ouvrages sur la Seconde Guerre mondiale dans l'Orne et sur la vie industrielle et ouvrière. Il aborde la question du nationalisme de 1870 à nos jours. Il est président du Pays bas-normand, société d'histoire ornaise.

Clément Bouvier a réalisé une monographie de la population algérienne de Rouen pendant les Trente Glorieuses dans le cadre de son master (2006). Il a intégré le groupe de recherche de l'IHTP sur la guerre d'Algérie en 2005.

Hélène Bracco a partagé son enfance et son adolescence entre le Maroc où elle est née et l'Algérie où vivait, jusqu'en 1962, l'autre partie de sa famille. Plus tard, en France, conjointement à son métier d'institutrice, elle a assuré un parcours universitaire et des recherches sur le monde arabe. Depuis une quinzaine d'années, ses recherches se sont plus précisément axées sur l'Algérie. Elle a publié aux éditions Paris-Méditerranée *L'Autre Face. « Européens » en Algérie indépendante* (1999) et *Pour avoir dit non. Actes de refus dans la guerre d'Algérie, 1954-1962* (2003). Les témoignages oraux de ces travaux sont déposés et accessibles à la phonothèque de la Maison méditerranéenne des sciences de l'homme à Aix-en-Provence (http://phonotheque.mmsh.univ-aix.fr).

Hélène Chaubin a été la correspondante en Corse du Comité d'histoire de la Seconde Guerre mondiale. Elle a publié *Corse des années de guerre, 1939-1945* (Paris, Tirésias, 2005). Correspondante de l'IHTP dans l'Hérault depuis 1983, elle a participé à la plupart des enquêtes collectives. Elle collabore également au Maitron *(Dictionnaire biographique du mouvement ouvrier français).*

Danielle Chevallier est agrégée d'histoire et géographie et titulaire d'un DEA « sciences de la ville » de l'université d'Orléans-Tours. Elle a rejoint l'équipe des correspondants IHTP pour ce travail sur la guerre d'Algérie en métropole.

Laurent Chevrel est docteur en histoire contemporaine, professeur d'histoire-géographie au collège René-Descartes de Châtellerault et correspondant de l'IHTP pour l'Eure.

Mireille Conia est correspondante de l'IHTP pour la Haute-Marne depuis 1999. Professeure d'histoire-géographie au lycée Edme-Bouchardon à Chaumont, elle est aussi chargée de cours en histoire contemporaine à l'université de Bourgogne et chercheure à l'UMR 5605, centre Georges-Chevrier de l'université de Bourgogne. Elle a publié de nombreux articles et publications sur la situation socio-politique de son département.

Marc Coppin est professeur d'histoire et géographie au lycée Sophie-Berthelot de Calais. Il termine sa thèse « La Côte d'Opale en guerre d'Algérie, 1954-1962 ». Il est correspondant de l'IHTP pour le département du Pas-de-Calais.

Gilles Deroche est professeur d'histoire et de géographie à la cité scolaire de Vouziers depuis 1977. On lui doit un grand nombre d'articles et des ouvrages concernant l'Argonne et les Ardennes. Ses sujets de prédilection sont l'aviation, l'architecture de la Renaissance, la Grande Guerre, les Ardennes sous les IVe et Ve Républiques et la guerre d'Algérie.

Michel Dloussky est directeur retraité de la Banque de France et correspondant de l'IHTP depuis 1993. Il contribue régulièrement à une revue d'histoire locale, *L'ORIBUS Groupe de recherche sur le mouvement social en Mayenne.*

Émilie Elongbil Ewane est doctorante à l'université Lumière, Lyon-II, rattachée au laboratoire de recherches historiques de Rhône-Alpes (UMR 5190). Elle travaille sous la direction de Sylvie Schweitzer et elle est également membre du groupe Migration du Centre Marc-Bloch de Berlin. Sa thèse porte sur les immigrant(e)s et le logement à travers une étude comparée de la population algérienne dans l'agglomération lyonnaise et de la population turque à Berlin-Ouest entre 1950 et 1980.

Gil Emprin est professeur agrégé d'histoire au lycée international Europole à Grenoble. Correspondant pour l'Isère de l'IHTP, il est membre du conseil scientifique et chargé du service éducatif du musée de la Résistance et de la Déportation de l'Isère. Il vit à Voiron (Isère).

Rémy Foucault a été professeur d'histoire et de géographie au lycée Ambroise-Paré de Laval puis au collège Paul-Langevin d'Evron (Mayenne). Correspondant du Comité d'histoire de la Seconde Guerre mondiale pour la Mayenne en 1976, il est resté correspondant de l'IHTP.

Sven de Geyer a réalisé sous la direction de Raphaëlle Branche à l'université Paris-I un mémoire de master 2 intitulé « L'opinion publique dans le département de la Manche face à la guerre d'Algérie ». Il est actuellement conseiller technique en évaluation au sein du Porgramme régional d'éducation et de formation de base de Guyane (Prefob).

Jean-Luc Gillard est professeur d'histoire-géographie au lycée Berthelot de Châtellerault (Vienne). Il est coauteur de l'exposition et du catalogue d'exposition « 180e anniversaire du lycée André-Theuriet de Civray, 1805-1985 » et du *Dictionnaire des communes et pays de la Vienne* (2004).

Arthur Grosjean, correspondant IHTP pour le Rhône et l'Ain dans le cadre de l'enquête sur la guerre d'Algérie en France, est professeur d'histoire-géographie au lycée de la Plaine-de-l'Ain à Ambérieu-en-Bugey. Il poursuit actuellement des recherches sur le camp de Thol en travaillant plus particulièrement sur l'intervention des conseillers techniques aux affaires musulmanes dans le camp.

Bertrand Hamelin est professeur au lycée Charles-de-Gaulle à Caen et correspondant de l'IHTP pour le Calvados. Il consacre ses recherches à l'histoire des intellectuels et des historiens, et prépare à l'université de Caen une thèse sur l'historien Michel de Boüard.

Caroline Izambert, agrégée d'histoire, a soutenu un DEA sous la direction de Benjamin Stora, « Le Parti communiste français et l'Algérie (1945-1965) : une approche par la presse, une réflexion sur les sources ».

Didier Lavrut, correspondant de l'IHTP pour le Gard, est professeur agrégé d'histoire-géographie. Il prépare actuellement une thèse sous la direction d'Olivier Wieviorka (Paris-I), « La guerre d'Algérie au prisme d'une approche régionale : l'exemple du Gard ».

Catherine Le Guen est professeure d'histoire et de géographie retraitée, correspondante de l'IHTP pour l'Ille-et-Vilaine depuis 2003.

Jean-Philippe Marcy est correspondant de l'IHTP pour le département de l'Aveyron.

Annie Martin, docteure en histoire (université Strasbourg-III), est attachée de conservation aux archives municipales de Limoges et correspondante de l'IHTP pour la Haute-Vienne.

Alain Monchablon est professeur agrégé d'histoire en première supérieure au lycée Janson-de-Sailly (Paris) et correspondant de l'IHTP pour le Val-de-Marne. Il est notamment l'auteur de l'ouvrage *Histoire de l'Unef de 1956 à 1968*, Paris, PUF, 1983.

Anne Pasques est professeure d'histoire et géographie au lycée Marceau de Chartres et correspondante de l'IHTP pour le département d'Eure-et Loir.

Anne-Marie Pathé est ingénieur d'études à l'IHTP-CNRS, responsable des archives privées déposées à la bibliothèque et animatrice scientifique des activités de recherche sur le « monde colonial ».

Yann Scioldo-Zürcher est titulaire d'une thèse de doctorat en histoire de l'École des hautes études en sciences sociales de Paris : « Devenir métropolitain, politique d'intégration et parcours de rapatriés d'Algérie en métropole, 1954-2005 ». Il a aussi enseigné au département d'histoire de l'université de Rouen, Mont-Saint-Aignan. Il est chargé de recherches au CNRS.

Alain Trogneux est professeur d'histoire en classes préparatoires aux grandes écoles au lycée Louis-Thuillier d'Amiens. Correspondant de l'IHTP-CNRS pour le département de la Somme, il est l'auteur de plusieurs ouvrages sur l'histoire d'Amiens et d'un *Dictionnaire des élus de Picardie*. Il dirige la collection « Hier » chez Encrage éditions.

REMERCIEMENTS

Au long des quatre années de travail qui furent nécessaires pour réaliser cette recherche, de nombreuses personnes nous ont aidés et accompagnés. Certains correspondants n'ont pu faire qu'un bout de chemin, apportant leurs remarques aux uns, leurs idées et références aux autres, sans aller jusqu'à écrire un texte qui puisse être compté parmi les contributions de cet ouvrage. Nous tenons à remercier ici pour cette participation Fabienne Charene, François Dubasque, Jean-Marie Flonneau, Jean-Luc François, Abdel Kader Hamadi, Jean-Pierre Harbulot, Janine Hubaut, Emmanuelle Jourdan, Dalila Lounici, Fathia Lounici, Madeleine Maillard, Raphaëlle Marx, Gilles Morin, Laure Pitti, Pascal Plas, Sylvain Poitou, Xavier Rosette, Marie-Claude Rifkiss, Thierry Truel, Philippe Vuilleumier, Odile Zvenigorodsky. Nous pensons tout particulièrement à Nadia Temime-Michel, frappée par une mort brutale.

Ce projet, soutenu par la direction des Archives de France, n'aurait pu être mené à bien sans la collaboration du personnel des archives départementales que l'ensemble des auteurs tient à remercier.

TABLE DES MATIÈRES

LA GUERRE D'ALGÉRIE AUX ÉDITIONS AUTREMENT

Alger 1940-1962
Dirigé par Jean-Jacques Jordi et Guy Pervillé

Atlas de la guerre d'Algérie
Guy Pervillé

Aurès/Algérie 1954
Dirigé par Fanny Colonna

Ces officiers qui ont dit non à la torture
Jean-Charles Jauffret

Des hommes et des femmes en guerre d'Algérie
Dirigé par Jean-Charles Jauffret

Germaine Tillion, une femme-mémoire
Nancy Wood

La guerre d'Algérie vue par l'ALN
Dalila Aït-el-Djoudi

Soldats en Algérie 1954-1962
Jean-Charles Jauffret

Éditions Autrement - collection « Mémoires »

Abonnements au 1er janvier 2008 : la collection « Mémoires » est vendue à l'unité ou par abonnement (France : 132 € ; étranger : 161 €) de 8 numéros par an. L'abonnement peut être souscrit auprès de votre libraire ou directement à Autrement, Service abonnements, 77, rue du Faubourg-Saint-Antoine, 75011 Paris. Établir votre paiement (chèque bancaire ou postal, mandat-lettre) à l'ordre de NEXSO (CCP Paris 1-198-50-C). Le montant de l'abonnement doit être joint à la commande. Veuillez prévoir un délai d'un mois pour l'installation de votre abonnement, plus le délai d'acheminement normal. Pour tout changement d'adresse, veuillez nous prévenir avant le 15 du mois et nous joindre votre dernière étiquette d'envoi. Un nouvel abonnement débute avec le numéro du mois en cours. Vente en librairie exclusivement. Diffusion : Éditions du Seuil.

Achevé d'imprimer par Dupli-Print,
à Domont (95) France.
Dépôt légal : septembre 2008. ISBN : 978-2-7467-1185-3. ISSN : 1157-4488.
Imprimé en France